Die Aufklärung über das Rechnungswesen

会計制度の解明

ドイツとの比較による日本のグランドデザイン

坂本孝司［著］
Sakamoto Takashi

中央経済社

はじめに

　本書は，ドイツの会計制度を解明し，それをもって，わが国の会計制度のあるべき姿を提示しようとしたものである。

　筆者の研究によれば，ドイツとわが国の会計制度，すなわち，ドイツの「『正規の簿記の諸原則』の体系」と，わが国の「『一般に公正妥当と認められる会計の慣行』の体系」は，「商業帳簿（帳簿）の法の適用局面」および「会計技術の組立の局面」という2つの領域から構成される。

　「商業帳簿（帳簿）の法の適用局面」の領域は，たとえば「商業帳簿の証拠力」・「租税法上の帳簿の証拠力」・「電磁的に保存された帳簿書類の適法性」等の論題があり，主に法学が取り扱う領域である。他方，「会計技術の組立の局面」の領域は，株式公開大企業や中小企業の「会計基準」，そして業態および業種に対応した種別会計基準にもかかわっており，主に会計学が取り扱う領域である。

　会計制度の全容は，法学の立場だけ，あるいは会計学の立場だけではその全容を提示することができない。わが国において，『会計制度論』という学問領域が体系化されていないのは，このような背景があると考えられる。

　筆者が「会計制度のあるべき姿」を模索し始めたのは，1993（平成5）年の頃である。その当時，わが国の行政・立法府・学会などにおいて，中小企業会計制度への関心は皆無であった。それが現在では，わが国はもとより，EUや米国においても，中小企業会計基準に対する関心が高まっている。「隔世の感がある」とは，まさにこのことをいうのであろう。しかし，残念ながら，それらの関心事は，「中小企業会計基準の策定」という限られた領域にとどまり，「一国における会計制度のグランドデザインを描く」という視座が欠けている。

　本書は，筆者が十数年の間に研究してきた成果を，会計制度論という縦軸の下で，「商業帳簿（帳簿）の法の適用局面」と「会計技術の組立の局面」という2つの横軸からとりまとめるとともに，会計制度に対する職業会計人（特に税理士）のかかわりについても論究している。このような会計制度に対するアプローチは，少なくともわが国では，はじめてであると思われる。

こうした背景から，本研究にあたっては，必然的に，会計学，簿記学，商法・会社法，金融商品取引法，租税法，民法，行政法，証拠法，訴訟法，刑法，破産法，コンピュータ関連法規，職業法規などの各専門研究領域に踏み込まざるを得なかった。もとより筆者は，各領域にわたる専門研究者ではないため，研究の過程で思いもよらぬ誤解や誤りがあることを危惧している。しかし，将来の「会計制度論」の確立のために一石を投じることができれば，という思いで本書の上梓に至った次第である。

本研究は，序章「研究の意義と方法」，第Ⅰ部「ドイツ：商業帳簿（帳簿）制度の発展」，第Ⅱ部「ドイツ：GoBの『商業帳簿（帳簿）の法の適用局面』における機能」，第Ⅲ部「ドイツ：GoB概念の解明―特に，GoBの「簿記（会計）技術の組立の局面」における機能に焦点を当てて―」，第Ⅳ部「わが国の会計制度：課題と提言」，終章「本研究のまとめと課題」から構成される。

第Ⅰ部では，ドイツの中世都市法典から現行のHGB（商法典）および1977年AO（国税通則法）に至るまでの商業帳簿（帳簿）規定の生成・発展の過程を考察し，商業帳簿制度の本質的な目的を明らかにするとともに，多くの記帳条件が「秩序正しく記帳された帳簿だけに証拠力がある」という命題の下で，生成・発展し，成文化されたものであることを検証した。そして，「簿記の正規性の基準となる『一般的な正規の簿記の諸原則（GoB）』」を個別具体的に提示した。

第Ⅱ部では，ドイツにおける，多様性ある「実箱であるGoB」のうち，「商業帳簿（帳簿）の法の適用局面」で機能する「実箱であるGoB」を個別に考察した。具体的には，「租税法上の帳簿の証拠力」・「租税優遇措置」・「電子的データ処理簿記」・「自己報告」・「破産規定」などに係る「実箱であるGoB」の中身を明らかにした。

第Ⅲ部では，「不確定法概念」とされるドイツのGoB概念をめぐる，わが国の代表的な学説である「実務慣行白紙委任説」と，これと対極にある「三重構造説」について検討を加えた。そして，「実箱であるGoB」が「商業帳簿（帳簿）の法の適用局面」と「簿記（会計）技術の組立の局面」という2面から構成されることを明らかにした。さらに，ドイツにおける「簿記（会計）技術の組立の局面」における「実箱であるGoB」の多様性を考察するとともに，IFRS（国際財務報告基準）のドイツ会計制度へ受入れ問題を明らかにした。

第Ⅳ部では，第Ⅲ部までの考察に基づいて，わが国の会計制度について論究した。具体的には，商法の商業帳簿規定を歴史的に考察するとともに，「商業帳簿（帳簿）の法の適用局面」（破産法の商業帳簿規定，青色申告制度等など租税法の帳簿規定，コンピュータ会計法，税理士制度と帳簿書類規定とのかかわり）および「会計技術の組立の局面」について考察を加え，それぞれの問題点を指摘し，かつ，あるべき方向性を提示した。最後に，「あるべき会計制度」を明らかにした上で，わが国の喫緊の課題であるわが国の中小企業会計基準のあるべき編成方法を示した。

　このように，本書を上梓できたのは，これまでに筆者がご縁をいただいた多くの方々のご指導とご尽力のお陰である。

　とりわけ，神戸大学経営学部において，ゼミナールに所属させていただいて以来，公私にわたってご指導をいただいた武田隆二先生（神戸大学名誉教授，元日本会計研究学会会長，元日本簿記学会会長）の学恩に感謝申し上げたい。先生が愛知工業大学大学院に着任するにあたり，「博士論文の最終的な仕上げをしませんか」というありがたいお誘いを受けた。それが契機となり，同大学院博士後期課程に籍を置かせていただき，先生から論文の全体構成や各論のご指導をいただくことになった。学部生としてご指導をいただいて以来，30余年の時を経て，毎回，個別指導を賜るという，これ以上望むべくもない環境であり，充実した日々であった。武田先生は，筆者の研究テーマを価値あるものとして評価してくださり，その研究領域の広さと深さに圧倒されて，時に弱気になる筆者を督励してくださった。ところが，先生は体調を崩され，2009（平成21）年2月15日に急逝された。茫然自失とは，まさにこのことであった。先生の導きがなければ，会計制度論を研究することは不可能であった。武田先生のご期待に応えうる内容であるかは心許ない次第であるが，武田ゼミナール最後の学生として，本書を謹んで先生のご霊前に捧げる次第である。

　武田先生が急逝された後，筆者の論文作成を引き続いてご指導いただいた愛知工業大学大学院経営情報科学研究科教授　野村健太郎先生（国際会計研究学会会長，元社会関連会計学会会長）にも深く感謝申し上げたい。先生のご指導がなければ本書をまとめ上げることはできなかった。筆者は，学部時代に神戸六甲台学舎で先生の会計学特殊講義を受講した。その時の先生の真摯な講義の内容を今でも鮮烈に記憶している。それから30年余を経て，先生から論文のご指

導を直接賜ることができたのは，まさに，ありがたいご縁であり，深く感謝申し上げたい。また，愛知工業大学大学院経営情報科学研究科において，筆者が見落としていた論点をご指摘いただくなど，懇切丁寧にご指導していただいた愛知工業大学大学院教授の岡崎一浩先生ならびに小森清久先生をはじめとする同研究科の先生方にも感謝申し上げたい。

東京大学大学院法学政治学研究科教授　神田秀樹先生にも深く感謝申し上げたい。筆者は，会計制度研究を進める過程で，その法学的な側面からの研究の必要性を痛感し，社会人の身でありながら，東京大学大学院法学政治学研究科に入学した。指導教授である神田先生は，筆者の研究テーマを受け入れてくださり，修士課程および博士課程を通じて，数多くの研究上のご示唆とご教示をいただいた。また，同研究科および同大学商法判例研究会などにおいてご指導賜った多くの先生方に深く感謝申し上げる。

職業会計人として，そして，研究者として，多くの教えを賜った飯塚毅先生（法学博士，税理士，公認会計士）にも深く感謝申し上げる。飯塚先生には，あるべき職業会計人の生きざまを直接，間接にお教えいただいた。また，先生の著書である『正規の簿記の諸原則』（改訂版，森山書店，1988年）は，ドイツ会計制度論の数少ない先行研究として位置づけられるものであり，筆者は，同書を何十回も読み返し，疑問点については，先生から直接ご指導を賜ることができた。しかし，飯塚先生は，すでに鬼籍に入られている。謹んで本書を飯塚先生のご霊前に捧げたい。

そして，同志社大学特別客員教授　古賀智敏先生（神戸大学名誉教授），関西学院大学教授　平松一夫先生（日本会計研究学会会長），甲南大学大学院教授　河﨑照行先生（同大学会計大学院長），日本大学教授　故松澤智先生（弁護士），株式会社TKC代表取締役会長　飯塚真玄氏，ダーテフ登録済協同組合理事長ディーター・ケンプ教授には，折に触れて，各専門分野から数多くの研究上のご示唆とご教授をいただいた。深く感謝申し上げたい。

さらに，ここに記し得ない，多くの先生方の先行研究やご指導，加えて，日中韓経営管理学術大会，日本会計研究学会，国際会計研究学会，日本簿記学会等における筆者の拙い報告に対するご意見・ご質問が，本書の内容に結びついている。改めて，深く感謝を申し上げる次第である。

現下の出版事情にもかかわらず本書の出版の機会を与えてくださった株式会

社中央経済社の山本継会長にも厚く感謝申し上げる。加えて，本書の企画段階から格別の誠意をもって対応くださり，多大なお手数をおかけした同社会計編集部次長の田邉一正氏に心底からの感謝の意を表したい。

　最後に，私事でたいへん恐縮であるが，研究活動を可能にしてくれた家族に感謝するとともに，逐一お名前を記すことはできないが，本書刊行までに，多大なご協力をいただいた方々に感謝の意を表する次第である。

　2011年2月

坂本　孝司

目　次

序　章
研究の意義と方法 ——————————————— 1
第1節　研究の意義 ………………………………………………… 1
　　1　問題意識／1
　　2　研究の領域／2
第2節　アプローチの方法 ………………………………………… 4
　　1　法律と会計の2つの領域からのアプローチ／4
　　2　簿記と会計の2つの領域からのアプローチ／5
　　3　歴史的・グローバル的・比較法学的アプローチ／7
　　4　機械論的アプローチ／11

第Ⅰ部

ドイツ：商業帳簿（帳簿）制度の発展

第1章
中世都市法典から1794年プロシア一般国法まで　—16
第1節　はじめに ……………………………………………………… 16
第2節　「秩序正しい記帳」と商業帳簿 ……………………………… 17
　　1　「秩序正しい記帳」と「商業簿記の証拠力」／17
　　2　「秩序正しい記帳」と複式簿記／21
第3節　1794年プロシア一般国法 …………………………………… 23
　　1　背　景／23
　　2　商業帳簿の記帳と証拠力に関する規定／23
　　3　「正規の帳簿」概念／26

第4節　おわりに ………………………………………………………… 29

第2章
1861年一般ドイツ商法典とその各種草案 ——— 34

　第1節　はじめに ……………………………………………………………… 34
　第2節　1839年ヴュルテンベルク王国の商法典草案 ……………… 35
　　　1　商業帳簿規定の目的／35
　　　2　記帳条件等に関する規定／36
　　　3　商業帳簿の証拠力に関する規定／39
　第3節　1849年帝国法務省草案 ……………………………………… 40
　　　1　商業帳簿規定の目的／40
　　　2　記帳条件等に関する規定／42
　　　3　商業帳簿の証拠力に関する規定／45
　第4節　プロシア第1草案と第2草案 ………………………………… 46
　　　1　1856年プロシア第1草案／46
　　　2　プロシア第2草案／48
　第5節　ニュルンベルク立法会議 ……………………………………… 55
　　　1　ニュルンベルク第1次修正案／55
　　　2　ニュルンベルク第2次修正案／57
　第6節　1861年一般ドイツ商法典 …………………………………… 60
　　　1　一般ドイツ商法典の成立／60
　　　2　記帳条件等に関する規定／60
　　　3　商業帳簿の証拠力に関する規定／62
　　　4　商業帳簿規定における記帳条件等の変遷／64
　第7節　おわりに ……………………………………………………………… 64
　補　節　独仏で相違する，商業帳簿の証拠力に係る「正規の簿記
　　　　　（帳簿）」概念 ……………………………………………………… 67
　　　1　フランスにおける商業帳簿の証拠力に係る「正規の簿記
　　　　　（帳簿）」概念／67
　　　2　1673年フランス商事勅令の商業帳簿規定の主目的／72

第3章
1897年ドイツ商法典 ──────────── 77

第1節　はじめに ……………………………………………… 77
第2節　1897年 HGB 制定当時の商業帳簿規定 ……………… 78
　　1　記帳条件等に関する規定／78
　　2　「正規の簿記の諸原則」概念／79
　　3　GoB 概念の明確化／83
第3節　1976年7月29日 HGB 改正までの経緯 ……………… 87
　　1　ルーズリーフ式簿記／87
　　2　1965年8月2日改正：「HGB と RAO の修正に関する法律」
　　　　（BGBl, I, 665）／89
　　3　1976年7月29日改正：「経済犯罪防止第1法律」
　　　　（1.WiGK）／90
第4節　HGB と AO の帳簿規定の調和 ……………………… 90
　　1　1976年12月14日改正：「AO 施行法」／90
　　2　内　容／93
第5節　会計指令法（Bilanzrichtlinien-Gesetz）……………… 96
　　1　概　要／96
　　2　記帳条件等に関する規定／98
　　3　1985年改正 HGB238条1項2文の淵源と生成／100
　　4　商業帳簿の証拠力に関する規定／105
　　5　商業帳簿規定における記帳条件等の変遷／106
第6節　おわりに ……………………………………………… 108
補　節　商業帳簿規定の主目的は何か─クルーゼとレフソンの
　　　　論争─ ……………………………………………… 110

第4章
ドイツ租税法の帳簿書類制度 ──────── 115

第1節　はじめに ……………………………………………… 115

第 2 節　プロシア上級行政裁判所判決 ……………………… 116
第 3 節　1919年ライヒ国税通則法（RAO）……………… 119
　　1　162条・163条と208条／119
　　2　1919年 RAO の改正／124
第 4 節　国税通則法（AO）草案 ………………………………… 127
　　1　成立までの経緯／127
　　2　1969年国税通則法（AO）草案／127
　　3　1974年国税通則法（AO）草案／129
　　4　1977年国税通則法（AO）草案／133
第 5 節　1977年国税通則法（AO）……………………………… 137
　　1　RAO208条と AO158条／137
　　2　記帳規定／137
　　3　その後の改正／140
　　4　租税危害（Steuergefährdung）／145
　　5　帳簿書類規定の変遷／145
第 6 節　おわりに ……………………………………………………… 147
補　節　租税法上の「正規の簿記」概念 …………………… 148

第 5 章
「簿記の正規性」の基準となる一般的な「正規の簿記の諸原則」———— 156

第 1 節　はじめに …………………………………………………… 156
　　1　「簿記の正規性の基準となる一般的な GoB」を考察する意義／156
　　2　GoB が機能する「場の条件」／157
　　3　中小企業会計制度（中小企業版 GoB）を構成する法規範／158
第 2 節　「簿記の正規性の基準となる一般的な GoB」概念の展開　159
　　1　GoB の体系／159
　　2　「成文化された GoB」と「成文化されていない GoB」／160
　　3　GoB 概念の全容／162

第3節　狭義のGoB ……………………………………………… 165
　　1　形式的かつ狭義のGoB／165
　　2　実質的かつ狭義のGoB／177
第4節　正規の貸借対照表作成の諸原則（GoBi）……………… 177
　　1　概　論／177
　　2　形式的なGoBi／178
　　3　実質的なGoBi／180
　　4　自己完結的利益計算の体系であるGoBi／183
第5節　おわりに ………………………………………………… 186
　　1　成文化された個々のGoBの存在／186
　　2　「形式的かつ狭義のGoBの成文化現象」と「自己完結的利益計算の体系である実質的なGoBi」／187
補　節　「正規の簿記の原則」（日本）と「正規の簿記の諸原則」
　　　　（ドイツ）………………………………………………… 188
　　1　わが国の「正規の簿記の原則」（企業会計原則）／188
　　2　ドイツの「正規の簿記の諸原則」／190

―― 第Ⅱ部 ――

ドイツ：GoBの「商業帳簿（帳簿）の法の適用局面」における機能

第6章
「正規の簿記」と租税法上の簿記の証拠力 ────── 198

第1節　はじめに ………………………………………………… 198
第2節　正規の簿記と表見証明 ………………………………… 199
　　1　RAO208条1項1文の当初の解釈／199
　　2　表見証明／201
第3節　正規の簿記と「法律上の推定」………………………… 202

1　表見証明から「法律上の推定」への変化／202
　　　2　「法律上の推定」への解釈の変化の意義／206
　　　3　特に留意すべき点／211
　第4節　正規の簿記と推計課税 ………………………………………… 212
　　　1　根拠条文／212
　　　2　「簿記の正規性」と推計の類型／213
　　　3　確実性を境に接する蓋然性／214
　第5節　おわりに ……………………………………………………………… 221
　補　節　米国租税法における証明責任 ……………………………… 222

第7章
「正規の簿記」と租税優遇措置 ── 228

　第1節　はじめに ……………………………………………………………… 228
　第2節　1950年以前の諸判決と1950年所得税準則 ………… 229
　　　1　判決の内容の変遷／229
　　　2　1930年代のライヒ財政裁判所判決／230
　　　3　OFH判決／232
　　　4　新しい判決の流れ／232
　　　5　1950年所得税準則（EStR）／233
　第3節　1951年以後のBFH判決の傾向 ……………………………… 235
　　　1　HGBの規定と正規の商人簿記の諸原則への一致／235
　　　2　一目瞭然性（商人および専門的知識を有する第三者への全容提供可能性）／240
　　　3　一体的判断・監視可能性の確保／243
　　　4　「正規の簿記」の適用領域／244
　　　5　リンク体制がもたらしたもの／245
　第4節　おわりに ……………………………………………………………… 248

第8章
「正規の簿記」と電子的データ処理簿記 ─── 254

第1節　はじめに ……………………………………………… 254
第2節　EDV簿記をめぐる法的な仕組み ……………………… 255
　　1　歴史的経緯／255
　　2　EDV簿記の許容をめぐる「法の目的に応じた，法規範の組立」／256
　　3　EDV簿記の種類／258
第3節　1995年GoBSと「その他の規範」 …………………… 260
　　1　GoBS／260
　　2　EDV簿記をめぐる「その他の規範」／263
第4節　法規範と「簿記の正規性」の展開 …………………… 264
　　1　「簿記の正規性」の展開／264
　　2　見読可能性確保の問題／265
　　3　処理プロセスの検証の問題（特に文書化を中心として）／266
　　4　遡及的な追加・訂正・修正・削除防止の問題／268
　　5　保　存／269
　　6　EDV簿記における責任／271
第5節　おわりに ……………………………………………… 272
補　節　米国のコンピュータ会計法規 ………………………… 274

第9章
「正規の簿記」と「自己報告」・「破産防止」─── 278

第1節　はじめに ……………………………………………… 278
第2節　1673年フランス・商事勅令から1861年ADHGBまで… 279
　　1　1794年プロシア一般国法までの経緯／279
　　2　1794年プロシア一般国法／281
　　3　1861年一般ドイツ商法典（ADHGB）とその草案／282
第3節　1851年プロシア刑法典から1877年破産法まで ……… 284

1　1851年プロシア刑法典／284
　　　2　1871年ライヒ刑法典および1877年破産法／288
　第4節　1976年「経済犯罪防止第1法律（1WiGK.）」……………　290
　　　1　改正の趣旨／290
　　　2　刑法典283条および283b条／291
　　　3　283条・283b条と「形式的なGoB」／294
　第5節　「自己報告による健全経営の遂行」に係る「実箱である
　　　　GoB」……………………………………………………………　296
　第6節　おわりに ……………………………………………………　298

第Ⅲ部

ドイツ：GoB概念の解明
―特に「GoBの簿記（会計）技術の組立の局面」における機能に焦点を当てて

第10章
「正規の簿記の諸原則」概念をめぐるわが国の学説 ———— 306

　第1節　はじめに ……………………………………………………　306
　第2節　実務慣行白紙委任説と三重構造説 …………………………　308
　　　1　実務慣行白紙委任説／308
　　　2　三重構造説／311
　第3節　「空箱」・「実箱」理論と「相即の論理」 ……………………　313
　　　1　「空箱」・「実箱」理論／313
　　　2　相即の論理／316
　　　3　「空箱」・「実箱」理論の具体的展開／317
　第4節　「実務慣行白紙委任説」と「三重構造説」の検討 ………　320
　　　1　「実務慣行白紙委任説」の検討／320

2　「三重構造説」の検討／322
　　　3　両説の整理／323
　　　4　GoB の「不確定性」の意味／330
　第5節　おわりに ………………………………………………… 331

第11章
「正規の簿記の諸原則」概念の構図 ―――― 337

　第1節　はじめに ………………………………………………… 337
　第2節　「場の条件」と「正規の簿記の諸原則」 ……………… 339
　　　1　「商業帳簿（帳簿）の法の適用局面」で機能する「実箱である GoB」／339
　　　2　「簿記（会計）技術の組立の局面」で機能する「実箱である GoB」／339
　　　3　「民法典上の報告義務・顛末報告義務」と会計制度／346
　第3節　「企業の属性」と「税法を考慮した年度決算書」 …… 347
　　　1　3種類の年度決算書／347
　　　2　会計法現代化法と3種類の年度決算書／352
　　　3　会計法現代化法制定以後の会計実務／355
　　　4　ドイツの会計制度と GoB の成文化のあり方／359
　第4節　おわりに ………………………………………………… 362
　　　1　ドイツの会計制度（GoB の体系）／362
　　　2　GoB の成文化のあり方／363
　補　節　フランスと米国の会計制度管見 ……………………… 364
　　　1　フランスの会計制度／364
　　　2　米国の会計制度／365

第12章
国際会計基準とドイツ商法会計規定 ―――― 371

　第1節　はじめに ………………………………………………… 371

第2節　IFRSへの対応 …………………………………………… 372
　　1　ドイツにおける会計基準の国際化に伴う会計法改革の概要／372
　　2　1998年「資本調達容易化法」および2000年「資本会社指令法」／373
　　3　2004年会計法改革法／374
第3節　会計法現代化法 …………………………………………… 376
　　1　会計法現代化法成立までの経緯／376
　　2　2009年「会計法現代化法」の成立／379
第4節　IFRSとドイツ会計規定 ………………………………… 385
　　1　完全版IFRSと会計法現代化法／385
　　2　「中小企業版IFRS」とドイツの対応／386
　　3　GoBの重層的関係／390
第5節　おわりに …………………………………………………… 392

第Ⅳ部

わが国の会計制度：課題と提言

第13章
商法商業帳簿規定と会計制度　　　　　　398

第1節　はじめに―問題提起― …………………………………… 398
第2節　明治23年商法とロエスレル草案 ………………………… 399
　　1　明治23年商法制定前史／399
　　2　明治23年商法／400
　　3　独仏の商業帳簿規定と明治23年商法／402
　　4　会計包括概念である「其営業部類ノ慣例」と「正規の簿記」／403
　　5　31条に規定された用語の意味／406

　　　　6　「正規の簿記」と「場の条件」／409
第3節　明治32年商法 ……………………………………… 412
　　　　1　商法典論争／412
　　　　2　明治32年商法における記帳規定の後退／413
　　　　3　問題の所在／414
第4節　2005（平成17）年商法改正・会社法創設 ………… 415
　　　　1　内　容／415
　　　　2　新商業帳簿規定の解説／417
　　　　3　記帳条件をめぐる法の展開／419
第5節　あるべき会計制度 ………………………………… 422
　　　　1　「一般に公正妥当と認められる会計の慣行」概念／422
　　　　2　会計制度のあり方／424

第14章
会計制度の展開 ―――――――――――――― 429

第1節　はじめに―問題提起― ……………………………… 429
第2節　商業帳簿（帳簿）の法の適用局面 ………………… 430
　　　　1　破産法／430
　　　　2　わが国の「青色申告制度」／432
　　　　3　コンピュータ会計法／437
　　　　4　「消費税法の帳簿記載要件」と「一般に公正妥当と認められる会計の慣行」／443
　　　　5　「商業帳簿（帳簿）の法の適用局面」と日独会計制度／445
第3節　会計技術の組立の局面 ……………………………… 445
　　　　1　会計技術の組立／445
　　　　2　企業の規模／447
　　　　3　企業の業種および業態／455
　　　　4　確定決算主義／460
　　　　5　「民法典上の報告義務・顛末報告義務」と会計制度／463
　　　　6　関係的・規制的・文化的制度としての制度会計／464

7　「会計技術の組立の局面」と日独会計制度／468
　補　節　米国における財務会計と税務会計の分離 …………… 469

第15章
税理士と会計制度 ── 476

第1節　はじめに─問題提起─ ………………………………… 476
第2節　月次巡回監査 ……………………………………………… 477
　　1　税理士法からの要請／477
　　2　商法・租税法からの要請／480
　　3　「商業帳簿（帳簿）の法の適用局面」と税理士業務／482
第3節　税理士法の税務監査（書面添付）制度 ……………… 484
　　1　税務監査制度とは／484
　　2　税務監査制度と記帳条件／485
　　3　自己監査と税務監査／490
第4節　会計参与と税理士 ……………………………………… 490
　　1　会計参与制度導入の背景と意義／490
　　2　会計参与と周辺問題／491
　　3　税理士の独立性と会計参与／495
第5節　ドイツ税理士による決算書保証業務 ………………… 497
　　1　概　要／497
　　2　決算書保証業務／498
　　3　自己監査とベシャイニグング／501
　　4　決算書保証（検査）業務のポイント／504
第6節　税理士による保証業務 ………………………………… 508
　　1　規制緩和時代における「保証業務」の位置づけ／508
　　2　「税理士が行う保証業務」の社会的認知／509

第16章
中小企業会計基準のあるべき編成方法 ── 517

第1節　はじめに—問題提起— ………………………………… 517
第2節　「中小企業簿記要領」と「中小会社経営簿記要領」の
　　　　現代的意義 ………………………………………………… 518
　　　1　「中小企業簿記要領」の目的と特徴／519
　　　2　「中小会社経営簿記要領」の目的と特徴／519
第3節　会計基準の基礎構造の設計 …………………………… 520
　　　1　機械論的アプローチと機能論的アプローチ／520
　　　2　トップダウンアプローチとボトムアップアプローチ／523
　　　3　その他の視点／525
第4節　「中小企業の会計に関する研究会」報告書 …………… 527
　　　1　審議の内容／527
　　　2　報告書の内容／528
　　　3　特筆すべき点／531
第5節　「中小企業の会計に関する指針」の検討 ……………… 532
　　　1　ドイツGoB概念の多様性／532
　　　2　中小企業会計指針の基本的スタンス／533
第6節　あるべき中小企業会計基準 ……………………………… 536
　　　1　基準策定の枠組み（フレームワーク）／536
　　　2　中小企業向けの2つの会計基準／544
　　　3　その後の動向／545

＊

終　章
本研究のまとめと課題 ─────────── 559

第1節　本研究の3つの視点 ……………………………………… 559
第2節　本研究の貢献 ……………………………………………… 560
第3節　本研究の課題 ……………………………………………… 561

引用文献／563
索引／583

序　章
研究の意義と方法

第 1 節　研究の意義

1　問題認識

　本研究は，わが国の会計制度に類似するドイツの会計制度を考察し，それと対比することによって，IT 時代におけるわが国の「あるべき会計制度」を考察するものである。

　「制度」とは，「人間や組織の社会における行動や関係を規制するために確立されているきまり」をいう。その制度（実務上は法律制度）との関連で営まれる会計が会計制度である。会計制度は，「法律」と「会計」との接点領域で成立するとともに，それぞれの「法の目的」が異なるために，そこで求められる内容が「法の目的」に依存して変化する。こうした仕組みの上に会計制度が成立する。そして，私見では，「法の目的」には，「商業帳簿（帳簿）の法の適用局面」と「会計技術の組立の局面」という 2 つの領域がある。

　「会計制度」が，わが国の経済社会において重要な機能を果たしていることは，論を待たない。しかし，少なくともわが国では，会計制度の全容を体系的に解明し，その内容を具体的に提示するという試みが，従来からほとんど行われていない。

　より具体的にいえば，わが国では，従来から，会計制度における「商業帳簿（帳簿）の法の適用局面」が見失われたままになっている。さらに，わが国の会計学等の文献で，「会計帳簿の品質」に関心を置くものは少なく，企業会計基準，財務諸表等規則や会社計算規則等の内容も，損益の認識・利益測定およ

び資産評価の方法ならびに財務諸表の表示方法，財務諸表の作成および開示等に集中しており，簿記学の諸文献も複式簿記の計算技術領域の研究と解説に終始しているように思われる[1]。

以上のような状況が影響して，結果として，コンピュータを用いた会計処理や帳簿書類保存のあり方，財務諸表（計算書類）や税務申告書の品質，中小企業会計基準のあり方等，会計制度全般にわたって多くの問題が生じている。IT化が進展し，複式簿記の知識がなくても財務諸表（計算書類）や税務申告書の作成が可能となっている今日にあって，こうした問題はますます深刻になっている。

「商業帳簿（帳簿）の法の適用局面」を除外して「あるべき会計制度」を語ることはできない。会計制度論は「会計帳簿の領域」を包含することによって初めて成立する。本研究では，このような視点に立脚して会計制度を考察する。

なお，「会計帳簿」を定義づける規定はないが，主要簿として現金出納帳，仕訳帳，総勘定元帳などがあり，補助簿として仕入帳，売上帳，手形記入帳などがある。

2　研究の領域

会計制度に関する研究領域としては，通常，商法・会社法，金融商品取引法，租税法が取り上げられる。

しかし，「会計帳簿の領域を含む会計制度」はそれ以外の極めて多くの領域にも関係しているため，その全容を明らかにするためには，学際的な方法論が必要となる。すなわちその考察の対象は，商法・会社法，金融商品取引法，租税法を基本とし，会計学・簿記学に，租税法に関連して行政法に，帳簿の証拠性に関して証拠法・訴訟法に，罰則規定に関連して刑法・破産法に，委任契約の顛末報告義務に関連して民法典に，会計情報は重要な経営情報であるため経営学に，帳簿書類作成・保存に関連してコンピュータ関連法規に，そして，公益法人会計基準をはじめとする個別業法における会計基準にもかかわっている。さらに会計業務にかかわる職業専門家の職業法規（公認会計士法，税理士法）にも関連している。

また，経済のグローバル化に伴い，会計制度に関してもグローバルかつ比較

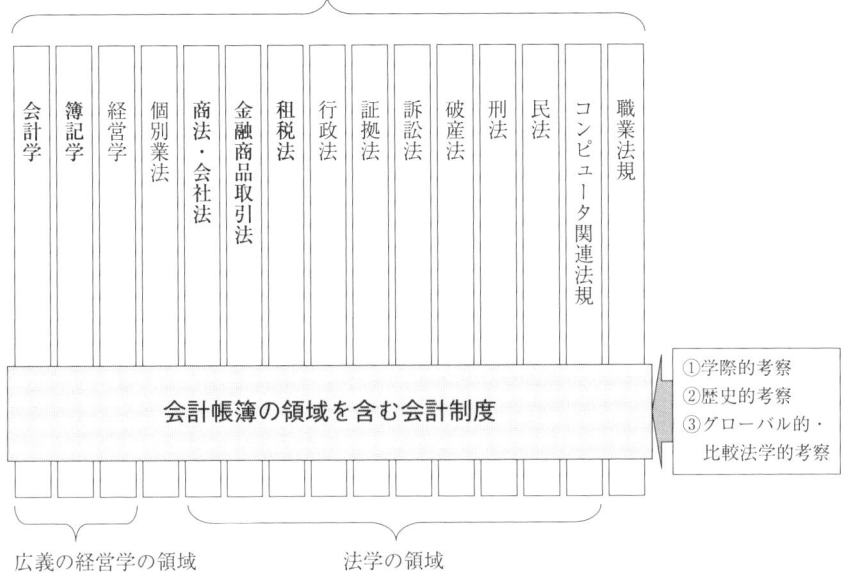

図表P-1　会計制度研究の学際性

法学的な考察が不可欠であり，かつ，現行の制度の本質を理解するためには，個々の規定の歴史的な生成過程も考察の対象に加える必要がある。さらに，企業全般にわたる会計制度を考察するためには，中小企業や非営利法人などの会計に精通する必要があるとともに，会計制度論の論究にあたっては，時として，哲学的思考も必要となる。

このような，本研究の学際性を図に示せば，図表P-1になる。

以上のような，各研究領域を横断した，鳥瞰的・多面的・実務的な検証を通じて，「会計帳簿の領域を含む会計制度」に関する法律と会計との実証的な研究が完結すると思われる。かかる研究領域を「帳簿書類制度論」と命名することも可能であろう。また本研究の領域は職業会計人（税理士，公認会計士）にとって不可欠の業務領域であるため，職業会計人，特に「税理士のための会計制度論」であるともいえる[2]。

しかしながら，学問には「お互いの専門領域を浸食しない」という不文律があるのであろうか[3]，少なくともわが国においては，会計制度に関して，個々の，あるいは複数の研究領域における「縦割り」の研究は存在するが，「会計

帳簿の領域を含む会計制度」を横断した，学際的な研究は存在していない。これでは会計制度の全容を体系的に把握することはできない（木を見て森を見ず）。そこで本研究では会計制度に関する学際的な考察を試みる。

なお，本研究では，地方公会計等の公会計を考慮していない。

第2節　アプローチの方法

1　法律と会計の2つの領域からのアプローチ

会計制度は「法律」と「会計」との接点領域で成立するが，既述のように，その接点領域には「商業帳簿（帳簿）の法の適用局面」と「会計技術の組立の局面」という2つの領域がある。「商業帳簿（帳簿）の法の適用局面」の領域は，たとえば「商業帳簿の証拠力」・「租税法上の帳簿の証拠力」・「電磁的に保存された帳簿書類の適法性」等の論題があり，主に法学が取り扱う領域である。他方，「会計技術の組立の局面」の領域は，株式公開大企業や中小企業の「会計基準」，そして業態および業種に対応した種別会計基準等があり，主に会計学（簿記学を含む）が取り扱う領域である。したがって，会計制度の全容は，法学の立場だけ，あるいは会計学の立場だけではその全容を提示することができない。

しかしながら，少なくともわが国における会計制度に関する論究は，「会計技術の組立の局面」，それも，株式公開大企業向けの会計基準にその焦点が当てられており，会計制度全般に関する論究が体系的に行われていない。

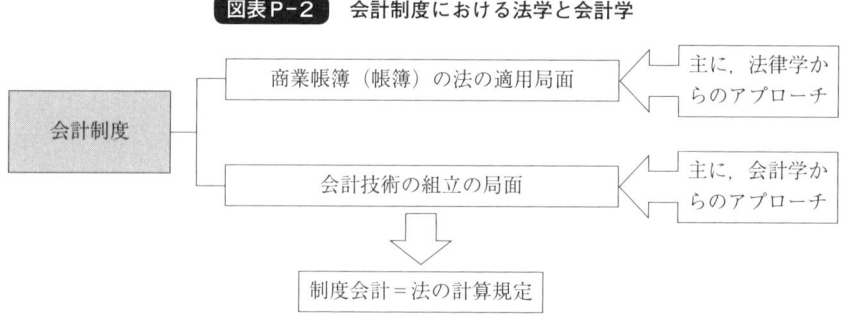

図表P-2　会計制度における法学と会計学

また，わが国では，会社法（商法）会計，金融商品取引法（旧証券取引法）会計，税法（税務）会計の３つの領域を総称して「制度会計」とよんでいる[4]。かかる立場において用いられる「制度会計」概念は，「法の計算規定」である「会計技術の組立の局面」の領域に対応しており，「商業帳簿（帳簿）の法の適用局面」を含んでいない。その意味で，本研究における「会計制度」概念は，一般に用いられる「制度会計」概念を包含する位置づけとなる（**図表P-2**）。

　「研究（仮説）の価値はその説得力にある」といわれる。すなわち，研究によって得られた所見の説得力は，例外的な事例を含めて，諸事例や他の学説をどれだけ包含できるかによって決まる。かかる箴言を念頭に置いて，本研究では，会計制度の全容を「商業帳簿（帳簿）の法の適用局面」と「会計技術の組立の局面」という２つの領域から解明することによって，会計制度の全容を明らかにすることに努める。このようなアプローチは，少なくともわが国では従来存在しなかった視点である。

２　簿記と会計の２つの領域からのアプローチ

(1)　記帳の品質

　「複式簿記」を前提として，記帳から財務諸表（計算書類）・税務申告書までの流れは**図表P-3**のようになる。

　この図からも明らかなように，「入口」である「記帳」が適切であれば，「正確な会計帳簿の作成」と「複式簿記によるプロセス」に担保されて，「出口」である財務諸表（計算書類）や税務申告書には高い信頼性が与えられる。逆に，記帳が適切でなければ，結果として財務諸表（計算書類）や税務申告書の信頼性は低下する。特に，中小企業では，大企業に比較して，内部統制機構が存在していないか，あるいは，あったとしても機能的には不十分であることから，内部統制機構に代わりうる役割を「適切な記帳」に求めざるを得ないのである。

　この点を敷衍すれば，わが国の企業会計原則の一般原則の第２原則「正規の簿記の原則」は，「企業会計は，すべての取引につき，正規の簿記の原則に従って，正確な会計帳簿を作成しなければならない」としている。これは，財務諸表の真実性が「正確な会計帳簿」に支えられているからである。さらに，中小企業庁「中小企業の会計に関する研究会」『報告書』（2002年６月）が，「記

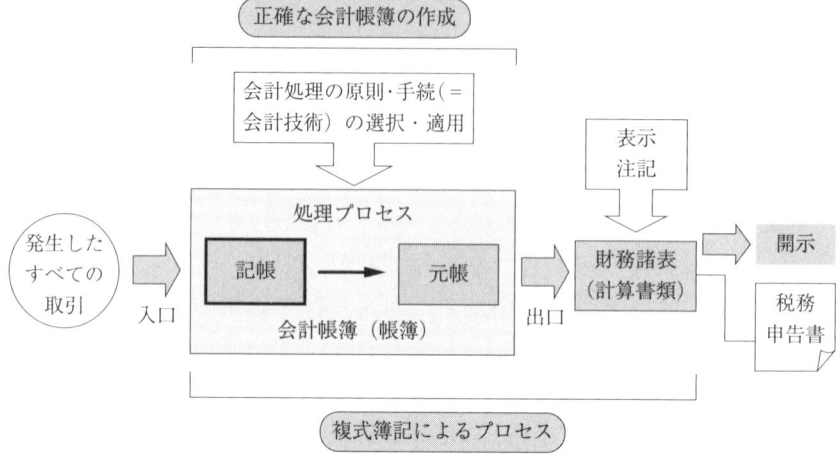

帳の基本的考え方」として，「会計帳簿の信頼性の確保のために，信頼性ある記帳が重要である。記帳は，整然かつ明瞭に，正確かつ網羅的に行わなければならない。また，記帳は，適時に行わなければならない」としたように，会計帳簿の品質は，「適切な記帳」に大きく依存している。会計の基本問題は究極的には「会計帳簿（帳簿）の品質」，特に「適切な記帳」に帰するように思われる。

(2) 簿記と会計

わが国では「簿記」と「会計」という2つの領域が併存している。簿記と会計は扱う実体（認識対象）が会計事象（企業の経済活動）であるという点で共通する。

図表P-4では，認識対象としての会計事象を観察する視点が，次に示す一対の概念で，相対応する形で描かれている。

① 形式――内容
② 記録――機能

記録とは，技術によって帳簿上記帳されるものがどのような特性として保有されなければならないかという観点での側面である。機能という側面で問題となるものは，「情報の有用性」や「情報のディスクロージャー機能」などとい

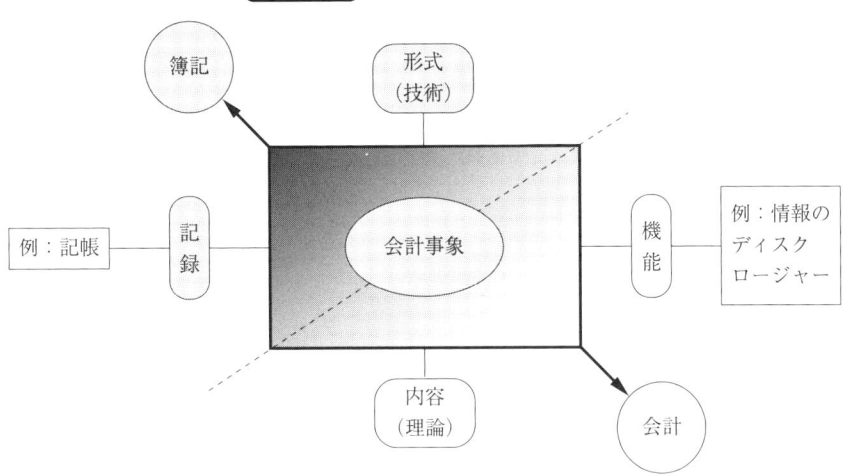

図表P-4　形式・内容と記録・機能

出所：武田（1998）8頁の「図1-2」を一部追加して引用

われているものの側面である[5]。それにもかかわらず、簿記と会計とを区分しなければならないのは、結局、会計事象を扱う視点の差異にあるといってよい。つまり、会計事象を4つの側面から観察することが可能であることを示している[6]。かかる1つの実体を持つ会計事象を主に「形式（技術）」と「記録」の側面からみれば「簿記」となり、「内容（理論）」と「機能」の側面からみれば「会計」となる。帳簿書類は、主として「形式（技術）」と「記録」の領域に関係する。

図表P-3のように、「記帳（記録）の品質」と「財務諸表（計算書類）や税務申告書の信頼性」との間には強い連動関係がある。それゆえに、本研究では、「会計」の領域以外に、記帳を含む「簿記」の領域にも焦点を当てるアプローチを採用する。

3　歴史的・グローバル的・比較法学的アプローチ

「会計帳簿の領域を含む会計制度」に関する研究の中心をなすものは、やはり商法商業帳簿制度である。一般に、商法の会計制度の研究は会社計算の領域に集中しがちであるが、わが国の商法はもとより、フランコ・ジャーマン法系の商法においては、商業帳簿の品質を担保する規定は、商人一般に適用される

商業帳簿規定に成文化されている。したがって本研究では，フランコ・ジャーマン法系，特に，わが国商法典の母法であるドイツ法制上の商法商業帳簿規定の生成と発展に焦点を当てることによって，商法商業帳簿制度の本質的な目的を究明する[7]。

ちなみに，わが国の2005（平成17）年改正後の商法19条は以下のとおりである。

平成17年改正後商法19条
1項　商人の会計は，一般に公正妥当と認められる会計の慣行に従うものとする。
2項　商人は，その営業のために使用する財産について，法務省令に定めるところにより，適時に，正確な商業帳簿（会計帳簿及び貸借対照表をいう。以下同じ。）を作成しなければならない。
3項　商人は，帳簿閉鎖の時から十年間，その商業帳簿及びその営業に関する重要な資料を保存しなければならない。
4項　裁判所は，申立てにより又は職権で，訴訟の当事者に対し，商業帳簿の全部又は一部の提出を求めることができる。

商法上，商業帳簿には証拠能力があるが，その証拠力・証明力に関しては「法定の」特別な証拠力があるわけではなく，この点については自由心証主義の一般原則による。ただし，商業帳簿は営業に関し重要な証拠資料となる。したがって，商法は，訴訟上特別の提出義務を定め，裁判所は，申立てによりまたは職権で，訴訟の当事者に対し，商業帳簿の全部または一部の提出を命ずることにしている（19条4項）。また証拠性の観点から，帳簿閉鎖の時から10年間の商業帳簿の保存を求めている（同条3項）。そこで，本研究では商法商業帳簿規定に関して以下の点を明らかにする。

① 商業帳簿規定自体が持つ本質的な機能は何か
② 会計包括概念である「一般に公正妥当と認められる会計の慣行」（1項）は，どのような機能を果たしているか
③ 「記帳条件」（2項）および「商業帳簿の証拠性」（3項および4項）は，それぞれどのような歴史的背景と意味内容を持っているか
④ 商業帳簿規定と他の法規（破産法，租税法等）との関係は，どのようになっているか

序章　研究の意義と方法　9

⑤　わが国の商業帳簿規定（帳簿規定）は，どの点に問題があるか

具体的には，わが国最初の商法典である明治23（1890）年商法の商業帳簿規定は，1861年一般ドイツ商法典（Allgemeines Deutsches Handelsgesetzbuch, ADHGB）の商業帳簿規定から多大な影響を受けているため，ADHGBの商業帳簿規定成立までの経緯を各種立法資料に基づいて詳細に考察する。また，ドイツの現行商法典（Handelsgesetzbuch, HGB）の商業帳簿規定は1919年ライヒ国税通則法（Reichsabgabenordnung, RAO）制定以来，租税法の影響を強く受けてきたため，ドイツ租税法の帳簿書類規定を各種立法資料や諸判例から明らかにし，かつHGBの商業帳簿規定へ及ぼした影響も明らかにする。

ところで，わが国の「会計帳簿の領域を含む会計制度」の考察にあたり，「一般に公正妥当と認められる会計の慣行」（商法19条1項）概念の解明が不可欠であることは論を待たない。端的にいえば，わが国の会計制度は，「『一般に公正妥当と認められる会計の慣行』の体系」である。そこで，本研究では「一般に公正妥当と認められる会計の慣行」概念が，ドイツのHGB238条1項1文に規定される「正規の簿記の諸原則（Grundsätze ordnungsäßmiger Buchführung, GoB）」に相当する会計包括概念であること，そしてドイツの会計制度（Rechnungswesen）は「GoBの体系（System der GoB）」そのものであることに鑑み，「GoBの体系」に焦点を当てて，その内容を詳細に描き出すことに努める[8]。

ドイツの会計制度は「GoBの体系」である。したがって，ドイツの会計制度の全容を究明するためには，法の計算規定のみならず，GoB，「正規の簿記」および「簿記の正規性」概念が，直接あるいは間接に関係する，商法商業帳簿規定（記帳義務，年度決算書作成義務，商業帳簿の電磁的保存等），国税通則法の帳簿書類規定（簿記の証拠力，帳簿書類の電磁的保存等），刑法典の商業帳簿関連規定，所得税準則R29「正規の簿記」，正規のデータ処理支援式簿記システムの諸原則（GoBS）等のすべての内容を明らかにしなければ，ドイツ会計制度の全容を解明したことにならない。

この場合，GoBの考察にあたって格別に有用であるのは，いわゆる「空箱（からばこ）」・「実箱（じつばこ）」理論である。武田隆二博士は，わが国の新会社法で規定された「一般に公正妥当と認められる企業会計の慣行」（会社法431条）概念を以下のように解説されている[9]。

会計基準が一つでなければならないという命題は，誤りではない。時代が変化しても，そこには基本的に「一般に公正妥当」と想定される「企業会計の慣行」が存在する。また，存在すると観念することで，初めて「一般に公正妥当」という言葉に重みが加わるのである。しかし，そこに存在し，普遍的に妥当する「一般に公正妥当」とは，超歴史的な概念であって，具体的な会計基準を意味するものではない。普遍性を有し，時代を超えて妥当する，いわば超歴史的概念としての「一般に公正妥当」とは，実体を伴わない「空箱」である。(中略，筆者)。したがって，会社法（431条）で設けられた「一般に公正妥当と認められる企業会計の慣行」という概念は，超歴史的・普遍的概念であり，時代を超えて適用されるべきものであるが故に，「…に従うものとする」と規定した。(中略，筆者)。会社法では，この普遍的命題である「一般に公正妥当と認められる企業会計の慣行」（空箱）という Soll-Vorschrift（当為規定）を受けて，具体的な基準の適用を考えるとき，適用に様々な幅が存在することを顧慮して Müßen-Vorschrift（命令規定）として定めるに当たり，「一般に公正妥当と認められる企業会計の基準その他の企業会計の慣行をしん酌しなければならない」ものとして「しん酌」という表現を用い，幅を持たせた「強行規定」（Müßen-Vorschrift）―弾力的適用を認めた強制規定―としたのである。

　以上の見解は，「一般に公正妥当と認められる会計の慣行」においても同様の解釈となる。両者の違いは，「会社」に限定されるか，それとも「商人一般」が対象かにある。

　本研究では，ドイツにおける GoB もわが国の「一般に公正妥当と認められる会計の慣行」と同様に，「空箱」と「実箱」から構成され，「空箱である GoB」を受けて，その適用を考える場合の「実箱である GoB」は，「場の条件」，すなわち，「異なる目的」に応えるためにさまざまな幅（多様性）があり，時代とともに変化することを明らかにするとともに，ドイツにおける「会計制度」ともいうべき「GoB の体系」の全容を提示する。

　また必要に応じて，ドイツと同じ大陸法系に属するフランスや，アングロ・サクソン法系に属する米国の会計制度や租税制度，IFRS（国際財務報告基準，International Financial Reporting Standard）などにも言及する。

　こうした歴史的・グローバル的・比較法学的考察によって，わが国の会計制度のあるべき姿が浮き彫りになるであろう。

4　機械論的アプローチ

　図表P-3で示したように，通常の会計処理の流れは，「記帳」から始まり，最終的に「財務諸表（計算書類）」として実を結び，「開示」へとつながる。かかるアプローチは，「機械論（Mechanism）的思考」（機械論的アプローチ）に属する。他方，これと逆の流れを辿るアプローチは，「機能論（Functionalism）的思考」（機能論的アプローチ）に属する。

　「機械論的アプローチ」とは，思考対象を解析的に分解し，解析された部分の性質を明らかにするとともに，その部分を全部集めて再び対象を再構成する思考法を指す。精緻な技術理論を組み立てるのに適したアプローチである。

　「機能論的アプローチ」は，生物などの有機的組織体を全体的・目的論的に扱う思考法として適しており，思考対象が一定の目的をもって全一体として機能しているとみて，その機能の面から対象の創造的発展を解明する立場である。

　このように，機械論的思考においては部分ごとの精緻な理論を組み立てることができるが，全一体の機能についての説明が不十分となるのに対し，機能論的思考はその目的のために「全一体として機能する対象」（ここでは財務諸表）を「全一体」そのものとして把握する立場であるため，その全一体を構成する部分についての技術的な説明には適しないのである。その意味で，機械論的思考ほどに分析的に精緻な理論の展開が期待されない難点がある[10]。

　制度会計は機械論的思考を基礎とし，情報会計は機能論的思考を基礎としている[11]。両者の相違は，前者は単一性の原則のもとでの情報の多目的利用可能性を重視し，後者は意思決定への役立ちを重視した利用者指向的会計（user-oriented accounting）である点に求められる[12]。

　会計制度は，多様な目的を持つ各法律のもとで成立している。それゆえに，本研究では，「機械論的思考」（機械論的アプローチ）を採用し，「商業帳簿（帳簿）の法の適用局面」と「会計技術の組立の局面」における各法律の帳簿書類規定の目的を明らかにするとともに，それぞれの規定における「法の目的に応じた，法規範の組立」を解析し，それらを全部集めることによって「帳簿の領域を含む会計制度」の全体像を再構成する（**図表P-5参照**）[13]。そして，その再構成にあたっては，「全一体の機能についての説明が不十分となる」機械論

図表 P-5 機械論的アプローチと機能論的アプローチ

アプローチの方法	内容	利点	欠点	適した領域
機械論的アプローチ	思考対象を解析的に分解し，解析された部分の性質を明らかにするとともに，その部分を全部集めて再び対象を再構成する思考法	精緻な技術理論を組み立てるのに適している	全一体の機能についての説明が不十分となる	制度会計論
機能論的アプローチ	思考対象が一定の目的をもって全一体として機能しているとみて，その機能の面から対象の創造的発展を解明する立場	機能の面から対象の創造的発展を解明するのに適している	全一体を構成する部分についての技術的な説明には適しない	情報会計論

的アプローチの欠点を補うため，整合性ある「会計帳簿の領域を含む会計制度」の体系を提示することに努める。

■注
1 本研究における用語の意味は，以下のとおりである。
- 「帳簿」は，「会計帳簿」を意味する。
    「簿記学」における「帳簿」は，会計学および商法では「会計帳簿」に相当する。安藤英義教授によれば「『会計帳簿』は，企業会計原則の『正規の簿記の諸原則』（一般原則二）に既にあり，昭和四九年（1974）改正商法からは商業帳簿の制度（会計帳簿及び貸借対照表）にある。それにもかかわらず，簿記においてこれまで『帳簿』としてきたのは，簿記で記帳といえば会計帳簿を指すことは自明であるのに加えて，用語についても伝統を重んじてきたからであろう」（安藤（2010b）；5頁）とされる。
- 「帳簿書類」は，会計帳簿と計算書類を総称する意味で用いる。
- 「会計制度」および「制度会計」は，それぞれ「帳簿の領域」を含む。
- 「中小企業」は，①金融商品取引法の適用企業およびその子会社，②会社法の大会社およびその子会社，③その他の株式公開指向の会社，を除くすべての会社を総称する意味で用いる。
2 税理士が，「税に関する法律家である」といわれ，同時に「会計専門家である」とされて，時として，税理士の職業像に明確さが欠けるのは，税理士が，このような学際的領域である「会計制度」全般にかかわる職業専門家であることから生じていると考えられる。

筆者は，「税理士は（法律と会計の接点領域で成立する）会計制度全般にかかわる職業専門家である」と理解する。
3 たとえば，黒澤清博士は，「法学者でない私が，あえて法学者を批判することは，専門領域を異にするものとしては差し控えるのがアカデミシャンの当然の態度であると考えたからにすぎない」（飯塚（1988）の「すいせんの言葉」）と述べられる。
4 武田（2008a）；33頁参照。
5 武田（1998）；9頁。
6 武田（1998）；7頁。
7 ラートブルフも，法の解釈について，「法の内容自体のみがそれを決定する。法の解釈は，ゆえに，かつて考えられたことの追思考ではなく，考えられたことを徹底的に考えぬくことである。それどころか，比較法的な方法（rechtsvergleichender Methode）によって外国での解釈例を自国法の解釈の参考とすることが許されるならば，世界中で考えられたことを徹底的に考えぬくことである」（ラートブルフ＝碧海訳（1964）；286頁。Radbruch（1958）；S. 243」）という。
8 ドイツの会計制度を論ずる場合，不可欠の中心的課題として GoB なる概念が存在する。ドイツにおいて，この GoB は，簿記だけでなく財産目録および年度決算書の作成，いわゆる貸借対照表作成に関する諸原則をすべて包括した概念であって，法律規定との緊密な関係の中で捉えねばならない法概念でもある（佐藤（1998）；23頁）。
9 武田（2007a）；140-141頁。
10 武田（2008b）；106頁。
11 武田（2008b）；17頁。なお情報会計については，武田（1971）および河﨑（2001）を参照されたい。
12 武田（1971）；7頁参照。
13 会計という技術の世界では機械論的アプローチの新たな行き方を模索しつつ，その結果を機能論と融合するような理論構成に目を向けるべきである（武田（2008a）；158-159頁）。

第 I 部

ドイツ：商業帳簿(帳簿)制度の発展

　第 I 部では，ドイツの中世都市法典から現行の HGB（商法典）および1977年 AO（国税通則法）に至るまでの商業帳簿（帳簿）規定の生成・発展の過程を考察し，商業帳簿規定の本質的な目的を明らかにするとともに，多くの記帳条件が「秩序正しい（正規の）帳簿だけに証拠力がある」という命題の下で，生成・発展し，成文化されたものであることを検証する。そして，「簿記の正規性の基準となる『一般的な正規の簿記の諸原則（GoB）』」を個別具体的に提示する。

　第1章　中世都市法典から1794年プロシア一般国法まで
　第2章　1861年一般ドイツ商法典とその各種草案
　第3章　1897年ドイツ商法典
　第4章　ドイツ租税法の帳簿書類制度
　第5章　「簿記の正規性」の基準となる一般的な「正規の簿記の諸原則」

第1章

中世都市法典から
1794年プロシア一般国法まで

第1節　はじめに

　「正規に（秩序正しく）記帳された帳簿だけに証拠力がある（Nur ordentlich geführte Bücher beweiskraftig sind）」との命題（テーゼ）は，歴史に裏づけられたものである。

　もともと帳簿の証拠力は，商人の特権の一部であり[1]，帳簿の証拠力は「文書は，その作成者のための証拠にはならない[2]」という法則の明確な例外であった[3]。その例外の源泉に関してはいろいろな推測がある。そのいくつかは，タルムードを推測しているようであるが，イタリアで生み出され，そして，それがドイツへ移った商慣習であるというのが最も正確である[4]。

　商業帳簿の証拠力は，イタリアやドイツでは当たり前のことであったが，英国にはかかる思考はまったく存在していない[5]。この点が，アングロ・サクソン法系の会計制度とフランコ・ジャーマン法系の商法商業帳簿制度の決定的な違いでもある。商業帳簿規定の本質的な目的は，まず第1に，商業帳簿の証拠力の定立にあるが，英国同様に米国にも商法典がなく，それゆえに，商業帳簿規定が存在していない。さらに，米国の租税法においても会計帳簿に証拠力を認めていない[6]（第6章補節参照）。アングロ・サクソン法系では，商業帳簿ないし会計帳簿に証拠力を付与するという発想がないのである。

　そこで本章では，フランコ・ジャーマン法系に属する，イタリアおよびドイツの中世都市法典から，1794年プロシア一般国法（Allgemeines Landrecht für die preussischen Statten）に至る歴史的経過の中で，ドイツの会計制度がどのように発展してきたかを考察する。

第2節 「秩序正しい記帳」と商業帳簿

1 「秩序正しい記帳」と「商業帳簿の証拠力」

(1) イタリア都市法典

　記帳が法律上規定されたその出発点は，中世における，「秩序正しく記帳された営業帳簿（ordentlich geführten Geschäftsbüchern）」に関する裁判の「権益（Interesse）」にあった[7]。中世においては，取引の必要性から商人の帳簿の証拠力に関する公正な諸原則が発達し，イタリアの法律家は，証拠力の組立においてローマの規定を手本としている[8]。13世紀以降に発達した銀行業では銀行家は顧客への信用供与や資金の預託を受け，追加貸付や分割回収を行うようになった。この結果，取引のつど，公証人の面前に出頭して公正証書を作成することは困難になってきた。銀行家は，次第にこの公証人の持つ証明能力の権限を自己の手中におさめるようになった。債権債務帳の生成は，公証人の持つ証明力を銀行家の会計帳簿に導入する過程でもある[9]。

　イタリアの都市政府やギルドの法令では，当初，銀行帳簿にのみ適用していた規制をあらゆる商人会計の帳簿にまで拡大した。それらの法令では仕訳帳は厳格に歴順的に記録すべく空欄を作ったり，抹消したり，または欄外に脚注を設けてはならないと規定していた[10]。帳簿の証拠力は商人の債権の証明のために必要だったのである。具体的な都市法規としては，すでに13世紀にイタリア諸都市において帳簿の数字に関する規定がみられ[11]，その後，1391年にはピアツェンツァの法規に[12]，1454年にはボローニャの法規[13]に商業帳簿の証拠力に関する規定がみられる。

(2) リューベック

　商業帳簿の特別な証拠力に関する規定は，ドイツ南部から次第にドイツ北部に及んでいる[14]。1350年頃のリューベックでは，商業帳簿の訴訟上の証拠力が適用されていた[15]。ミッタイスは，『ドイツ法制史（Deutsche Rechtsgeschichte）』において，「第4回ラテラン公会議（1215年）は，決闘と神判（Gottesurteile）とに対して反対の態度をとり，一方的な神判は用いられなくなり，決闘も同じ

く市民や商人については消滅している。その代わりに書証の役割は拡大され，裁判記録のほかにも土地台帳や商業帳簿（Handelsbücher）も証明力（Beweiskraft）を獲得した[16]」とし，「ドイツでハンザが都市同盟としての性格を取得したのは，ほぼ1350年頃以後のことに属する（中略，筆者）。ハンザからの追放（Hansebann）は，各都市にとって経済的消滅を意味していたのである。リューベックは，全ハンザの中心都市であり」，「リューベックの指導的地位は商業簿記（kaufmännischen Buchführung）の出現によって著しく固められた」[17]という。かかる事実からも，中世ドイツの経済社会における「商業帳簿の証拠力」の存在の大きさを窺い知ることができる。

　また，ペンドルフは，『ドイツ簿記史（Geschichte der Buchhaltung in Deutschland）』において，「私たちが入手可能なドイツ最古の商業帳簿は，リューベックの国立公文書館内で1895年に発見され，後日 Mollwo によって出版された」，リューベックのヘルマン・ヴィッテンボルク（Hermann Wittenborg）によるものであるとし[18]，「それは必ずしもすべての営業取引ではなく，その信用を与えられた取引（信用取引＝筆者注）だけを記載している[19]」としている。そして「その記載は，一部はラテン語，一部はドイツ語によって行われ，1350年以後は圧倒的に後者によって行われている[20]」という。このことから，リューベックで機能した「商業帳簿の証拠力」も，商人が持つ債権（その存在と金額）の証明に係る「証拠力」であったことが理解される。

(3)　1520年フライブルク都市法典

　商業帳簿の証拠力に関する詳細な規定は，16世紀の都市法典に初めて現れている[21]。その一例として，1520年フライブルク都市法典がある。この法典の内容は，いまだにわが国に紹介されていないので，以下，この1520年のフライブルク都市法典[22]の第１部第４章第11節（I. Traktat, Titel Ⅳ, fol. XXI）の邦訳文を掲げてみる[23]。

　　商工業者は，その債権を帳簿によって明らかにし，かつ，証明することができる。債権債務帳（schuldbücher）とは，商工取引を行った相手に対して，取引の際に商工業者が作成するもので，誰が見ても疑いの余地がなく，かつ，秩序正しく（ordenlich）記帳されているものである。また，債権者はその生業

を公明正大に，先祖代々行っている者である。そして，正しい行いをしている者は，そのことを法廷が査定し承認するのだから，わが国の都市法典によって証明することができる。

　それ以外には証明は不可能である。商工業者は，帳簿を記帳しなければならない。そして，商業帳簿は，信頼のおける共同事業者によって，正しく，秩序正しく（ordenlich）記帳されなければならない。債権者については，債権者自身が帳簿を記帳してもよいし，帳簿を記帳するために選定された債権者の使用人が記帳してもよい。書き方はいろいろあるが，削除したり（geradiert），線を引いて消したり（durchstrichen）してはならない。また，金額はアラビア数字ではなくて，数字をアルファベット文字にして綴ったものでなければならない。必ず，年月日，および，どこからその債権が生じたか，そして誰がその債務を負っているかが明らかにされていなければならない。

　しかし，工業者の記録簿（register）は，必ずしも1人の人間によって記帳されなければならないというものではないが，常に秩序正しく（ordenlich）作成されなければならない。そして，債権債務帳は，実際に存在することを明らかにしておかなければならない。さもなければ，債権債務帳の存在が疑われることになるであろう。間違いを少しでも少なくするために，時間をかけて帳簿を作成することは，商工業者にとっても得策である。そして，あらゆる帳簿は，その内容を証明することができるが，それは常にわが国の法廷によって承認されなければならない。

「秩序正しく記帳された帳簿だけに証拠力がある」という命題は，その前提条件として帳簿の記帳条件が具体的かつ明確に与えられている必要がある。同法典には，ordenlich（秩序正しく）との用語が散見され，債権債務帳（Schuldbuch）の作成にあたって，秩序正しい記帳が求められていたことが確認できる。また「秩序正しい記帳」には，次の諸原則が包含されていた。

① **不変の記帳**……削除したり，線を引いて消したりしてはならない
② **文字の限定**……金額は，アラビア数字ではなくて，数字はアルファベット文字でなければならない
③ **完全網羅的な記帳**……債権の発生年月日，債権の発生事由および債務者の名前が明らかでなければならない

かかる諸原則を充足した秩序正しい債権債務帳に，法廷における高い証拠力が付与されたのである。

(4) 1564年ニュルンベルク改革都市法典等

その後，1564年ニュルンベルク改革都市法典の第8章第7節（Tit. 8 leg. 7）には，「商人の債権債務帳およびその他の商業帳簿が，尊敬すべき商人の慣習に従って，秩序正しく記帳されていれば（Der Kaufleute Schuld-und andere Handelsbücher, so dieselben ordentlich nach ehrbarer Kaufleute gebrauch geschrieben sind）」との表現が[24]，1603年ハンブルク都市法典の6条では，「彼ら（商人の＝筆者注）の商業帳簿が，尊敬すべき商人の慣習に従って，秩序正しくかつ正確であれば（Ihre Handelsbücher ordentlich und richtig,ehrbarer Kaufleute Gebrauche gemäß gehalten）」との表現が確認できる[25]。

1564年のニュルンベルク改革都市法典とほとんど同じ内容であるハンブルク都市法典の6条と7条では，秩序正しい記帳は商人がその他の方法では証明不可能である債権の存在を宣誓によって証明可能とするための前提条件とされていた[26]。かかる場合，証明は，生存している商人の場合には，簿記はただその前提条件だけであり，宣誓をする必要があった。ただ，死亡した商人の場合だけは，債権の存在を，すべて，営業帳簿における記入によって証明できた[27]。ハンブルク都市法典6条の文言は，その後，1711年の裁判所規則の5条に改正されて引き継がれている[28]。

以上のように，ドイツ都市法典においても「秩序正しく記帳された帳簿だけに証拠力がある」との命題の存在を確認することができる。そして，その帳簿の証拠力も商人の債権の存在を証明するものであった。また，ドイツの16世紀の法律規定は帳簿の証拠力に限られており[29]，1520年フライブルク都市法典を含めてこれらの都市法典では，記帳の義務を課していない。帳簿の証拠力は商人の特権であるため，帳簿を秩序正しく記帳していない場合には，その帳簿に証拠力を与えないという法律構成だけで立法者の目的は十分に達成されたとみることができる。

なお，1564年のニュルンベルク改革都市法典，1603年のハンブルク都市法典などは「尊敬すべき商人の慣習」に従った「秩序正しさ（Ordentlichkeit）」を求めているが，この「尊敬すべき商人の慣習」との用語に，1897年ドイツ商法典（HGB）の38条1項に盛り込まれた「正規の簿記の諸原則（GoB）」概念の芽生えをみることができる。というのは，GoB概念の中味は，その当初，「注意深い商人の慣習」であるとされていたからである（第3章第2節2(1)参照）。

(5) 債権債務帳

ところで，ドイツの中世都市法典において，証拠力が認められた帳簿は，具体的にはどのような帳簿であろうか。中世ドイツでは，複式簿記は普及していない[30]。その当時の簿記の状況について，ペンドルフは，「ドイツにおける，16および17世紀の単式簿記は，―私の知る限りでは―債権債務帳（Schuldbuch）だけしか認識しえなかった。これに対して，日記帳（Memorial）および仕訳帳（Journal）は欠如していた[31]」とする。また，私見では，商業帳簿規定が備置を予定する「帳簿の種類」と，証拠力が認められる「取引の範囲」との間には密接な関係がある。ドイツ都市法典における商業帳簿規定は，「秩序正しく記帳された帳簿だけに証拠力がある」との命題の下で，商人の債権の存在を証明するものであった。それゆえに，ドイツの中世都市法典において，その備置が予定された帳簿は「債権債務帳」であったと考えられる。

2 「秩序正しい記帳」と複式簿記

以上のように，中世ドイツ都市法典において，帳簿の証拠力にとって「秩序正しい記帳」が不可欠であったのであるが，複式簿記においても「秩序正しい記帳」は重要な原則であった。それはルカ・パチオリ（Luca Pacioli）の文献からも明らかである。

1494年に，ルカ・パチオリは，当時の数学の集大成ともいうべき，いわゆる「算術・幾何・比・および比例全書」（Summa de Arithmetica, Geometria Proportion et Proportionalita，以下，Summa という）をヴェネチアで印刷，出版した。パチオリは，Summa の第3巻第9部第11編「計算および記録詳論」（Tractatus Particulars de Computis et Scripturis）で全36章にわたって複式簿記を解説しているが，そのなかで，「秩序正しい記帳」を格別に重視するとともに，それが健全な事業経営にとっていかに重要であるかを説いていた。

以下，岸悦三教授が中世イタリア語の原典より邦訳された文献を基に，パチオリの複式簿記論における記帳原則を見てみよう[32]。以下，必要に応じて Summa の原文を［ ］に，ペンドルフのドイツ語訳を（ ）に表示してみる。

パチオリは，第1章で本書はヴェネチア共和国のウルビノ公の臣下が商人の

掟に通じ，必要事項を身につけるべく著された旨を述べ，「各人の必要に応じて本書が，計算，記録ならびに勘定を通じて，各人に役立ちうるべく，正にそのためにこそ，本書に本論稿を挿入した」とし，さらに「このために，すべての勘定と帳簿を秩序正しく［ordinatamente］（ordnungsmäßigen）記帳するに十分且つ妥当な規範を与えようと思う」という。

そして，商人に必要なものとして，3項目を挙げている。それは第1に「金銭であり実質的資力」を，第2に「正によき簿記係であり，機敏な計算係たること」を挙げ，必要な第3のしかも，最後のことは，「すべての自らの取引を秩序正しく［ordine］（schöner Ordnung）適切に処理することである」とする[33]。さらに，「秩序のない処では，すべては混乱に陥る」［Ubi non est ordo, ibi est confusio］（Wo keine Ordnung herrscht, entstehet Verwittung）との諺を用いて強調し，「期待される適切な秩序［ordine］（gebührender Ordnung）をもって，仕訳帳とともに元帳を立派につけうることを望む人は，ここで述べられていることに，精魂を傾け十分な注意を払わなければならない」という。

第13章では，「あなたは，仕訳帳に，すべてのあなたの記入事項を秩序正しく［ordinatamente］（ordnungsmäßig）記入した後，それを抜き出して元帳と呼ばれる第3の帳簿に転記しなければならない」とし，第33章においても，「以上の事項（期中取引のこと＝筆者注）が，すべて，秩序正しく［ordinatamente］（ordnungsgemäß）なされ，遵守された後は」元帳に先立つ如何なる帳簿においても如何なる変更も行われてはならないとする。この第33章の記述は，「不変の記帳の原則」に関するものであり，修正処理をする場合は，当初の処理に遡って直接行ってはならず，事後的な修正であることがわかるような処理を求めている。

第3章では，財産目録の模範例を挙げ，「神の名において」，「私は，自らの手で，秩序正しく［ordinatamente］（ordnungsgemäß）書いた」として，財産目録への記載の完全性を宣誓し，第4章では，「上記の財産目録」に「すべてよき秩序［buono ordine］（guter Ordnung）に従って入念に，記載されねばならない」と述べ，第7章では，商務官庁による認証を受ける場合には，「これらは，あなたの帳簿であり，自らの取引を秩序正しく［ordinatamente］（ordnungsgemäß）」，「記載せしめていることを述べなさい」という。かかる商務官庁による認証は，商業帳簿の証拠力に関係し，フランスの1673年ルイ14世商事勅令および1807年商法の公証手続につながるものである（第2章補節参照）。

以上の考察から，パチオリは，「秩序正しさ」（Summa本文で用いられた中世イタリア語では，ordine, ordinatamente, buono ordine）をもって記帳および財産目録作成の基本原理とし，秩序正しく作成された複式簿記による帳簿と財産目録が，健全な事業経営遂行のために不可欠であると位置づけていた，と理解

することができる[34]。また，本来，複式簿記は「初めに債権および債務の記録ありき」から出発することに疑問の余地はない。債権の証拠書類として，「借方（債務者）」が記録されたはずである。債務の証拠書類として，「貸方（債権者）」が記録されたはずである[35]。

パチオリのSumma出版から，遅れること約4半世紀，ドイツでは最初の印刷本『新しい技術書』が，1518年にGrammateus, Henricusによって出版される[36]。そして，パチオリによって出版される印刷本を原型とする「イタリア簿記」がドイツに移入されるのは，パチオリによって出版されてから約半世紀も後の1549年のことである。Schweicker, wolffgangによって出版される印刷本『複式簿記』が，それである[37]。

第3節　1794年プロシア一般国法[38]

1　背　景

18世紀末プロシア王国において，手形法および海商法を含む商法全般にわたる規定の編纂が行われた。1794年2月5日のプロシア一般国法は，私法全体を規定していたが，この法典では，「法定証拠主義（Prinzip der gesetzlichen Beweisregeln）」が採用されていた[39]。商法関係の規定は，475条から2464条までに存在し，商業帳簿規定がみられるのは，第2部・第8章市民階級・第7節商人・6商業帳簿の562条から613条である。そして，それらの商業帳簿規定は，すべて商業帳簿の証拠力に関するものであった。同法は，記帳義務を直接に規定せず，紛議を生じた場合の商事裁判において証拠面で不利になり，破産時に正規の帳簿（ordentliche Bücher）を付けていない等の場合には1468条により過怠破産者とされる，という法律構造になっている。

2　商業帳簿の記帳と証拠力に関する規定

プロシア一般国法の562・566・569条は，以下のとおりである。

562条　商業帳簿が正確に（gehörig）記帳されている場合には，商人はこの

> 帳簿を係争中の債権の証拠に使うことができる。
> **566条** 商業帳簿が証拠力を持つためには，それらは，商人の方式（kaufmännischer Art）に従って記帳されなければならない。
> **569条** 商人間では，この商業帳簿は完全な証拠力を持つ。

　法定証拠主義を採用するプロシア一般国法では，商人は正確に記帳されている商業帳簿を係争中の債権の証拠に使うことができ（562条），商人間では，この商業帳簿は完全な証拠力を持っていた（569条）。

　法定証拠主義とは，証拠方法を法定したり，証拠力に法的制限を加えたりして，裁判官の事実認定を拘束する主義をいう。証拠の証拠能力を限定せず，またその証拠力に法的な制限を加えず，証拠力の判定を裁判官の自由な判断に任せる「自由心証主義（Prinzip der freinen Beweiswürdigung）」に対するものである[40]。

　ただし，商業帳簿の証拠力の限界もあり，たとえ「商人の方式」に従った商業帳簿であっても，その証拠力が及ぶ取引や当事者に制限が施されていた。

　具体的には，「この証拠力は，商業に属する商品売買および手形取引に関してのみに限る」（563条）とされており，商人でない他人に対しては「半分の証拠」（575条）しかもたらさなかった。また，帳簿の証拠力は，イタリアやドイツの中世都市法典では商人がその債権を証明するために機能していたが，1794年プロシア一般国法でも商人の「商業に属する商品売買および手形取引」（563条）に限定されていた。

　また同法は，「秩序正しく記帳された帳簿だけに証拠力がある」との命題の下で生成発展してきたドイツ独自の記帳条件を成文化している。

　まず562条は，「秩序正しく記帳された帳簿だけに証拠力がある」という命題の成文化そのものである。この場合，「正しく記帳されている」（562条）の意味内容が問題であるが，当時のコッホによる注釈書によれば，それは566条の商人の方式（kaufmännischer Art）によるとされている[41]。「正しい記帳」と「商人の方式」とは同じ意味であったのである。コッホは，「商人の方式」を解説して，605条から607条を参照させ，商人の方式は，削除や，破り取られたり，貼られたりまたは綴じ込まれたりした紙葉がないこと，そして，係争が生じた場合に専門家によって正規に記帳された主要な商業帳簿であると宣言され

ることをいうとする[42]。「商人の方式」との文言は，566条のほかに591条と639条にもみられる[43]。ちなみに，605条から607条は以下のとおりであった。

> 605条　商業帳簿の中に，貼られたり，綴じ込まれたり，または破り取られた紙葉がある場合，または改変により読みにくい箇所がある場合には，その帳簿は証拠力（Beweiskraft）を持たない。
> 606条　またこれは，商人が自己の利益のために記帳に際して不正（Unrichtigkeiten）を行った場合にも同様である。
> 607条　他の様式の不正またはそれ以上のことが存する場合，宣誓した専門家（Sachverständigen）の鑑定に従って，これがために帳簿の信憑性がまったく失われているか否かが判断されなければならない。

① 不変の記帳の原則

605条は，2つの記帳条件を規定する。その第1は，「商業帳簿の中に，貼られたり，綴じ込まれたり，または，破り取られた紙葉がないこと」である。この条項は，「装丁された帳簿への記帳」を前提とするものでもある。第2は，「改変による読みにくい箇所をなくすこと」である。これらはともに「不変の記帳の原則」を意味しており，フランスの1673年ルイ14世商事勅令における「公証制度」に匹敵する，ドイツ独自の要件である。

② 記帳の正確性

606条と607条に用いられたUnrichtigkeiten（不正）との用語にも注目すべきである。582条には，Richtigkeit der Bücher（帳簿の正確性）との語も用いられている。

③ 専門家による鑑定

607条で「商人の方式」に従っているか否か，換言すれば，帳簿の正規性の判断を専門家（Sachverständige）の鑑定に委ねていることも注目に値する。568条でもSachverständigeとの用語を使用している。これは，帳簿の正規性に係る「実箱」において，法規範としての成文法体系によって覆いつくせない残余の領域については，価値概念に属する「帳簿の正規性」によって充填されることを意味している。「専門家」との用語は，1977年国税通則法（AO）145条1項1文に，そして1985年改正HGBの238条1項2文に採用されている。

④ 用語の限定

さらに,「すべての場合において,商業帳簿が,ユダヤ語で (in jüdischer Sprache) 記帳されている場合には,証拠資料としては取り扱われない」(590条) との条項も「商人の方式」に包含されていたと考えられる。

3 「正規の帳簿」概念

(1) 1468条

1794年プロシア一般国法の1452条から1487条までは,破産 (Bankerut) に関する規定であり,1466条から1472条までは過怠破産を規定する。商業帳簿規定との関連では,1468条が重要である。1468条には,過怠破産罪に関して,「正規の帳簿 (ordentliche Bücher)」という用語が採用されており,一般にGoBの淵源として,プロシア一般国法1468条のかかる用語が引用される[44]。

> **1468条** 正規の帳簿 (ordentlichen Bücher) をまったく記帳せず,または,少なくとも年1回財産の対照表 (Balance) をも作成せず,これによって自己の財産の状況 (die Lage seiner Umstände) を不明瞭ならしめている商人は破産の際,過怠破産者 (fahlässiger Bankerutirer) として罰せられる。

過怠破産罪を規定する1468条の「正規の帳簿」概念は,「正規の帳簿をまったく記帳せず」かつ「自己の財産の状態を不明瞭ならしめている」ことをもって過怠破産罪の構成要件とする規定である。同条は,「正規の帳簿」あるいは「年1回の財産の対照表」の作成によって,財産状況を商人に自己報告させ,それによって健全な事業経営を遂行せしめる趣旨があったと理解される (第9章第2節2参照)。この場合の「商人自身への自己報告による健全経営の遂行」に係る「実箱である正規の帳簿」概念は,「商人が財産状況を知ることができる」レベルの「正規の帳簿」であり,記帳条件の厳密な遵守までは求めていないという意味で,帳簿の証拠力に係る「実箱である正規の帳簿」に比して緩やかな要件となっている。ここで,Balance の意味内容であるが,これは複式簿記に基づく貸借対照表を意味しない。後述するように,この当時,複式簿記は普及しておらず,1839年のヴュルテンベルク王国の商法草案が,その36条,37条および38条で「財産一覧表 (Vermögensverzeichniß)」を規定していたことを

考え併せると，Balanceは，財産と負債を記載した「財産一覧表」を指していたと考えられる。

さらに，ordentlichとの用語は，639条「計算書類の提示の仕方（Wegwn der Rechnungsablegung）」にもみられる。639条は，「すべての出資社員（Gesellschafter）は，その社員によりなされた取引に関して，商人の方式に従って正規の帳簿（ordentliche Bücher nach kaufmännischer Art）が記帳されていることを調べる義務がある」と規定する。この条文から，「商人の方式」に従った帳簿が「正規の帳簿」であることが理解される[45]。

(2) 備置を予定されている帳簿

プロシア一般国法の566条以下は，備置すべき帳簿の種類を特定せず，「商人の方式」で備置することだけを求めている。もっとも同法は，その後の条文で元帳（Hauptbuches）の備置をその前提としており，このことを最も重視しているとみられる[46]。

それでは，プロシア一般国法の商業帳簿規定は，どのような帳簿の備置を予定していたのであろうか。

土方久教授は，1836年に出版印刷されたSchiebeによる『簿記論，理論と実務』を考察され，次のように述べられる。

> Schiebeは，「複式簿記は，それほど完全にも，全体的にも，認識されてはいない。ほぼ40，50年来，そのようである」，「単式簿記に絶対に必要である帳簿は，営業を正規に記録して，これから損益を計算しようとする場合，少なくとも，1番目に『日記帳』（Memorial und Journal），2番目には，『元帳』（Hauptbuch），3番目には，『現金出納帳』（Cassenbuch），4番目には『商品売買帳』（Waarenbuch）である」としている[47]。この書物でSchiebeの例示する「元帳」は，単式簿記の本来の元帳，「債権（債務者）帳，債務（債権者）帳」である[48]。

また，私見では，商業帳簿規定が備置を予定する「帳簿の種類」と，証拠力が認められる「取引の範囲」には，密接な関係がある。既述のように，プロシア一般国法における商業帳簿規定は，すべて商業帳簿の証拠力に関するものであり，その証拠力は，商人の「商業に属する商品売買および手形取引」（563条）

に対して機能している。

すなわち，プロシア一般国法の商業帳簿規定が備置を予定している帳簿は，主に「債権債務帳」である[49]。そして，債権債務帳だけで「自己の財産状況」を明らかにできるとは限らないので，債権債務帳を支える「日記帳」・「現金出納帳」・「商品売買帳」等も，必要に応じて，その備置が予定されていたと考えられる（なお，日記帳の意義は第2章第2節2(2)を参照）。

(3) 包括概念

1794年プロシア一般国法における「正規の帳簿」概念は，包括概念であり，超歴史的・普遍的・理念的概念である「正規の帳簿」概念（空箱）と，成文化された法規範等によってその中味が充填された「正規の帳簿」概念（実箱）から構成される。そして，中味が充填された「実箱」である「正規の帳簿」概念には，少なくとも，帳簿の証拠力，商人自身への自己報告，過怠破産罪，出資社員の帳簿調査義務の場面で機能するものが存在する。これらの「実箱」である「正規の帳簿」は，「商業帳簿の法の適用局面」において機能している。

ordentlichとの語は，すでにドイツの中世都市法典において帳簿の証拠力に関して用いられているにもかかわらず，プロシア一般国法におけるこのordentlichとの語が，多くの文献でGoBの淵源に位置づけられる背景には，1794年プロシア一般国法に至って，「秩序正しさ」は，帳簿の証拠力のほかに，「商人自身への自己報告による健全経営の遂行」等に関しても重要な要件となっており，ordentlich概念に多様な意味を持たせるに至っている事実があるからである。それゆえに，本研究では，1794年プロシア一般国法のordentlichを「正規に」と邦訳する。

また，個々の「実箱」である「正規の帳簿」の内容は，それぞれ異なるが，「帳簿の証拠力」に係る「正規の帳簿」概念を除き，それらの差異はいまだ鮮明ではなかったと思料される。1857年プロシア第2草案の理由書も「正規に（ordnungsmäßig）記帳された商業帳簿」の備置について，「何が正規の簿記のもとで解釈されるべきかは，より古い商法には詳細に規定されていない。一般国法（562条，1468条）も，ただ一般的に，『正規の（ordentlich）』あるいは『正確な（gehöriger）』帳簿に関して記述するだけである。一般にこの規定は，不確定（unbestimmt）とみなされる」としている（第2章第4節2(2)参照）。

ところで,「一定条件を満たした帳簿記録にも証拠力を与えたわけは,領収書は紛失し易いという理由からのようである。当時のサヴァリー（J. Savary），古くはパチオリ（L. Pacioli）の書物の中に,領収書は紛失し易いことが述べられている[50]」との有力な見解もある。

一連の考察からも明らかなように,中世イタリアにおける債権債務帳の生成は,追加貸付や分割回収を行うようになり,この結果,取引のつど,公証人の面前に出頭して公正証書を作成することは困難になった銀行家が,公証人のもつ証明力を自らの会計帳簿に導入する過程でもある。そして,商業帳簿の証拠力は,「正規に（秩序正しく）記帳された帳簿だけに証拠力がある（Nur ordentlich geführte Bücher beweiskräftig sind）」との命題のもとで,商人が自らの債権を立証するための手段,特権として,発展したものであり,領収書の保存との間にそれほど密接な関連はないと考えられる。

第4節　おわりに

「正規に（秩序正しく）記帳された帳簿だけに証拠力がある」との命題は,歴史に裏づけられたものである。ドイツでは,1350年頃のリューベックで商業帳簿の訴訟上の証拠力が適用されていたが,商業帳簿の証拠力に関する詳細な規定は,16世紀の都市法典に初めて現れている。たとえば,1520年フライブルク都市法典には,ordenlich（秩序正しく）との用語が散見され,債権債務帳の作成にあたって,秩序正しい記帳が求められていたことが確認できる。フライブルク都市法典では,①削除したり,線を引いて消したりしてはならないこと（不変の記帳），②金額はアラビア数字ではなくて,数字はアルファベット文字でなければならないこと（文字の限定），③債権の発生年月日,債権の発生事由および債務者の名前が明らかでなければならないこと（完全網羅的な記帳）が規定されており,かかる諸原則を充足した秩序正しい債権債務帳に法廷における高い証拠力が付与された。

ドイツの16世紀の法律規定は,ただ債権債務帳の証拠力に限られており,これらの都市法典では,罰則を担保として記帳義務を強制していない。帳簿の証拠力は商人の特権であるため,帳簿を秩序正しく記帳していない場合には,その帳簿に証拠力を与えないという法律構成だけで立法者の目的は十分に達成さ

れたとみられる。

　また，1564年のニュルンベルク改革都市法典，1603年のハンブルク都市法典などでは，「尊敬すべき商人の慣習」に従った「秩序正しさ（Ordentlichkeit）」を求めているが，この「尊敬すべき商人の慣習」との用語に，1897年 HGB の38条1項に盛り込まれた GoB 概念の芽生えをみることができる。というのは，GoB 概念の中味は，その当初，「注意深い商人の慣習」であるとされていたからである（第3章第2節2(1)参照）。

　かくして，帳簿の証拠力と「秩序正しい記帳」は，密接な関係があることが判明したのであるが，複式簿記にとっても「秩序正しい記帳」は不可欠な要件であった。1494年にルカ・パチオリは，当時の数学の集大成ともいうべき，Summa を印刷，出版した。

　パチオリは，全36章にわたって複式簿記を解説し，そのなかで，「秩序正しい記帳」を格別に重視するとともに，それが健全な事業経営にとっていかに重要であるかを説いている。パチオリは，「秩序正しさ」（Summa 本文で用いられた中世イタリア語では，ordine, ordinatamente, buono ordine）をもって記帳および財産目録作成の基本原理とし，秩序正しく作成された複式簿記による帳簿と財産目録が，健全な事業経営遂行のために不可欠であると位置づけていた，と理解することができる。

　1794年プロシア一般国法における「正規の帳簿」概念は，包括概念であり，超歴史的・普遍的・理念的概念である「正規の帳簿」概念と，成文化された法規範等によってその中味が充填された「正規の帳簿」概念から構成されている。そして，中味が充填された「実箱」である「正規の帳簿」概念には，少なくとも，帳簿の証拠力，商人自身への自己報告による健全経営の遂行，過怠破産罪，出資社員の帳簿調査義務の場面で機能するものが存在していた。特に，実箱の1つである「帳簿の証拠力」に係る「正規の帳簿」は，605条から607条に規定された記帳条件等によって充足される具体的な概念であった。

　多くの文献で，プロシア一般国法の ordentlich との用語が GoB の淵源とされる背景には，1794年プロシア一般国法に至って，「秩序正しさ」が，帳簿の証拠力のほか，「商人自身への自己報告による健全経営の遂行」等に関しても重要な要件となって，ordentlich 概念に多様な意味を持たせるに至っている事実がある。

■注

1　Kruse（1978）；S.200. クルーゼは、「すべての商人簿記は商業帳簿の証拠力を指向している」ともいっている（Kruse（1978）；S. 199）。さらに Leyerer は、バビロンや古代エジプトの起源を参照させている。同氏によれば、帳簿上の記入は、それ自体記帳者のために完全な証拠力をもたらさないが、訴訟においては、裁判官に提示することができ、その真実性は宣誓あるいは証言によって立証可能であったという（Leyerer（1922）；S. 141）。
2　scriptura privata pro scribenta non probat.
3　Leffson（1987）；S. 49. ハイゼは、「例外として、商人はその帳簿をその者のための証拠とする権利がある」（Heise（1858）：S.92）という。
4　Heise（1858）：S. 93.
5　Vgl.Heise（1858）：S. 92.
6　飯塚（1988）；7－8頁、および、本研究の第6章補節を参照されたい。
7　Leffson（1987）；S. 45.
8　Anschütz/Völderndorff（1868）；S. 216.
9　泉谷（1997）；300頁。
10　岸（1988）；336頁。なお、パチオリ簿記論に至るまでの帳簿の証拠力の経緯に関しては、泉谷（1997）の299-300頁を参照されたい。
11　Vehn（1929）；S. 245.
12　Klügmann（1907）；S. 10.
13　Klügmann（1907）；S. 10, Anschütz/Völderndorff（1868）；S. 217.
14　Klügmann（1907）；S. 11.
15　Leffson（1987）；S. 48.
16　ミッタイス＝世良訳（1991）；428頁。Mitteis/Lieberich（1985）；S. 293. 神判とは神の名において、熱湯、冷水、熱鉄などを用いて行われる裁判をいう。
17　ミッタイス＝世良訳（1991）；403頁。Mitteis/Lieberich（1985）；S. 279.
18　Penndorf（1913）；S. 3.
19　Penndorf（1913）；S. 3.
20　Penndorf（1913）；S. 4.
21　Anschütz/Völderndorff（1968）；S. 217。同旨 ter Vehn（1929）；S. 245.
22　ドイツ都市法典を考察する場合、ローマ法の継受との関連が問題になる。たとえば、1479年のニュルンベルクの改革法典はまだドイツ法的色彩が圧倒的に強く、ヴォルムスの都市法典は一層ローマ法化されている。1520年のフライブルク都市法典はウルリッヒ・ツァジウスの傑作であり、彼はドイツ法の影響も容れている（ミッタイス＝世良訳（1991）450頁参照）。
23　条文の邦訳は、Penndorf（1913）、S. 168に掲載されている原文から訳出した。なお、原文では現行ドイツ語の"ordentlich"ではなく、"ordenlich"との表現が用いられている。
24　Vgl. Penndorf（1913）；S. 168.
25　Vgl. Penndorf（1913）；S. 236. なお、松本（1990）の29頁も参照されたい。
26　Leffson（1987）；S. 49.

27　Leffson（1987）；S. 49.
28　Penndorf（1913）；S. 236.
29　Leyerer（1922）；S. 128.
30　土方教授は，「19世紀の中葉のドイツでは，複式簿記に比較して組織的ではないので，非組織的ではあるが，簡単な簿記ないし簡便な簿記を意味する『単式簿記』の帳簿に関わるしかなかったにちがいない」（土方（2008）；385頁）とされる。
31　Penndorf（1913）；S. 385.
32　パチオリ簿記論の邦訳としては，平井泰太郎，片岡義雄，本田耕一，片岡泰彦，岸悦三各氏によるものがあるが，本研究では，岸（1990）所収の訳文（37-124頁）を基に，片岡（1988），本田（1975）およびドイツ語訳である Penndorf（1933）を参照した。また，Summa の原文は，パチオリ生誕500年を記念して日本簿記学会（会長は武田隆二博士＝当時）から限定配布された Summa の複写本を参照した。そのほかに，Summa の複写は，本田（1975）（それは，本文第1章および第1章の一部が Summa 初版の複写であり，第2章の残りおよび第3章以後は，第2版の複写である）および Penndorf（1933）所収の原文複写も参照した。
33　Summa 原文によると，ordie と記述されているが，岸教授が原文として ordine との語を用いているため，ここでは ordine を用いた。
34　このように，パチオリの Summa には，各種の記帳条件が記述されているが，その事実に学問の光が当てられていないようである。なお，それらの原則とドイツ商法および租税法に成文法規化された記帳条件との対比は，坂本（1995a），（1995b），（1995c）を参照されたい。
35　土方（2008）；278頁。
36　土方（2008）；11頁。
37　土方（2008）；12頁。Vgl. Penndorf（1913）；S. 125.
38　条文は，Hattenhauer/Bernert（1970）；S. 723を参照した。邦訳は，安藤（1997）の20頁以下，岸（1988）の347頁以下および百瀬（1998）の203頁以下を参照した。
39　プロシア一般国法では，法定証拠主義が採用されていた。この点については Walter（1979）；S. 7ff. を参照のこと。
40　三ヶ月（1993）；434頁。
41　Koch（1854a）；S. 833.
42　Koch（1854a）；S. 834.
43　591条も帳簿の証拠力に関する規定であり，639条は計算書の提示の仕方に関する規定である。
44　たとえば，Leffson（1987）；S. 18，Bierle（1981）；S. 715，飯塚（1988）；10頁，高木（1995）；21頁を参照。
45　なお，ordentlich ないし kaufmannischer Art との用語が複式簿記という意味を含むかどうかについて学説の対立がみられる。百瀬教授は，「正規の（ordentlich）とは秩序立ったという意味で（中略，筆者）複式簿記が想定され」る（百瀬（1998）；233頁）とされ，安藤教授は，「商人の方式とは特に複式簿記を意味するものではない」（安藤（1997）；23

頁）とされる。

46　Entwurf（Reichsministerium der Justiz）；S. 47.
47　土方（2008）；460-461頁。
48　土方（2008）；463頁。土方教授は，Schuldbuch を「債権（債務者）帳，債務（債権者）帳」と邦訳されている。百瀬教授は，「『商人の法』は『元帳』が中心的存在であり，この元帳が他の帳簿と一致するかたちで規定されている。（中略，筆者）。ところで個々の債権者および債務者の債権および債務の残高を確認しようとすれば，元帳の人名勘定がその残高を知るには最適である。『商人の法』では元帳の人名勘定が証拠能力をみるうえでとり入れられた」（百瀬（1998）；208頁）とされる。このことから，当時の元帳は，実質的には債権債務帳であったことがわかる。
49　安藤教授も，「そもそもプロシア普通国法は，単式のドイツ式簿記を前提としていた，といわれている。当時のドイツの簿記書で単式簿記の説明を見ると，元帳とはいわば人名勘定に他ならないことが判る。したがって，これが，証拠としての提示に関し言及されている『元帳』の具体的内容である，と考えられる」（安藤（1997）；23頁）とされる（引用文中，括弧部分は省略した）。
50　安藤（1997）；14頁。

第2章
1861年一般ドイツ商法典とその各種草案

第1節　はじめに

　本章では，ドイツにおける最初の統一的な商法典である1861年一般ドイツ商法典（ADHGB）制定に至るまでの各種草案の商業帳簿規定およびADHGBの商業帳簿規定を各種立法資料を基に考察する。

　1897年商法典（HGB）の38条1項に「正規の簿記の諸原則（GoB）」との用語が盛り込まれたことを除き，ADHGBの商業帳簿規定と1897年HGB制定当時の商業帳簿規定との内容には大きな差異はない[1]。したがって，1897年HGB制定当時の商業帳簿規定の意味内容・趣旨はADHGBの商業帳簿規定成立の経緯を調べることによってより鮮明になる。さらに，ADHGBは，日本の1890（明治23）年商法にも多大な影響を及ぼしているため（第13章第2節参照），本章における一連の考察は，わが国商法典の商業帳簿規定を考察する前提条件を提供する。

　1861年ADHGB制定までは，プロシアでは1794年プロシア一般国法が，ラインプロイセン，ラインバイエルン，ラインヘッセンでは1807年フランス商法典が適用されており[2]，法の統一はまだ実現していなかった。こうした中で1839年のヴュルテンベルク王国で商法典草案が策定され，その後，帝国法務省草案（1849年），プロシア商法典第1草案（1856年），プロシア商法典第2草案（1857年）が策定されている。そして，ニュルンベルク立法会議の第1読会（1857年）でプロシア第2草案が審議されて第1修正案が出され，その後の第2読会（1857年から1858年）によって第2修正案が策定されている[3]。

　このような1861年ADHGB成立に至る一連の草案策定の過程において，「正

規の簿記（Ordnungsmäßige Büchführung）」概念がどのように生成され，発展してきたのか，そして，この概念が1897年 HGB38条1項所定の「正規の簿記の諸原則（GoB）」という会計包括規定の誕生にどのような影響を与えているのかという点も興味深いところである。なお，一連の考察にあたって，19世紀の中葉のドイツでは，複式簿記はいまだに普及しておらず，単式簿記の帳簿が主体であったことに留意する必要がある[4]。

また，ADHGB31条[5]における「資産および債権」に関する「付すべき価値」の解釈をめぐっては，学問および裁判において何十年にも及ぶ激しい論争が巻き起こっている（この問題に関しては，たとえばBarth（1953）や安藤（1997）に詳しい）。これは，31条の発生史にも関連する「資産の評価問題」であり，現在IFRS（国際財務報告基準）が採用する「資産負債アプローチ」との対比で興味深いテーマであるが，本研究の射程を超えるため，ここでは問題の存在を指摘するにとどめる。

第2節　1839年ヴュルテンベルク王国の商法典草案[6]

1　商業帳簿規定の目的

1839年ヴュルテンベルク王国の商法典草案の理由書は，商業帳簿規定の目的を以下のように述べる[7]。

> 商業帳簿は文書の側面があり，他の人々に対する証拠資料として用いられ得る。他の側面は，商人にその業務の状況に関する全容（Übersicht über den Stand seiner Angelegenheiten）を提供する補助資料であることである。その帳簿はフランス商法典の理由書が述べるように、その正規の記帳（regelmäßige Führung）が適時性（Pünktlichkeit）と正確性（Rechtlichkeit）を証言し，かつ，運命の神の変動に対する防壁に役立つ。無秩序な記帳は破産者の特徴である（Unregelmäßige Führung ist das Kennzeichchen des Bankerottirers.）。それが商業帳簿の重要性とその正規な備付の必然性の理由である。

この草案理由書の記述から，商業帳簿規定の機能が「証拠力の定立」と「自己報告による健全経営の遂行」にあることがわかる。理由書の記述を図示すれ

図表2-1　「1839年ヴュルテンベルク王国」商法典草案理由書：商業帳簿規定の意義

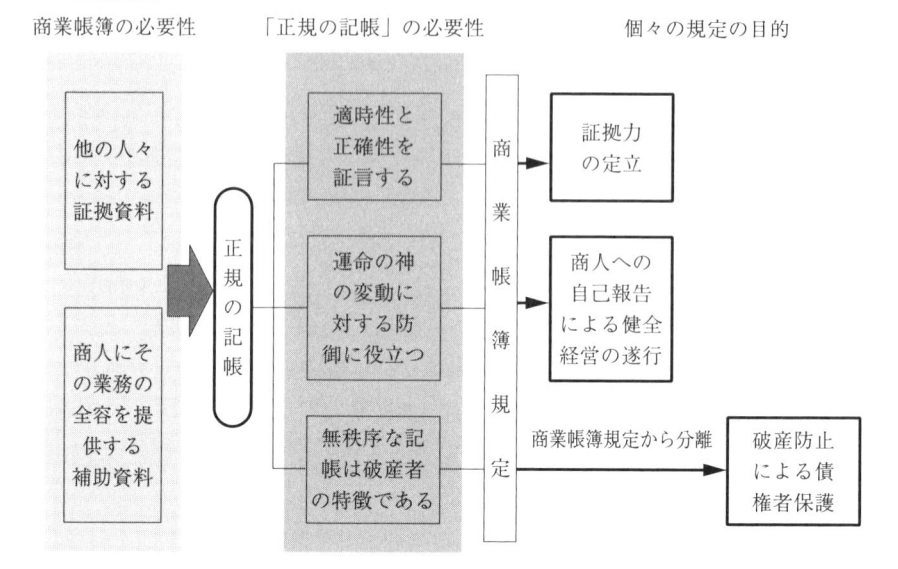

商業帳簿の必要性　　「正規の記帳」の必要性　　　　　個々の規定の目的

```
┌─────────┐
│ 他の人々  │
│ に対する  │
│ 証拠資料  │
└─────────┘         ┌─────────┐      ┌─────────┐
                    │ 適時性と │      │ 証拠力  │
                    │ 正確性を │──┬──│ の定立  │
                    │ 証言する │  │   └─────────┘
           ┌───┐   └─────────┘  │商
           │正 │               業 
           │規 │   ┌─────────┐ 帳   ┌─────────┐
           │の │   │運命の神  │ 簿   │商人への  │
           │記 │──│の変動に  │──簿─│自己報告  │
           │帳 │   │対する防  │ 規   │による健全│
           └───┘   │御に役立つ│ 定   │経営の遂行│
┌─────────┐      └─────────┘      └─────────┘
│商人にそ  │
│の業務の  │      ┌─────────┐     商業帳簿規定から分離
│全容を提  │      │無秩序な記│              ┌─────────┐
│供する    │──│帳は破産者│────────│破産防止  │
│補助資料  │      │の特徴である│            │による債  │
└─────────┘      └─────────┘              │権者保護  │
                                            └─────────┘
```

ば，**図表2-1**のようになる。さらにこの理由書の記述から，「正規の記帳」概念は，超歴史的・普遍的・理念的概念である「空箱」と，①商業帳簿の証拠力，②商人自身への自己報告を通じた健全経営の遂行，③破産防止による債権者保護という「商業帳簿の法の適用局面」で機能する具体的な概念である「実箱」から構成されることも明らかになる[8]。

2　記帳条件等に関する規定

(1) 規定の内容と解釈

同草案の商業帳簿規定に盛り込まれた記帳条件等は，以下のとおりである（一連の考察に必要な条項だけを掲載）。

> **34条［日記帳］**　各商人は，日記帳（Journal, Memorial, Prima Nota, Strazzeともよばれる）を記帳し，かつ，その中に，日々（Tag für Tag），時系列に（nach der Zeitordnung），商人が行ったすべての商取引（3条）を，記録しなければならない。
>
> 　商人のすべての債権および債務，すなわち商人がした手形ないし有価証券

のすべて，商人が受け取ったないし発行したものすべて，も同様である。特に商人は家計に使用したすべてのものを少なくとも毎月記帳しなければならない。

35条［日記帳］ 商業の場合には，販売に基づく現金売上が少なくとも毎週日記帳に記入されれば，十分である。

商業所に特別の出納係（76条）が雇われる場合には，商業支払いが日記帳に記帳されることも必要ではない。むしろ，現金出納帳は日記帳の本質的な部分を構成する。

一定の運送日記帳が記帳される場合は同様に適用される（172条）。

（36条，37条および38条は，財産一覧表（Vermögensverzeichniß）を規定する＝筆者注）

39条［信書控え帳］ すべての受け取った商業信書は，収集され，かつ保存されなければならず，週毎に信書控え帳に記帳されなければならず，それに記載されたものと同じ用語で記帳しなければならない。

40条［商業帳簿の形態］ 商業帳簿は，これには法的に不可欠な帳簿（34条，36条，39条）とともに保存される帳簿類も含まれるが，頁数を付番し，かつ時系列的に，空行・空白および挿入なく記帳されなければならない。

記帳内容を抹消してはならず，記帳が単なる欄外余白によって補充されてはならない。

41条［保存義務］ 商業帳簿は，最後の記帳から数えて30年間あるいは営業を止めた場合には，営業資産が完全に精算された後少なくとも10年間保存しなければならない。

34条1項は，日記帳（Tagebuch）に関して，「日々（Tag für Tag）」との文言で「適時の記帳」を求めている。理由書では「日記帳への記帳は少なくとも翌営業日の朝を越えて延期されてはならない。日記帳は商人のためにそして商人に対する重要な証拠資料であり，かつ，その理由から秩序正しい記帳（ordentliche Führung）は商人に対する最高の権益である[9]」とする。Tagebuchという名称のとおり，日記帳は日々の取引を適時に記録する帳簿であり，日記帳への「適時の記帳」は，帳簿の証拠力に関して特に重要な条件なのである。さらに，同項は「時系列的な（nach der Zeitordnung）記帳」と「すべての取引の記帳」を求める。

40条には，「各頁への付番」・「時系列的な記帳」・「空行・空白なき記帳」，および「不変の記帳」すなわち「挿入および抹消の禁止」および「欄外余白による補充の禁止」が規定されている。その他の規定では，36条には署名義務が，

39条には信書の保存義務が盛り込まれている。

なお，本草案では備置すべき帳簿を特定しなかったプロシア一般国法と異なり，日記帳（34条，その例外として35条），資産一覧表（36条）および信書控え帳（39条）を最低限具備すべき帳簿として法定している（40条）。

同法は，商業帳簿の記帳に用いる用語を意図的に指定していないが，1828年発効の「イスラエル人の法律関係に関する法律（Gesetz über die Rechtsverhältnisse der Israeliten)」 4条によって，ユダヤ人の商人は帳簿をヘブライ語で付けてはならないとされていた[10]。

(2) "Tagebuch"の意味

ところで，Tagebuch（34条1項）として，1839年ヴュルテンベルク王国の商法典草案が想定していた帳簿はどのようなものであったのだろうか。

34条1項は，Tagebuchを「Journal, Memorial, Prima Nota, Strazzeともよばれる」としているが，Memorialは「日々の取引事象をメモ書きとして，歴順的，特に叙述的に，文章で記録するだけ[11]」のものであり，Journalは「どの勘定に記録するか，いくらで記録するか，『二重記録』のために日々の取引事象を分解する[12]」ものである。とすれば，立法者は，当時の商人の簿記実務を斟酌して，「日記帳」から「仕訳帳」に至るまでの幅広い帳簿概念としてTagebuchとの語を用いたと考えられる。また，かかる解釈は，フランスの1673年ルイ14世商事勅令のLivre（1条）と1807年商法典のlivre journal（8条），ドイツの1849年帝国法務省草案（4条）と1856年プロシア第1草案（27条）におけるTagebuchに関してもあてはまる。

また，私見によれば，商業帳簿規定が備置を予定する「帳簿の種類」（ただし，財産一覧表の備置等は除く）と，証拠力が認められる「取引の範囲」との間には密接な関係がある。本草案では，「債権および債務」を含む「日々の取引事象」を記録するTagebuchの備置を義務づけるとともに，（以下の「商業帳簿の証拠力に関する規定」からも明らかなように）その証拠力が及ぶ範囲を「債権および債務」を含む「すべての商取引」にまで拡大している。

以上の視点から，立法者が，Tagebuchとの語を，「日々の取引事象」を記録する「日記帳」から「仕訳帳」に至るまでの幅広い帳簿概念として用いたことが理解される。

3 商業帳簿の証拠力に関する規定

同草案の商業帳簿の証拠力に関する規定（42条から59条）から主要な条文を抜粋すれば，以下のとおりである（一連の考察に必要な条項だけを掲載）。

> **42条［商業帳簿の公示］** 商業帳簿ならびにその関係書類の公示は，相続財産，共有財産および会社状況を知るため，あるいは競売のためにのみ義務づけることができる。
>
> **43条［商業帳簿の提示］** 他の係争事案では，商人がそれに関与している場合，裁判所はその係争事案に関係する事柄を抜粋するために，公式手続をとってでも，34条，36条，39条に規定された必要な商業帳簿の提出を命令することができる。
>
> 必要があれば，これらの帳簿とともに，通常はその提出が免除される関係帳簿も提出されなければならない。上記の必要帳簿がない場合に限り，相手方の要求に応じて上記の免除帳簿だけの提出を命令することができる。
>
> いずれにせよ，裁判所は提出された帳簿をそれが正規の記帳（regelmäßigen Führung）かどうかを調べるために，どうしても必要である範囲を超えて検閲しなければならない。当事者には，疑わしい記帳を調べる権利しかない。
>
> **46条［商業帳簿の証拠力］** 商人の商業帳簿は，その商人に対して完全な証明を行う。
>
> そこから利益を得ようとする者は，それがその主張に対して含んでいるものを分離してはならない。つまり，その者がそこから証拠として取り出す場合には，その者は一致した結果を受け入れなければならない。
>
> **47条［商業帳簿の証拠力］** 正規に（40条）記帳された商業帳簿（Regelmäßig (Art. 40) geführte Handelsbücher）は商人の商業帳簿のために，他の商人に対して，完全な証明を行う。
>
> **48条［商業帳簿の証拠力］** 係争中の商人の商業帳簿における記帳がお互いに矛盾する場合は，それらは提示された事案において証拠資料としては役立たない。
>
> 当事者の帳簿が正規に（regelmäßig）記帳されていなければ，規則的に記帳された他の当事者の帳簿は，他の方法に基づいて反対事実が証明されるまでは，十分な証拠力を持つ。

同草案では，プロシア一般国法の流れを受けた法定証拠主義のもとで，備置すべき帳簿の種類，各種記帳条件を規定し，そのうえで帳簿の証拠力に関する

条文が数多く規定されている。記帳の正規性に関しては,「正規の記帳(regelmäßige Führung)」(43条),「正規に (40条) 記帳された商業帳簿 (Regelmäßig (Art. 40) geführte Handelsbücher)」(47条),「帳簿が正規に (regelmäßig) 記帳されていなければ」(48条) との用語がみられるが,これは草案理由書でフランス商法典の理由書に言及しており,さらに47条の解説でフランス商法12条を引用していることから,1807年フランス商法の12条を参照したとみられる (1807年フランス商法典は本章補節1②参照)。

特に47条の「正規に (40条)」との文言から,「商業帳簿の証拠力」に係るregelmäßigとの用語には,40条に規定された各種の記帳条件,すなわち「各頁への付番」・「時系列的な記帳」・「空行・空白なき記帳」・「挿入および抹消の禁止」・「欄外余白による補充の禁止」,さらには34条の「日記帳への日々の記帳」が包含されることが明らかになる。これらの諸条件によって充填された実箱である「正規の商業帳簿」が,記帳の「適時性」と「正確性」を証言し,他の商人に対して完全な証明を行うのである。ここに,1839年ヴュルテンベルク王国の商法典草案に「正規に (秩序正しく) 記帳された帳簿だけに証拠力がある」との命題が存在していたこと,「商業帳簿の証拠力」に係る実箱である「正規の記帳」概念が具体的な中身を伴って確定していたこと,を確認することができる。

第3節　1849年帝国法務省草案

1　商業帳簿規定の目的

1849年4月に帝国法務省が理由書を添付して「ドイツの一般商法典草案」を印刷公表している[13]。まず草案理由書は,商業帳簿の本質的機能の1つである「自己報告による健全経営の遂行」について,以下のように説明する[14]。

> 商人は,正規にその業務を進め,忘却あるいは思い違いによって,自らが損害を被らず他人に損害を与えず,その個々の事業の成り行きと結果を見通し,かつ,合法性と賢明性という規範に従って,従来のやり方を継続すべきか否か,あるいは会社経営に変更を加える必要があるか否か,収支を均衡させる必

> 要があるか否か，さらには業務を中止する必要があるか否かを判断することができるように，規則的に繰り返しやってくる特定の時点で少なくとも一度はその業務のすべての状況を観察するようになる。

　かかる解説は，経営者にとって，自らの経営状況の把握や将来の予測にとって商業帳簿が不可欠な経営資料であることを指摘するものである。続いて草案は「証拠力の定立」について，以下のように述べる[15]。

> 　２つ目の必要性を提示すれば，商取引の係争時に，正規に記帳された商業帳簿（regelmäßig geführt Handelsbücher）の記入が事情によっては非常に重要な証拠要素とみなされるという，事物の本性（Natur der Sache）にある。

　理由書が「事物の本性」として「正規に記帳された商業帳簿」の証拠力に言及したことは，賞賛されてしかるべきであろう。「正規に（秩序正しく）記帳された帳簿だけに証拠力がある」との事実は歴史を貫く命題なのである。さらに草案は，「商取引において不可欠な信用を置く場合，ならびに不注意による倒産あるいは偽装倒産によって信用を悪用する可能性がある場合，単に個々の商人の利益ではなく，世間一般の利益のために正規の（regelmäßiger）商業帳簿の管理が必要となる」として，信用秩序の維持および破産防止のためにも正規の商業帳簿の備置が必要であると述べ，「これらの要素を十分に実現するためには，とりわけ簿記が世間一般の利益に関してその目的を達成するためには，簿記の仕方を完全に個人の恣意に委ねることはできない。つまり，個々の帳簿を規定する必要があり，単にうわべだけでなく，実際に規則どおりの簿記をできるだけ保証する規定を公布する必要がある[16]」として，簿記に関する具体的な規定が商業帳簿規定に盛り込まれるべき必要性を強調する。以上の理由書の記述を図示したものが，**図表２-２**である。

図表2-2 「1849年帝国法務省」商法典草案理由書：商業帳簿規定

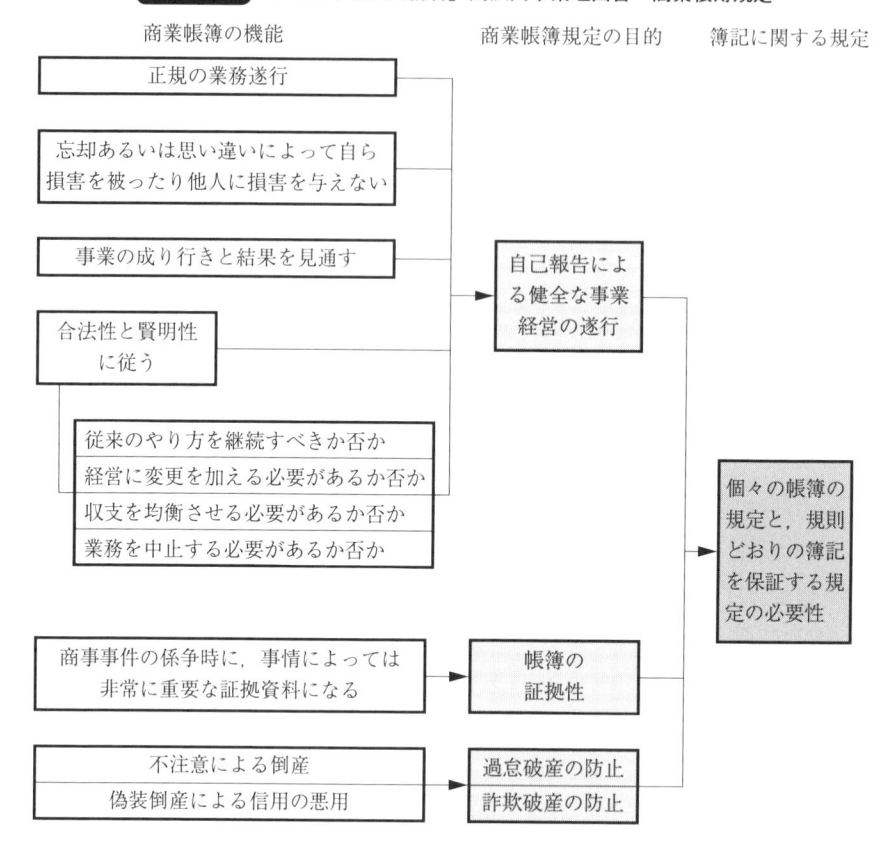

商業帳簿の機能　　　　　　　　　商業帳簿規定の目的　　簿記に関する規定

- 正規の業務遂行
- 忘却あるいは思い違いによって自ら損害を被ったり他人に損害を与えない
- 事業の成り行きと結果を見通す
- 合法性と賢明性に従う
  - 従来のやり方を継続すべきか否か
  - 経営に変更を加える必要があるか否か
  - 収支を均衡させる必要があるか否か
  - 業務を中止する必要があるか否か

→ 自己報告による健全な事業経営の遂行

- 商事事件の係争時に，事情によっては非常に重要な証拠資料になる → 帳簿の証拠性
- 不注意による倒産
- 偽装倒産による信用の悪用 → 過怠破産の防止／詐欺破産の防止

→ 個々の帳簿の規定と，規則どおりの簿記を保証する規定の必要性

2　記帳条件等に関する規定

　同草案の商業帳簿規定に盛り込まれた記帳条件等に関する規定は，以下のとおりである（一連の考察に必要な条項だけを掲載）。

> **4条**　商人は，日記帳（Tagebuch），信書控え帳（Briefcopierbuch）および財産目録帳（Inventarienbuch）を備える義務がある。
> **5条**　日記帳には，日々（Tag für Tag）かつ日付順に（nach Ordnung des Datems）以下のものを記帳しなければならない。
> 　　すべての債権と債務

手形あるいはその他の有価証券の振出し，受取りあるいは裏書き，ならびにその他のすべての商取引

何かの理由で受け取ったあるいは支払ったすべての金額

家計のために金庫から引き出した金額

6条 商人の取引の範囲上あるいは取引の有効かつ円滑な促進のためには，単一の日記帳の記帳では不十分な場合，個々の取引種別について個別の日記帳に記帳をすることができる。

7条 小売の現金収入については，1日の終わりにその総額を日記帳に記入すれば十分である。

8条 信書控え帳には，発送した商業信書のそのままの写しを日付順に閉じておくこと。

9条 商人は，受け取った商業信書を保存する義務がある。

10条2項 財産目録および貸借対照表は商人によって署名されなければならない。複数の連帯責任ある社員がいるときは，その全員が署名しなければならない。各社員の会社財産の持ち分を記載する必要はない。

11条 商業帳簿（4条）は装丁し，各帳簿には紙葉ごとに通し番号が付されなければならない。それらの紙葉には，空白がないようにしなければならない。当初の内容は，線を引いて消したり（Durchstreichen），あるいはその他の方法で識別不能にしてはならない。また，削除してはならないし，行間あるいは欄外にメモ等してはならない。修正（Veränderungen）あるいは追加（Zusätze）は，当該記帳の終わりの時点で行い，線を引いて消すことは，この時点で承認されなければならない。さらに，引き続き記帳が行われている場合には，その修正，追加あるいは承認はこの追加記帳の後に，かつ，それがなされた日付を記して行わなければならない。

12条 商人は，各帳簿をそこに最後に記帳（Entragung）した日から数えて30年間保存する義務がある。

4条は，備置すべき帳簿として，3種類の帳簿を掲げている。草案理由書は，これらの帳簿のほかに別の帳簿も備置するか否かは，各自の自由であることは自明の理である，という。理由書は，「各商人が事情に応じて日記帳を記帳する場合，それは Journal, Memorial, Prima Nota という名称の正規の帳簿（ordentliches Buch），あるいはその内容を後で別の帳簿に転記する単なる控え帳となる。法はそのような帳簿の正規の記帳（ordnungsmäßige Führung）を定めることにより，商取引の現実の必要性に結びつけている[17]」とする。理由書の「正規の帳簿（ordentliches Buch）」・「正規の記帳（ordnungsmäßige Führung）」との用語は，1897年 HGB における GoB との用語の布石となるも

のであろう。

　5条は，日記帳に関する記帳条件，すなわち「日々（Tag für Tag）の記帳」・「日付順（nach Ordnung des Datems）の記帳」および「すべての取引の記帳」を規定する。また，帳簿の証拠力にとって「適時の記帳」がいかに重要であるかは，以下の理由書の解説からも明らかである[18]。

> 　法は何か新しいことを命令するのではなく，事物の本性が要求する事柄を表現しているだけである。記帳される事柄を日記帳に記入する時期は，記帳される事柄が起こった時点の直後であり，取引の成果に影響する可能性のある景気変動はいまだほとんどわかっていないために，不実な記帳のきっかけを作ることはそれほど容易ではなく，時系列的に時間の空白なく帳簿を記帳する必要があるため，実際より後の日付にする事後記帳は，ほとんど不可能であるがゆえに，日記帳が，証拠資料として法が認める帳簿となることは事物の本性である。

　6条の日記帳に関する規定も帳簿の証拠力に深く関係している。理由書は，「すべての取引を次々と日付順に記入する必然性があるので，実際より後の日付にする事後の記帳は日記帳が多くの部分に分かれれば分かれるほどますます容易になるのであるから，極めて明白なことではあるが，1冊のまとまった日記帳の備置を優先させなければならない[19]」とする。日記帳の分割使用は，5条の違背につながり，遡及的な追加・訂正・修正・削除記帳を容易にするのである。小売の現金収入に関しても個々の取引ごとに適時に日記帳等に記帳しなければならないとしたら，多くの場合それは現実的に不可能である。理由書では，現金収入の日々の総額を1日の終わりに記帳することに関して「記帳はそれほど大した困難なしに毎日行えるし，それを週に一度しか要求しない十分な理由は存在しない[20]」としている。

　11条は，「帳簿の装丁」・「各頁への付番」・「空白の禁止」および「不変の記帳（当初の記帳内容を痕跡なく修正・追加等することを禁止すること）」を規定する[21]。この11条に関して理由書は，これらの規定は商業帳簿を許容しうる証拠資料として認める必要がある場合には不可欠であり，この目的を思い浮かべる慎重な商人であれば，誰でもきっとこれらの規定に従うであろうという[22]。商業帳簿の証拠力にとって11条に掲げる記帳条件は不可欠なのである。なお，

「不変の記帳」について,「修正・追加」を行う場合の具体的な手続処理を条文で規定したのは,この法案が初めてである。

8条と9条は信書の保存義務,10条は署名義務を規定する。以上のように,5条以下の記帳に関する規定はすべて商業帳簿の証拠力に関係している。

3　商業帳簿の証拠力に関する規定

同草案の商業帳簿の証拠力に関する規定(13条から18条)のうち,主なものは以下のとおりである(一連の考察に必要な条項だけを掲載)。

> **13条**　正規に記帳された(Regelmäßig geführte)商業帳簿は,商取引に関する係争の場合には証拠資料として使用できる。
> 　　商業帳簿の内容にどの程度の価値(Gewicht)を置くか,係争部分の商業帳簿が合致しない場合に,証拠資料を完全に度外視するかどうか,あるいは,ある当事者の商業帳簿に専ら信憑性があるかどうかを,裁判官のすべての状況の考慮を行った判断に委ねる。
> 　　すべての場合において,商業帳簿の内容の宣誓による強化が裁判官によって命令されうる。
> **14条**　商業帳簿は,それが不正規(Unregelmäßigkeiten)に記帳される場合には,その不正規の性質と意義に応じておよび適切と思われる事実の状況に応じて,証拠資料としてその限りで考慮される。

1849年に公表された帝国法務省草案の商業帳簿規定は,1839年ヴュルテンベルク王国の商法典草案と際立った違いを見せている。法定証拠主義から自由心証主義への転換である。それゆえに,商業帳簿の証拠力に関する規定が,1839年ヴュルテンベルク王国の商法草案では条文数が18もあったが,法務省草案では6つに激減している。しかし,それは,従来の「正規に(秩序正しく)記帳された帳簿だけに証拠力がある」との命題の終焉を意味しない。このことは,13条および草案理由書の記述からも明らかである。

また,法解釈上,商業帳簿の証拠力に係る「正規に記帳された(Regelmäßig geführte)」という意味は,上記で考察した各種の記帳条件等で充足された,実箱である「正規の記帳」を意味している。

ところで,イタリアやドイツの中世都市法典における「商業帳簿の証拠力」は商人の債権を証明することにあり,1794年プロシア一般国法では「商業に属

する商品売買および手形取引」に限定されていたが，商業帳簿の証拠力は「商取引一般」にまで拡大されている。それはたとえば，1849年帝国法務省草案の「商取引に関する係争の場合」（13条）との文言からも明らかである。

第4節　プロシア第1草案と第2草案

1　1856年プロシア第1草案[23]

1849年帝国法務省草案は，日の目を見ずに終わったが，その後，1856年にプロシア商法典第1草案が出されている。草案に盛り込まれた帳簿の記帳条件および帳簿の証拠力に関する規定は，1849年帝国法務省草案のそれとほとんど変わっていない。帝国法務省草案との違いは，「日常の用語」による商業帳簿への記帳という条件が新たに求められていることである。

帳簿の記帳条件等に関する条項は，以下のとおりである（一連の考察に必要な条項だけを掲載）。

> **27条**　すべての商人は，日記帳（Tagebuch），信書控え帳（Briefcopirbuch）および財産目録帳（Inventarienbuch）を備え，受け取った商業信書を保存する義務がある。
> **28条**　日記帳には，日々（Tag für Tag），かつ，日付順に（nach Ordnung des Datems）以下のものを記帳するべきである。
> 　すべての債権と債務
> 　手形あるいはその他の有価証券の振出し，受取りあるいは裏書き，ならびにその他のすべての商取引
> 　何かの理由で受け取ったあるいは支払ったすべての金額
> 　家計のために金庫から引き出した金額
> **29条**　商人の取引の性質あるいは範囲に則って，単一の日記帳の記帳では不十分な場合には，個々の取引種別について個別の日記帳（現金日記帳，発送部日記帳等）に記帳をすることができる。
> **30条**　小規模な販売による現金入金の場合およびわずかな額が頻繁に繰り返される現金出金の場合には，毎週合計額を日記帳に記帳することで十分である。
> **31条**　信書控え帳には，発送した商業信書の週ごとの写しを日付順に綴じておくべきである。

32条２項 財産目録および貸借対照表は，商人によって署名されなければならない。複数の連帯責任ある社員がいるときは，その全員が署名せねばならない。

34条 商業帳簿は，日常の用語で記帳されなければならない。商業帳簿は，装丁し，各帳簿には紙葉ごとに通し番号が付されなければならない。

通常記載すべき箇所には，空白があってはならない。帳簿（Buchs）の当初の内容は，線を引いて消したりまたはその他の方法により読みにくくしてはならず，何一つ削り落とすことをしてはならず，行間あるいは欄外にメモ等してはならない。修正（Veränderungen）あるいは追加（Zusätze）は，当該記帳の終わりの時点で行い，線を引いて消すことはこの時点で承認されなければならない。

さらに，引き続き記帳が行われている場合には，その修正，追加あるいは承認はこの追加記帳後に，かつ，それがなされた日付を記して行わなければならない。

35条 商人は，各帳簿をそこに最後に記帳した日から起算して10年間保存する義務がある。

帳簿の証拠力に関する規定（36条から42条）のうち，重要な部分は以下のとおりである（一連の考察に必要な条項だけを掲載）。

36条 正規に記帳された（Regelmäßig geführte）商業帳簿は，商人の商取引に関する係争の場合には証拠資料として使用できる。非商人に対して，正規に記帳された商業帳簿は商人自身だけの証明には十分ではない。

37条 商業帳簿によって証明する場合には，個々の帳簿の内容が重要であり，また，商人が法的に定められた帳簿のほかにも別の商業帳簿を付けている場合には，法的に定められた帳簿の内容だけが決定的に重要なのではなく，むしろ商人が付けているすべての帳簿の内容が一致することが特に重要である。

帳簿の内容にどの程度の価値（Gewicht）を置くかどうか，係争部分の商業帳簿が合致しない場合に，証拠資料を完全に度外視するかどうか，あるいは，ある当事者の帳簿が専ら信憑性があるかどうかを，すべての状況の考慮を行った裁判官の判断に委ねる。

すべての場合において，帳簿の内容の宣誓による強化が裁判官によって命令されうる。また，裁判官は，管理責任者，代理人あるいは簿記係による宣誓による強化も命令できる。

38条 商業帳簿は，それが不正規（Unregelmäßigkeiten）に記帳される場合には，その不正規の性質と意義に応じておよび適切と思われる事実の状況に

応じて，証拠資料としてその限りで考慮される。

2 プロシア第2草案

(1) プロシア商法典第1草案に対する商業専門家および法律実務家による会議

プロシア商法典第1草案に対して，1856年に商業専門家および法律実務家による会議がもたれている[24]。

① 備置すべき帳簿の特定について

同会議では備置すべき帳簿を特定せず，包括的な規定を設ける意見が採用されている。具体的には「そこに存在するいろいろな状況の相違を考慮して，法律がその特殊性に手を出すことは一般的には避けられなければならない。むしろ法律は，一般に実務に即して使用できるようにするために，すべての商人は自己の財産状況 (Vermögenslage) および自己の取引状況の全容 (Übersicht) を完全に (vollständige) かつ明瞭に (klar) 提供する帳簿を記帳する義務がある，という原則の確定だけに制限しなければならない」との見解が提案され，この見解に対して「草案はすでに必要最小限度まで絞られている」という反対論があったが，最終的には承認されている[25]。本質論的な規定をとり入れて近代的な装いを整えたのである。私見では，この承認された提案の文言は，「正規の簿記」概念の明確化を促すとともに，当時の1851年プロシア刑法典261条2号の規定がその下敷きになっていると思われる（第9章第3節1(3)参照）。

ところで同会議で言及された「その特殊性」とは，「簿記技術の組立」のことである。すなわち「備置すべき帳簿の特定」を含む「簿記技術の組立」は「企業の属性」（「そこに存在するいろいろな状況の相違」）によって異なるため，「法律がその特殊性に手を出すことは一般的には避けられなければならない」ということである。

② 記帳に関する規定

28条については，「記帳は常に記帳すべき取引があった当日にすべきである（これはおよそ実行不可能であるが）という解釈を生む」ことを理由に「日々 (Tag für Tag)」という文言が削除されるべきであること，そして「日記帳」という名称を削除して，「帳簿および諸帳簿は，時系列かつ日付順でなけれ

ならない」とすべきことが提案されている[26]。29条については28条で提案された見解を斟酌して削除されるべきであるとされた[27]。34条に関しては，多くの商人の委員から，部分的にあまりに厳密に言い表され，かつ特に行間あるいは余白での記帳は無条件に禁止されているように見える，との指摘があったが，最終的に，当初の記入の時かまたはその後においてなされたかが不明確であるような変更をしてはならない旨を明記すべきであるということで合意に達している[28]。34条も目的論的な内容を採用したのである。

③ 商業帳簿の証拠力

商人の委員から，商人のもとで正規に記帳された帳簿の証拠力は，裁判官の裁量に委ねられず無条件に判決が下される，という提案がなされたが，討論の結果退けられている[29]。

(2) プロシア第２草案の理由書[30]

プロシア商法典第１草案に対する商業専門家および法律実務家による会議を経て，1857年プロシア商法典第２草案が策定されている。草案理由書では，以下のように述べられている[31]。

> 正規に記帳された商業帳簿（ordnungsmäßig geführte Handelsbücher）を備えることは，商人の重要な義務であるとみなされる。しかしながら，何が正規の簿記（ordnungsmäßigen Buchführung）のもとで解釈されるべきかは，より古い商法典には詳細に規定されていない。一般国法（562条，1468条）もただ一般的に，『正規の（ordentlich）』あるいは『正確な（gehöriger）』帳簿に関して記述するだけである。一般にこの規定は不確定（unbestimmt）とみなされる。商業帳簿が変則的な証拠力（eine anomale Beweiskraft）を入手し，かつ，支払い停止の場合に記帳の怠慢が刑罰で威嚇される（刑法典259条，261条）ので，法律が簿記に結びつけている重要な法律効果を斟酌して，法律が簿記に関する厳格な規定を含み，かつ，少なくともすべての商人が行わなければならない一定の帳簿を特別に強調することは，一般的に欠くべからざるものとみなされる。

※上記文中，「変則的な証拠力」とは，帳簿の証拠力が「文書は，その作成者のための証拠にはならない」という法則の例外であることを意味している（第１章第１節参照）。

以上の言及は，商業帳簿の法律上の側面，換言すれば「商業帳簿の法の適用局面」における「正規の簿記」概念を説明するものである。注目すべきは，1849年帝国法務省草案理由書と同様に ordnungsmäßig geführte という表現が用いられていることである（しかしながら第2草案の条文では採用されていない）。
　また，「正規に記帳された商業帳簿（ordnungsmäßig geführte Handelsbücher）」および「正規の簿記（ordnungsmäßige Buchführung）」との用語は，1897年 HGB で採用された GoB との用語の布石になっていると思われる。続けて，草案理由書では以下のように述べられている[32]。

> 　商人の簿記は，単に法律上の側面ではなく，専ら技術上の側面を有していること，そして，この側面に法律上の必要条件に従ってずっと奥深く介入することは危険であると思われることが考慮されなければならない。簿記の種類は，本質的には商人の営業の種類と規模に結びついている（Die Art der Buchführung hängt wesentlich mit der Art und dem Umfange des kaufmännischen Geschäfts zusammen.）。（中略，筆者）。この理由から，草案は，すべての商人にどのような帳簿の記帳が義務づけられるべきかというための特別の規定をとり入れることを避け，一般国法の規定に従って，すべての商人がいつでも自己の商取引および自己の財産の状態が完全に（vollständig）明らかになるような帳簿を備えなければならないという一般的な諸原則（allgemeinen Grundsätzes）の確定だけに制限している。

　これは，「簿記技術の組立の局面」における「正規の簿記」概念を説明するものである。ちなみに1839年ヴュルテンベルク王国の商法草案や1849年帝国法務省の草案では「簿記技術の組立の局面」からの言及は行われていない。
　以上の草案理由書の記述から，不確定法概念たる「正規の簿記の諸原則（GoB）」の原型を見ることができる。上記の理由書の解説は，1897年 HGB で採用された GoB 概念の今日的なフレームワークを説明しているといっても過言ではない。以上の関係を図表にすれば，**図表2-3**になる。
　つまり，一般に「不確定（unbestimmt）」（草案理由書）とされる「正規の簿記」は，「空箱」と「実箱」から構成されており，超歴史的・普遍的・理念的概念である「正規の簿記」概念（空箱）は，「商業帳簿の法の適用局面」では「法律が簿記に結びつけている重要な法律効果を斟酌」（草案理由書）して機能し，「簿記技術の組立の局面」では「簿記の種類は本質的には商人の営業の種

第2章　1861年一般ドイツ商法典とその各種草案　51

図表2-3　不確定概念である「正規の簿記」の構造

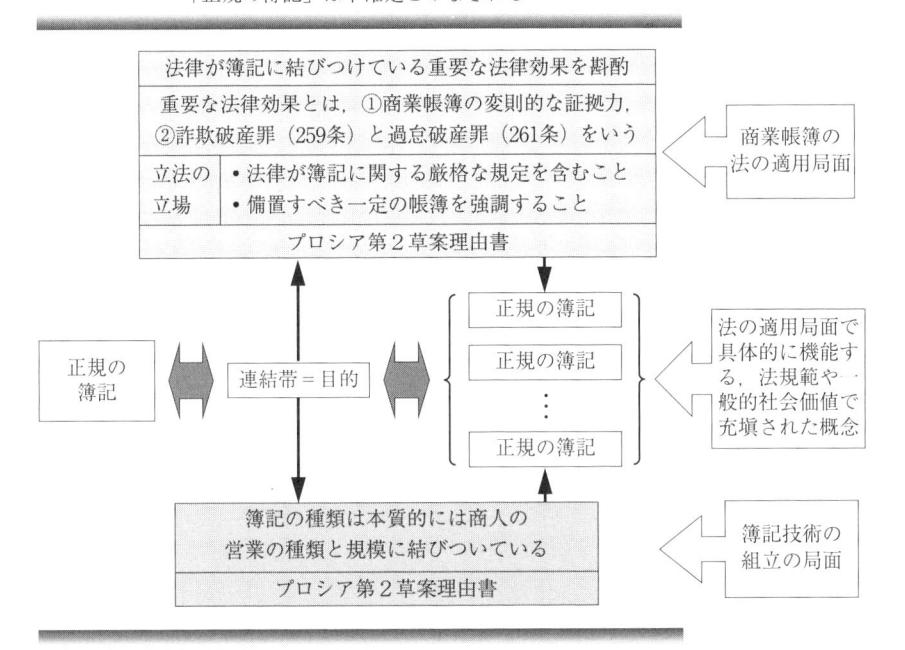

「正規の簿記」は不確定とみなされる

法律が簿記に結びつけている重要な法律効果を斟酌
重要な法律効果とは，①商業帳簿の変則的な証拠力，②詐欺破産罪（259条）と過怠破産罪（261条）をいう
立法の立場　・法律が簿記に関する厳格な規定を含むこと ・備置すべき一定の帳簿を強調すること
プロシア第2草案理由書

⇐ 商業帳簿の法の適用局面

正規の簿記 ⇔ 連結帯＝目的 ⇔ { 正規の簿記／正規の簿記／…／正規の簿記 }

⇐ 法の適用局面で具体的に機能する，法規範や一般的社会価値で充填された概念

簿記の種類は本質的には商人の営業の種類と規模に結びついている
プロシア第2草案理由書

⇐ 簿記技術の組立の局面

「正規の簿記」は不確定とみなされる

類と規模に結びついている」ことを前提として機能し，「実箱」である「正規の簿記」を組み立てる。そして，ここにおいて「商業帳簿の法の適用局面」と「簿記技術の組立の局面」は，「場の条件」[33]を意味している。

　ここで注目すべき視点は，少なくとも5つある。

　第1は，商業帳簿の本質的な目的の1つである「商人への自己報告による健全経営の遂行」に基づく記帳義務に違背しても，破産の場合を除いて，処罰規定が存在しないため（「重要な法律効果」を生じさせないため），草案理由書ではその記述がないことである。したがって，その記述がなくとも，商業帳簿の本質的な目的である「商人への自己報告による健全経営の遂行」は厳然と存在していると理解される。

　第2は，実箱である「正規の簿記」として，商業帳簿の証拠力に係る「正規の簿記」概念のほかに，破産防止による債権者保護に係る「正規の簿記」概念が明確化されたことである（この背景には，1851年プロシア刑法典における破産

処罰の明定化がある)。

　第3は，1856年の「商業専門家および法律専門家による会議」の「そこに存在するいろいろな状況の相違を考慮して，法律がその特殊性に手を出すことは一般的には避けられなければならない」という見解を受けて，草案理由書が「簿記の種類は本質的には営業の種類と規模に結びついている」として，草案の29条1項が「備置すべき帳簿」の特定を止め，「いつでも（zu jeder Zeit）自己の商行為および自己の財産の状況が完全に（vollständig）明らかになる」という一般規定を採用していることである。

　第4は，草案理由書が「簿記の種類は本質的には営業の種類と規模に結びついている」としたのは，「商人の簿記」が「もっぱら技術上の側面を有している」（草案理由書）ために「一般的な諸原則の確定だけに制限」（草案理由書）せざるを得なかったからである。ここにおいて「簿記の種類は本質的には営業の種類と規模に結びついている」とは，「簿記技術の組立[34]」を「正規の簿記」の「一般的な諸原則（Grundsätze）」（草案理由書）に白紙委任したことを意味している。

　第5は，それまでは，商業帳簿の正規性は，「商業帳簿の法の適用局面」で機能していたがプロシア第2草案理由書では，それに「簿記技術の組立の局面」が加わり，「正規の簿記」をめぐる「法の目的に応じた，法規範の組立」というフレームワークがほぼ完成していることである。かかる「正規の簿記」に関する理由書の解説は，1897年 HGB で採用された不確定法概念である GoB 概念の今日的な位置づけそのものである。

(3) プロシア第2草案の内容[35]

　第2草案の記帳条件等に関する規定は，以下のとおりである（一連の考察に必要な条項だけを掲載）。

29条　すべての商人は，帳簿を記帳し，それによりいつでも（zu jeder Zeit）自己の商行為および自己の財産の状況（die Lage seines Vermögens）が完全に（vollständig）明らかになるようにする義務がある。
　　商人は，受け取った商業信書を保存し，かつ，発送したすべての商業信書の週ごとの写しを時系列的に保存する義務がある。写しが信書控え帳に記入

> されない場合には，それは収集され，かつ，関連した順序で保存されなければならない。
> **30条2項** 財産目録および貸借対照表は，商人によって署名されなければならない。複数の連帯責任ある社員がいるときは，その全員が署名しなければならない。
> **32条** 商業帳簿の記帳およびその他の必要な記録に際し，商人は日常の用語を使用しなければならない。帳簿は装丁し各帳簿には紙葉ごとに通し番号が付されなければならない。
> 　通常記入すべき箇所には，空白があってはならない。記入（Eintragung）した当初の内容は線を引いて消したりまたはその他の方法により読みにくくしてはならず，何一つ削り落とすことをしてはならず，また当初の記入の時か，またはその後においてなされたかが不明確であるような変更をしてはならない。
> **33条** 商人は，商業帳簿をそこに最後に記帳した日から起算して10年間保存する義務がある。
> 　同じことは，受け取った商業信書および発送した商業信書の控えの写しならびに財産目録および貸借対照表に関して適用される。

　29条は，「いつでも」という文言を採用している。先のプロシア第1草案に関する会議で，プロシア第1草案の28条に関して「日々」という文言の削除が提案されたが，「いつでも」という文言によって，法文上「適時の記帳」は依然として求められていると理解される。

　草案理由書は32条に関して「この条項は，それによって，帳簿の外面的な正規の記帳（die äußerlich ordnungsmäßige Führung der Bücher）全体に関して，かつ，とりわけなされた記帳の事後的な修正に対して保証が与えられるべき規定を含んでいる[36]」という。さらに帳簿が「日常の用語」で記帳されなければならないとの規定は，裁判官や当事者にとってヘブライ語などのいわゆる死語が非常に理解しにくいという理由に基づいているようである。ヘブライ語は死語に属し，それゆえに，それはすでにプロシア一般国法590条や1847年7月23日の「ユダヤ人の資産に関する法律（Gesetz über die Verhältnisse der Juden）」の6条によって，簿記の場合には用いられないことが定められている。さらに草案理由書は「行間あるいは余白への記帳は，しばしばやむを得ないものである。それゆえに，それが完全に禁止されることは許容できないように思われる。しかしながら，それは，行間あるいは余白への記帳が当初の記帳の事後的

な修正を含まないことが明白であるとみなされる場合に限って許されうる。削除（記帳を削り落とすこと＝筆者注）は絶対に禁止されなければならない。というのは，さもないと帳簿のすべての信憑性が損なわれるからである[37]」とする。「不変の記帳の原則」は商業帳簿の証拠力に関係しているのである。

また，第2草案では，記帳条件の緩和が行われ，「すべての取引の記帳」・「日付順の記帳」を求めていない。

この草案も1807年フランス商法10条および11条のような広範な合式性（Förmlichkeit）を採用していない（1807年フランス商法典の条文は本章補節1②参照）。草案理由書は「それが商人階級の多大な苦労をもたらし，かつ合式性がドイツの慣習に無縁であるため，草案はその規定を採用していない[38]」としている。

同草案における商業帳簿の証拠力に関する規定（34条から38条）は，以下のとおりである（一連の考察に必要な条項だけを掲載）。

> **34条** 正規に記帳された（Regelmäßig geführte）商業帳簿は，商人の商取引に関する係争の場合には証拠資料として使用できる。非商人に対しては，正規に記帳された商業帳簿は商人自身だけの証明には十分でない。
> **35条** 商業帳簿による証明の場合には，裁判官は，すべての状況の考慮を行った判断を通じて，帳簿の内容にどの程度の価値（Gewicht）を置くかどうか，係争部分の商業帳簿が合致しない場合に証拠資料を完全に度外視するかどうか，あるいは，ある当事者の帳簿が専ら信憑性があるかどうか，を決定しなければならない。
> 　すべての場合において，帳簿の内容の宣誓による強化が裁判官によって命令されうる。裁判官は所有者に代わって帳簿を記帳する店員が帳簿の内容を宣誓して強化することも決定できる。
> **36条** 商業帳簿は，それが不正規（Unregelmäßigkeiten）に記帳される場合には，その不正規の性質と意義に応じて，および適切と思われる事実の状況に応じて，証拠資料としてその限りで考慮される。

草案理由書は，以下のように商業帳簿の証拠力が裁判官の自由心証に委ねられるべきことを述べる[39]。しかし，自由心証主義のもとであっても，この商法典草案は商業帳簿を特別の証拠資料としての位置づけを与えており，依然として「正規に記帳された帳簿だけに証拠力がある」との命題の存在を認めること

ができるのである。

> 帳簿の信憑度にかかわっている個々の多様な状況すべてを立法者が余すところなく考慮することができないことは，必然的に事物の本性である。(中略，筆者)。それゆえに，草案は，フランス法（商法12条）の状況に則って，商業帳簿に無条件ないし条件付の証拠能力（Beweisfähigkeit）を一般的に付与せず，正規に記帳された商業帳簿は商人の取引に関する係争の場合には証拠資料（Beweismittel）として役立ちうることだけを規定した。識別する裁判官の分別ある裁量は，すべての状況の考慮に基づいて，提示された帳簿にどの程度の信憑性がおかれるべきかという判定に委ねられる。

第5節　ニュルンベルク立法会議

1　ニュルンベルク第1次修正案

(1)　第1読会[40]

プロシア第2草案に対して，1857年にニュルンベルク立法会議第1読会が開催されている。

読会では，29条に関して，「帳簿からいつでも商人の財政状況を見て取るような簿記の種類は存在しない[41]」ことを理由として「商人は，その業務の正規の経営のために不可欠な帳簿を記帳する義務がある」との言い回しが提案されたが，草案に則った29条1項の表現は「いつでも（zu jeder Zeit）」との言葉を削除したうえで受け入れられている[42]。確かに，審議における「実地棚卸や在庫の推定を欠いた状態で」，「帳簿からいつでも商人の財政状況を見て取るような簿記の種類は存在しない」という見解にも一理あるようにも思える。しかしながら，1849年の帝国法務省草案理由書が言及したように「適時の記帳」は「帳簿の証拠力」にも関係しており，「いつでも（zu jeder Zeit）」との用語の削除によって，結果として「適時」という記帳条件が削除されたことは惜しまれる。

さらに，34条から38条までに関する委員の見解は，商業帳簿の証拠力の問題について2つの異なった立場が存在していた[43]。一方は，草案の文言に従い，

商業帳簿の証拠力に関するすべての問題を裁判官の自由裁量に委ねようとしている。それに対して，他方は，法律上の証拠理論を用いて裁判官の裁量に欠くことのできない道しるべが与えられなければならないとしている。1857年当時においてもまだ商業帳簿の証拠力をめぐって法定証拠主義と自由心証主義との論争があったのである。結果として36条は賛成12票反対2票で暫定的に受け入れられている[44]。

(2) 第1次修正案[45]

第1読会後の第1次修正案（1857年）における，記帳条件等および商業帳簿の証拠力に関する規定は，以下のとおりである。なお，第1次修正案のたたき台となったプロシア第2草案の対応条文を括弧内に表示した（一連の考察に必要な条項だけを掲載）。

> 29条（29条） すべての商人は，帳簿を記帳し，それにより自己の商行為および自己の財産の状況（die Lage seines Vermögens）が完全に（vollständig）明らかになるようにする義務がある。
>   商人は，受け取った商業信書を保存し，かつ，発送した商業信書の写し（控えまたは複製）を保存し，かつ，時系列的に信書控え帳に記入する義務がある。
> 31条1項（30条2項） 財産目録および貸借対照表は，商人によって署名されなければならない。複数の連帯責任ある社員がいるときは，その全員が署名しなければならない。
> 33条（32条） 商業帳簿の記帳およびその他の必要な記録に際し，商人は日常の用語を使用しなければならない。
>   帳簿は，装丁し各帳簿には紙葉ごとに通し番号が付されなければならない。
>   通常記入すべき箇所には，空白があってはならない。記入した当初の内容は，線を引いて消したり，またはその他の方法により読みにくくしてはならず，何一つ削り落とすことをしてはならず，また当初の記入の時か，またはその後においてなされたかが不明確であるような変更をしてはならない。
> 34条（36条） 帳簿の記帳を受託した商業補助者（Handlungshülfen）によって行われた商業帳簿の記帳は，商業所有者（Handlungseingenthümer）自身によって行われた場合と同様の効力がある。
> 35条（33条） 商人は，商業帳簿をその証憑を添えて（nebst deren Belegen），そこに最後に記帳した日から起算して10年間保存する義務がある。
>   同じことは，受け取った商業信書および発送した商業信書の控えの写しな

らびに財産目録および貸借対照表に関して適用される。

36条（34条，35条）　正規に記帳された（Ordnungsmäßig geführte）商業帳簿は，商人の商取引に関する係争の場合には，通常は不完全な（半分の）証明をする。
　しかしながら，裁判官は，すべての状況の考慮を行った判断を通じて，帳簿の内容にどの程度の証拠力（Beweiskraft）を置くかどうか，係争部分の商業帳簿が合致しない場合に，証拠資料を完全に度外視するかどうか，あるいは，ある当事者の帳簿が専ら信憑性があるかどうか，を決定しなければならない。

37条（36条）　商業帳簿は，それが不正規（Unregelmäßigkeiten）に記帳される場合には，その不正規の性質と意義に応じて，および適切と思われる事実の状況に応じて，証拠資料としてその限りで考慮される。

　注目すべきことは，従来商業帳簿の証拠力に関して，1839年ヴュルテンベルク王国の商法典草案以来用いられてきた，Regelmäßig geführte との表現が，Ordnungsmäßig geführte（36条）とされたこと，そして，1949年帝国法務省の商法典草案以来採用され続けてきた「どの程度の価値（Gewicht）」との表現が，「どの程度の証拠力（Beweiskraft）」（36条）とされたことである。

2　ニュルンベルク第2次修正案

(1)　第2読会[46]

　ニュルンベルク第1次修正案に対する審議は，1857年から1858年にかけて第2読会で行われている。

①　記帳に関する規定

　まずハンブルクの貴族院の議員から，29条1項を「すべての商人は正規の帳簿（ordentliche Bücher）を記帳する義務がある」とし，2項を削除するとの提案が出されたが[47]，1項の提案は（原案に）賛成15票反対2票によって，2項の削除の提案は（原案に）賛成14票反対3票で否決されている[48]。また，ある貴族院議員による，29条1項の「自己の財産の状況」の代わりに「商行為の積極財産と消極財産」を盛り込む提案は（原案に）賛成15票反対2票で，2項の「保存し，かつ」の削除の提案は（原案に）賛成16票反対1票で否決されてい

る⁴⁹。

33条は編纂委員会に任せられたが，商人は簿記にあたって単に「日常の用語」ではなく，「その日常語の文字」を使用しなければならないことが表明されている⁵⁰。これはその当時の（中世）ヘブライ語はもっぱら文字言語としてユダヤ教徒に使われていたことによるものと思われる。「日常語の文字」とすることで裁判官や当事者にとって判読しづらいヘブライ語の使用を間接的に排除したのである。

さらに，33条に関して，すでに29条に対して示された原則に基づいて2項と3項の削除が提案されている。しかし，2項の削除は（原案に）賛成16票反対1票で，3項の削除は（原案に）賛成13票反対4票で否決されている⁵¹。

② **商業帳簿の証拠力に関する規定**

34条の削除の提案は，（原案に）賛成15票反対2票で否決されている⁵²。ある委員から34条に関して「商業帳簿への記帳はそれを委託された商業補助者によっても行われうる」との文言の提案があり，長い討論の後にその文言は賛成10票反対7票で受け入れられている⁵³。さらに，帳簿は店主の手で記帳されていなくてもそれ自体としては商業帳簿の証拠能力に影響を及ぼさない，という内容を賛成15票反対2票で決議している⁵⁴。35条に関しては，商人にとって非常に厄介であることを理由に，「その証憑を添えて（nebst deren Belegen)」との文言が削除されるべきであるとの提案が行われている⁵⁵。貴族院議員によって36条1項の「半分の（halben）」を削除し「宣誓またはその他の証拠資料によって補われる」を追加する提案があり⁵⁶，結果として受け入れられている⁵⁷。

(2) **第2次修正案⁵⁸**

上記の会議の結果，次のような第2次修正案が策定されている。なお，参考として各条文に対応する，プロシア第2草案とニュルンベルク第1次修正案を掲げる。（　）内はプロシア第2草案の，[　]内はニュルンベルク第1次修正案の対応条文を示す（一連の考察に必要な条項だけを掲載）。

27条（29条）[29条]　すべての商人は，帳簿を記帳し，それにより自己の商

行為および自己の財産の状況（die Lage seines Vermögens）が完全に（vollständig）明らかになるようにする義務がある。

　商人は，受け取った商業信書を保存し，かつ，発送した商業信書の写し（控えまたは複製）を保存し，かつ，時系列的に信書控え帳に記入する義務がある。

29条（30条2項）［31条1項］　財産目録および貸借対照表は，商人によって署名されなければならない。複数の連帯責任ある社員がいるときは，その全員が署名しなければならない。

31条（32条）［33条］　商業帳簿の記帳およびその他の必要な記録に際し，商人は日常の用語およびその文字を使用しなければならない。

　帳簿は，装丁し，各帳簿には紙葉ごとに通し番号が付されなければならない。

　通常記入すべき箇所には空白があってはならない。記入した当初の内容は，線を引いて消したりまたはその他の方法により読みにくくしてはならず，何一つ削り落とすことをしてはならず，また当初の記入の時か，またはその後においてなされたかが不明確であるような変更をしてはならない。

32条（33条）［35条］　商人は，商業帳簿をそこに最後に記帳した日から起算して10年間保存する義務がある。同じことは，受け取った商業信書ならびに財産目録および貸借対照表に関して適用される。

33条（34条，35条）［36条］　正規に記帳された（Ordnungsmäßig geführte）商業帳簿は，商人の商取引に関する係争の場合には，通常は不完全な証明をし，それは宣誓またはその他の証拠資料によって補われる。

　しかしながら，裁判官は，すべての状況の考慮を行った判断を通じて，帳簿の内容にどの程度の証拠力（Beweiskraft）を置くかどうか，係争部分の商業帳簿が合致しない場合に，証拠資料を完全に度外視するかどうか，あるいは，ある当事者の帳簿が専ら信憑性があるかどうか，を決定しなければならない。

　商業帳簿が非商人に対して，証拠力を持つかどうか，かつ，どの程度証拠力を持つかは，州法により判定される。

34条（36条）［37条］　商業帳簿は，それが不正規（Unregelmäßigkeiten）に記帳される場合には，その不正規の性質と意義に応じておよび適切と思われる事実の状況に応じて，証拠資料としてその限りで考慮される。

35条（36条）［34条］　商業帳簿への記帳は，その証拠力を損なうことなく，商業補助者（Handlungshülfen）によって行われ得る。

36条（37条）［38条］　係争の継続中に，裁判官は，当事者の申立てにより，相手方の商業帳簿の提示を命じることができる。その提出がなされない場

合，主張された帳簿内容は，拒絶者の不利に証明されたものと認められる。
37条（37条）[38条]　係争中に商業帳簿を提示するときは，係争に関する部分に限り当事者双方の立会いのもとに閲覧しなければならず，適当な場合には，抜粋書類を作成しなければならない。帳簿その他の内容は，その正規の記帳（ordnungsmäßigen Führung）の検査のために必要な場合に限り，裁判所に提示しなければならない。
（筆者注：38条，39条は省略した）

第2次修正案に関しては，3つの州政府から修正提案がなされている[59]。たとえば，ハノーヴァー政府は「商業帳簿の章はその規定が一部は実行不可能であり，一部は一般商法典にしては詳細にすぎるので，再度手を加える」として，28条の修正を求めるとともに，29条・30条・31条を削除し，その代わりに「商業帳簿の記載（Eintragung）と記帳（Führung）および財産目録と貸借対照表の作成に関する詳細な規定はラント法に委ねられる」との条文を加えることを提案している[60]。

その他の州政府の提案も商業帳簿の記帳に関する条項を削除する方向のものである。しかし，第3読会では第2次修正案に規定されていた商業帳簿に関する審議は行われず，第2次修正案はそのまま1861年 ADHGB に採用されている。

第6節　1861年一般ドイツ商法典

1　一般ドイツ商法典の成立

1861年 ADHGB は，以上のような経緯を経て制定され，1861年から1865年の間に当時のドイツのほとんど全土に導入されている。さらに，1869年連邦法（北ドイツ連邦）が布告されるとともに，その後，ズーステンでも受け入れられている[61]。

2　記帳条件等に関する規定

記帳条件等に関する規定は，以下のとおりである（一連の考察に必要な条項だけを掲載）。

第2章　1861年一般ドイツ商法典とその各種草案　　61

> **28条**　すべての商人は，帳簿を記帳し，それにより自己の商行為および自己の財産の状況（die Lage seines Vermögens）を完全に（vollständig）明らかになるようにする義務がある。
>
> 　商人は，受け取った商業信書を保存し，かつ，発送した商業信書の写し（控えまたは複製）を保存し，かつ，時系列的に信書控え帳に記入する義務がある。
>
> **30条1項**　財産目録および貸借対照表は，商人によって署名されなければならない。複数の連帯責任ある社員がいるときは，その全員が署名しなければならない。
>
> **32条**
> 1項　商業帳簿の記帳およびその他の必要な記録に際し，商人は日常の用語およびその文字を使用しなければならない。
> 2項　帳簿は，装丁し，各帳簿には紙葉ごとに通し番号が付されなければならない。
> 3項　通常記入すべき箇所には，空白があってはならない。記入した当初の内容は，線を引いて消したりまたはその他の方法によって読みにくくしてはならず，何一つ削り落とすことをしてはならず，また当初の記入の時か，またはその後においてなされたかが不明確であるような変更をしてはならない。
>
> **33条**　商人は，商業帳簿をそこに最後に記帳した日から起算して10年間保存する義務がある。
>
> 　同じことは受け取った商業信書ならびに財産目録および貸借対照表に関して適用される。

　1857年プロシア第2草案理由書では，「正規の簿記」概念に関して，商業帳簿の証拠力と1851年プロシア刑法典の破産規定を引き合いに出して「法律が簿記に結びつけている重要な法律効果」を斟酌するとしていたが（本章第4節2(2)参照），ADHGBの商業帳簿規定の解釈においても，この1857年プロシア第2草案理由書の見解がそのまま継承されている。たとえば，クリュックマン（Klügmann）は『商業帳簿の証拠力，その歴史と今日的意義』において，ADHGB28条以下によって「正規の簿記（ordnungsmäßige Buchführung）」に関する商人の法律上の義務が確定されているとし，破産や証拠資料との関連について同様の解釈を行っている[62]。

　ところで，28条に関し，ADHGB審議委員会委員であり，商法学者のハーンが「簿記は専門的知識を有する者が，帳簿から個々の取引の確実な知識および財産状況（Vermögenslage）に関する完全な全容（Übersicht）を入手すること

ができるようなものでなければならない[63]」として画期的な解釈をしていることが注目される。この文献は1871年のものであるが，その後帝国裁判所の1881年4月30日判決（4 119ff.）が「被告人自身あるいは第三者，ただし被告人の幇助を受けた（unter Beihilfe des Angeklagen）第三者に限る，だけが帳簿から財産の全容（Vermögensübersicht）を知ることができ，問題が財産状況（Vermögenslage）全体にとって重要ではない個々の記帳内容のみである場合には，内容に誤りがなければ，無秩序な…記帳の誤りも是認してよい[64]」と判示している。

ドイツの文献では，1881年のこの判決が「簿記の一目瞭然（全容）性に対する要求」の出発点であるとされているが[65]，実際には1871年時点ですでに権威ある注釈書において言及されていたのである。さらに，32条1項の「日常語の文字」を使用するという命令によって，商業帳簿の記帳に際しては，ヘブライ語の使用は除外される[66]，と解釈されている。

なお，28条に関して，その言い回しが不明瞭であり，一見して「取引の成立だけ」に焦点が当てられているとの言及もみられる（1897年HGB草案（第3章第2節2(1)およびロエレスレル草案（第13章第2節3）参照）。

3　商業帳簿の証拠力に関する規定

商業帳簿の証拠力に関する規定は，以下のとおりである（一連の考察に必要な条項だけを掲載）。

> **34条**
> 1項　正規に記帳された（Ordnungsmäßig geführte）商業帳簿は，商人の取引に関する係争の場合には通常は不完全な証明をし，それは宣誓または他の証拠資料によって補われる。
> 2項　しかしながら，裁判官はすべての状況の考慮を行った判断を通じて，帳簿の内容にどの程度の証拠力（Beweiskraft）を置くかどうか，係争部分の商業帳簿が合致しない場合にこの証拠資料を完全に度外視するかどうか，あるいは，ある当事者の帳簿がもっぱら信憑性があるかどうか，を決定しなければならない。
> 3項　商業帳簿が非商人に対して，証拠力を持つかどうか，かつ，どの程度証拠力を持つかは，州法によって判定される。
> **35条**　商業帳簿は，それが不正規（Unregelmäßigkeiten）に記帳される場合

には，その不正規さの性質と意義に応じて，および適切と思われる事実の状況に応じて，証拠資料としてその限りで考慮されうる。
36条 商業帳簿への記帳は，その証拠力を損なうことなく，商業補助者によって行われうる。
37条 係争の継続中に，裁判官は，当事者の申立てにより，相手方の商業帳簿の提示を命じることができる。その提出がなされない場合，主張された帳簿内容は，拒絶者の不利に証明されたものと認められる。
38条 係争中に商業帳簿を提示するときは，係争に関する部分に限り当事者双方の立会いの下に閲覧しなければならず，適当な場合には抜粋書類を作成しなければならない。帳簿その他の内容は，その正規の記帳（ordnungsmäßigen Führung）の検査のために必要な場合に限り，裁判所に提示しなければならない。
（筆者注：39条・40条は省略した）

　自由心証主義が「正規に記帳された帳簿だけに証拠力がある」との命題を否定するものでないことはすでに明らかにした。バルトはADHGBの簿記規定では記帳の形式とその証拠力に関してフランスのCode de Commerceの8条から10条ならびに12条と13条に従っていると述べ[67]，当時の注釈書も「法律上の証拠力が今や廃止されたとしても，従来の規定に対する注釈が存在し，それが歴史的に重大である部分，証拠力に関して裁判官の自由裁量によって証拠力が認められた部分は再現される[68]」とか「32条に対する違背は事情によっては概して帳簿の信頼の低下をもたらす[69]」としている。クルーゼも「民事訴訟法（ZPO）の成立以来，商業帳簿による証明（Beweis）は，厳格な普通訴訟法の合式性（Förmlichkeiten des gemeinen Prozeßrechts）から解放され，今や裁判官の自由な証拠評価が適用されるが，それによって商業帳簿の証明機能（Beweisfunktion）が損なわれることはない[70]」としている。
　これらの見解の正当性は，1877年ドイツ民事訴訟法の草案理由書における「249条（自由な証拠評価を規定する現行の286条と同文＝筆者注）の適用にあたっては，法定の証明規則（Beweisregel）を退けても規則自体はなお取り除かれることはなく，それどころか，法律規定がより貴重な経験則の特性を認めることによって，その法律上の意義が変えられただけであることを，見逃してはならない[71]」という解説からも明らかである。
　ところで，わが国では「ADHGB制定当時は，ordnungsmäßigという用語

は，単に日付の順番に従って取引を記入するという意味で用いられていたことが知られる[72]」との見解もあるが，これは誤解である。コッホは，正規の記帳（ordnungsmäßige Führung）が28条ないし32条の規定に合致した記帳である旨の解説をし[73]，ハーンも34条に規定される「正規に記帳された（Ordnungsmässig geführte）」との用語の解説にあたって28条と32条を参照させている[74]。

商業帳簿の証拠力に係る「実箱」である「正規の簿記」概念は，28条および32条に規定された具体的な記帳条件などによって充填される，具体的かつ明確な概念であったのである。

また，すでに考察したように，イタリアおよびドイツの中世都市法典では「商人の債権」，1794年プロシア一般国法における帳簿の証拠力は商人の「商業に属する商品の売買および手形取引」（563条）という局面で機能していたが，1861年ADHGBにおける商業帳簿の証拠力は，それらを含め「商人の取引に関する係争の場合」（34条1項）一般に適用される位置づけとなっていることに留意が必要である。

4　商業帳簿規定における記帳条件等の変遷

本章において考察した，1839年ヴュルテンベルク草案から1861年ADHGBに至るまでの商業帳簿規定における記帳条件等の変遷を図表にすれば，**図表2-4**のようになる。

このような変遷を端的に表現すれば，それは，①法定証拠主義から自由心証主義への変化に伴って，帳簿形式や記帳条件の緩和が進んだ歴史であり，②「実箱」である「正規の簿記」概念が，時代とともに変化するものであること，を示しているといえる。

第7節　おわりに

1839年ヴュルテンベルク王国および1849年に公表された帝国法務省の商法典草案理由書によれば，商業帳簿規定の目的は「証拠力の定立」と「自己報告による健全経営の遂行」にあること，さらに，「正規な記帳」ないし「正規な商業帳簿」概念が，「空箱」（超歴史的・普遍的・理念的な概念）と，①商業帳簿の証拠力・②商人自身への自己報告を通じた健全経営の遂行・③破産防止による

図表2-4 1861年ADHGBまでの商業帳簿規定の経緯

各種草案等 記帳条件等	1839／40年 ヴュルテンベルク	1849年 帝国法務省	1856年 プロシア第1	1857年 プロシア第2	ニュルンベルク 第1修正案	ニュルンベルク 第2修正案	1861年 ADHGB
正規の簿記	43・47・48	13	33	34	36	33	34
帳簿の特定	34(1)他	4	27	—	—	—	—
装丁された帳簿	—	11	34(1)	32(1)	33(2)	31(2)	32(2)
各頁への付番	40	11	34(1)	32(1)	33(2)	31(2)	32(2)
完全な帳簿	—	—	—	29(1)	29(1)	27(1)	28(1)
すべての取引の記帳	34(1)	5	28	—	—	—	—
適時の記帳	34(1)	5	28	29(1)	—	—	—
日付順の記帳	34(1)・40	5	28	—	—	—	—
文字の限定	—	—	34(1)	32(1)	33(1)	31(1)	32(1)
空白なき記帳	40	11	34(1)	32(2)	33(3)	31(3)	32(3)
不変の記帳	40	11	34(2)(3)	32(2)	33(3)	31(3)	32(3)
証憑の保存	—	—	—	—	35(1)	—	—
署名義務	36	10(2)	32(2)	30(2)	31(1)	29(1)	30(1)

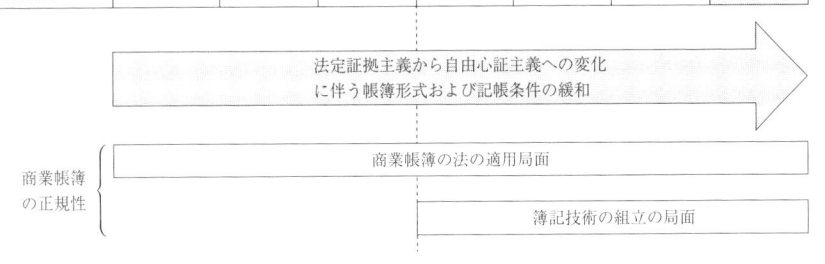

法定証拠主義から自由心証主義への変化に伴う帳簿形式および記帳条件の緩和

商業帳簿の正規性
- 商業帳簿の法の適用局面
- 簿記技術の組立の局面

債権者保護という,「商業帳簿の法の適用局面」で機能する「実箱」から構成されることも明らかになった。

その後,1856年の「商業専門家および法律専門家による会議」の「そこに存在するいろいろな状況の相違を考慮して,法律が・そ・の・特・殊・性に手を出すことは一般的には避けられなければならない」という見解を受けて,プロシア第2草案の29条1項が「備置すべき帳簿」の特定を止めて一般規定を採用している。

さらに,1857年プロシア第2草案の理由書では,「正規の簿記」について以下のことが示されている。つまり,一般に「不確定(unbestimmt)」(草案理由書)とされる「正規の簿記」は,「商業帳簿の法の適用局面」では,「法律が簿記に結びつけている重要な法律効果を斟酌」(草案理由書)して機能し,「簿記技術の組立の局面」としては,「簿記の種類は本質的には商人の営業の種類と

規模に結びついている」(草案理由書)ことを前提として機能する。

　草案理由書が「簿記の種類は本質的には営業の種類と規模に結びついている」としたのは、「商人の簿記」が「もっぱら技術上の側面を有している」(草案理由書)ために「一般的な諸原則の確定だけに制限」(草案理由書)せざるを得なかったからであり、それゆえに、「簿記技術の組立」を「正規の簿記」の「一般的な諸原則（Grundsätze）」(草案理由書)に白紙委任したのである。

　以上のように、1839年ヴュルテンベルク王国および1849年帝国法務省の商法草案では、商業帳簿の正規性は、「商業帳簿の法の適用局面」で機能していたが、プロシア第2草案では「簿記技術の組立の局面」が加わり、「正規の簿記」をめぐる「法の目的に応じた、法規範の組立」というフレームワークがほぼ完成している。すなわち、プロシア第2草案理由書の「正規の簿記」に関する一連の解説は、1897年HGBで採用された不確定法概念たるGoB概念の今日的な意義を説明しているといっても過言ではない（GoB概念の今日的な意義は、第11章参照）。

　また、ドイツの文献では、1881年のこの判決が「簿記の一目瞭然（全容）性に対する要求」の出発点であるとされているが、実際には1871年時点ですでに権威ある注釈書において言及されていた。そして、商業帳簿の証拠力に係る「実箱」である「正規の簿記」概念は、28条および32条に規定された具体的な記帳条件などによって充填される、具体的かつ明確な概念であった。

　1839年ヴュルテンベルク王国から1861年ADHGBに至る商業帳簿規定の変遷を端的に表現すれば、それは、①法定証拠主義から自由心証主義への変化に伴って、帳簿形式や記帳条件の緩和が進んだ歴史であり、②「実箱」である「正規の簿記」概念が、時代とともに変化するものであること、を示しているといえる。たとえば、1857年のプロシア第2草案では「備置すべき帳簿の特定」を放棄する代わりに「完全な記帳」を求めるとともに、「すべての取引の記帳」・「日付順の記帳」を求めなくなり、ニュルンベルク第1修正案では「適時の記帳」も放棄し、かかる状態で1861年ADHGBに至っている。しかし、法定証拠主義から自由心証主義への転換はあるものの、それは「正規に記帳された帳簿だけに証拠力がある」との命題の終焉を意味しないことにも留意しなければならない。

補節　独仏で相違する，商業帳簿の証拠力に係る「正規の簿記（帳簿）」概念

1　フランスにおける商業帳簿の証拠力に係る「正規の簿記（帳簿）」概念

　ところで，ADHGBの34条に関して「普通ドイツ商法では，秩序正しく作成された商業帳簿でも商事裁判において一般に不完全な証拠力しか持たず，裁判官の自由裁量により個々の帳簿の証拠力の程度が決定される（34条）。このように商業帳簿に不完全な証拠力しか認めないことは，帳簿の公証手続が要求されないことと対応している。この両者の因果関係は，私見によれば，後者が原因であり前者が結果である。さらに，帳簿の公証手続が要求されないことの原因は何かといえば，それは既に述べたように商業帳簿規定の主目的の変化にある，と考えられるのである[75]」との有力な見解があるので，この見解に関して若干の考察を加えたいと思う。その考察の主眼は，同じ大陸法系商業帳簿規定をもつ独仏両国ではあるものの，それらの商業帳簿の証拠力に関する法規範の組立に，それぞれの国土性を反映した相違があるか否かにある。

①　1673年フランス・ルイ14世商事勅令[76]

　1673年フランス・ルイ14世商事勅令（Ordonnance du commerce）は，国家的規模における世界最古の商法典である。同法典の第3章「大商人・普通商人・銀行業者の帳簿および記録」に規定された，簿記の形式的な諸条件に関する規定は以下のとおりである（一連の考察に必要な条項だけを掲載）。

> 1条　卸売ならびに小売を行う商人は，帳簿（Livre）を備え，これに一切の取引，為替手形，債権債務および家事費用に充てた金額を記載しなければならない。
>
> 3条　卸売ならびに小売を行う商人の諸帳簿は，最初と最後の紙葉に，商事裁判所の存する市では商事裁判官の1人により，その他の地域では市町村長または市町村官吏の1人により，無料無税で署名されなければならない。さらに最初から最後までの紙葉は，商事裁判官または市町村長もしくは市町村官吏により委任された人の手で花押と丁数とが付され，その旨が最初の紙葉に記載されなければならない。

5条　諸日記帳は，日付順に連続して，いかなる空白もなく記帳され，事項ごとおよび最後に締められねばならない。また，余白には何も記載してはならない。
　7条　卸売ならびに小売を行うすべての商人は，受け取った信書を束ね，発信した信書の控えを記録簿に記載しなければならない。
　8条　すべての商人はまた，同じ6ヵ月の期間内に，自己の一切の動産，不動産および債権債務の財産目録を作成して，これに署名しなければならない。これは2年ごとに照合され，改新されなければならない。

商業帳簿の証拠力および提出・提示に関する規定は，以下のとおりである。

　9条　諸日記帳，諸記録簿または財産目録の提示または提出は，相続，財産の共有，会社の分割のためおよび破産の場合以外には，裁判所において要求および命令されない。
　10条　ただし，商人が自己の諸日記帳および諸記録簿の使用を望んだとき，または相手がそれらを証拠として引き合いに出したときには，係争に関する部分を抜粋するために，その提示が命令されうる。

　商事勅令では，「公証手続」（3条）を前提にして，1条が「すべての取引の記帳」を，5条が「日ごとの連続した記帳」・「日々の記帳」[77]・「空白の禁止」を，7条が「信書の保存義務」を，8条が「署名義務」を規定している。これらの条件は当時の「簿記の形式的なルール」であり，商事勅令は公証手続と「簿記の形式的なルール」を満たした商業帳簿に高い証拠力を付与していたのである。なお，商事勅令における商業帳簿規定の立法趣旨および罰則規定について第9章第2節1を参照されたい。

　② **1807年フランス商法典**[78]

　1807年フランス商法典（Code de commerce）の第1編・第2章「商業帳簿」は，1673年ルイ14世商事勅令における商業帳簿規定の内容の大部分を承継している[79]。商業帳簿規定における記帳条件等に関する規定は，以下のとおりである。

　8条　すべての商人は，日記帳（livre journal）を備え，これに債権，債務，

商取引，手形の引受および名目の如何を問わず受払した一切のものを日々(jour par jour) 記載し，家事費用にあてた合計を月ごとに (mois par mois) 記載しなければならない。この帳簿は，商業で使われているがしかし不可欠ではない他の帳簿とはまったく別である。

商人は，受け取った信書を束ね，発信した信書を記録簿に控えねばならない。

9条 商人は，毎年，動産，不動産および債権債務の財産目録を作成して，これに署名し，かつ年々それを特定の帳簿に控えなければならない。

10条 日記帳および財産目録は，年に一度，花押および検印が付されなければならない。信書控え帳はこの手続に従う必要はない。

すべては，日付順に，空白空行なく，また余白への記入なく記載されねばならない。

11条 上記8条および9条により作成が命じられた帳簿は，商事裁判官の1人または市町村長もしくは助役により，民事の手続で無料で丁数が付され，花押および検印が付されなければならない。

商人は，これらの帳簿を10年間保存しなければならない。

同法では，「公証手続」（11条）を前提にして，8条が「すべての取引の記帳」・「日ごとの連続した記帳」・「日々の記帳」・「信書の保存義務」を，9条が「署名義務」を，10条が「日付順の記帳」・「空白なき記帳」を規定している。これらの条件も当時の「簿記の形式的なルール」であり，同法でも公証手続とこれらの条件を満たした商業帳簿に高い証拠力を付与している。商業帳簿の証拠力に関する規定は，以下のとおりである（一連の考察に必要な条項だけを掲載）。

12条 商業帳簿は，正規に（régulièrement）付けられていれば，商人間で商行為の証拠とするために裁判官によって認められうる。

13条 商業を行う個人に作成が義務づけられている帳簿は，上に定めた形式に従っていなければ，裁判所において，当該帳簿を作成した人の利益を目的として提示され得ず，また証拠とならない。ただし，破産および有罪破産に関し帳簿に認められるべき利益については，この限りではない。

③　フランス商法典の合式性による「帳簿の正規性」概念

野村健太郎教授は，「商法典における最大の関心は，裁判上の訴訟を解決するさいの証拠の重要性・取り扱いにかかるものである。これが当時の会計規制

の目的，適用領域・態様を説明するものである。それに関わるものが商法第12条の規定であり，長期にわたり効力を持ってきた[80]」とされる。ここで，12条の「正規に（régulièrement）記帳された」との用語の意味内容は，商業帳簿の証拠力に係る「実箱である正規性」を指しており，それは8条・9条・10条に規定される記帳条件，そして11条の「公証」手続を包含しており，またrégulièrement は13条にみられる「上に定めた形式（les formalités cidessus）」と同じ概念であったと考えられる。ドイツの1849年帝国法務省草案理由書も，13条に関して，「規定された正式の手続（たとえば裁判所の署名も含まれる）が守られていない帳簿はそれを備置した人にとって有利な証拠とならないものとする，という形式的な規定を含んでいる[81]」としている。

以上のように，1673年フランス・ルイ14世商事勅令と1807年フランス商法典における，商業帳簿の証拠力に係る「実箱である帳簿の正規性」は，公証手続による「合式性」を前提に，「すべての取引の記帳」・「日ごとの連続した記帳」・「日々の記帳」・「空白なき記帳」・「信書の保存」等の形式的な簿記のルール（記帳条件等）によって充填される概念となっている。これを結論づければ，「公証手続による合式性」が，当時のフランス商法典における，商業帳簿の証拠力に係る「実箱である商業帳簿の正規性」概念の特徴であるといえるであろう。

④　ドイツには存在しない商業帳簿の公証制度

一連の考察でも明らかなように，ドイツには歴史的に「商業帳簿」に関して公証手続を利用するという仕組みが存在しない。同じ大陸法系の商法典であるものの，独仏の間にはその国土性の違いから，「商業帳簿の証拠力」に関する法規範の組立に明確な相違がみられる。

1849年帝国法務省草案理由書は，「これらの規定（商事裁判所の判事や公務員による商業帳簿の付番（Foliirung）と花押（Parahirung）に関する規定＝筆者注）と類似した規定が含まれていたであろうドイツ法典は見つかっていない。公務員による商業帳簿の付番と花押によって，ある種の偽造，特に全頁の破り取り，あるいは差し替えを不可能とすることは適切ではあったが，それでもその手続は見合わせてきた。というのは，ドイツでは一般になじみがないこの手続は，必要だからといって押しつけられないからである[82]」と，1857年プロシア第2草案理由書も，フランス商法10条・11条のような広範な合式性（Förmlich-

第2章　1861年一般ドイツ商法典とその各種草案　71

図表2-5　ADHGB制定当時の独仏における，商業帳簿の証拠力に係る「正規の商業帳簿」概念

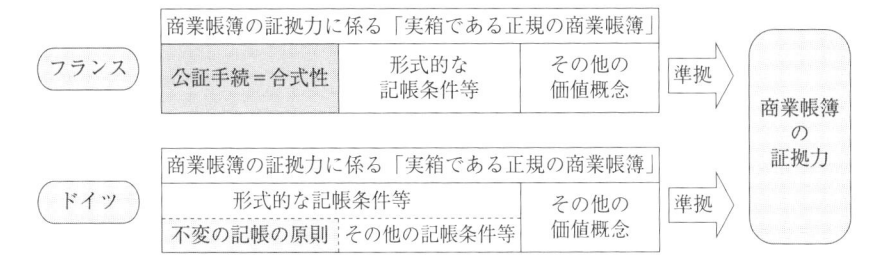

フランス	商業帳簿の証拠力に係る「実箱である正規の商業帳簿」			準拠	商業帳簿の証拠力
	公証手続＝合式性	形式的な記帳条件等	その他の価値概念		
ドイツ	商業帳簿の証拠力に係る「実箱である正規の商業帳簿」			準拠	
	形式的な記帳条件等		その他の価値概念		
	不変の記帳の原則	その他の記帳条件等			

keiten）を採用していないことに関して，「それが商人階級の多大な苦労をもたらし，かつ合式性がドイツの慣習に無縁であるため，草案はその規定を採用していない」と明確に解説している。

以上のように，ドイツでは商業帳簿の証拠力に関して，（フランスのような）公証手続を活用するという発想が存在しておらず，公証手続に代えて，形式的かつ具体的な記帳条件を成文化することによって，商業帳簿に高い蓋然性を与え続けてきたのである。それは実質的真実探求という一般的民族信念に基づくものであり，その具体例が，公証手続を求めずに商業帳簿に証拠力を認める中世都市法典や1794年プロシア一般国法の帳簿規定である。この場合，フランスの公証手続に匹敵するドイツ独自の記帳条件の代表例が「不変の記帳の原則」（たとえば，プロシア一般国法605条，1861年ADHGB32条3項2文）である。1861年当時の独仏における，商業帳簿の証拠力に係る「実箱である正規の商業帳簿」概念を示せば，**図表2-5**となる。

⑤　法定証拠主義から自由心証主義への移行

さらに，一連の考察からも明らかなように，ドイツ1861年ADHGBにおいて商業帳簿に不完全な証拠力しか認めなくなった直接の要因は，法定証拠主義から自由心証主義への移行にあり，「公証手続」との関連性はない（法定証拠主義と自由心証主義の意味は，第1章第3節2参照）。

この点を敷衍すれば，フランスではEC第4号指令等を受けた1983年調和化法によって商法上の公証手続規定は削除されたが，「1983年調和化法施行のデクレ」2条2項は「仕訳帳および財産目録簿は通常の形式で，かつ無料で，商業裁判所書記課または商事事件を裁定する大審裁判所書記課によって，当該商

人が登記している登記簿において整理番号を付し花押をするものとする」と規定し，公証手続は維持されている[83]。また，フランスでは1806年フランス民事訴訟法以来，自由心証主義が採用されている[84]。公証手続と自由心証主義は併存してきたのである[85]。

以上のように，商業帳簿制度にはその国の文化に根ざした国土性があり，かつ，「公証制度が要求されないこと」と「商業帳簿に不完全な証拠力しか認めないこと」との間に因果関係は存在しない。それゆえに，「裁判官の自由裁量により個々の帳簿の証拠力の程度が決定される」とする1861年ADHGBの34条に関して，「ドイツの慣習に無縁」（1857プロシア第2草案理由書）であり，かつ「ドイツには一般的になじみのない」（1849年帝国法務省草案理由書），フランスの公証制度を根拠として，「商業帳簿に不完全な証拠力しか認めないことは，帳簿の公証手続が要求されないことと対応している」・「帳簿の公証手続が要求されないことの原因は何かといえば，それは既に述べたように商業帳簿規定の主目的の変化にある」との結論を導くことには疑問を呈せざるを得ないのである。

2　1673年フランス商事勅令の商業帳簿規定の主目的

さらに，1673年フランス商事勅令の商業帳簿規定の主目的について，「詐欺破産の防止と証拠としての利用という2つの目的のうち，いずれがより本質的な目的なのであろうか。それを知るうえでの手掛かりの1つは，罰則であろう」とし，「商業帳簿規定に違反した場合の罰則は，詐欺破産罪があるのみである。されば，詐欺破産の防止こそが，商人にその作成を義務付けた商業帳簿の規定の本質目的である，と考えざるを得ない」，「裁判時の証拠としての利用という目的は，詐欺破産防止の目的にいわば寄生したものであると考えられる」との見解がある[86]。

しかし，「罰則規定」の有無を根拠にして，商業帳簿規定の「本質的な目的」を導き出すことは，論理的ではない。

商業帳簿の証拠力は商人の特権であり，商業帳簿規定を遵守して，商業帳簿に証拠力を付与せしめるか否かは，最終的には商人の自己責任に属する「私法」の領域の問題である。それゆえに，商業帳簿の証拠力を確保させるために，商業帳簿規定の遵守を罰則で担保するという思考は存在し得ない。他方，

詐欺破産は反社会的な行為であり，罰則をもって取り締まるべき「公法」の領域に属する問題である[87]。

したがって，前述の問題提起から導き出された，「裁判時の証拠としての利用という目的は，詐欺破産防止の目的にいわば寄生したものであると考えられる」との見解は，その正否はさておき，いまだ十分な説得力が付与されていないといわざるを得ない。

■注
1　Vgl. Entwurf（HGB）S. 45.
2　Penndorf（1913）；S. 236. を参照。
3　安藤（1997）：76-83頁参照。なお，ニュルンベルク立法会議は，プロシア商法第2草案を基本草案として，1857年から1861年にかけてニュルンベルクで開催され，その間，3次にわたる読会（Lesung）が行われ，修正草案が2度作成されている（安藤（1997），76頁）。
4　「19世紀の中葉のドイツでは，複式簿記に比較して組織的ではないので，非組織的ではあるが，簡単な簿記ないし簡便な簿記を意味する「単式簿記」の帳簿に関わるしかなかったにちがいない」（土方（2008）；385頁）。「そうであるからこそ，『複式簿記』の帳簿が備付けられるように啓蒙されたのではなかろうか」（土方（2008）；387頁）。
5　31条1項は，「財産目録および貸借対照表の作成においては，すべての財産および債務を，作成時においてそれらに付すべき価値に従って（nach Werthe anzusetzen）記載されなければならない」との規定である。
6　草案は Entwurf（Wurttemberg Ⅰ）を，理由書は Entwurf（Wurttemberg Ⅱ）を参照した。
7　Entwurf（Württemberg Ⅱ）；S. 50.
8　「空箱」・「実箱」理論は，武田（2006d）の4-12頁も参照されたい。
9　Entwurf（Württemberg Ⅱ）；S. 51.
10　Entwurf（Württemberg Ⅱ）；S. 56.
11　土方（2008）；181頁。
12　土方（2008）；181頁。
13　草案および理由書は，Entwurf（Reichsministerium der Justiz）を参照した。なお，補足的に Baums（1982）も参照した。
14　Entwurf（Reichsministerium der Justiz）；S. 45.
15　Entwurf（Reichsministerium der Justiz）；S. 45.
16　Entwurf（Reichsministerium der Justiz）；S. 45.
17　Entwurf（Reichsministerium der Justiz）；S. 46.
18　Entwurf（Reichsministerium der Justiz）；S. 46f.
19　Entwurf（Reichsministerium der Justiz）；S. 48.

20　Entwurf（Reichsministerium der Justiz）；S. 50.
21　11条は Entwurf（Reichsministerium der Justiz）では，「商業帳簿（3条）」となっているが，「商業帳簿（4条）」の誤りではないかと思われる。
22　Entwurf（Reichsministerium der Justiz）；S. 53.
23　草案は，Entwurf（Preussischen Staaten）を参照した。
24　商業専門家および法律実務家による会議は，Protokoll（Preussischen Staaten）を参照した。
25　Protokoll（Preussischen Staaten）；S. 10.
26　Protokoll（Preussischen Staaten）；S. 10.
27　Protokoll（Preussischen Staaten）；S. 11.
28　Protokoll（Preussischen Staaten）；S. 12.
29　Protokoll（Preussischen Staaten）；S. 13.
30　草案理由書は，Entwurf（Preussischen Staaten Ⅱ）を参照した。
31　Entwurf（Preussischen Staaten Ⅱ）；S. 19f.
32　Entwurf（Preussischen Staaten Ⅱ）；S. 20.
33　「場の条件」については，武田隆二（2007a）の138頁を参照されたい。
34　ここで「簿記技術」とは，備置すべき帳簿の数と種類などの簿記の技術をいう。
35　草案は，Entwurf（Preussischen Staaten Ⅰ）を参照した。
36　Entwurf（Preussischen Staaten Ⅱ）；S. 22.
37　Entwurf（Preussischen Staaten Ⅱ）；S. 22.
38　Entwurf（Preussischen Staaten Ⅱ）；S. 22.
39　Entwurf（Preussischen Staaten Ⅱ）；S. 23f.
40　資料は Protokoll（Nürnberger Kommision），Bd. 1. を参照した。
41　Protokoll（Nürnberger Kommision），Bd. 1；S. 44.
42　Protokoll（Nürnberger Kommision），Bd. 1；S. 44.
43　Vgl. Protokoll（Nürnberger Kommision），Bd. 1；S. 49ff.
44　Protokoll（Nürnberger Kommision），Bd. 1；S. 55.
45　資料は，Protokoll（Nürnberger Kommision），Bd. 2. を参照した。
46　資料は，Protokoll（Nürnberger Kommision），Bd. 3. を参照した。
47　Protokoll（Nürnberger Kommision），Bd. 3；S. 932.
48　Protokoll（Nürnberger Kommision），Bd. 3；S. 933.
49　Protokoll（Nürnberger Kommision），Bd. 3；S. 933.
50　Protokoll（Nürnberger Kommision），Bd. 3；S. 934.
51　Protokoll（Nürnberger Kommision），Bd. 3；S. 934.
52　Protokoll（Nürnberger Kommision），Bd. 3；S. 934.
53　Protokoll（Nürnberger Kommision），Bd. 3；S. 934f.
54　Protokoll（Nürnberger Kommision），Bd. 3；S. 935.
55　Protokoll（Nürnberger Kommision），Bd. 3；S. 936.
56　Protokoll（Nürnberger Kommision），Bd. 3；S. 937.

57　Protokoll（Nürnberger Kommision）, Bd. 3；S. 939.
58　資料は，Protokoll（Nürnberger Kommision）, Bd. 10を参照した。
59　資料は，Protokoll（Nürnberger Kommision）, Bd. 11を参照した。
60　Protokoll（Nürnberger Kommision）, Bd. 11；S. 10.
61　Penndorf（1913）；S. 237.
62　Klügmann（1907）；S. 46.
63　Hahn（1871）；S. 119. Hahn（1877）；S. 124.
64　Bühler/Scherpf（1971）；S. 63.
65　Bühler/Scherpf（1971）；S. 63.
66　Vgl. Hahn（1863）；S. 88, Makower（1890）；S. 50.
67　Barth（1953）；S. 245.
68　Makower（1890）；S. 51.
69　Anschütz/Volderndorff（1868）；S. 246.
70　Kruse（1978）；S. 200.
71　Entwurf einer Civilprozeß Ordnung, S. 208.
72　松本（1990）；30頁。
73　Koch（1863）；S. 148.
74　Hahn（1863）；S. 93, Hahn（1871）；S. 130, Hahn（1877）；S. 136.
75　安藤（1997）；36頁。
76　商事勅令第3章の邦訳は，安藤（1997）の12-14頁を基に，岸（1988）の202-203頁とBarth（1953）の264-267頁を参考にした。なお，商事勅令第3章の原文は，Isambert（1829）の95-96頁以下を参照した。
77　サヴァリーは，商事勅令の解説書である『完全な商人』において「彼らは諸々の日記帳にその日のうちに一日のことを一息に記帳しなければならない」（岸（1988）；229頁）としている。
78　Code de commerceの第1編・第2章の邦訳は，安藤（1986）の21-22頁を基に，岸（1988）の350-351頁を参考にした。条文原文は，Roret/Tenre（1833）の402-403頁以下を参照した。
79　安藤（1997）；25頁を参照。
80　野村（1990）；3-4頁。
81　Entwurf（Reichsministerium der Justiz）；S. 57.
82　Entwurf（Reichsministerium der Justiz）；S. 53.
83　野村（1990）；561頁参照。
84　上田（1996）；155頁参照。
85　なお，ここでいう「証拠力」は，「証拠能力」とは異なる。「証拠能力」とは，民事訴訟法上のある有形物が証拠方法として取調べの対象とされうる資格のことをいう。つまり，「商業帳簿の不完全な証拠力」とは，商業帳簿には「証拠能力」はあるが，その「証拠力」は裁判官の自由心証によるという意味である。
86　安藤（1997）；15-16頁。

87　商法上の記帳義務は公法上の義務でもある。たとえば,Budde/Kunz は「記帳義務は,1 つの公法上の義務(eine öffentlich-rechtliche Verpflichung)である」(Budde/Kunz (1995);§238 Anm. 56) としている。

第3章
1897年ドイツ商法典

第1節　はじめに

　ドイツ帝国の1896年民法典（Bürgerliches Gesetzbuch, BGB）の発布は，商法典（HGB）の成立に外部的な刺激を与えている。従来，商取引に限定されていた多くの法律上の効力を全般的な民法の取引に移行しているために，HGB でこれらの規定を確定する必要がなくなり，法律の一覧性のためにその削除が求められたのである。こうした背景のもとで1897年 HGB が制定されている。

　1861年一般ドイツ商法典（ADHGB）の商業帳簿規定では，帳簿形式と記帳条件の緩和がなされたが，その1861年 ADHGB の商業帳簿規定と1897年ドイツ商法典（HGB）の制定当時の商業帳簿規定との間には，それほどの差異は存在していない[1]。ただ，1897年 HGB の38条１項に「正規の簿記の諸原則（GoB）」との会計包括規定が盛り込まれたことは画期的なことであった。

　この「正規の簿記の諸原則」との用語は，その当初，「簿記技術の組立」を予定した概念（空箱）であったが，その後，以下のように「商業帳簿の法の適用局面」において機能する「実箱である GoB」概念が順次確立されている。

　まず「帳簿の証拠力」を規定する1919年ライヒ国税通則法（RAO）208条が，RAO162条に規定された各種の記帳条件を遵守した記帳を「正規の記帳（Ordnungsmäßige Führung）」と位置づけたことから，HGB に関する諸文献が GoB の解説に関して RAO162条を引用して説明を加えるようになっている。

　続けて，1927年ベルリン商工会議所の鑑定によって「ルーズリーフ式簿記の正規性」が，1965年８月２日の改正によって「マイクロフィルムによる書類保存の正規性」が明らかにされている。そして，1976年 HGB 改正および1977年

国税通則法（AO）の制定にあたっては，電子的データ処理装置簿記（EDV 簿記）の許容を契機として，租税法（1977年 AO）が誘導する形で，HGB と1977年 AO の帳簿規定の「調和」が図られるとともに，「EDV 簿記の正規性」を明確化するために，一般的かつ普遍的な帳簿形式・記帳条件の定立が図られている。その後，1985年の会計指令法に伴う HGB 改正で，すでに1977年 AO に成文化されていた，「簿記の形式的な正規性」の決定的な基準である「専門的知識を有する第三者への全容提供可能性」が商業帳簿規定に導入されるに至っている。

そこで，本章では，このような1897年 HGB の商業帳簿規定の生成・発展の歴史を検証し，かつ，同商業帳簿規定が，証拠力，ルーズリーフ式簿記，EDV 簿記等，多様な「法の適用局面」で機能するに至ったその背景も，立法資料等によって明らかにしたい[2]。

第2節　1897年 HGB 制定当時の商業帳簿規定

1　記帳条件等に関する規定

制定当時の1897年 HGB の商業帳簿規定は，1861年 ADHGB 同様に，自由心証主義に基づいて記帳条件が緩和されており，GoB への準拠を除き，両者の商業帳簿規定自体にはそれほどの差異はない。商法典草案も，商業帳簿に関する規定は，ADHGB の規定が民事訴訟法によってすでに効力を失っている場合を除き，多くは編集上の変更である改正をいくつか加えただけで，従来の（ADHGB の＝筆者）28条から40条の内容を踏襲しているとしている[3]。1897年 HGB 制定当時の商業帳簿規定における記帳条件等に関する規定は，以下のとおりである（一連の考察に必要な条項だけを掲載）。

> **38条**
> 1項　すべての商人は，帳簿を記帳し，かつ，その帳簿上に自己の商行為および自己の財産の状況（die Lage seines Vermögens）を正規の簿記の諸原則（Grundsätzen ordnungsmäßiger Buchführung）に従って明瞭に（ersichtlich）記載する義務がある。

2項　すべての商人は，発送した商業信書の写し（控えまたは複製）を手許にとどめ，かつその写しならびに受け取った商業信書を整然と保存する義務がある。

39条　ついで，各営業年度の終わりに財産目録および貸借対照表を作成しなければならない。営業年度の期間は12ヵ月を超えてはならない。財産目録および貸借対照表の作成は，正規の会計処理に合致する期間に対応する間になされねばならない。

40条1項　貸借対照表は，ドイツ通貨で表示されなければならない。

41条1項　財産目録および貸借対照表は，商人によって署名されなければならない。複数の人的社員がいるときは，その全員が署名しなければならない。

43条

1項　商業帳簿の記帳およびその他の必要な記録に際し，商人は日常の用語およびその文字を使用しなければならない。

2項　帳簿は，装丁し，かつ1枚ごとまたは頁ごとに通し番号が付されなければならない。

3項　通常記入すべき箇所には，空白があってはならない。記入した当初の内容は線を引いて消したりまたはその他の方法により読みにくくしてはならず，何一つ削り落とすことをしてはならず，また当初の記入の時か，またはその後においてなされたかが不明確であるような変更をしてはならない。

2　「正規の簿記の諸原則」概念

(1)　歴史的経緯

　38条1項に盛り込まれたGoBという用語は，減価償却の計算に関して，1895年制定のヘッセン州の所得税法19条8号に採用されていたが[4]，ドイツ全土に適用される基本法たるHGBに会計包括規定として盛り込まれたことは画期的なことであった。HGB草案は，GoBについて以下のように解説している[5]。

　すでに，ニュルンベルク会議では，作成されるべき商業帳簿の数と種類を法律で詳細に定めることは実行不能であると考えられており，発送した商業信書の写しが時系列的に記入されるべき信書控え帳だけが詳細に規定されている（28条）。草案でも商業帳簿の数と種類について法律規定を定めることは見合わせており，商人は帳簿において自己の商行為および自己の財産の状況を「正規

> の簿記の諸原則」に従って明らかにしなければならないという規定に限定している（括弧内省略＝筆者）。
>
> 　従来の28条には含まれていなかった「正規の簿記の諸原則」を指示することで，重要な点が強調されている。すなわち，帳簿がどのように作成されなければならないかは，注意深い商人の慣習（Gepflogenheiten sorgfältiger Kaufleute）に基づいて判断される。営業の対象物，種類および特に規模に応じて，このような必要条件はそれぞれ相違していてよい（Je nach dem Gegenstande, der Art und insbesondere dem Umfange des Geschäfts können diese Anforderungen verschieden sein）。
>
> 　それと同時に，前述の指示により，従来の28条の表現における不正確さが取り除かれている。というのも商業帳簿では，28条の文言が一見して要請しているような取引の成立そのものではなく，営業の結果として生じた財産の変動（Vermögensveränderungen）だけが明らかにされるからである。すなわち，「正規の簿記の諸原則」の援用は，同規定の正確な意味を維持している。

　多くの文献では，上記の解説における「注意深い商人の慣習」という部分だけが引用・参照されているが[6]，筆者は，「それ以外の部分」も重要な意味を持っていると考えている。

　それはまず，「GoBへの準拠」が，「営業の対象物，種類および特に規模」に応じて帳簿作成の「必要条件はそれぞれ相違してもよい」ことを意味していることである。この立法趣旨は，1857年プロシア第2草案理由書における「正規の簿記」に関する「簿記の種類は本質的には商人の営業の種類と規模に結びついている」（第2章第4節2(2)参照）との見解に完全に符合している。歴史的にみれば，両概念は一本の直線で結ばれている（図表3-1参照）。

図表3-1　「1857年プロシア第2草案理由書」と「1897年HGB草案」の類似性

1857年プロシア第2草案理由書
・「正規の簿記」は不確定とみなされる
・簿記の種類は本質的には商人の営業の種類と規模に結びついている

⇒ 正規の簿記（Ordnungsmäßige Buchführung）

1897年HGB草案
営業の対象物，種類および特に規模に応じて，このような（帳簿作成の）必要条件はそれぞれ相違してよい（括弧内は筆者加筆）

⇒ 正規の簿記の諸原則（Grundsätze ordnungsmäßiger Buchführung）

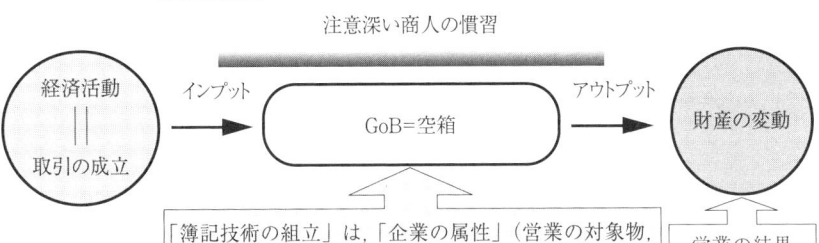

図表3-2 1897年 HGB 制定当時の GoB の位置づけ

```
              注意深い商人の慣習
   ┌─────┐                              ┌─────┐
   │経済活動│  インプット          アウトプット  │     │
   │  ‖  │ ─────→  GoB=空箱  ─────→  │財産の変動│
   │取引の成立│                              │     │
   └─────┘          ↑ ↑                  └─────┘
                     │ │                      ↑
         「簿記技術の組立」は，「企業の属性」（営業の対象物，    営業の結果
         種類および特に規模）に応じて相違する          として生じた
```

さらに重要なことは，「取引の成立そのもの」ではなく，「営業の結果として生じた」「財産の変動」を把握するために「GoBへの準拠」が必要とされることである。すなわち，この当時の商業帳簿規定の関心事は「純財産の測定」にあり，利益測定（成果計算）には独自の意義が与えられていない[7]。

以上を総括すれば，「商業帳簿の数と種類」を含めた「簿記技術の組立」は，「企業の属性」（営業の対象物，事業の種類および特に規模）に応じて異なるため，それを「注意深い商人の慣習」に白紙委任することを意味している[8]。これが「GoBへの準拠」という1897年 HGB の立法者の意図である。以上の関係を図にすれば，**図表3-2**となる。

ただし，ここで留意すべきことがある。それは，1857年プロシア第2草案や1861年 ADHGB において，「正規の簿記」概念は「商業帳簿の法の適用局面」と「簿記技術の組立の局面」という2面を持ち合わせた概念であったのであるが，1897年 HGB の立法者は，GoB に，「簿記技術の組立」という法的性質だけを引き継がせていることである[9]。この点でいえば，田中耕太郎博士のいわゆる「実務慣行白紙委任説」は GoB の立法趣旨に合致している（実務慣行白紙委任説は，第10章第2節1参照）。

(2) 普遍的命題である「空箱としての GoB」

Mußvorschrift（必然の命令規定）には，"müssen" 以外にも "ist verpflichtet…"，"hat zu…"，"ist zu…" という規定も含まれる。ドイツ HGB（38条）で設けられた GoB 概念は，超歴史的・普遍的・理念的概念であるがゆえに，「GoB に従って明瞭に記載する義務がある」と規定した。ここで「従って

…義務がある（ist verpflicht, ...nach）」という表現を使って示しているが，実はこの規定の強行性は理念的なものである。

時代が変化しても，そこには基本的に GoB と想定される「注意深い商人の慣習」が存在する。また，存在すると観念することで，はじめて GoB という言葉に重みが加わる。しかし，そこに存在し，普遍的に妥当する GoB とは，超歴史的な概念であって，具体的な「簿記の諸原則」を意味するものではない。普遍性を有し，時代を超えて妥当する，いわば超歴史的概念としての GoB とは，実体を伴わない「空箱（からばこ）」である。

この「空箱」を受けて，具体的な法の適用を考えるとき，その適用にさまざまな幅があることを考慮して，Mußvorschrift として定めるにあたり，その強行性を理念的なものにしたのである。GoB が「空箱」であるから意味がないのではなく，「空箱」であるがゆえに，その存在価値がある。かかる理念的・普遍的な概念をドイツ HGB が設定したことは，論理に叶ったすばらしい成果であった。

(3)　「正規の簿記の諸原則（Grundsätze ordnungsmäßiger Buchführung）」との文言

歴史を遡れば，1564年ニュルンベルク改革都市法典および1603年ハンブルク都市法典には「尊敬すべき商人の慣習」との表現が（第１章第２節１(4)参照），1794年プロシア一般国法1468条には「正規の帳簿（ordentliche Bücher）」という語が採用されていた。とすれば，歴史的な連続性の上で，"Grundsätze ordnungsmäßiger Buchführung" との文言が，どのような経緯を経て生成・発展し，確定して，1897年 HGB に採用されたのかについても考察を加えておく必要がある。

まず，"Ordnungsmäßige Buchführung（正規の簿記）" との語が1857年プロシア第２草案理由書において不確定法概念として用いられていたことは確認済みであり，1861年 ADHGB には ordnungsmäß や ordnungsmäßig などの用語が34・38・77・488条に用いられている。

他方，1843年11月９日のプロシアの株式会社法は，２条４号において，定款が「貸借対照表を作成するための諸原則（Grundsätze, nach welchen die... aufzunehmen ist)」を含まなければならないことを規定していた。これは，貸

借対照表作成に関する「諸原則（Grundsätze）」という語が法律に用いられた最初の例である[10]。その後、1857年プロシア第２草案理由書において「一般的な諸原則（Grundsätze）」との表現がみられた。

そして、1874年のザクセン所得税法22条１項の「商工業の場合は、純利益は、財産目録および貸借対照表に関して、商法典によって規定され、かつ、その他正規の商人の慣習（Gebrauche eines ordentlichen Kaufmannes）に合致する諸原則（Grundsätzen）によって計算される」との規定において採用され[11]、その後の1891年プロイセン所得税法14条および同施行規則19条でも「諸原則（Grundsätze）」との語が用いられている[12]。これらは「税務貸借対照表に対する商事貸借対照表基準性の原則」（課税所得が「商法典の規定」と「正規の商人の慣習」に合致して計算されるべきことを求める原則）に関する規定である（「基準性の原則」の内容は、第11章第３節参照）。

そして、1895年に至って、ヘッセン州の所得税法19条８号において「減価償却の計算」に関して"Grundsätze ordnungsmäßiger Buchführung"との文言が採用されている。かかる歴史的な経緯から、GoBとの用語が、商法典が発展・醸成させてきた「正規の簿記」概念と、1843年のプロシアの株式会社法や1857年プロシア第２草案理由書、そして上記の所得税法が用いた「諸原則」概念との接点上に誕生したものであることを認めることができる。

3　GoB概念の明確化

(1)　帳簿の証拠力に関する規定

商業帳簿の証拠力に関する主な規定は、以下のとおりである。これらの規定も1861年ADHGBの商業帳簿規定と大きな差はない（一連の考察に必要な条項だけを掲載）。

45条
１項　係争の継続中に、裁判所は、申立てによりまたは職権をもって、当事者の一方に商業帳簿の提示を命じることができる。
２項　訴訟の相手方の書類提示義務に関する民事訴訟法の規定は妨げられない。

46条
係争中に商業帳簿を提示するときは、係争に関する部分に限り当事者双方の

> 立会いのもとに閲覧しなければならず，適当な場合には抜粋書類を作成しなければならない。帳簿のその他の内容は，その正規の記帳（ordnungsmäßigen Führung）の検査のために必要な場合に限り，裁判所に提示しなければならない。
>
> **47条**
> 　財産の分割，特に相続財産，財産共有における財産および会社財産の分割の事案の場合，裁判所はその全内容を知るために，商業帳簿の提示を命ずることができる。

　1861年 ADHGB 同様，1897年 HGB も，商業帳簿の証拠力は裁判官の自由な心証によっている。しかし，これらの条項から「記帳の正規性」と「帳簿の証拠力」との強い因果関係を知ることができ，自由心証主義に立脚する1897年 HGB においても「正規に記帳された帳簿だけに証拠力がある」という命題が確実に存在し引き継がれていることを認めることができる。正規に記帳された商業帳簿およびその他の記録が，全面的に役立つことは明らかであり，そこに報告された事実に関する証拠を提出する[13]。たとえば，ハス（Hass）は，形式的に正規に記帳された商業帳簿に「事実上の推定」の存在を認めていた[14]。

　また帳簿の証拠力は，イタリアおよびドイツの中世都市法典では「商人の債権」，1794年プロシア一般国法では商人の「商業に属する商品売買および手形取引」（563条）という局面で機能していたが，1861年 ADHGB では，それらを含め「商人の取引に関する係争」（34条1項）一般に適用されるものとなっていた。1897年 HGB における商業帳簿の証拠力も ADHGB 同様に，「商人の取引に関する係争」一般に適用されている。

(2) 1919年 RAO208条と GoB

　既述のように，GoB は，その当初は「商業帳簿（帳簿）の法の適用局面」に応じた GoB としての法的性質を予定していなかった。たとえば，商法典の注釈書である Staub（1900）や Ritter（1910）は，GoB の解説において，商業帳簿規定の具体的な条文（たとえば43条）の引用はなく，「簿記の正規性」および「正規の簿記」概念にも言及していない。

　その後，1919年 RAO が制定され，①帳簿の証拠力を規定する RAO208条が，162条に規定された各種の記帳条件を充足した記帳を Ordnungsmäßige

図表3-3 1919年 RAO208条 1 項 1 文と1897年 HGB46条の用語の同一性とその影響

商業帳簿（帳簿）の証拠力

1897年 HGB46条（商業帳簿の証拠力）

係争中に商業帳簿を提示するときは、係争に関する部分に限り当事者双方の立会いのもとに閲覧しなければならず、適当な場合には抜粋書類を作成しなければならない。帳簿その他の内容は、その正規の記帳（ordnungsmäßiger Führung）の検査のために必要な場合に限り、裁判所に提示しなければならない。

正規の記帳（ordnungsmäßiger Führung）

1919年 RAO208条 1 項 1 文（帳簿の証拠力）

162条および163条の規定に合致する帳簿および記録は、それ自体正規の記帳（ordnungsmäßiger Führung）の推定があり、事情に基づいてその実質的な真実性に異議を唱える原因がない場合には、課税の基礎とされる。

正規の記帳（ordnungsmäßiger Führung）

用語の同一性

連動関係

構成要素

RAO162条＝各種の記帳条件
RAO163条＝租税法以外の記帳義務

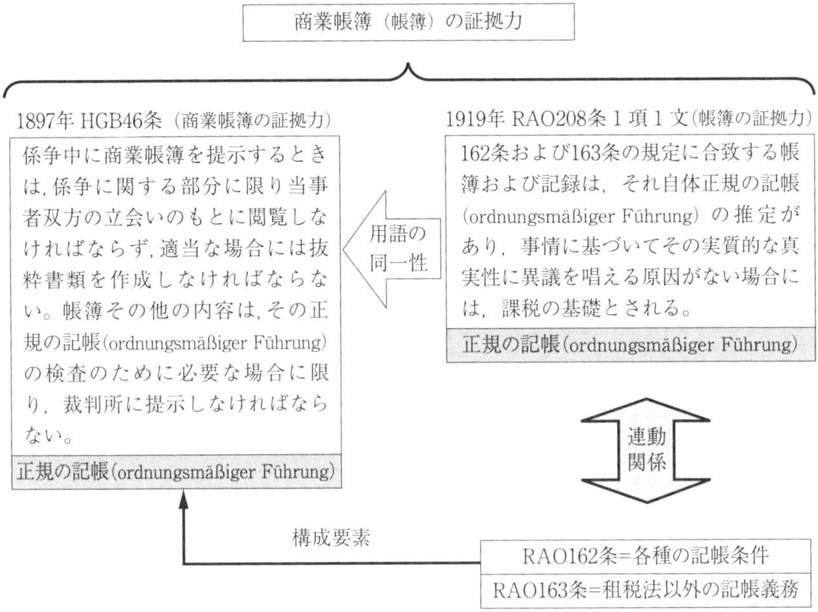

Führung（正規の記帳）と位置づけ、これにより、②RAO162条に規定された各種の条件が、租税法上の帳簿の証拠力に係る「実箱であるGoB」を構成するものと位置づけられるとともに（第4章第3節1(1)も参照）、③ Ordnungsmäßige Führung（RAO208条）との用語が「商業帳簿の証拠力」に関する規定であるHGB46条所定の Ordnungsmäßige Führung との用語と結びつき、④HGBの諸文献においても、帳簿の証拠力をめぐる解説においてRAO162条、そしてHGB43条をGoBの構成要素として説明を加えるようになり、⑤これを皮切りにして「商業帳簿（帳簿）の法の適用局面」におけるGoBが順次明確化されている。

以上の、1919年RAO208条 1 項 1 文と1897年HGB46条の用語の同一性とその影響を図示すれば**図表3-3**となる。

飯塚毅博士は「正規の簿記の諸原則は、1919年のRAO162条の中に、初めて各論的な実体としての諸原則の設定を見たのである。それまでは、（中略、筆者）、独法38条の『正規の簿記の諸原則』は、それ自体としては内容のない、商人の健全公正な会計慣行を、国が白紙委任的に承認する意思を表明した法条

86 　第Ⅰ部　ドイツ：商業帳簿（帳簿）制度の発展

図表3-4　1919年RAO制定当時の「空箱であるGoB」と「実箱であるGoB」の関連

法の目的に応じた，法規範の組立

空箱であるGoB　　　　連結帯＝目的　　　　実箱であるGoB

GoB

商業帳簿の証拠力　　　　GoB

租税法上の帳簿の証拠力　　　GoB

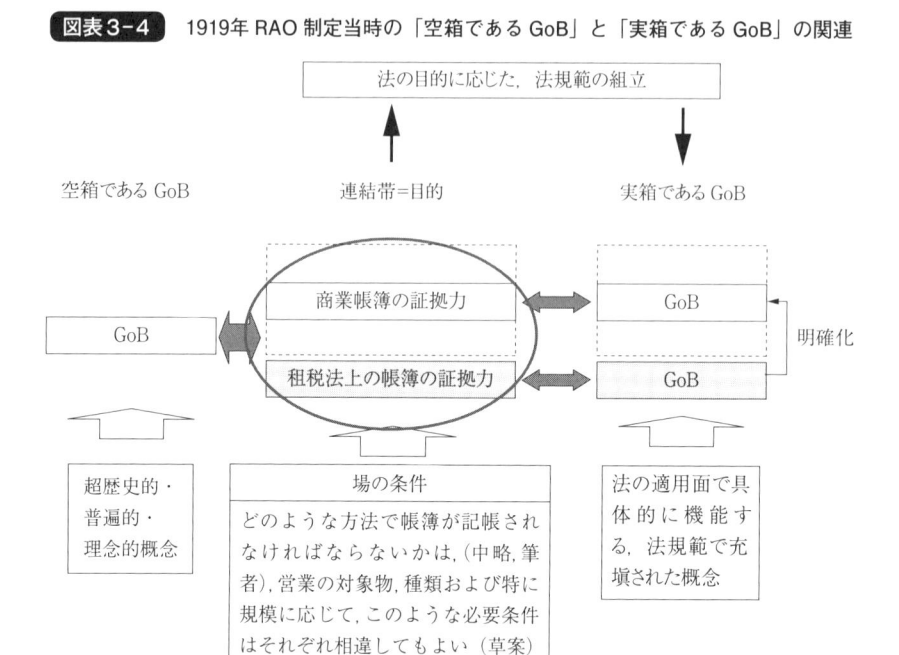

明確化

超歴史的・普遍的・理念的概念

場の条件
どのような方法で帳簿が記帳されなければならないかは，(中略，筆者)，営業の対象物，種類および特に規模に応じて，このような必要条件はそれぞれ相違してもよい（草案）

法の適用面で具体的に機能する，法規範で充填された概念

にすぎない，との理解が一般的だったのである[15]」とされる（三重構造説は第10章第2節2参照）。

　この点を敷衍すれば，たとえば，HGBの注釈書であるシュタウプの"Staub's Kommentar zum Handelsgesetzbuch, 11 Aufl., Berlin Leipzig"（1921年）では，HGB47条の解説で「税務関係においても正規に記帳された商業帳簿（ordnungsmäßig geführten Handelsbücher）は証拠力がある」（226頁）と言及している。ここで注目すべきは，「47条の解説」においてこの言及があることである。47条は「正規の記帳」を規定していた，前出の46条「商業帳簿の証拠力」を受けて，訴訟上の特別の商業帳簿提出義務を定めるものであり，「1919年RAO208条1項1文と1897年HGB46条の『正規の記帳』という用語の同一性」という前述の私見の補強資料になる。ハイン（Hein）も1928年の著書"Die Zusammenhänge zwischen Steuer und Handelsrecht, Berlin Leipzig"において，「簿記の正規性（Ordnungsmäßigkeit der Buchführung）」を解説してHGB38条・43条およびRAO162条を掲げている（148頁）。さらに，その他のHGB関連文献でも「正規の簿記」ないし「簿記の正規性」の解説に関してRAO162条

を引用している（第10章第4節1(2)も参照。なお，RAO162条がGoBの構成要素であるとする諸文献は，第4章第3節1(2)の注に掲げた）。

以上の，1919年RAO制定当時の「空箱であるGoB」と「実箱であるGoB」の関連を図にすれば**図表3-4**となる。

第3節　1976年7月29日HGB改正までの経緯

1　ルーズリーフ式簿記

ルーズリーフ式簿記に関して，装丁を義務づけた43条2項との整合性が問題となった。この問題に関しては，ベルリン商工会議所が1905年と1911年の2回の鑑定でルーズリーフ式簿記の許容を否定しているが[16]，1927年のベルリン商工会議所による有名な鑑定がそのまま帝国財務大臣によって採用されて（Erlaß vom 7. 7. 1927 Ⅲ bb2000），ルーズリーフ式簿記が一般に承認されている[17]。

ベルリン商工会議所による鑑定は「ルーズリーフ式簿記の正規性（Ordnungsmäßigkeit）の判定のための諸原則」として公表されている。それは，ルーズリーフ式帳簿による会計（Loseblattbuchführung）が複式簿記を用い，証拠が整然と保管されている（wenn die Belege geordnet aufbewahrt werden）などの条件が備わっているときは，たとえ綴込式の帳簿でなくても，GoBに適合するものと認める，との鑑定意見である[18]。この鑑定意見はその当時における，ルーズリーフ式簿記の許容をめぐる「法の目的に応じた，法規範の組立」，換言すれば「実箱であるGoB」そのものであるといえよう。1927年のベルリン商工会議所の鑑定の内容は，以下のようなものである[19]。

> **1927年　ルーズリーフ式簿記の正規性（Ordnungsmäßigkeit）の判定のための諸原則**
>
> 　ベルリン商工会議所は，「ルーズリーフ式簿記の証拠力」に関する上記の再鑑定を，次のような見地で採用した。
> 　（中略，筆者）
> 　ルーズリーフ式簿記は，HGB43条2項の「当為規定（Sollvorschrift）」に違背している。しかしながら，記帳を実施する者にとって，刑法の観点（破産法239条，240条）からいっても，訴訟における立証に関しても，ルーズリーフ式

の記帳という事実自体からは法の不備をおそれる必要はないであろう。
　その上に，HGB38条のみに準拠して，簿記を通して，商人の商取引および財産の状況が正規の簿記の諸原則に従って明瞭になされるべきである。これらの前提条件が充足されているか否かは，個々の状況に応じて，特に適用された簿記のシステムの専門家的な処理に依存している。この前提条件に基づいて，ルーズリーフ式簿記も，まず第1にそれが複式簿記でなされており，かつ以下の諸条件を満たしている場合に，GoBに合致しうることになる。
1．それが，時間的な流れに適合した記帳を含んでいる場合
2．帳簿符号の相互間の参照によって，勘定への記入・基本帳簿と，証憑とのつながりが，明瞭に証明可能であるか，あるいは，他の一致する勘定構造によって，記帳の立証がなされ，かつ容易に行われうる場合
3．勘定の枠構造が，財産状態，費用および収益の明瞭な全容を保証する場合
4．簿記において用いられたすべてのルーズリーフに対して立証が行われる場合
5．各営業年度の，勘定の紙葉ないし勘定のカードが，特別な一組にされ，かつ，その処理が，たとえばただ完全に1年ないし半期に「処理される」とされる場合
6．証憑が整然と保存されている場合
7．不注意な遅滞，みだりな間隔，帳簿の紙葉ないし帳簿のカードの置き換え，および偽造した新規の作成の差し込みに対する，有効な予防措置がされること。それらの関係において，機械的な補助手段（たとえば，保証のための留め金）が特に推奨に値され，すべての帳簿紙葉が総計ないし残高の繰越を伴い，かつ，すべての新しい帳簿紙葉が繰越の総計ないし残高から始まる場合

　この鑑定によって，ルーズリーフ式簿記の法的な問題は解決されている。同「鑑定」が「ルーズリーフ式簿記の証拠力」としているように，ルーズリーフ式簿記の採用が問題となるのは「帳簿の証拠力」の領域である。ルーズリーフ式簿記に関しては，その後1976年12月14日のHGB改正（本章第4節1参照）および1977年AO（第4章第4節および第5節参照）によって，法の表面的な問題も解決されている。これらの改正のポイントは，「装丁された帳簿」という固定化した帳簿形式を求めるのではなく，「専門的知識を有する第三者への全容提供可能性」（AO145条1項1文）や「取引の追跡可能性」（AO145条1項2文），「記帳の完全網羅性・適時性・正確性・整然性」（HGB43条2項，AO146条1項）という，一般的で普遍的な記帳の条件を設定したことにあった。

2 1965年8月2日改正：「HGBとRAOの修正に関する法律」(BGBl, Ⅰ, 665)

(1) マイクロフィルムによる保存の許容

1965年8月2日付の改正は，受け取った商業信書のマイクロフィルム等による保存を認めるための改正であり，1919年 RAO の改正と連動して行われている。商人の簿記や商人のその他の計算制度が，経営状況の変化，技術上の進歩，さらには，避け難い合理化措置によって，根本的に修正されたために，とりわけ，保存すべき文書類の大部分のマイクロフィルム化を許容するという，当時の修正は，避けることが難しかったのである[20]。

マイクロフィルムによる保存の問題は，「証拠力」に関係している。まず，38条2項「商人は，発送した商業文書の原本と一致する写し（控え，複製，転写または文字媒体，画像媒体，その他の耐久力ある写し）を保存する義務を負う」と改正されている。また，商業帳簿の保管に関する規定である44条も全面改正され，従来の44条は44条から44b条までに改正されて規定されている。44条においては書類の保存義務を定め，どのような形式でかつどのくらいの期間それが保存されなければならないかという問題は，44a条「マイクロフィルム上の証拠書類」あるいは44b条「保存義務」に規定されている[21]（44a項はGoBへの合致を求めている）。さらに，47a条も新たに盛り込まれている。改正後の44条と，新たに盛り込まれた44a条，44b条，47a条は，保存義務ある商業信書のマイクロフィルム等が原文書と同様の証拠力を確保するための条件を規定するものである[22]。

マイクロフィルムによる書類の保存に関しては，租税法の領域（AO）において，「マイクロフィルム諸原則（Mikrofilm-Grundsätze）」が存在し，マイクロフィルムによる書類保存をめぐる「法の目的に応じた，法規範の組立」が行われており（「マイクロフィルム諸原則」は第4章第3節2(2)参照），この「マイクロフィルム諸原則」が商法においても同様に機能している。

(2) 証憑の保存義務

また，同改正では44条1項4号に「記帳に関する証憑（Beleg）」の保存が新たに規定されている。証憑の保存義務は，1857年の第2回のニュルンベルク立法会議で第1次修正案の35条に「その証憑を添えて」という文言が盛り込まれ

たが，第1次修正案に関する第2読会の審議において，商人にとって非常に厄介であるとされ，第2次修正案では削除されている。それゆえに1861年ADHGBには成文化されず，1897年HGBでも求められていなかった。証憑の保存義務は1919年RAOの162条6項で初めて規定されていた。

3　1976年7月29日改正：「経済犯罪防止第1法律」(1. WiGK)

HGBの簿記規定は，1976年7月29日に公布された「経済犯罪防止第1法律 (1. WiGK)」によって修正されている。貸借対照表に関する41条1文，そして新しく差し込まれた義務商人の記帳義務に関する47b条である。それらの修正は，1. WiGKによって1976年9月1日に施行されている[23]。41条の改正は，財産目録への署名義務がなくなり，貸借対照表への年月日の表示と署名が義務づけられたことである。なお，1. WiGKは破産犯罪の大改正を伴っている（その内容は第9章第4節参照）。

第4節　HGBとAOの帳簿規定の「調和」

1　1976年12月14日改正：「AO施行法」

(1)　概　要

1976年12月14日に公布されたHGBの簿記規定の広範囲な改正は，1977年1月1日に施行されている。このHGB改正はAO施行法 (BGBl, I, 2034) によってなされているが，同法の56条はHGBの38条，39条，43条，44条，44a条，44b条，47a条の部分を修正するものであり，商人による広範囲な簿記の合理化，特に電子的データ処理装置とマイクロフィルムの使用を可能にすることに関するものであった[24]。この改正によってルーズリーフ式簿記やマイクロフィルムをめぐる法的問題も最終的に解決している。ただし，マイクロフィルムの使用はすでに1965年のHGB改正によって対応しており，1976年12月14日の改正はこれに関する若干の改正である。

(2)　EDV簿記の許容

1976年12月14日の改正HGBおよび1977年AOの記帳条件に関する規定は

「正規の現金記帳の原則」(AO146条1項2文)以外は同様の内容となっている。公法(AO)と私法(HGB)という異なる2法の間で,簿記規定の調和(一体化)がみられるに至った要因はどこにあったのであろうか。

実は,その要因は1976年12月14日改正に先立つ,HGB改正の必要性を述べる「1974年AO導入法草案(EGAO 1974)」にみつけることができる。同草案の理由書の前文の「解決」には以下の記述がある(なお,1974年AO草案の内容は第4章第4節3を参照)[25]。

> この草案は,新AOに対して必要な適合を行うものである。(中略,筆者)。HGBの簿記規定は技術的な発展に適合される。同時に,データ記憶装置を用いた簿記は,一定の前提条件のもとで,明確に,一般に認められる。

この言及から,HGBが1977年AOの草案に合わせる形で「調和」が行われていることが理解される。さらに,導入法案は「HGB改正の理由」を以下のように述べる[26]。

> 連邦議会は,1965年5月5日の決定で,RAOの改正に関連してHGBと租税法上の保存期間の問題を審査するように連邦政府に求めたが(1965年5月5日のドイツ連邦会議,179に関する議事録),連邦議会によって望まれた調査は,保存期間の短縮の問題に限定されず,技術的な発展に関して策定される多くの,かつ,すべての問題が含まれていた。その調査結果は,電子的なデータ処理装置を用いて記帳された帳簿が,一定の前提条件のもとで,かつてのその他の手続と同じ程度に,財産状況を表示しかつ証明することを明らかにしている。それどころか,それは,速やかな資料の入手可能性に関しては,事情によっては優れた手続である。
> 　不慮ないし過失による破壊のリスクは,本質的に他の手続と比して決して大きくはない。他の手続でも,故意の破壊は排除できない。少なくともデータの削除を根本的に困難にさせることは,今日では技術的な可能性をもたらしている。
> 　AOの草案は広範な合理化計算による経済活動の必要をもたらしている。1974年AO草案の91条3項は,データ媒体へ記帳および記録が記憶されることが許されることから出発する。**HGBが広範な必要条件を策定しなければ,それらの規定は正真正銘の合理化に導かれうる。**それに関して,連邦参議院は**1974年EAO(AO草案)の91条と92条に対するその見解を連邦政府に求め,**

> AOとHGBにおける一致した規定を言い表すことになった。
> 　HGBの修正は，本質的には，簿記における自動的なデータ処理装置，マイクロフィルムおよびその他のデータ媒体の使用と，従来よりも広範な記帳資料の保存を許容することにある。簿記に対して策定された必要条件はそのために減らされることはない。**簿記が，専門的知識を有する第三者が相当な時間内に財産状況と取引の全容を提供し，かつ取引がその発生から終了まで追跡する可能性を手に入れる場合には，その理由から，簿記は将来的にはGoBに合致するであろう。**
> 　HGBは従来から，特定の簿記手続や特定の簿記の諸原則を一般的に指示することを避けており，正規の簿記の諸原則への参照が実際に示されている。それは方法や処置を個々の点で指示することを度外視し，今日的な技術的装置と道具で記帳された簿記がその表出力と証拠力（Beweiskraft）に関して従来の簿記の方法に劣っていないことを保証するためには不可欠である。
> 　GoBへの参照は，簿記は個々に確定されないという，HGBの原則からもたらされている。調査は，手続が技術的にGoBに合致しているかどうかに制限されない。かかる調査に関しては，4項1文において，簿記の形式がその際に適用された手続を含めて，GoBに合致していなければならないことを規定している。それは，データに関しても，見読可能化のための技術上の可能性に関しても，商人が自由に処理できなければならないことが条件である。単なる技術的な可能性では十分ではない。
> 　資料は相当な時間内に見読可能にされなければならないので，商人は十分な容量が用意された技術的装置を事前に保有するか，または，そのような他の方法を確保しなければならない。**自動的なデータ処理装置を使用して処理される簿記は，正規の簿記に関して策定されたその他の必要条件も**（die auch sonst an eine ordnungsmäßige Buchführung zu stellenden Anforderungen）**充足しなければならない。それゆえに4項3文は，1項2文および2項と3項が準用されることを規定している。**それは，たとえば，記帳および記録が抹消されてはならないことを意味している。他のデータ媒体へのデータの移管はもとの内容を見分けることができ，かつ，その修正がいつ行われたのかが確定可能でなければならない。（太字は筆者）

　特に本研究のテーマに関して重要なのは，「正規の簿記に関して策定されたその他の必要条件」として，43条1項2文・同条2項および3項を掲げていることである。つまり，これらの諸原則は，EDV簿記の正規性の判定に係る「実箱であるGoB」を充塡しているのである。

(3) 「調和」の背景

以上の資料から，両法の「調和」の背景には少なくとも次の3つの理由があることが理解されよう。

第1は，HGBとAOにおけるEDV簿記（狭義のEDV簿記＝記憶装置型簿記（Speischer-buchführung））の許容である。これがすべての契機となっている。第2は，立法府によるHGBとAOの帳簿規定の一体化への要請である。「1974年AO導入法草案（EGAO 1974）」の理由書は，EDV簿記許容を契機に「連邦参議院は1974年EAOの91条と92条に対するその見解を連邦政府に求め，AOとHGBにおける一致した規定を言い表すことになった」として，両法の一体化の必要性を述べている。第3は，1977年AO成立に至る各種草案において，EDV簿記の正規性の判断基準に係る「実箱であるGoB」，換言すれば「法の目的に応じた，法規範の組立」が租税法の領域において徐々に明確化されてきたことである。なお両法の「調和」に関連する1977年AOの内容は，第4章第4節4を参照されたい。

2　内　容

(1) 記帳条件等に関する規定

改正後の商法典（HGB）の記帳条件等に関する各条文は，以下のとおりである（一連の考察に必要な条項だけを掲載）。

38条
1項　すべての商人は，帳簿を記帳し，かつ，その帳簿上に自己の商行為および自己の財産の状況（die Lage seines Vermögens）を正規の簿記の諸原則（Grundsätzen ordnungsmäßiger Buchführung）に従って明瞭に（ersichtlich）記載する義務がある。
2項　すべての商人は，発送した商業信書の原本に一致する写し（控え，複製，転写または文字媒体，画像媒体，その他のデータ媒体のオリジナルの写し）を保存する義務がある。
41条　貸借対照表は，商人によって年月日を表示され，署名されなければならない。複数の人的社員がいるときは，その全員が署名しなければならない。
43条
1項　商業帳簿の記帳およびその他の必要な記録に際し，商人は日常の用語を

使用しなければならない。略語，数字，アルファベットまたは図形記号が使用されるときは，それぞれの場合に，その意味が明確に確定していなければならない。

2項　帳簿の記入（Die Eintragungen in Büchern）およびその他必要な記録は，完全網羅的に，正確に，適時にかつ整然と行われなければならない。

3項　記帳または記録は，その当初の内容が確認できないような方法でこれを変更してはならない。変更が最初にされたか，またはその後においてなされたかが不明確であるような変更をしてはならない。

4項　商業帳簿およびその他必要な記録は，その記帳の形式がその際に適用された手続を含めて，正規の簿記の諸原則に合致している限り，証拠書類の整然としたファイルという形をとることもでき，あるいはデータ媒体の上で行うこともできる。商業帳簿およびその他必要な記録をデータ媒体の上で行う場合には，そのデータが保存期間中は利用可能であること，しかも相当な時間内であればいつでも見読可能であることが，特に保証されていなければならない。1項から3項までは同様に適用される。

(2)　43条1項および2項

　1976年12月14日の商法典の改正により，同商業帳簿規定のいくつかの記帳条件が改正されて新たな記帳条件が盛り込まれている。まず，従来の43条1項は1項1文に引き継がれ，従来の「日常の用語およびその文字」という表現から「およびその文字」が削除されている。2文は第三者に簿記をよくわかるようにさせるために新しく設けられている[27]。新43条1項は，1977年AO146条3項と実質的に連動している。

　また，従来の43条2項の「帳簿は装丁し各紙葉に通し番号が付されなければならない」との規定が削除されている。ルーズリーフ式簿記やEDV簿記の普及によって，帳簿の編綴や通し番号の付番が時代に合わなくなってきたのである。草案理由書（BT-Drucks. 7/261）は，「商業帳簿の外観上の形式に関する規定は，商業帳簿の記帳および記録に関する一般的に認められた諸原則によって補充される[28]」という。この改正はHGBの記帳規定とAOの記帳規定との整合性を保つための改正であり，AO146条1項は1919年RAO162条2項1文の内容を実質的に引き継いでいるため，改正後の43条2項の解釈にあたっては，1919年RAO162条2項1文に関してなされた学説や判例が引き続きHGB上も参照されることになり，AO146条1項に関連した租税判例もHGB上考慮され

ることになる。それゆえに，43条2項のvollständigとrichtigは二義性を持っていることに留意が必要である（第4章第3節1(2)②，第5章第3節1(1)参照）。

ただし，改正後のHGB43条2項に対応する1977年AOの146条1項では，新しい簿記手続に対応するために，従来のDie Eintragungen in die Bücher（帳簿の記帳＝RAO162条2項）との文言が削除され，それに代わってBuchungenとの語が採用されているにもかかわらず，改正後のHGB43条2項が「帳簿の記帳（Die Eintragungen in Büchern）」との文言を採用している理由は明らかではない。

(3) 43条3項（不変の記帳の原則）

43条3項は不変の記帳を規定する。1897年HGB制定当時の43条3項にあって，1919年RAO162条でも用いられたDurchstreichen（線を引いて消すこと）やradieren（抹消する）との用語は，1976年の改正に際してverändern（変える）との用語に一本化されている[29]。草案理由書は「3項の新たな文言は，実質的に従来の3項2文に相当する。しかしながら，自動的なデータ処理の場合には，偽造は抹消（Radiren）ではなく，消し込み（Löschen）ないし記憶されたデータの移管あるいはその他の修正によって行われる。それゆえに，新しい言い回しは，帳簿への記帳およびその他の記録は，当初の内容が確認できないような方法での変更を完全に禁止している。従来のように，すべての変更はそれがいつ行われたのかが確認できなければならない[30]」としている。また，EDV簿記に対応するため，43条3項1文の「通常記入する箇所には空白があってはならない」との文言が削除されている。

(4) 記憶装置型簿記（Speicherbuchführung）

次に，記憶装置型簿記（狭義のEDV簿記）に対応するためのその他の改正内容をみてみよう。38条2項はさらに改正されている。43条4項は新しい規定である。草案理由書は「1文はそれがGoBに合致するという前提条件の下で，未決済項目簿記を許容している。本質的に新しいのは2文である。それによって，一定条件の下で，諸原則に従ったデータ媒体への商業帳簿の記帳および記録が許容される[31]」という。43条4項も1977年AO146条5項に連動して改正されている。さらに，1965年8月2日改正によって盛り込まれた44a条および

44b 条は削除され，44a 条は44条3項に吸収され，44b 条は44条4項にそのままの表現で移されている。1976年12月14日改正により EDV 簿記が一定の条件のもとで許容されたことにより，従来の「帳簿」概念が「データ媒体」を含むものに変化している。それゆえに，「帳簿の正規性」との用語は「簿記の正規性」という用語に代わるとともに，「正規に記帳された帳簿だけに証拠力がある」との命題から「正規の簿記だけが証拠力を享受する（Nur der ordnungsmäßigen Buchführung kommt Beweiskraft zu）」という命題に代わることになる。「正規の簿記」と EDV 簿記の関係については，第8章で詳しく考察する。

(5)　「専門的知識を有する第三者への全容提供可能性」と「取引の追跡可能性」

なお，1977年 AO145条1項に成文化された「専門的知識を有する第三者への全容提供可能性」と「取引の追跡可能性」であるが，HGB では，それらに準拠した簿記が「将来的には GoB に合致するであろう（傍点は筆者）[32]」として，1976年12月14日の HGB 改正ではその成文化が見送られている。HGB は，これらの原則をいまだ GoB として認めなかったのである。

第5節　会計指令法（Bilanzrichtlinien-Gesetz）

1　概　要

(1)　経緯と改正の内容

1985年12月19日に会計指令法（Bilanzrichtlinien-Gesetz, BiRiLiG）という名の法形式で，EC 第4号，第7号および第8号指令を一括して，39に及ぶ法律の大改正を一挙に断行したドイツでは，HGB の大改正をも当然にその中に包含していた。同法は別名「会社法について共同歩調をとるためのヨーロッパ共同体理事会の第4，第7および第8の準則の施行法」といわれ，EC 加盟国の会社法を加盟国相互間で近づけようとするものであった。

ここで注目すべき点は，①従来，HGB において商業帳簿に関する条文は，38条から47b 条までの12ヵ条であったものが，238条から339条までに拡大され，

特に従来成文化されていなかった多くの「正規の貸借対照表作成の諸原則 (Grundsätze ordnungsmäßiger Bilanzierung, GoBi)」が盛り込まれたこと，②簿記の正規性に関する決定的な基準である，1977年AO145条1項の文言が記帳義務を定めた238条1項に盛り込まれたこと，③株式会社のみならず「記帳義務あるすべての商人」についても損益計算書の作成義務が明文化されたこと，④財務諸表にはJahresabschluß（年度決算書）の語を当て，Bilanzは「貸借対照表」のみを意味するように改正されたこと，⑤英国会社法が1948年法の149条1項で初めて採用し，承継してきた「真実かつ公正な描写（a true and fair view）」原則がein den tatsächlichen Verhältnissen entsprechendes Bild（事実的な諸関係に合致する写像）という表現で採用されたことである。

草案は「第1章（すべての商人に対する規定）は基本的に従来の法（Recht）を引き継いでいる。すべての商人に適用される，法形式に従属しない諸原則（Grundsätze）を含む限りで，かつ，すべての商人に『租税法上の利益算定に対する商事貸借対照表基準性の原則』が適用されなければならないために，この章は第4号指令の規定に合致している[33]」として，「不確定法概念であるGoB」と「基準性の原則」が従来のまま維持されたことに言及している。

(2) 「真実かつ公正な描写」原則

英国では従来慣習によって行われる会計を重視し，実務を尊重する会計が基調となってきた。具体的な評価方法や計算書類の様式についての正確なシェーマを厳格な法規制で課すことは不適切であり，むしろ不可能であるとさえ考えてきた。用いるべき方法は実務から引き出されるべきであって，企業の性質や活動によって限定されるべきものとされた[34]。それゆえに，a true and fair viewを提供する必要は，すべての状況に適用可能な，すべてに優先する思考原理であるとされ，場合によっては，標準的な会計実践や諸会社法の特定要件の両者よりも高次元の判断基準であるとされている[35]。「離脱規定[36]」が適用される場合は，会計的な視点が成文法規を乗り越えうるのである。

なお，a true and fair viewは，フランスでは1983年「調和化法」によってimage fidèleとの用語で商法9条に採用されている（それぞれの内容は，ドイツについては飯塚（1988）の230-233頁，フランスについては野村（1990）の227-248頁に詳しい）。

(3)「真実かつ公正な描写」原則と原則主義

このような a true and fair view の思考原理は，IFRS（国際財務報告基準）の特徴である「原則主義（Principle-based）」につながっている。原則主義に立脚する IFRS は，詳細な解釈指針やガイダンスを伴う「細則主義（Rule-based）」に比べて会計処理の決定に高度な判断が求められるケースが多いといわれる。

飯塚毅博士は a true and fair view を「真実かつ公正な概観」と訳すわが国の学説に対して，1988年時点において，「より正確には『真実かつ公正な描写』または『真実かつ公正な見解』と訳すべきではなかろうか[37]」とし，「この高次元性を見落としている結果が，わが国の慣行的訳語としての『真実かつ公正な概観』という用語を生み出したものではないか，と筆者は考える。概観という日本語は，概ねのかつ荒筋の観方という意味をもつ，と筆者には解されるからである[38]」とされていた。

原則主義と細則主義との間の決定的な相違を考えれば，飯塚博士の当時の見解の正当性が確認される。

2　記帳条件等に関する規定

1985年 HGB 改正後の記帳条件等に関する規定は，以下のとおりである（一連の考察に必要な条項だけを掲載）。

> **238条**
> 1 項　すべての商人は，帳簿を記帳し，かつ，その帳簿上に自己の商行為および自己の財産の状況（die Lage seines Vermögens）を正規の簿記の諸原則（Grundsätze ordnungsmäßiger Buchführung）に従って明瞭に（ersichtlich）記載する義務がある。簿記（Buchführung）は，その取引が専門的知識を有する第三者（einem sachverständigen Dritten）に対して，相当なる時間内に，取引および企業の状況（die Lage des Unternehmens）に関する全容（Überblick）を伝達しうるような性質のものでなければならない。取引はその発生から終了まで追跡しうるものでなければならない。
> 2 項　商人は，発送した商業信書の，原本と一致する写し（コピー，複写，転写または文字媒体，画像媒体，その他のデータ媒体のオリジナルの写し）を保存する義務がある。
> **239条**
> 1 項　商業帳簿の記帳その他必要な記録は，日常の用語で行わなければならな

> い。略語，数字，アルファベット文字ないし図形記号が使用されているときは，そのつど，それらの意味を一義的に確定しておかなければならない。
> 2項　帳簿の記帳その他必要な記録は，完全網羅的に，正確に，適時にかつ整然と行わなければならない。
> 3項　記帳または記録は，その当初の内容が確認できないような方法でこれを変更してはならない。変更が最初になされたか，またはその後においてなされたかが不明確であるような変更をしてはならない。
> 4項　商業帳簿その他必要な記録は，その記録の形式がその際に適用された手続を含めて，正規の簿記の諸原則に合致している限り，証憑書類の整然としたファイルという形をとることもでき，あるいはデータ媒体の上で行うこともできる。帳簿の記帳その他の必要な記録をデータ媒体の上で行う場合には，そのデータが保存期間中は利用可能であること，しかも相当な期限内であればいつでも見読可能であることが，特に保証されていなければならない。1項から3項までは，同様に適用される。
> **245条**　年度決算書は，商人によって年月日を表示され，署名されなければならない。複数の人的社員がいるときは，その全員が署名しなければならない。

新HGBも，GoBの下で何が解釈されるべきかという包括的な定義を置いていない。立法担当者等がGoBの下で何を理解しているかの説明はHGB238条以下に含まれている[39]。HGB238条以下は，ただ正規の簿記の個々の問題，財産目録，年度決算書，開始貸借対照表の個々の問題，商業帳簿の形式的な記帳と記録および証憑の保存の問題を取り扱う[40]。

立証および自己報告を主目的としていたHGBの商業帳簿規定は，今日では，さらに，責任資本の維持の手段，会計報告義務，年度決算書の監査，公開義務も加わって多目的化している。

こうした状況下で，商業帳簿規定に成文化された各種の記帳条件の遵守は格別に重要な機能を発揮する。1985年HGB改正によってドイツでは，中小物的会社にまで決算監査人による年度決算書および状況報告書の監査が強制されたが[41]，それらの企業にあっては大企業のように完全な内部統制機構を具備しているところばかりではない。会計報告責任の履行のための記帳機能は，たとえば，基本帳簿の機能を危うくさせる領域（現金取引）と内部統制の不十分な領域における，取引の即座の把握や，記帳の遡及的追加・修正・削除防止などによって充足されうるのである。

3　1985年改正 HGB238条1項2文の淵源と生成

(1) 歴史的経緯

238条は，包括的で一般的な秩序原則を含む[42]。それは，特に1項2文の「簿記は，その取引が専門的知識を有する第三者に対して，相当なる時間内に，取引および企業の状況に関する全容（Überblick）を伝達しうるような性質のものでなければならない」との規定が，会社法・破産法・民法・商法・税法・刑法・諸判決の領域において生成・発展して具体化され，成文化されたものであるからにほかならない。ここで時系列的にこの「一目瞭然性（専門的知識を有する第三者への全容提供可能性）の原則」の生成・発展の過程を辿ってみよう。

① 1794年プロシア一般国法

同法の過怠破産罪を規定する1468条に「自己の財産の状況（die Lage seiner Umstände）」という文言が存在する（第9章第2節2参照）。

② 1839年ヴュルテンベルク王国の商法典草案

同草案の理由書に「その業務の状態に関する全容（Übersicht über den Stand seiner Angelegenheiten）」との記述が存在する（第2章第2節1参照）。

③ 1843年プロシア株式法

同法には「取締役は財産状況の全容（Übersicht der Vermögenslage）のために必要な帳簿を記帳する義務を負う」との規定がある[43]。ドイツ近代法制における「財産状況の全容（Übersicht der Vermögenslage）」との用語の出発点はここにある。

④ 1851年プロシア刑法典261条

同法典は，過怠破産罪に関して「財産状態の全容（Übersicht des Vermögenszustandes）を得ることができないほど無秩序に（unordentlich）商業帳簿が記帳された場合」（261条の2号）とする規定を創設した（第9章第3節1(1)参照）。

⑤ 1856年プロシア商法典第1草案に対する商業専門家および法律実務家による会議

会議では「むしろ法律は，一般に実務に即して使用できるようにするために，商人はその財産の状況およびその取引状況の全容（Übersicht）を完全に（vollständige）かつ明瞭に（klar）提供する帳簿を記帳する義務がある，という原則の確定だけに制限しなければならない」との観点が承認されている（第2

第3章　1897年ドイツ商法典　　101

章第4節2(1)参照)。

⑥　学　説

　1861年ADHGBの28条1項に「自己の商行為および自己の財産の状況」という文言が採用されたが，1861年ADHGB審議委員会委員でもあるハーンはADHGBに関する1871年発刊のコンメンタールで「簿記は専門的知識を有する者が，帳簿から個々の取引の確実な知識および財産状況（Vermögenslage）に関する完全な全容（Übersicht）を入手することができるようなものでなければならない」と，画期的な解釈をしている（第2章第6節2参照）。

⑦　帝国裁判所の1881年4月30日判決ほか

　帝国裁判所の1881年4月30日判決（4 119）で，はじめて「財産の全容（Vermgensübersicht）」を得るべき者が「被告人自身あるいは被告人の帮助を受けた第三者」であることが判示された。続けて，ライヒスゲリヒトの1933年12月1日判決（RStBI 1934 S. 319），1939年6月5日の判決（RStBI 1939 S. 1165）もこの判決を追認している[44]（第9章第3節2(4)参照）。

⑧　1896年ドイツ民法典（Bürgerliches Gesetzbuch，BGB）

　同法典の716条「組合員の検査権（Kontrollrecht der Gesellschafter）」は，「組合員は，自ら業務執行を行わない場合でも，組合の事務に関する情報を得ることのほか，組合の営業帳簿（Geschäftsbücher）および書類（Papiere）を閲覧し，これらをもとに組合財産の状態に関する全容（Übersicht über den Stand des Gesellschaftsvermögens）を作成することができる」と規定している。

⑨　1897年HGB

　同法典の38条1項に，1861年ADHGBの28条1項と同じ「自己の商行為および自己の財産の状況」という文言が採用されている。

⑩　租税優遇措置をめぐる諸判決

　1950年1月13日のOFH判決では，租税優遇措置をめぐる簿記の正規性を判断する過程で「専門的知識を有する者が，その状況を相当な時間消費と作業コストで監査可能でなければならない」と（第7章第2節2(4)参照），1951年2月23日のRFH判決では「簿記は商人および専門的知識を有する第三者に対して，いつでも取引状況と財産状況に関する全容（Übersicht）を入手させなければならない」と判示している（第7章第3節2(2)①参照）。その後，租税優遇措置をめぐる連邦財政裁判所の諸判決でも同様の根拠で繰り返し判示している。

⑪ 所得税準則

1950年の所得税準則（EStR）45節「正規の簿記（Ordnungsmäßige Buchfürung）」は，「簿記は，すべての取引と財産の確実な記録を可能とし，かつ，保証しなければならない。簿記は，商人および専門的知識を有する第三者にいつでも取引と財産状況に関する必要な全容（Übersicht）を相当な時間内に入手させるようにしなければならない」としている（第7章第2節5参照）。そして，所得税準則は現在に至るまで，同様の内容を求め続けている（第4章補節参照）。

⑫ 1976年「経済犯罪防止第1法律」

1976年7月29日の「経済犯罪防止第1法律」による改正によって，刑法典は283条「破産」および283b条「記帳義務の不履行」において，一定の場合に「財産状態の全容（Übersicht）」を困難にするような帳簿記帳および貸借対照表作成を可罰性あるものとしている（第9章第4節2参照）。

⑬ 1977年 AO

かかる歴史的経緯を背景として，1969年AO草案（88条1項），1973年AO草案（90条1項），1977年AO草案（145条1項）において「専門的知識を有する第三者への全容提供可能性」が盛り込まれ，結果として1977年AOの145条1項1文の規定となっている。EDV簿記の許容にあたって，この原則が「再検査可能性の原則」（145条1項2文）とともに初めて法律に成文化されたのである（私見では，1969年および1974年のAO草案で見送られていた「不変の記帳の原則」の成文化の代替策として，これらの原則が成文化したと考えられる。第4章第4節4参照）。

また，AOの145条1項1文は1851年プロシア刑法典以来用いられてきたÜbersichtではなくÜberblickという語を用いているが，Überblickは租税優遇措置をめぐる連邦財政裁判所判決（1966年2月18日判決，BFHE85, 535）（第7章第3節2(2)③参照）でもみられ，ÜbersichtとÜberblickとは同義である。

⑭ 1985年 HGB 改正

その後1985年12月19日の会計指令法（BiRiLiG）によって，HGBにこの原則が盛り込まれている（238条1項2文）[45]。そして，AO145条1項1文の「財産の状況」という語が「状況」に置き換えられている。これらの法改正を通じて，刑法典283条および283b条の「財産状態の全容（Übersicht）」とHGB238

条1項2文の「取引および企業の状況に関する全容（Überblick）」との用語の意味内容の同一性によって刑法典とHGBが，そして，用語の同一性によってHGBとAOがより密接に連動することになった。

　以上の「一目瞭然性（専門的知識を有する第三者への全容提供可能性）の原則」生成・発展の過程を図示すれば，次頁**図表3−5**のようになる。

　ここで，ドイツの会計制度における「専門的知識を有する第三者への全容提供可能性」に関する，用語の微妙な相違に触れておきたい。まず，「全容」という語は，1839年ヴュルテンベルク王国の商法典草案の理由書においてÜbersichtとの語がみられ，その後，1843年プロシア株式法，1851年プロシア刑法典261条から現行刑法典に至る破産規定，1896年民法典においてÜbersichtとの語が同様に用いられているのに対して，1977年AOおよび1985年改正HGBでは，Überblickとの語が採用されている。また，資産等の「状態」ないし「状況」に関しては，1851年プロシア刑法典から現行刑法典に至る破産規定においてStand（状態）という語を，1794年プロシア一般国法，1861年ADHGB以後の商業帳簿規定，1896年民法典および1977年AOでは，Lage（状況）という語を用いている。しかし，今日において，それらの意味内容に実質的な相違はなく，ドイツ会計制度において一体的に機能していると考えられる。

(2)　1985年改正HGBの238条1項2文の欠陥

　ここで注目されるのは，1985年改正後の238条1項2文は，帝国裁判所の判決以来常時用いられてきた「商人」という用語を盛り込まず，「専門的知識を有する第三者」だけが「取引および企業の状況に関する全容」の提供先になっていることである。法解釈はともかく，商業帳簿の「自己報告による健全経営の遂行」目的が法文上無視されたことを意味しており，立法上の大変な失態である。1977年AO145条1項1文は「専門的知識を有する第三者」だけ規定しており，これが遠因となって1985年HGB改正でもその238条1項2文から「商人」が取り去られてしまったのであろう。少なくともHGB238条1項2文は，以下のような規定であるべきであった。

104　第Ⅰ部　ドイツ：商業帳簿（帳簿）制度の発展

図表3-5　「一目瞭然性（専門的知識を有する第三者への全容提供可能性）の原則」生成・発展の過程

		19世紀　　　　　20世紀
商事法	1839年ヴュルテンベルク王国：商法典草案理由書	●業務の状態に関する全容（1839）
	1843年プロシア株式法	●財産状況の全容（1843）
	1856年プロシア専門家会議	●財産状況および取引状況の全容（1856）
	1861年 ADHGB	◇商行為および財産の状況（1861）
	1897年 HGB	商行為および財産の状況（1897）◇――――――――▶
	1985年改正 HGB	専門的知識を有する第三者への「取引および企業の状況の全容」提供可能性（1985）◆▶
民法典	1896年 BGB	組合財産状態の状態に関する全容（1896）●―――――▶
刑法典破産法	1794年プロシア一般国法	◇財産の状況（1794）［過怠破産罪］
	1851年プロシア刑法	●財産状態の全容（1851）
	1871年ライヒ刑法	●財産状態の全容（1871）
	1877年破産法	●財産状態の全容（1877）
	1976年改正刑法	財産状態の全容（1976）●――▶
税法	1950年 EStR（所得税法準則）	商人・専門的知識を有する第三者への「取引および財産状況の全容」提供可能性（1950）◆――▶
	1969年・74年 AO 草案	専門的知識を有する第三者への「取引および企業の財産状況の全容」提供可能性（1969/1974）◆―◆
	1977年 AO	専門的知識を有する第三者への「取引および企業の財産状況の全容」提供可能性（1977）◆―◆▶
学説	Hahn（ADHGB 審議委員会委員）	◆（1871）専門的知識を有する者への「取引および財産状況の完全な全容」提供可能性
判決	帝国裁判所の判決	被告人・幣助者への「財産の全容」提供可能性（1881）◆――商人・専門的知識を有する第三者への「財産の全容」提供可能性（1939）
	租税優遇措置をめぐる諸判決	租税義務者および専門的知識を有する第三者への「取引および財産状況の全容」提供可能性（1950～）◆――▶

●＝（取引および）財産状態（状況）の全容提供
◇＝（商行為および）財産の状況
◆＝（商人・租税義務者）と専門的知識を有する第三者への全容提供可能性

> 簿記は，商人自身および専門的知識を有する第三者に対して，相当なる時間内に，取引および企業の状況に関する全容（Überblick）を伝達しうるような性質のものでなければならない。　　　　（下線部分は筆者追加箇所）

　ともあれ，税法規定が先導して HGB の商業帳簿規定，それも一般的な記帳義務を定めた238条に「一目瞭然性（専門的知識を有する第三者への全容提供可能性）の原則」が盛り込まれた意義は大きい。HGB と租税上の規定との緊密な関連のために，238条1項2文を解釈する際には，租税上の文献と租税判決も依存されうることとなる[46]。この場合の租税判例とは，租税優遇措置の適否をめぐる「正規の簿記」について形成された諸判例である。

4　商業帳簿の証拠力に関する規定

　商業帳簿の証拠力に関する規定は，以下のとおりである（一連の考察に必要な条項だけを掲載）。

> **258条**
> 　1項　係争の継続中に，裁判所は，申立てによりまたは職権をもって，当事者の一方に商業帳簿の提示を命じることができる。
> 　2項　訴訟の相手方の証拠提示義務に関する民事訴訟法の規定は妨げられない。
> **259条**　係争中に商業帳簿を提示するときは，係争に関する部分に限り当事者双方の立会いのもとに閲覧しなければならず，適当な場合には抜粋書類を作成しなければならない。帳簿のその他の内容は，正規の記帳（ordnungsmäßigen Führung）の検査のために必要な場合に限り，裁判所に提示しなければならない。
> **260条**　財産の分割，特に相続財産，財産共有における財産および会社財産の分割の事案の場合，裁判所はその全内容を知るために，商業帳簿の提示を命ずることができる。

　従来の HGB の45，46，47条は，その制定当時そのままの文言で258，259，260条に移されている。帳簿の証拠価値は，民事訴訟法286条に従って自由に評価される。正規に記帳された帳簿は，表見証明（Anscheinsbeweis, Beweis des ersten Anscheins, prima-facie Beweis) を提供しない[47]。

しかし，記帳義務は本質的には証拠機能にある[48]。商法典の注釈書も「正規の商業帳簿には証拠力がある。正規に記帳された帳簿は，個々の記入の真実性に関して高い蓋然性を根拠づける[49]」としている。「秩序正しく記帳された帳簿だけに証拠力がある」から転じた，「正規の簿記だけが証拠力を享受する」という命題は，現行ドイツ HGB に厳然と存在し続けている。

5 商業帳簿規定における記帳条件等の変遷

本章において考察した，1861年 ADHGB から現行 HGB までの商業帳簿規定における記帳条件等の変遷をまとめれば，**図表3-6**となる。

その概要を要約すれば，以下のとおりである。すなわち，1987年 HGB の商業帳簿規定は，自由心証主義による記帳条件の緩和がなされた1861年 ADHGB の商業帳簿規定を引き継いでいたが，1976年12月14日の商法改正では，EDV 簿記の許容に伴って，HGB の商業帳簿規定が1977年 AO に誘導される形で，HGB と1977年 AO における記帳規定の「調和」が行われている。そして，両法において，一般的かつ普遍的な帳簿形式，記帳条件が定立されている。さらに，1985年の商法改正では，すでに AO に成文化されていた，簿記の形式的な正規性の決定的な条件である，一目瞭然性（専門的知識を有する第三者への全容提供可能性）の原則，再検査可能性（追跡可能性）の原則が，商業帳簿規定に盛り込まれている。

さらに，HGB における記帳条件成文化の構図は，**図表3-7**となる。

第3章 1897年ドイツ商法典

図表3-6 1861年ADHGBから1985年改正HGBまでの商業帳簿規定の経緯

法律・法案 記帳条件等	1861年 ADHGB	1897年 HGB	1919年 RAO	1965/8/2 改正HGB	1977年 AO	1976/12/14 改正HGB	1985年 改正HGB
マイクロフィルム	—	—	—	○	○	○	○
EDV簿記の許容	—	—	—	—	○	○	○
正規の簿記の諸原則	38(1)	38(1)	—	38(1)他	146(5)	38(1)他	238(1)他
正規の簿記	34(1)	46	208(1)1文	46	—	46	259条
装丁された帳簿	32(2)	43(2)	162(4)	43(2)	—	—	—
各頁への付番	32(2)	43(2)	162(4)	43(2)	—	—	—
完全な記帳	28(1)	—	162(2)1文	—	146(1)1文	43(2)	239(2)
真実の記帳	—	—	162(2)1文	—	146(1)1文	43(2)	239(2)
明瞭な記帳	—	38(1)	—	38(1)	—	38(1)	238(1)
一目瞭然性※	—	—	—	—	145(1)1文	—	239(1)2文
再検査可能性	—	—	—	—	145(1)2文	—	239(1)3文
すべての取引の記帳	—	—	162(2)1文	—	146(1)1文	43(2)	239(2)
完全網羅的な記帳	—	—	162(2)1文	—	146(1)1文	43(2)	239(2)
正確な記帳	—	—	162(2)2文	—	146(1)1文	43(2)	239(2)
適時の記帳	—	—	162(2)1文	—	146(1)1文	43(2)	239(2)
日付順の記帳	—	—	162(2)1文	—	146(1)1文	43(2)	239(2)
時系列的な記帳	—	—	162(2)1文	—	—	—	—
現金の日々の掌握	—	—	162(7)	—	146(1)2文	—	—
整然とした記帳	—	—	162(2)1文	—	146(1)1文	43(2)	239(2)
文字の限定	32(1)	43(1)	162(2)2文	43(1)	146(3)1文	43(1)	239(1)
空白なき記帳	32(3)	43(3)	162(5)1文	43(3)	—	—	—
不変の記帳	32(3)	43(3)	162(5)2文	43(3)	146(3)1文	43(3)	239(3)
インクによる記帳	—	—	162(6)	—	—	—	—
証憑の保存	—	—	162(6)3文	44(1)	147(1)	44(1)	257
証憑への番号付け	—	—	162(6)3文	—	—	—	—
署名義務	30(1)	41(1)	—	41	—	41	245

- 自由心証主義による記帳条件の緩和
- 租税法における帳簿形式・記帳条件の厳格な規定
- 商法と租税法の「調和」 EDV簿記の許容に伴う，一般的かつ普遍的な帳簿形式・記帳条件の定立

商業帳簿（帳簿）の法の適用局面
簿記（会計）技術の組立の局面 } GoB

※「一目瞭然性」とは，「専門的知識を有する第三者への全容提供可能性」をいう。

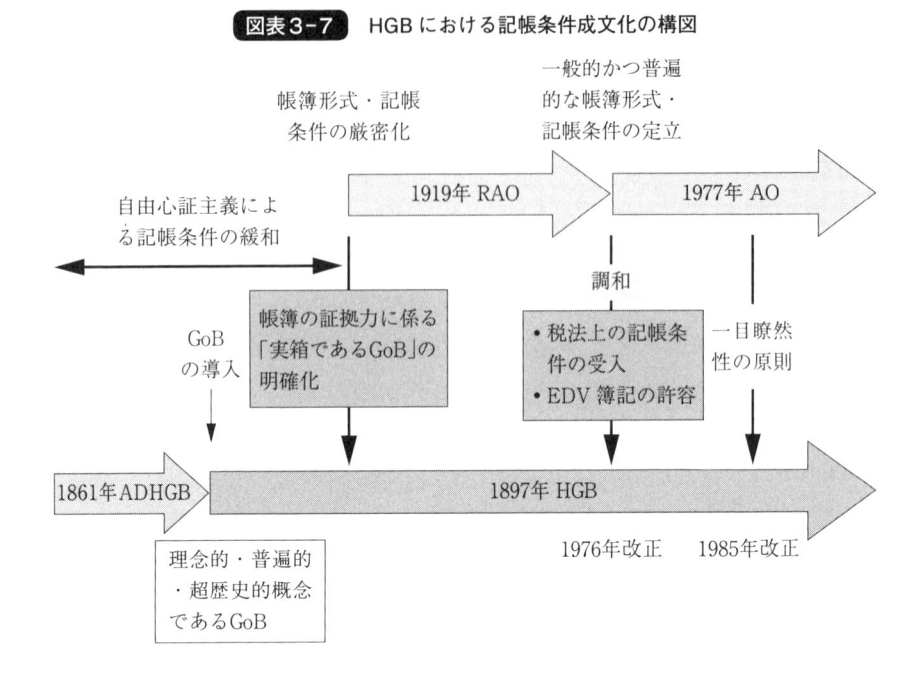

図表3-7　HGBにおける記帳条件成文化の構図

```
                帳簿形式・記帳        一般的かつ普遍
                条件の厳密化          的な帳簿形式・
                                      記帳条件の定立
自由心証主義によ  ┌─1919年 RAO──┐ ┌─1977年 AO──┐
る記帳条件の緩和 →└──────────┘ └──────────┘
                         │      調和    │
                         │              │  一目瞭然
                  GoB    │  ・税法上の記帳条 │  性の原則
                  の導入 │   件の受入    │
                         │  ・EDV 簿記の許容│
                 ┌────────┐      │              │
                 │帳簿の証拠力に係る│      │              │
                 │「実箱であるGoB」の│      │              │
                 │ 明確化      │      │              │
                 └────────┘      │              │
                         ↓              ↓              ↓
  ┌──┐   ┌──────────────────────────┐
  │1861年│ →│         1897年 HGB                │
  │ADHGB │   └──────────────────────────┘
  └──┘        1976年改正     1985年改正

         理念的・普遍的
         ・超歴史的概念
         であるGoB
```

第6節　おわりに

　1897年 HGB 制定当時の商業帳簿規定は，自由心証主義による記帳条件の緩和がなされた1861年 ADHGB の商業帳簿規定を引き継いでおり，1897年 HGB の38条1項に GoB が盛り込まれたことを除いて，両法典の商業帳簿規定には，それほどの差異は存在していない。

　第2章で明らかにしたように，1857年プロシア第2草案理由書では，「正規の簿記」概念が「商業帳簿の法の適用局面」と「簿記技術の組立の局面」の2つの局面から構成されるものとされていた。そして，「簿記技術の組立の局面」に関しては，「商人の簿記」が「簿記の種類は本質的には商人の営業の種類と規模に結びついている」および「もっぱら技術上の側面を有している」（草案理由書）ため，「この側面に法律上の必要条件に従って，ずっと奥深く介入することは危険である」として，「簿記技術の組立」を「正規の簿記」の「一般的な諸原則」（草案理由書）に白紙委任していた。

1897年HGB制定当時のGoB概念は，「企業の属性」（業種と規模）に応じた「簿記技術の組立」という側面を引き継いでいるが，「商業帳簿の法の適用局面」に応じた「正規の簿記」という側面は引き継いでいない。

　その後，「商業帳簿の法の適用局面」における「実箱であるGoB」が順次明確化されている。まず，「帳簿の証拠力」を規定する1919年RAO208条が，RAO162条に規定された各種の記帳条件を遵守した記帳を「正規の記帳」と位置づけたことから，RAO162条に規定された各種の記帳条件が商業帳簿の証拠力に係る「実箱であるGoB」の構成要素として位置づけられるに至り，HGBの諸文献においても，GoBに関してRAO162条を引用して説明を加えるようになっている。これに続いて，1927年のベルリン商工会議所の鑑定によって「ルーズリーフ式簿記の正規性」が明らかにされ，1919年RAOの改正と連動した1965年8月2日付のHGB改正により，受け取った商業信書のマイクロフィルム等による保存を認められている。さらに，EDV簿記の許容を契機にして，「形式的かつ狭義のGoB」（特に，帳簿形式および記帳条件）が一般的かつ普遍的な形で商法商業帳簿規定に導入されているが，これはAOの1969年草案・1974年草案において，あるべき記帳条件が詳細に検討された結果を受けて，HGBがAOに同調する形で改正されたものである。そして，1985年HGB改正では，すでに1977年AOに成文化されていた，簿記の決定的な基準である「専門的知識を有する第三者に対する全容提供可能性」基準が導入されている。

　これら一連の改正により，1985年のHGB改正時点において，1977年AOと商法商業帳簿規定における「記帳条件」は，「日々の現金残高掌握義務」を除いて同一の内容になっている。租税法（1919年RAO，1977年AO）に規定された記帳条件が，商法商業帳簿規定における記帳条件の成文化に先導的な役割を果たしたのである。

　今日では，商業帳簿規定を含めた商法会計規定は，さらに，責任資本の維持の手段，会計報告義務，年度決算書の監査，公開義務も加わって多目的化している。つまり，「正規の簿記の諸原則（GoB）」は，「正規の簿記」に関して1857年プロシア第2草案理由書が予定していたフレームワークと同様に（第2章第4節2(2)参照），「空箱であるGoB」が，個々の「場の条件」（「商業帳簿（帳簿）の法の適用局面」と「簿記（会計）技術の組立の局面」）に応じて多様な「実

箱である GoB」を構成している。これら 2 面における個々の「実箱である GoB」の総体が，ドイツにおける会計制度の全容である（第11章参照）。

また，1897年 HGB 制定当時における「簿記技術」は，主に「備置すべき商業帳簿の数と種類」を指していたが，今日では，主に「実質的な GoBi（正規の貸借対照表作成の諸原則）」の領域における「会計処理の原則・手続」を意味している。

なお，1985年の会計指令法以後，2009年会計法現代化法に至る過程で，会計法改革が行われ，IFRS（国際財務会計基準）が限定的にドイツ会計法規に組み入れられている。これらの一連の過程と，現行ドイツ HGB と IFRS との関係は第12章で考察する。

補節　商業帳簿規定の主目的は何か
―クルーゼとレフソンの論争―

「HGB の商業帳簿規定の主目的は何か」という点について，税法学者のクルーゼと経営経済学者のレフソンとの間に論争があった。この論争は，商法商業帳簿規定の本質的な目的を確認するうえで，格別に重要な資料であるため，補節としてその内容を紹介する。

クルーゼは，次のように主張する。

> それは（商業の会計制度に関する論究のこと＝筆者注），たいてい HGB38条から44b 条，47b 条をめぐるものであり，45条から47条までは商業帳簿の証拠力に関するものであるにもかかわらず一般に留意されていない。RAO208条に類似する規定は，商業の会計制度に関する論究が多いにもかかわらず，見る影もないような存在である[50]。
> 　HGB の簿記規定は商業帳簿の証拠力に照準を当てている。もっとも，商人はまず第1に自己報告のために帳簿づけをする，ということがしばしばいわれる。経営経済学的な視点から見れば，この言葉は確かに正しい。しかし，簿記規定のこのような目的に関しては，HGB からは何も読みとれない。HGB の45条から47条までが，商人に対して商業帳簿を使って何ができるのかを述べているのに対して，同法典の38条から44条までと47a 条は商人に何をしなければならないかを指示しているだけである。すべての簿記規定は立証という目的に沿うものであり，事業報告という目的に沿うものではない。とりわけ，HGB の

第3章　1897年ドイツ商法典　111

43条から44b条までおよび47a条は事業報告のためには不必要である。それらの規定は商業帳簿の証明機能を強くするだけである[51]。

※以上のクルーゼの文献は1978年時点のHGBに基づくものである。

これに対してレフソンは，次のようにいう。

正規の簿記（ordnungsmäßige Buchführung）を通じた証拠力ある証明資料の保全は意義を失わない。帳簿は課税と事態の判定に関しての基礎となり，それは帳簿を通じて証明されなければならず，また証明されうる[52]。

帳簿の形式的な証拠力は，現代の法律においてはもはや与えられず，裁判官は提示された商人の商業帳簿あるいはその他の記録を民事訴訟法286条，415条ないし444条に準拠し，文書として自由に評価しなければならない[53]。

法律家の文献（クルーゼのこと＝筆者注）では，商事勅令の記帳規範が，帳簿の証拠力の保証だけではなく商人に自己報告を強制していることを必ずしも認めていないようである。債権者保護の形態はサヴァリーにみられるだけではなく，すでにパチオリの簿記論の第1章にみられる。誰かに報告することを義務づけられていない個人の商人に，いかなる理由に基づいて立法者は商事勅令から現行HGB239条に至るまで，年度決算書の作成を規則として定めているのであろうか？　期間計算を欠いた正規の簿記が，証明機能の充足のためにはそれで十分であろう[54]。

年度決算書による時宜を得た商人の自己報告は，商人自身や債権者保護のために支払停止の回避を目的としている[55]。

商人の自己に対する報告義務は，239条から241条と関連して238条に見いだせる[56]。

※以上のレフソンの文献は，1987年時点のHGBに基づくものである。
※サヴァリーの見解は，第9章第2節1参照。

両教授の論争は，HGBの商業帳簿規定が商業帳簿の「証拠力の定立」のためだけに存在するか，それとも「商人への自己報告による健全経営の遂行」が主目的であるかにある。この問題を解き明かすためには，中世都市法典から始まる商業帳簿規定生成の歴史をさかのぼる必要があるであろう。

一連の考察で示したように，商業帳簿規定の本質的な目的は2つあり，歴史的には「正規の簿記」による帳簿の「証拠力の定立」に始まり，その後，「商人への自己報告による健全経営遂行」が加わっている。この2つが商業帳簿規

定の本質的な目的である。それゆえに，両教授の見解は，それぞれ商業帳簿の本質的な目的の一断面に言及していると理解される。

■注
1 Vgl. Entwurf（HGB）；S. 45.
2 本研究における，1897年商法典の邦訳にあたっては，宮上／W. フレーリックス（1992）を参考にした。
3 Entwurf（HGB）；S. 45.
4 飯塚（1979）；121頁，木下（1981）；110頁。条文は，Barth（1955）Anhangの102頁を参照した。
5 Entwurf（HGB）；S. 45.
6 クルーゼは，「GoBへの指示はまったく問題がないように思われた。その理由から，より古い商法の文献では，GoBへの指示が本来何を意味するかという問題にはほとんど触れていない。ほとんどすべての著者は『帳簿がどのように作成されなければならないかは，注意深い商人の慣習に基づいて判断される』という，婉曲に表現された商法典草案を参照することで済ませている」とする（Kruse（1978）；S. 1）。
7 「そこでの共通点は純財産の測定が一義的であり，成果測定はその純財産測定の結果として派生的に生じるあくまで副次的な地位として解されている。」（五十嵐（2005）；7頁）
8 レフソンは，「1896年の商法典草案覚書書によれば，商法典第38条1項のGoB概念について，当時の立法・司法当局の間に『注意深い商人の慣習』以外の特別の観念があったとは想定できない。恐らく，GoBについては単に簿記技術的な諸問題（記帳すべき帳簿の数や種類，記帳すべき取引の範囲など）のみが考えられていたのであろう」（高木（1995）；26-27頁）としている。武田隆二博士も，「正規の簿記の諸原則という用語が法律用語として用いられた当初は，計算書類作成者に対する一種の道徳的規範（sitt-liche Norm）をあらわす規範的内容をもった不特定な法概念を意味していた」（武田（2007c）；719頁）とされる。
9 宮上教授は，1897年HGB制定当時からしばらくの間，商法38条のGoBにGoBiが含まれるか否かについて見解の相違があったが，1933年に至る時期においてGoBが貸借対照表にも適用されるという見解が次第に多くの論者の支持するところとなったとされる（宮上（1978）；123頁参照）。

中里教授は，「1937年の株式法129条1項1文が，それまでの商法典260b条の『正規の簿記および貸借対照表作成の諸原則』という語にかえて，『正規の簿記の諸原則』という語を用いてから以後は，『正規の簿記の諸原則』は，『狭義の（あるいは，形式的意味の）正規の簿記の諸原則』，『正規の貸借対照表作成の諸原則（すなわち，実質的な意味の正規の簿記の諸原則）』，および『正規の財産目録作成の諸原則』の上位原則として用いられるようになった。今日では，『正規の簿記の諸原則』という語は，通常，右のような広義のものとして用いられている」（中里（1983）；1・84-85頁）とされる。

10 中里（1983）；1・88頁。
11 Kruse（1978）の2頁および中里（1983）の1・85頁を参照。条文は，Barth（1955）Anhangの56頁および59頁を参照した。
12 中田（2007）；44-45頁参照。
13 Schlegelberger（1973）；§45 Anm. 1.
14 Vgl. Hass（1949）；S. 353.
15 飯塚（1988）；182-183頁。
16 Kruse（1978）；S. 65.
17 Kruse（1978）；S. 42.
18 飯塚（1988）；292頁。
19 Vgl. Barth（1953）I 257f.
20 BT-Drucks. 7/261, S. 51.
21 Schlegelberger（1973）；§44b Anm. 1.
22 Vgl. Kruse（1978）；S. 200.
23 商法典の簿記規定は，1976年8月6日に発布された「経済犯罪防止第1法律」（1. WiGK）によって修正されている。貸借対照表に関する41条第1文，そして新しく差し込まれた義務商人の記帳義務に関する47b条である。それらの修正は，1. WiGKの4条7項によって発布されている（Biener（1977）；S. 527）。
24 Biener（1977）；S. 527.
25 BT-Drucks. 7/261の前文。
26 その内容については，BT-Drucks. 7/261, S. 51ff. 参照。
27 Vgl. BT-Drucks. 7/261 S. 52.
28 BT-Drucks. 7/261 S. 52.
29 飯塚（1988）；305頁。
30 BT-Drucks. 7/261 S. 52f.
31 BT-Drucks. 7/261 S. 53.
32 BT-Drucks. 7/261 S. 52.
33 BT-Drucks. 10/4268 S. 95.
34 野村（1990）；229頁。
35 飯塚（1988）；231-232頁参照。
36 英国会計基準（UK-GAAP）は，「真実かつ公正な描写（a true and fair view）」規定を最高規範とし，「離脱規定」を伴った原則主義（Principle-based）を採用している。すなわち，UK-GAAPに関して，多くの会計基準が公表されているが，これらの会計基準は，すべての会社がその損益および財産の状況に関する「真実かつ公正な描写」を示すことを保証するものではなく，多数の会社に関係する事項について最小限度のルールを設定しているにすぎない。それゆえに，会社の経営者は，会社の社会的，経済的環境等に応じて，自らの判断で会社の実態を反映した財務諸表を作成する責任を負い，場合によっては会計基準で求められていない情報についても追加的に財務諸表に含めなければならない。また，会計基準に準拠することによって，「真実かつ公正な描写」の表示を歪めると判断される

場合には，当該会計基準から離脱して，経営者が最適と考える他の会計処理および表示の方法を採用することも求められる。これは一般に「離脱規定」とよばれており，単に会計基準に準拠しただけでは免責されず，会社の損益および財産の状況を正しく表示しているかという実質的な判断まで行わなければならないことを経営者に課す規定である。

37　飯塚（1988）；231頁。
38　飯塚（1988）；232頁。
39　Körner（1987）；S. 55.
40　Bornhaupt（1987）；S. 174.
41　1985年改正商法316条以下を参照されたい。
42　Budde/Kunz（1995）；§238 Anm. 1.
43　Vgl. Barth（1953）；S. 284.
44　Bühler/Scherpf（1971）；S. 63.
45　1983年8月26日付の政府草案では，238条1項2文は「簿記（Buchführung）は，その取引が専門的知識を有する第三者（einem sachverständigen Dritten）に対して，相当なる時間内に，取引および企業の財産状況，財務状況，ならびに収益状況に関する全容（Überblick）を伝達しうるような性質のものでなければならない」（BT-Drucks. 10/317）という内容であった。
46　Ellerich（1990）；§238 Rn. 2.
47　Jung（1989）；§238 Rdn. 46, Baumbach/Duden/Hopt（1989）；§238 Anm. 1, Baumbach/Duden/Hopt（1995）；§238 Anm. 1, Wiedmann（1990）；§41 RdNr. 13.
48　Wiedmann（1990）；§41 RdNr. 13.
49　Jung（1989）；§238 Rdn. 46. Baumbach/Duden/Hopt（1989）；S. 648およびBaumbach/Duden/Hopt（1995）；§238 Anm. 1も同旨。
50　Kruse（1978）；S. 199.
51　Kruse（1978）；S. 200.
52　Leffson（1987）；S. 49.
53　Leffson（1987）；S. 49.
54　Leffson（1987）；S. 55.
55　Leffson（1987）；S. 55f.
56　Leffson（1987）；S. 56.

第4章
ドイツ租税法の帳簿書類制度

第1節 はじめに

　ドイツの帳簿書類制度にとって，とりわけ重要なものは，1919年ライヒ国税通則法（RAO）である。すでに明らかにしたように，ドイツでは，フランスのような「公証手続」を用いずに，「正規に（秩序正しく）記帳された帳簿だけに証拠力がある」という一般的民族信念のもとで，数多くの具体的な記帳条件を成文化することによって，商業帳簿を裁判における重要な証拠資料として位置づけてきた（第1章および第2章参照）。そのドイツ的思考が，1919年RAOの162条と208条に結実している。

　RAOの162条は，租税法における帳簿の証拠力に係る「実箱であるGoB」概念を明確化するとともに，それまで具体的な意味内容が与えられていなかった1897年商法典（HGB）38条1項所定のGoB概念を充塡するものでもあった（第3章第2節3(2)参照）。

　また，1977年国税通則法（AO）[1]に至るまでの各種草案の帳簿書類規定は，電子的データ処理簿記（Elektronische Datenverarbeitung-Buchführung，以下「EDV簿記」という）の正規性の判定基準となる「実箱であるGoB」を確定する過程でもある（本章ではEDV簿記を狭義，つまりデータを紙で保存せずに，データ媒体で保存する意味で用いる）。さらに，公法である1977年AO制定に至るまでの各種草案に成文化された記帳条件は，私法である商法の商業帳簿規定における記帳条件の成文化に多大な影響を与えている。

　そこで本章では，1919年RAOをはじめとして，1969年AO草案，1974年AO草案，1977年AO草案，そして1977年AOに盛り込まれた各種の記帳条件

や帳簿書類規定の歴史的な変遷とその本質的な目的を立法資料等をもとに解明したいと考える。なお，本研究の射程外であるため，租税法における所得計算領域への立ち入った検討は捨象する[2]。

第2節　プロシア上級行政裁判所判決

プロシア上級行政裁判所判決には，営業帳簿と家計簿の特別の証拠力を扱ったものが存在し，それらの諸判決で判示された内容は，帳簿の証拠力を規定したRAO208条と密接不可分な関係にある同法162条2項1文の淵源となっている。それは，以下の1896年6月30日判決と1900年7月9日判決である。

①　プロシア上級行政裁判所1896年6月30日判決（第6判事部）[3]

[事実]

> 　一般営業からの所得について，控訴審委員会（Beufungskommission）は，被査定者の簿記に基づく申告を考慮しないでこの所得を推計の方法で確定し，以下の論述を彼等がとった手続の理由にしている。「あなたの営業帳簿（Geschäftsbücher）の検査によって，その帳簿からあなたの実質営業所得を確定するのは不可能であることが明らかになった。本年6月9日の審理の際にあなたより提出された1893年6月1日から1894年5月の末日までの期間の所得計算書では不十分である。過去3年間の収入および支出の総額に関して正規の帳簿を事後に作成し提出するというあなたの申し出に応じることはできなかった。案件の状況に従って判断すれば，あなたはまったくそのような申し出を行える立場にないし，たとえあなたが実際に過去3年間の平均値に基づいて利益計算書を作成したとしても，この計算書は事後に作成され，新たな目的のためにでっち上げられたものとして，何の証拠力も持つことができないであろう。」
> 　控訴審委員会自体による営業帳簿の検査は行われておらず，付随議事録には，現金出納帳には宝くじ購入費，行楽旅行の費用および家計費を含めてすべてのものが「断片的にごちゃ混ぜになって」記入されているという申立てがこの判定の根拠になっている，と記述されている。

原審破棄差戻

[判旨]

> 1　控訴審委員会の論述が，営業帳簿による立証に関して間違った考えから出発していることは明らかである。控訴審委員会自体による営業帳簿の検査は行われていない。また同様に，被査定者の帳簿が正規に記帳されていない

(nicht ordnungsmäßig geführt worden），あるいは，それらを証拠資料として採用するのは別の理由から不適当であるという確信を控訴委員会に与え得た明確な事実は，帳簿の閲覧による正規の証拠調べの過程における役所あるいは個々の役人を介しての控訴審委員会の指示の中には認められていない。ただ，帳簿を閲覧した査定委員会の委員長が，帳簿の閲覧をした結果，収入および支出の輪郭を描こうとする試みは無駄であるということがわかったということを当該議事録に記しているだけである。
2 そもそも営業帳簿というものは，課税所得を証明するために商人によって記帳されるわけではない。それどころかむしろ，会社にもたらされた収入の総額ならびにこの収入から賄われた支出の総額について証明するために記帳されるのである。
3 したがって，所得税法の9条2項に従えば控除できない支出が現金出納帳に記入されていても，それによって簿記が正規であることの特質（Die Eigenschaft einer ordnungsmäßigen）を失うことにはならない。いやもっと正確にいうと，その整備およびその実際の記帳の仕方から，その目的の記帳が，連続して，完全網羅的に，かつ，正確に（fortlaufend, vollständig und richtig）なされていると結論づけられる営業帳簿と家計簿は，すべて正規に記帳されている（ordnungsmäßig geführt sind），とみなすことができる。

このプロシア上級行政裁判所が判示した内容は，1919年RAOの記帳条件や帳簿の証拠力に関する規定に大きな影響を与えている。本件判決のポイントを挙げれば，以下のとおりである。
(a) 本件判決文に「正規に記帳された帳簿だけに証拠力がある」との命題の存在を見いだすことができる。
(b) 本件判決は，「連続して完全網羅的にかつ正確に（fortlaufend, vollständig und richtig）なされている」として，帳簿の証拠力に係る「実箱である正規の帳簿」が，記帳の連続性，完全網羅性，正確性によって充填されることを明確に指摘している。

本件判決で示された(b)の文言は1919年RAO162条2項1文に採用され，その後文言を一部修正して1977年AOの146条1項1文および1976年12月14日改正HGBの43条2項に盛り込まれ，そのHGB43条2項は会計指令法によって1985年の改正HGBでは239条2項に引き継がれている。なお，判決本文に用いられた，vollständigとrichtigとの用語は，実質的な完全性と真実性を意味せず，形式的な完全網羅性と正確性を意味している。そうでなければ，「記帳が，連

続して，実質的に完全にかつ真実に行われていると結論づけられる営業帳簿と家計簿はすべて実質的に正規に記帳されている，とみなすことができる」となってしまい，トートロジー（同語反復，tautology）に陥ってしまうからである。

② プロシア上級行政裁判所1900年7月9日判決（第6判示部）[4]
[事実]

> 2回目の訴訟の際に出された控訴審委員会の決定において，1899年9月15日の審議の際に提出されたいわゆる家計簿（収支簿）を会計上の純利益に関する十分な証拠とみなすことはできないとして，租税義務者が耕作している自己所有地および借地からの1895年・1896年ならびに1897年の標準的な3年間の各年度の所得は大雑把な推計によって確定されている。控訴審委員会は，後者の想定の正当化のために，それがなければほとんどの支出項目の正当性または控除の可能性を確認できないところの，記帳内容の検査に必要な証拠書類（たとえば支出証明書）が欠けていた，とだけ述べている。控訴審委員会は，租税義務者から提出された家計簿を十分な理由なく農業所得の会計上の確定のための資料として使用しないまま放置し，その後大雑把な推計の方法で農業所得を確定している。

原審破棄差戻
[判旨]

> 1 営業帳簿ならびに家計簿の証拠力（Beweiskraft）は，それらの帳簿が正規のもの（ordnungsmäßig）であるかどうか，すなわち，それらの帳簿が，それらの整備ならびに実際の記帳の状況から，帳簿の目的である記帳を，完全網羅的に，かつ，正確に（vollständig und richtig）行おうとする租税義務者の意図が結論づけられるようになされているかどうか，によってのみ決まる。もしそうであれば，それらの帳簿はそれだけで信憑性（Glaubwürdigkeit）を要求する権利を持ち，控訴審委員会はそのように想定していると思われるのであるが，租税義務者には個々の記帳の正しさを査定当局に対して特に自発的に立証する義務はない。
> 2 控訴審委員会は，正規の記帳（ordnungsmäßige Führuung）に反する明確な瑕疵か帳簿内容の信憑性を損なう事実を確認した場合のみ，租税義務者が提出した家計簿の証拠力を否認できたのである。しかし，控訴審委員会は，この確認作業をしていない。そもそも，証拠資料に瑕疵があることやそれらを提出しないことは，一般に帳簿の証拠力とは関係がないし，そのためそのことを個々の事案において証明力を否認する理由として使用することもできない。

> 3 とりわけ租税義務者によって記帳された収入は,査定当局が租税義務者をして個々の収入を見落としている,あるいは過小に記帳していることを突き止めるに至らない間は,権威あるものとみなされなければならない。

本件判決は,判決の根拠として上述のプロシア上級行政裁判所の1896年6月30日判決を踏襲して「営業帳簿ならびに家計簿の証拠力 (Beweiskraft) は,それらの帳簿が正規のもの (ordnungsmäßig) であるかどうか,すなわち,それらの帳簿が,それらの整備ならびに実際の記帳の状況から,帳簿の目的である記帳を完全網羅的にかつ正確に行おうとする租税義務者の意図が結論づけられるようになされているかどうか,によってのみ決まる」としている。この判決にも「正規に記帳された帳簿だけに証拠力がある」との命題の存在を確認することができる。

第3節 1919年ライヒ国税通則法 (RAO)

1 162条・163条と208条

(1) 208条

現行 AO の先駆けである RAO は,1919年に制定されている。エンノー・ベッカー(元オイデンブルクの民事・行政裁判官であり,後にライヒ財政裁判所の裁判長)が(1918年11月から1919年の夏までの)約半年間で,何の学問的な基礎も拠り所にできずに策定したものである[5]。帳簿の証拠力にとって,とりわけ重要な条項は,「正規に記帳された帳簿だけに証拠力がある」という命題をドイツ税法史上初めて成文化した同法の208条1項1文である。この条項によって,租税法上の帳簿の証拠力に係る「実箱である GoB」が明確化されている。その内容は,以下のとおりである。

> 162条および163条の規定に合致する帳簿および記録は,それ自体正規の記帳 (ordnungsmäßiger Führung) の推定 (Vermutung) があり,事情に基づいてその実質的な真実性に異議を唱える原因がない場合には,課税の基礎とされる。

1919年 RAO には，その制定から1965年8月2日の改正に至るまで，GoB との用語を見いだすことはできない（本節の2(2)参照）。しかし，記帳の具体的な条件を規定した162条と密接不可分な関係にある208条1項1文に Ordnungsmäßige Führung との用語が用いられたことが，HGB 上の GoB 概念に決定的な影響を及ぼすことになった。

正規の記帳（Ordnungsmäßige Führung）との用語は，商業帳簿の証拠力に関する規定である1961年 ADHGB38条および1897年 HGB46条に用いられた Ordnungsmäßige Führung との用語をそのまま引き継いだものであるが，その用語の同一性によって RAO162条が1897年 HGB38条1項所定の GoB 概念と結びつき，商業帳簿の証拠力に係る「実箱である GoB」と RAO162条が連動するようになったのである（第3章第2節3(2)も参照）。

なお，208条1項1文は，当初は，表見証明（prima facie Beweis）の観点から位置づけられていたが，その後，「反証可能な法律上の推定」の見地から位置づけられるに至っている。この点は，第6章で考察する。

(2) 162条・163条

162条は，「狭義の GoB」に包含される多くの具体的な記帳条件を規定している。162条の規定は Sollvorschrift（当為的命令規定）であり，Mußvorschrift（必然の命令規定）ではない。それは帳簿の証拠力は租税義務者の権利であって，Mußvorschrift で義務づけるべきものではないからである。Sollvorschrift の違背は，それによって故意または軽率な租税削減あるいは租税危害の構成要件が実現しない限り，処罰されない[6]。

162条
1項　誰でも，税法によって帳簿を備え，または帳簿に記録しなければならない者は，次の規定を遵守しなければならない。
2項　帳簿の記帳は，連続して，完全網羅的に，かつ正確に行うものとする（Die Eintragungen in die Bücher sollen fortlaufend, vollständig und richtig bewerkt werden）。租税義務者は自ら，日常の用語およびその文字を使用するものとする。
3項　営業用帳簿は，虚偽または架空の名称を付した勘定科目を含んではならない。

4項　帳簿は，それが営業上通常のものである限り，装丁され，かつ１枚ごとまたは頁ごとに通し番号が付されるものとする。

5項　通常記入すべき箇所には，空白があってはならない。記入した当初の内容は線を引いて消したりまたはその他の方法により読みにくくしてはならず，何一つ削り落とすことをしてはならず，また当初の記入の時か，またはその後においてなされたかが不明確であるような変更をしてはならない。

6項　帳簿には，それが営業上のものであるならば，インキで記帳するものとする。租税義務者が暫定的な記録を記入するときは，その記録は保存しなければならない。証憑（Belege）は番号を付し，かつ，同様に保存するものとする。

7項　営業上の取引における現金入金と現金出金は，少なくとも毎日記録するものとする。

8項　帳簿，記録および，課税にとって重要である限り業務用書類も，10年間保存すべきである。保存期間は暦年の終了時から始まる。すなわち，帳簿への最後の記入および記録が行われ，または業務用書類が作成された時から始まる。

9項　税務署は，帳簿と記録とが，継続しており，完全網羅的であり，形式的および実質的にも真実であることを検査することができる。

162条の Sollvorschrift を抽出すれば，**図表４-１**となる。

RAO162条２項から７項の Sollvorschrift（当為規定）の違背は，それだけでは，記録の結果が棄却され，かつ，推計によって整えられることを意味しない。違背は，それが重大である場合には，むしろ記録の実質的な真実性を疑うべき原因があるという作用がある[7]。

162条２項１文は，営業帳簿と家計簿の証拠力に関して判示されたプロシア上級行政裁判所1896年６月30日判決の文言をそのまま採用している（本章第２節参照）。条文策定者であるエンノー・ベッカーによる「２項１文は帳簿および記録の証拠力に関して決定的なものである[8]」という解説は，帳簿記入の本質的な機能に関する同氏の理解が非常に正確であったことを推測させるものである。ドイツおよびわが国の諸文献が言及しているように RAO162条は成文化された GoB を構成している[9]。RAO162条が GoB 概念の具体化をもたらした理由には，162条が帳簿の証拠力を規定した208条に連動しているという法律構造の存在がある。162条と208条は「正規に記帳された帳簿だけに証拠力がある」という歴史を貫く命題を媒介として強い連動関係があり，それゆえに，租

図表4-1 1919年RAOにおける「帳簿の証拠力」に係るSollvorschrift（当為規定）

Sollvorschrift（当為規定）		
実質的かつ狭義のGoB		
条項	規定の内容	用いられた用語
162条2項1文	完全かつ真実な記帳	sollen

Sollvorschrift（当為規定）		
形式的かつ狭義のGoB		
条項	規定の内容	用いられた用語
162条4項	装丁された帳簿	sollen
162条4項	各頁への付番	sollen
162条2項1文	すべての取引の記帳	sollen
162条2項1文	完全網羅的な記帳	sollen
162条2項1文	正確な記帳	sollen
162条2項1文	適時の記帳	sollen
162条2項1文	日付順の記帳	sollen
162条2項1文	時系列的な記帳	sollen
162条2項1文	整然とした記帳	sollen
162条2項2文	文字の限定	soll
162条5項1文	空白なき記帳	sollen
162条5項2文	不変の記帳	soll nicht
162条6項	インキによる記帳	soll
162条7項	現金の日々の掌握	sollen

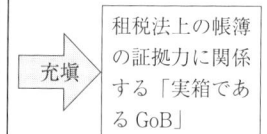

⇒ 充填 → 租税法上の帳簿の証拠力に関係する「実箱であるGoB」

税法の帳簿の証拠力に係る「実箱であるGoB」としての「正規の記帳」（208条1項1文）概念が明確化されるべき必然性があったのである。

① 162条2項の解釈

記帳は，連続して（fortlaufend）なされるものとする。連続した記帳の必要性から記帳が引き延ばされてはならないこと，および記帳が時間的な順番を守らなければならないことが明らかになる[10]。fortlaufendとの用語には，少なくとも，適時の記帳と，時系列的な記帳，日付順の記帳が含まれる。richtigとは，形式的および実質的に真実でなければならないことである。記録が形式的

に正確であるか否かは，その方式に関して，簿記システムと GoB に広範囲に依存している。取引が事実に即して再現されるように，真実の取引が記録されることは実質的な真実性に属する（BFH, BStBl, 1952, 108を参照）[11]。richtig の二義性は，162条の９項からも明らかであろう。vollständig にも二義性があり，形式的な完全網羅性と実質的な完全性という意味がある。また「日常の用語およびその文字」は ADHGB32条１項および HGB43条１項と同様の解釈となる。

② 162条２項１文の二義性

162条２項１文には「形式的な GoB」と「実質的な GoB」がともに規定されている。つまり，162条２項１文には二義性がある。この前提を欠くと，われわれは，RAO の記帳規定を貫く「正規に記帳された帳簿だけに証拠力がある」との命題の正確な理解に至ることができなくなる。ベッカーのコンメンタールでは，その208条の解説の冒頭で，「その（208条１項１文のこと＝筆者注）理解は文理的になされてはならない。文理的になされてしまうと何も述べていないことになってしまうからである[12]」としている。

２項１文の二義性は，vollständig と richtig の二義性に起因する。帳簿の証拠力（208条）との関連では，vollständig と richtig は形式的な「完全網羅性と正確性」を意味する。他方，同文は，定言的命題として租税義務者に記録の実質的な正規性を求めている。その場合には vollständig と richtig は（財産目録や貸借対照表を含む）すべての記録の実質的な「完全性と真実性」を意味する。

かかる理解を前提とすれば，帳簿の証拠力との関連で２項１文を用いる場合には vollständig と richtig の邦訳は「完全網羅的に」と「正確に」とするのが正しい。他方，記録の実質的な正規性を表す場合には，vollständig と richtig を「完全に」と「真実に」と邦訳するのがより適切である。

③ ４項から６項

４項は，帳簿の装丁と各紙葉ないし各頁への付番を規定する。この規定は1897年 HGB43条２項に対応するが，この４項は「営業上通常のもの」との限定を設けることで，その要求を弱めている[13]。HGB43条２項にはかかる限定はない。また，伝統的な手書き会計時代には重要な条件であった「装丁された帳簿への記帳」という記帳形式は，記帳義務者に対して選択の余地をなくした規定であったために，その後のルーズリーフ式帳簿やさらには伝統的な EDV 簿記の登場によって実務と合わなくなっていく。ベルリン商工会議所は1905年と

1911年の2回の鑑定書でルーズリーフ式簿記の許容を否定したが[14], 1927年の鑑定書で, たとえルーズリーフを用いても他の諸条件を充足していれば, 帳簿の証拠力には影響しないとし, 実務上はルーズリーフの使用が認められている（第3章第3節1参照）。簿記の正規性のために GoB 概念は時には実定法規を乗り越えうるのである。

5項は, 1897年 HGB43条3項と対応する。この規定は後からのもみ消しの嫌疑を排除することに役立つ[15]。帳簿が営業上のものであるならばインキで記帳しなければならないという6項1文も, 後からの見分けのつかない修正を排除するという目的で5項と同じように役立つ[16]。個々の記帳は文書による証拠書類によって証明されねばならない。それは「証拠なくして記帳なし（keine Buchung ohne Beleg）」との一般原則に当てはまる[17]。6項の「証憑への付番」はドイツ法制上はじめての規定である。

④ 7項（正規の現金記帳）

記帳の適時性の要求は2項の fortlaufend の解釈から導き出されたが, 現金取引については, 7項でさらに厳しい条件が求められている。しかし, 正規の現金記帳は, 帳簿上の現金有り高と実際の現金有り高との日々の照合可能性で足りると解釈されている[18]。この7項は, 1977年 AO の146条1項2文に実質的に移管されている（判例は, 第5章第3節1(1)［記帳の諸原則と簿記の保証］④の「正規の現金記帳の原則」参照）。

163条は, 税法と他の法律との連動関係を規定している。租税法における記帳義務は, この163条によって HGB などの法域に及んでいる。

> **RAO163条** 租税法以外の他の法律により, 課税に対して重要である帳簿および記録を作成しなければならない者は, 当該法律によりその者に課せられている義務を, 課税のためにも履行しなければならない。162条は準用される。

2　1919年 RAO の改正

(1) 改正の内容

1919年 RAO の162条は, まず10項（後の11項）が1925年8月10日に盛り込まれ（RGBl I, 24), 162条1項が1930年12月1日の緊急命令（RGBl I 517, 556）に

よって改正されている。さらに、8項および9項（後の10項）は1931年7月18日の命令（RGBl I, 373）によって改正され、8項は1942年12月28日の「商事法上および租税法上の保存期間短縮に関する命令」（RGBl 1943 I, 4）によって改正されている。さらに、8項と10項（後の11項）は、1959年3月2日法（BGBl I, 77）によって改正された後、1965年8月2日の「HGBおよびRAOの改正に関する法律」により、またもや8項は改正され、新しく9項が挿入されている。それと当時に、従来の9項と10項は、10項と11項になったのである[19]。

(2) 各条項の検討

162条1項は、1930年12月1日の改正により新たにnach den Vorschriften der §160 und §161 oder sonstとの文が挿入され、「誰でも、160条および161条、あるいはその他税法によって帳簿を記入し、または帳簿に記録しなければならない者は、次の規定を遵守しなければならない」と規定された（160条1項および1977年AO140条における税法と市民法との具体的な連動関係については本章5節2の1977年AO140条の解説を参照）。

162条の2項から7項までは、1919年にRAOが制定されて以来、1977年に新たにAOが制定されるまでは何らの改正も行われていない。162条8項は、RAO制定以来1931年7月18日の改正など数回の改正を経て、最終的に1965年8月2日の改正によって1977年AO制定直前の条文となっている。同項は、帳簿などの保存義務と保存期間を規定する。1977年AO制定直前の162条9項は、1965年8月2日に追加された条項であり、一定の条件の下で、記録・受領した商業信書・発信した商業信書の写し・記帳上の証憑書類・その他の基礎資料のマイクロフィルムによる保存を認める規定である。同項では、「正規の諸原則（ordnungsmäßigen Grundsätzen）」、あるいはGoBへの合致を要求している（HGB改正については第3章第3節2(1)参照）。RAO上は、1965年8月2日の改正によってはじめてGoBとの文言がその162条9項に盛り込まれたのである。

その後、「マイクロフィルム諸原則（Mikrofilm-Grundsätze）」が策定され、マイクロフィルムによる書類保存をめぐる「実箱であるGoB」が確定されている。同諸原則は、一般的なHGB上のGoBを補完している。AOに関して1984年2月1日に西ドイツ連邦財務大臣から各州財務大臣宛に出された連絡文と本

文は，以下のとおりである。

マイクロフィルム諸原則

「法律上保存義務ある書類のマイクロフィルム化に関する諸原則」を出すにあたっての連絡文」
　各州の上級財務官庁との討議の成果を踏まえ，法律上の保存義務履行に関するマイクロフィルムの使用について，本諸原則は次のように行うものとする。
1　マイクロフィルム諸原則の改正
　　（省略，筆者）
2　法律的根拠
　　（省略，筆者）
　　マイクロフィルムへの記録にあたり適用される手続は，GoB に適合するものでなければならない（AO147条2項）。マイクロフィルム諸原則は，その限りにおいて一般的な HGB 上の GoB を補完するものであるといえる。
　　（以下省略，筆者）
3　マイクロフィルム諸原則に関する補足規定
　　（省略，筆者）

租税基本通達（Schriftgut）

「法律上保存義務ある書類のマイクロフィルム化に関する諸原則」（マイクロフィルム諸原則）
　　　　　　　　　　　　　　　　　　　　　　　　　1984年2月1日施行
1　一般原則
　　保存義務ある書類がマイクロフィルムに記録され，原文書が保存されていない場合には，そこで適用される処理プロセスは「簿記の正規性の諸原則（Grundsätzen der Ordnungsmäßigkeit der Buchführung）」（GoB）に合致し，マイクロフィルムは原文書と一致することが保証されなければならない。
2　処理プロセス記述書（Verfahrensbeschreibung）
3　記録の秩序基準
4　処理プロセスのコントロール
5　フィルムのコントロール　　　　　　　　　　　　　（内容は省略，筆者）
6　保存
7　リーディングと再現
8　書類の破棄

---

(3)　208条1項・210条の改正

　1919年 RAO208条1項1文は，従来 die den Vorschriften der §§ 162, 163 entsprechen とされていた部分が，die den Vorschriften der § 162 entsprechen と変更され，「163条への合致」が削除されている。しかしながら，帳簿の具体

的な記帳条件を盛り込んだ162条への合致を前提に，帳簿の証拠力を認める趣旨に何らの変更もない。さらに，210条に存在していた「推計課税」の規定は217条に移動しているが，208条同様その内容に何らの変更もない。

第4節　国税通則法（AO）草案

1　成立までの経緯

1919年 RAO は，草案作業の慌ただしさに起因する，夥しい体系的な不備や専門用語の不備を含んでいたので，連邦政府議会は，1963年に，一般的な租税法を改革し，それと同時に，体系と専門用語を修正することおよび外郭法規として修復することを連邦政府に求めている[20]。1969年 AO 草案は，それに基づくものである[21]。1969年 AO 草案は，いくつかの変更が加えられて1974年 AO 草案（EAO 1974）に引き継がれたが，第6次連邦議会では可決されなかった。

税務行政は，1967年所得税準則（EStR）29節6項において伝統的な EDV 簿記（konventionelle EDV-Buchführung），つまり記帳が全部または部分的に自動化されたデータ処理装置の手段を伴って作成され（文書で）出力される簿記を許容しているが（同準則の内容は第8章第2節1参照），1977年 AO に至るまでの各種草案の帳簿規定は，電子的データ処理簿記（EDV 簿記）を許容する「実箱である GoB」を模索し確定する過程でもある。1974年 AO 草案の記帳規定は，HGB 改正案（その内容は「1974年国税通則法施行法の草案」によって明らかにされている。第3章第4節1⑵参照）との一体化を図るため，若干の変更が加えられたうえで，1977年 AO 草案が策定され，1977年 AO として成立している。

2　1969年国税通則法（AO）草案

⑴　記帳規定

1969年 AO 草案の記帳および記録は，草案の83条から91条に規定されている[22]。

> [88条] 記帳および記録に対する一般的要求
> 1項　簿記は，専門的知識を有する第三者に対して，相当なる時間内に取引および企業の財産状況（Vermögenslage）に関する全容（Überblick）を伝達しうるような性質のものでなければならない。取引は，その発生から終了まで追跡しうるものでなければならない。
> 2項　記録は，課税の目的が達成されるようにこれを作成するものとする。

　草案88条は，「専門的知識を有する第三者への全容提供可能性」と「取引の追跡可能性」を規定する。草案理由書は「1項は，記帳に対する要求について判例により展開された一般原則を再現したものである。（中略，筆者）。さらにこの目的には，次条以下に定められている原則も役立つ[23]」としている。理由書が指摘する判例は，刑事事件に関する帝国裁判所の1881年4月30日判決（4119），1933年12月1日判決（RStBl 1934 S. 319），1939年1月5日判決（RStBl 1939 S. 1165）[24]を（これらの判決の内容は第9章第3節2(4)を参照），さらに租税優遇措置をめぐる一連の判決を指している（第7章第2節4および同章第3節2(2)参照）[25]。

> [89条] 記帳および記録に関する秩序規定
> 1項　記帳および記録は，完全網羅的に，正確に，適時にかつ時系列的に整然と行うものとする。現金入金と現金出金は毎日記録するものとする。
> 2項　帳簿および記録は，この法律の適用領域において作成かつ保存する。これは，この法律の適用領域外の事業所に対してその土地の法令により帳簿および記録を作成する義務が発生し，かつこの義務が履行される限りにおいて適用されない。この場合，ならびにこの法律の適用領域外の機関会社にあっては，その土地における記帳の結果が課税に対し重要である限りにおいて，当地の事業の記帳に継受されなければならない。
> 3項　記帳および記録は，日常の用語およびその文字を使用するものとする。帳簿，記録またはその他の証拠に，ドイツ語以外の言語が使用されているときは，税務署は翻訳を要求することができる。略語，数字，文字または符号が使用されているときは，事業者はこれらを説明しなければならない。記帳または記録がデータ媒体（Datenträger）に記憶されているときは，貸借対照表作成日に，また臨場検査の時に，税務署の求めに応じて鮮明な文書で出力されなければならない。
> 4項　これらの秩序規定は，事業者が義務がないのに記帳および記録作成をな

す場合にも適用される。

　草案89条の理由書によれば，本条は記帳および記録に対する形式的要求を定めたものであり，特にRAO162条1項から7項までの規定に対する技術的な発展が考慮されているとし，RAOの162条の4項から6項を挙げて「不要なものはもはや定められなかった[26]」としている。確かに，1969年 AO 草案89条には，1919年 RAO162条の4項「帳簿の装丁」・「各頁への通し番号の付番」，5項1文「空白の禁止」，5項2文「不変の記帳」，6項1文「インキによる記帳」，6項2文の「証憑への付番」は引き継がれていない。それはコンピュータの出現に対応して，「装丁された帳簿」という固定化された形式を排除したからにほかならない。しかし，1969年草案では，「記帳または記録がデータ媒体（Datenträger）に記憶されているときは，貸借対照表作成日に，また臨場検査の時に，税務署の求めに応じて鮮明な文書で出力されなければならない」（89条3項）として，データ媒体による帳簿保存を認めておらず，紙での保存を求めている。なお90条2項にデータ媒体に関連してGoBへの参照がみられる。

　注目すべきことは，ドイツにおいて長期にわたって歴史的に育んできた帳簿の証拠性にとって不可欠な原則である「不変の記帳の原則」が削除されていることである。当時のコンピュータ技術や能力との兼ね合いで，「不変の記帳の原則」を記帳規定に盛り込むことが不可能であったのである。それは，3項について草案理由書が「委員会は，政府に対し，この規定を今後の技術的発展に関し，もう一度詳細に検討されんことを乞うものである。委員会は，法律の条文が技術的発展を妨げるようになることを阻止したい[27]」ということからも明らかであろう。

(2) 帳簿の証拠力

　帳簿の証拠力を規定した1969年草案の162条は，RAO208条を引き継ぐものである。その内容は，1974年草案の139条と同様である。

3　1974年国税通則法（AO）草案

(1) 記帳規定

　1969年 AO 草案に続いて，1971年3月19日付で連邦政府 AO 草案が提出さ

れたが（草案の内容は，DB-Drucks. Ⅳ /1982を参照），第 6 次連邦議会の解散に伴い，同法案は廃案となり，改めて第 7 次連邦議会に，同一内容の草案が連邦政府からではなく，ドイツ社会民主党（SPD）および自由民主党（FDP）の共同提案として，1973年 1 月25日に提出されている。これは審議促進を理由とするものである。この1974年 AO 草案における記帳規定は「帳簿および記録の記帳」として85条から93条に規定されている。その内容は，1969年 AO 草案のそれとほぼ同様であるが，1969年 AO 草案との違いは，1974年草案では EDV 簿記を許容していることである。以下，1974年 AO 草案の内容を見てみよう[28]。「記帳および記録に対する一般的要求」との表題である草案90条は，1969年草案の88条と同じ内容であり「専門的知識を有する第三者への全容提供可能性」と「取引の追跡可能性」を規定する。条文は，以下のとおりである。

> **草案90条**
> 1 項　簿記は，専門的知識を有する第三者に対して，相当なる時間内に取引および企業の財産状況（Vermögenslage）に関する全容（Überblick）を伝達しうるような性質のものでなければならない。取引は，その発生から終了まで追跡し得るものでなければならない。
> 2 項　記録は，課税の目的が達成されるようにこれを作成するものとする。

理由書によれば，「本条は，記帳と租税上の記録に関してどのような一般的な必要条件が策定されるべきかを規定している。特別規定は91条に含まれる[29]」とし，「専門的知識を有する第三者とは，たとえば，税理士事務所の所属員，あるいは経営検査人をいう[30]」とする。また 2 文の「取引の追跡可能性」に関しては，「たとえば，それに属している証憑から追跡することができ，かつ戻ることができることをいう[31]」としている。1969年草案88条 1 項が1974年草案に何らの変更もなく引き継がれている事実は，この条項が「簿記の正規性」概念にとって疑う余地のない条件であるという証左であろう。

「記帳および記録に対する秩序規定」との表題である草案91条の内容は，以下のとおりである。

> **草案91条**
> 1項　記帳および記録は，完全網羅的に，正確に，適時にかつ時系列的に整然と（vollständig, richtig, zeitgerecht und der Zeitfolge nach geordnet）行うものとする。現金入金と現金出金は，毎日記録するものとする。
> 2項　帳簿および記録は，この法律の適用領域において作成かつ保存する。これはこの法律の適用領域外の事業所に対してその土地の法令（dortigem Recht）により帳簿および記録を作成する義務が発生し，かつこの義務が履行される限りにおいて適用されない。この場合，ならびにこの法律の適用領域外の機関会社にあっては，その土地における記録の結果が課税に対し重要である限りにおいて，当地の事業の記帳に継受されなければならない。<u>その場合には，この法律の適用領域における租税法の規定に対する必要な調整を行い，かつ，知らせるものとする</u>（下線は筆者）。
> 3項　記帳および記録は，日常の用語およびその文字を使用するものとする。帳簿，記録またはその他の証拠に，ドイツ語以外の言語が使用されているときは，税務署は翻訳を要求することができる。略語，数字，文字または符号が使用されているときは，その意味が明白に確定していなければならない。<u>記帳または記録がデータ媒体に記憶される場合には，それがいつでも鮮明な文書で（in Klarschrift）出力されるか，あるいは他の方法で見読可能に（lesbar）されなければならない。それがあらかじめ正規の簿記の諸原則によって必要でない限りにおいて，それは税務署の求めに応じて遅滞なく完全にあるいは部分的に出力されるかまたは他の方法で見読可能にされなければならない</u>（下線は筆者）。
> 4項　これらの秩序規定は，事業者が義務がないのに記帳および記録作成をなす場合にも適用される。

① **データ媒体による帳簿作成・保存の許容**

1969年草案89条との違いは，2項の下線部が追加されたことと，3項が下線を引いた表現に変わったことである。1969年草案ではEDV簿記，つまりデータ媒体による帳簿保存を認めていなかったことは既述したが，1974年草案ではその判断基準を「正規の簿記の諸原則（GoB）」に委ねる形で，EDV簿記を許容したのである。しかし，帳簿の証拠力にとって決定的に重要である「不変の記帳の原則」は削除されたままであり，EDV簿記に係る「実箱であるGoB」は未確定の状態であった。

草案理由書は「記憶された記帳資料が年度の終わりまでに規則的に完全に文書化されて出力されなければならない，と明確に規定することを断念してい

る。そのような出力が必要であるのか否か，そしてどの程度まで必要であるのかは，不文の（ungeschriebenen）GoB に従う。いずれにせよ，文書による出力ないしその他の見読可能化がいつでも可能なことが保証されなければならない[32]」としている。つまり，「出力の必要性とその範囲」はいまだに「成文化されていない GoB」の領域にあったのである。草案理由書は，「RAO の改正委員会の提案に対して，データ出力に関する規定はさらに発展している。それは，委員会の願いに合致している[33]」として，出力に関する問題の解決をコンピュータ技術の発展に委ねる形で先送りしている。

② 不変の記帳の原則の削除

　理由書は，この91条に関して「本条は，記帳と記録に対して策定されるべき形式的な必要条件を定めたものである。同時に RAO162条の 1 項から 7 項までに対しては，とりわけ技術上の発展が考慮された。不要なものはもはや定められなかった。それはとりわけ，帳簿が基本的に装丁され，かつ頁数が付けられなければならず，帳簿内の空白と抹消が許されず，記入時のインキの使用が指定されるという，162条の 4 項から 6 項が該当する[34]」（傍点は筆者）という。「不変の記帳の原則」が，1969年草案と同様に1974年草案でも排除されていたのである。

③ 適時の記帳の原則

　1 項の zeitgerecht との用語に関して草案理由書は，「適時の（zeitgerechten）記帳の要請は，記入されるべき取引に従った記帳が，企業の状況および取引の種類に準じた時間内に行わなければならないことを述べている。それゆえに，個々の時間は個々の場合の状況によっている。この場合，簿記の履行にあたって，現在のデータ処理装置の合理的使用は，その設備の巨大な能力ゆえに，データ処理装置の使用に引き合う記帳資料が収集され，一定の時間間隔での時間的な記帳を前提としている。記帳資料が記帳されるまで失われないことが保障されなければならない[35]」とする。さらに理由書は，「適時の記帳の要請によって，事業者が特定の取引を記帳の遅延によって未決定にしたり，あるいは，長時間記帳しない場合に証拠資料が失われることは，阻止される[36]」として「適時の記帳の原則」が求められる根拠を示す。「適時の記帳の原則」は，EDV 簿記の正規性にとって不可欠な判断基準なのである。

④ 正規の現金記帳の原則

草案は，現金の記帳に関して日々記録することを要求している。これは一見すると格別に厳しい記帳条件と思われるが，1919年 RAO の162条7項をめぐるライヒ財政裁判所判決でも，現金残高の日々の照合可能性で足りており（本章第3節1(2)④を参照），1974年草案の理由も，「現金入金と現金出金が日々記録される場合に，必要とされる現金残高の日々の照合が可能であれば足りる[37]」と解説している。

(2) 帳簿の証拠力

139条は，以下の規定であり，1977年 AO の158条の内容と一致している。

> **草案139条** 85条から93条までの規定に合致する租税義務者の記帳および記録は，個々の場合の事情により，その実質的な真実性に異議を唱える原因がない限り，課税の基礎とされる。

草案理由書は，「形式的に正規に記帳された帳簿は（Formell ordnungsmäßig geführte Bücher），その推定を揺るがす状況が提示されない限り，それ自体実質的な真実性の推定がある[38]」とする。さらに草案理由書は，「139条の推定が覆されても，簿記の結果すべての否認がもたらされるわけではない。それは，『限り（soweit）』という語の使用によって述べられている[39]」とする。部分推計の法的根拠がここに存在する。

4　1977年国税通則法（AO）草案

1974年 AO 草案は，その後国税通則法施行法によってその改正が予定されていた HGB の商業帳簿規定との整合性を図るため，若干の修正が加えられて，1977年 AO 草案となっている（HGB の改正および「調和」の内容は，第3章第4節および第8章第2節1参照）。そして，1977年 AO 草案の記帳規定はそのまま1977年 AO として成立している。ここでは，1977年 AO 草案の理由書（BT-Drucks. 7/4292）に基づいて，1974年 AO 草案と1977年 AO 草案との内容の違いを提示するとともに，その修正の経緯を明らかにしたい（1977年 AO 草案の145条および146条は，1977年 AO と同様であるため，条文は本章第5節参照）。

① 一般規定

この草案でも，簿記の正規性にとって決定的な基準である「専門的知識を有する第三者への全容提供可能性」および「取引の追跡可能性」という一般規定が145条に盛り込まれている。EDV簿記の許容が，一般的かつ普遍的な帳簿形式・記帳条件の定立を促したのである。

② HGBとの調和

1977年AO草案の理由書は，AO146条に関して「連邦参議院の提案に基づいて，商法上の規定と平行性を保つために，差異がある規定は，国税通則法施行法草案（Drucksache 7/261）の41条に定められている文言に合わせられる[40]」とする（国税通則法施行法41条の理由書には1976年12月14日付で改正されたHGBの改正理由が述べられている）。

1974年AO草案における記帳規定とHGBの商業帳簿規定との「調和」を図るため，1977年AOの草案理由書は，146条（1974年草案の91条）の1項1文，2項および3項における「記録（Aufzeichnungen）」という語の前に「その他必要な（sonst erforderlichen）」という語を差し込むこと，および，HGB43条に定められている文言を模して146条（91条）1項1文の「時系列的に」(der Zeitfolge nach）との語を抹消することを述べる[41]。der Zeitfolge nach（時系列的に）とは，たとえば，ある一定期間の取引を記帳する場合には取引の発生順に記帳することを意味する。しかし，データ処理装置の使用は一定の時間間隔での期間的な入力を前提としており（本節3(1)③参照），当該期間のデータ入力はアトランダムにまとめて行われる。したがって，der Zeitfolge nachとの語の削除によって，geordnetの意味は，145条1項に合致するような秩序で足りることになり，この変更によってデータ媒体への帳簿保存を前提とした簿記（EDV簿記，Speicherbuchführung）を許容することになるのである。

③ 正規の現金記帳の原則

146条1項2文に関する1977年AOの草案理由書の記述を要約すれば，以下のとおりである[42]。

> 1項2文は秩序規定として理解され，それゆえに，現金入金と現金出金の日々の記録がすべての場合に正規の簿記にとって必須であることを意味するものではない。この規定の新しい文言は，もはや記録作成ではなく現金入金と現

第4章　ドイツ租税法の帳簿書類制度　135

金出金の掌握をねらっている。それによって，記録作成と並んで掌握の可能性
も考慮されている（傍点は筆者）。

　1969年草案と同様に1974年草案91条2文は「現金入金と現金出金は毎日記録
するものとする」として文言上は日々の記帳を求めている。これに対して1977
年AOの草案では，現金入金と現金出金の掌握可能性も含んでいる。この点
で1919年RAO162条7項よりも文言上は緩和されているが，1919年RAO162条
7項の現実における適用は，現金残高の日々の掌握可能性も含んでおり（本章
第3節1(2)④参照），1977年AO146条1項2文とRAO162条7項との間には法
解釈上何らの差異は存在しない[43]。

　④　不変の記帳の原則
　不変の記帳の原則を規定する146条4項は，1969年草案や1974年草案では見
送られていた条項である。これは，国税通則法施行法によるHGB改正案の43
条3項に合致している。いずれにせよ，もはや当初の内容をわからなくさせる
ような方法での，記帳ないし記録の変更は一般的に禁止される。1977年AO
の草案理由書によれば「これはたとえば，自動化機械によるデータ処理の場合
に，記帳ないし記録が消されてはならないことを意味する。データが他のデー
タ媒体へ移される場合には，当初の内容は識別可能でなければならない。さら
に，すべての修正にあたって，それがいつ行われたのかも確証可能でなければ
ならない[44]」とする。

　1969年草案も1974年草案も，コンピュータの技術的・能力的な制約のため
に，「不変の記帳の原則」の採用を見送っていたのであるが，国税通則法の立
法者は，「記帳または記録は，その当初の内容が確認できないような方法でこ
れを変更してはならない。変更が最初にされたか，または後にされたかが不明
な変更もしてはならない」という国税通則法施行法によるHGB改正案43条3
項の文言を採用し，かつ，「線を引いて消すこと」および「抹消」という手書
き会計を前提とした用語を排除し，目的論的なアプローチを用いることで「不
変の記帳の原則」をEDV簿記に対応できるようにしたのである。「不変の記
帳の原則」は，ドイツにおいて独自に生成発展した帳簿の証拠力に関する決定
的な条件であり，ましてEDV簿記では当初入力されたデータが後から遡及的
に痕跡もなく改ざんされうることを考慮すれば，AO146条4項の創設は当然

図表4-2　不変の記帳の原則の歴史的経緯

不変の記帳の原則	
Grundsatze der unveränderten Eintragung	
1520年フライブルク都市法典	
1794年プロシア一般国法	605条
1861年 ADHGB	32条3項
1897年 HGB	43条3項
1919年 RAO	162条5項2文
1969年 AO 草案	削除
1974年 AO 草案	削除
1977年 AO 草案	146条4項
1977年 AO	146条4項
1985年改正 HGB	239条3項

- 当時のコンピュータの技術的・能力的な制限 → 1969年・1974年 AO 草案
- 目的論的規定で「不変の記帳の原則」復活 → 1977年 AO 草案以降

一般規定の創設
- 専門的知識を有する第三者への全容提供可能性
- 再検査可能性

の帰結といえる。ともあれ,「不変の記帳の原則」復活の背景には, この原則を採用するに足るコンピュータ技術の発展があったことは間違いがない。

また視点を変えれば, 各種草案で見送られていた「不変の記帳の原則」の成文化の代替策として,「専門的知識を有する第三者への全容提供可能性」と「再検査可能性」(AO145条) という簿記の一般原則の成文化が実現したと考えることもできよう (**図表4-2**)。

⑤　EDV 簿記の許容

EDV 簿記を許容した1974年草案91条3項を受けて, 1977年草案146条5項も GoB への合致を条件にして EDV 簿記を認めている。146条5項の3文には, EDV 簿記に関して146条1項から4項までの準用規定があるが, 草案理由書は,「自動的なデータ処理装置の使用に基づいて処理される簿記も, 正規の簿記 (ordnungsmäßige Buchführung) に関して作成されたその他の必要条件も充足しなければならず, 3文は1項から4項までは準用されることを規定する[45]」(傍点は筆者) と説明する。このことからも,「不変の記帳の原則」を含めた146条の1項から4項が, EDV 簿記の正規性の判定基準となる「実箱である GoB」に充填されることが確認できる。

第5節　1977年国税通則法（AO）

1　RAO208条とAO158条

1977年AOは1977年1月1日に施行されている[46]。それは同時に，行政手続法に関する手続規定の広範な適応を取り扱ったものであった[47]。帳簿の証拠力を規定した1919年RAO208条は，1977年AOの158条に引き継がれている。158条は，以下の規定である。

> 140条から148条までの規定に合致する租税義務者の記帳および記録は，個々の場合の事情により，その実質的な真実性に異議を唱える原因がない限り，課税の基礎とされる。

RAOとの相異は，RAO208条がその1項1文の中に「それ自体正規の記帳の推定があり（haben die Vermutung ordnungsmäßiger Führung für sich）」との一句を含んでいることだけである[48]。それにもかかわらず158条の文言に従っても，かかる推定は存在する[49]。158条は文理的かつ論理的に解釈してはならず，目的論的に，つまりその目的に合致するように解釈しなければならない[50]。1977年AO158条は，AOの140条から148条に規定される「形式的なGoB」への合致を述べている。1974年AO草案の理由書でも，「形式的に正規に記帳された帳簿は，その推定を揺るがす状況が提示されない限り，それ自体実質的な真実性の推定がある[51]」と記述していた。

2　記帳規定

140条は「他の法律による記帳および記録作成義務」を規定し，1977年AO制定直前のRAO160条1項と内容的に一致している。この140条のもとでの義務として，基礎となる一般的な記帳義務と年度決算書作成義務がHGB238条以下に規定されている。また補完する規定が，株式法，有限会社法，公開法，組合法等々に含まれている。

他方，この140条のもとで一定の職業に関する記帳規定および記録作成規定

が，多くの法律と法令から生じている。それはたとえば「廃棄物の記録に係る施行規則2条2項および3項に基づく，廃棄物の採取または運送および廃棄物除去の記録帳簿（1974年7月29日，連邦法律官報，第1部門，1574）」等である。この一定の職業に関する記帳規定および記録作成規定は，それらの法規の改変によって変化している。租税法以外の記帳義務および記録作成義務に対する違反は，租税法上の記帳義務と記録作成義務に対する違反と同じであり[52]，162条2項の「課税基礎の推計」や379条1項の「租税危害」が適用されうる。

すなわち，市民法と租税法との連動関係が140条，162条2項および379条1項を通じて確立されており，帳簿記帳に関してドイツの法制全体がGoBとのかかわりをもって機能するように徹底して図られているのである。

141条は「一定の租税義務者の記帳義務」を，142条は「農林業者に対する補充規定」を，143条は「商品受入れの記録」を，144条は「商品払出しの記録」を規定する。

145条は以下の規定である。

> **145条　簿記と記録の一般的な必要条件**
> 1項　簿記（Buchführung）は，専門的知識を有する第三者に対して，相当なる時間内に，取引および企業の財産状況（Vermögenslage des Unternehmens）に関する全容を伝達しうるような性質のものでなければならない。取引はその発生から終了まで追跡しうるものでなければならない。
> 2項　記録（Aufzeichnungen）は，課税の目的が達成されるようにこれを作成するものとする。

AO145条のBuchführungとAufzeichnungとの定義は異なる。Buchführungは「取引の計画的な表示（planmäßige Darstellung der Geschäftsvorfälle）」と解釈され，それに対してAufzeichnungenはただ「取引の記録（Verbuchung von Geschäftsvorfällen）」とされている。Buchführungは貸借対照表と財産目録を含むが，Aufzeichnungはそれらを含まない[53]。145条が「一般的な」必要条件を扱うのに対し，146条は，個々の必要条件を扱っており[54]，帳簿の証拠力にとって決定的に重要な記帳条件を数多く含んでいる。146条は，以下のとおりである。

146条　簿記と記録に関する秩序規定

1項　記帳およびその他必要な記録は，完全網羅的に，正確に，適時にかつ整然と行うものとする（Die Buchungen und die sonst erforderlichen Aufzeichnungen sind vollständig, richtig, zeitgerecht und geordnet vorzunehmen.）。現金収入と現金支出は毎日掌握するものとする。

2項　帳簿およびその他必要な記録は，この法律の適用範囲において作成し，かつ保存する。前文の規定はこの法律の適用範囲外の事業所に対して，その土地の法令により記帳および記録作成の義務が生じ，かつその義務が履行されている限りにおいてこれを適用しない。2文の場合，ならびにこの法律の適用範囲外の機関会社にあっては，その土地における記帳の結果は課税に対し重要である範囲において，この法律の適用範囲内の企業の記帳にこれを引き継がなければならない。この場合，この法律の適用範囲における租税に関する規定に対し必要な調整を行い，かつ，これを知らせるものとする。

3項　記帳およびその他の必要な記録は，日常の用語を使用するものとする。ドイツ語以外の言語が使用されているときは，財務官庁はその翻訳を求めることができる。略語，数字，文字または符号が使用されているときは，そのつど，それらの意味を一義的に確定しておかなければならない。

4項　記帳および記録は，その当初の内容が確認できないような方法でこれを変更してはならない。
　　変更が最初にされたか，または後にされたかが不明確であるような変更をしてはならない。

5項　帳簿およびその他必要な記録は，その記帳の形式がその際に適用された手続を含めて，正規の簿記の諸原則に合致している限り，証拠書類の整然としたファイルという形をとることもでき，あるいはデータ媒体の上で行うこともできる，つまり，租税法律の規定のみによって行わなければならない記録の作成について，適用された手続が許されるか否かは，記録の作成が課税のために果たすべき目的によってこれを決定する。帳簿およびその他の必要な記録をデータ媒体の上で行う場合には，そのデータが保存期間中は利用可能であること，しかも相当な時間内であればいつでも見読可能であることが，特に保証されていなければならない。1項から4項までは，準用される。

6項　この秩序規定は，企業者が課税上重要な意義を有する記帳および記録の作成義務を課せられていないにもかかわらず，これを履行する場合であっても適用する。

国税通則法の適用布告（AEAO）は，146条に関して，「正規の簿記だけが証拠力を享受する(158条)(Nur der ordnungsmäßigen Buchführung kommt Beweiskraft zu（§158）」としていることから，この146条が租税法上の帳簿の証拠力と直接関係することが理解される。

146条1項は，RAO162条2項1文を引き継ぐものであるが，1976年12月14日付のHGB改正によってHGB43条2項に146条1項と同様の規定が成文化されている。税法が商法商業帳簿規定を誘導したのである。また，RAOと同様に vollständig と richtig には二義性がある（本章第3節1(2)・第5章第3節1(1)参照）。さらに，EDV簿記に関しては，その正規性をより詳細に規定するGoS（正規の記憶装置簿記の諸原則）が1978年に，GoBS（正規のデータ処理支援式簿記システムの諸原則）が1995年に制定されている（第8章参照）。また，1985年12月19日の会計指令法（BiRiLiG）10条14項2号によって，1項1文の「財産状況（Vermögenslage）」という語は，「状況（Lage）」という語に置き換えられている。その理由は，会計指令法によってHGB264条2項1文が，資本会社の年度決算書について，財産状況，財務状況および収益状況の実質的諸関係に合致する写像を伝達しなければならないと定めたために，AO145条1項に従って必要とされる簿記の監査可能性は，財産状況だけではなく財務状況と収益状況にも及んでいるからである[55]。

なお，146条で使用されているBuhungen（記帳）は，従来RAO162条2項で用いられた Die Eintragungen in die Bücher（帳簿の記帳）に相当する。この文言の採用によって，新しい簿記手続（たとえば，複写式手続，EDV簿記）にあっては，古い様式である「装丁された帳簿」は，もはや使用されないことが考慮されている[56]。AO145条1項および146条1項1文と1985年改正後HGB238条1項2文・3文および239条2項は，同様の解釈となる。

3　その後の改正

その後，AO146条と147条は，いくつかの改正が行われている。最新の改正である2009年度年次租税法（Jahressteuergesetz, JStG）により導入された146条2a項は，電子式の帳簿や記録の国外移転について新たな法的基礎を創出するものである。146条2b項は，146条2a項への違反について新たな厳しい制裁を定め，25万ユーロ以下のいわゆる延滞金が定められている。世界規模で活動するコンツェルンでは，全コンツェルン企業の簿記データを統一的なデータ処理ソフトウェアで把握し，中央の保存媒体でアーカイビングすることが慣行と

なっている。その結果として国外コンツェルンのドイツ子会社は，税務関連データを国外のサーバでも処理，保存することになる。それに対して，146条2項1文は，帳簿およびその他の必要な記録を国内で記帳，保存するよう命じている。行政官庁は，ドイツ領土区域への戻し移転を要求し，従わない場合には強制措置を執ることもできる可能性はあったが（328条以下），2009年度年次租税法は，かかる問題について，新たな規定（146条2a項および2b項）を設けることでその法的解決を図っている（328条から335条は，「作為，受忍または不作為についての執行」を規定している）[57]。現行の146条2a項・2b項および147条と適用布告は，以下のとおりである。

146条
2a項　前記2項1文とは異なり，管轄の財務官庁は納税義務者の書面による申請に応じて電子式の帳簿およびその他の必要な電子式の記録を欧州共同体の加盟国で記帳し保存することを認可することができる。これ以外の国であって，そのつど有効な版における欧州経済圏に関する1994年1月3日付条約（ABl. EG Nr. L 1 S. 3）が適用され，当該国との間で官庁援助に関する法的合意が成立しており，その法的合意の適用範囲が，そのつど有効な版における，
1．直接税の分野における加盟国の管轄官庁間の相互の官庁援助に関する1977年12月19日付理事会指針77/799/EWG（ABl. EG Nr. L 336 S. 15），ならびに，
2．付加価値税の分野における行政官庁の協力および規則（EWG）第218/92号の廃止に関する2003年10月7日付理事会規則（EG）第1798/2003号（ABl. Eu Nr. L 264 S. 1）に該当している国についても同様とする。その要件は，
　① 　納税義務者が，電子式の帳簿およびその他の必要な電子式の記録へのアクセスを行うことについての同意書を，電子式の帳簿および記録が移転されるべき国の管轄機関に提出しており，
　② 　納税義務者が，データ処理システムの所在地および第三者へ委託している場合にあってはその名称と所在地を管轄の税務官庁に通知しており，
　③ 　納税義務者が，90条，93条，97条，140条から147条，200条1項および2項より生じる義務を正規に履行しており，
　④ 　147条6項に定めるデータアクセスが全面的に可能なことである。
　　前記3文1号および2号に掲げる状況に変化があったときは，管轄の財務官庁に遅滞なく届け出る。前記1文および2文の要件，または前記3文1号または2号の要件が整っていないとき，本法律の適用地域外での電子式の帳簿およびその他の必要な電子式の記録の記帳と保存を管轄の財務官庁が許可すること

ができるのは，それによって課税が影響を受けることがない場合に限る。許可理由が失われたとき，管轄の財務官庁は許可を取り消し，電子式の帳簿およびその他の必要な電子式の記録を本法律の適用領域内へ遅滞なく戻し移転するよう催告しなければならない；納税義務者はその完遂を証明しなくてはならない。

2b項　電子簿記の戻し移転をするようにとの催告または前記2a項第4文に定める義務，147条6項に定めるデータアクセスを受諾するようにとの催告，臨場検査に際して200条1項の意味における情報を提供または要求された資料を提出するようにとの催告に対し，管轄の財務官庁が通告をしてから定められた適切な期間内に納税義務者が従わないとき，または管轄の財務官庁の許可なく電子簿記を国外へ移転したときは，2,500ユーロから250,000ユーロの延滞金を定めることができる。

147条　書類の保存に関する秩序規定

1項　次の書類を整理したうえで保存するものとする：
1．帳簿および記録，財産目録，年度決算書，状況報告書，開始貸借対照表，ならびにこれらの理解に必要な作業指示書およびその他の組織書類
2．受領した商業信書または業務書面
3．発送した商業信書または業務書面の写し
4．記帳証憑
4a．関税法典62条2項との関連における同法77条1項に基づきデータ処理の手段によって行われる関税申請に添付される書類であって，関税官庁が関税法典77条2項1文に基づいて提出を省略している場合，もしくは当該書類が提出が行われた後に返却されている場合
5．その他の書類であって，当該書類が課税にとって意義を有している場合

2項　年度決算書，開始貸借対照表，および前記1項4a号の書類を除き，前記1項に掲げる書類は写しとして画像媒体またはその他のデータ媒体に保存することもできるが，それは，このことが正規の簿記の諸原則に適っており，かつ，写しまたはデータが，
1．それが読めるようになったときに受領した取引書面または業務書面および記帳証憑と画像的に一致するとともにその他の書類と内容的に一致しており，
2．保存期間の経過中にいつでも利用可能であり，遅滞なく読めるようにすることができ，機械式に読解することができる場合とする。

3項　前記1項1号，4号，および4a号に掲げる書類は10年間，前記1項に掲げるそれ以外の書類は6年間保存するが，他の租税法にこれよりも短い保存期間が許容されている場合にはこの限りでない。租税外の法律に基づくこ

れよりも短い保存期間は，前記1文に定める期間に影響を与えない。ただし，査定期間がまだ満了していない租税について書類が意義を有している場合，かつその限りにおいて，保存期間は満了しない。
4項　保存期間は，帳簿への最後の記入が行われた暦年，財産目録，開始貸借対照表，年度決算書，または状況報告書が作成された暦年，取引書面または業務書面が受領もしくは発送された暦年，または記帳証憑が成立した暦年，さらには記録が行われた暦年，またはその他の書類が成立した暦年の終了と同時に開始する。
5項　保存されるべき書類を写しの形で画像媒体またはその他のデータ媒体で提出する者は，その書類を読めるようにするために必要な補助手段を自己の費用負担で提供する義務を負う；財務官庁の要請に応じて，この者は自己の費用負担で書類を全面的または部分的に遅滞なくプリントアウトするか，または補助手段なしで読める複製を添付しなければならない。
6項　前記1項の書類がデータ処理システムを用いて作成されているとき，財務官庁は臨場検査の一環として保存されているデータの閲覧を行い，当該書類の検査のためにデータ処理システムを利用する権限を有する。財務官庁は臨場検査の一環として，財務官庁の設定に基づいてデータが機械で読解されるよう要請し，または，保存されている書類および記録を機械で利用可能なデータ媒体で提供するよう要請することもできる。その費用は，納税義務者が負担する。

146条　「簿記および記録に関する秩序規定」に関する適用布告

1．正規の簿記だけが証拠力を享受する（158条）。簿記規定（140条から147条）への違反は，たとえば8条に定める強制手段の適用，162条に定める推計，または379条1項に定める処罰といった帰結を伴うことがある。記帳義務への違反は，刑法283条および283b条（支払不能犯罪行為）という前提のもとで，処罰される。
2．146条1項の「整然と（geordnet）」という用語は，専門知識を有する第三者が，相当な時間内に，取引および企業の状況についての全容を得られるならば，どのような意味のある整理でも足りることを意味している。
3．146条5項は，いわゆる「未決済項目簿記」についての法的基礎ならびに，機械式に読取り可能なデータ媒体（たとえば磁気プレート，磁気テープ，フロッピー，電気光学式の記憶プレート，CD-ROM）での帳簿の記帳および記録その他の必要な記録についての法的基礎を含んでいる。機械的に見読可能なデータ媒体での簿記（データ処理支援式簿記）の場合は，適切な時間内にデータを読めるようにできなくてはならない（たとえばプリントアウト，ディスプレイなどによる）。記帳資料を特定の時点で（たとえば年度末に）

見読可能にすることは要求されない。財務官庁が要求したときは，記帳資料を部分的に，または全部を見読可能にしなくてはならない（147条5項）。帳簿またはその他の必要な記録を機械式に読取り可能なデータ媒体で記帳する者は，正規のデータ処理支援式簿記システムの原則（GoBS）を遵守しなければならない（1995年11月7日付連邦財務省書簡，BStBl I S. 738）。

※上記中，「162条に定める推計」は第6章第4節を，「379条1項に定める処罰」は本節4を，「刑法283条および283b条」は第9章第4節を参照。

※328条「強制手段（Zwangsmittel）」は，以下のような規定である。
 1項　作為の実行を求め，または受忍もしくは不作為を求める行政行為（Verwaltungsakt）は，強制手段（強制金，代執行，直接強制）によりこれを実行することができる。担保の強制に対しては336条を適用する。行政行為を行った官庁を執行官庁とする。
 2項　義務者および公衆が侵害されることの最も少ない強制手段を定めるものとする。強制手段は，その目的と比較して相当のものでなければならない。

147条　「書類の保存に関する秩序規定」に関する適用布告

1．保存義務は，記帳義務および記録義務の構成要素である。違反の場合の法的効果に関しては146条（の適用布告＝筆者注）1号を参照。
2．147条1項1号に掲げる作業指示書およびその他の組織書類は，データ処理支援式簿記の場合には，特別重要である。文書化は正規のデータ処理支援式簿記システムの諸原則—GoBS—（1995年11月7日付連邦財務省書簡，BStBl I S. 738）に従って行われなければならない。
3．147条2項の意味での画像媒体は，たとえば，コピー，マイクロフィルムである。その他のデータ媒体は，たとえば，磁気テープ，磁気プレート，フロッピーが問題となる。147条2項は，いわゆるCOM処理（コンピュータ・アウトプット・マイクロフィルム）も包含する；その方法の場合，データがコンピュータから直接マイクロフィルムに出力される。マイクロフィルムへの活字の記録の場合は，マイクロフィルム諸原則を遵守しなければならない。見読不可能な形式で保存される書類の見読可能化は147条5項に従う。
4．147条6項の適用については，2001年7月16日付連邦財務省書簡（BStBl I S. 415）の「データアクセスおよびデジタル式の証拠書類の監査可能性の諸原則」に指示されている。

※上記中，「正規のデータ処理支援式簿記システムの諸原則（GoBS）」は第8章第3節を，「マイクロフィルム諸原則」は第3章第3節2(1)を，「デジタル式の証拠書類に関するデータアクセスおよび監査可能性の諸原則」は第8章第4節3(3)を参照。

4　租税危害（Steuergefährdung）

　379条1項は，「不可罰的な予備行為のうち，事実に関して不正な証憑（Belege）を作ること，および，法律上記帳または記録作成義務のある取引の事実または事業上の事実につき，これを記帳せずもしくは事実に関して不正な記帳をなし，または，これらをなさしめる行為は，これが故意または重過失で行われ，それが租税逋脱または不正な租税利益の獲得を可能にする場合には，租税秩序違反行為として，1万マルク以下の過料を科せられる[58]」との規定である（「証憑」の意義は，第5章第3節1(1)参照）[59]。「勘定真実性の原則」（AO154条）も，その違反が租税危害行為に問われる（379条2項2号）（第5章第3節1(1)参照）。また，既述のように，市民法と租税法との連動関係が，162条2項の「課税基礎の推計」や379条1項（租税危害）を通じて確立されており，帳簿記帳に関してドイツの法制全体がGoBとのかかわりをもって機能するように徹底して図られている。

5　帳簿書類規定の変遷

　本章において考察した，1919年RAOから1977年AOまでの帳簿書類規定の変遷を図表にすれば，**図表4-3**となる。
　1919年RAOでは，162条において，帳簿の証拠力に係る「実箱であるGoB」の明確化が図られ，帳簿形式および記帳条件が厳密に規定されている。さらに，1969年草案から1977年AOに至る過程は，EDV簿記の許容に係る「実箱であるGoB」が，明確化されるとともに，「形式的かつ狭義のGoB」が，固定化されたものから，一般的かつ普遍的なものへと変化している。そして，1977年AOに成文化された記帳条件が，1976年12月14日の商法商業帳簿規定の改正に多大な影響を与え，AOと商法商業帳簿規定の記帳条件が一体化されている。
　また，1969年草案も1974年草案も，「不変の記帳の原則」の採用を見送っていたが，立法者は，目的論的アプローチを用いることで「不変の記帳の原則」をEDV簿記に対応できるようにしている。視点を変えれば，各種草案で見送られていた「不変の記帳の原則」の成文化の代替策として，「専門的知識を有する第三者への全容提供可能性」と「再検査可能性」（AO145条）という簿記

146　第Ⅰ部　ドイツ：商業帳簿（帳簿）制度の発展

図表4-3　1919年RAOから1977年AOまでの帳簿書類規定の経緯

法律・法案 記帳条件等	1919年 RAO	1965年8/2 改正RAO	1969年2 AO草案	1974年 AO草案	1977年 AO草案	1977年 AO
マイクロフィルム	―	○	○	○	○	○
EDV簿記の許容	―	―	―	○	○	○
正規の簿記の諸原則	―	○	○	○	○	○
正規の簿記	208(1)1文	208(1)1文	―	―	―	―
装丁された帳簿	162(4)	162(4)				
各頁への付番	162(4)	162(4)				
完全な記帳	162(2)1文	162(2)1文	89(1)1文	91(1)1文	146(1)1文	146(1)1文
真実の記帳	162(2)1文	162(2)1文	89(1)1文	91(1)1文	146(1)1文	146(1)1文
一目瞭然性（※）	―	―	88(1)1文	90(1)1文	145(1)1文	145(1)1文
再検査可能性	―	―	88(1)2文	90(1)2文	145(1)2文	145(1)2文
すべての取引の記帳	162(2)1文	162(2)1文	89(1)2文	91(1)2文	146(1)1文	146(1)1文
完全網羅的な記帳	162(2)1文	162(2)1文	89(1)2文	91(1)2文	146(1)1文	146(1)1文
正確な記帳	162(2)1文	162(2)1文	89(1)1文	91(1)1文	146(1)1文	146(1)1文
適時の記帳	162(2)1文	162(2)1文	89(1)1文	91(1)1文	146(1)1文	146(1)1文
日付順の記帳	162(2)1文	162(2)1文	89(1)1文	91(1)1文	146(1)1文	146(1)1文
時系列的な記帳	162(2)1文	162(2)1文	89(1)1文	91(1)1文	―	―
現金の日々の掌握	162(7)	162(7)	89(1)2文	91(1)2文	146(1)2文	146(1)2文
整然とした記帳	―	―	89(1)1文	91(1)1文	146(1)1文	146(1)1文
文字の限定	162(2)2文	162(2)2文	89(3)1文	91(3)1文	146(3)1文	146(3)1文
空白なき記帳	162(5)1文	162(5)1文	―	―	―	―
不変の記帳	162(5)2文	162(5)2文	―	―	146(3)1文	146(3)1文
インキによる記帳	162(6)1文	162(6)1文				
証憑の保存	162(6)3文	162(6)3文	90(1)	92(1)	147(1)	147(1)
証憑への番号付け	162(6)3文	162(6)3文	―	―	―	―

- 帳簿の証拠力に係る「実箱であるGoB」の明確化
- 厳格な帳簿形式および記帳条件

- EDV簿記に係る「実箱であるGoB」の明確化
- 一般的かつ普遍的な帳簿形式・記帳条件の定立

※「一目瞭然性」とは、「専門的知識を有する第三者への全容提供可能性」をいう。

の一般原則の成文化が実現したといえる。

第6節　おわりに

　ドイツにあっては，フランスのような「公証手続」を用いずに，「正規に（秩序正しく）記帳された帳簿だけに証拠力がある」という一般的民族信念のもとで，数多くの具体的な記帳条件を成文化することによって，商業帳簿に高い蓋然性，実質的な真実性を与え続けてきた。その民族的信念が，RAO162条と208条に結実している。

　プロシア上級行政裁判所判決には，営業帳簿と家計簿の特別の証拠力を扱ったものが存在しており，その代表的な判決の1つがプロシア上級行政裁判所1896年6月30日判決（第6判事部）である。それらの諸判決で判示された内容は，帳簿の証拠力を規定したRAO208条と密接不可分な関係にある同法162条2項1文の淵源となっている。

　1919年RAOでは，「帳簿の証拠力」を規定する208条を受けた162条において，帳簿の証拠力に係る「実箱であるGoB」の明確化が図られ，帳簿形式および記帳条件が厳密に規定されている。そして，それがHGB38条所定のGoB概念の明確化を誘導している。

　さらに，1969年草案から1977年AOに至る過程は，EDV簿記の許容に係る「実箱であるGoB」が，明確化されるとともに，「形式的かつ狭義のGoB」が，固定化されたものから，一般的かつ普遍的なものへと変化していく過程でもある。具体的には，1919年RAOにおける「装丁された帳簿」・「各頁への付番」・「時系列的な記帳」・「空白なき記帳」・「インキによる記帳」が1977年AOに引き継がれていない。そして，1977年AOに成文化された記帳条件が，1976年12月14日の商法商業帳簿規定の改正に多大な影響を与え，AOと商法商業帳簿規定の記帳条件が一体化されている。

　また，1969年草案も1974年草案も，コンピュータの技術的・能力的な制約のために，ドイツにおいて独自に生成発展した帳簿の証拠力に関する決定的な条件である「不変の記帳の原則」の採用を見送っていたのであるが，立法者は，1977年AO草案において，国税通則法施行法によるHGB改正案43条3項の文言を採用し，かつ，「線を引いて消すこと」および「抹消」という手書き会計

を前提とした用語を排除し，目的論的アプローチを用いることで「不変の記帳の原則」をEDV簿記に対応できるようにしている。視点を変えれば，各種草案で見送られていた「不変の記帳の原則」の成文化の代替策として，「専門的知識を有する第三者への全容提供可能性」と「再検査可能性」（AO145条）という簿記の一般原則の成文化が実現している（その後，両原則は，1985年商法改正によってその238条1項2文・3文に採用されている）。

このように，公法である1919RAOおよび1977年AOに至るまでの各種草案に成文化された記帳条件は，私法である商法の商業帳簿規定におけるGoB概念の明確化，さらには，商業帳簿規定における記帳条件の成文化に多大な影響を与えている。

補節　租税法上の「正規の簿記」概念

租税法上の「正規の簿記」概念は，所得税準則（Einkommensteuerrichtlinien, EStR）R29がOrdnungsmäßige Buchführung（正規の簿記）との表題のもとで，その内容を明らかにしている。

所得税準則は，連邦政府が連邦参議院の同意を得て発布する行政規則（Verwaltungsanordnung）の中で，特に税法の領域内において税務行政当局を通じて税法の統一的な適用を図るため，法の普遍的な意味に係る疑義や解釈の問題を取り扱う特別な役割を発揮する行政規則である[60]。所得税準則には，第一次法源性は認められていない[61]。以下，最新の所得税準則R29の内容を見てみよう（邦訳にあたり，重要性のない部分の邦訳は省略した）。

R29　正規の簿記（Ordnungsmäßige Buchführung）

1項　信用取引とその期間的掌握（Kreditgeschäfte und ihre periodenweise Erfassung）

（1文）信用取引の場合は，債権と債務の発生とその弁済は原則的に別々の取引として取り扱わなければならない。（2文）複式簿記の場合，信用取引に関して，交互計算勘定は一般的に債務者と債権者に細分化して記帳しなければならない。（3文）（中略，筆者）。（4文）簿記の形成にあたって，たとえ取引が連続していなくても，期間的に記帳されていればそれは異議を唱

えられるべきではない。それはたとえば，入出計算の連続した番号付けや特定のファイルや書類綴じによる組織的な予防措置によって，記帳の証拠書類が基本帳簿における掌握までに失われないことが保証されている限りにおいて，月々の信用取引の基本帳簿への掌握が翌月の終わりまでに掌握される場合である（以下，省略）。
2項　簿記の欠陥（Mangel der Buchführung）
　（1文）その簿記に形式的な欠陥（formelle Mangel）がある場合でも，それによって簿記の実質的な帰結に影響を及ぼさず，かつ，取引の適時の掌握に関する必要条件，信用取引の場合の特別な必要条件，データ媒体に基づく簿記の場合の保存期間ならびに特殊性に対して，その欠陥が重大な違反ではない場合には，その正規性（Ordnungsmäßigkeit）に異議を唱えられるべきではない。（2文）簿記に実質的な欠陥がある場合，たとえば，営業取引が記帳されず，あるいは間違って記帳された場合には，それによって，その正規性はなく，ただ本質的ではない欠陥だけを取り扱う。それはたとえば，重要ではない事象だけが描写されずあるいは誤って描写された場合である。（3文）その場合，間違いは訂正されなければならず，あるいは，簿記の結果は推計によって正しく整えられなければならない。（4文）重大な実質的な欠陥は準則12条2項3文を適用する。

29条に関する注意事項（Hinweis：29）
一般論
　所得税法5条に基づく利益算定の場合は，租税法に他に別段の定めがない限り，HGB上の計算規定ならびにAO140条から148条，154条を遵守しなければならない。第1文のHGB上の計算規定は，商法第3編第1章の規定，一定の人的会社および資本会社に関してはそれに加えて第2章の規定である。租税義務者の簿記と記録がそれらの規定に合致していれば，個々の状況に応じて，その実質的な真実性に異議が唱えられない限り，課税の基礎とされる（AO158条）。
保存義務
　（省略，筆者）
記録義務
　（省略，筆者）
現金取引
　GoB；個々の現金取引に関する記帳
　一致した記録BMF2004年4月5日（BStBl I S. 419）
証憑書類
　（省略，筆者）
簿記の証拠力
　AO158条の適用布告（AEAO）を参照。

自由職業

　所得税法4条1項に従って正規の簿記に基づいてその利益を算定する自由業の構成員は，取引の記帳にあたって，商人簿記の一般的な規定を遵守しなければならない（BFH 1966年2月18日判決— BStBl Ⅲ S. 496）。252条1項第2半文に規定された実現主義は，収支計算を行う自由業者の利益計算に関しても適用される（BFH 1998年9月10日判決— BStBl 1999 Ⅱ S. 21）。

会社社員の交代

　人的会社は，会社社員の異動の決定日に臨時貸借対照表を作成する義務はない（BFH 1976年12月9日判決— BStBl. 1977 Ⅱ S. 241）。

基本帳簿の記録

　基本帳簿の記録の機能は，長期間の，整然かつ一目瞭然性ある証拠書類によっても充足されうる（商法239条4項，AO146条5項）。

正規の簿記の諸原則（GoB）

○商人簿記に関して必要な帳簿が備置され，その帳簿が形式的な秩序性を備え，かつその内容が実質的に正確である場合は，簿記は正規である（BFH 1997年6月24日判決— BStBl. 1998 Ⅱ S. 51）。

○特定の簿記システムは定められていない。いずれにせよ，商人の場合にはその簿記は複式簿記の諸原則に合致しなければならない（HGB242条3項）。それ以外にその簿記が専門的知識を有する第三者に対して，相当なる時間内に，取引および企業の財産状況に関する全容を伝達しうるような性質のものでなければならない。取引はその発生から終了まで追跡しうるものでなければならない（HGB238条1項；BHF1966年2月18日判決— BStBl. Ⅰ Ⅲ S. 496）および1966年9月23日判決— BStBl. Ⅲ S. 23）。

　　正規のデータ処理支援式簿記システムの諸原則（GoBS）1995年11月7日付連邦財務省（BStBlS. 738）を参照。

○貸借対照表を作成するにあたっては，貸借対照表日の状況に関して重要性のある，すべての価値を明らかにする事実が考慮されなければならない（BFH 2003年8月20日判決— BStBl. Ⅱ S. 941）。「価値を明らかにする」とは，貸借対照表日までにすでに客観的に発生し，かつ，貸借対照表日後，貸借対照表の作成日までに認識され，あるいは見分けがつく事実だけが考慮されなければならない（連邦財政裁判所2005年10月19日判決— BStBl 2006 Ⅲ S. 371）。

○現金商売に関する個別取引における記帳は，（2004年4月5日付連邦財務省— BStBl. S. 419）を参照。

○「適時の掌握」を参照。

財産目録書類

　財産目録の書類の提示は，BFH 1966年3月25日判決— BStBl Ⅲ S. 487を参照。

年度決算書

　年度決算書は，「正規の営業期間に合致する期間内に」（HGB243条3項）作

成されなければならない（BFH 1983年12月6日判決—BStBl. 1984 II S. 227）。資本会社の場合には，HGB264条1項が適用され，一定の人的会社には，HGB264b条ではない限りで，264条1項との関係で264a条が適用され，保険会社にはHGB341a条1項が適用される。
交互計算勘定
　報酬の売掛債権が時系列的に補助元帳において掌握され，かつ，租税義務者ないし専門的知識を有する第三者が，相当な時間内に，未収売掛債権の全容を認識することができるならば，交互計算勘定を欠いた簿記は正規性がある（BFH1966年2月18日判決—BStBl III486頁参照）。
マイクロフィルムの作成
　法律上の保存義務を履行するための使用は，1984年2月1日付連邦財務省（BStBl I 155頁）を参照。
人物の全容
　親しい取引先との継続的な非現金取引については，必要とされる一目瞭然性のために，勘定的に組織された営業帳簿の記帳をすべて絶対的に行うことは適切ではなく，非現金取引が日記帳に時系列的に記録され，かつ交互計算帳において貸借対照表日に存在する債権と債務が証明されるだけで十分である（BFH1951年2月23日判決—BStBl III S. 75）。
適時の掌握
　営業帳簿への記帳およびその他必要な記録は，完全網羅的に，正確に，適時にかつ整然と行わなければならない（HGB239条2項）。営業取引の適時の掌握については—現金支払関係を除いて—日々の記録は必要ではない。しかしながら，取引とその帳簿上の把握との間に時間的なつながりがなければならない（BFH 1992年3月25日判決—BStBl II S. 1010）。

※なお，上記規定中，「AO158条の適用布告（AEAO）を参照」とあるが，この布告の内容は第6章第3節1を参照。

　所得税準則R29は，その時点における租税法上の「実箱であるGoB」概念，つまり①「課税所得算定」に係る「実箱であるGoB」と，②「簿記の証拠力」に係る「実箱であるGoB」を確定するものである。
　かつての「『正規の簿記』と租税優遇措置とのリンク体制」時におけるいくつかの連邦財政裁判所判決も，現在における租税法上の「正規の簿記」概念を構成していることからも明らかなように（上記規定中，連邦財政裁判所1966年3月25日判決は第7章第3節1(2)④を，1951年2月23日，1966年2月18日判決および1966年9月23日判決の内容は第7章第3節2(2)①③を参照），ドイツ租税法における「正規の簿記」概念は，商法商業帳簿規定だけでなく，租税法における，帳

簿の証拠力・租税優遇措置とのリンク体制・推計課税・課税所得算定・EDV簿記とのかかわりの中で醸成されてきた概念であることが理解される。

　そして，所得税準則が定める「正規の簿記」の内容は，1919年RAO・1977年AO・HGBの商業帳簿規定，判例などに対応して，何回もその内容が変化して現在に至っている（1950年所得税準則45節は第7章第2節5を，1967年所得税準則29節は第8章第2節1を，1994年時点での所得税準則R29は本章の注を参照)[62]。所得税準則が定める「正規の簿記」の内容の変遷からも明らかなように，租税法上の「実箱であるGoB」も時代とともに変化している。

■注
1　本研究における1977年AOの邦訳にあたっては，中川（1979）を参考にした。
2　ドイツ所得税法における所得概念，特にシャンツの純資産増加説に関する論究は武田（1970）を参照されたい。
3　prOVGiStS 5, 172.
4　prOVGiStS 9, 299, 303.
5　ティプケ＝木村訳（1988）；89頁。Tipke/Lang（1991）；S. 15.
6　Becker/Riewald/Koch（1965）；S. 28.
7　Becker/Riewald/Koch（1965）；S. 28.
8　Becker（1930）；S. 498.
9　以下の文献を参照されたい。
　　Staub（1926）；S. 264, Hein（1928）；S. 148, Bühler（1956）；S. 90, Adler/Düring/Schmalz（1968）；§149 Tz. 135,
　　Kruse（1969）；S. 210, Kruse（1973）；S. 243, Schlegelberger（1973）；§38 Anm. 15, Kruse（1978）；S. 35f.
　　武田（1970）；154頁，飯塚（1988）；11頁および107頁以下。
10　Becker/Riewald/Koch（1965）；S. 29. Fortlaufendは，「時宜に適した（zeitnah）」および「時系列的に（der Zeitfolge nach）」とを意味する（Schuppenhauer（1984）；S. 45）。
11　Becker/Riewald/Koch（1965）；S. 28.
12　Becker（1930）；S. 619.
13　Becker/Riewald/Koch（1965）；S. 35.
14　Kruse（1978）；S. 65.
15　Becker/Riewald/Koch（1965）；S. 35.
16　Becker/Riewald/Koch（1965）；S. 35.
17　Becker/Riewald/Koch（1965）；S. 36.
18　Becker/Riewald/Koch（1965）；S. 53.

19　Becker/Riewald/Koch（1965）；S. 25.
20　Tipke/Lang（1991）；S. 15f.
21　草案策定の経緯については，中川（1971a）の38-39頁に詳しい。
22　草案の83条から91条の条文および草案理由書は，中川（1971b）の37-41頁および中川（1972）の41-42頁の邦訳を参照した。
23　中川（1971b）；41頁。
24　これらの判決の要旨は，以下の文献を参照されたい。Buhler/Scherpf（1971）；S. 91.
25　学説上も，少なくとも1965年時点において，（これらの諸判決を引用して）「専門的知識を有する第三者に対する全容提供可能性」の見地からRAO162条に係る「一般的な簿記の正規性」を解説している（Vgl. Becker/Riewald/Koch（1965）；S. 33）。
26　中川（1972）；41頁。
27　中川（1972）；41-42頁。
28　1974年草案の条文は，BT-Drucks. 7/79の32頁以下を，同理由書はBT-Drucks. VI 1982の126頁以下を参照した。
29　BT-Drucks. VI 1982；S. 126.
30　BT-Drucks. VI 1982；S. 126.
31　BT-Drucks. VI 1982；S. 126.
32　BT-Drucks. VI 1982；S. 127.
33　BT-Drucks. VI 1982；S. 127.
34　BT-Drucks. VI 1982；S. 126.
35　BT-Drucks. VI 1982；S. 126.
36　BT-Drucks. VI 1982；S. 126.
37　BT-Drucks. VI 1982；S. 126.
38　BT-Drucks. VI 1982；S. 146.
39　BT-Drucks. VI 1982；S. 146.
40　BT-Drucks. 7/4292；S. 30.
41　BT-Drucks. 7/4292；S. 30.
42　BT-Drucks. 7/4292；S. 30.
43　飯塚（1988）の121頁も同旨。
44　BT-Drucks. 7/4292；S. 30.
45　BT-Drucks. 7/4292；S. 31.
46　1977年AOの条文は，BR-Drucks. 726/75を参照した。
47　Tipke/Lang（1991）；S. 16.
48　飯塚（1988）；293頁。
49　List（1995）；FGO §96 Anm. 50.
50　Tipke./Kruse（1965/1991）；§158 Tz. 1.
51　BT-Drucks. VI 1982；S. 146. なお，Tipke./Kruse（1965/1991）；§158 Tz. 1およびWeber1981）；S. 59にも同様の引用がある。
52　AO-Handbuch（1979）；S. 283.

53　Klein/Orlopp；(1991)；S. 303.
54　Mösbauer (1996)；§146 Rz. 2.
55　Zwank (1986)；§145 Rz1/1.
56　Zwank (1986)；§146 Rz. 5.
57　146条2a項および2b項の詳細な解説は，Lange/Rengier（2009）を参照されたい。
58　佐藤（1992）；81頁。
59　飯塚毅博士は，「ここで重要な点は，この租税危害行為の概念が，すでに脱税したまたはすでに不正な税の減免を受けたという，過去に属する事実を踏まえるのみではなく，『それによって税の減免を受ける可能性を作った』段階で可罰価値を認めた概念だ，という点である」（飯塚（1988）；157頁）とする。
60　飯塚（1988）；12頁。
61　ドイツにおける行政規則（Verwaltungsanordnung）は，わが国の法令用語としての行政規則とは異なる。所得税準則の法的な位置づけに関しては，飯塚（1988）の12-13頁に詳しい。
62　1994年時点における所得税準則 R29は，以下の内容である（邦訳にあたり，重要性のない部分の邦訳は省略した）。

R29　正規の簿記（Ordnungsmäßige Buchführung）

1項　一般論

　所得税法5条に基づく利益算定の場合は，―租税法に他に別段の定めがない限り―，商法上の計算規定ならびに国税通則法140条から148条，154条を遵守しなければならない。第1文の商法上の計算規定は，商法第3編第1章の規定，一定の人的会社および資本会社に関してはそれに加えて第2章の規定である。租税義務者の簿記と記録がそれらの規定に合致していれば，個々の状況に応じて，その実質的な真実性に異議が唱えられない限り，課税の基礎とされる（国税通則法158条）。

2項　商事法上の正規の簿記の諸原則

　商人簿記に関して必要な帳簿が備置され，その帳簿が形式的な秩序性を備え，かつその内容が実質的に正確である場合は，簿記は正規である（BFH1954年3月25日判決—BStBl. Ⅲ S. 195）。年度決算書は「正規の営業期間に合致する期間内に」（商法243条3項）作成されなければならない（BFH1983年12月6日判決— BStBl. 1984 Ⅱ S. 227）。資本会社の場合には，商法264条1項が適用される。貸借対照表が作成される場合には，貸借対照表日の状況に関して重要性のある，すべての価値を明らかにする事実が考慮されなければならない。特定の簿記システムは定められていない。いずれにせよ，商人の場合には，商法4条の小商人でない限り，その簿記は複式簿記の諸原則に合致しなければならない（商法242条3項）。それ以外に，その簿記が専門的知識を有する第三者に通常の時間内に取引と企業の財産状況の全容を伝達しうるような性質のものでなければならない。取引は，その発生から終了まで追跡しうるものでなければならない（商法238条1項；加えて BFH 1966年2月18日判決— BStBl Ⅰ Ⅲ S. 496および1966年9月23日判決— BStBl Ⅲ S. 23）。人的会社は会社社員の移動の決定日に臨時貸借対照表を作成する

義務はない（BFH 1976年12月9日判決— BStBl. 1977 II S. 241）。

営業帳簿への正規の記帳

　営業帳簿への記帳およびその他必要な記録は，完全網羅的に，正確に，適時にかつ整然と行わなければならない（商法239条2項）。営業取引の適時の掌握は—現金支払い関係を除いて—日々の記録は必要ではない。しかしながら，取引とその帳簿上の把握との間に時間的な連結がなければならない（BFH 1992年3月25日判決— BStBl II S. 1010）。簿記の形成にあたって，たとえ取引が連続していなくても，期間的に記帳されていればそれは異議を唱えられるべきではない。それはたとえば，入出計算の連続した番号付けや特定のファイルや書類綴じによる組織的な予防措置によって，記帳の証拠書類が基本帳簿における掌握までに失われないことが保証されている限りにおいて，月々の信用取引の基本帳簿への掌握が翌月の終わりまでに掌握される場合である。2項による簿記の正規性に対する一般的な必要条件は，その場合にも充足されなければならない。基本帳簿の記録の機能は，長期間の，整然かつ一目瞭然性ある証拠書類によっても充足されうる（商法239条4項，国税通則法146条5項）。小売り商人は，一般的に入金を個々に記録する必要はない（BFH 1966年5月12日判決— BStBl. III S. 371）。

信用取引の場合の正規の簿記

　信用取引の場合は，債権と債務の発生とその弁済は，原則的に別々の取引として取り扱わなければならない。複式簿記の場合は，信用取引に関して，交互計算勘定は一般的に債務者と債権者に細分化して記帳しなければならない。（以下省略，筆者）。

交互計算帳
簿記の欠陥と正規性
データ媒体による簿記
29条に関する注意事項（Hinweis：29）
　保存期間
　記録作成義務者
　参加領域　　　　　　　　　　　　　　（内容は省略，筆者）
　証拠書類
　簿記の証拠力
　記帳の訂正
　財産目録書類
　マイクロフィルムの作成

第5章
「簿記の正規性」の基準となる一般的な「正規の簿記の諸原則」

第1節　はじめに

1　「簿記の正規性の基準となる一般的な GoB」を考察する意義

　商法（HGB）238条1項第1文は，「すべての商人は，帳簿を記帳し，かつ，その帳簿上に自己の商行為および自己の財産の状況を正規の簿記の諸原則（Grundsätze ordnungsmäßiger Buchführung）に従って明瞭に記載する義務がある」と規定する。そのほかに「正規の簿記の諸原則（GoB）」への言及は，HGB の他の条項（243条1項等），国税通則法（AO），所得税法（EStG）にもみられ，さらに，所得税準則（EStR）R29が「正規の簿記 Ordnungsmäßige Buchführung」を規定し，刑法典の文献においても「正規の簿記」への言及がみられる[1]。

　しかし，GoB 概念の具体的な内容は論者によってさまざまに展開されている。中里実教授は，GoB の具体的な内容全般について体系的に分類し全般的に叙述した文献は多くはないとされ[2]，飯塚毅博士も「わが国の関係学者の中で，ドイツにおける正規の簿記の諸原則に関して存在する，具体的な実定法規範の実在性とその多角性とを，指摘して論述する学者が殆ど皆無だった[3]」とされる。確かに，少なくともわが国における GoB をめぐる先行研究では，経営経済学，HGB，租税法，破産法，刑法典，民法典などの領域を網羅して，GoB を多角的，具体的に提示しているものはごくわずかな例外を除いて存在していない[4]。

　そこで本章では，第1章から第4章までにおいて考察した，ドイツ HGB の

第5章 「簿記の正規性」の基準となる一般的な「正規の簿記の諸原則」　157

商業帳簿規定および租税法の帳簿規定の発展の歴史を踏まえて，現時点における「簿記の正規性の基準となる一般的なGoB (Die allgemeinen GoB-der Maßstab für die Ordnungsmäßigkeit der Buchführung)」の全容を提示し，第6章以後の考察の前提としたい。ここで「簿記の正規性の基準となる一般的なGoB」とは，商人一般ないし租税義務者一般に適用されるGoBの総体を意味する。

2　GoBが機能する「場の条件」

　GoBが機能する「場の条件」は，次に示すように，「商業帳簿（帳簿）の法の適用局面」と「簿記（会計）技術の組立の局面」とに大別され，それらの区分のもとで多くの「場の条件」が存在している（あわせて，本研究の章立てを記した）。

① 　商業帳簿（帳簿）の法の適用局面（第6章・第7章・第8章・第9章・第11章第2節）
◇自己報告による健全経営の遂行──◇債権者保護のための破産防止
◇商業帳簿の証拠力　　　　　┬─◇ルーズリーフ式簿記
　　　　　　　　　　　　　　├─◇マイクロフィルムによる帳簿書類の保存
◇租税法上の簿記の証拠力　　┘　└─◇EDV簿記
◇租税優遇措置の適否（1974年まで）

② 　簿記（会計）技術の組立の局面（第11章第2節以下・第12章）
◇HGBにおける区分（規模・業態・業種）
◇簿記組織（主に，規模と業種）
◇ドイツ国内法へのIFRSの組み込み（主に，資本市場指向企業のコンツェルン決算書）
◇税法規定の考慮（主に，規模）

これらの区分から，会計制度が「法律」と「会計」との接点領域で成立していることを確認することができる。そして，「簿記の正規性の基準となる一般的なGoB」が，「商業帳簿（帳簿）の法の適用局面」と「簿記（会計）技術の組立の局面」の両局面において機能する，個々の「実箱であるGoB」の基盤を形成していることが理解される。

　「商業帳簿（帳簿）の法の適用局面」の領域は，主に法学が取り扱う領域で

ある。他方,「簿記(会計)技術の組立の局面」の領域は,「年度決算書の作成(会計処理の原則・手続の組立)」と「簿記組織」にかかわるものであり,主に会計学が取り扱う領域である。したがって,GoBの全容は,法学の立場だけ,あるいは会計学の立場だけではその全容を提示することができない。かかる意味で,本研究は,GoBの体系を「商業帳簿(帳簿)の法の適用局面」と「簿記(会計)技術の組立の局面」という2つの領域からGoBを解き明かす,筆者独自のアプローチを採用している。

3　中小企業会計制度（中小企業版 GoB）を構成する法規範

私見では,ドイツにおける「中小企業会計制度」は「中小企業版 GoB」ともいえるものであり,それは中小企業をめぐる「商業帳簿(帳簿)の法の適用局面」と「簿記(会計)技術の組立の局面」に係る個々の「実箱である GoB」の総体である。

そして,その総体を構成する法規範は,本章で考察するところの,①すべての商人に関係する「簿記の正規性の基準となる一般的な GoB」を中核とし,これに加えて,② HGB 商業帳簿規定第3編第2章「資本会社(株式会社,株式合資会社および有限会社)ならびに一定の人的会社」(264条から335条)における中小会社の該当規定(第11章第2節2参照)と,③多くの中小企業が採用している「統一貸借対照表」の作成基準(第11章第3節参照)から構成される(**図表5-1**)。

それゆえに,「簿記の正規性の基準となる一般的な GoB」を明らかにすることは,ドイツにおける「中小企業の会計制度」を構成する法規範の全容を知る手掛かりになる。

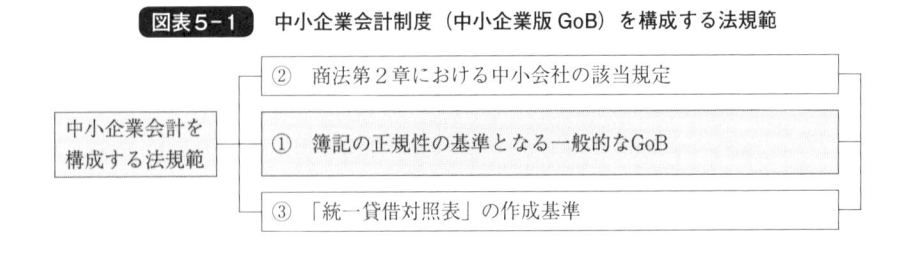

図表5-1　中小企業会計制度（中小企業版 GoB）を構成する法規範

中小企業会計を構成する法規範	② 商法第2章における中小会社の該当規定
	① 簿記の正規性の基準となる一般的なGoB
	③ 「統一貸借対照表」の作成基準

第2節　「簿記の正規性の基準となる一般的なGoB」概念の展開

1　GoBの体系

それでは，「簿記の正規性の基準となる一般的なGoB」概念の体系を整理することからはじめてみたい。GoBの体系の区分には，少なくとも以下の3つの立場が存在する。

① 通　説

多くの法律領域の文献では，GoBを「形式的なGoB」と「実質的なGoB」に区分し，かつ，「狭義のGoB」と「GoBi（正規の貸借対照表作成の諸原則, Grundsätze ordnungsmäßiger Bilanzierung）」に区分するという立場に立っている[5]（**図表5-2**）。ここにおいて，「狭義のGoB」は，「日常の簿記」をいい，簿記組織・記帳・保存から構成される。

② クルーゼの見解

これに対し，クルーゼは，狭義の（im engeren Sinne）GoBは形式的な意味における（im formellen Sinne）GoBに相当し，GoBiは実質的な意味における（im mateillen Sinne）GoBに相当するとする[6]（**図表5-3**）。

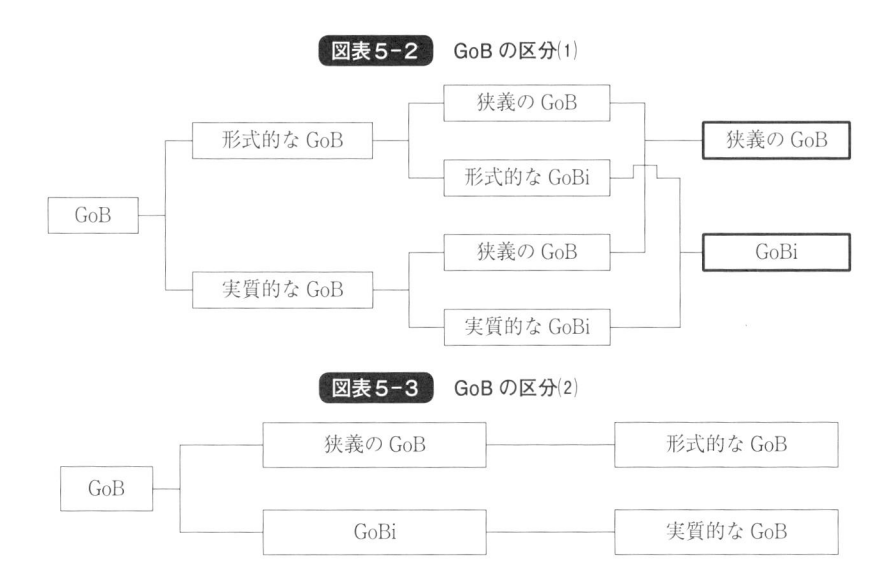

図表5-2　GoBの区分(1)

```
                  ┌─ 狭義のGoB ──┐
      ┌─ 形式的なGoB ─┤              ├── 狭義のGoB
      │           └─ 形式的なGoBi ─┘
GoB ──┤
      │           ┌─ 狭義のGoB ──┐
      └─ 実質的なGoB ─┤              ├── GoBi
                  └─ 実質的なGoBi ─┘
```

図表5-3　GoBの区分(2)

```
      ┌── 狭義のGoB ──── 形式的なGoB
GoB ──┤
      └── GoBi ──────── 実質的なGoB
```

この見解に基づけば,「狭義の GoB = 形式な GoB」には「記帳」が含まれることになるが,「狭義の GoB」には「実質的な GoB」が存在し（たとえば, HGB239条2項および AO146条1項1文の vollständig と richtig には二義性があり, 記帳の実質的な「完全性」と「真実性」も意味する）, GoBi には「形式的な GoBi」が存在することが説明できず, GoB の全容を網羅的に提示することができない点に問題が残る。

③ シュタインバッハの見解

シュタインバッハは,「一般的に GoB はそれ自体, 年度決算書に関連しているため,『正規の貸借対照表作成の諸原則』とよばれており, かつ, われわれはその著書において, ただ年度決算書の問題だけに取り組む必要があるので, この場合,（GoB と）『正規の貸借対照表作成の諸原則』は同一のものとしてみなされている。つまり, われわれは狭義の簿記特有の問題および財産目録特有の問題を考慮の外に置くのである」とする[7]（傍点は筆者）。これを図に示せば, **図表5-4**となる。

会計制度の研究が年度決算書の領域に集中しているという実態はあるものの, この立場は, 結果として「狭義の GoB」を研究の対象外としており, その意味で正確な区分ではない。

2 「成文化された GoB」と「成文化されていない GoB」

GoB は, HGB において成文化された GoB（法典化された GoB, kodifizierte GoB）と, HGB に成文化されていない GoB（法典化されていない GoB, nicht kodifizierte GoB）の2つに区分される。法律において考慮されない GoB も, 拘束力あるものとして適用される[8]（**図表5-5**）。

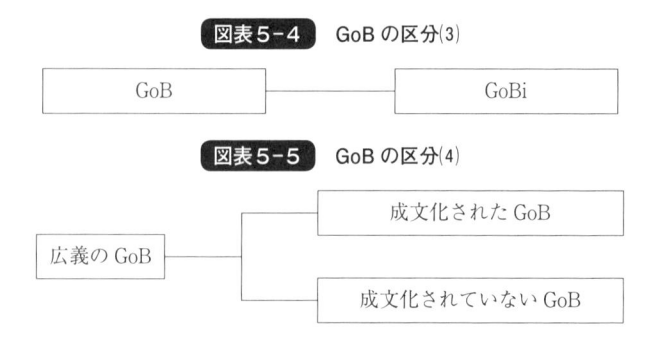

図表5-4 GoB の区分(3)

GoB	GoBi

図表5-5 GoB の区分(4)

広義の GoB	成文化された GoB
	成文化されていない GoB

他方,「成文化(法典化)された GoB (kodifizierte GoB)」は,もはや GoB ではなく,「成文化されていない GoB (nicht kodifizierte GoB)」だけが GoB を構成する,とする論者も存在する[9]。

この点について,ベッカー／リーヴァルト／コッホは,広義の GoB は,「法律上の規定から明らかになるもの」と「不確定法概念」(狭義の GoB)の2つに区分されるとし[10],「一般に,GoB がただ成文法を充填しかつ補完するものである,と解釈される場合には,法律上の規定から明らかになる諸原則は GoB 概念には含まれない」としている[11]。

両者の見解の相違は,考え方の相違であり,そのどちらかが正しいというものではないが,このような相違が,GoB 概念の理解をより複雑化せしめている。

しかし,「簿記の正規性の基準となる一般的な GoB」という場合には,GoB を構成する個々の原則が成文法規として存在していること,そしてそれらの諸原則を欠いては,「簿記の正規性の基準となる一般的な GoB」を提示し得ないことを認めなければならない。「正規の簿記」は,「成文化された GoB」と「成文化されていない GoB」をともに充足することによって成立する概念である。たとえば,所得税準則 R29は,HGB および AO において「成文化された GoB」を含めて「正規の簿記」概念を解説している(第4章補節参照)。さらに,GoB につき法解釈学(Hermeneutik)を展開する経営経済学者のベトゲも,1985年改正 HGB には,それまで法律上成文化されていない GoB (nicht kodifizieren GoB) が多く受け入れられているために,もはや法律外の GoB のみならず,法律上の GoB の解釈にその重点が置かれる,と述べている[12]。それゆえに,本研究では GoB に「成文化されている GoB」も包含されるとの立場を採用する。

ただし,仮に,「成文化された GoB」は,もはや GoB ではなく,「成文化されていない GoB」(次頁に掲げる**図表5-6**の②④⑥⑧の領域)だけが GoB を構成する,という見地に立ったとしても,「法の目的に応じた,法規範の組立」を行う場合には,商法典等に成文化された法規範を用いて,「簿記の正規性」の判定を行うことに変わりはない。その点で,いずれの説を採用したとしても,その法律効果は同じである。

3 GoB 概念の全容

(1) 区分の仕方

以上の一連の考察に基づいて,「簿記の正規性の基準となる一般的な GoB」概念を整理すれば,次のようになる。

① 広義の「簿記（Buchführung）」を前提とする。つまり,「簿記」は,「狭義の簿記（日常の簿記）」・「年度決算書」・「財産目録」から構成されるものとする。狭義の簿記には,簿記組織・記帳・保存が包含される。

② GoB は,「成文化された GoB」と「成文化されていない GoB」から構成される。

③ GoB は,「形式的な GoB」と「実質的な GoB」から構成される。

以上の3つの区分をすべて充足するようにして,「簿記の正規性の基準となる一般的な GoB」概念の全容を示せば,**図表5-6**に集約される。この区分がもっとも的確に GoB の全容を描き出すと考えられる。

具体的な法の適用局面で,①から⑧に属する「個々の GoB」が,法の目的に応じて取捨選択されて「空箱である GoB」を充填し,「実箱である GoB」として機能する。また,「簿記の正規性の基準となる一般的な GoB」は,「記帳」から「年度決算書作成」までの領域をカバーしている。特に「記帳の領域」における一般的かつ普遍的な形での成文化が認められる。これを図にすれば,**図表5-7**になる。

なお,正規の財産目録は,棚卸の財産目録および動産固定資産の残高リストを指し[13],正規の財産目録作成の諸原則（Grundsätze ordnungsmäßiger Inventur, GoI）は,①棚卸資産のたな卸しと在庫品目録（Bestandsaufnahme und Inventur

図表5-6　「簿記の正規性の基準となる一般的な GoB」

簿記 \ GoB	形式的な GoB		実質的な GoB	
	成文化されている	成文化されていない	成文化されている	成文化されていない
広義の簿記：日常の簿記（狭義の簿記）	①	②	③	④
広義の簿記：貸借対照表	⑤	⑥	⑦	⑧

図表5-7 「簿記の正規性の基準となる一般的な GoB」の適用領域

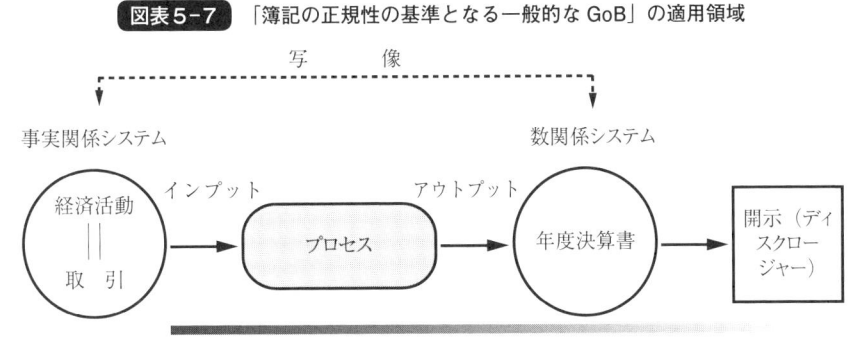

```
            写        像
    ┌┄┄┄┄┄┄┄┄┄┄┄┄┄┄┄┄┄┄┄┄┄┄┄┐
    ↓                        ↓
事実関係システム           数関係システム

 ┌─────┐  インプット          アウトプット  ┌─────┐        ┌──────┐
 │経済活動│ ────→ ╭──────╮ ────→ │年度決算書│ ────→ │開示（ディ│
 │  ‖   │      │プロセス│      │         │       │スクロー  │
 │ 取 引 │      ╰──────╯      └─────┘       │ジャー）  │
 └─────┘                                           └──────┘

━━━━━━━━━━━━━━━━━━━━━━━━━━━━━━━━━━━━
      簿記の正規性の基準となる一般的な GoB
```

des Vorratsvermögen) と②動産固定資産のたな卸しと在庫品目録 (Bestandsaufnahme und Inventur des beweglichen Anlagevermögens) から構成される[14]。成文規定としては，HGB240条が財産目録を，241条が棚卸簡便法を規定する。ただし本研究において GoI に関する論究は，さほどの重要性をもたないと考えられるため，その内容についての考察は省略する。

(2) 「形式的な GoB」と「実質的な GoB」

既述のように，GoB は，「形式的な GoB (Formelle GoB)」と「実質的な GoB (Materielle GoB)」に区分される。「形式的な GoB」は，「簿記技術 (Buchführunstechnik)」と「貸借対照表作成技術 (Bilanzierungstechnik)」から構成される。他方，「実質的な GoB」は，「一般的な貸借対照表作成の諸原則 (allgemeine Bilanzierungsgrundsätze)」・「計上の諸原則 (Ansatzgrundsätze)」・「評価規則 (Bewertungsregeln)」等から構成され[15]，「実質的かつ狭義の簿記」の領域を包含する。ここにおいて，materiell は GoB の Inhalt（内容）を意味し，formell は GoB の Aufbau（構造）に関する事柄を表す[16]。

武田隆二博士は，わが国の「簿記」概念を，「形式（技術）」と「記録」から，「会計」概念を，「内容（理論）」と「機能」から特徴づけている（序章第2節2(2)を参照）。「形式的な GoB」は，わが国の「簿記」に，「実質的な GoB」（とりわけ実質的な GoBi) は，わが国の「会計」に相当する概念である。

なお，本研究において，「簿記技術の組立」における「簿記」は「形式的な GoB」を指し，「簿記（会計）技術の組立」における「簿記（会計）」は「広義

の簿記」（会計処理の原則・手続＝損益の認識・利益測定・資産評価の方法等を含む）を意味する。

(3) 正規性と合法性

前掲図表5-6の②④⑥⑧の領域は，成文法規で充填され得ない，残余としての領域であり，社会規範たる「権威ある支持」（経営経済学の学説，判例，布告，準則等），さらにそれによってカバーされ得ない領域は，「一般的社会価値」に基づいて判断されなければならない。

簿記の正規性（Ordnungsmäßigkeit）と合法性（Gesetzlichkeit）は，厳密な意味で同一の概念ではない（第6章第3節2(4)②も参照）。正規性は合法性よりも大きな概念であり，合法性は正規性に包含される。この点について，ビールレは，HGB（1985年改正前の43条，44条）やAO（145条から147条）に成文化された規定は最低限の必要条件とみなされるべきであり，GoBが成文化されず，かつ，判例によって具体的に説明されない限り，GoBはそのつど確定されなければならないとし[17]，HüfferもGoBは商慣習（Handelsbräuche）よりも，より広範囲に及ぶ事実上の慣行（Übung）であるとしている[18]。

かかる理解のもとで，「簿記の正規性の基準となる一般的なGoB」の全容を示せば，**図表5-8**のようになる。

図表5-8 実箱としての「簿記の正規性の基準となる一般的なGoB」

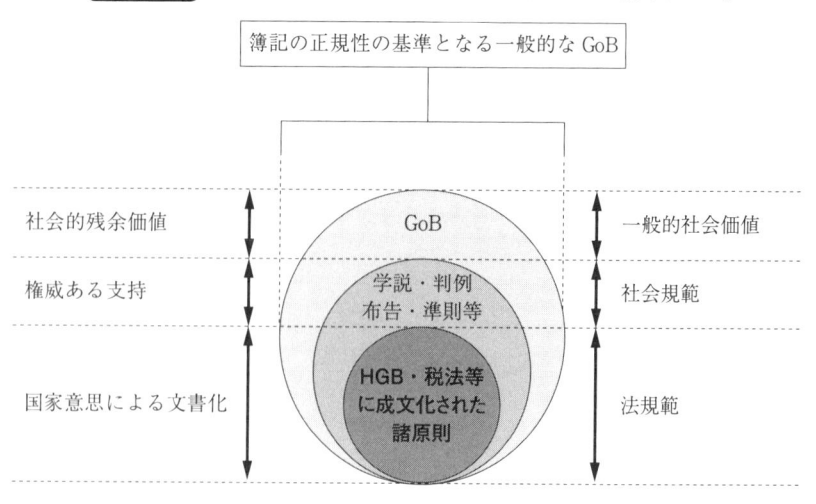

```
            簿記の正規性の基準となる一般的なGoB
                       │
   ┌───────────────────┴───────────────────┐

社会的残余価値          GoB                一般的社会価値

権威ある支持        学説・判例              社会規範
                   布告・準則等

国家意思による文書化  HGB・税法等           法規範
                  に成文化された
                     諸原則
```

(4) 「正規の簿記の諸原則」・「正規の簿記」・「簿記の正規性」の関係

一連の考察を進めるにあたって，「正規の簿記（Ordnungsmäßige Buchführung）」・「正規の簿記の諸原則（GoB）」・「簿記の正規性（Ordnungsmäßigkeit der Buchführung）」概念の関係を整理しておかなければならない。

「正規の簿記」とは，通常「正規性を具備した簿記」を意味し，「正規の簿記だけが証拠力を享受する（Nur der ordnungsmäßigen Buchführung kommt Beweiskraft zu）」というように用いられる。つまり，GoBに準拠した「簿記」が「正規の簿記（正規性を具備した簿記）」であり，「正規の簿記」とGoBとは表裏一体の関係にある。また，「簿記の正規性」との用語は，「簿記の正規性の基準となる一般的なGoB（Die allgemeinen GoB-der Maßstab für die Ordnungsmäßigkeit der Buchführung）」や「ルーズリーフ式簿記の正規性（Ordnungsmäßigkeit）の判定のための諸原則」というように，「ある簿記」の「正規性」に焦点を当てる場合にみられる表現である。「簿記の正規性」とGoBも表裏一体の関係にある。

第3節　狭義のGoB

1　形式的かつ狭義のGoB（前掲図表5-6の①②）

(1)　成文化されている「形式的かつ狭義のGoB」（前掲図表5-6の①）

わが国と異なり，ドイツではHGBおよびAOに，一般的かつ普遍的な「形式的かつ狭義のGoB」が数多く成文法規化されている。以下，「一般原則」・「簿記組織」・「記帳の諸原則と簿記の保証」・「保存義務」という4つの区分ごとに，個々の原則を確認する。

[一般原則]

多くの文献における，形式的なGoBに関する一般的な解説は，「明瞭性」，「一目瞭然性（専門的知識を有する第三者への全容提供可能性）」，「再検査可能性（追跡可能性）」の観点から行われている[19]。これらの諸原則は簿記の形式的な正規性を担保するために設けられた決定的な原則である。

① 明瞭性の原則＝Grundsatze der Klarheit：HGB238条1項1文

HGB238条1項では，「明瞭な（ersichtlich）」記帳を求めている。

② 一目瞭然性（専門的知識を有する第三者への全容提供可能性）の原則＝Grundsatze der Übersichtlichkeit：HGB238条1項2文，（AO145条1項1文）

AO145条1項の一般条項は，GoBのエッセンスを成文化している[20]。専門的知識を有する第三者が相当なる時間内に勝手がわかる場合には，その簿記は正規である[21]。専門的知識を有する第三者とは，簿記係・経済監査士・税理士事務所の所属員・臨場検査員をいう[22]（なお「専門的知識を有する第三者」については，第8章第4節3(1)も参照）。AO145条を充足する秩序規定は，同法146条に含まれている[23]。これは，HGB238条1項2文と3文も同様の解釈となる。

③ 再検査可能性（追跡可能性）の原則＝Grundsatze der Nachprüfbarkeit：HGB238条1項3文，（AO145条1項2文）

一目瞭然性は，HGB238条1項3文・AO145条1項2文に示される追跡可能性によって補完される。取引の発生から終了までの追跡可能性は監査可能性の補助的な必要条件である。この原則の淵源は，租税優遇措置をめぐる判決にある（第7章第2節4参照）。

「再検査可能性（追跡可能性）の原則」は，EDV簿記において以下のように機能する。すなわち，「コンピュータ簿記でも，取引が進行的にも，逆行的にも監査可能でなければならない。進行的監査は，証憑から始まりそこから基本記録を経て勘定科目を監査し，最後に貸借対照表と損益計算書，ないし税務申告書まで監査する。逆行的監査は，この逆をたどる」（GoBSの添付文書Ⅱ）。再検査可能性（Nachprüfbarkeit）と追跡可能性（Verfolgbarkeit）は帳簿の記入と記録作成に関する一般的な必要条件の神髄（Kern）である[26]。以上の「再検査可能性（追跡可能性）の原則」を図示すれば，**図表5-9**のとおりである。

なお，論者は，「すべての簿記は明瞭（klar）でかつ一目瞭然で（übersichtlich）なければならない[24]」，「簿記の形式的正規性の前提条件は明瞭性（Klarheit）と一目瞭然性（Übersichtlichkeit）である[25]」とさまざまに表現する。①と②は，簿記の正規の形式的な正規性にとって格別に重要な原則である。

「一目瞭然性の原則」は，HGB，会社法，民法典，刑法典，破産法，税法の領域にわたって，「正規の簿記」の一般原則として生成され，発展してきた原

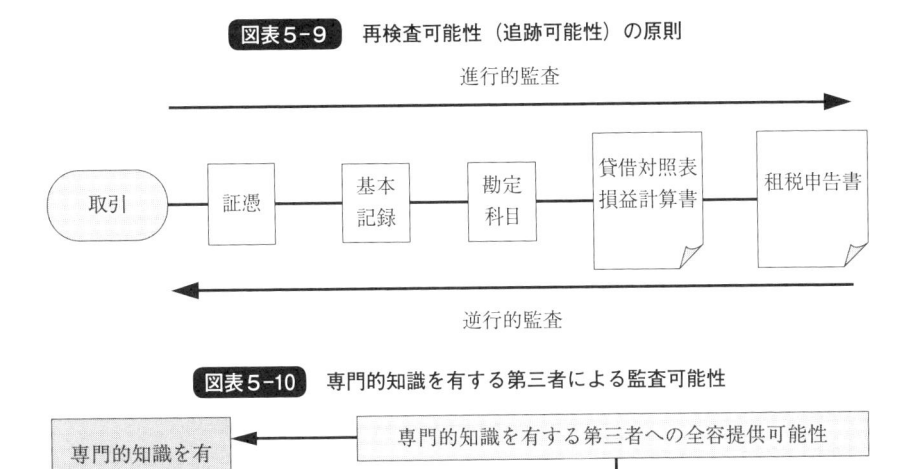

第5章 「簿記の正規性」の基準となる一般的な「正規の簿記の諸原則」 167

図表5-9 再検査可能性（追跡可能性）の原則

```
               進行的監査 →
取引 → 証憑 → 基本記録 → 勘定科目 → 貸借対照表 → 租税申告書
                                    損益計算書
               ← 逆行的監査
```

図表5-10 専門的知識を有する第三者による監査可能性

```
専門的知識を有 ← 専門的知識を有する第三者への全容提供可能性
する第三者によ          ↓
る監査可能性   ← 再 検 査 可 能 性（追 跡 可 能 性）
```

則である（第3章第5節3参照）[27]。また、②と③は相俟って「専門的知識を有する第三者による監査可能性」を要求していると解釈することもできる（**図表5-10**）（第8章第4節3(1)(2)も参照）。

監査可能性の要求によって、EDV 簿記では、GoB の適用範囲は簿記の領域を超えて「データ処理組織」にまで拡大しているため、処理プロセスの文書化が求められる（第8章第3節2参照）。

なお、商業帳簿の本質的な目的の1つである「自己報告による健全経営の遂行」に係る「実箱である GoB」は、それに違背しても、破産の場合を除いて処罰規定が存在しないためにその内容が不明確であったが、この一目瞭然性の原則（専門的知識を有する第三者への全容提供可能性）によってその内容が明確化されている（第9章第5節参照）。この「全容」の提供先には、歴史的に商人（ないし、被告人・租税義務者）自身が包含されていたことに留意が必要である（たとえば、第3章第5節3参照）。

[簿記組織（Organisation der Buchführung）]

簿記組織は、①「簿記システム」、②「帳簿の種類」、③「簿記の形式」、④「簿記手続」、⑤「コンテンラーメン」から構成される。この領域は、「形式的

な諸原則は簿記技術の変化に適合されなければならない[28]」という宿命にある。しかし現在では，簿記組織に関してもHGBおよびAOの一般原則である「明瞭性」，「一目瞭然性（専門的知識を有する第三者への全容提供可能性）」，「再検査可能性（追跡可能性）」という包括的な基準が課されるため，この領域においては不確定法概念という性質は限りなく少なくなっている。このような「一般普遍的な」各種の記帳条件の成文化は，簿記技術の変化を決して阻害しない。

① 簿記システム（Buchführungssystem）

簿記システムは，単式，複式，カメラル簿記に区分される。1985年の改正HGBは，その242条2項で，従来の貸借対照表作成義務に加えて，損益計算書の作成義務を明文化している。この条項によって，実質的に複式簿記が要求されている。なぜならば，単式簿記は成果勘定を持っておらず，かつ，その結果，成果計算を用いた期間損益の確認が不可能であるからである[29]。特例として，たとえば小規模事業の場合には単式簿記で十分であるが[30]，単式簿記は複式簿記に比してわずかな証拠力しか享受しない[31]。

② 帳簿の種類（Bücherarten）

備置すべき帳簿の種類は，法定されていない。その意味で，「電子的データ処理におけるデータ媒体（EDV-Datenträger）」も商業帳簿概念に包含される。どのような帳簿が記帳されなければならないかは，経営ならびに会計制度組織の種類と規模による。一般的に，帳簿は「基本簿（Grundbücher）」，「主要簿（Hauptbuch）」，「補助簿（Nebenbücher）」に分類される[32]。

「基本簿」は仕訳を行う帳簿であり，その意味で特に重要である。基本簿は取引を時系列な流れにおいて把握する[33]。基本簿の数は，事業の規模と組織の状況による。基本簿は，現金出納帳・商品受入帳・商品引渡帳・当座預金帳などを含み，日付・取引事象・証憑への参照・勘定科目・反対勘定科目・金額が記載される。

「主要簿」は総勘定元帳のことであり，取引を体系的に整理するのに役立つ。一定の時間的間隔で取引が基本簿から主要簿に転記される。

「補助簿」は特定の領域を別に把握し，合計額を主要簿に転記する。補助簿には，主要簿の表出能力が，その明瞭性と一目瞭然性を危うくすることなしに，特定の個々の情報の入手を広げるという，上位の任務がある。

なお，基本簿，主要簿および補助簿の総体は，わが国の「会計帳簿」に相当

する。

③ 簿記の形式（Buchführungsformen）

　記帳の外面的な様式（いわゆる簿記の形式）も GoB に必要である。1976年12月14日の HGB 改正および1977年 AO は，装丁された帳簿を予定していない。基本的には，装丁された形式，ルーズリーフ式帳簿，未決済項目簿記（Offene-Posten-Buchführung），1977年からは一定の条件の下でデータ媒体上の記帳（EDV 簿記）も認められている[34]（第8章参照）。

④ 簿記手続（Buchführungsverfahren）

　実務においては，複式簿記の手続または技法が多く適用される。複式簿記は複写式簿記および未決済項目簿記に関する転記式簿記から，EDV 簿記の多様な形式まで及んでいる[35]。

⑤ コンテンラーメン（Kontenrahmen）

　コンテンラーメンに従った簿記の体系的構成は，簿記の形式的な正規性に必要である[36]。コンテンラーメンは会計制度全体に関する組織計画および配置計画（Organisations- und Gliederungsplan）である[37]。コンテンラーメンとの用語は，シュマーレンバッハによって導入された（Schmalenbach, Kontenrahmen, Leipzig, 1927を参照）。その後，コンテンラーメンは，1937年11月11日の商工業の「簿記準則」によって定められたが[38]，1953年に連邦経済省によって廃止されている[39]。しかし現在もなお，簿記の形式的正規性は，簿記がコンテンラーメンによって組み立てられることもその前提条件となっている。

　ここで「簿記準則」について説明を加えておきたい。1937年11月11日付の帝国経済大臣および帝国政府委員の布告によって，『価格形成のための簿記組織に関する準則（Richtlinien zur Organisation der Buchführung）』が発布されたが，経済に向けられたその当時の目的にもかかわらず，それが（形式的な）GoB を包含しているために，この準則は，今日においてもいまだに考慮されている[40]。

　現在ドイツ企業で採用されているコンテンラーメンは，共通コンテンラーメン，工業コンテンラーメン，小売業のコンテンラーメン，卸売業のコンテンラーメン等である。経営過程分類原則を基礎とした「共通コンテンラーメン」および決算分類原則を基礎とした「工業コンテンラーメン」が，企業経営に普及している。なかでも「工業コンテンラーメン」は，国際会計基準と会計制度

の調和化に対応している[41]。具体的には、税理士専門のデータ処理機関ダーテフ登録済協同組合（ドイツの税理士事務所の約7割が加盟：2010年12月末現在）が、「共通コンテンラーメン」にならってSKR 3（Standardkontenrahmen 3）を公表し、さらに「工業コンテンラーメン」にならってSKR 4（Standardkontenrahmen 4）を公表している。SKR 3を例示すれば、**図表5-11**のとおりである（なお、ダーテフのコンテンラーメンの詳細は、Bornhofen（2009）を参照）。

以上の「一般原則」と「広義の簿記」との関係を表にすれば、**図表5-12**の

図表5-11 SKR 3（Standardkontenrahmen 3）

0	1	2	3	4	5／6	7	8	9
固定資産・資本報告並びに特定項目・引当金	支払取引・短期債権・債務並びに出資金	中期費用・収益（営業上発生した費用・収益の経過勘定）	仕入・商品及び材料残高	営業上発生した費用（原価性ある費用）	原価決済に関して任意（例、営業決済）	完成品・半製品及びサービス	売上・その他の営業上発生する収益	決算書・統計
基本的な給付に備える（インプット1）		期間限定	商品・材料・補助財・経営財（インプット2）	営業上の給付過程における費用（インプット3）	―SKR 3に入る―		営業上の給付過程の収益（アウトプット）	
営業上の給付過程の経過（営業過程分類）									

出所：森（2005）52-53頁「図表4-6」

図表5-12 形式的なGoB

広義の簿記	形式的なGoB		HGBおよびAOに成文化された形式的な「GoB」の個別原則
日常の簿記 (laufende Buchführung) ＝狭義の簿記	簿記組織 (Organisation der Buchführung)		「明瞭性の原則」（HGB238条1項1文）、「一目瞭然性（専門的知識を有する第三者への全容提供可能性）の原則」・「再検査可能性（追跡可能性）の原則」（HGB238条1項2文・3文、243条1項、AO145条1項）
	記 帳 (Eintragung)		「完全網羅的な記帳」をはじめとする第5章第3節1(1)で掲げた「記帳の諸原則」
	保 存 (Aufbewahrung)		HGB257条、261条 AO147条
貸借対照表の作成 (Bilanzierung)			「ドイツ語・ユーロによる年度決算書の作成」をはじめとする第5章第4節2(1)で掲げた諸原則

ようになる。

この図表からも,「明瞭性」,「一目瞭然性（専門的知識ある第三者への全容提供可能性）」,「再検査可能性（追跡可能性）」という原則が「形式的な GoB」の全領域をカバーしていることが理解されよう。

[記帳の諸原則と簿記の保証（Eintragungsgrundstäzen und Sicherheit der Buchführung）]

記帳の諸原則と簿記の保証は,①完全網羅的な記帳の原則・②正確な記帳の原則・③適時の記帳の原則・④正規の現金記帳の原則・⑤整然とした記帳の原則・⑥用語に関する原則・⑦不変の記帳の原則・⑧証憑原則・⑨勘定真実性の原則等から構成される。一連の考察からも明らかなように,記帳の諸原則のほとんどは,歴史的に帳簿の証拠力に関連して生成され,成文化されてきたものである。

① 完全網羅的な記帳の原則（Grundsatze der vollständigen Eintragung）: HGB239条２項（AO146条１項１文）

完全網羅的な記帳の原則は,すべての取引,および,すべての事業者の財産ならびにすべての使用できる情報の,欠けたところのない把握を内容として含んでいる[42]。ただし, vollständig との用語は, ②の richtig との用語と同様に, 絶対概念的な意味もある。つまり,実質的な完全性という意味も含む。

② 正確な記帳の原則（Grundsatze der richtigen Eintragung）: HGB239条２項（AO146条１項１文）

richtig との用語は, ２つの意味を持つ。それは第１に,実質的な真実性という意味であり,そして,（付随的には）ただ形式的に正確であるという意味である[43]。

③ 適時の記帳の原則（Grundsatze der zeitgerechten Eintragung）: HGB239条２項（AO146条１項１文）[44]

記帳および記録は,適時になされなければならない。適時の把握は（現金取引を例外として）毎日の記録は必要ではないが,その事象とその帳簿上の把握との間に,時間上のつながりが存在しなければならない（BFH1965年３月５日判決（1965 BStBl. Ⅲ S. 285））。現金取引に関しては,日々の記帳を,その他の取引に関しては,証拠書類の喪失に対する組織的な予防措置が行われる限りに

おいて遅くとも1ヵ月以内の記帳を要求している[45]。

④ **正規の現金記帳の原則**（Grundsatze der ordnungsmäßiger Kassenbuchführung）：（AO146条1項2文）

AO146条1項2文は，1919年RAO162条7項に規定された現金の記録義務を引き継いだものである。同条項は，現金収支の日々の掌握義務を規定しており，実際現金残高と照合したうえで何らかの形で現金収支が書き留められ，後日まとめて現金出納帳に記入する方法を否定してはいない[46]。しかし，それでもなお，この規定は格別に厳しい記帳条件であり，租税義務者のすべてがこの条項を遵守しているわけではない[47]。

では，一部の事業者が遵守していないことが明らかであるにもかかわらず，1919年RAO162条2項，そして，この146条1項2文が，なぜ存在しているのであろうか。これには，少なくとも以下の理由が存在する。

その第1は，この条項が帳簿の証拠力に関する決定的な条件であるからである。すなわち，この条項をはじめとする各種の記帳条件（形式的なGoB）を遵守した形式的に正規である簿記は，租税法上，実質的な真実性の推定がある（第6章第3節参照）。したがって，146条1項2文を遵守するか否かは記帳義務者の意思に任されており，その結果（推計課税）は自己責任として甘受しなければならないのである。146条1項2文は，租税義務者に期待可能な範囲内で定めたSollvorschriftである[48]。つまり，「正規の現金記帳の原則」は，Mußvorschrift（必然の命令規定：法が他者に求める規定）ではなく，Sollvorschrift（当為的命令規定：一般にあるべきものとする命令を指示した規定）である点に本質的な意味がある。

第2は，現金出納帳の正しい記帳が帳簿の実質的な真実性に決定的な影響を及ぼすという厳粛な事実の存在である。リットマンは，「手許現金と帳簿上の現金残高の正しい掌握はGoBの重要な構成要素である。より大きな意味では，『簿記の正規性』とは『正規の現金記帳』のことである。つまり，現金出納帳に間違いがあれば，全体の記帳それ自体の正規性がないということである[49]」としている。

現金の記帳に関する連邦財政裁判所（Bundesfinanzhof, BFH）判決は，何が正規の現金記帳であるのかについて，個々の事情に応じてその限界線を具体的に提示している。そして，それらの諸判決は，「形式的な狭義のGoB」を形成

している。重要と思われる判例を例示すれば，以下のとおりである。

> 「正規の商人簿記（Eine ordnungsmäßige kaufmännische Buchführung）は，1つの現金出納帳において，現金取引の記帳が行われることを必要とする。」（BFH 1952年3月6日判決＝BFHE 56, 276）
> 　　※　本件判決では，所得税法施行規則（EStDVO）7条の租税優遇措置の適否が争われている。
> 「GoB から，個々の商業経営者にとって次のことが明らかとなる。すなわち，普通の商品を，行きずりの客に，カウンター越しに現金売りしている場合には，個々の現金収入をそのたびに記帳することは，一般的にその義務たるものではない。」（BFH 1966年5月12日判決＝BFHE 86, 118）
> 「すべての個々の現金入金と現金出金の記録にあたって，営業用現金の必要条件は，一般的に，連続した現金残高調べ，および帳簿と証拠書類上の表示の義務を含んでいない。他の方法としては，（もしそれが許される場合には）会計報告に関する1日の売上高が確証される場合である。」（BFH 1969年10月1日判決＝BFHE 97, 21）
> ※本件判決では，所得税法7c条および10d条の租税優遇措置の適否が争われている。
> 「僅かな入金計算しかない小規模事業者は，14日後のまたは月ごとの記帳も，それがすぐに GoB に対する違背とは判定されない。」（BFH 1970年3月24日判決＝BFHE 99, 120）
> 「1日の現金支出の後に，その日の現金の会計報告の形式で，直接，備置された現金出納帳に書き写される場合には，収入の源泉を示す記録の保存は必要ではない。」（BFH 1971年7月13日判決＝BFHE 103, 34）
> 「主たる現金以外に他の現金が記帳される場合には，簿記の正規性（Ordnungsmäßigkeit der Buchführung）は，各個別現金に関する副現金出納帳（当座帳）の提示が必要とされる。」（BFH 1971年10月20日判決＝BFHE 104, 154）
> 「連邦財政裁判所が繰り返し判示しているように，この規定の意味は，帳簿の専門家（Buchsachverständigen）が現金出納帳による，あるべき現金残高と営業現金の実際残高とを比較することがいつでも可能であることである。」（BFH 113, 400. 1969年10月1日判決＝BFH 113, 400。BFH 97, 21も同旨）

　以上の考察から，われわれは，146条1項2文とそれに関する連邦財政裁判所判決が，「簿記の正規性の基準となる一般的な GoB」の重要な構成要素となっていることを知るのである。なお，「正規の現金記帳の原則」は，HGB で

は規定されていないが，多くのHGBのコンメンタールでは，この原則を含めて「簿記の正規性」を解説している。

⑤ **整然とした記帳の原則**（Grundsatze der geordneten Eintragung）：HGB239条2項（AO146条1項1文）

1896年民法典（BGB）には，委任契約に関する「顛末報告義務の範囲（Umfang der Rechenschaftspflicht）」を定めた259条1項に「収入支出を整然と（geordnete）まとめた計算」という文言がある（第11章第2節3参照）。記帳の条件としてgeordnetという用語が成文化されたのは，1896年民法典がはじめてであると考えられる。

整然とした（geordnet）記帳の履行は，計画的に構成された勘定体系における，取引事実に適合した記帳や，十分に一致した把握（証憑への付番，日付）によって充足される。geordnetを具体的に展開すれば，「専門的知識を有する第三者への全容提供可能性」と「再検査可能性」の確保である[50]。

⑥ **用語に関する原則**（Grundsatze hinsichtlich der Sprache）：HGB239条1項1文（AO146条3項）

記帳およびその他の記録は，日常語で行わなければならない。たとえば，ラテン語やエスペラント語は許容されていないが，ドイツ語だけが日常語ではない。英語・フランス語・ヘブライ語は日常語である。税務署は，ドイツ語以外が使用される場合には翻訳を求めることができる（AO146条3項2文）。

この原則も長い歴史を持っている。まず，1794年プロシア一般国法の590条がユダヤ語で記帳された商業帳簿の証拠力を認めず，1828年の「イスラエル人の法律関係に関する法律」の4条，1847年の「ユダヤ人の資産に関する法律」の6条でも簿記におけるヘブライ語の使用を認めなかった。さらに，1861年ADHGB32条1項・1897年HGB43条1項・1919年RAO162条2項で「日常の用語およびその文字」による記帳を求め，法解釈として「文字言語」であるヘブライ語を排除していた。その後，EDV簿記を許容した1976年12月14日のHGB改正および1977年AOは「およびその文字」を削除している。

⑦ **不変の記帳の原則**（Grundsatze der unveränderten Eintragung）：HGB239条3項（AO146条4項）

形式的な正規性は，記帳または記録が，もはや，もとの内容が確認できないような方法で変更されてはならないことも前提条件となっている[51]。この原則

は，簿記の証拠力にとって格別に重要な原則であるとともに，長い歴史を経て醸成されてきたドイツ独自の原則でもある（その歴史的な経緯は，たとえば第4章第4節4④参照）。記帳の瑕疵（Buchungsfehler）は，取消記帳（Stornierungen）や訂正記帳（Korrekturbuchungen）によって，証憑を添えて是正することができる（訂正記帳および修正記帳等の詳細は，第8章第4節4参照）。「不変の記帳の原則」は，EDV 簿記の正規性の判定の場合にも重要な条件となっている。

⑧ 証憑原則（Belegprinzip）：HGB257条（AO147条1項）

Belege（証憑）の提出義務が定められたのは，歴史的には1896年民法典259条1項がはじめてであると考えられる（第11章第2節3参照）。

「証拠なくして記帳なし（Keine Buchung ohne Beleg）」との原則が履行されることは，簿記の重要な原則であり，証憑の不備は簿記の正規性が認められないとの結果をもたらす可能性がある[52]。証憑（たとえば，請求書・領収書・納品書・運送状・レシート・銀行勘定書および郵便小切手勘定書）は，記帳の証拠力に関する前提条件である[53]。

⑨ 勘定真実性の原則（Grundsatze der Kontenwahrheit）：（AO154条）

勘定真実性の原則は，口座（Konten）ないし私書箱（Schließfacher）は，租税義務者自身の名前で開設されなければならないことをいう（AO154条）[54]。AO379条は租税危害（Steuergefährdung）を規定するが，その規定によれば，故意または重過失により AO154条1項で定める勘定真実性に違反する者は（同法379条2項2号），秩序違反（ordnungswirdrig）を犯すものとされる（租税危害は，第4章第5節4を参照）。

[保存義務（Aufbewahrungspflichten）：HGB257条，261条（AO147条）]

保存義務は，帳簿・記録・業務用書類およびその他の書類に関するものである[55]。それを欠いては，記帳義務および記録作成義務の目的が実現されず，かつ，完全性と真実性に関する再検査を行い得ないので，証拠書類の保存は簿記の正規性に加わる[56]。保存期間は，商業帳簿等については10年間，その他の証拠書類は6年間とされている（HGB257条，AO147条）。なお，帳簿書類の電磁的保存に係る法的仕組みについては第8章を，その歴史的経緯については第3章第4節および第4章第4節を参照されたい。

(2) 成文化されていない「形式的かつ狭義のGoB」(前掲図表5-6の②)

形式的なGoBの領域は,「明瞭性」,「一目瞭然性(専門的知識を有する第三者への全容提供可能性)」,「再検査可能性(追跡可能性)」という包括的ではあるものの,決定的な基準によって担保されている。したがって,「形式的かつ狭義のGoB」でHGBおよびAOに成文化されていないものは限りなく少ない。成文化されていない残余の部分は,社会規範たる「権威ある支持」(経営経済学の学説,判例等),さらにそれによってカバーされ得ない領域は「一般的社会価値」に基づいて判断される。

(3) 「形式的かつ狭義のGoB」の成文化現象

以上の考察から次の結論が得られよう。ドイツにあっては,1794年プロシア一般国法,1861年ADHGB,1897年HGB,そしてその後のHGB改正において,「形式的かつ狭義のGoB」が順次成文化されている(第3章第5節5の図表3-6参照)。さらに,租税法の領域でも,1919年RAOおよび1977年AOに「形式的かつ狭義のGoB」に係る個別原則が数多く盛り込まれている(第4章第5節5の**図表4-3**参照)。

飯塚毅博士も「西ドイツの税法関連文献が,帳簿の証拠性,証拠能力,または証拠価値,あるいは証拠価値の承認などの用語を用いているのは,正規の簿記の諸原則における記帳条件の範囲を,法が実定している事実から由来しているのである[57]」とされている。「正規の簿記だけが証拠力を享受する」との命題は,簿記の形式的な正規性を判断する「形式的なGoB」(特に,形式的かつ狭義のGoB)の法規範化を内包するのである。ドイツでは,商業帳簿(帳簿)の証拠力など「商業帳簿(帳簿)の法の適用局面」における法規範の組立を行うために,「形式的かつ狭義のGoB」の成文化の努力を重ねている。この事実を「形式的かつ狭義のGoBの成文化現象」といってもよいであろう。それは,ドイツにおける実質的真実探求の思想の発現でもある。

「決算に関する規定の進展に対して,取引記録に関する規定は,スペインおよびポルトガルで日記帳の他に元帳にまで言及したことを除けば,商事勅令以後,概して簡素化の歴史である,といって差し支えない[58]」とする見解もあるが,一連の考察を鑑みれば,その見解の正当性について疑問が残る。記帳条件に関する規定は,ますます充実し,かつ,固定されたものから一般的・普遍的

なものへと移行している。取引記録に関する規定は，簡素化の歴史ではない。

2　実質的かつ狭義の GoB（前掲図表5-6の③④）

「実質的かつ狭義の GoB」を構成する個別原則は，真実性および完全性の原則（Prinzip der Wahrheit und Vollständigkeit）である（HGB239条2項，AO146条1項1文）。真実性は Richtigkeit とも表現される[59]。ただし，真実性および完全性は具体化され得ない概念であるため，その判断は，社会規範たる「権威ある支持」（経営経済学の学説，判例等），さらに，それによってカバーされ得ない領域は，「一般的社会価値」に基づいて判断されることになる。

第4節　正規の貸借対照表作成の諸原則（GoBi）

1　概論

ドイツの現行 HGB の第3編「商業帳簿規定」の第1章「すべての商人に対する規定」は，第1節「記帳，財産目録」（238条から241条），第2節「開始貸借対照表，年度決算書」（242条から256条），第3節「保存および提示」（257条から261条），第4節「登記による商人，州法」（262条から263条）から構成されている。

「正規の貸借対照表作成の諸原則」は，第2節に規定されており，その第2節は，第1款「一般規定」（242条から245条），第2款「計上規定」（246条から251条），第3款「評価規定」（252条から256条）から構成されている。また，「年度決算書は GoB に従って作成されなければならない」（243条1項）との規定が存在し，238条に続いて再度 GoB への準拠を指示している。

なお，ドイツの1985年改正 HGB は，242条2項で，従来の貸借対照表作成義務に加えて，損益計算書の作成義務を明文化し，この条項によって，実質的に複式簿記が要求されている。フランスでも，1953年9月22日デクレによって1807年商法典9条に修正が加えられて，貸借対照表および損益計算書についても作成することが必要とされ，この規定によって明確な形で複式簿記体系が要請されている[60]。

2 形式的な GoBi（前掲図表5-6の⑤⑥）

(1) 成文化されている形式的な GoBi（図表5-6の⑤）

既述のように，「形式的な GoBi」の領域でも「明瞭性」，「一目瞭然性（専門的知識を有する第三者への全容提供可能性）」，「再検査可能性（追跡可能性）」という一般的かつ普遍的な原則がカバーしている（前掲図表5-12参照）。

かかる前提のもとで，形式的な GoBi の個別原則には，以下のようなものがある。

① ドイツ語，ユーロによる年度決算書の作成：HGB244条

年度決算書はドイツ語で，かつ，ユーロで作成されなければならない。1985年改正では「国内通貨」とされていたが，1998年1月9日改正で「ユーロ」に改正された。

② 適時の貸借対照表作成：HGB243条3項

年度決算書は，正規の会計処理に合致する期限内に作成されなければならない。HGB264条1項で確定されている3ヵ月ないし6ヵ月の期間は資本会社にだけ適用される。連邦財政裁判所判決では，個人商人および人的会社は貸借対照表日以後1年以内に年度決算書が作成されなければならないと判示している[61]（同判決は租税優遇措置をめぐるものである。第7章第3節1(2)⑦の判決参照）。また，適時に作成された貸借対照表が遅れて税務署に提出された場合に，税額査定がまだ法律上の効果を持たない限りは，簿記の正規性に影響を及ぼさない。連邦財政裁判所判決によれば，租税義務者によって作成された貸借対照表の租税上の税額査定の時点における客観的な状況が基準となる[62]。

③ 表示形式（Die Form der Darstellung）の継続性：HGB243条1項

連続する貸借対照表および損益計算書の表示形式，特に項目分類（Gliederung）は原則的に維持されなければならない（資本会社に関しては，HGB265条1項，HGB243条1項の意味での GoB）[63]。

④ 明瞭性の原則および一目瞭然性の原則：HGB243条2項

年度決算書は，明瞭で（klar）かつ一目瞭然で（übersichtlich）なければならない。先に，明瞭性の原則と一目瞭然性の原則が「形式的な GoB」の全領域をカバーしているとしたが，それは条文（HGB243条2項）で裏づけられたものでもある。

⑤ 年度決算書への署名：HGB245条

年度決算書への署名も GoB に含まれる[64]。署名によって，彼ら（署名義務ある者）は年度決算書の作成の終了を宣言し，かつ同時に真実性と完全性の責任を明確に保証する[65]。署名が欠ければ，一般的に財産目録と貸借対照表がまだ最終的に作成されていないという疑いが想起される[66]。

ところで，年度決算書への署名の原型の１つをパチオリの Summa（1494年）に見ることができる（第１章第２節２参照）。すなわち，「年度決算書への署名」は「神の名において」，商人自身が財産目録への完全記載を宣誓する行為を起源とすると考えられる。

⑥ 総額主義（Bruttoprinzip）：HGB246条２項

貸借対照表の異なった勘定ならびに損益計算書の費用と収益は，相互に相殺されてはならない。いわゆる総額主義である[67]。

⑦ 営業年度の期間：HGB240条２項２文

営業年度の期間は，12ヵ月を超えてはならない。当然要求されるべき常識的な規定である。

なお，2009年５月29日発効の会計法現代化法（BilMoBG）によって，246条，264条，265条等が改正されているが，上記の内容に影響を及ぼすものではない。

(2) 成文化されていない「形式的な GoBi」（前掲図表５-６の⑥）

以上のように，「形式的な GoBi」の領域は狭義の GoB と同様に，「明瞭性」，「一目瞭然性（専門的知識ある第三者への全容提供可能性）」，「再検査可能性（追跡可能性）」という包括的ではあるものの，決定的な基準によって担保され，かつ，個別原則が成文化されているために，成文化されていない「形式的な GoBi」の領域は少なくなっている。

しかし，それでもなお「形式的な GoBi」の領域において，「法規範としての成文法体系」でカバーできない領域が存在する。この領域は，経営経済学の学説・判例等の「社会規範としての GoB」によって充塡され，それによって覆い尽くせない残余の領域については，価値概念に属する GoB が基礎に置かれる。

3 実質的な GoBi（前掲図表5-6の⑦⑧）

(1) 成文化されている「実質的な GoBi」（前掲図表5-6の⑦）

「実質的な GoBi」は，わが国における「会計」の領域に包含される領域であり，会計事象を「内容（認識・測定）」および「機能」の側面からアプローチするものである（序章第2節2(2)参照）。「実質的な GoBi」は，主に「計上の諸原則（Ansatzgrundsätze）」と「評価規則（Bewertungsregeln）」を取り扱う。

簿記の実質的な完全性と真実性の要求（HGB239条2項，AO146条1項）は，GoBi にも適用される。簿記の実質的な正規性は[68]，GoBi の領域では，すべての事象の損益が HGB 上または税法上の評価規定を考慮して，真実性と完全性をもって表示されることを求める。すなわち，貸借対照表においては，貸借対照表能力のある財産対象物，債務と引当金ならびに計算区分項目は，完全に記帳されなければならない（HGB246条1項）[69]。この点で，ベッカーらによる「真実性と完全性の原則はすべての記録，たとえば，財産目録および貸借対照表にも適用される[70]」との見解や，グロースフェルトの「実質的な正規性は，すべての取引が完全かつ真実に記載されることを求める。取引は落とされてはならず，捏造されたり偽って記録されてはならない。財産対象物と債務は法律上の規定に合致して評価されるべきである[71]」という見解は正確である。

「実質的な GoBi」に係る個別原則は，①「個別評価」，②「貸借対照表同一性および貸借対照表継続性の原則」，③「慎重性の原則」，④「基準日原則」および⑤「その他」から構成される。なお，「実質的な GoBi」は主に252条1項に規定されている（**図表5-13**参照）。

① 個別評価（Einzelbewertung）：HGB252条1項3号

財産対象物と債務は，原則的に個別に評価されなければならず，差し引きしてはならない[72]。

② 貸借対照表同一性・貸借対照表継続性の原則（Prinzip der Bilanzidentität und Bilanzkontinuität）

(a) 貸借対照表同一性の原則：HGB252条1項1号

貸借対照表同一性（または，貸借対照表一致）の原則は，開始貸借対照表の諸勘定が，前年度の最終貸借対照表のそれと一致していることを求める。そこから，評価の高低が翌年において補正されるという結果を伴う，いわゆる貸借対

第5章 「簿記の正規性」の基準となる一般的な「正規の簿記の諸原則」　181

図表5-13　HGB252条1項に規定された「実質的な GoBi」

252条1項	貸借対照表継続性（Bilanzidentität）（1号）
	企業活動の継続性（Fortführung der Unternehmenstätigkeit）（2号）
	個別評価（Einzelbewertung）（3号）
	慎重性（Vorsicht）（4号）
	実現主義（Realisationsprinzip）（4号）
	不均等原則（Imparitätsprinzip）（4号）
	価値明確化（Wertaufhellung）（4号）
	期間的な区分／（Periodengerechte Abgrenzung/Pagatorik）（5号）
	方法の継続性（Methodenstetigkeit）（6号）

出所：Beatge（1996）34頁

照表の両刀性（Zweischneidigkeit）が生じる[73]。この貸借対照表同一性の原則を「形式的な正規性」として理解する文献も存在する[74]。

　(b)　方法の継続性（Methodenstetigkeit）：HGB252条1項6号

　実質的な貸借対照表継続性の原則は、一度選択した貸借対照表作成方法または評価の方法が、確実に継続して適用されることを求める。それによって、年度決算書の期間比較が保証される[75]。

　252条1項6号は1985年 HGB 改正時点では Sollvorschrirt（当為的命令規定）であったが、2009年5月29日発効の会計法現代化法（BilMoG）による改正で、「先行する年度決算書に適用された評価方法は維持されなければならない（…sind beizubehalten)」とされて Mußvorschrift（必然の命令規定）となり[76]、その適用の要求を強めている。

　(c)　価値明確化（Wertaufhellung）：HGB252条1項4号

　これは、後発事象に関する原則である。

　③　**慎重性の原則（Vorsichtsprinzip）**

　慎重性の原則は、不確実な期待は考慮されるべきではないことを意味している。それによって責任資本が維持され、過大な利益処分ならびに過大な租税負担が避けられる。慎重性の原則から、その下位原則である「実現主義の原則」および「不均衡原則」が生じる[77]。

　(a)　実現主義の原則（Realisationsprinzip）：HGB252条1項4号最後の半文

実現した利益だけが計上を許される。

(b) 不均等原則（Imparitätsprinzip）：HGB252条1項4号1文

予見可能なリスクおよび損失は、それがいまだ実現していなくても（それゆえに、利益実現に対する不均等ないし不平等）、予見可能である場合には考慮されなければならない。

(c) その他

慎重性の原則から、従来「有償取得していない無形固定資産の借方計上の禁止」および「自己創設の営業権（Firmenwerts）の借方計上の禁止」が導き出されたが（2009年改正前HGB248条2項）、2009年の会計法現代化法（BilMoG）により248条2項は改正され、改正後の248条2項1文は「自己創設の固定資産の無形財産対象物（＝無形固定資産、筆者注）は、貸借対照表の借方側に計上することができる」として会計法規の現代化を図っている。慎重性の原則からは、「借方の計算区分項目の評価に関する制限」（HGB250条1項1文）も導き出される。

④ **基準日原則（Stichtagsprinzip）**[78]：HGB252条1項3号

基準日原則は技術的な原則である。それによって、貸借対照表の作成に関して、決算基準日の事実関係が問題となる。年度決算書は、HGB243条3項に従って正規の会計処理に合致する時間内に作成されなければならないが、決算基準日から貸借対照表作成日の間に初めて知り得た、決算基準日までに発生したリスクおよび損失も考慮されなければならない（HGB252条1項4号）。

⑤ **その他**

以上の原則のほかに、継続企業の原則（Unternehmensfortführung, HGB252条1項2号）、取得原価原則（Anschanfungskostenprinzip, HGB253条）、期間区分（Periodenabgrenzung, HGB252条1項5号）も実質的な正規性を構成するとみなされる[79]。なお、252条2項は「根拠ある例外事案においてのみ、1項の諸原則から離脱することができる」としている。

以上のとおり、1985年改正HGBでは多くの「実質的なGoBi」が成文化されている。その直接の要因は、EC第4号、第7号および第8号指令による国内法整備である。なお、2009年会計法現代化法（BilMoG）によって、商事貸借対照表の情報提供機能強化のために、IFRSへの接近と考えられる改正項目としては、248条2項および252条1項等の改正のほか、正ののれん（HGB246条1

項4文),開業費や営業経営の拡張費(269条および282条の廃止),棚卸資産の払出単価の決定方法(256条),外貨換算(256a条)が挙げられる[80]。さらに第2章「資本会社(株式会社,株式合資会社および有限会社)ならびに一定の人的会社に対する補完規定」(264条から335条)のうち,「実質的なGoBi」を規定していた第4款,すなわち,「規定の例外適用,減額記入」(279条),「価値回復命令」(280条),「税法規定の考慮」(281条),「経営の開業費および拡張費の減額記入」(282条),「自己資本の計上価額」(283条)は,すべて削除されている(その背景については,第12章第3節2(1)③参照)。

(2) 成文化されていない「実質的なGoBi」(前掲図表5-6の⑧)

現行HGB243条は,「年度決算書はGoBに従って作成されなければならない」と規定する。さらに,簿記の実質的な完全性と真実性の要求は,GoBiにも適用される。しかし,年度決算書作成に関するGoB概念自体の法律上の定義は与えられていない。確かに,1985年のHGB改正によって従来は成文化されていなかった「実質的なGoBi」が多数成文化されるとともに,特別な業種に関しては連邦法務大臣による法規命令による規定の発布(第11章第2節2(4)参照),経済監査士協会が公表する意見書,専門の学者等による会計規定の解釈意見・注釈,「ドイツ会計基準委員会」が公表するドイツ会計基準等があるが(第11章第2節2(5)参照),それでもなお,GoBiの実質的な諸原則を個々に網羅し,その全体像を明確に提示することは不可能である。

4 自己完結的利益計算の体系であるGoBi

年度決算書に関する一般規範の適用領域を示せば,**図表5-14**になる。

ここで,「注記・附属明細書」との用語について解説しておきたい。ドイツ語ではAnhangが充てられている。これは通常「附属説明書」と訳されるが,その内容はフランスのannexeと同様に[81],「注記」と「附属明細書」から構成されるため,誤解のなきよう「注記・附属明細書」という邦訳を充てている。

「不確定法概念」としてのGoBの法的性質は,「実質的なGoBi」の領域,換言すれば,「簿記(会計)技術の組立の局面」において特徴的に見いだせる。この点につき武田隆二博士は,「商人の実務慣行(公正なる会計慣行)はそれ自体自己完結的利益計算の体系であるのに対し,制度会計(法の計算規定)はそ

184　第Ⅰ部　ドイツ：商業帳簿（帳簿）制度の発展

図表5-14　年度決算書に関する一般規範の適用領域

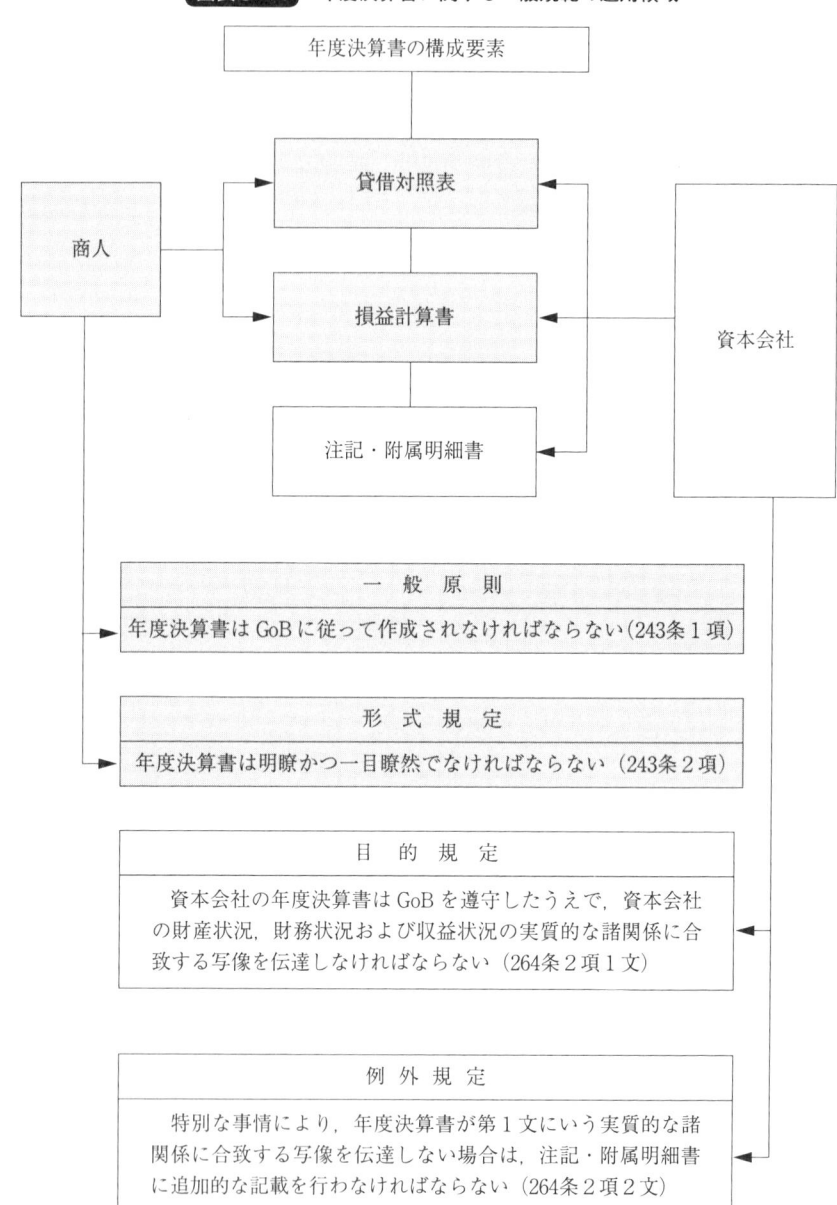

```
            ┌─────────────────┐
            │ 年度決算書の構成要素 │
            └─────────────────┘
                     │
         ┌───────────────────────┐
         ↓                       ↓
    ┌─────────┐             ┌─────────┐
    │ 貸借対照表 │ ←──────────│         │
    └─────────┘             │         │
 ┌──────┐                    │         │
 │ 商人 │→ ┌─────────┐      │ 資本会社 │
 └──────┘  │ 損益計算書 │←────│         │
           └─────────┘       │         │
                │             │         │
           ┌──────────┐       │         │
           │注記・附属明細書│←──│         │
           └──────────┘       └─────────┘
```

一　般　原　則

年度決算書はGoBに従って作成されなければならない（243条1項）

形　式　規　定

年度決算書は明瞭かつ一目瞭然でなければならない（243条2項）

目　的　規　定

　資本会社の年度決算書はGoBを遵守したうえで，資本会社の財産状況，財務状況および収益状況の実質的な諸関係に合致する写像を伝達しなければならない（264条2項1文）

例　外　規　定

　特別な事情により，年度決算書が第1文にいう実質的な諸関係に合致する写像を伝達しない場合は，注記・附属明細書に追加的な記載を行わなければならない（264条2項2文）

出所：Baetge（1996）52頁

第5章 「簿記の正規性」の基準となる一般的な「正規の簿記の諸原則」 185

図表5-15 「自己完結的利益計算」と「補完的・規制的利益計算」の関係

成文化されていない「実質的な GoBi」

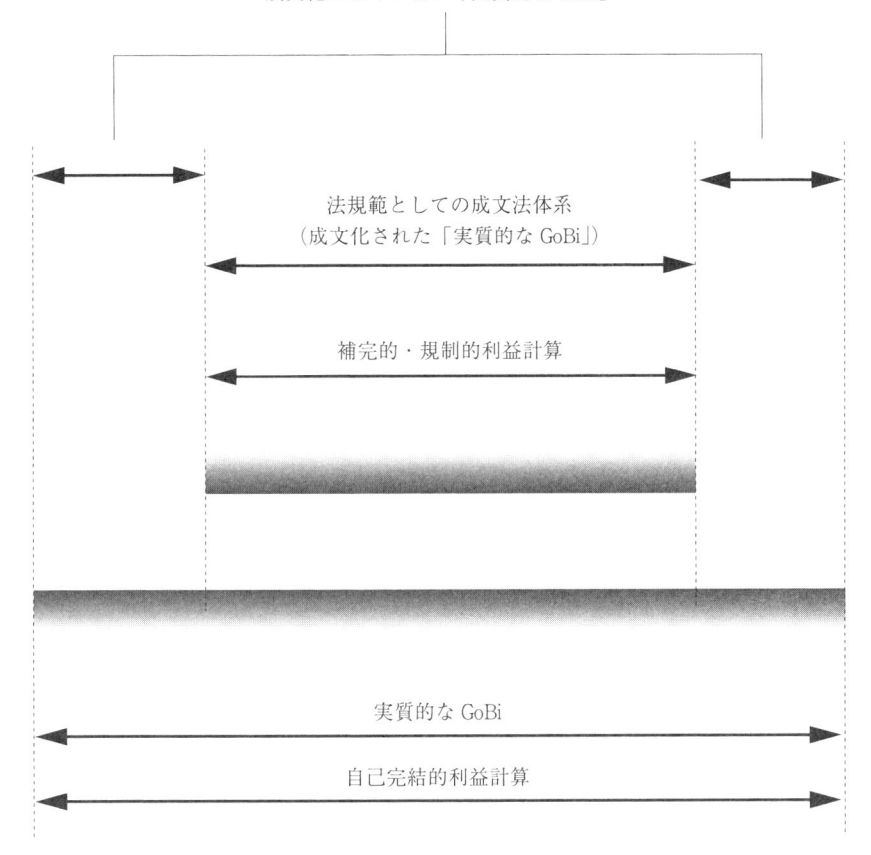

法規範としての成文法体系
(成文化された「実質的な GoBi」)

補完的・規制的利益計算

実質的な GoBi

自己完結的利益計算

れを基礎とした補完的・規制的利益計算の体系であるに過ぎない[82]」とされる。企業活動には千変万化の局面がある。そして，年度決算書作成の目的は，自己報告以外に，破産防止，会計報告義務，年度決算書の監査，公開義務，そして近年では国際財務報告基準（IFRS）へのコンバージェンスなどが加わって多元化している。したがって，最も年度決算書作成目的を充足する諸原則（＝利益計算の諸原則）が何であるかは，あらゆる企業活動の局面でそのつど求めなければならない性質のものであり，かつ，歴史とともに変化する（時代対応性）という性質を内包する。したがって，「実質的な GoBi とは何々である」という特定した内容を網羅的に提示し尽くすことは不可能であり，大綱的な規定の

成文化にとどめざるをえないのである。ここに「実質的な GoBi」のすべてが法規範化され得ない本質的な理由がある。これを図にすれば，**図表5-15**となる。

このように，現行 HGB において「成文化された実質的な GoBi」を構成する個々の原則は，疑いのない個別原則を列挙したにすぎず，「実質的な GoBi」は，本質的に「不確定」という性質を有している。かかる意味からすれば，アプラートの「確定しないこと（Nichtfixierung）はおそらく『我々の立法の偉業（Großtat unserer Gesetzgebung)』であろう[83]」との指摘は「実質的な GoBi」の本質を的確に表現しているといえよう。商法上は，そのほかに連邦法務省による法規命令（330条1項1文）によるものがある（第11章第2節2(4)参照）。そして，成文化されていない「実質的な GoBi」の領域は，判例や学説などの社会規範たる「権威ある支持」，行政規則たる所得税準則（EStR）R29，布告，さらにそれによってカバーされ得ない領域は「一般的社会価値」に基づいて判断されることになる[84]。

第5節　おわりに

1　成文化された個々の GoB の存在

わが国では，GoB 概念の内容は，論者によってさまざまであるとか，GoB の具体的な内容全般について体系的に分類し全般的に叙述した文献は多くはない，とされている。しかし，「広義の簿記」（「狭義の簿記」・「年度決算書」・「財産目録」）を対象とし，GoB が，「成文化された GoB」と「成文化されていない GoB」，および「形式的な GoB」と「実質的な GoB」から構成されるとした場合には，「簿記の正規性の基準となる一般的な GoB」概念の全容を描くことができる。

かかる前提条件のもとで，本章では，HGB および AO における「成文化された GoB」を中心に整理・分類を行い，「簿記の正規性の基準となる一般的な GoB」の全容と各領域に属する個々の GoB を提示した。われわれは，かかる「簿記の正規性の基準となる一般的な GoB」を構成する個々の GoB が成文法規として存在していること，そして，それらの諸原則を欠いては，「商業帳簿（帳

簿）の法の適用局面」および「簿記（会計）技術の組立の局面」においてGoBがその機能を果たし得ないことを認めなければならない。

　特に注目すべきことは，ドイツにおける「中小企業の会計制度（中小企業版GoB）」を構成する法規範は，この「簿記の正規性の基準となる一般的なGoB」を中核とし，これに加えて，HGB第2章「資本会社（株式会社，株式合資会社および有限会社）ならびに一定の人的会社」における中小会社の該当規定および「統一貸借対照表の作成基準」から構成されていることである。

2　「形式的かつ狭義のGoBの成文化現象」と「自己完結的利益計算の体系である実質的なGoBi」

　ドイツにあっては，1794年プロシア一般国法，1861年ADHGB，1897年HGB，そして，その後のHGB改正において，「形式的かつ狭義のGoB」が順次成文化されている（第3章第5節5の図表3-6参照）。さらに，租税法の領域でも，1919年RAOおよび1977年AOに「形式的かつ狭義のGoB」に係る個別原則が数多く盛り込まれている（第4章第5節5の図表4-3参照）。この事実を「形式的かつ狭義のGoBの成文化現象」といってもよい。

　他方，「簿記（会計）技術の組立の局面」におけるGoBの不確定法概念としての特徴は，「実質的なGoBi」の領域において特徴的に見いだせる。商人の実務慣行（公正なる会計慣行）は，それ自体自己完結的利益計算の体系であるのに対し，制度会計（法の計算規定）は，それを基礎とした補完的・規制的利益計算の体系である。したがって，最も年度決算書作成目的を充足する諸原則（＝利益計算の諸原則）が何であるかは，あらゆる企業活動の局面で，個々の「場の条件」に応じて，そのつど求めなければならない性質のものであり，かつ，歴史とともに変化する（時代対応性）という性質を内包する。「実質的なGoBiとは何々である」という特定した内容を網羅的に提示し，確定させることは不可能である。

補節 「正規の簿記の原則」(日本)と「正規の簿記の諸原則」(ドイツ)

1 わが国の「正規の簿記の原則」(企業会計原則)

わが国における会計基準の近代化の歴史は，1949（昭和24）年に経済安定本部企業会計制度対策調査会（現：企業会計審議会）の中間報告として企業会計原則が設定されたことに始まる。企業会計原則は証券取引法（現在は金融商品取引法）にその法的基礎を置くため，わが国の帳簿書類制度の一翼を担ってきた。

企業会計原則は，一般原則の第2原則として「正規の簿記の原則」を掲げている。それは「企業会計は，すべての取引につき，正規の簿記の原則に従って，正確な会計帳簿を作成しなければならない」との内容である。問題の所在は，この「正規の簿記の原則」の内容がドイツ法制における「正規の簿記の諸原則（GoB）」概念とどのような関係にあるかである。飯塚毅博士は，企業会計原則の策定における「企業会計制度対策調査会速記録」（1948年12月2日付）を以下のように紹介されている[85]。

> 次いで，企業会計原則の一般原則の討究は，12月2日に行われている。（中略，筆者）。この日も，上野委員長から「それでは，只今読み上げました草案について先ず起草者の黒澤委員からご説明願います」との発言があり，直ちに，黒澤委員の説明が始まったが，（中略）。「第3は『企業会計は，すべての取引につき，正規の簿記の原則に従って，正確な会計帳簿を作成しなければならない。』独逸商法上の『正規の簿記の諸原則』（Grundsätze ordnungsmäßiger Buchführung）とは企業の会計帳簿及び貸借対照表は正規の簿記の原則に従って作成されなければならないという要求でありますが，これは本原則においても当然取り入れられるべきものと思います。この企業会計原則では，財務諸表は財産目録法（Inventory method）によってではなく，誘導法（Derivative method）によって作成されなければならぬことを要請しているのであります。この原則の真の意味は企業会計は，すべての取引について信頼できる歴史的記録並びに分析記録を保有し，その記録に基づいて企業の財政状態と経営成績とが，報告されなければならないことを要求している点にあるのです」。

この速記録では，企業会計原則がドイツの GoB をそのまま「正規の簿記の原則」として採用したように思われるが，実際は用語の類似性はあるものの，概念としては両者は異なるものとして位置づけられている。黒澤清博士は，飯塚毅著『正規の簿記の諸原則（改訂版）』(1988年，森山書店) 所収の「すいせんの言葉」において，以下のように述べられている。

> 企業会計原則における「正規の簿記の原則」は，ドイツ法における「正規の簿記の諸原則」とは，用語の類似性にも拘わらず本質を異にする。その誤解を避けるために，「諸」を除く単数的表現を用いたということを当時くり返し説明したのであるが，他の多くの会計学者たちは，飯塚氏の指摘のように，ドイツ語からの直訳であると解した。この誤解は，飯塚論法によって，みごとに粉砕されたかと思う。

しかしながら，黒澤清博士の「企業会計制度対策調査会」における発言，そして用語の類似性からして，わが国の「正規の簿記の原則」（企業会計原則）がドイツの GoB 概念を参考にして構築されたことは間違いない。

わが国の制度会計において，会計の技術的・内容的特質を形作るのが「正規の簿記の原則」であり，一般原則のすべてが満たされたときに充足されるものが「真実性の原則」である[86]。すなわち，「入口」である「記帳」が形式的に正規に行われ，適切なプロセスを通過すれば，「出口」である会計数値（財務諸表）に高い信頼性が与えられる。わが国の企業会計原則は，「入口」と「プロセス」をカバーした会計原則である[87]。

この点につき，武田隆二博士は「正規の簿記の原則」（企業会計原則）を「会計行為の形式的枠組み」を定めた原則であるとされ，「正確な会計帳簿の作成」と「正規の簿記の原則」の内容を**図表5-16**のように示されている[88]。これは，黒澤博士の「企業会計制度対策調査会速記録」における発言と一致する。

図表5-16 「正確な会計帳簿の作成」と「正規の簿記の原則」

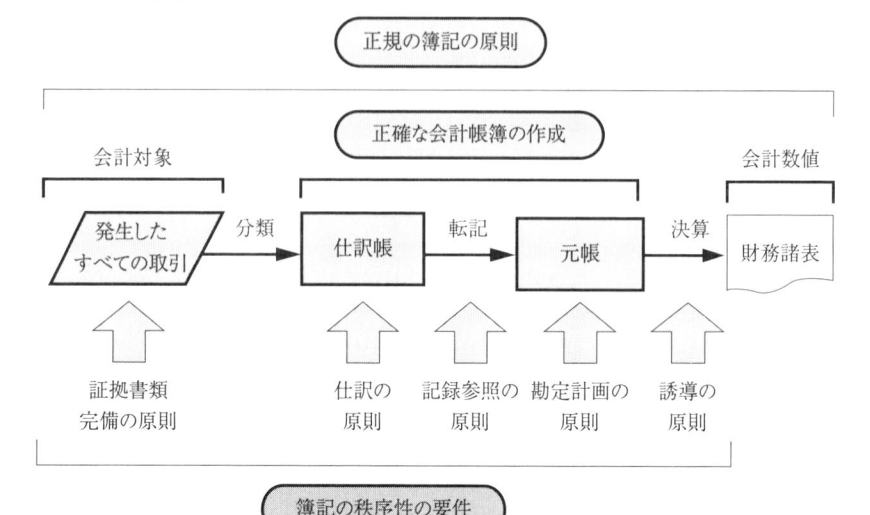

正規の簿記の原則

正確な会計帳簿の作成

会計対象　　　　　　　　　　　　　　　　　　　　　　　　　　会計数値

発生したすべての取引 →分類→ 仕訳帳 →転記→ 元帳 →決算→ 財務諸表

↑　　　　　　　↑　　　　↑　　　　↑　　　　↑
証拠書類　　　　仕訳の　記録参照の　勘定計画の　誘導の
完備の原則　　　原則　　　原則　　　　原則　　　原則

簿記の秩序性の要件

出所：武田（2009d）84頁の図3-1を引用

2　ドイツの「正規の簿記の諸原則」

　一連の考察から導き出されたドイツ法制における GoB と，わが国の企業会計原則における「正規の簿記の原則」とを対比すれば，両者の概念の差異は明らかである。

　ドイツ法制における「簿記の正規性の基準となる一般的な GoB」は，「実質」と「形式」という両側面から成り立つ概念であり（本章第2節・第3節・第4節参照），真実性の原則は，GoB を構成する一原則である。ドイツの GoB 概念は，わが国の企業会計原則の「正規の簿記の原則」に比して，より広範で多様性を持った概念である。これを図示すれば，**図表5-17**となる。

　さらに，「簿記の正規性の基準となる一般的な GoB」の領域を前提として，わが国の企業会計原則における「正規の簿記の原則」の適用領域を示せば，**図表5-18**となる。

第5章 「簿記の正規性」の基準となる一般的な「正規の簿記の諸原則」　191

図表5-17 ドイツの「正規の簿記の諸原則」概念とわが国の「正規の簿記の原則」概念

ドイツの「正規の簿記の諸原則」概念

真実性の原則
正規の簿記の諸原則
（形式的かつ実質的な原則）

異質性

わが国の企業会計原則における「正規の簿記の原則」概念

正規の簿記の原則（形式的な原則）

真実性の原則（第1原則）

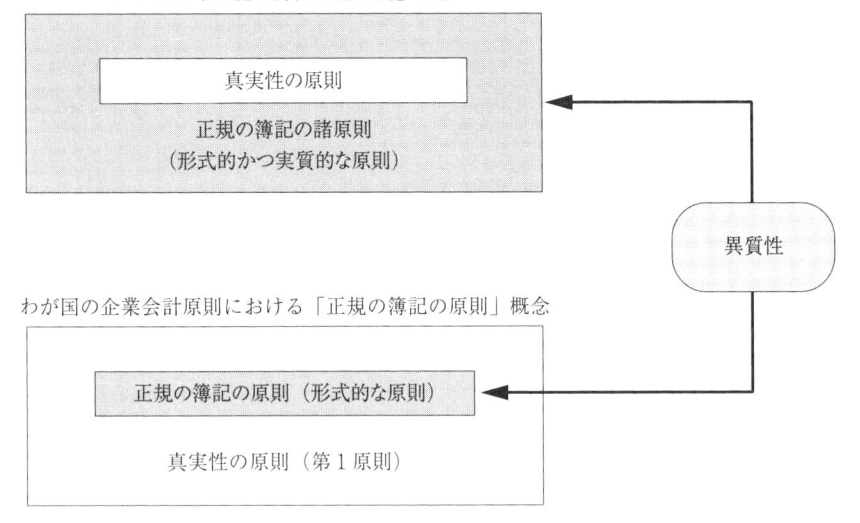

図表5-18 GoBと企業会計原則の「正規の簿記の原則」との関係

簿記 \ GoB	形式的なGoB		実質的なGoB	
	成文化されている	成文化されていない	成文化されている	成文化されていない
広義の簿記 日常の簿記（狭義の簿記）	①	②	③	④
広義の簿記 貸借対照表	⑤	⑥	⑦	⑧

☐ は，「正規の簿記の原則」（企業会計原則）の適用領域

■注
1　刑法典で「正規の簿記」に言及する文献は，第9章第1節を参照されたい。また，1976年7月29日の「経済犯罪防止第1法律」による刑法典の改正にあたって，同草案は「現代の経営において，正規の簿記は重要な実務上の価値がある，というのは，それはすべての正規の経営管理の基本的な前提条件であるからである」（BT-Drucks. 7/3441；S. 38）と記述している。
2　中里（1983）；1・120頁。
3　飯塚（1988）；48頁。
4　そのわずかな例外が，飯塚（1988）である。

5 この定義を採用していると推測されるものを掲げれば，以下のとおりである。これらの中には，「狭義のGoB」と「GoBi」とを明確に区分していないものも存在するが，基本的な立場はこの定義に属すると考えられる。
　Trumpler（1937）；S. 11ff, Trumpler（1950）；80ff, Hermann/Heuer（1950/71）；§5 Anm. 46(c)(e),
　Littmann（1978）；§§4, 5 RdNr. 76ff, Schuppenhauer（1984）；S. 17ff, Lang（1986）；S. 241ff,
　Tipke/Lang（1991）；S. 281ff, Nieland（1993）；§§4, 5 Rn. 301ff.
6 Kruse（1978）；S. 4を参照。Hüffer（1988）；§238 Rdn. 46も同旨。
7 Steinbach（1973）；S. 30f.
8 Bornhofen（2009）；S. 22.
9 中里教授は，「通説によれば，正規の簿記の諸原則は，法律の規定がない場合に補充的に適用される」，「法律の定めそれ自体が正規の簿記の諸原則の一部を構成することはないが，法律の定めが『成文化された正規の簿記の諸原則（Kodifizierte GoB）』とみられる場合がある（あるいは，法律の定めから，立法者が何を正規の簿記の諸原則と考えていたかがわかる場合がある）」とする（中里（1983；1・98頁）。経営経済学者のレフソンも，「簿記と貸借対照表作成の法規範は，文献上しばしばGoBとみなされている。しかしそれによって，(1)法律と(2)GoBの概念は，それぞれの概念上の鮮明度を失う。GoBは，HGB238条に準拠した，成文化（法典化，筆者注）されていない法源である（中略，筆者）。原則は，成文化された規範として，あるいはGoBとして，法的拘束力を有する」（Leffson（1987）；S. 25）としている。
　なお，"kodifizieren" は，「法典化する」，「成文化する」という意味であり，「法典化する」とは，ある規定が法典（Gesetzbuch，たとえば商法典（Handelsgesetzbuch））に盛り込まれる場合を想定している。本研究では，国税通則法（Abgabenordnung）なども含めて考察の対象としているため，kodifizierenとの用語を「法典化する」ではなく，「成文化する」と邦訳する。つまり，「成文化する」とは，商法典や国税通則法等に「成文法規化する」という意味である。
10 Becker/Riewald/Koch（1965）；S. 50.
11 Becker/Riewald/Koch（1965）；S. 48.
12 Baetge（1993）；S. 862.
13 Kötter/Hirt/Röttinger（1979）；S. 367.
14 Bornhaupt（1987）；S. 173.
15 Vgl. Wiedmann（2008）；S. 2055. Wiedmannは，「項目分類の原則（Gliederungsgrundsätze）」を「実質的なGoB」に区分しているが，この原則は，「形式的なGoBi」に属する原則であると考えられる（本章第4節2③参照）。Tipke/Langも「項目分類（Gliederung）」を「形式的な諸原則」として位置づけている（Vgl. Tipke/Lang（1991）；S. 282）。
16 松本（1990）；77頁。
17 Vgl. Bierle（1981）；S. 716.

18 Huffer（2002）；Rdn. 47.
19 たとえば，ビューラー／シェルプフによれば，「形式的な正規性の遵守は，記帳が明瞭（klar）かつ一目瞭然（übersichtlich）であること，専門的知識を有する第三者が困難もなく見渡すことができ，かつ，記録がいつでも検証可能であることを意味する」（Bühler/Scherpf（1971）；S. 89）としている。Wöhe/Kußmaul（1991）；S. 42も同旨。
20 Mösbauer（1999）；1876.
21 Budde/Kunz（1995）；§238 Anm. 65.
22 Budde/Kunz（1995）；§238 Anm. 66.
23 Littmann（1978）；∬4, 5 Tz. 113d.
24 Sikorski（1994）；S. 41. Worner は，「簿記の形式的な正規性は，それが明瞭かつ一目瞭然（klar und übersichtlich）である場合に保証される」（Wörner（1978）；S. 22）という。
25 Bierle（1981）；S. 717。Wöhe（1973）；S. 146も同旨である。
26 Bornhaupt（1987）；S. 181。AO-Handbuch（1995）における145条の表題は，「帳簿記入と記録の一般的な必要条件」となっている（AO-Handbuch（1995）；S. 415）。
27 HGB238条1項2文・3文ないしAO145条1項を「形式的なGoB」とする文献（Bühler/Scherpf（1971）；S. 89, Großfeld（1978）；S. 19, Bierle（1981）；S. 717, Tipke/Lang（1991）；S. 282, Wöhe/Kußmaul（1991）；S. 42）があり，他方，「実質的なGoB」とする文献（Löschke/Sikorski（1990）；S. 112, Sikorski（1994）；S. 115）がある。また，「形式的および実質的なGoB」を意識することなくGoBとして掲げる文献（Maas（1978）；S. 322, Wörner（1978）；S. 22）も存在している。
28 Leffson（1987）；S. 154.
29 Wöhe/Kußmaul（1991）；S. 45.
30 Jung（1989）；§238 Rdn. 62.
31 Becker/Riewald/Koch（1965）；S. 51.
32 Wiedmann（2008）；S. 2053.「基本簿」・「主要簿」・「補助簿」の説明は，Wiedmann（2008）の2053頁の解説を参照した。
33 Bierle（1981）；S. 718.
34 Vgl. Ellerich（1990）；§238 Rn. 12.
35 Bierle（1981）；S. 719.
36 Bierle（1981）；S. 720.
37 Wöhe/Kußmaul（1991）；S. 47.
38 Bühler/Scherpf（1971）；S. 102.
39 以上は，Wöhe/Kußmaul（1991）；S. 47f. に詳しい。
40 Hüffer（2002）；Rdn. 47.
41 森（2005）；52頁。
42 Kußmaul（1990）；§239 Rn. 3.
43 Tipke/Kruse（1965/1991）；§146 Tz. 3.
44 ドイツにおいて，記帳の時間的限界等について明確な法規範を有するのは，その法制が，会計帳簿の証拠性を承認する法理と表裏の関係を成しているとの法律関係が存在すること

45　AO-Handbuch（1996）；S. 366.
46　「正規の簿記は現金収入を毎日確定する必要がある。この際，レジに残っている釣銭を勘定に入れなければならない。レジによっても，売上票によってもチェックしない場合は，それを見れば前日の現在高，収入，支出あるいは出金の詳細ならびに釣銭現在高がわかる毎日の会計報告が必要である」（Bühler/Scherpf（1971）；S. 105f.）。
47　ドイツの有力な税理士諸氏に直接確認したところによれば，毎日，実際の現金残高と照合しつつ，現金の入金と出金を現金出納帳に記入していない租税義務者も相当数存在しているようである。
48　Mösbauer（1996）；§146 Rz. 13.
49　Littmann（1978）；∬4, 5 Tz. 121. 現金出納帳と業務用現金の記帳は，正規の簿記に関する基本的な前提条件である（Maas（1978）；S. 323）。
50　ビールレも「整然とした（geordneten）記帳の原則」との表題の下で，AO145条1項1文に基づいて説明を加えている（Bierle（1981）；S. 721参照）。
51　Wöhe/Kußmaul（1991）；S. 43.
52　Wöhe/Kußmaul（1991）；S. 44.
53　Bierle（1981）；S. 721。証憑原則は，帳簿の証拠力に関する「基本的な前提条件」である（Bühler/Scherpf（1971）；S. 93）。
54　Löschke/Sikorski（1990）；S. 116.
55　Wöhe/Kußmaul（1991）；S. 44.
56　Bierle（1981）；S. 722.
57　飯塚（1988）；7頁。
58　安藤（1997）；32頁。
59　Wahrheit と Richtigkeit との用語の意味は，歴史的には相違がある。この点については，松本（1990）の34頁を参照。
60　野村（1990）；5頁参照。
61　「貸借対照表作成期間が12ヵ月以上とみなされた場合には，その簿記は正規ではない（BFH Urteil v. 28. 11. 1978 Ⅷ R 146/76, BStBl 1979 Ⅱ S. 333）」（Bornhaupt（1987）；S. 321f.）。なお，これらの判決の要旨は，Körner（1987）；S. 65および Bornhaupt（1987）；S. 321f. を参照。
62　Bornhaupt（1987）S. 322.
63　Tipke/Lang（1991）；S. 282.
64　Müller（1977）；S. 124.
65　田中耕太郎博士も「何となれば此の場合署名は文書の記載内容の眞正なることに關して責任を負擔する性質の行爲であるからである」（田中（1944）；90頁）としている。
66　Körner（1987）；S. 66.
67　Tipke/Lang（1991）；S. 282.
68　実質的な正規性との用語は，通常，materielle Ordnungsmäßigkeit との用語を用いるが，sachlich Ordnungsmäßigkeit（Herman/Heuer（1950/71）；§5 Anm. 46e[1], Bühler/

Scherpf（1971）；S. 86）との用語を用いる文献も存在する。
69　Tipke/Lang（1991）；S. 283.
70　Becker/Riewald/Koch（1965）；S. 28.
71　Großfeld（1978）；S. 19.
72　Wöhe/Kußmaul（1991）；S. 40. この原則を実質的な GoBi ではなく，形式的な GoB として把握する見解も存在する（Tipke/Lang（1991）；S. 282.）。
73　Tipke/Lang（1991）；S. 283.
74　たとえば，Lang（1986）；S. 242がそうである。
75　Tipke/Lang（1991）；S. 283.
76　従来のSoll-Vorschritt は Muß-Vorschritt になる（Petersen/Zwirner（2009）；S. 402）。
77　Tipke/Lang（1991）；S. 283.
78　基準日原則（Stichtagsprinzip）として242条1項と2項，252条1項5号を掲げる（Morck（1996）；§243 Rz. 2参照）。
79　Wöhe/Kußmaul（1991）；S. 40および Morck（1996）；§243 Rz. 2を参照。「継続企業の原則」は，Going-concern-Prinzip とも表現される（Vgl. Budde/Raff（1995）；§243 Anm. 31）。
80　齋藤（2009）；104-105頁参照。
81　野村（1990）；130頁参照。
82　武田（1981）；23頁。
83　Aprath（1950）；S. 148.
84　成文化されていない実質的な GoBi としては，「名目価額基準（Norminalwertprinzip）」が挙げられる。この原則は，商事貸借対照表および税務貸借対照表は，名目上の，つまり貨幣の名目価値での貨幣計算（Geldrechnung）に基づいているというものである。
85　飯塚（1988）；59頁。
86　武田（2008b）；53-55頁参照。
87　武田（2008a）；151頁参照。
88　武田（2009c）；84頁参照。

第 II 部
ドイツ：GoBの「商業帳簿(帳簿)の法の適用局面」における機能

　第Ⅱ部では，ドイツにおける，多様性ある「実箱であるGoB」のうち，「商業帳簿（帳簿）の法の適用局面」で機能する「実箱であるGoB」を個別に考察する。具体的には，「租税法上の帳簿の証拠力」・「租税優遇措置」・「電子的データ処理簿記」・「自己報告」・「破産規定」などに係る「実箱であるGoB」の中身を明らかにする。

- 第6章　「正規の簿記」と租税法上の簿記の証拠力
- 第7章　「正規の簿記」と租税優遇措置
- 第8章　「正規の簿記」と電子的データ処理簿記
- 第9章　「正規の簿記」と「自己報告」・「破産防止」

第6章

「正規の簿記」と
租税法上の簿記の証拠力

第1節　はじめに

　第1章では，中世都市法典から1794年プロシア一般国法に至る歴史的過程の中で，「秩序正しく記帳された帳簿だけに証拠力がある」，「帳簿の証拠力は商人の特権である」という歴史を貫く命題が脈々と流れていることを確認し，第2章・第3章では，商法典（HGB）の商業帳簿規定の主たる目的に「証拠力の定立」があることを立法資料等から描き出した。

　そして，第4章において，1919年ライヒ国税通則法（RAO）208条および1977年国税通則法（AO）158条に，これらの命題が結実していることも確認した。この点については，飯塚毅博士がその著書『正規の簿記の諸原則』（改訂版・森山書店，1988年）において，RAO208条とAO158条が「形式的な正規性を具備した帳簿および記録から簿記の実質的な Richtigkeit（真実性）を推定する規定である」ことを指摘されている。

　ただし，同文献はその指摘にとどまり，「正規の簿記（Ordnungsmäßige Buchführung）」概念をめぐる，証明力の法的構造，訴訟法上の位置づけ，推計課税との関係までは言及されていない。そこで本章では，飯塚毅博士の見解を受けて，ドイツ租税法における「正規の簿記の諸原則（GoB）」概念の究明と，その証拠力に係る「法の目的に応じた，法規範の組立」について詳細に考察したい。

　なお，本章で明らかにするように，1919年 RAO208条1項1文は，RAO制定以後しばらくの間，表見証明（Prima facie Beweis）として解釈されていたが[1]，少なくとも1956年以降，この規定は「反証可能な法律上の推定」として

位置づけられ，208条1項1文を引き継いだ現行AO158条も「反証可能な法律上の推定」として解釈されている。この変化の意義は，形式的な簿記に，より高い証明度を与えたことにある。

第2節　正規の簿記と表見証明

1　RAO208条1項1文の当初の解釈

条文作成者であるベッカーは，プロシア上級行政裁判所の1896年6月30日判決（その内容は，第4章第2節を参照）などを受けて，「正規に（秩序正しく）記帳された帳簿だけに証拠力がある」という歴史を貫く法則をRAOの162条と208条1項1文に盛り込んでいる（RAO162条は，第4章第3節1⑵参照）。RAO制定当時の208条1項1文は，以下のとおりであった。

> 162条および163条の規定に合致する帳簿および記録は，それ自体正規の記帳（ordnungsmäßiger Führung）の推定があり，事情に基づいてその実質的な真実性（Richtigkeit）に異議を唱える原因がない場合には，課税の基礎とされる。

以下，208条1項1文に関する，ベッカー，ヘンゼル，ラウシュニングの見解を見てみよう。

1919年RAOの条文策定者であるベッカーは，民事訴訟における表見証明（prima facie Beweis）の概念をもって，RAO208条に規定された帳簿の証拠価値・証拠力を解説する。

> ［208条1項1文の＝筆者］理解は，文理的になされてはならない。文理的になされると，何も述べていないことになってしまうからである。なぜならば，162条2項に従うことが前提とされ，帳簿の記入は連続して，完全に，かつ真実になされるべきであるからである。かかる帳簿は正規であり，その結果，推定などという必要がないのである。実質的な真実性に対する異議は，調査手続においてはそれ自体当然に個々の点に限定される。たとえば，商人の習慣による正確な減価償却の程度，業務支出としての設備費の記帳等である。それらの異議は，記帳結果の真実性の表見証明（prima facie Beweis）を取り除く。そ

> して厳格には，個々の点の，あるいは全体の記帳が特に当てにできない場合には，税務署に，表面的な正規の簿記に対する個々の点における不正確さの立証を義務づけない。それは実質的な真実性に対する異議を満たしている[2]。

　以上のベッカーの解説は，162条2項の vollständig と richtig が形式的な意味と実質的な意味を併せ持っていることを前提にしたものである。条文策定者であるベッカーが簿記の正規性の二面性（形式と実質）を認識していたことは格別に重要であると思われる。
　債務関係説を確立したヘンゼルは，次のように説明する。その基本的立場は，ベッカーと同様である。

> 　正規に記帳された帳簿および記録の法律上の証拠力（gesetzlichen Beweiskraft）はないとされる。官庁は，根拠なくして正規の記録（ordnungsmäßiger Aufzeichnungen）を無視することはできない。しかしながら，羈束裁量（plichtgemäßen Ermessen）および事案の特別な状況によって帳簿の実質的な真実性に対する疑念（Bedenken）への根拠があると信ずるならば（この場合，裁量の超過は，本質的な手続上の瑕疵を意味する），その帳簿の実質的な内容に異議を唱えることができる。異議の十分な根拠は，一般的に個々の点の不正確性にあるのではなく，記帳全体に一般的な信憑性がないことに存しうる。（中略，筆者）異議によって「帳簿結果の真実性に関する表見証明（prima facie-Beweis）が取り除かれる。官庁は，問題となる事実に関する他の証拠資料を利用することができ，特に帳簿の証拠力についての根拠ある拒否は，推計の原因とされうる。この場合には，場合によっては，正しいと認められる不完全な記帳の結果は利用されうる（そして用いなくてはならない）（ライヒ財政裁判所，17,293参照）[3]。
> 　表面的に（äußerlich）正規に記帳された帳簿の実質的な真実性に関する，反証可能な推定（widerlegbare Vermutung）は，その規定からはほとんど引き出されない。私見によれば，208条の几帳面な租税支払者の保護は，ただ，手続の領域にだけ存在する[4]。

　ラウシュニングは，次のように解説する。その基本的立場は，ベッカーおよびヘンゼルと同様である。

> RAO208条は，記帳および記録がその表面上の包装（äußeren Aufmachung）において162条と163条の必要条件に合致している場合には，それ自体正規の記帳の推定があると規定する。prima facie が，かかる帳簿の正しさとして適用される。この規定の意義は，事情に基づいてその実質的な真実性に異議を唱える原因がない場合には，推定が適用されることによって，重大な制限が加えられることにある。記録の真実性を疑う原因が存在する場合に，その一応の証拠力（prima facie Beweiskraft）が失われ，租税官庁は，その内容を否定する必要がない。そうした異議は，勝手気ままになすことは得ず，疑いの原因は，適切なものでなくてはならない。いずれにせよ，帳簿および記録は，課税の実質的な真実性を根拠づける証拠以上のものではない[5]。

以上のように，RAO208条1項1文は，その制定当時からしばらくの間，表見証明（ある事実の存在＝形式的に正規な記帳，推認される一定の原因事実＝実質的に真実な帳簿）として位置づけられていた。

2 表見証明

表見証明（prima facie Beweis）は，今日なお証拠法全体のなかで最も難しくて不解明な問題の１つである[6]。表見証明は，ドイツの判例によって形成された理論で，ある事実が存在すれば，それが一定の方向の経過をたどるという「定型的事象経過」が存在する場合に，その定型性から一定の原因事実が推認されるとする理論である[7]。表見証明は，反証によって覆しうる（反証可能な証明）[8]。反対事実の証明までは必要でない[9]。

ドイツの学説は，表見証明の効果について，いわゆる証拠価値説（多数説）と証明責任転換説（少数説）の両説に分かれて激しい論争を繰り返してきた。しかし，証拠価値説が表見証明を覆すのに必要としている「反証」というのは，表見証明によって推定された事象経過とは異なる事象経過の存在のまともな可能性を証明することであり，その可能性は，具体的事実によって証明されなければならないとされている。そうであるとすれば，証拠価値説のいう「反証」と証明責任転換説のいう因果関係の不存在・無過失の証明との差異は，実際は，紙一重であろう[10]。証明責任転換説を主張する者さえも[11]，表見証明を覆すには反証で足り，本証ないし反対事実の証明を要しないと説いている[12]。

RAO208条1項1文を「表見証明」として位置づければ，「ある事実」とは，

図表6-1　RAO208条に基づく、帳簿の証拠力に係る「実箱であるGoB」

簿記	GoB	形式的なGoB		実質的なGoB	
		成文化されている	成文化されていない	成文化されている	成文化されていない
広義の簿記	日常の簿記（狭義の簿記）	①	②	③	④
	貸借対照表	⑤	⑥	⑦	⑧

　形式的に「正規な帳簿」であり、RAO162条および163条に規定された「形式的かつ狭義のGoB」に合致した帳簿である。そして、それは租税法上の帳簿の証拠力に係る「実箱であるGoB」を意味している。

　条文策定者であるベッカーが、RAOに162条と208条1項1文を盛り込んだことは、画期的なことであった。おそらく、ベッカーは、プロシア上級行政裁判所1896年6月30日判決（第4章第2節参照）などに定型的事象経過の存在を認めたのであろう。なお、以上の考察からも明らかなように、RAO208条による帳簿の証拠力に係る「実箱であるGoB」は、「形式的かつ狭義のGoB」に関係している（図表6-1を参照）。

第3節　正規の簿記と「法律上の推定」

1　表見証明から「法律上の推定」への変化

　表見証明の見地から位置づけられていた1919年RAO208条1項1文の規定については、その後、法律に根拠を置かない「事実上の推定（tatsächliche Vermutung）」として位置づける見解もみられた[13]。そして、少なくとも1956年以降、RAO208条1項1文は、「法律上の推定（gesetzliche Vermutung）」として位置づけられている[14]。

　そして、この208条1項1文をそのまま引き継いだ現行1977年AO158条に関する解説も[15]、多くの文献が、これを「法律上の推定」として位置づけている[16]。ここでいう「法律上の推定」は、「反証可能な法律上の推定（widerlegbare gesetzliche Vermutung）」のことであり、「反駁しえない法律上の推定

(unwiderlegliche gesetzliche Vermutung)」ではない。ローゼンベルクは，いわゆる unwiderlegliche gesetzliche Vermutung（普通法上，法の，かつ法による推定（praesumtiones iuris et de iure）とよばれたもの）なるものは，実は擬制（Fiktionen）にほかならないとする[17]。

財政裁判所法（Finanzgerichtsordnung, FGO）96条1項1文およびAO158条は，以下のようになっている。

> **FGO96条1項1文** 裁判所は，手続のすべての結果から得られた自由な心証に基づいて判決する。この場合，国税通則法158条，160条，162条を準用する。

> **AO158条** 140条から148条までの規定に合致する租税義務者の記帳および記録は，個々の場合の事情により，その実質的な真実性に異議を唱える原因がない限り，課税の基礎とされる。

AO158条では，RAO208条1項1文の「それ自体正規の記帳の推定（Vermutung）があり」との文言が削除されているが，その実質的な内容に変化はない。さらに，財政裁判所法はその155条「裁判所構成法，民事訴訟法の適用」で民事訴訟法との関係を以下のように規定している。

> **FGO155条** この法律が手続に関する規定をしていない限りで，裁判所構成法（Gerichtsverfassungsgesetz）を，かつ，2つの手続方法の基本的な相違が準用を排除していない限りで，民事訴訟法（Zivilprozeßordnung）を準用する。

そして，「法律上の推定」は，民事訴訟法292条にみることができる。

> **民事訴訟法292条** 法律がある事実の存在につき推定をなしていても，法律に別段の定めがない限り，反対の証明をなすことは許される。この証明は445条以下による当事者尋問の申立てによってもこれをなすことができる。

以上のように，財政裁判所法と1977年 AO は，自由心証主義の前提のもとで，AO158条を「反証可能な法律上の推定」として位置づけている（自由心証主義については，第1章第3節2参照）。もとより，この場合の「反証可能な法律上の推定」は，立証責任規範として機能する。租税義務者は，推定の前提事実（推定基盤），すなわち，140条から148条の規定に合致した「形式的に正規な簿記」であることを，直接または間接に本証によって確定させなければならない。推定される事実自体は，確定を必要としないが，その推定を根拠づける，いわゆる推定基盤だけは，証明が必要である[18]。AO158条「簿記の証拠力」に関する適用布告の1文も「この規定は法律上の推定を含む（Die Vorschriften enthält eine gesetzliche Vermutung）」としている。

以下，「法律上の推定」の法律構造を簡潔に説明する。

① 立証責任と推定基盤

「法律上の推定」とは，ある法律効果（A とする）の構成要件要素（Tatbestandsmerkmal）として必要なある事実の存在（乙とする）を，構成要件とは無関係な事由（Umstand）から推論するところの法規のことである。したがって，推定の前提事実（Voraussetzung）（いわゆる推定基盤，甲とする）は常に，問題の法律効果の枠外に存する事由でなければならないが，推定の効果とは，かかる構成要件要素の存在を推論することである[19]。これを簡潔に表現すれば，「法律上の推定」とは，法が，法律効果 A の発生の立証を容易にする目的で「甲事実があるときは乙事実があるものとする」との規定である[20]。必要とされる立証は，もはや推定される事実自体には存在せず，一般的に簡易に証明されうる推定基盤に存在する[21]。「法律上の推定」は，立証者に証明主題の選択を許すとともに，推定の覆滅にあたっては反対事実の証明責任を相手方に転換するものであって，証明困難な事実についての証明責任を緩和する法技術である[22]。以上の法律構造を図に示せば，**図表6-2**になる。

② 推定効の除去

推定効の除去は，「推定の前提事実の証明に対する反証（Gegenbeweis）」ないし「推定事実に対する反対事実の証明（Beweis des Gegenteils）」によってなされる[23]。相手方としては，推定の前提事実が証明されても，なお推定事実は不存在であることを証明することによって推定を覆すことができるが（この点で，推定は「みなす」と規定された場合と異なる），この場合には，推定事実の不

図表6-2 「反証可能な法律上の推定」の仕組み

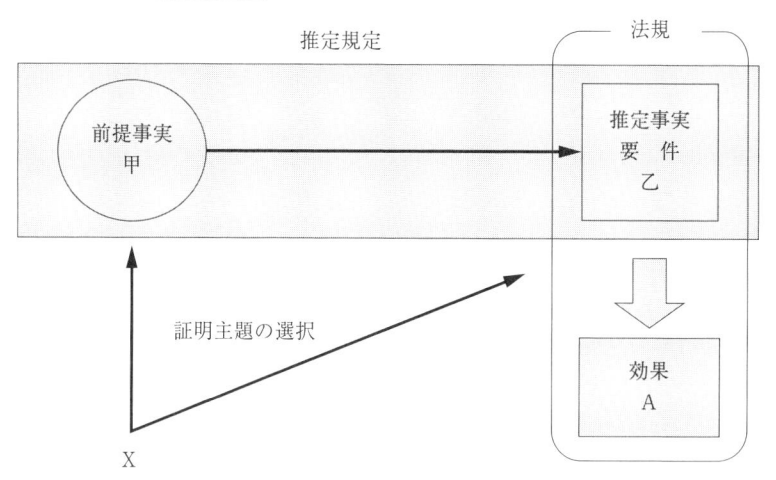

（図：推定規定の枠内に前提事実甲があり、矢印で推定事実要件乙（法規の枠内）へ。乙から効果Aへ。Xから「証明主題の選択」として前提事実甲および推定事実要件乙へ矢印）

出所：藤田（2007）；106頁

存在について完全な立証（本証）をしなければならず（証明責任の転換），単に真偽不明にしただけ（反証の程度）では足りない[24]。

③ 「法律上の推定」の適用範囲

「法律上の推定」の適用領域は，その構成要件要素が推定される当の法規と同じ広さを持っている。この法規の適用される場合ならいつでも推定可能ということになる[25]。ローゼンベルクは，「法律上の推定」は立証責任規範一般に占める地位と異なるものではないとして，推定規定は民事訴訟のみならず，職権探知主義においても適用が排除されず，体系上は実体法に属すると結論づけている[26]。民事訴訟法におけるがごとく，租税手続法（Steuerfahrensrecht）にも「法律上の推定」は存在する[27]。

④ 立証責任規範としての「反証可能な法律上の推定」

「法律上の事実推定」の解説は，一目して多種多様な姿を提供しており，主張される見解は，証明規則（Beweisregel）または立証責任規則（Beweislastregel）のどちらかに帰する[28]。しかし，今日では，「反証可能な法律上の推定」が立証責任規範として作用することについては学説上一致している[29]。

しかし，RAO208条1項1文および1977年AOの158条を「事実上の推定（tatsächliche Vermutung）」あるいは「推定（Vermutung）」との表現を用いて

解説するものが存在するため，それらの用語が，「事実上の推定」と「法律上の推定」のいずれを意味するのかを慎重に判断しなければならない。

こうした用語の混乱は，法律に根拠を置く「事実上の推定（tatsächliche Vermutung）」が「法律上の事実推定（gesetzliche Tatsachenvermutung）」と「権利推定（Rechtsvermutung）」から構成され，他方，法律に根拠を置かない「事実上の推定（tatsächliche Vermutung）」という概念が存在することから生じる。われわれが論じる「法律上の推定」は，「法律上の事実推定」のことである。

2　「法律上の推定」への解釈の変化の意義

(1)　「表見証明」と「法律上の推定」との対比

RAO208条1項1文の解釈が「表見証明」から「法律上の推定」に変更されたことで，表見証明に基づく帳簿の証拠力と「法律上の推定」に基づくそれとの間に，いかなる変化があったのであろうか。

①　行政および裁判所を拘束するか否か

「法律上の推定」は，行政および裁判所のいずれも拘束する。それは立法者が取り除かない限り存在する。これに対して，表見証明（prima facie Beweis）は「事実上の推定」に類似している。判決や表見証明に関する文献においても，その概念は，「事実上の推定」を意味することが多い[30]。経験則である推定は，行政庁や裁判所を拘束しない。理論的には，他の官庁が他の経験則を設けたり，経験則の存在を否定することがありうる[31]。

②　証明の程度

「法律上の推定」は，推定事実の完全な証明であり，「事実上の推定」は，それに対してただ蓋然性の証明（Wahrscheinlichkeitsbeweis）にすぎない[32]。表見証明は，経験則を用いてする立証の軽減である。

③　推定効の除去

法律が事実の存在に関して推定を設けていれば，法に別段の定めがない限り，反対事実の証明は許される[33]。表見証明の場合には，相手方は具体的な事実を主張しかつ必要があれば証明することによって裁判官の確信を動揺させることができる[34]。表見証明は，反証によって覆すことができ（反証可能な証明），反対事実の証明までは必要でない。

④ 効　果

「法律上の推定」においては，事実を推定するのは裁判官ではなく，法律である。推定事実は，証明されたものとしてではなく，証明なしに裁判の基礎とされる[35]。

(2)　法的安定性

租税法は，侵害規範（Eingriffsnorm）であり，法的安定性の要請が働く[36]。それゆえに，表見証明に基づく帳簿の証拠力と，「法律上の推定」に基づくそれとを対比すれば，「法律上の推定」は，表見証明に比してより法的安定性を満たしているといえ[37]，行政の法律適合性の原則（Grundsatz der Gesetzmäßigkeit der Verwaltung），課税正義の原則（Grundsatz der Gerechtigkeit der Besteuerung）に適合している。また，課税要件法定主義（Prinzip der Gesetz- oder Tatbestandmäßigkeit der Besteurung），課税要件明確主義（Prinzp der Tatbestandbestimmtheit），合法性の原則（Legalitätsprinzip）の見地からも[38]，表見証明から「法律上の推定」への解釈の変更は，ドイツ税制史上格別に重要な変更であったとの理解に至る。

(3)　客観的立証責任

推定基盤である「形式的に正規な簿記」に対する反証は可能である。推定を反証しようとする者が（それは通常は税務官庁であるが），もし反証できなければ，客観的確定責任（die objektive Feststellungslast）を負う[39]。簿記の客観的な真実性が税務署によって疑われた場合に，税務署がその立証に成功しなければ，簿記の実質的な真実性は残ったままであり，裁判所は，立証責任に則って，税務官庁に不利益に判決しなければならない[40]。ここで，客観的確定責任と客観的立証責任（die objektive Beweislast）とは，同義であり[41]，本証（Hauptbeweis）と反証（Gegenbeweis）は，対の関係にある。本証は，訴訟法上，証明責任を負う訴訟の当事者が，その事実を証明するために提出する証拠方法（または証明活動）をいい，反証は，証明責任のない当事者が，相手方が証明責任を負う事実を認定させまいとして提出する証拠（または証明活動）をいう。本証によって証明しようとする要証事実を真偽不明（Unaufklärbarkeit）の状態にすることで反証の目的が達せられる。

また，租税義務者は，(AO90条に従って) 事実関係の解明 (Sachaufklärung) にあたっては協力しなければならないが (協力義務)，形式的に正確な簿記が実質的に間違っていないという，消極的な証明 (Negativbeweis) は求められない。他方，調査にあたって記帳の実質的な真実性に対する疑念 (Bedenken)，疑い (Zweifel) あるいは証跡 (Beweisanzeichen) が生ずれば，官庁はより一層の調査をしなければならない[42]。

(4) 簿記の証拠力の仕組み
① 2つの側面

以上の「法律上の推定」と「簿記の正規性」との関係をより具体的に解説すれば，次のようになるであろう。すなわち，簿記の証拠力は，2つの側面から成り立っている。第1は，その簿記が1977年 AO145条や146条等 (1919年 RAO にあっては162条等) に規定された「形式的な GoB」に合致していること，つまり，形式的な観点において正規でなければならないことである。第2は，その実質的な真実性に異議を唱える原因が提示されてはならないことである[43]。前者は帳簿評価の問題であるが，後者は裁量の問題 (Ermessensfrage) ではなく法律問題 (Rechtsfrage) である[44]。

したがって，税務官庁が1977年 AO158条に規定される推定効を除去するためには，推定の前提事実 (推定基盤)，すなわち，140条から148条の規定に合致した「形式的に正規な簿記」に対する反証を行うか，あるいは，推定を受ける構成要件要素としての事実である「簿記の実質的な真実性」に対する反対事実の証明を行わなければならない。この場合，反証は，簿記の提示による証明を使えなくすることである。反対事実の証明は本証であり，推定事実が真実でないことにつき裁判官に完全な確信を持たせるまで行わなければならない。ドイツ連邦財政裁判所 (Bundesfinanzhof, BFH) 判決によれば，完全な確信とは，「確実性を境に接する蓋然性」をもつ証明度を指す (本章第4節3参照)。

② 形式的な GoB

以上のとおり，推定基盤は，140条から148条の規定に準拠した形式的な「正規の簿記」である[45]。それは，「租税法上の簿記の証拠力」をめぐる「法の目的に応じた，法規範の組立」そのものであり，「租税法上の簿記の証拠力」に係る「実箱である GoB」である。

ここにおいて，形式的な「簿記の正規性」については，以下の3点に留意が必要である。

第1は，推定基盤は，容易に証明可能であるべきであり，それゆえに，簿記の証拠力に係る「実箱であるGoB」に充塡されるべき「形式的なGoB」は，可能な限り具体的に成文化される必要があることである[46]。ドイツでは，RAOおよびAOに記帳条件が詳細に規定され続けているが，それは，帳簿の証拠力の観点から「形式的かつ狭義のGoB」概念を明確化する必要があったからである。

第2は，少なくとも1985年商法改正後は，「形式的なGoB」には，「形式的かつ狭義のGoB」のほかに，形式的な「正規の貸借対照表作成の諸原則 (Grundsätze ordnungsmäßiger Bilanzierung, GoBi)」も含まれることである[47]。

この点につき，シック (Schick) は，『貸借対照表の租税手続法上の視点』と題する論文において，「租税義務者が作成し官庁に提出しなければならないすべての課税貸借対照表は，実質的かつ形式的な側面を有する。当然租税義務者は，手続法上実質的に真実な貸借対照表を作成する義務もあるが，手続法上は貸借対照表の形式的な正規性が中心となる。形式的に正確な貸借対照表の作成と提出が強制されているので，AO158条の証拠力は貸借対照表に結びついている」とし，形式的な簿記の必要条件として，HGB243条「作成原則」・244条「用語，通貨」・245条「署名」・266条「貸借対照表の構造」等を掲げ[48]，「AO158条は簿記の証拠力 (Beweiskraft der Buchführung) との表題で表されるが，その出発点から疑わしいことが判明する。この規定は，貸借対照表に関しては明白には記述していないが，それは両方を意味していると想定される[49]」という。シックが掲げた条文は，1985年HGB改正直後のものであるが，現在もそれらの条文に実質的な変更はなく，「形式的なGoBi」としての位置づけに変わりはない（形式的なGoBiは，第5章第4節2参照）。

たとえば，ティプケは，1985年HGB改正前は，形式的に正規な帳簿 (Formell ordnungsmäßige Bücher)[50]との表現をもってRAO208条を解説し，1985年HGB改正後は，「形式的に正規な帳簿と貸借対照表 (Formell ordnungsmäßige Bücher und Bilanzen)」[51]との表現で1977年AO158条を解説している。

以上の論点を「実箱であるGoB」との関係で説明すれば，現行法制上，「租税法上の簿記の証拠力」に係る「実箱であるGoB」は，「形式的かつ狭義の

図表6-3 1985年 HGB 改正後の租税法上の簿記の証拠力に係る「実箱である GoB」

GoB 簿記		形式的な GoB		実質的な GoB	
		成文化されている	成文化されていない	成文化されている	成文化されていない
広義の簿記	日常の簿記（狭義の簿記）	①	②	③	④
	貸借対照表	⑤	⑥	⑦	⑧

GoB」と「形式的な GoBi（正規の貸借対照表作成の諸原則）」によって充塡されるといえる（図表6-3）。

第3は、厳密にいえば、簿記が形式的に正規である（ordnungsmäßig）ことと、簿記が形式的に合法的である（gesetzmäßig）ことは同一ではないことである。たとえば、税法学の権威書である Becker/Riewald/Koch（1965）は、形式的な規定を遵守することは簿記の形式的な正規性と同じではないとし[52]、レフソンも「正規であること（Ordnungsmäßig）は合法的であること（gesetzmäßig）と同一ではない[53]」としている。確かに、1977年 AO145条1項に「簿記の形式的な正規性の基準となる GoB」の一般基準である「専門的知識を有する第三者への全容提供可能性」と「再検査可能性」が規定され、さらに、1985年商法改正によって「形式的な GoBi」が数多く成文化されたことによって、「簿記の形式的な正規性」と「簿記の形式的な合法性」は、限りなく近づいてはいる。

しかし、それでもなお両者の概念が同一であるとまではいい切れない。成文化されていない形式的な GoB の領域は、限りなく狭くなっているが、それでも残余の領域があるといわざるを得ないのである。その残余の部分は、「権威ある支持」（判例・学説等）と「一般的社会価値」で充塡される。正規性は、合法性よりも大きな概念であり、合法性は、正規性に包含される。

それゆえに、かつてのルーズリーフ式簿記のごとく、たとえ形式的に違法であったとしても、一定の条件の下で形式的な正規性が認められることもありうる（第3章第3節1参照）。したがって、ゴーディン／ヴィルヘルミは、「形式的に合法的な（gesetzmäßige）帳簿は、それ自体、正規の記帳であるとの推定を受ける[54]」とするが、この表現は、厳密には正確ではない。正しくは、「形

式的に正規性を備えた帳簿は，それ自体，正規の記帳であるとの法律上の推定を受ける」といわなければならないであろう。

3 特に留意すべき点

「法律上の推定」の見地から位置づけられる1977年AO158条は，以下の3点について特に留意が必要である。

① 協力義務（Mitwirkungspflicht）

租税手続法における「法律上の推定」は，民事訴訟のそれと似てはいるが，同じものではない。正確にいえば，「法律上の推定」を拠り所とする当事者には，完全な証明がもたらされる。しかし，「法律上の推定」を適用させたくない当事者である税務署が，反証をする場合には，租税義務者は何もしないままでいてはならない。解明不可能な場合に租税義務者が推計にさらされたくないならば，その場合にも，真実の立証という期待可能性の範囲内で寄与しなければならない[55]。いわゆる協力義務である。

課税手続においては，租税義務者に特別の協力義務を課している。それはAOの140条から154条に規定されており，それらは，AO90条の一般的な協力義務を補完している[56]。帳簿と記録の実質的な真実性に関する疑いは，場合によっては，租税義務者をしてより広範な事実解明に貢献せしめることを正当化する[57]。租税義務者が協力義務に違背すれば，租税義務者に不利益な推論が引き出される。その場合には，事実関係確証の確実性の証明度／程度は低く設定されることになる[58]。協力義務への違背が原因で，課税基礎を確かめることができなければ，課税基礎はAO162条2項1文に従って推計される。記帳が形式的に正規である場合でも同様である[59]。

② 「帳簿の証拠力」と記帳条件の強い連動関係

上記において，少なくとも1985年商法改正後は，推定基盤である「実箱であるGoB」（＝形式的に正規な簿記）に「形式的なGoBi」が加わっているとした。しかし，かかる状況下であっても，簿記の証拠力にとって，「形式的かつ狭義のGoB」（特に記帳条件）が，「形式的なGoBi」よりも格段に重要であることは，本研究の一連の考察からも明らかである。帳簿の証拠力と記帳条件には，強い連動関係があるのである。

③ 歴史的命題の承継

　法律上の推定が，経験則の法律化（gesetzliche Festligung eines Erfahrungssatzes）あるいは，法則たる経験則（gesetzliche Erfahrungssätze）などと名づけられてもいることに関して，ローゼンベルクは，かかる命名は，法律上の事実推定の本質を根本的に誤解していることを示すにすぎないとし，生活経験は，立法者にとって，せいぜい法律上の推定を設ける動機であったにすぎず，決してその内容となったものではないとする[60]。かかる理解に基づけば，AO158条が「正規に記帳された帳簿だけに証拠力がある」という歴史的な命題に支えられたものであるとの事実が曖昧となり，こうした歴史的命題が次世代へ承継され得ないおそれがある。この点で，1977年AOに関し，解説書の多くが，AO158条の表題をBeweiskraft der Buchführung（簿記の証拠力）とし，AO146条に関してその適用布告（AEAO）が「正規の簿記だけが証拠力を享受する」としている事実は高く評価される。

第4節　正規の簿記と推計課税

1　根拠条文

　「課税基礎の推計課税」を規定する1977年AO162条は，以下の規定である。

1項　税務官庁が課税基礎を調査し，あるいは計算できない限り，税務官庁はそれを推計しなければならない。その場合，推計にとって意義あるすべての事情を考慮しなければならない。

2項　租税義務者がその申告に関して十分な説明を与えることができず，情報もしくは宣誓に代わる保証を拒絶し，または90条2項の規定による協力義務に違反するときは，特に推計を行う。租税義務者が租税法律に従い作成しなければならない帳簿もしくは記録を提出することができず，または記帳もしくは記録が158条の規定に従い課税の基礎とされない場合もまた同様とする。

　歴史的にみれば，推計課税に関する規定における，①1919年RAO210条の「不完全であるかもしくは形式的または実質的に不正である場合」，②1969年AO草案166条の「88条の要求に合致しない場合」，③1974年AO草案143条の

「139条の規定に従い課税の基礎とされない場合」および1977年 AO162条の「158条の規定に従い課税の基礎とされない場合」という文言には，その表現に差が認められる。しかし，1969年 AO 草案および1974年草案の理由書からも明らかなように，立法者は，判決によって発展されかつ承認されてきた推計原則が問題にされ，従来から積み上げられてきた諸判決が無効となることを避けるために，文言の相異にもかかわらずそれらの意味内容は同じであると理解している。

ただし，1977年 AO158条は，「その実質的な真実性に異議を唱える」としており，結果として158条の推定を否定し推計を行うことは「単なる疑い」等で足りると理解されてしまうおそれがある。それゆえに，AO158条は，「その実質的な真実性を否定する（ihre sachliche Richtigkeit zu verneinen）…」という誤解されようがない記述のほうがよい[61]，とするティプケ／クルーゼの見解が，「租税法上の簿記の証拠力」のより正しい解釈のためにも支持されるべきであろう[62]。

2 「簿記の正規性」と推計の類型

租税義務者の簿記ないし記録が158条に従って課税の基礎とされない場合には，課税の基礎は，162条2項に従って特に推計されなければならない。ティプケ／クルーゼは，次のように簿記の正規性と推計の限界線を類型化する（傍点は筆者）[63]。

① 簿記が形式的に140条から148条に合致し，かつ，個々の場合の事情がその実質的な真実性に異議を唱える（否認する）に十分な確実性を伴わない場合……その場合には，その簿記は課税の基礎となる。

② 簿記が形式的に140条から148条に合致しているが，個々の場合の事情がその実質的な真実性に異議を唱える（否認する）に十分な確実性を伴っている場合……その場合には，その簿記は課税の基礎とならず，課税の基礎は推計されなければならない（162条2項2文の後文）。

③ 簿記が140条から148条に合致していない場合……一般的には，それは，その実質的な真実性に関して異議を唱えられる十分な事実であり，課税基礎は推計されなければならない（162条2項2文の後文）。

①および②は，簿記が形式的な GoB に合致するケース，③は，簿記が（形

図表6-4　「簿記の正規性」と推計の類型

条件等 事実	推定基盤（AO140〜148条に規定される諸原則）	個々の場合の事情が簿記の実質的な真実性に異議を唱える	課税基礎
①	形式的に合致する	十分な確実性を伴わない	その簿記が課税基礎となる
②	形式的に合致する	十分な確実性を伴っている	課税基礎は推計される
③	合致しない	—	課税基礎は推計される

式的ないし実質的な) GoBに違背するケースである（**図表6-4**参照）。

推計の方法は，次の4つに区分される[64]。

① 財務官庁の基準率に従う推計（Schätzung nach der Richtsatzsammlung der Finanzverwaltung）

② 再計算に基づく推計（Schätzung aufgrund einer Nachkalkulation）

③ 全現金取引計算に基づく推計（Schätzung aufgrund einer Gesamtgeldverkehrsrechnung）

④ 限定的現金取引計算に基づく推計（Schätzung aufgrund einer beschränken Geldverkehrsrechnung）

そして，帳簿の全部または一部が否定されて，162条に従って課税基礎の推計が行われる場合の証明度は，可及的蓋然性（die größte Wahrscheinlichkeit）で足りる[65]。つまり，税務当局が「形式的に正規である簿記」に対して「その実質的な真実性に異議を唱える」ためには，「確実性を境に接する蓋然性」レベルの証明度が求められるが，他方，実際に税務当局が課税基礎の推計を行う場合におけるその推計の計算は，「可及的蓋然性」で足りるのである。

3　確実性を境に接する蓋然性

(1) 学　説

前掲図表6-4の②の「簿記が形式的に140条から148条に合致する場合」において，推計が行われうるその分水嶺である「個々の場合の事情がその実質的な真実性に異議を唱える（否認する）に十分な確実性を伴っている場合」，換言すれば，「法律上の推定」の下で「推定事実に対する反対事実の証明」（推定

事実が真実でないことにつき，裁判官に完全な確信を持たせる証明）の証明度はいかなるレベルなのであろうか。

既述のように，158条の文言はかなり不明確である。注釈者は，「その実質的な真実性に異議を唱える原因がない限り」との言い回しから，158条の推定を排除しあるいは反駁することは，単なる証跡，疑いあるいは疑念で足りる，と演繹することが常である[66]。しかし，158条の推定を覆すには，単なる証跡，疑いあるいは疑念だけでは足りない[67]。ティプケ／クルーゼによれば，事態の評価は，全体あるいは部分的にその記帳が「確実性を境に接する蓋然性（an Sicherheit grenzender Wahrscheinlichkeit）」をもって実質的に不正であることを最終的に明らかにしなければならない[68]，という。

(2) 1991年8月9日BFH判決

意外なことに，公表されたBFH判決の中で，「形式的に正規である簿記」が提示された場合における推計課税適用の可否が直接争われたものはさほど存在していない。その数少ない判決のうち，今日的に最も重要な判例として位置づけられるべきものは1991年8月9日のBFH判決[69]である。少し長くなるが，重要な判決であるため，事実関係および判決内容を判決文に従って詳細に説明する。

［事実］

原告および上告人（以下，原告）は，中古工作機械の取引を営んでいる。1972年に始まった経営検査において，原告がイタリア所在のM社への商品供給による収入を帳簿に計上していなかったことが発覚した。原告は，請求書の記載より何倍も高い販売価格をM社と取り決めていた。経営検査の結果に基づき，原告は脱税で処罰された。1976年に次の経営検査が行われた後，原告と，被告および上告人（以下，税務署）との間で，事情の判断にあたって次のような見解の相違が生じた。

原告は，1971年，ドイツ連邦共和国に本拠地を置く供給者（T社）から中古の自動旋盤3台を売上税込みで6,000DMの価格で取得した。原告は，これらの機械を1971年3月にイタリアのL社へ転売した。原告の記載によれば，これについて1971年3月3日に4,000DMの請求がL社に行われた。原告が以前にも国外の顧客との取引で得た収入について正規（ordnungsgemäß）に帳簿作成をしていなかったことに鑑み，税務署はこの記載の正当性に疑いを抱き，原告がL社に販売をした価格が購入価格より安いということはあり得ず，実

際に取り決められた販売価格はおそらく1971年3月3日付請求書よりも8,000DM高いと考えた。

さらに，原告は中古工作機械20台を付属品（プラスチックカバー8個）付きでおよそ81,500DMで購入し，M社へ転売した。原告の在庫品帳簿の記載によれば，これらの機械はおよそ187,000DMの売上をもたらしたことになっている。ところが1972年11月6日付と12月18日付の請求書には65,000DMの販売価格しか記載されていない。こうした取引があることからも税務署は，請求書に記載された金額が実際の販売価格と一致しているのかどうか疑義を抱いた。税務署は，実際の販売価格は計算書の記載よりも100,000DM程度高かったと推測した。

以上を踏まえて税務署は，原告が申告した利益8,000DM（1971年）と100,000DM（1972年）に増額して査定を行い，これに準じた営業税額算定通知書を作成した。

これを不服とする訴えを財政裁判所は認めた。財政裁判所は，その理由を次のように述べている。「原告が帳簿に記載している金額を超えてL社からさらに8,000DM，M社から100,000DMを受領したことは証明できていない。確かに原告は，1971年3月3日付請求書によると自動旋盤3台を購入価格を下回る金額でL社へ販売している。しかしながら，原告の租税上の不誠実な行動が別件で裏づけられているというだけで，自動旋盤3台について1971年3月3日付請求書に記載の価格を超えて支払がなされたという推定を正当化することはできない。原告が自動旋盤をT社から6,000DMで購入したのは，利益をもたらす見返取引関係を同社と締結できるようにするためにすぎないという原告の主張は，原告が自動旋盤を通常の市場価格を上回る価格で買い取った理由を裏づける有力な材料である。M社への工作機械の販売に関しては，M社と取り決められた売買価格が1972年11月6日付および12月18日付請求書の金額より大幅に高かったのではないかとの疑念がある。原告自身が認めているとおり，原告が在庫品帳簿に記入した機械の販売価格（リスト記載価格）の合計額はおよそ187,000DMであり，したがって，リスト記載価格と原告が得たと主張する価格（65,200DM）との間には大幅な開きがある。仮に，原告がリスト記載価格を決めるにあたって機械の鑑定を往々にして表面的にしか行っておらず，もしくはまったく鑑定を行っておらず，機械の一部が故障していたというのが事実であるとしても，有能な工具商である原告がそれほどの規模で販売価格を思い違えていた蓋然性は低い。そうした状況から，原告とM社の間で取り決められた工作機械の売買価格が65,200DMより大幅に高かったという蓋然性が非常に高かったとしても，財政裁判所はそれを確信することはできない。原告とM社が1972年の時点で，当初はおそらく65,200DM以上で取り決めていた売買価格を1972年11月6日付および12月18日付請求書に計上されている金額に引き下げることに合意したというのは，考えられないことではなく，むしろ容易に推定することができる。この推定を裏づけるのに有力な材料として，1972年12

月13日付で原告に対して租税刑法手続が開始され，1972年12月18日付で自宅と事業所の捜索が行われている。すなわち原告はすでに1972年12月の時点で，税務署が捜索で発見した証拠書類を契機としてM社との取引関係を詳細に調べるのではないかと覚悟せざるを得なかった。これを契機に，原告は計画していた脱税を見合わせた蓋然性が高い。

　税務署は上告で実体法と形式法への違反を主張し，その理由として，特に財政裁判所は立証責任分担の問題を吟味していないと主張し，所与の状況のもとでは立証責任を転換したうえで，残された不明点が原告の立証責任に帰せられなければならないとした。税務署は，財政裁判所の判決を破棄して原告の主張を退けるよう申し立てた。原告は上告を棄却するよう申し立てた。

事実の概要を私見として図示すれば，**図表6-5**となる。

図表6-5　事実の概要

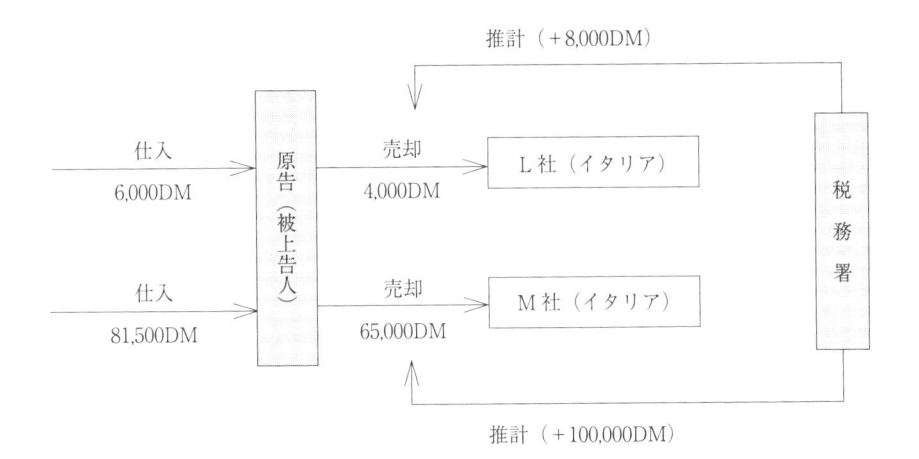

```
                            推計（+8,000DM）
         仕入        売却
        6,000DM → 原告 → 4,000DM → L社（イタリア）      税
                  （被                                 務
         仕入      上告人）  売却                        署
        81,500DM →      → 65,000DM → M社（イタリア）
                            推計（+100,000DM）
```

[判決]

　　上告には理由がない。増額査定の要件（1977年AO162条）が満たされていないと財政裁判所が判断したことに異議を唱えることはできない。
1．1977年AO158条によれば，1977年AO140条から148条の規定に合致する記帳と記録は，個々の事情に従ってその実質的な真実性に異議を唱えるべき原因がない限り，課税の基礎とされる。ただ，確実性を境に接する蓋然性（an Sicherheit grenzender Wahrscheinlichkeit）をもって全部あるいは部分的に実質的に不正であるという事情の評価がもたらされる場合だけは，簿記の結果を完全にあるいは部分的に却下できる（未公表の1990年11月7日ⅢB449/90BFHの裁決，Tipke/Kruse, Abgabenordnung-Finanzgerichtsordnung, 13. Aufl., §158 AO 1977 Tz. 2）（傍点は筆者）。財政裁判所は本件訴訟において，原告の簿記が形式上正規であると考えている。財政裁判所は，形式上の正規性を失わせるような簿記の具体的不適正性があるとは，確信することができなかった。

　　その際に財政裁判所は，決定にとって重大な事実の存在または非存在から確信が形成されなくてはならないと考えているが，これは正当である。これは財政裁判所法（FGO）96条1項1文を踏まえたものであり，同規定によれば，裁判所は「手続のすべての結果から得られた自由な心証に基づいて」決定を下す。ある事実関係が裁判所を確信させるほど確固としており，したがって証明されたとみなされるのは，確実性を境に接する蓋然性をもってその事実関係を事実認定することができる場合に限られる（Gräber/von Groll, Finanzgerichtsordnung, 2. Aufl., §96 Anm. 16 m. w. N.）。このことは，本件訴訟において税務署が簿記の正当性に対して主張する情況に関しては該当しない。財政裁判所はあらゆる認識手段を使い尽くしたにもかかわらず，原告がL社やM社との取引にあたって実際の取り決めよりも安い金額の請求書を作成したかどうかを断定できず，また，そうした請求書の作成後に部分的な債権放棄が取り決められていたかどうかを断定できなかった。
2．たとえ，1977年AO158条の文言（「異議を唱える原因がない限り…」）からして，形式上正規の簿記の結果を破棄するには具体的な正当性に関して単に正当な疑義があれば足りるかのような印象を喚起するとしても，解明が不可能なことから生じる帰結については立証責任分担の規則が基準となる。

　　いずれの手続当事者が客観的な立証責任を負うかという問題，すなわち，何らかの法律上重大な事実が存在するか否か判断不能である場合に誰が不利益を被るかという問題には，税法の分野においても，適用されるべき法律規範とその目的規定を斟酌したうえで答えを出さなければならない（1976年6月24日BFH判決，Ⅳ R101/75, BFHE 119, 164, BStBl Ⅱ 1976, 562）。これに基づき，租税債権者は一般に課税請求権を根拠づける事実関係もしくは増額する事実関係について客観的な立証責任を負うといえる。

したがって，結論として財政裁判所は本件訴訟においても，税務署が主張する利益増額の事実関係（請求書に記載された売買価格よりも高額の取り決め）の解明不能性を税務署の不利益としており，これは正当である。同様に，原告が当初おそらく65,200DMを超えて取り決めていたであろう売買価格を1972年11月6日付および12月18日付請求書に計上されている金額まで引き下げたかもしれないという，財政裁判所が容易に推定できるとした事実関係の推認についても，税務署に立証責任が課せられる。というのも，そうした意味で可能性があるとみなされる事実関係（刑法上の帰結を恐れての売買価格債権の部分的な放棄）があったとすれば，それは営業上ではない理由を契機とするものだからである（営業資産からの債権の部分的な払い出し：所得税法（以下，EStG 4条1項2文参照）。そのような租税増額の状況についても，同じく税務署が立証責任を負わなければならない。

　税務署はすでに1973年，争いのある売買に関する情報をイタリアの租税官庁に職務援助の手段をもって依頼している。しかしイタリアの租税官庁は，L社とM社が原告に対し，原告から販売された機械について請求書に記載の金額よりも高い金額を支払ったと断定することはできなかった。これを受けて原告は財政裁判所の手続で相応の証拠提供によって，ならびに争いのある経緯に関わる書類の提出によって，事実の解明を促進しようと試みている。所与の状況のもとで，原告がどのようにして事実関係の解明をそれ以上に促進できたというのであろうか。こうした事情にあっては，協力義務への違反という言葉を使うことはできない。したがって，本件で決定にとって重要である事実について税務署が立証責任を負うことに変わりはない。

　本件判決でBFHは，形式的な正規である簿記の証拠力およびその具体的な証明度，協力義務，立証責任の分配を詳細に説明している。そして，その内容は本章における一連の考察に合致している。

　本件判決で示された事実関係からすれば，税務署がその取引の実質的な真実性に「疑い」を持った背景も理解できる。しかし，単なる疑念や疑いだけでは，実質的に正規であると推定された簿記の結果を否定することはできない。BFHは，簿記が形式的に正規である場合にどのような条件の下でその簿記を否定しうるかという問題に対して，ティプケの見解を採用して，「確実性を境に接する蓋然性（an Sicherheit grenzender Wahrscheinlichkeit）をもって全部あるいは部分的に実質的に不正であるという事情の評価がもたらされる場合だけは，簿記の結果を完全にあるいは部分的に却下できる」と判示している。

　本件判決で判示された内容（傍点の部分）は，正規の簿記と推計課税の関係

に関する基本判例となっており[70]，その後のラインラント・プファルツ財政裁判所1996年2月12日判決（Finanzgericht Rheinland-Pfalz, 1-K-2212/92, EFG-1996-0834），BFH1996年5月30日判決（BFH/NV-1996-0910），ケルン財政裁判所2009年1月27日判決（Finanzgericht Köln, 6 Senat, 6K3954/07）[71]でも引用されている。

(3) AO158条の仕組み

以上の考察を前提にして，私見としてAO158条を図で示せば，**図表6-6**となる。

1985年商法改正後は，推定基盤である「実箱であるGoB」（＝形式的に正規な簿記）に「形式的なGoBi」が加わっている。しかし，かかる状況下であっても，簿記の証拠力にとって，「形式的かつ狭義のGoB（特に記帳条件）」が，「形式的なGoBi」よりも格段に重要である。帳簿の証拠力と記帳条件には，強い

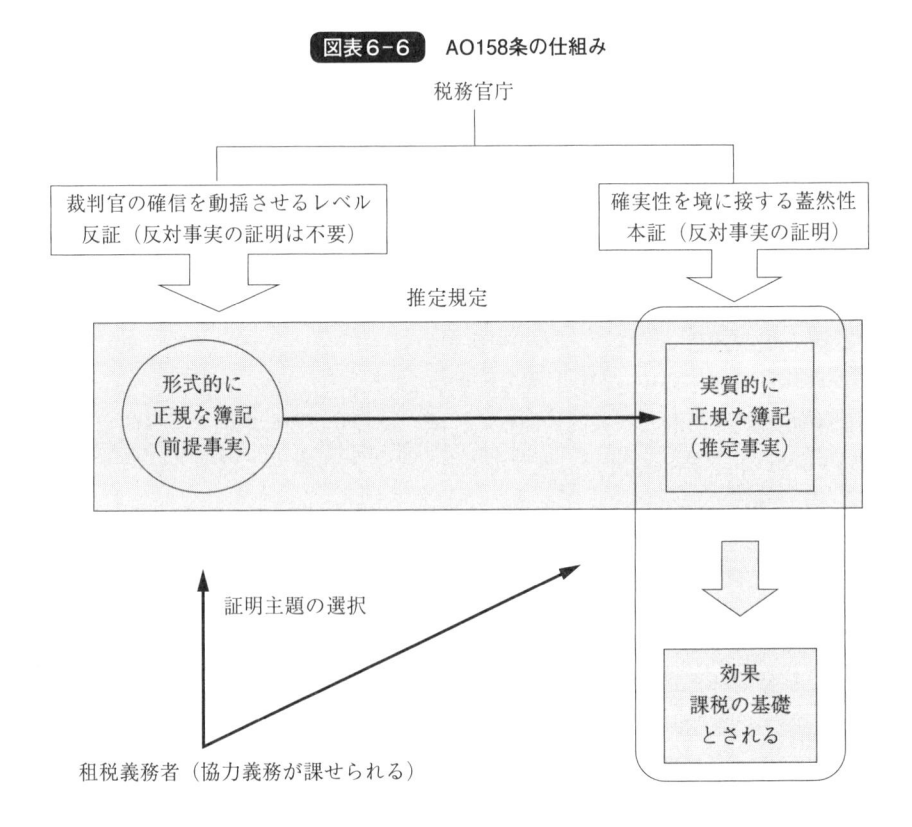

図表6-6　AO158条の仕組み

税務官庁

| 裁判官の確信を動揺させるレベル
反証（反対事実の証明は不要） | 確実性を境に接する蓋然性
本証（反対事実の証明） |

推定規定

形式的に正規な簿記（前提事実） → 実質的に正規な簿記（推定事実）

効果　課税の基礎とされる

証明主題の選択

租税義務者（協力義務が課せられる）

連動関係があるのである。

　ただし，簿記は自己目的（Selbstzweck）ではない。簿記が正規であるかどうかという問題の答えは，会計履行者の目的（Zweck des Bücherführens）に合致しなければならない。ヴァリスは，162条「課税の推計」を解説して，「簿記は自己目的ではなく，ただすべての取引と資産の信頼できる記録を可能とし保証するための道具であり」，「簿記は証拠の保証（Beweissicherung）と管理（Kontrolle）に役立つべきものである」という[72]。これは，簿記の本質的目的を述べたものであり，格別に重要な指摘である。簿記は自己目的ではない，との言及は，学説においても行われている（第7章第3節5(1)参照）。

第5節　おわりに

　1919年RAO208条1項1文は，RAO制定以後しばらくの間Prima facie Beweis（表見証明）として解釈され，その後，事実上の推定として位置づけられた時期もあったが，少なくとも，1956年以降，この規定は，「反証可能な法律上の推定」として位置づけられ，208条1項1文を引き継いだ現行AO158条も，「反証可能な法律上の推定」として解釈されている。この変化の意義は，形式的に正規な簿記に，より高い証明度を与えたことにある。

　さらに，この場合の推定基盤（形式的に正規な簿記）は，「租税法上の簿記の証拠力」に係る「実箱であるGoB」であり，「法の目的に応じた，法規範の組立」そのものである。推定基盤は容易に証明可能であるべきであり，それゆえに，簿記の証拠力に係る「実箱であるGoB」に充塡されるべき形式的なGoBは，可能な限り具体的に成文化される必要がある。1919年RAO162条やAO140条から148条に「形式的かつ狭義のGoB」が数多く成文化されているのには，こうした背景がある。第1章から第4章までの考察からも明らかなように，「記帳条件の成文化」と「帳簿の証拠力」には，強い連動関係があるのである。

　さらに，ドイツでは，「帳簿の証拠力」や推計課税に関連していくつかの重要な指摘がなされている。これらの中で，簿記の正規性に関するいくつかのポイントを確認すれば，以下のとおりである。

① 簿記の非自己目的性

簿記は自己目的ではない。簿記が正規であるかどうかという問題の答えは、会計履行者の目的に合致しなければならない。簿記は自己目的ではない、との言及は、租税優遇措置をめぐる判決や学説においてもみられる（第7章第3節5(1)参照）。

② 簿記の証拠力と「形式的かつ狭義の GoB」

少なくとも、1985年商法改正後は、推定基盤である「実箱である GoB」（＝形式的に正規な簿記）に「形式的な GoBi」が加わっている。しかし、かかる状況下であっても、簿記の証拠力にとって、「形式的かつ狭義の GoB（特に記帳条件）」が、「形式的な GoBi」よりも格段に重要である。帳簿の証拠力と記帳条件には、強い連動関係があるのである。

③ 協力義務（Mitwirkungspflicht）

課税手続においては、租税義務者に特別の協力義務を課している。それは、AO140条から154条に規定されており、それらは AO90条の一般的な協力義務を補完している。租税義務者が協力義務に違背すれば、租税義務者に不利益な推論が引き出される。その場合には、事実関係確証の確実性の証明度／程度は低く設定される。協力義務への違背が原因で、課税基礎を確かめることができなければ、課税基礎は AO162条2項1文に従って推計される。

④ 推計の証明度と推計方法

税務当局が、「形式的に正規である簿記」に対して、「その実質的な真実性に異議を唱える」ためには、「確実性を境に接する蓋然性」レベルの証明度が求められるが、162条に従って課税基礎の推計が行われる場合の証明度は、可及的蓋然性で足りる。

補節　米国租税法における証明責任

ここで米国の租税法における証明責任について確認しておきたい。米国でもわが国と同様に所得税などにおいては申告納税方式が採用されており、納税申告書の提出がない場合、または、提出された申告書の内容が正しくないときに、内国歳入庁長官による賦課が行われる。長官に賦課された不足税額を司法手続によって争う方法には、「租税裁判所（United States Tax Court）への出訴」

と「連邦地裁または請求裁判所に対する還付訴訟」がある。それぞれの場合における証明責任は、以下のとおりである[73]。

① 租税裁判所での裁判における証明責任

原則として、租税裁判所においては、納税者が、内国歳入庁長官の決定が誤りであるという証明責任を負う。これに加えて、長官の決定は正しいとの推定 (presumption of correctness) を受ける。そのため、最初に納税者が、長官の決定が恣意的で誤っており (arbitrary and erroneous)、無効 (invalid) であることを証明しなければ、賦課決定は維持される。

② 連邦地裁または請求裁判所に対する還付訴訟における証明責任

納税者が原告であるから、納税者が、通常の証明責任を負う。加えて、長官の決定が正しいとの推定も受ける。さらに、租税裁判所での審理の場合と異なり、納税者は長官の決定が誤りであることを示すのみならず、還付されるべき額の基礎についての説得的な証拠も出さなければならない。この点において、還付請求訴訟によって賦課額を争う場合の方が、租税裁判所においてそれを直接に争う場合よりも、納税者の証明責任が重いといいうる。

米国の内国歳入法は、給与所得者を除く、すべての納税者に「適正かつ正確な記録」を永久に備置すべき義務を課してはいる (I.R.C. Sec. 6001, Reg. 1-6001-1参照)。しかし、内国歳入法には「帳簿の証拠力」という発想はなく、ドイツ国税通則法 (AO) が規定する「記帳の適時性」や「現金残高の日々の掌握義務」等に相当する記帳条件は存在していない。さらに、米国最高裁の判例によれば、会計帳簿はいかに精密に整備されていようとも、これに最終的な証拠価値はなく、単に、納税者の意図を示す証拠物にすぎないとされている[74]。内国歳入法とGAAP（一般に認められた会計原則, generally accepted accounting principles）との連動関係もみられない。

「正規に記帳された帳簿だけに証拠力がある」あるいは「正規の簿記だけが証拠力を享受する」との命題は、「記帳の正規性」の判断基準となる「形式的な記帳条件」の明確化・成文法規化をその前提条件とする。換言すれば、「帳簿の証拠力」を考慮しない租税制度の場合には、「形式的な記帳条件」の明確化・成文法規化の必要性は低下するとともに、帳簿の真実性（正規性）に関する証明責任（立証責任）は納税者が負担することになる。

■注

1　Prima facie Beweis は「一応の推定」ないし「一応十分な証明」とも訳されるが，Anscheinsbeweis と同義であり，本研究では「表見証明」との邦訳を充てる。
2　Becker（1930）；S. 619ff.
3　Hensel（1927）；S. 152.
4　Hensel（1933）；S. 152.
5　Rauschning（1929）；S. 51.
6　木村（1987）；165頁を参照。
7　小林（1989年）；59頁。青山（1995年）；333頁も同旨。
8　木村（1987）；165頁。
9　木村（1987）；165頁。
10　藤原（1983年）；145頁。
11　木村教授は，Wassermeyer, Heinz：Der prima facie Beweis und die benachbarten Erscheingen, Münster, 1954, S. 17., 30を引用される（木村（1987）；168頁）。
12　木村（1987）；168頁。
13　Kühn は，1950年の文献において，「正規の簿記の推定は事実上の推定（tatsächliche Vermutung）であり，それは，162条の意味における形式的な正規性を基礎にし，かつ，簿記の結果が実質的に不正確であるという蓋然性の証明によって反証可能である」（Kühn（1950）；S. 214）としている。「蓋然性の証明」によって反証可能とされていることから，ここにおける「事実上の推定」は，法律に根拠を置かない「事実上の推定」である。
14　たとえば，以下の文献を参照されたい。

　　Hartung（1956）；Sp. 886, Friesecke（1957）；Sp. 252, Westerhoff（1959）；S. 19, Hartung（1959）；S. 1902.

　　Reinisch（1963）；S. 1109, Ziemer/Bilkholz（1970）；§96, Tzn. 22.

　　以下の文献は，tatsächliche Vermutung という用語を用いるが，その意味内容が「法律上の推定」を指しているか否かは不明である。Kühn（1956）；S. 243, Kühn（1968）；S. 273, Kühn/Kutter/Hofmann（1974）；S. 274.

　　また，1952年のブレンナーの著作でも wiederlegbare Vermutung との用語を用いているが，「法律上の推定」と位置づけているか否かは定かではない（Brönner（1952）；S. 93. 参照）。
15　「国税通則法のコンメンタールは，すべて，158条に，反証可能な法律上の推定を認めている」（List/Lange（1995），§96 FGO Anm. 25）。
16　以下の文献を参照されたい。

　　Ziemer/Bilkholz/Ernst/Seeger（1978）；§96, Tzn. 22, Weber-Grellet（1981）S. 59,

　　Tipke/Kruse（1965/1991）；FGO §96 Tz. 19, Wallis（1995）；158 Anm. 3.

　　Gräber は widerlegbare gesetzliche Vermutung（Gräber（1977）；S. 279），Klein は steuergesetzlichen Vermutungen との表現法を用いている（Klein（1989）；S. 45）。
17　ローゼンベルク＝倉田訳（1987）；256頁（本書は，Rosenberg, Leo：Die Beweislast auf Grundlage des Bürgerlichen Gesetzbuchs und der Zivilprozessordnung の第4版の邦訳で

ある)。Rosenberg (1965);S. 213.
18　Tipke/Kruse (1965/1991);§96 FGO Tz. 19.
19　Rosenberg (1923);S. 231. 第1版は参照できなかったが,ローゼンベルク自身が「この見解は,既に本書出版当時存した(同書107頁の事例が示すとおりで)のであるが,余り明瞭に述べられていなかった」(ローゼンベルク=倉田訳 (1987);242頁,Rosenberg (1965);S. 203.)としており,第2版と同様の発想が1900年の第1版において述べられていたことが推測される。
20　たとえば,「法律上の推定」規定は,わが国の民法186条にみられる。同条は,占有や占有の態様を要件とする法律行為の成立を容易にするための規定であり,「1項　占有者は,所有の意思をもって,善意で,平穏に,かつ,公然と占有をするものと推定する」,「2項　前後の両時点において占有をした証拠があるときは,占有は,その間継続したものと推定する」と規定する。1項は占有の状況に関する証明責任を,占有者から相手方に転換することをその内容とする条文であり,2項は2つの時点間の占有を立証すると,その時点間の占有継続の証明責任を相手方に転換することをその内容とする条文である。
21　Weber (1981);S. 59.
22　青山 (1995年);354頁。
23　Vgl. Rosenberg (1923);S. 251.
24　青山 (1995年);354頁。
25　Rosenberg (1923);S. 252f.
26　Rosenberg (1923);S. 253.
27　Hartung (1959);S. 1902.
28　Leipold (1966);S. 79f.
29　通説である。ハルツングも,「法律上の推定は,民事訴訟法では,一般的に立証責任の転換 (Beweislastverteilung) である」(Hartung (1959);S. 1902)としている。
30　Vgl. Westerhoff (1959);S. 20.
31　Reinisch (1963);S. 1109.
32　Westerhoff (1959);S. 19.
33　Tipke/Kruse (1965/1991);§96 FGO Tz. 19.
34　Tilch (1992);S. 1453.
35　ローゼンベルク=倉田訳 (1987);263頁。Rosenberg (1965);S. 219.
36　金子 (2007);100頁。
37　法治行政および租税法律主義の実効度は,証拠法的観点からの検証を抜きに測定できない。明文の法規定もなく標準的証明度より引き下げられた証明度をもって証明ありと擬制(確定)しうるところでは,租税法律主義の実効度はそれだけ低下する。この問題は,表見証明とりわけ推計の場合に生じうる(木村 (1987);7頁)。
38　金子 (2007);67-73頁参照。
39　List/Lange (1995);§96 Anm. 50.
40　List/Lange (1995);§96 Anm. 25.
41　Vgl. Rosenberg (1965);S. 26.

42　Tipke/Kruse（1965/1991）；§158 Tz. 2, Wallis（1995）；§158 Anm. 3.
43　Vgl. Bühler（1956）；S. 92.
44　Vgl. Becker/Riewald/Kochl（1965）；S. 312, Wallis（1995）；§158 Anm. 3.
45　たとえば, Nieland も, Beweiskraft einer formell ordnungsmäßigen Buchführung（形式的な正規の簿記の証拠力）との表題の下で帳簿の証拠力を解説している（Vgl. Nieland（1993）；ff 4, 5 Rn. 319）。他の文献でも, Formell ordnungsgemäß geführte Bücher（Kötter（1978）；S. 93）, Die formelle Ordnungsmäßigkeit der Buchführung（Sauer（1988）；S. 136）, Formell ordnungsmäßige Bücher und Bilanzen（Tipke（1985）；S. 220）との表現を用いて AO 上の帳簿の証拠力を解説している。

　　また, 1919年 RAO208条の解説においても, たとえば Formell ordnungsmäßige Bücher（Tipke（1974）；S. 170）との表現が用いられ, 帳簿が162条の規定に合致しなければならないことは, 形式的な観点で正規であることと同義である（Vgl. Bühler（1956）；S. 92）, とされていた。清水（1957）の159頁脚注(11)も同旨である。
46　飯塚毅博士は,「西ドイツの税法関係文献が, 帳簿の証拠性, 証拠能力, または証拠価値, あるいは証拠価値の承認などの用語を用いているのは, 正規の簿記の諸原則における記帳条件の範囲を, 法が実定している事実から由来している」（飯塚（1988）；7頁）とされる。
47　Vgl. Sauer（1988）；S. 139.

　　シュミットは, 記帳の正規性ないし年度決算書作成の形式および期間に違背すれば, AO158条に従って利益の実質的な真実性の推定が否定され, AO162条に従って全部または一部が推定されなければならない旨を述べる（Schmidt（1990）；S. 280）。
48　Schick（1987）；S. 134.
49　Schick（1987）；S. 135.
50　Tipke（1974）；S. 170.
51　Tipke（1985）；S. 220.
52　Becker/Riewald/Koch（1965）；S. 309.
53　Leffson（1987）；S. 19.
54　Godin/Wilhelmi（1971）；§91 Anm. 4.
55　Hartung（1959）；S. 1902.
56　Hampel/Berkendorff（1995）；S. 151.
57　BFH v. 15. 2. 1989, XR 16/86, BFHE 156, 38, BStBI II 1989, 462.
58　Tipke/Kruse（1965/1991）；§158 Tz. 2.
59　Steuerberater-Handbuch（1994）；J-139. 本件判決は BFH v. 29. 1. 1992, BFH/NV 1992, 439；FG Saarland v. 28. 7. 1983, EFG 1984, 5とされているが, 原文は入手できなかった。
60　ローゼンベルク＝倉田訳（1987）；252頁。Rosenberg（1965）；S. 210f.
61　Tipke/Kruse（1965/1991）；§158 Tz. 2.
62　ドイツにおける推計課税に関しては, 波多野（1971a）；14頁以下, 波多野（1971b）；3頁以下および木村（1987）；230頁以下に詳しい。
63　Tipke/Kruse（1965/1991）；§158 Tz. 2.

64 Vgl. Apitz（1985）；S. 304.
65 Tipke/Lang（1991）；S. 695. 木村教授に従って，die größte Wahrscheinlichkeit を可及的蓋然性と訳出した（木村（1987）；139頁参照）。
66 Tipke/Kruse（1965/1991）；§158 Tz. 2.
67 Tipke/Kruse（1965/1991）；§158 Tz. 2, Wallis（1995）；§158 Anm. 3.
68 Tipke/Kruse（1965/1991）；§158 Tz. 2, Tipke/Lang（1991）；S. 695, Wallis（1995）；§158 Anm. 3.「確実性を境に接する蓋然性」とは，「主張事実についてその蓋然性が非常に高いことがありうる。わずかな不真実の可能性は決して排除されえないとしても，理性ある人間ならもはや疑わないであろう程度に，その蓋然性が非常に高い証明である」（木村（1987）；141頁）。
69 BFH v. 9. 8. 1991 Ⅲ R 129/85, BFHE 165, 326, BStBI Ⅱ 1992, 55.
70 たとえば AO-Handbuch（1996）も，「簿記の証拠力」を規定する158条に関する適用布告において，本件判決を参照せしめている（AO-Handbuch（1996）；S. 405）。
71 このケルン財政裁判所判決は，「裁判所は，連邦財政裁判所法96条1項1文に基づいて，手続の結果から入手した自らの自由な『心証』に従って判決する。帳簿の結果の不正確さに対する，重大な疑いでは十分ではない。不正確さは『確実性を境に接する蓋然性』をもって確定しなければならない」と判示している。
72 Wallis（1995）；§162 Anm. 21.
73 「米国の租税法における証明責任」の内容は，佐藤（1992）の159-160頁を参照した。
74 飯塚（1988）；8頁。

第7章
「正規の簿記」と租税優遇措置

第1節　はじめに

　ドイツでは，1897年商法典（HGB）38条1項に「正規の簿記の諸原則（GoB）」との用語が盛り込まれて以来，ある簿記が正規であるかどうか，あるいは正規の簿記に求められる必要条件がいかに高度なものであるのかという問題は，膨大な文献の出現をもたらしている。しかし，HGBの判例はこの領域では非常に膨大というほどではない。その理由はHGBが，正規の簿記を強制するところの刑法規定を含んでいないということにあった[1]。正規の簿記の強制は，刑法典や破産法を通じて間接的に達せられていたのである。平均して，1年につき最高でも2件程度とみなされる帝国裁判所（Reichsgericht）の判決は，主に破産法239条1項3号および4号について刑事部によって判示されていた[2]。

　意外なことに「正規の簿記」をめぐる判例は，HGB，刑法，破産法の領域ではなく，租税法の領域で集積されている[3]。

　戦後のドイツにおいては，戦災からの復興およびその後の経済発展促進のために，経済政策的な見地から多くの租税優遇措置（Steuervergünstigung）が採用され[4]，特に1949年から[5]1975年1月1日前に終了する営業年度までは[6]「正規の簿記」の提示が一連の租税優遇措置要求の実質的な前提条件となっていた。所得税法はGoB概念を，租税の特典に関する構成要件としても使用したのである[7]。この法的構造を「『正規の簿記』と租税優遇措置とのリンク体制」と名づけたい[8]。この「リンク体制」は，学説や判例において批判され，結果として1975年1月1日以後に終了する営業年度以後においては，もはや「正規の簿記」は租税優遇措置の適用の前提条件ではなくなっている。

それにもかかわらず、本章で「『正規の簿記』と租税優遇措置とのリンク体制」を論究するのにはそれなりの理由がある。それは、このリンクによって、「正規の簿記」に求められる必要条件は何であるか、さらに、「簿記」の本質的な目的が、判例や学説によって明らかにされているからである。また、ドイツにおける「『正規の簿記』と租税優遇措置とのリンク体制」はわが国の青色申告制度に酷似しているため、ドイツにおけるリンク体制をめぐる学説および判決に関する一連の考察は、今後のわが国の青色申告制度のあり方を考えるうえでも有益であると思われる（わが国の青色申告制度は、第14章第2節2参照）。

ここで誤解なきよう、ドイツにおける租税優遇措置に関する仕組みを整理しておきたい。租税優遇措置は、大きく2つのカテゴリーに区分することができる。

1つは、「基準性の原則」すなわち「税務貸借対照表に対する商事貸借対照表の基準性の原則」を考慮して、同じ会計処理が商事貸借対照表においてもなされることを優遇措置付与の条件とするものである。この優遇措置によって、商事貸借対照表が租税法規による影響を受けることになった（逆基準性は2009年会計法現代化法によって廃止されている。第11章第3節2を参照）。もう1つは、利益または損失にトータルに適用される（しかし、個々の経済財・準備金には適用されない）優遇措置であり、「留保利益の租税優遇措置」がその例である。

これら2つは異なる制度である。前者はわが国の「確定決算主義」に関連し、後者は「青色申告制度」に相当する。本章が対象とするのは後者の優遇措置である（わが国の確定決算主義は、第14章第3節4参照）。

第2節　1950年以前の諸判決と1950年所得税準則

1　判決の内容の変遷

所得税法における「租税優遇措置の承認」の前提条件である「正規の簿記」をめぐる係争事案は、ライヒ財政裁判所（Reichsfinanzhof, RFH）判決においてしばしばみられる。しかし、比較的古い判決においては、租税優遇措置の問題がいまだ緊急の問題ではなく、簿記の否認に関しては、主に完全推計あるいは部分推計の二者択一の視点であった[9]。「正規の簿記」概念にとって重要な

判決は,「正規の簿記」の提示が多くの租税優遇措置の前提条件となった1949年以後に集中している。判決によれば,簿記は特典付与の構成要件を満たしていなければならず,この証明が簿記からできなければ,特典の根拠となる経済的前提条件が満たされている,または,守られているという保証はないとされ,簿記に課せられた構成要件が満たされているか否かを判断する場合には,税制上の特典が「正規の簿記」の存否によって左右される理由に特に注意を払う必要があった[10]。論者によれば,これら税制上の特典による納税減免額は当時は相当な額に達しており,簿記の正規性が(たとえば,経営検査により)突然否認されて追徴が行われると,そのために財政困難に陥る企業があるほどであったという[11]。

2　1930年代のライヒ財政裁判所判決

初期には,税に関する裁判において「簿記の正規性という概念」に純粋に税制上の特色を与えるという傾向が際立っている。ビューラー／シェルプフによれば,この傾向は1930年代の終わり頃,税に関する規定の遵守が正規の簿記 (ordnungsmäßiger Buchüfhrung) の前提だと明言するほど高まっているという[12]。かかる状況下において,租税優遇措置と「正規の簿記」をめぐる RHF の以下の諸判決が存在している。

①　RFH1937年7月14日判決[13]

　　本件は,納税義務者が1934年12月31日付の商事貸借対照表および租税貸借対照表に租税上の準備金(st. begünstigte Rücklage)を記載したが,税務署および財政裁判所は,詳細な計算が即座に記帳されておらず,支払い時にはじめて記帳されていることを理由に,簿記は正規ではないとして,準備金の計上を否認している。

　　RHF は,上告(RB.)には理由があるとの結論を導く過程で,「仮に,所得税法施行令36条2項3号が仕入帳に関する行政命令の意味で正規の簿記を前提条件とするならば,それは前官庁の誤りである。(中略,筆者)結果において,上告人(Bf.)が正確な,かつ,前官庁(Vorbehörden)によって異議を唱えられない貸借対照表が作成された後においては,その簿記は租税上の準備金に関する規定の意味において秩序違反(ordnungswidrig)とはみなされない」と判示している。

本判決は,「一体的判断」, つまり, 簿記が税額査定にあたっての利益算定に関して認められれば, 租税法が結びつけている優遇措置に関しても正規性が認められうる旨を述べるのである。この「一体的判断」の原則は, 以下のRFH1937年11月18日判決とともに, 連邦財政裁判所 (Bundesfinanzhof, BFH) においてたびたび採用されている。

② RFH1937年11月18日判決[14]

> 本件では, 1935年に新たに購入した短期経済財の支出に関する控除の可否が争点となっている。上告人 (Bf.) は建設業を営んでいる。複式の簿記は配偶者である妻によっており, 会計事務所が決算書を作成している。取引はすべてが連続しているわけではなく, 必ずしも時系列的には (in zeitlicher Folge) 記帳されていない。貸借対照表に記帳された供給業者の債務は取引先帳に基づいて確定されており, 実質的な不一致は生じていない。
>
> RHF は「財政裁判所の判決は, 法律上の錯誤 (Rechtsirrtim) を免れない」との結論を導く過程で,「少なくとも HGB の規定に形式的に合致する正規の帳簿が記帳される場合に, 短期経済財の評価自由が主張しうる」として HGB 規定への合致を述べつつ,「その他の点では, 当判事部は, 所得税法5条の意味での正規の商人簿記があるか否かは, ただ一体的に (einheitlich) 決定されなければならないという立場に基づいている。簿記が形式的にも実質的にも正規であるならば, それは税額査定の基礎とされうる。簿記がただ税額査定に関して認められるならば, その正規性は短期経済財の控除に関して疑問が生じる余地がない」と判示している。

本件判決は, 簿記の正規性の判定に関して, 前述の1937年7月14日判決を踏襲して,「一体的判断」の原則を採用しつつ, 新たに「HGB 規定への形式的な合致」をもその判定基準に加えていることが注目される。

③ RFH1938年3月9日判決[15]

> 本件事案は, 瑕疵ある簿記の方法に基づいて算出された損失の繰越 (損失の繰越は, 正規の簿記の諸原則に基づいて記帳が行われている場合にのみ認められていた) が認められるか否かが争われた事案である[16]。上告人 (Bf.) の1932年と1933年の所得税の税額査定に関して, 両年度の租税期間において, 簿記の結果によって生じた損失が, 1925年所得税法15条1項4号に合致して, 上告人の所得から差し引かれるか否かが争点となっている。
>
> RFH はその結論を導く過程で「財政裁判所が, 簿記が HGB の規定だけでは

> なく一定の租税上の諸原則にも合致する場合には簿記はただ正規であるという場合はそれは不正確である。簿記が，HGBと，正規に経済活動を行っている商人の一般に認められた基準（allgemein anerkanntan Regeln des ordnungsmäßig wirtschafttenden Kaufmanns）が要求する，正規の商人簿記の諸原則（Grundsätzen ordnungsmäßiger kaufmännischer Buchführung）に適合しているならば，その簿記は正規である」との一般論を展開している。

　本件判決は，簿記の正規性の判定にあたって，一定の租税法の諸原則への合致ではなく，HGBと正規の商人簿記の諸原則への合致だけを求めるものである。この判旨は，その後のOFHおよびBFHに引き継がれている。

3　OFH判決

　1945年5月ライヒの崩壊とともに，ミュンヘンのRFHもその機能を停止している。その後RFHは上級財政裁判所（OFH）と改称され，1947年9月1日から，ヴュルテンベルクおよびバーデン各州につき，1948年5月1日からバイエルン州の財政事件に関する上告裁判所として機能していた。それは，BFHが開設されるまでのわずか4年間の過渡的上告裁判所であった[17]。

　従来の「税に関する規定の遵守が正規の簿記の前提である」とした厳しい判決は，その当時のOFHによって真っ先に引き継がれている。OFHは，当初，形式的な欠陥によって，簿記の本質が揺さぶられ，正規性はもはや存在しないという判断を主張したが[18]，1950年8月4日の判決（AmtsBl. Bay. -FM. 1950 S. 547）に従って，OFHはその見解に以下のような一定の制限を加えている[19]。

> 　もし，ただ規模の小さな，営業活動全体枠内で重要でない事業において，正規の簿記が行われず，それゆえにその他の点では，正規の簿記に基づく補完的な推計が利益の確定に不可欠である場合には，正規性を否認するべきではない。

4　新しい判決の流れ

　さらに，新しい判決の流れが，1950年1月13日のOFH判決（Amtsbl. Bay. -FM. 1950 S. 62）から始まっている。なお，この判決は1950年所得税準則に引

用されている。

> OFH1950年1月13日判決（AmtsBl. Bay. -FM. 1950 S. 62）[20]
> 　本件は，1947年に経営検査を受けた製造工場が，その調査結果に基づいて1941年から1944年分の所得税の訂正査定を受けた事案である。1941年8月20日付のStändVO（RGBl I S. 510）3条による留保利益に対する租税免除（Steuerfreiheit）および商品の評価が争点となっている。
> 　OFHは，形式的な違反は優遇措置の拒否を根拠づけないと判示する過程で「簡素化と経費節約のために簿記の省略が行われうる。それはいずれにせよ，利益勘定と損失勘定の記帳が基本帳簿および証憑まで追跡する（verfolgen）ことが可能でなければならない。専門的知識を有する者が，その状況を相当な時間消費と作業コストで監査可能でなければならない」とし，「形式的な異議は，官庁に，推計によって簿記の結果を変更することを引き起こさない。それゆえに，それはStÄndVOの優遇措置拒否の拠り所とされない」と述べる。さらにOFHは補足的に「簿記の判定については，HGB上の規定が基準になる。（中略，筆者）。財産目録が欠ければ，租税上商品残高が推計され，利益がもはや正規の簿記に基づいて算定されないことは明らかである。（中略，筆者）。それは戦争の影響によって記録書類が紛失された場合も適用される」としてHGB規定への合致にも触れている。

　本判決の位置づけとしては，次の3点が重要である。まず第1は，「形式的な違反は優遇措置の拒否を根拠づけない」と判示し，戦時中においてしばしばみられたGFHの厳しい見解と，明確な対照をなすところの寛大な立場を言及していることである。第2は，同判決では，商人の諸原則に則った正規性に基づく（auf die Ordnungsmäßigkeit nach kaufmännischen Grundsätzen）商事貸借対照表の基準性への言及がみられ，簿記の結果が税額査定の基礎とされる場合には優遇措置は拒まれ得ないことが述べられており[21]，後に続く多くの判決に対して一定の基準，つまり「HGBの諸原則への一致」および「一体的判断」を作り上げていることである。第3は，「記帳の追跡可能性の確保」と「専門的知識を有する第三者による監査可能性の確保」に触れていることである。

5　1950年所得税準則（EStR）

　既述のOFHの基本的な判決（1950年8月4日判決）とは関係なく，1950年所得税準則（EStR）によって「正規の簿記」に対する必要条件が厳格となり，そ

の結果としてわずかな形式的ないし実質的な欠陥（Mängeln）が存在する場合にはすべての簿記の正規性が却下されることが可能となっていた。1950年所得税準則45節（Abschn.）「正規の簿記（Ordnungsmäßige Buchfürung）」の主要部分は，以下のとおりである[22]。

> (1) 所得税法5条による利益算定の場合には，HGB38条・39条・43条および44条，株式法131条から133条，有限会社法41条と42条，組合法33条・33b条から33g条，AO160条から163条における一般的な簿記規定を遵守しなければならない。
>
> (2) 正規の簿記が規則として定められている，あるいは，優遇措置の要求に関する前提条件とされている場合には，他に次の諸原則が基準となる。
>
>   a) 簿記の正規性は，一定の帳簿が記帳され，その帳簿が形式的に秩序性がありかつその内容が実質的に正しいことを要求する。上級財政裁判所1950年1月13日判決（MinBlFim. 1949/50 S. 343）および連邦財政裁判所1951年2月23日判決（BStBl. 1951 Ⅲ S. 75）参照。簿記は，すべての取引と財産の確実な記録を可能としかつ保証しなければならない。簿記は，商人および専門的知識を有する第三者にいつでも取引と財産状況に関する必要な全容（Über-sicht）を相当な時間内に入手させるようにしなければならない。1933年12月1日（RStBl. 1934 S. 319）と1939年6月5日（RStBl. 1939 S. 1165）の刑事事案における帝国裁判所の判決を参照。記帳義務の充足は，少なくとも，基本記録あるいは基本帳簿に時系列的にすべての経営事象が完全網羅的にかつ連続して記帳されることが求められる。基本帳簿の記入は，その基礎となった取引が，その発生から終了まで追跡する（verfolgen）ことが可能であるような方法でなされなければならない。（以下省略）

※1933年12月1日判決および1939年6月5日判決は，第9章第3節2(4)を参照されたい。

　この所得税準則は，①所得税法5条による所得算定の場合の「正規の簿記」と，②租税優遇措置適用の前提条件としての「正規の簿記」につき，その概念を確定させるものであった。しかし②の概念は①のそれよりも広い概念になっていた（(1)に加えて(2)の「諸原則」が付加されている）ため，この所得税準則を実務に適用させようとすると，その簿記が税額算定の基礎とされる場合であっても，わずかな形式的ないし実質的な欠陥（Mängeln）が存在すれば，租税優遇措置の前提条件である「正規の簿記」の条件を満たさないケースがありうる

ことになる。それゆえに、かかる行政規則（Verwaltungsvorschriften）は経営側および税理士業界から激しい抵抗を受け、「簿記の正規性（Ordnungsmäßigkeit der Buchführung）」に対する過度な必要条件がBFHによって認められることはなく「正規の簿記」よりも広い範囲で、租税優遇措置の承認の前提条件が認められていた[23]。

ところで、この1950年所得税準則45節には重要な記帳条件が盛り込まれている。それは一目瞭然性（専門的知識を有する第三者への全容提供可能性）の原則と再検査可能性（追跡可能性）の原則である。この２つの原則は「形式的なGoB」の一般的で普遍的な原則であり、1977年AO145条１項および1985年改正HGBで238条１項の２文・３文に盛り込まれたものであるが、1950年時点ですでに所得税準則に盛り込まれていたことは、注目すべき事実である。

第３節　1951年以後のBFH判決の傾向

1　HGBの規定と正規の商人簿記の諸原則への一致

(1)　概　要

「HGBの規定と正規の商人簿記の諸原則への一致」は、本章第２節２で触れたRFH1937年11月18日判決、RFH1938年３月９日判決、OFH1950年１月13日判決でみられる。かかる観点からの判決は本節で紹介する1953年３月12日および1953年８月27日の連邦財政裁判所（BFH）判決等においてみられ、1954年３月25日のBFHの鑑定（BStBl S. 195）も、HGBの諸原則に合致した場合には正規であるとみなすという寛大な見解を採用するに至っている。

(2)　BFH判決
① 1953年３月12日判決[24]

本件事案では、商業登記上未登録のビール会社の共同出資人が、財産比較法ではあるが、暦年とは異なった10月１日から９月30日の営業年度によって利益を算定していることが問題となっている。1950年単一の利益確定にあたって、税務署は簿記の正規性を認めず、上訴人によって申請された留保利益の租税優遇措置を否認している。税務署によって主張された、簿記が暦年ではなく営業

年度によって行われているので簿記は正規ではないとする法律判断が争われた飛躍控訴は，失敗に帰している。財政裁判所は，1950年所得税法2条5項3号に違背して記帳された簿記は，正規ではなく，それゆえに，1950年所得税法10a条による留保利益の控除の前提条件は適切ではないとしている。

BFHは「上告には理由がある」とし，「前官庁は，上告人の簿記の正規性を否認している。それは，暦年とは異なった決算日がそのままで税額査定の基礎に置かれていないことではなく，1950年所得税法2条6項の規定に従って暦年への換算が必要とされるという結果からである（その簿記の実質的な真実性に対しては異議を申し立てていない）」，「簿記が正規であるか否かは，その結果がそのまま課税の基礎とされるか否かではなく，HGBの規定および正規の簿記の一般的な諸原則（allgemeinen Grundsätzen einer ordnungsmäßigen Buchführung）に合致しているか否かによって判断する（RFH1938年3月9日判決Ⅵ115/38，StuW1938 Nr. 229も参照）」と判示している。

② 1953年8月27日判決[25]

本件事案は，合名会社の開始貸借対照表の商品棚卸に対する必要条件の問題が扱われている。税務署は租税義務者の簿記を正規とみなさず，簿記の結果に従って税額を査定し，1949年所得税法10条1項3号による留保利益の租税優遇措置の承認を拒否している。控訴人は簿記の本質的な欠陥はないと主張したが，控訴は失敗に帰している。財政裁判所の見解も，棚卸しの懈怠は簿記の本質的な欠陥であるというものであった。

BFHは上告人の訴えを却下しているが，かかる結論を導く過程で「留保利益の優遇措置は，ただ正規の簿記が存在する場合にのみ承認されうる。この下では，商人の簿記は，HGBの諸原則に合致することであると解釈される。BFHの最近の判決である1953年3月12日判決では以下のように明確に判示されている。簿記が正規であるか否かは，その結果がそのまま課税の基礎とされるか否かではなく，HGBの諸規定および一般的な正規の簿記の諸原則（allgemeinen Grundsätzen einer ordnungsmäßigen Buchführung）に合致しているか否かによって判定される（1938年3月9日RFH判決でも同様）」と判示している。

これら2つの判決は，「一体的判断」ではなく「HGBの規定および一般的なGoBへの合致」を「簿記の正規性」の判断基準としていることが注目される。

③ BFH1954年3月25日鑑定[26]

この鑑定は，ニーダーザクセン州の大蔵大臣の申請に基づいて出されたもの

である。鑑定を求めた問題とは，営業年度終了時における棚卸資産残高の把握の際の GoB に対する違反が次の営業年度に関する簿記の正規性にも影響を及ぼすか否か（具体的には，翌営業年度の利益が正規の簿記に基づいているとみなされず，かつ，正規の簿記に基づく利益がその前提条件となっている租税優遇措置が認められないという結果になるか否か）である。鑑定は，以下のように述べている。

> RFH，OFH および BFH の判決によれば，ある簿記が正規であるか否かの問題は，HGB 上の観点から決定しなければならない。1938年3月9日の RHF 判決（Ⅵ 115/38 v. 9. 3. 1938, Steuer und Wietschaft（StuW）1938 Nr. 229）において，次のような基礎となる解説がなされている。「財政裁判所が，簿記が HGB の諸規定だけではなく一定の租税上の諸原則にも合致する場合には簿記は正規であるという場合，それは不正確である。簿記は，HGB と，正規に経済活動を行っている商人の一般に認められた規律が要求する，正規の商人簿記の諸原則（Grundsätzen ordnungsmäßiger kaufmännischer Buchführung）に適合しているならばその簿記はただ正規である」。BFH は，1953年8月27日判決（Ⅳ296/52 U, BStBl. Ⅲ）において諸原則を明確に確認している。そのほかに，BFH は1952年3月27日判決・第4判事部3561/51号事件において（BStBl. Ⅲ Bd. 56 S. 310），簿記の正規性を商人の簿記に関して必要な簿記が記帳されることに依存させている。

この鑑定の意義は，その他の（もしかすると，さらに重要な）確認にもあった。それは，いつ簿記が正規であるかという基本的な立場を取り扱っている。簿記がただ HGB に従った正規の経済活動を行っている商人の一般に認められた規定にのみ合致していなければならないか，それとも，一定の租税上の諸原則に従わなければならないか？である[27]。

鑑定は，簿記の正規性の判定にあたって，一定の租税上の諸原則への合致を排除し，HGB と正規の商人簿記の諸原則への一致をもってその判断基準としている。正規の財産目録に対する違反に下されているという前提条件があるものの，同鑑定の説明が基本的であったため，その結果，その後のすべての異論ある問題の際には，1954年3月25日の鑑定を参照させ，「GoB が再び商事法（Handelsrecht）および商慣習に帰しめられるという鑑定」として，早速知られるようになった[28]。以下，参照すべき判決を例示する。

④ BFH1966年3月25日判決[29]

　本件事案では所得税法10d条の適用の可否が争われている。租税義務者が相続した夫は，1957年に死亡しており，商業登記簿に登記された工場経営者であった。1958年の経営検査で，租税義務者が1954年12月31日と1955年12月31日の財産目録のオリジナルな記録を提示しないので，検査人は1954年から1956年の簿記を正規ではないとみなしている。財政裁判所は，BFH1955年12月6日判決と1963年12月6日判決に従って，租税義務者が棚卸記録を経営検査人に提示できないときは簿記は正規ではない，と判示している。

　BFHは，「HGB39条の要求する棚卸記録が欠けている場合には簿記は正規のものとはいえないが，財産目録が後から再発見され，＝本件のように＝オリジナルな記録の正真正銘さに関して疑念がないならば，租税義務者は書類を，補正手続および異議手続の範囲において税務署に，あるいは上訴手続において事実審（Tatsacheninstanz）としての財政裁判所に提示することができる」と判示し，補足的に「その記録が正規の財産目録かどうかは，HGB38条1項に従って，一般的な商人の正規の簿記の諸原則（allgemeinen kaufmännischen Grundsäten ordnngsmäßiger Buchfürung）に左右される」と述べている。

⑤ BFH1966年11月11日判決[30]

　租税義務者は，スクラップ，卑金属および廃物材の卸売業と小売業を経営している。彼は所得税法5条に従って利益を算定している。係争年度である1955年の税額査定にあたって，租税義務者が商品残高を実地に量っていないことを理由に，税務署は留保利益の租税優遇措置（所得税法10a条）を否認した。財政裁判所も，「営業年度の経過における実地棚卸は，継続記録法の場合にも統制手段（Kontrollmittel）である。それが欠ければ簿記は正規ではない。スクラップ取引においても実施棚卸は可能であり，要求可能である」としている。

　BFHは，所得税法10a条に基づく留保利益の租税優遇措置を否定するにあたり，1954年3月25日の鑑定と1966年3月25日のBFH判決を引用して「簿記は，それが，商事法（Handelsrecht）と正規の商人の一般に認められた基準に従って打ち立てられた諸原則に合致して作成されれば正規である」と述べている[31]。

⑥ BFH1969年2月7日判決[32]

　本件事案では，租税義務者（合名会社）の営業年度の切り替えは税務署の同

意を欠いている。正規の商品棚卸に基づかない最終貸借対照表の、簿記の正規性への影響（所得税法7c条の租税優遇措置適用の可否）が争点となっている。飛躍控訴（Sprungberufung）は失敗に帰している。

　BFHは、「上告（Revision）には理由がない」とし「租税義務者は所得税法7c条によって、正規の商人簿記に基づいて利益が算定されることを前提条件としている。この前提条件は本件事案では与えられていない」、「簿記が、HGBの規定と、正規の商人簿記の諸原則に合致した場合に、合名会社は、その簿記が正規であると認められる」と述べている。

⑦　BFH1983年12月6日判決[33]

　本件事案では、1974年以前の所得税法10d条の租税優遇措置適用の可否が問題となっている。BFHはその結論を導く過程で「簿記は、それがHGBの諸原則に合致している場合には正規である。貸借対照表が一定の期間以内に作成されることも商事法（Handelsrechts）上のGoBに属する」とし、「それは営業者ではない個人にも適用される」と判示している。

(3)　小　括

「簿記の正規性」概念は、1950年の所得税準則で示されたように、HGB上の諸原則のみならず、租税法上の諸原則もその判断基準となるべきであり、HGB上の「簿記の正規性」の観点だけから判定されるべきではない、との考え方もありうる。しかし、上記の判決はもとより、ドイツの学説も「商事法（Handelsrecht）の諸原則に合致していれば、その簿記は正規である[34]」としている。これはどのように理解すべきであろうか。

　上記の諸判決を概観すれば、すべて、財産目録や貸借対照表の作成をめぐるものである。租税法上の「簿記の正規性」の問題を扱う際に、それが「財産目録や貸借対照表の正規性」をめぐるものである場合には、それらは元々HGB上の義務であるために、「その簿記が、HGBと、正規に経済活動を行っている商人の一般に認められた規律が要求する正規の商人簿記の諸原則（Grundsätzen ordnungsmäßiger kaufmännischer Buchführung）に適合しているならば、正規である」との見解を採るのである。

2 一目瞭然性（商人および専門的知識を有する第三者への全容提供可能性）

(1) 歴史的変遷

ドイツにおいて，簿記の一目瞭然性に対する要求の出発点とみなされているのは，刑事事件に関する帝国裁判所の1881年4月30日判決（4 119ff.）であるとされている。本件判決では，「被告人自身あるいは第三者，ただし被告人の幇助を受けた第三者に限る，だけが帳簿から財産の全容（Vermögensübersicht）を知ることができ，問題が資産状態全体にとって重要ではない個々の記帳内容のみである場合には，内容に誤りがなければ，無秩序な（中略，筆者）記帳の誤りも是認してよい[35]」と判示している。さらに，帝国裁判所の1933年12月1日判決（RStBl 1934 S. 319）は，「商人の簿記というものは，商人あるいは専門的知識を有する第三者が，財産状態の全容（Übersicht）を，必要に応じて，いつでも把握できるような性質のものでなければならない」とし，1939年6月5日の判決（RStBl 1939 S. 1165）もこの判決を追認して，簿記の正規性は，大変な苦労をし，多大な時間をかけなければその全容（Übersicht）が把握できない場合には不十分ということになると述べている[36]。

しかし，筆者が1861年一般ドイツ商法典（ADHGB）に関する諸文献を渉猟したところ，1881年より前の1871年に，ADHGBの審議委員会委員でもある商法学者のハーンが，商人の一般的記帳義務を規定する同法の28条に関して「簿記は専門的知識を有する者が，帳簿から個々の取引の確実な知識と財産状況（Vermögenslage）に関する完全な全容（Übersicht）を入手することができるようなものでなければならない」と解説していることが判明した。したがって，ドイツにおける「簿記の一目瞭然性」に対する要求の出発点は，少なくとも，1881年4月30日の帝国裁判所の判決ではなく1871年に遡ることとなる（第2章第6節2参照）。

その後，本章第2節4で考察した1950年1月13日のOFH判決では，租税優遇措置をめぐる簿記の正規性を判断する過程で，「専門的知識を有する者が，その状況を相当な時間消費と作業コストで監査可能でなければならない」と判示し，1950年所得税準則45条2項においても，帝国裁判所の1933年12月1日と1939年6月5日判決を引用して「商人と専門的知識を有する第三者が，いつでも取引と資産状況に関する必要な全容を相当な時間内に入手可能でなければな

らない」とされていた。

(2) BFH判決

以下，「一目瞭然性（Übersichtlichkeit）」基準（「商人および専門的知識を有する第三者への全容提供可能性」基準）を採用しているBFH判決を掲記する。

① BFH1951年2月23日判決[37]

> 不服申立人（Beschwerdeführein, Bfin.）は，単式の商業簿記を採用している。すぐに支払いをしない請求書の数はわずかであり，かつ，財産の状況は何時でも見てわかるので，取引先帳は記帳されていない。交互計算は請求書の正規の保存によって代用されている。1949年所得税法10条1項3号の留保利益の租税優遇措置は，正規の簿記ではないとの理由で否認されている。上級財政庁長官（Oberfinanzpräsident）は，商人簿記の諸原則によれば，信用取引は現金取引のように基本帳簿に同じ方法で記帳される，租税義務者はかかる結果に合致していないので，簿記は正規ではないとして，その不服申立てを却下している。不服申立人は上級財政庁長官の決定に対して控訴したが敗訴している。
> BFHは，再度の審査のために財政裁判所に本件を差し戻す過程で，「簿記の形成に関する必要条件は，基本的には経営の規模と種類に依存している」とし，帝国裁判所の1933年12月1日と1939年6月5日判決を引用して「簿記は，商人および専門的知識を有する第三者に対して，いつでも取引状況および財産状況に関する必要な全容（Übersicht）を入手させなければならない」と判示している。

② BFH1954年1月10日判決[38]

> 租税義務者は，ビール卸売業を営んでいる。所得税法10a条の留保利益の優遇措置が受けられるか否かに関して，取引の連続した記帳と営業用現金の記帳が正規の簿記に該当するか否か，が問題になっている。
> BFHは，取引の連続した記帳に関しては「帝国裁判所の繰り返しなされた判決によれば，商人の簿記は，その者あるいは専門的知識を有する第三者に，いつでも（さしたる時間もかからずに）財産状態に関する必要な全容（Übersicht）を提供しなければならない」と帝国裁判所の1933年12月1日判決を引用している。

③ BFH1966年2月18日判決[39]

> 租税義務者は，訴訟代理人として，特に求償事案および損害賠償事案を処理している。租税義務者は，所得税法4条1項によってその利益を算定し，かつ，所得税法10a条の租税優遇措置を利用している。1963年の経営検査の際に，検査人は租税義務者が成功報酬に基づく請求権がその発生時に基本帳簿と交互計算勘定に記帳されていることを確認している。租税義務者は一般的に委任者に報告する場合に，補助帳簿に，日付の記入，委任者の名前，報酬額および支払日を伴って，時系列的に書き留めている。一部は，記入とその支払いとの間に重大な時間の間隔がある。税務署は簿記のシステム欠陥（Systemfehler）を認め，係争年度である1959年の所得税法10a条による租税優遇措置を拒否している。
>
> BFHは「簿記は自己目的ではない。（中略，筆者）法律および判決は，租税義務者に特定の記帳の形式を規定しておらず，簿記の正規性は租税義務者自身または専門的知識を有する第三者が，簿記作業において，さしたる困難もなく合理的な時間内に勝手がわかるか否かによって判定する」とし，成功報酬が，時系列的に補助帳簿に把握される場合，および租税義務者ないし専門的知識を有する第三者が相当な時間内に売掛金に関する全容（Überblick）を入手可能である場合には，交互計算勘定（Kontokorrentkonto）を欠いた簿記は正規でありうる，との結論を導いている。

本件判決では，Übersichtではなく，Überblickとの語を用いていることが注目される。ちなみに，1977年AOの145条1項および1985年改正HGB239条1項2文には，刑法典，破産法，学説および判決で用いられてきたÜbersichtではなく，Überblickという語が用いられている（第3章第5節3参照）。

④ BFH1966年9月23日判決[40]

> 本件も所得税法10a条が問題となっている。税務署は，租税義務者は確かに商品入荷帳に基づいて未払いの計算を集計できるが，債権の残高は簿記からは明らかにならないとして，留保利益の租税優遇措置（1958／61所得税法10a条）を拒否している。
>
> BFHは，1966年2月18日判決を引用して，「租税義務者は，簿記の形成において広範囲の自由を有し，特定の硬直したシステムに拘束させない。租税義務者および専門的知識を有する第三者が，その簿記作業において，さしたる苦労なく相当な時間内に勝手がわかることが，正規性に関する基準でなければならない」とする。そして「簿記の形成に関する必要条件は，経営の規模と種類（Große und Art des Betrieb）に依存している」，「特定の簿記方法が正規の簿

> 記に対する必要条件に結びつけられているか否か，そして，簿記に基づいて，特に簿記実務に精通した有識者に，ごく速やかにかつ信頼性をもって知らせることができるか否か，という問題に関する係争が生じれば，一般的には専門的知識を有する者の関与が目的に合っている」と述べている。

その他，1967年10月18日判決[41]，1968年3月26日判決[42]，1971年11月24日判決[43]でも，上記の判決と同様の根拠で判示している。

以上のように，簿記の形式的な正規性の判定基準である「商人および専門的知識を有する第三者への全容提供可能性」が租税優遇措置をめぐる諸判決を通じて醸成されている。

3 一体的判断・監視可能性の確保

(1) 概　要

既述したように，租税優遇措置適用の前提条件となる「簿記の正規性」の判定については，「HGB の規定と正規の商人簿記の諸原則への一致」および「一目瞭然性」（商人および専門的知識を有する第三者への全容提供可能性）という観点からの判決が数多く存在しているが，それ以外に「一体的判断 (Einheitlichkeits-Auffassung)」および「監視可能性 (Überwachungsmöglichkeit) の確保」という観点からの判決も存在していた。

(2) 一体的判断

一体的判断とは，わずかな形式的ないし実質的な欠陥にもかかわらず，確定された利益が税額査定の基礎とされる場合には，簿記が認められ，かつ，優遇措置が承認されるということである[44]。「一体的判断」の原則は，先に挙げた1937年7月14日および1937年11月18日のRFH判決をその淵源とし，1952年3月27日判決 (BStBl S. 122)[45]，1953年12月15日判決[46]にみられる[47]。

「簿記の正規性の問題はただ一体として判定される。税額査定の基礎となった簿記は租税優遇措置承認の範囲内において絶対に却下され得ない」と断定する文献も存在した[48]。しかしながらBFHは，簿記が正規ではないが証明力がある (beweiskraftig) 場合に租税優遇措置の適用を承認することができるとは明言していない。実際には，優遇措置は財政上の影響が大きいことを考慮して，個々の場合に応じて経験的に簿記の正規性の解釈が適用されている。特

に，推計課税によって補正される金額に関し，一応の限界が判例によって示されている。判例は程度に応じて段階を設けているが，その限界は流動的である[49]。

(3) 監視可能性の確保

　簿記の正規性という概念は，現行法に従い，一般的な意味においてのみ，つまり，限定的でなく，当該優遇措置規定の基準に基づく監視（Überwachung）の要件に対応して解釈することができる。以前の判決は確かに，GoBの概念を説明する際に，個々の場合に正規の簿記の要求する目的を引き合いに出すことによって，不合理な結果が生じるのを避けようとしていた[50]。監視可能性の観点から簿記の正規性を判定しているBFH判決は，1953年2月10日判決[51]，1966年8月5日判決[52]がある。これらの諸判決では,GoB概念を説明する際に,「税額査定との一体的判断」ではなく，個々の場合に正規の簿記の要求する目的を引き合いに出すことによって，不合理な結果が生じるのを避けようとしていた。しかしながら，所得税法上は明文をもって『正規の簿記』の提示を求めており，監視可能性の観点から簿記の正規性を判定することに対しては，条文解釈上疑問があった。なぜならば，法はたとえ間違っていても，優遇された事象の十分な監視の可能性をそれ自体で満足されるものではなく，一般に正規の簿記を要求していたからである[53]。

4　「正規の簿記」の適用領域

　租税優遇措置適用の適否を判断する際に，その対象となる「正規の簿記」概念の外延はどのようなものであるか，という点に触れている文献は少ない。一連の判例からも明らかなように，租税優遇措置に係るGoBは，「形式的なGoBi（正規の貸借対照表作成の諸原則）」を含む「形式的なGoB」の領域にかかわっていた[54]（**図表7-1**を参照。なお，租税優遇措置に係るGoBは「正規の財産目録作成の諸原則」にも関係していたことを付言しておく）。

図表7-1 租税優遇措置に係る「実箱である GoB」

簿記	GoB	形式的な GoB		実質的な GoB	
		成文化されている	成文化されていない	成文化されている	成文化されていない
広義の簿記	日常の簿記（狭義の簿記）	①	②	③	④
	貸借対照表	⑤	⑥	⑦	⑧

5 リンク体制がもたらしたもの

(1) リンク体制に対する批判

租税優遇措置の適否を「正規の簿記」に依拠せしめるという立法政策に対しては，多くの批判が投げかけられていた。それらの批判は，次の2点に集約される。

その第1は，租税優遇措置にリンクした「正規の簿記」概念の不確実さに対する批判である。たとえば「正規の簿記概念の不確定に関して，重大な法的不安定さが存在している[55]」あるいは「簿記の欠陥の問題に関する公表された判決すべてが，租税優遇措置に与える影響において，経営側や商業実務の批判に持ちこたえられるか否かが疑わしい[56]」との批判である。ブッベンツァー（Bubenzer）もいくつかの判決に疑問を呈している[57]。

第2は，リンク体制そのものに対する本質的な批判である。つまり，立法論的には，租税優遇措置承認の経済政策上の目的は，「簿記の正規性」との結合を求めていないのであって，優遇措置承認の前提条件を監視することで十分なのである。租税優遇措置と「正規の簿記」との結合が適当でないことは，大規模税制改革に関する作業委員会の討議報告（いわゆるトレガー・レポート）においても一般に認められている[58]。

かかる視点からの批判は数多くなされたが，たとえば，ヘルマン／ホイエルは，正規の簿記を租税優遇措置について自己目的（Selbstzweck）として要求することはできないとし[59]，ベッカー他によるコンメンタールでは，「立法者が特定の租税優遇措置の承認の前提として簿記の正規性を求めず，特典に関して一定の備えるべき記録の備え付けを求めたならば，（立法論としては（de lege ferenda）正当であろう[60]」とし、さらにヴァンゲロフ（Vangerow）なども正規性の問題を税制上の特典との関係から HGB と結びつけることに疑念を呈している[61]。

こうした批判を受けて、「『正規の簿記』と租税優遇措置とのリンク体制」は、1974年12月21日付の所得税法変更法（das Einkommensteuerreformgesetz v. 21. 12. 1974）と1974年12月13日付の所得税法施行令変更に関する行政命令（die VO zur Änderung der EStDV. v. 13. 12. 1974）等によって廃止されている[62]。

1975年の税額査定期間からは、その必要条件は整備・改正され、一部は記帳から一定の記載が明確でなければならないこと（所得税法7a条8項参照）が、一部は記帳における追跡可能性（Verfolgbarkeit）（所得税法66条4項5号参照）が、一部は一定の記録簿（InvZulG § Abs. 3）が求められるに至っている[63]。立法者が、租税優遇措置要求における実質的な前提条件である「正規の簿記」を断念したことによって「正規の簿記」でないことの結果は著しく緩和されている[64]。

(2) 「正規の簿記」概念の醸成に寄与

理論上の基礎を欠きながらも判決はほぼ満足できる結果となっているが[65]、優遇措置規定がまったく新しい非常に混乱した所得税法上のカテゴリーを作り上げているために、BFH 判決や多くの文献も「正規の簿記」を体系的に論述しているとは言い難い状態である。正規の簿記の規定が「新しい秘術（Geheimwissenschaft）」となる可能性があるとした指摘は[66]、まさに当時の学説と実務の混乱を推測させるものである。

しかし、かかる学説と実務の混乱は存在したものの、「『正規の簿記』と租税優遇措置とのリンク体制」により、簿記の正規性をめぐる判決が集積され、結果として「形式的な GoB」概念の発展・確定に大きな影響を与えたことも事実である。

一連の BFH 判決の流れをあえて特徴づければ、租税優遇措置との関係で機能する「実箱である GoB」は、「HGB の規定と正規の商人簿記の諸原則への一致」、「一目瞭然性」（商人および専門的知識を有する第三者への全容提供可能性）、「一体的判断」および「監視可能性」に要約できる[67]。

(3) 記帳に対する緊張感の醸成

リンク体制は，記帳義務者に対して，記帳に関する緊張感を醸成させ，記帳の品質向上に貢献したと思われる。というのも，税制上の特典による納税減免額は当時は相当な額に達しており，簿記の正規性が（たとえば，経営検査によって）突然否認されて追徴が行われると，そのために財政困難に陥る企業があるほどであったため[68]，記帳義務者は税制上の特典が「正規の簿記」の存否によって左右される理由に特に注意を払う必要があったからである[69]。

また，税理士がその委嘱者の決算報告書を作成するにあたって，誤記載を訂正する場合の「簿記の正規性」の程度の問題については，税務当局へ貸借対照表を提出するまでに，納税義務者自身または税理士が「HGB 上の GoB」に従って欠陥を除去することは，BFH がその1969年７月31日判決[70]で示した事例には該当しないという見解が代表的である。すなわち，このようにして欠陥を除去することは，「簿記の正規性」を阻害しないと考えられる[71]。

したがって，多数の租税義務者も，税務署と問題を起こしたり経営検査を受けるのを回避するため，納税者の義務としてこの問題の重要性を認識し，その簿記を税理士をして適正たらしめるとともに，税務行政から異議があった場合には少なくとも補完的な推計によって正しくし，欠陥の軽微さの限界が判定されるべき場合には解明されていない欠陥が行政の裁量に対する前提条件とならないように努めていたのである[72]。

(4) 1977年 AO，1985年 HGB，所得税準則に成文化

既述のように，「商人および専門的知識を有する第三者への全容提供可能性の原則」および「再検査可能性（追跡可能性）の原則」は，それぞれ1977年 AO145条１項１文と２文および1985年改正 HGB238条１項２文と３文に成文化されている。また「HGB の規定と商人簿記の諸原則への一致」は当時の所得税準則29節２項に盛り込まれている。さらに「現金記帳の正規性」やその他の正規性をめぐる一連の判決も，その後「簿記の正規性」をめぐる重要な判例となっている（たとえば，第５章の第３節１(1)「正規の現金記帳の原則」および同章補論参照）。

しかしながら，現行の AO145条１項１文および HGB238条１項２文では，「商人」という語句が省略されている。租税法規定の中では「自己報告による

健全経営の遂行」に関する規定を設けることはできないにしても，HGBの商業帳簿規定には，「正規の簿記」（正規の年度決算書を含む）を商人に自己報告させ，もって健全経営に資するという本質的な目的がある。それゆえに，諸判例で判示された「商人自身への自己報告」という観点がHGB238条1項2文に盛り込まれなかったことは悔やまれる。

(5) 簿記の本質的な目的への言及

諸判決が，簿記はその自己目的ではないと指摘していることを格別に重視したい。プロシア上級行政裁判所も「そもそも帳簿というものは，課税所得を証明するために商人によって記帳されるものではない」と明快に判示していた（1896年6月30日判決，prOVGiStS 5, 172（174））（第4章第2節①参照）。租税優遇措置をめぐる判決でも，1966年2月18日判決が「簿記は自己目的ではない」とし（本節2(2)③），1966年9月23日判決が「簿記の形成に関する必要条件は，経営の規模と種類（Große und Art des Betrieb）に依存している」としている（本節2(2)④参照）。さらに，既述のようにヘルマン／ホイエルは，正規の簿記を租税優遇措置について自己目的として要求することはできないとしていたが，ヘンラインも「BFHは簿記に対する要求を過大視することはないと何度も表明している。簿記は自己目的（Selbstzweck）のためにあるのではない。簿記も，やはり経済的に行うべきであろう。簿記の構成に関する要求は，事業の種類や規模によって決まる」とする[73]。

第4節　おわりに

戦後のドイツにおいては，戦災からの復興およびその後の経済発展促進のために，経済政策的な見地から多くの租税優遇措置が採用され，特に1949年から1975年1月1日前に終了する営業年度までは，「正規の簿記」の提示が一連の租税優遇措置要求の実質的な前提条件となっていた。この「リンク体制」は，学説や判例において批判され，1975年1月1日以後に終了する営業年度以後においては，もはや「正規の簿記」は租税優遇措置の適用の前提条件ではなくなっている。しかし，このリンクによって，「正規の簿記」に求められる必要条件は何であるか，さらに，「簿記」の本質的な目的が，判例や学説によって

明らかにされている。

　一連のBFH判決の流れをあえて特徴づければ，租税優遇措置との関係で機能する「実箱であるGoB」は，「HGBの規定と正規の商人簿記の諸原則への一致」，「一目瞭然性」（商人および専門的知識を有する第三者への全容提供可能性），「一体的判断」および「監視可能性」に要約できるが，現行商法典および国税通則法における成文化を促したのは，以下の，一目瞭然性の原則，再検査可能性の原則である。

① **一目瞭然性の原則**（Grundsatz der Übersichtlichkeit）

　一目瞭然性の原則，つまり「商人および専門的知識を有する第三者への全容提供可能性」という視点は，多くの判決で言及しているように，その簿記が，商人（租税義務者）自身および専門的知識を有する第三者に，取引と財産状態の全容を提供できるか否かという観点から行うという点にある。この原則は，商業帳簿の本質的な目的である「自己報告による健全経営の遂行」に係る「実箱であるGoB」そのものであるとともに（第9章第4節3③を参照），「正規の簿記」の一般的かつ決定的な基準にもなっている（第3章第5節3，第5章第3節1(1)参照）。

　この原則は1977年AOの145条1項1文および1985年HGB改正でHGB238条1項2文に成文化されている。しかしながら，現行のAO145条1項1文およびHGB238条1項2文では「商人」という語句が省略されている。商業帳簿には，「正規の簿記」を商人に自己報告させ，それによって健全経営に資するという本質的な目的がある。したがって，「商人自身への自己報告」という観点がHGB238条1項2文に盛り込まれるべきであった。

② **再検査可能性の原則**（Grundsatz der Nachprüfbarkeit）＝追跡可能性の原則

　OFH1950年1月13日判決では，「利益勘定と損失勘定の記帳が基本帳簿および証憑まで追跡することが可能でなければならない」と，1950年所得税準則45条では，「基本帳簿への記入は，その基礎となった取引が，その発生から終了まで追跡することが可能であるような方法でなされなければならない」として，取引の追跡可能性に言及している。この原則は上記の「商人および専門的知識を有する第三者への全容提供可能性」と同様に，「形式的なGoB」の一般原則であり，監査可能性の補助的な条件である。

　この原則も，1977年AOの145条1項2文および1985年HGB改正で

HGB238条1項3文に成文化されている。

また，租税優遇措置をめぐる諸判決が，簿記はその自己目的ではないと指摘し，学説も「簿記の構成に関する要求は，事業の種類や規模によって決まってくる」としている。これは，簿記技術の組立は「企業の属性」に応じて，多種多様なものが存在することを指摘するものである。さらに，リンク体制は，記帳義務者に対して，記帳に関する緊張感を醸成させ，記帳の品質向上に貢献している。

以上のように，「正規の簿記」と租税優遇措置とのリンク体制において，「正規の簿記」概念に関する，学説と実務の混乱は存在したものの，「『正規の簿記』と租税優遇措置とのリンク体制」により，簿記の正規性をめぐる判決が集積され，結果として，「形式的なGoB」概念の発展・確定に多くの影響を与えたのである。

■注
1 遠藤（1981）；58頁を参照。
2 Kruse（1978）；S. 8. 1877年破産法は，1898年5月17日に改正されて，民法典や1897年商法典とともに1900年1月1日に施行されている。この改正により，従来の209条・210条はその内容はそのままに，それぞれ239条と240条に移動している。そして，この規定は1976年7月29日の「経済犯罪防止第1法律」によって改正されるまで規定され続けたものである。
3 こうしたライヒスゲリヒトの刑事部における判決の少なさに対して，税法におけるGoBの採用により，個別問題におけるGoBの規定に対する税法上の文献と判例の重要性が高まっている。この点に関して，クルーゼは，「正規の簿記の問題において，RFHおよびBFHの判決は重要な要因になっている。Rosendorff-Hermannの『法人税法（Körperschaftsteuergesetz）』（第7版，1932年）によれば，当時すでに三千件以上の貸借対照表租税法に対するRFH判決があったとされており，（1920年代には＝筆者注）毎年三百以上の関連した判決があったと考えられる」（Kruse（1978）；S. 8.）というが，その相当部分は，所得税法が採用した「基準性の原則」に基づく貸借対照表租税法をめぐる判例であると思われる。
4 中里（1983）；3・14頁。
5 Bühler（1956）；S. 87.
6 Maas（1978）；S. 320, Kötter（1978）；S. 92f.
7 Kruse（1978）；S. 3.
8 ちなみに，1974年当時の「租税優遇措置の承認」に関する所得税法上の条文を例示すれ

ば，7c条「住宅建設の振興」・10a条「留保利益の租税優遇措置」・51条「授権」の2項1号・o号・u号・v号では「4条1項ないし5条による正規の簿記に基づいて（auf Grund ordnungsmäßiger Buchführung nach §4 Abs. 1 oder nach §5)」，10d条「損失控除」では「4条1項ないし5条による正規の簿記に基づいて（nach §4 Abs. 1 oder nach §5 auf Grund ordnungsmäßiger Buchführung)」，34b条「林業による臨時所得の場合の税率」では「正規に記帳された」（ordnungsmäßig geführt)，51条1項n号・w号では「5条による正規の簿記に基づいて（auf Grund ordnungsmäßiger Buchführung nach §5)」との文言が使用されていた（条文はHartmann/Böttcher/Grass（1955/74）を参照した）。また，所得税法のほかに，1965年8月12日／1969年8月8日付の「発電所における石炭の使用を促進するための法律」1条などの多くの法律においても，正規の簿記の提示が租税優遇措置承認の前提条件となっていた（Hermann/Heuer（1950/1971）；§5 Anm. 46b[1])。

9　Gronenborn（1956）；S. 306.
10　Müller（1956）；S. 276.
11　Müller（1956）；, S. 276.
12　Bühler/Scherpf（1971）；S. 63.
13　1937-StuW Nr. 475.
14　1937-StuW Nr. 626.
15　1938-StuW Nr. 229.
16　中里（1983）：1・105-106頁。
17　中川（1984）：97頁参照。
　　なお，基本法96条の規定は，当初3項からなり，1項は「通常裁判権，行政裁判権，財政裁判権，労働裁判権および社会裁判権の分野について，連邦上級裁判所が設置されるものとする」との内容であった。この1項は，後に実質的には95条1項に引き継がれている（高田／初宿（1994）：252頁を参照）。
18　Bühler/Scherpf（1971）；S. 63.
19　Bühler/Scherpf（1971），S. 64.
20　判決内容は，Bühler/Scherpf（1971），S. 121ff. を参照した。
21　Bühler/Scherpf（1971）；S. 123. 同文献では，「ただし，租税優遇措置の特定の目的に関する正規性の明確な強調はなお欠けている」としている。
22　1950年所得税準則は，Brönner（1952）；S. 94f. を参照した。この準則に，翌年の（1950年の）連邦財政裁判所1951年2月23日判決（本章第3節2(2)を参照）が引用されている理由は不明である。
23　Bühler/Scherpf（1971）；S. 64.
24　BFHE. 57, 91.
25　BFHE. 58, 44.
26　BFHE. 58, 201.
27　Bühler/Scherpf（1971）；S. 133.
28　Bühler/Scherpf（1971）；S. 134.

29 BFHE. 86, 82. 本件判決は，中里（1983）；1・106頁も参照。
30 BFHE. 87, 94.
31 中里（1983）；1・106頁。
32 BFHE. 95, 40.
33 BFH-Urteil vom 6. 12. 1983 Ⅷ R 110/79.
34 たとえば，Heinlein（1978）；S. 43を参照。
35 Bühler/Scherpf（1971）；S. 63.
36 Bühler/Scherpf（1971）；S. 63.
37 BFHE. 55, 52.
38 BFHE. 59, 69.
39 BFHE. 85, 136.
40 BFHE. 87, 26.
41 BFHE. 90, 154.
42 BFHE. 92, 85.
43 BFHE. 104, 120.
44 Bühler/Scherpf（1971）；S. 64.
45 BFHE. 56, 83.
46 BFHE. 58, 101.
47 一体的判断の原則について，若干の誤解を指摘したい。私見によれば，一体的判断は，「税額査定との一体的判断」と「租税優遇措置間の一体的判断」の両者から構成される。上記で触れた判決は，すべて「税額査定との一体的判断」であるが，たとえば，1966年12月14日判決（BFHE. 87, 188.），1957年9月3日判決（BFHE. 66, 61.），1968年3月26日判決（BFHE. 92, 85.）は，租税優遇措置相互間の一体性を述べるものであり，税額査定と租税優遇措置適用の一体性を述べるものではない。
48 Vgl. Trumpler（1953）；S. 9.
49 Müller（1956）；S. 279.
50 Hermann/Heuer（1950/1971）；§5 Anm. 46b[2].
51 BFHE. 57, 83.
52 BFHE. 86, 229.
53 Hermann/Heuer（1950/1971）；§5 Anm. 46b[2].
54 クルーゼによれば，判決と行政によって追求された意図からその相違が明らかになるとして，「所得税法と所得税法施行令の規定の場合は，GoB の概念が，広義あるいは狭義の意味であるか否かが，そのつど，解釈によって確定されなければならない」，「所得税法5条1項および6条1項2号は，広い意味でその概念を使用し，他方，租税優遇措置を『正規の簿記』に依存させているすべての規定は，狭義の GoB と GoI（正規の財産目録作成の諸原則）だけを GoB として理解している」と結論づけている（Kruse（1978）；S. 4）。クルーゼは，狭義の GoB は形式的意味の GoB に相当し，GoBi は実質的な意味の GoB に相当するとしており（第5章第2節1を参照されたい），この分類を前提にすれば，クルーゼの見解は，「形式的な GoBi」を含んでおらず，租税優遇措置にかかわる「正規の簿記」

概念を正確に記述していないと思われる。

55 Trzaskalik (1995) ; §140 Rz. 51.
56 Müller (1956) ; S. 279.
57 Vgl. Bubenzer (1954) ; S. 129ff.
58 Hermann/Heuer (1950/1971) ; §5Anm. 46b[1].
59 Hermann/Heuer (1950/1971) ; §5Anm. 46b[2].
60 Becker/Riewald/Koch (1965) ; S. 61.
61 Vangerow (1955) ; Sp. 44ff. その他，租税優遇措置と「簿記の正規性」とのリンク体制に対して疑念を呈する見解は，Heuer (1951) ; S. 456, Gnam (1953) ; S. 271, Hartz (1956) ; Beil. 17 S. 2, Gronenborn (1956) ; S. 332および Thoma (1968) ; S. 27などがある。
62 Bornhaupt (1987) ; S. 158.
63 Trzaskalik (1995) ; §140 Tz. 52.
64 Maas (1978) ; S. 320.
65 Kruse (1978) ; S. 8.
66 Vgl. Bühler/Scherpf (1971) ; S. 119.
67 木村教授は，簿記の正規性と租税優遇措置との諸判決につき，「簿記の正規性の問題は，常に，一体的にのみ判断されうる。ある帳簿は利益計算と租税優遇の供与（1974年12月31日まで）のために承認されうるかまたは両者について却下される」（木村（1987）；277頁）とされるのみであるが，本章における一連の考察からも明らかなように，「租税優遇措置の承認」の前提条件である正規の簿記をめぐるライヒ財政裁判所判決および連邦財政裁判所判決の流れは，「一体的判断」だけではない。
68 Müller (1956) ; S. 276.
69 Müller (1956) ; S. 276.
70 BFHE 97, 65. 本件判決で BFH は，「租税優遇措置の問題については，租税義務者がその利益を正規の簿記に基づいて算出したかどうかが決定的に重要である」と判示している。
71 Vgl. Heinlein (1972) ; S. 329f.
72 Vgl. Müller (1956) ; S. 279f.
73 Heinlein (1972) ; S. 325.

第8章

「正規の簿記」と
電子的データ処理簿記

第1節　はじめに

　ドイツにおける電子的データ処理簿記（Elektronische Datenverbeitung-Buchführung, 以下「EDV簿記」という）をめぐる法的構造は，「正規の簿記の諸原則（GoB）」の法的体系に密接に関連している（本章では「EDV簿記」を狭義の意味，つまり，長期ないし短期のデータが視覚的に見読可能でない形式で機械的に見読可能なデータ媒体だけに記憶されるという意味で用いる）。

　「簿記組織」，とりわけ「簿記の形式」とGoBとの間には密接な関係がある（第5章第3節1(1)参照）。まず，1897年商法典（HGB）の43条2項および1919年ライヒ国税通則法（RAO）162条4項は，装丁された帳簿を求めていた。その後，1927年のベルリン商工会議所の鑑定意見によって，一定の条件の下でルーズリーフ式簿記が許容されている（第3章第3節1参照）。また，1965年8月2日のHGB改正（第3章第3節2参照），これと符合したRAO162条9項の創設によって（第4章第3節2(2)参照），マイクロフィルムによる証憑等の保存が認められている。これらルーズリーフ式簿記およびマイクロフィルムによる帳簿書類保存の正規性に係る「実箱であるGoB」は，「形式的かつ狭義のGoB」の領域に関係している。

　とりわけ，「形式的かつ狭義のGoB」の具体的な内容はEDV簿記に関する一連の法的整備の過程で明白となっている。というのは，EDV簿記の許容は，保存されたデータの遡及的な追加・訂正・修正・削除処理が常時かつ瞬時に，しかも一切の痕跡を残さずに可能であるというコンピュータの特性を前提として，EDV簿記が少なくとも「伝統的な簿記」と同様の信頼性と証拠力

(Beweiskraft）が獲得される法的整備を行うことにその問題の本質があるからである[1]。

EDV 簿記に関して，特に注目すべきことは2つある。その第1は，EDV 簿記の許容に係る一連の法整備において，私法である HGB の商業帳簿規定と公法である1977年国税通則法（AO）の帳簿規定の「調和」が図られていることである（第3章第4節1および第4章第4節4参照）。第2は，EDV 簿記の許容に係る一連の法整備において，HGB と AO に規定される「形式的かつ狭義の GoB」が一般的かつ普遍的なものに変化していることである（第3章第5節5の図表3-6および第4章第5節5の図表4-3参照）。

本章ではこうした前提の下で，「正規の簿記」と EDV 簿記との関係，そして EDV 簿記に関する「法の目的に応じた，法規範の組立」について，より詳細な考察を行う。

第2節　EDV 簿記をめぐる法的な仕組み

1　歴史的経緯

税務行政は，1967年所得税準則（EStR）29節6項（Abschn. 29 Abs. 6）においてデータ処理に関するいくつかの問題を取り扱っている。同29節6項は，以下のような規定であった[2]。

> 　記帳義務のある取引が，データ媒体に記憶されている場合には，データがいつでも相当な時間内に出力される限りは，さらに異議を唱えられるべきではない。記憶された記帳資料が（営業年度の終わりまでにすでに完全に出力されていない限りで）営業年度の終了までに完全に出力されなければならない。さしたる困難もなく，個別金額で出せるのであれば，圧縮された数字だけで十分である。（中略，筆者）。指示書・解説書および組織の基礎資料は，（中略，筆者）簿記との関連において必要である限り，10年間保存されなければならない。簿記の形成に関して必要な技術上の補助手段は保存しなくてもよい。

この規定は，伝統的な EDV 簿記（konventionelle EDV-Buchführung），つまり，記帳が全部または部分的に自動化されたデータ処理装置の手段を伴って作

成され出力される場合であっても、基本的に GoB に対する一般的な必要条件が充足されなければならないことを指示するものであった[3]。つまり、「紙による出力」が前提となっていたのである。

1969年 AO 草案の89条3項4文も、貸借対照表日後のデータ媒体による帳簿保存を認めていなかったが[4]、1974年 AO 草案91条3項は EDV 簿記、つまりデータ媒体による帳簿保存を認めるものであった（第4章第4節2および3参照）。そして1977年1月1日から、HGB と1977年 AO が EDV 簿記を一定の条件の下で許容するに至っている。さらに、1978年には EDV 簿記の正規性判定の具体的基準である GoS（正規の記憶装置簿記の諸原則、Grundsätze ordnungsmäßiger Speicherbuchbuchführung）が制定され[5]、1995年にはコンピュータ技術の発展や電子商取引の普及等に対応して GoBS（正規のデータ処理支援式簿記システムの諸原則、Grundsätze ordnungsmäßiger DV-gestützter Buchführungssysteme）が GoS に代わって制定されている。

2 EDV 簿記の許容をめぐる「法の目的に応じた、法規範の組立」

私見によれば、ドイツにおける EDV 簿記の許容をめぐる法律構造、すなわち「法の目的に応じた、法規範の組立」は、HGB および AO を通じた「整合性ある3層構造」となっている。すなわち、第1に、「形式的かつ狭義の GoB」が HGB および AO に規定されており、第2に、それを前提にしてデータ媒体による保存を一定の条件のもとで許容する条項が HGB および AO に盛り込まれ、第3に、税法上 EDV 簿記の正規性を詳細に規定する1978年 GoS、そして今日では1995年 GoBS が存在するという構造になっている[6]。

① 第1層

EDV 簿記をめぐる「整合性ある3層構造」の第1層は、形式的な GoB、特に「形式的かつ狭義の GoB」である（**図表8-1参照**）。

HGB 改正に関する「1974年 AO 導入法草案（EGAO 1974）」の理由書は、「GoB への参照は、簿記は個々に確定されないという、HGB の原則からもたらされている」としつつ、「自動的なデータ処理装置を使用して処理される簿記は、正規の簿記に関して策定されたその他の必要条件を充足しなければならない」として HGB43条1項2文および2項と3項を掲げている。1976年 HGB 改正および1977年 AO における EDV 簿記の法的根拠制定のポイントは、(1)デー

図表8-1 EDV簿記の正規性の判定基準となる「形式的かつ狭義のGoB」

簿記	GoB	形式的なGoB		実質的なGoB	
		成文化されている	成文化されていない	成文化されている	成文化されていない
広義の簿記	日常の簿記（狭義の簿記）	①	②	③	④
	貸借対照表	⑤	⑥	⑦	⑧

タが保存期間中は自由に使用することができ，また相当なる時間内であればいつでも見読可能であることが保証されること（それらは，監査可能性の原則から出てくるものであり，現行HGB238条1項3文およびAO145条1項2文に凝縮されている）および，(2)EDV簿記が，同時に適用された手続を含めてGoB（形式的かつ狭義のGoB＝筆者注）に合致していることを前提に，帳簿の作成をコンピュータで行いかつ保存できることを認めたことにある[7]。特に注目すべきことは，EDV簿記の許容が契機となって，HGBとAOの帳簿規定の「調和」が図られ，さらに，法規範化された「形式的かつ狭義のGoB」が一般的かつ普遍的なものへと改正されていることである。

② 第2層

「整合性ある3層構造」の第2層は，EDV簿記そのものを，GoBへの合致などの一定条件の下で許容するHGBとAOの規定である。1976年12月14日のHGB改正の内容は，商人に，より広範囲な簿記の合理化，特に電子的データ処理装置の使用を可能にすることにあった。1976年改正のHGB38条2項・同43条4項・47a条は，1985年のHGB改正を経て，それぞれ238条2項・239条4項・261条に移行され，44条3項は，若干の文言の変更を伴って257条3項に移行されている。他方，1977年AOの146条5項・147条2項・147条5項にもEDV簿記の法的根拠が盛り込まれている。1977年AOは1976年12月14日のHGB改正と完全な連動関係にあり，AO146条5項は1976年改正HGB43条4項に，147条2項はHGB44条3項に，147条5項はHGB47a条に対応している（EDV簿記の許容のための改正の経緯は，第3章第4節および第4章第4節参照）。

③ 第3層

「整合性ある3層構造」の第3層は，EDV簿記の正規性を詳細に規定する基

準の存在である（具体的には，1978年GoSと1995年GoBSが該当する）。そして，それは，EDV簿記の分野に関して，簿記の正規性のための基準である一般的なGoBをより詳細にしたものである。

行政は，1993年所得税準則29節8項5文（Abschn. 29 Abs. 8 Satz5）において，すべてのEDV簿記に関して，監査可能性と文書化に対する一般的な必要条件であるGoSを受け入れたことに言及している。それによって，所得税準則の構成要素である監査可能性と文書化に関するGoSの規定は行政命令（Verwaltungsanweisung）であるという位置づけになる。それゆえに，行政はこの規定に拘束される[8]。そして，1995年には，従来のGoSに代わってGoBSが発布されている。このGoBSが策定された背景には，EDV簿記の正規性の判定基準の一層の明確化，および，昨今の集中的な情報処理システムの導入による情報処理分野の発展がある。現在ではGoBSがGoSの代わりとなっているので，「文書化と監査可能性」に関するその規定も，所得税準則の構成要素となっている（現行所得税準則R29は第4章補節，国税通則法適用布告は第4章第5節3参照）。また，GoS, GoBSはともに租税法上のものであるがHGBに関する諸文献におけるEDV簿記の解説においても租税法のそれと同様に位置づけられている。

以上の関係を図表に示せば、以下のようになる（**図表8-2**）。

図表8-2 EDV簿記をめぐる3層構造の仕組み

1995年GoBS	第3層
AOおよびHGBによるEDV簿記の許容	第2層
形式的かつ狭義のGoBの諸原則	第1層

3　EDV簿記の種類

広義のEDV簿記が包含する具体的な組織形態には，狭義のEDV簿記，伝統的なEDV簿記，外部委託簿記（Fernbuchführung），社外のEDV簿記（EDV-Buchführung außer Haus）およびマイクロフィルム化（Mikroverfilmung），データ送達・データ交換も含まれる（**図表8-3参照**）。AO146条5項によって（狭

図表8-3 EDV 簿記の定義

広義の EDV 簿記	狭義の EDV 簿記
	長期ないし短期のデータが視覚的に見読可能でない形式で機械的に見読可能なデータ媒体だけに記憶される簿記
	伝統的な EDV 簿記
	記帳が全部または部分的に自動化されたデータ処理装置の手段を伴って作成され出力される簿記
	外部委託簿記
	社外の EDV 簿記
	マイクロフィルム化
	データ送達・データ交換

義の）EDV 簿記が許される前提条件は，基本的にすべての EDV 簿記（広義の EDV 簿記）においても同じ程度で充足されなければならない。その前提条件とは，特に，GoBS の遵守とデータの見読可能化の保証である（146条の適用布告3項2文参照）[9]。

① **伝統的な EDV 簿記**

1967年所得税準則29節6項で一定の条件の下で許容されて以来[10]，1977年 AO 施行までは，完全な出力を伴った伝統的な EDV 簿記だけが許容されていた。完全な出力を伴った EDV 簿記と Speicherbuchführung（記憶装置簿記）に関しては，基本的に同様の規定が適用される[11]。

② **外部委託簿記（Fernbuchführung）**[12]

外部委託簿記の処理は，HGB 上も租税法上も認められている[13]。外部委託簿記は，現金取引を除き，記帳は企業自体では行われず，全部または一部が関係のない場所（たとえば，税理士等）で行われる[14]（この場合，税理士等がコンピュータを用いる場合と用いない場合がある）。

多くの中小企業は，その記帳を外部の計算センターによって作成させている[15]。コンピュータを用いた外部委託簿記の場合には，すべての取引の適時の記帳が格別に重要である。なぜならば，租税義務者から証憑を伴って適時に送られた基本記録（たとえば，現金出納帳，商品仕入帳，連続した毎月の報酬記録等々）を，租税義務者から記帳を委託された者（たとえば，記帳援助者）が，期間的にデータ媒体に把握するが，常に期間的に処理し出力されるということは

なく，ただ一定の期間の間隔で物的および人的勘定に基づく最終的な記帳が計算センターで行われるからである[16]（なお，「証憑」の意義は第5章第3節1(1)「記帳の諸原則と簿記の保証」の⑧参照）。

③ 社外のEDV簿記（EDV-Buchführung außer Haus）

外部委託簿記に関連してEDV-Buchführung außer Haus（社外のEDV簿記）との用語もみられる。社外のEDV簿記は，外部委託簿記の徹底された形態である[17]。この場合，租税義務者は，記帳の履行にとって必要な機能（証憑作成と勘定記入，取引の把握と処理，表出物の作成）のある部分ないし全部を第三者に委託する（FAMA 1/87 WPg. 88, 9)。

第3節 1995年GoBSと「その他の規範」

1 GoBS

ところで，1978年GoSの発布以後にあっても[18]，EDVの専門家集団側には，EDV簿記の正規性の判定基準である「実箱であるGoB」概念が明確に理解されていなかったようである。それは，1984年にシュッペンハオエル（Schuppenhauer）が次のような重大な問題提起をしていることからも明らかであろう[19]。

> 　法律上の規定と専門家の見解は，「正規のデータ処理の諸原則（Grundsätze ordnungsmäßiger Datenverarbeitung）」や「データ処理プログラムの正規の適用（Ordnungsgäßeme Anwendung der Datenverarbeitungsprogramme）」の意義をますます求めるようになっている。その分野に関しては，膨大な文献にもかかわらず，いまだに具体性が欠けている。すべての専門科目が特有の背景を持った特有の用語で記述されているために，EDVの専門家集団と，商人ないし経済監査士の間に，相互理解の困難が存在するのである。EDVの専門家の側からは，常に「正規性の必要条件（Ordnungsmäßigkeitsanforderungen）」の事実上の範囲に関する曖昧さが存在している。さらに，部外者の側においても，どのような「正規性の必要条件」が実現されなければならないか，そして，どのような理由で「正規性の必要条件」が遵守されなければならないかということが必ずしも明瞭となっていない。

こうした状況のもとで，1985年GoBSが発布されている。GoBSの概要は，以下のようになっている（なお，1985年GoBSの邦訳は坂本／高田（1997）参照）。

GoBSの概要

```
添付文書
本文
  序論
  1  適用領域
  2  証憑，仕訳帳および勘定機能
  3  記帳
  4  内部統制システム
  5  データ保全
  6  文書化と検証可能性
  7  保存期間
  8  データ媒体に記録された書類再現
  9  責任
```

GoBSは2つの文書に区分される。それは，GoBSの添付文書であり，その他は，GoBS自体である。GoBSの添付文書では，GoBSは「EDV簿記の分野に関して，簿記の正規性の基準となる一般的なGoB（Die allgemeinen GoB-der Maßstab für die Ordnungsmäßigkeit der Buchüfhrung）をより詳細にしたもの」であるとし（傍点は筆者），一般的なGoBとして，HGB238条・239条・257条[20]および261条[21]，AO145条・146条・147条，そして，最も重要なGoBとして，1993年所得税準則29節を掲げている[22]。

GoBの法的性質の解明にとってこのGoBSの添付文書の言及は，決定的に重要である。それは，この「言及」が以下のことを明らかにしているからである。

① 「簿記の正規性（Ordnungsmäßigkeit der Buchüfhrung）」の基準となる「一般的なGoB」が存在する。
② 「EDV簿記の分野に関して」というからには，それ以外の「場の条件」に関しても「一般的なGoB」が存在する。
③ 「EDV簿記の正規性」に係る「実箱としてのGoB」には，HGB238条・

239条・257条および261条,AO145条・146条・147条,所得税準則R29が充塡される。

④　GoBSも「EDV簿記の正規性」に係る「実箱であるGoB」を充塡する。

⑤　それゆえに,上記のGoBSの添付文書の言及は,EDV簿記の許容という「場の条件」の下で,その実態(事実関係システム)に適合したGoBの組立(法の目的に応じた,法規範の組立)を解説したものである。

以上のGoBSをめぐる法律構造を,**図表8-4**に示した。

なお,本研究では,第5章において,HGBおよび租税法規に成文化されたGoBの個別原則を列挙した。不確定法概念として位置づけられるGoBではあるが,同時に「実箱であるGoB」が多数存在している事実に対する筆者の気づきは,GoBSは,「EDV簿記の分野に関して,簿記の正規性の基準となる一般的なGoB(Die allgemeinen GoB- der Maßstab für die Ordnungsmäßigkeit der Buchüfrung)をより詳細にしたもの」とする1995年GoBS添付文書の記述にあったことを付言しておきたい。

図表8-4　GoBSをめぐる法律構造

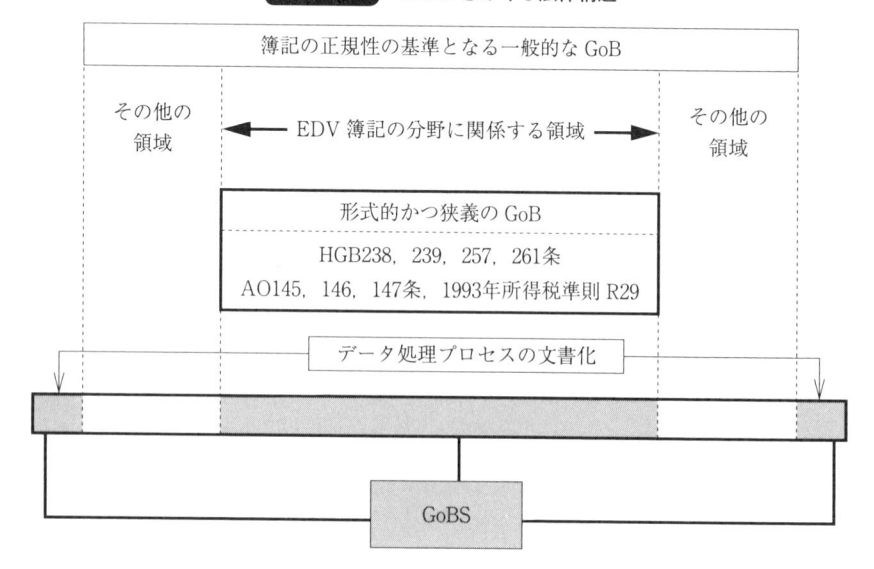

```
┌─────────────────────────────────────────────┐
│         簿記の正規性の基準となる一般的なGoB          │
└─────────────────────────────────────────────┘
 その他の  ←── EDV簿記の分野に関係する領域 ──→  その他の
 領域                                              領域
         ┌───────────────────────────┐
         │       形式的かつ狭義のGoB        │
         ├───────────────────────────┤
         │    HGB238, 239, 257, 261条      │
         │  AO145, 146, 147条, 1993年所得税準則R29 │
         └───────────────────────────┘
              ┌─ データ処理プロセスの文書化 ─┐

                        ┌──────┐
                        │ GoBS │
                        └──────┘
```

2　EDV 簿記をめぐる「その他の規範」

　EDV 簿記の正規性は HGB と AO における関連諸規定や GoBS の遵守によって充足される。しかし「EDV 簿記の正規性」に関係する「実箱である GoB」には，なお不確定な領域が存在する。この領域は，専門家的見解および判例等の「権威ある支持」や「社会的残余価値」でカバーすることになる。1987年に FAMA（近代的決算システム専門委員会）によって編集された『コンピュータ処理における GoB とその監査 1/1987（Grundsätze ordnungsmäßiger Buchführung bei computergestützen Verfahren und deren Prüfung 1/1987)』も，EDV 簿記の正規性およびその監査についての判断材料として，重要な位置を占めている[23]。また，ドイツ連邦税理士会連合会によって『EDV 簿記による正規の処理プロセスのためのチェックリスト（Checklisten zur Verfahrensprüfung der Ordnungsmäßigkeit von EDV-Buchführungen, 1990)』も開発されている。このチェックリストは，連邦税理士会の「EDV 会計検査」委員会において，ドイツ連邦内税理士専門データ処理機関ダーテフ登録済協同組合との共同の作業によって作成されたものであり[24]，税理士が，委託者たる中小企業の監査を実施する際に，その委託者の採用する EDV 簿記の正規性を判断する基礎資料として有用である。

　以上の EDV 簿記をめぐる法的仕組みとその他の規範の関係を図に示せば，**図表 8-5** となる。ここで図における「システムの技術的構造」とは，「形式的かつ狭義の GoB」を意味している。シュッペンハオエルが示したこの図からも明らかなように，EDV 簿記の正規性の判断基準となる「実箱」は，簿記（形式的かつ狭義の簿記）の領域を超えて，データ処理組織にまで拡大し，専門家的見解，さらにはデータ処理組織の文書化などによって充填されることが理解される（この点については，「1974年 AO 導入法案」の理由書でも言及されていた（第3章第4節1(2)参照))。ここに，EDV 簿記の正規性の判定に係る「実箱である GoB」の特徴をみることができる。

　以上の EDV 簿記の正規性の判定基準となる「実箱である GoB」を図示すれば，**図表 8-6** となる。

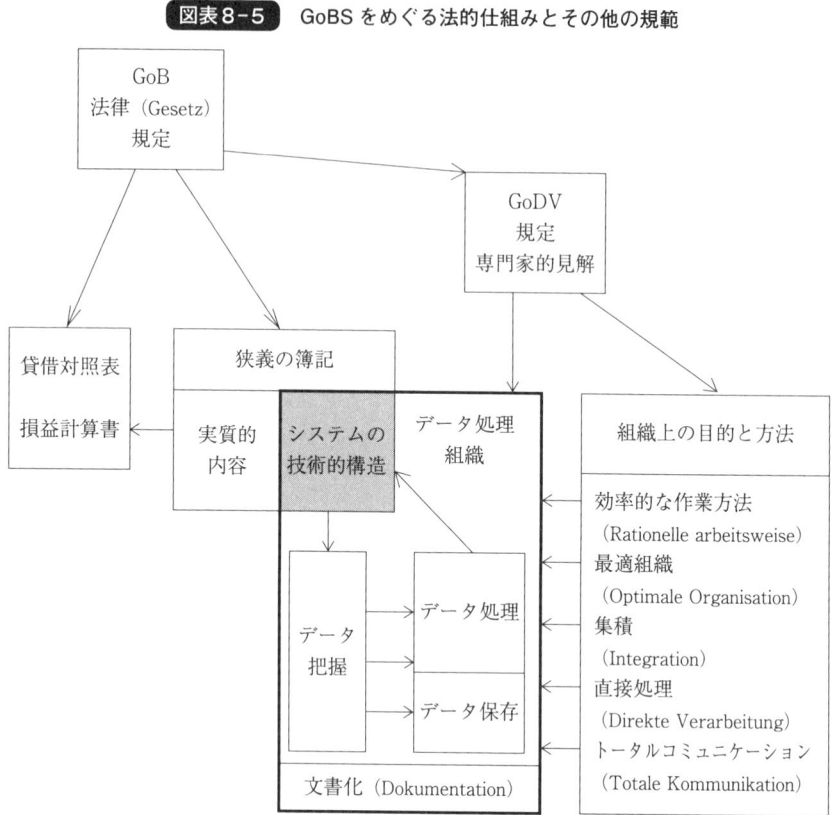

264　第Ⅱ部　ドイツ：GoBの「商業帳簿（帳簿）の法の適用局面」における機能

図表8-5　GoBS をめぐる法的仕組みとその他の規範

```
                    ┌─────────────┐
                    │    GoB      │
                    │ 法律(Gesetz) │
                    │    規定     │
                    └──────┬──────┘
                           │
                           ↓
                    ┌─────────────┐
                    │   GoDV      │
                    │    規定     │
                    │ 専門家的見解 │
                    └─────────────┘
```

（狭義の簿記：実質的内容／システムの技術的構造／データ処理組織　→　データ把握→データ処理・データ保存　文書化（Dokumentation））

組織上の目的と方法
- 効率的な作業方法（Rationelle arbeitsweise）
- 最適組織（Optimale Organisation）
- 集積（Integration）
- 直接処理（Direkte Verarbeitung）
- トータルコミュニケーション（Totale Kommunikation）

貸借対照表・損益計算書

出所：Schuppenhauer（1984）20頁

第4節　法規範と「簿記の正規性」の展開

1　「簿記の正規性」の展開

　EDV簿記システムの正規性は，基本的に手作業で作成される簿記と同様の原理に基づいて判断されなければならない。既述のように，ドイツにおけるEDV簿記の許容に係る「実箱であるGoB」，すなわち「法規範の組立」は，HGBおよびAOを通じた「整合性ある3層構造」となっている。端的にいえば，GoBSはEDV簿記の許容に係る「実箱であるGoB」そのものであると

図表8-6 EDV簿記の正規性の判定基準となる「実箱であるGoB」

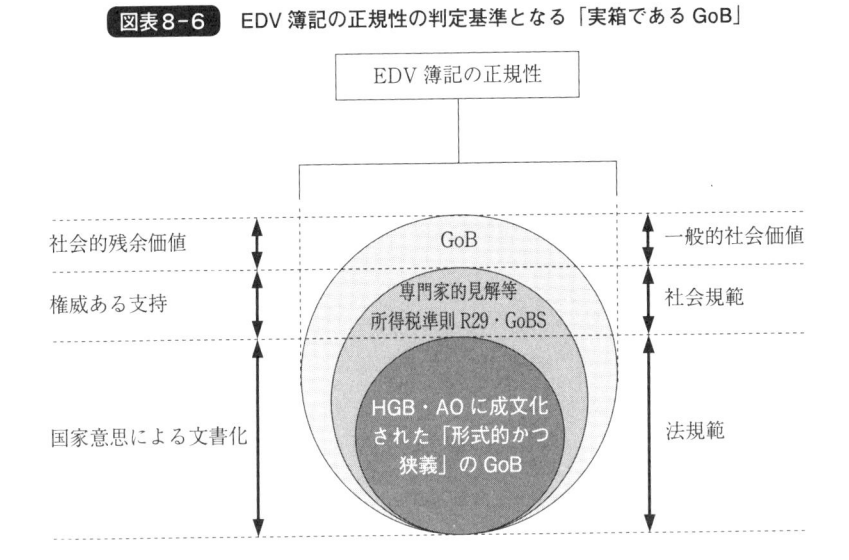

```
         EDV簿記の正規性
              │
  ┌───────────┼───────────┐
  
社会的残余価値      GoB           一般的社会価値
               専門家的見解等
権威ある支持   所得税準則R29・GoBS    社会規範
             HGB・AOに成文化
国家意思による文書化  された「形式的かつ        法規範
              狭義」のGoB
```

いっても過言ではない。

そこで本節では，AO，HGBそしてGoBSが，EDV簿記の領域で「簿記の正規性」をどのように展開しているのかを，見読可能性，処理プロセスの検証，遡及的な追加・訂正・修正・削除処理の防止，内部統制および保存という領域に絞って考察する。

2　見読可能性確保の問題

それを欠いては，記帳義務および記録作成義務の目的が実現されず，かつ，完全性と真実性に関する再検査を行い得ないので，証拠書類の保存は簿記の正規性に加わる[25]。保存期間は，商業帳簿等の証拠書類については10年間，その他の証拠書類は6年間とされている（HGB257条，AO147条）。

EDV簿記の正規性にとっても，一目瞭然性（専門的知識を有する第三者への全容提供可能性）（HGB238条1項2文，AO145条1項1文）は，その重要な要件の1つである。AO146条5項2文は，EDV簿記に関して，記憶されたデータが保存期間中（147条3項）使用可能であり，かつ，いつでも相当な時間内に見読可能になされうることが保証されなければならないことを指示している。見読可能化は，特に，画像による明瞭な文書ないし可視化における表出を意味す

る（たとえば，対話式簿記の場合）。見読可能化の保証は，租税義務者が保存期間中，記憶されたデータに関するだけではなく，その見読可能化に関して必要な，技術的な補助手段を自由に使用できることを前提条件とする。

　すべてのEDV簿記の典型的なメルクマールは，長期ないし短期のデータが視覚的に見読可能でない形式で機械的に見読可能なデータ媒体（のみ）に記憶されることである。AO146条5項2文によって示された，記憶されたデータの見読可能化の保証は，税務官庁が必要とあれば短期間にEDV簿記を検査する可能性がなければならないという課税実務の計算の必要性によっている。その規定の策定にあたって立法者は，データ記憶の耐久性に関する制限をしなかった。そこで，記憶されたデータが耐久性を持って視覚的に見読可能にされない限りは，すべてのEDV簿記の場合には見読可能化の保証が必要であるということから出発するのである[26]。

3　処理プロセスの検証の問題（特に文書化を中心として）

(1)　監査可能性

　EDV簿記の監査可能性は，2つの視点に基づいている。それは，「相当なる時間内に監査可能であること」および「実質的に正規であることが監査可能であること」が保証されなければならないことである[27]。さらに，監査可能性は簿記システムの構造と過程が論理的に文書化され，かつ，文書化された書類（処理プロセス仕様書）が保存されることを前提条件とする[28]。

　GoBSの2.1「専門的知識を有する第三者」の意味は，HGB238条1項およびAO145条1項で用いられている「専門的知識を有する第三者」と同じ内容である。まず，「専門的知識を有する」とは，その道の専門家という意味であり，記帳を評価するために特別な知識を有している者を指しており，その者が日常的にシステム開発をしていなかったり，プログラムを作成していなくても「専門的知識を有する者」であることに変わりはない。さらに，「第三者」とは，会計システムを知っている者ではあるものの，監査を受ける会社の従業員，またはデータ処理支援式簿記システムを設計ないし作成した者は，この場合の「第三者」には該当しない。つまり，「専門的知識を有する第三者」とは，経済監査士，宣誓帳簿監査士，税理士，税務代理士，税理士事務所の職員，調査担当として訓練された税務官吏などを指している[29]。

また，監査可能性の補助的原則である「再検査可能性（追跡可能性）の原則」（HGB238条1項3文，AO145条1項2文）は，EDV簿記において以下のように機能する。すなわち，「コンピュータ簿記の場合も，取引が進行的かつ逆行的に監査可能でなければならない。進行的監査は，証憑から始まりそこから基本記録を経て勘定科目を監査し，最後に貸借対照表と損益計算書，ないし租税申告書まで監査する。逆行的監査は，この逆をたどる」（添付文書Ⅱ）。それゆえに，EDV簿記は「形式的かつ狭義のGoB」のみならず，「形式的なGoBi」を含む「形式的なGoB」に関係することになる。

(2) 文書化

処理プロセス監査は，証拠書類が収集または作成され，かつ保存され，コンピュータによる処理プロセスの構造と経過が監査人に対して透明になされること，監査人がそれを相当な時間内に，かつ，実質的な正規性を監査できることが前提条件である。この証拠収集を「文書化」とよぶ。文書化による必要性に関する法律根拠は，AO147条1項1号で委任されたAO145条1項である[30]。同項は，「専門的知識を有する第三者による監査可能性」を要求している。立法者のねらいは，EDV簿記の書類についての知識が欠ければ，監査が不可能であることにある[31]。文書化の必要条件は，プログラムによる機能過程の監査可能性に関して無差別に生じるので，基本的にすべてのEDV簿記（つまり，広義のEDV簿記すべて）に適用される。すべての記帳資料が完全に出力される場合も，その計算作業の際にプログラムによる機能過程によって処理の結果が生じるので，基本的に文書化は断念されるべきではない[32]。監査可能性と文書化に対して示された必要条件は，基本的に「社外のEDV簿記」にも適用される[33]。それは，すべての文書化された書類が納税者の手許にあることを意味するものではなく，それがいつでも利用できる場合には文書化の目的を充足している[34]。

(3) GDPdU

以上のように，処理プロセスの検証の問題は，一目瞭然性（専門的知識を有する第三者への全容提供可能性）（HGB238条1項2文，AO145条1項1文）という簿記の正規性にとって決定的な原則によって担保される。なお，この原則の生

成の歴史は第3章第5節3(1)を，その内容は第5章第3節1(1)を参照されたい。

他方，連邦財務省は2001年7月16日付で行政命令（Verwaltungsanweisung）たる「デジタル式の証拠書類に関するデータアクセスおよび監査可能性の諸原則（Grundsätze zum Datenzugriff und zur Prüfbarkeit digitaler Unterlagen, GDPdU）」を公表している。この行政命令は，税務官庁の経営検査における「デジタル式の証拠書類の監査可能性に関する必要条件」や「経営検査人によるデータアクセスの場合の租税義務者の協力義務」を定めている。

4 遡及的な追加・訂正・修正・削除防止の問題

(1) EDV簿記と「不変の記帳の原則」

EDV簿記の正規性をめぐる重要な課題の1つは，帳簿の証拠力と密接な関係があり，ドイツ特有の記帳条件でもある「不変の記帳の原則」がEDV簿記においてどのように展開されるかである。(旧) HGB43条3項（現行HGB239条4項）とAO146条4項によれば，変更（Veränderungen）は変更前の内容がなお検証可能でなければならないとしている。

1977年AOの制定過程で，1969年草案も1974年草案も，コンピュータの技術的・能力的な制約のために「不変の記帳の原則」の採用を見送っていたのであるが，AOの立法者は，国税通則法施行法によるHGB改正案43条3項の文言を採用し，かつ，「線を引いて消すこと」および「抹消」という手書き会計を前提とした用語を排除し，目的論的アプローチを用いることで「不変の記帳の原則」をEDV簿記に対応できるようにしている。この「不変の記帳の原則」復活の背景には，この原則を採用するに足るコンピュータ技術の発展があったことは間違いがない。EDV簿記と「不変の記帳の原則」とは，不可分の関係があるのである。

視点を変えれば，各種草案で見送られていた「不変の記帳の原則」の成文化の代替策として，「専門的知識を有する第三者への全容提供可能性」と「再検査可能性」（AO145条）という簿記の一般原則の成文化が実現したと考えることもできる（以上の経緯は第4章第4節4④参照）。

GoBS本文第3章（3・2）は，「実施された記帳の特長（証憑部分，勘定記入）が変更される場合には，変更前の内容は，たとえば，実施された変更に関

する記録（反対記帳および追加記帳）によってそのまま確認できなければならない。このような変更の証明は，簿記の構成部分であり，保存しなければならない」（添付文書のⅢも同旨）としている[35]。それゆえに，すでに記入された数字を直接訂正することは許されない[36]。

(2) 修正と訂正

データ内容の変更には，修正（Änderungen）と訂正（Korrekturen）が存在する。修正は，かつて正確であったデータの内容を，現在時点で正確なデータ内容に取り替えることをいう。訂正は，以前から誤っていたデータ内容を直すことである。EDV による簿記システムは，1回入力されたデータが，再処理（修正）のためのアクセスにさらされることを防止するプログラム上の安全措置および遮断措置を含まなければならない[37]。より具体的にいえば，手書き簿記の場合の変更記録化に相当するような変更の記録文書化を可能にする構成要素を EDV プログラムが含んでいなければ，その EDV 簿記は正規であると認められるべきではなく，それゆえに，EDV 組織は，修正と訂正が自動的に収集されかつ記録されるものでなければならない[38]。

(3) 公然とした不正確さの訂正

記帳の時点（Buchungszeitpunkt）の「前に」把握されたデータが，たとえば「公然とした不正確さ」のため訂正される（korrigiert）場合，変更前に記憶された内容については確認できる必要はない（GoBS 第3章3・2）。ただし，単なる訂正であっても「記帳の時点」以後は，変更前の内容がなお検証可能なように訂正されなければならない[39]。当然のことながらデータ修正の場合には以上のような緩和された措置は許されていない。記帳の時点は，処理プロセス仕様書中に（たとえばユーザーハンドブック）に定義されていなければならない（GoBS 第3章3・2参照）。

5 保存

開始貸借対照表と年度決算書は，オリジナル（原文書）で保存しなければならない。他のすべての証拠書類は，画像媒体ないしその他のデータ媒体上で保存できる（HGB257条3項，AO147条2項）。データ媒体上で保存する場合も

AO146条2項によりその保存場所は国内である（その例外としてAO146条2a項）。保存メディアに対する特定の必要条件が，受領した商業信書ないし営業信書に関して，そして記帳の証拠書類に関して策定されている。これらの書類の場合には画像的な一致が保証されなければならず，他方，AO147条1項1号から5号の意味でのその他のすべての証拠書類は，ただ実質的な一致が求められる。有孔カード，有孔テープ，磁気テープ，磁気ディスクおよびフロッピーは，正確には，実質的にはオリジナル（原文書）と一致するが，画像的にはオリジナルとの一致を保証するものではない。それゆえに，それらは，受領した商業信書あるいは業務書面に関する保存メディアとしては適していない。

① 保存形式の変更

改正前のAO147条2項2文は，「証拠書類が146条5項に基づいてデータ媒体上で作成される場合には，データ媒体の代わりにデータを紙に印刷して保存することができる。出力された証拠書類もまた1文に従って保存することができる」として，保存形式の変更を許容していた。この保存形式の変更は改正後の現行法の下でも許容される。AO146条5項によってデータ媒体上に直接に（原本と同じように）再現される証拠書類は，印刷された形式でも保存されうる。逆に，すでに出力された証拠書類が再び他のデータ媒体に保存されてもよい[40]。

② オリジナル（原文書）の破棄

証拠書類がAO147条2項によって，画像媒体の再現物，あるいは，他のデータ媒体の再現物として保存されれば，他の法規によってオリジナルでの保存が要求されない限りで，オリジナルの証拠書類を廃棄することができる（GoBSの添付文書Ⅷc参照）。しかしながら，保存義務者は，記憶されたデータが実質的に，ないし画像的にオリジナルと一致することを，管理基準によって保証しなければならない。他の法規においてオリジナルでの保存が義務づけられている例としては，租税法の領域では，付加価値税法施行令62条2項（§62 Abs. 2 UStDV）[41]が該当し，租税法の領域以外では，たとえば民法における賃貸借契約書や，薬剤師による劇薬帳簿や成分記録書が該当する。ただしこれらを除けば，ドイツ法制上，オリジナル文書の保存が義務づけられる例はなく，少なくともHGBおよびAO, GoBSを遵守してデータ媒体上の保存されている帳簿書類に関しては，刑事法の領域にあっても証拠能力があり，高い証拠力を持

第8章 「正規の簿記」と電子的データ処理簿記　271

つ。

③　見読可能化のコスト負担

　見読可能化のコスト負担は，協力義務者側にある（AO107条2文）。AO107条は，「財務官庁が立証目的のために招致した情報義務者および鑑定人には，申立てにより，商人および鑑定人の保障に関する法律を準用して保障する。前文の規定は，関係人および関係人のために情報義務を履行しなければならない者に対してはこれを適用しない」との規定である。

④　電子式の帳簿や記録の国外移転対応

　146条2項1文は，帳簿およびその他の必要な記録を国内で記帳，保存するよう命じているが，世界規模で活動するコンツェルンでは，全コンツェルン企業の簿記データを統一的なデータ処理ソフトウェアで把握し，中央の保存媒体でアーカイビングすることが慣行となっている。この問題に関して，2009年度年次租税法（Jahressteuergesetz, JStG）は新たな規定（146条2a項および2b項）を設けることでその法的解決を図っている（その内容は第4章第5節3参照）。

6　EDV 簿記における責任

　HGB 上および租税法上の規定に従った記帳の内容および真実性の責任は記帳義務者自身にある[42]。記帳義務者が記帳のためにソフトウェアを使用する場合には，その者が自らの責任で，正規のソフトウェアを選択しなければならず，特定の会計ソフトウェアが AO ないし GoBS の条件を満たしていない場合には，そのソフトウェアを利用している記帳義務者だけがその責任を負うことになる。ドイツにあっては，会計ソフトウェアがすべての法的要求を満たしているか否かについての，財務行政庁による公式な認可の仕組みは存在せず，ソフトウェアベンダーに対する直接の検査は行われていない。データ媒体で帳簿その他の記録を保存しようとする租税義務者は，事前に税務官庁の承認を受けたり，届け出をしたりする必要はない。また，会計ソフトウェアの正規性の検査対象は，納税者に限定されており，その検査は課税手続（Besteuerungsverfähren）に基づいて行われている。ただし，ドイツにおける会計のソフトウェアベンダーは，民事上の損害賠償ないし製造物責任に基づく損害賠償に備えて，通常，専門的知識を有する第三者である監査法人に，自らの会計ソフトウェアの正規性を監査させており，正規でない会計ソフトウェアが販売される

ことは一般には考えられない状況である。

　EDVの体制や処理について，委任者の会計システムがGoBに合致しているか否かについての見解を表明することは，税理士業務遂行上の任務である[43]。税理士は，クライアントが正規ではない会計のソフトウェアを使用している場合には，その問題点を指摘する責任を負っている。

第5節　おわりに

　本章における一連の考察によって，EDV簿記が法的に許容されるに至った経緯が明らかになった。すなわち，税務行政は1967年所得税準則29節6項において，伝統的EDV簿記（記帳が全部または部分的に自動化されたデータ処理装置の手段を伴って作成され出力される簿記）であっても，基本的にGoBに対する一般的な必要条件が充足されなければならないことを規定していた。その後1977年1月1日から，HGBと1977年AOがともにEDV簿記を一定の条件の下で許容するに至っているが，このEDV簿記の許容に係る一連の法整備の過程において，私法であるHGBの商業帳簿規定と公法である1977年AOの帳簿規定の「調和」が図られるとともに，HGBおよびAOに規定される「形式的かつ狭義のGoB」が一般的かつ普遍的なものに変化している（第3章第5節5の図表3-6および第4章第5節5の図表4-3参照）。さらに，1978年にはEDV簿記の正規性判定の具体的基準であるGoSが制定され，1995年にはコンピュータ技術の発展や電子商取引の普及等に対応して，GoSに代わってGoBSが制定されている。

　EDV簿記の正規性の判定に係る「実箱であるGoB」に関する一連の考察をまとめれば，以下のようになる。

① **EDV簿記をめぐる法的構造**

　EDV簿記をめぐる法的構造は，GoBの法的体系に密接に関連している。とりわけ，EDV簿記の許容は，EDV簿記が少なくとも「伝統的な簿記」と同様の信頼性と証拠力が獲得される法的整備を行うことにその問題の本質があるため，EDV簿記に関する一連の法的整備の過程で「形式的なGoB」，とりわけ「形式的かつ狭義のGoB」の具体的な内容がより明確になっている。その一例が，簿記の形式的な正規性にとって決定的に重要な「一目瞭然性（専門的知識

を有する第三者への全容提供可能性）の原則」(HGB238条1項2文・AO145条1項1文）の成文法規化である。

② 広義のEDV簿記

EDV簿記が許される条件は，基本的にすべてのEDV簿記（広義のEDV簿記）でも同じ程度で充足されなければならない。その前提条件は，特にGoBSの遵守とデータの見読可能化の保証である。

③ 整合性ある3層構造

EDV簿記の許容に係る「実箱であるGoB」，すなわち「法の目的に応じた，法規範の組立」は，HGBおよびAOを通じた「整合性ある3層構造」となっている。また，GoBSはEDV簿記の許容に係る「実箱であるGoB」そのものであるといっても過言ではない。GoBSの添付文書では，GoBSは「EDV簿記の分野に関して，簿記の正規性のための基準である一般的なGoBをより詳細にしたもの」であるとし，一般的なGoBとして，HGB238条・239条・257条および261条，AO145条・146条・147条，そして最も重要なGoBとして1993年所得税準則29節を掲げている。EDV簿記の正規性の判断基準となる「実箱であるGoB」は，「形式的かつ狭義のGoB」の領域を超えて，データ処理組織にまで拡大し，専門家的見解，さらにはデータ処理組織の文書化などによって充填されている。

④ 不変の記帳の原則

帳簿の証拠力と密接な関係があり，ドイツ特有の記帳条件でもある「不変の記帳の原則」は，1969年AO草案や1974年AO草案も，コンピュータの技術的・能力的な制約のためにその採用を見送っていたが，1977年AOにおいては，目的論的なアプローチを用いて「不変の記帳の原則」を成文化して(AO146条4項)，EDV簿記に対応できるようにしている。さらに，各種草案で見送られていた「不変の記帳の原則」の成文化の代替策として，「専門的知識を有する第三者への全容提供可能性」と「再検査可能性」(AO145条）という簿記の一般原則の成文化が実現している。

⑤ 税理士の任務

税理士は，クライアントが正規ではない会計のソフトウェアを使用している場合には，その問題点を指摘する責任を負っている。

補節　米国のコンピュータ会計法規

　本章において考察したように，ドイツにおける EDV 簿記の許容に係る「実箱である GoB」が具体的かつ詳細に規定されている。これをドイツ固有の特殊な仕組みであると理解するべきではない。プラグマティズム（pragmatism）に立脚し，租税法上，帳簿の証拠力を認めない米国においても，ドイツの GoBS に匹敵する，具体的かつ詳細なコンピュータ会計法規が存在している。

　米国では，1961年制定1963年施行のニューヨーク事業会社法624条が「自動的な情報処理（automatic data processing, ADP）」システムによる帳簿保存を許容し，それ以後各州の会社法が順次 ADP システムに対応している。他方，租税法上も1964年に，内国歳入法第6001条の授権を受けた法規命令たる「歳入手続64-12（Revenue Procedure 64-12）」が「会計記録の全部または一部が ADP システムの中に保存されている場合における記録の具体的要件についての指導基準」を詳細に規定している。その後同歳入手続は，1986年の「歳入手続86-19」に入れ替わっている[44]。

　続いて，1998年3月16日に内国歳入庁は「歳入手続98-25」を発布している。この歳入手続は内国歳入法6001条に基づいて，納税者の財務または会計記録の全部または一部が ADP システムの内部に保存される場合の，記録保存の最低限の必要条件を定めるものである。この場合，ADP システムは，手書き以外の方法で納税者の取引，記録または情報の全部または一部を処理する会計および／または財務システムをいうため（第4節01），同歳入手続もすべての ADP システムに適用される。

　「歳入手続98-25」は，第1節「目的」，第2節「背景」，第3節「範囲」，第4節「定義」，第5節「機械感知記録の保存」，第6節「文書化」，第7節「手段」，第8節「通知」，第9節「メンテナンス」，第10節「管区の長官の権限」，第11節「ハードコピーの記録」，第12節「罰金」，第13節「他の文書への効果」，第14節「発効年月日」，第15節「内国歳入庁への連絡」，第16節「文書事務の削減行為」の全16節から構成されている。その内容の要点を紹介すれば，以下のとおりである。

　まず，本歳入手続の目的は，納税者の記録が ADP システムに保存されてい

る場合に，内国歳入庁が重要であるとみなした最低限度の必要条件を規定することにある（第1節参照）。内国税規則（Internal Tax Regulations）Section1.6001-1(e)は，内国歳入法6001条で要求される帳簿および記録は権限を付与された内国歳入庁の公務員による調査のために，いつでも入手可能でなければならないと規定している（第2節03参照）。そのためにも，納税者の機械感知記録は，納税者の申告書を作成した入力事項を維持し，かつ，証明しなければならない。納税者の機械感知記録が納税者の帳簿および納税者の申告書に一致する限りで，納税者の機械感知記録はこの要求を満たすことができる。納税者は，関係を証明することによって，この一致を立証する（第5節01(2)）。

第6節では，納税者は「業務プロセス」の文書を維持し，要求に基づいて歳入庁が利用できるようにしなければならないとしている。この場合「処理プロセス」とは「保存される記録の作成」・「その記録の修正および維持」等をさす（第6節01参照）。つまり，作成された記録を修正するためには，その「業務プロセス」が文書によって明確化されなければならない。第7節では，「納税者は，調査の際には，管区の長官が納税者の機械感知帳簿および記録を処理するために必要な手段（適切なハードウェアおよびソフトウェア，端末によるアクセス，コンピュータの使用時間，人員等）を提供しなければならない」（第7節01）とする。

第12節では，「管区の長官は，納税者が本歳入手続に準拠しなかった場合には，6001-1(d)に従って，『不適切な記録の警告』を発することができる。本歳入手続に準拠しない場合には，歳入法の副題Fに基づいて，適用可能な罰金の賦課という結果になることがあり，それは6662(a)の正確さに関係する民事罰，および，7203条の故意の不履行による刑事罰を含む」とする。

租税法上の「簿記の証拠力」を認めるドイツにおいては，GoBSがEDV簿記の正規性の基準を詳細に規定しているが（その内容は，記帳条件を中心とした「形式的かつ狭義のGoB」である），GoBSの遵守を罰則で担保するという発想は存在していない。EDV簿記の正規性が否認される場合には，租税義務者は推計課税（AO162条）の不利益を受ける可能性があり（第6章第4節参照），主にこの不利益からの回避がGoBSの遵守を促している。

他方，米国では，租税法上，納税者が立証責任を負っており，「具体的な記帳条件」を規定せず，「簿記の証拠力」という発想がないため（第6章補論参

照)、「歳入手続98-25」においても記帳条件への言及はなく、「歳入手続98-25」とGAAP（一般に認められた会計原則）との連動関係もない。それゆえに、「歳入手続98-25」の遵守は罰則によって担保される。さらに、「歳入手続98-25」は、資産総額が1千万ドル以上の納税者だけに適用される（第3節02(1)）。

このような差異が存在するものの[45]、米国においても、ドイツのGoBSに匹敵する詳細な「歳入手続98-25」が存在していること、そして、帳簿を電磁的保存する場合にだけ適用されるわが国のコンピュータ会計法とは異なり、米独両国では、コンピュータによる会計処理一般にわたって、かかるコンピュータ会計法規が適用されることは注目に値する。

■注
1　Vgl. Graf（1989）；S. 742.
2　準則の内容は、Bühler/Scherpf（1971）の101頁を参照した。
3　Bühler/Scherpf（1971）；S. 101.
4　Mauveは、1969年の時点で「営業年度の終了までに、記憶された記帳資料が完全に出力されなければならないか否かは、記帳義務者の自由な決定に委ねるべきである」（Mauve（1969）；S. 714）と主張していた。
5　GoSの内容は、坂本（1996）を参照されたい。
6　ドイツと同様の大陸法系に属するフランスでは、1982年のプラン・コンタブル・ジェネラル（第Ⅲ版）において、企業の会計情報処理の発展を背景としてEDPによる会計処理基準を導入している。その内容とフランス税法の取扱いは、野村（1990）252-265頁に詳しい。
7　Körner（1987）；S. 276f.
8　Mösbauer（1996）；§146 Rz. 28.
9　Mösbauer（1996）；§146 Rz. 25.
10　1967年所得税準則29節6項の内容は、本章第2節1を参照されたい。
11　Trzakalik（1995）；§146 Rz. 27. Zwank（1981）；S. 300も同旨である。
12　Fernbuchführungを直訳すれば、「遠隔簿記」となるが、その意味内容を考慮すれば、「外部委託簿記」がより的確な表現であるため、この表現を用いる。
13　Körner（1987）；S. 49.
14　Körner（1987）；S. 49.
15　Mösbauer（1996）；§147 Rz. 21/7.
16　Tipke/Kruse（1965/1991）；§145 Tz. 15.
17　Tipke/Kruse（1965/1991）；§145 Tz. 16.
18　1984年当時までのEDVに関する文献は、Schuppenhauer（1984）の179頁以下のLiteraturverzeichnis（引用文献一覧表）を参照されたい。

19 Schuppenhauer（1984）に記載されている第1版（1982）の序文を参照した。
20 同条は「証拠書類の保存，保存期間」を規定する。
21 同条は「画像媒体またはデータ媒体上での証拠書類の保存」を規定する。
22 Kargl（1992）；Sp. 446も同旨である。
23 Vgl. Tipke/Kruse（1965/1991）；§145 Tz. 13a.
24 Kempf/Sebiger（1991）；S. 337.
25 Bierle（1981）；S. 722.
26 Mösbauer（1996）；§146 Rz. 30.
27 Mösbauer（1996）；§147 Rz. 15.
28 Tipke/Kruse（1965/1991）；§147 Tz. 4a.
29 「経済監査士」は，わが国の「公認会計士」に相当し，「宣誓帳簿監査士」は，1985年の会計指令法に伴って復活した資格で中規模の有限会社の決算監査を行う専門家である。「税理士」は，わが国の「税理士」に相当し，「税務代理士」は，税理士に類似する資格であるが，現在は同資格を新たに得ることはできない。
30 Mösbauer（1996）；§147 Rz. 15およびZwank（1981）；S. 301も同旨である。
31 Zwank（1981）；S. 301.
32 Mösbauer（1996）；§147 Rz. 19.
　Trzakalikは「完全な出力を伴う伝統的なEDV簿記の場合にも，処理プロセス仕様書が必要であるか否かはさまざまに判断される」（Trzakalik（1995）；§146 Rz. 33）とするが，プログラムの透明性確保の観点からすれば，Mösbauerの見解が指示されよう。
33 Mösbauer（1996）；§147 Rz. 21/7.
34 Vgl. Tipke/Kruse（1965/1991）；§147 Tz. 4a.
35 GoSでは，記帳の変更は，「記録書（エラーリスト）」および「変更に関する証拠書類」で足り，反対仕訳および追加仕訳は要求されていなかったが，GoBSでは，記録書などによる保存だけでは足りず，一定の仕訳処理が求められていることに留意を要する。
36 Baetge（1992）；S. 50.
　Leffson（1987）；S. 168およびTipke/Kruse（1965/1991）；§146 Tz. 15も同旨。
37 Tipke/Kruse（1965/1991）；§146 Tz. 15. 同旨としてSikorski（1994）；43f.
38 Kußmaul（1990）；§239 Rn. 34.
39 1978年のGoSの3・2との間に根本的な変更はないが，GoSで用いられた「修正」との用語が，「訂正」との表示に変更されている。これは，「修正」と「訂正」の概念の相違を前提にしての変更であると思量される。
40 Mösbauer（1996）；§147 Rz. 28.
41 Vgl. Trzakalik（1995）；§147 Rz. 39.
42 Löschke/Sikorski（1990）；S. 121, Sikorski（1994）；S. 124.
43 Bundessteuerberaterkammer（Hrsg.）（1990）；Vorwort.
44 以上の経緯の詳細は，坂本（1996）を，「歳入手続86-19」の邦訳は，坂本/高田（1997）を参照されたい。
45 GoSと「歳入手続86-19」との内容の差異は，坂本（1996）を参照されたい。

第9章

「正規の簿記」と
「自己報告」・「破産防止」

第1節　はじめに

　第2章および第3章における考察でも明らかなように，商法典（HGB）の商業帳簿規定が求める「正規の簿記」は，経営者への自己報告（Selbstinformation）による健全経営の遂行を通じて，結果としては，過怠破産を防止し債権者の保護に役立つ。債権者保護は，商法商業帳簿規定の第1次的な目的ではない。商法商業帳簿規定の本質的な目的は，帳簿の証拠力の確立とともに，商人への自己報告を通じて健全な事業経営を遂行せしめることの2点にあり，破産防止による債権者保護は，商業帳簿規定にとって第2次的な目的である。

　それは，刑法学者であるティーデマン（Tiedemann）の「記帳義務と貸借対照表作成義務の充足は，すべての正規の経済活動の基本条件であり，それらの義務の違背が，重大な経営上の影響を引き起こす誤った決定をもたらす危険を含んでいる」，「現代の経済において，正規の簿記（ordnungsgemäße Buchführung）は『すべての正規の経営管理の基本的な前提条件』であり，事業の状況の誤った評価は常に危険を伴うため，記帳義務および貸借対照表作成義務は，まず第1に事業の自己報告（Selbstinformation）に，さらにそれを超えて債権者保護に役立つとの思考がある」[1]との見解や，経営経済学者であるヤンセン（Janssen）が「会計報告は，商人の自己報告（Selbstinformation）という責務にあるが，それは主に外部の受取人である第三者の保護に役立つ[2]」としていることからも明らかである。レフソンも，「年度決算書による時宜を得た商人の自己報告（Selbstinformation）は，商人自身や債権者保護のために支払停止の回避を目的としている[3]」とする[4]。

このティーデマンが用いた「正規の簿記」概念は,「自己報告による健全経営の遂行」に係る「実箱である正規の簿記の諸原則（GoB）」と「破産防止による債権者保護」に係る「実箱である GoB」を指していると考えられるが,本章の主たる目的は, これらの「実箱である GoB」概念の中身, 換言すれば, それらの「法の目的に応じた, 法規範の組立」を考察することにある。

第2節　1673年フランス・商事勅令から1861年 ADHGB まで

1　1794年プロシア一般国法までの経緯

支払不能犯罪の処罰とそれを特別構成要件により刑法上の犯罪と位置づけることは, 中世の北イタリアにおける近代的な商取引の発生と商人階級の成立とに歴史上密接に結びついている。北イタリアでの法発展の影響下に, ドイツ刑法は, 14世紀以降, 支払不能状態の有責的な惹起そのものを処罰するのではなく, 個別的に列挙された破産行為, とりわけ債務者が自己の財産を不経済に消費することを「過怠破産」として処罰してきた。また, 債務者の不誠実性は, 国外への逃亡や帳簿作成の懈怠から推定されていた。さらに, 中世以降すでにこの破産刑法の領域において過失処罰も存在していた[5]。

とりわけ, ドイツ商事法の簿記規定の手本となった最初の包括的な法典化は1673年フランス・ルイ14世商事勅令であった[6]（同法の条文は, 第2章補節1参照）。サヴァリー法典ともいわれる同商事勅令は, 立法の理由を詳細に述べた前文と12章122条からなり, 商業帳簿規定は第3章に存在している。その1条は, 「卸売ならびに小売を行う商人は, 帳簿（Livre）を備え, これに一切の取引, 為替手形, 債権債務および家事費用に充てた金額を記載しなければならない」として, 商人の一般的な記帳義務を規定する[7]。商事勅令の解説書である『完全な商人』においてサヴァリーは, ①国民経済における法による秩序の維持と, ②企業経営の2つの側面から, 商業帳簿を論じている。前者にあっては, 債権・債務関係の立証たる帳簿の証拠能力に, 後者にあっては経営管理に, これをかかわらしめている[8]。これは, 商法商業帳簿規定の本質的な目的が, 帳簿の証拠力の確立とともに, 商人への自己報告を通じて健全な事業経営を遂行せしめることの2点にあるとする本研究における見解と一致する。

サヴァリーは第3章1条を解説して,「この条文は,国民一般のために非常に重要である[9]」として公共の利益を説き,さらに「商人が帳簿を備えることは,公共の利益のために重要であるのみならず,それは商人にとってもまた自分の事業において,それをよく遂行して行くために有利なことである[10]」とする。また,サヴァリーは,「自己の状況がどのようなものかを知るために,また突然死に襲われたとき無秩序と混乱のうちに自らを委ねることのないように,毎年全般的に自己の取引を再検討することは正しいことではないであろうか[11]」,「資産,負債について作成する財産目録によって,自己の営業状況が芳しくないことを知るに至った人たちは,そのような状態を知らない場合に比して,はるかに容易に対応策をとりうるということもまた本当である。会社を結成していないから,いかなる財産目録も作成するには及ばないという人たちがいたら,馬鹿げてはいないだろうか,(中略,筆者),自分自身に説明し,報告することが義務づけられてはいないであろうか,このようなことを無視して生きていくことは,全く思慮を欠くことだといえないだろうか[12]」(傍点は筆者)と述べている。

　つまり,財産目録の作成は,まず第1に商人自身への報告(自己報告)にその意義が存在するのである。レフソンも,法が外部報告義務のない個人商人に対して年度決算書の作成義務を課しているのは,法が破産に対する商人自身の保護と債権者の保護を指向して自己報告を明らかに望んだことの証拠であり,このことはサヴァリーのフランス商事勅令コンメンタール『完全な商人』(Savary, Jacques ; Le Parfait Negociant, Paris 1675) において指摘されている[13](傍点は筆者),とする。

　商事勅令は,破産時に帳簿を提出できない場合には詐欺破産者とみなされ(第11章11条),訴追され死刑に処される(同12条),と規定している[14]。「破産時の死刑」を担保にして,帳簿の記帳を間接的に義務づけていたのである。しかし,商事勅令は直接的に罰則を担保にして記帳義務を規定していない。サヴァリーによれば,商事勅令は普通商人および大商人に彼らのすべての事業に関して記載する帳簿の備え付けを厳命して (enjoigne) いるが,それにもかかわらずそれを強制してはいない,それらは彼らの自由に任されているという[15]。これは,第1節でも触れたように,商業帳簿規定の本質的な目的は「商業帳簿の法廷における証拠力」と「自己報告による健全経営遂行」の2点にあり,それ

らはともに商人の自己責任に帰すべき性質のものであるからであろう(なお，同法における「帳簿の証拠力」および「商業帳簿規定の主目的」は第2章補節および第3章補節のレフソンの主張を参照)。

2　1794年プロシア一般国法

　1794年プロシア一般国法は商業帳簿の作成や貸借対照表ないし財産目録の作成を義務づけていない。同法の1452条から1487条までは，破産(Bankerut)に関する規定であり，1452条から1457条までは，詐欺破産を規定する。商業帳簿規定との関連については，1455条で「この罰はまた，意図的減少の額により，および詐欺を隠すために商業帳簿およびその他の証拠の改竄またはそれ以外の利用された手段の性質により，さらに最高終身要塞作業まで高められる」と規定されている。また，1466条から1472条までは過怠破産を規定する。商業帳簿規定との関連では1468条が重要である。

> **1468条**　正規の帳簿(ordentlichen Bücher)をまったく記帳せず，または，少なくとも年1回財産の対照表(Balance)をも作成せず，これによって自己の財産の状況(die Lage seiner Umstände)を不明瞭ならしめている商人は破産の際，過怠破産者(fahlässiger Bankerutirer)として罰せられる。

　この場合における「正規の帳簿(ordentliche Bücher)」概念は，過怠破産罪に係る「実箱である正規の帳簿」として位置づけられる(第1章第3節3参照)。1468条は「自らの財産の状況を不明瞭ならしめている」ことをもって過怠破産罪の構成要件とする規定であり，それゆえに，破産防止に係る「実箱である正規の帳簿」概念は，「自己の財産の状況を不明瞭にしない」という内容で充填される「実箱」である。1468条の趣旨に関して安藤英義教授も「ここでは，正しく商業帳簿をつけていれば，商人はおのずと自己の財産状態を知ることになるから，過怠破産の防止に役立つ，との認識が見られる。しかしその一方で，商人が自己の財産状態を知るには，商業帳簿の作成に代えて，年に一度の貸借対照表の作成でも足りる，との立場がそこでは採られているのである。そしてこのような立場がまた，商業帳簿の作成を商人に義務づけていないばかりか，財産目録または貸借対照表について何も触れるところがないような，前述の商

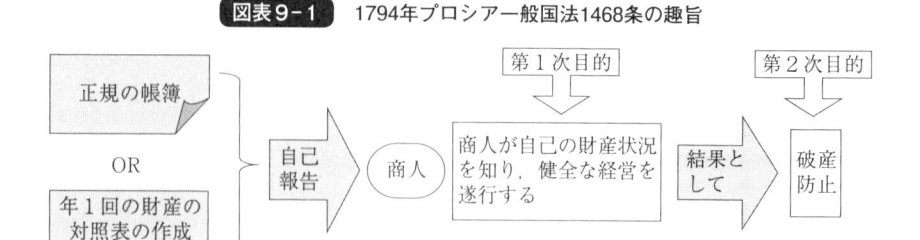

図表9-1 1794年プロシア一般国法1468条の趣旨

業帳簿規定を支えているのである[16]」とされる。

つまり，同条には「正規の帳簿」あるいは「年1回の財産の対照表」の作成によって，財産状況を商人に自己報告させ，それによって健全な事業経営を遂行せしめる趣旨があったと理解されよう［第1次目的］。これが商法商業帳簿規定の目的である。そして，それは結果として過怠破産防止に役立つのである［第2次目的］（**図表9-1**参照）。なお，対照表（Balance）の意味は，第2章第3節3(1)を参照されたい。

これらの場合の「実箱である正規の帳簿」概念は，自己の財産状況を知るレベルで足り，記帳条件の厳密な遵守までは求めていないという意味で，帳簿の証拠力に係る「実箱である正規の帳簿」に比して緩やかな要件となっている（プロシア一般国法における帳簿の証拠力は第1章第3節2参照）。

3 1861年一般ドイツ商法典（ADHGB）とその草案

(1) 1839年ヴュルテンベルク王国の商法典草案[17]

1839年ヴュルテンベルク王国の草案理由書の商業帳簿規定前文は，商業帳簿規定の目的について，まず，商業帳簿の証拠性に触れ，続けて以下のように述べている。

> 他の側面は，商人にその業務の状況に関する全容（Übersicht über den Stand seiner Angelegenheiten）を提供する補助資料であることである。その帳簿は，フランス商法典の理由書が述べるように，その正規な記帳（regelmäßige Führung）は適時性（Pünktlichkeit）と正確性（Rechtlichkeit）を証言し，かつ，運命の神の変動に対する防壁に役立つ。無秩序な記帳は破産

者の特徴である（Unregelmäßige Führung ist das Kennzeichchen des Bankerottirers.）。それが商業帳簿の重要性とその正規な記帳の必然性の理由である。

　この草案理由書の記述は、商業帳簿規定の目的が、商業帳簿の証拠力の定立と並んで、商業帳簿による自己報告を通じて商人の健全な事業経営遂行に資することにあるとするわれわれの理解と軌を一にする。特に「無秩序な記帳は破産者の特徴である」との言及は経験則に裏打ちされた説得力ある指摘である。

　クルーゼが、「1839年のヴュルテンベルクの商法草案の編纂は『無秩序な（帳簿の）記帳は、破産者の特徴である』という非常に簡単な論理で、債権者保護のための破産法をもって、商法の接続関係を作り出した[18]」と述べているように、ヴュルテンベルク王国の商法典草案は、商法と破産法の分離を前提としている。商業帳簿の第2次的な目的として債権者保護を図ったのである。

　同草案には、若干の用語の混乱がみられる。草案は、regelmäßige Führung と Unregelmäßige Führung と対になる語を用いているが、われわれはすでに、同草案の47条が「商業帳簿の証拠力」との表題で「正規に（40条）記帳された商業帳簿（Regelmäßig（Art. 40）geführte Handelsbücher）は商人の商業帳簿のために、他の商人に対して、完全な証明を行う」と規定していることから、証拠力に係る「実箱」である「正規な記帳（regelmäßige Führung）」概念が、各種の記帳条件によって充填される概念であることを確認済みである（第2章第2節3参照）。他方、破産に関連する Unregelmäßige Führung 概念は、その解釈の対極に位置する「正規ではない記帳」という概念ではなく、これとは別次元の「無秩序な（だらしない）記帳」に近い意味内容である。

　フランス1807年商法では、商業帳簿の証拠力に関する規定である12条に réguliérement（正規に）との用語がみられ（第2章補節参照）、586条の規定において、過怠破産罪の構成要件として irrégulierement（無秩序に）との用語が用いられていることから、ヴュルテンベルク草案の理由書はフランス商法を参照して、Unregelmäßig という語を用いたと思われる。このことは、その当時、過怠破産罪の構成要件要素として Unregelmäßige Führung と Unordentliche Führung との境界線が曖昧であったことも示している。

(2) 1849年帝国法務省草案

第2章第3節1で考察したように，1849年帝国法務省の草案理由書は，商業帳簿の必要性に関して，「自己報告による健全経営の遂行」と「証拠力の定立」を記述している。そして，同草案は以下のように述べている[19]。

> 商取引において不可欠な信用を置く場合，ならびに不注意による倒産あるいは偽装倒産によって信用を悪用する可能性がある場合，単に個々の商人の利益ではなく，世間一般の利益のために正規の商業帳簿の備え付けが必要となる。

これは過怠破産および詐欺破産を防止し，債権者を保護するためには「正規の簿記」が不可欠であることを述べるものである。理由書がいう「不注意による倒産」は過怠破産を，「偽装倒産」は詐欺破産を指す。

第3節　1851年プロシア刑法典から1877年破産法まで

1　1851年プロシア刑法典

(1)　破産規定

1673年フランス・ルイ14世商事勅令，1794年プロシア一般国法そして1807年フランス商法典では，破産規定は商法典の中に盛り込まれていたが，1861年ADHGBは破産規定を含んでいない。1861年ドイツ一般商法典の制定当時，1851年プロシア刑法典（Strafgesetzbuch für die Preußischen Staaten vom 14. April 1851）が存在しており[20]，同法の破産規定が商業帳簿の記帳義務を間接的に担保していたのである。以下，同法の詐欺破産および過怠破産における商業帳簿に関連する部分を抜粋する（一連の考察に必要な条項だけを掲載）。

> 259条　詐欺破産
> 　支払を停止した商人，船主および工場主は，次の場合，詐欺破産者として15年以下の懲役に処される。
> 　3号　債権者を害する意図をもって，法律上その記帳が定められた，または事業の状態に必要な商業帳簿の記帳を怠ること

> 4号　同様の意図をもって，商業帳簿を隠し，または廃棄し，または財産状態の全容（Übersicht）を得ることができないほどに記帳し，または変造した場合
>
> **261条　過怠破産**
> 　支払を停止した商人，船主および工場主は，次の場合，単純な破産者（einfachen Bankerutts）として2年以下の懲役に処される。
> 2号　法律上その記帳が定められた，または事業の状態に必要な商業帳簿の記帳を怠り，または商業帳簿を隠しまたは廃棄したか，または財産状態の全容（Übersicht des Vermögenszustandes）を得ることができないほど無秩序に（unordentlich）商業帳簿が記帳された場合

①　unordentlich との用語の採用

　1851年プロシア刑法典に，unordentlich との用語が採用されていることは注目に値する。かかる用語の採用の背景には，「無秩序な記帳」と「正規でない記帳」との概念の相違に基づく破産処罰の明定化の思考があると思われる[21]。1839年ヴュルテンベルク商法草案では若干の用語の混乱がみられ，過怠破産罪の構成要件要素として Unregelmäßige Führung と Unordentlich Führung との境界線が曖昧であったが，この1851年プロシア刑法典制定時点では，過怠破産罪としては unordentlich（無秩序な）記帳，帳簿の証拠力に関しては regelmäßige（正規の）記帳という，記帳の品質（実箱である「正規の簿記」）の区分がなされたことがわかる[22]。

②　Übersicht との用語の採用

　さらに詐欺破産を規定する259条4号，過怠破産を規定する261条2号に用いられた Übersicht（全容）との用語が格別に重要である。1794年プロシア一般国法では過怠破産罪に関して「自己の財産の状況（die Lage seiner Umstände）」，1839年ヴュルテンベルク王国の商法草案理由書では「その業務の状況に関する全容（Übersicht über den Stand seiner Angele-genheiten）」という用語がみられたが，1851年プロシア刑法典に至って，過怠破産罪の構成要件要素として，「財産状態の全容（Übersicht）を得ることができないほど」に「無秩序（unordentlich）」，という具体的な記帳の品質を示したのである。つまり「破産防止による債権者保護」に係る，実箱である「正規の簿記」が明確化されたということである。

(2) 帳簿記帳義務および財産目録・貸借対照表作成義務

1794年プロシア一般国法は，商業帳簿の作成を直接義務づけておらず，正規の帳簿の作成は詐欺破産および過怠破産規定によって間接的に担保されていた。1851年プロシア刑法典創設後も同様であった。1861年ADHGBは商業帳簿の作成を義務づけたが，その義務も直接的な罰則を伴ったものではなかった。それは，「帳簿の証拠力」も「自己報告による健全経営の遂行」も商人の義務と同時に商人の権利であるからである。フランクフルト草案の理由書が「これらの権利が十分に実現するために，簿記の仕方を完全に個人の恣意に委ねることはできず，簿記をできるだけ保証する規定を公布する必要がある」（傍点は筆者）と述べているが，これが商業帳簿規定の基本的スタンスであろう。そのうえで，「帳簿の不存在によって，または無秩序な記帳によって，債権者は危険にさらされる（Durch das Nichtvorhandensein der Bücher oder durch deren unordentliche Führung sind die Gläubiger gefährdet）[23]」との思考に基づいて，破産規定の下で，債権者保護のために詐欺破産および過怠破産による処罰規定が設けられる必要性が生じる。

(3) 1851年プロシア刑法典と1861年ADHGB

1861年ADHGB28条1項は，「すべての商人は帳簿を記帳し，それにより自己の商行為および自己の財産の状況を完全に明らかにする義務がある（Jeder Kaufmann ist verpflichtet, Bücher zu führen, aus welchen seine Handelsgeschäfte und die Lage seines Vermögens vollständich zu ersehen sind）」との規定である。同項は，1794年プロシア一般国法1468条，そして，それに続く1851年プロシア刑法典261条2号の「財産状態の全容（Übersicht）を得ることができないほど無秩序に（unordentlich）商業帳簿が記帳された場合」が基点になり，それがプロシア商法第1草案に対する商業専門家および法律実務家による会議（1856年）で提案された「自己の財産状況と自己の取引状況の全容（Übersicht）」という文言に結びついて（第2章第4節2(1)①参照），結果として，ADHGBの28条1項になっていると考えられる（**図表9－2**）。

結果として，ADHGBには全容（Übersicht）という用語は採用されなかったが，1851年プロシア刑法典261条2号と1861年ADHGB28条1項の文言の類似性は，「商人に正規の簿記を自己報告させることによって健全な事業経営を遂

第9章 「正規の簿記」と「自己報告」・「破産防止」　287

図表9-2 1861年ADHGB28条1項創設の背景

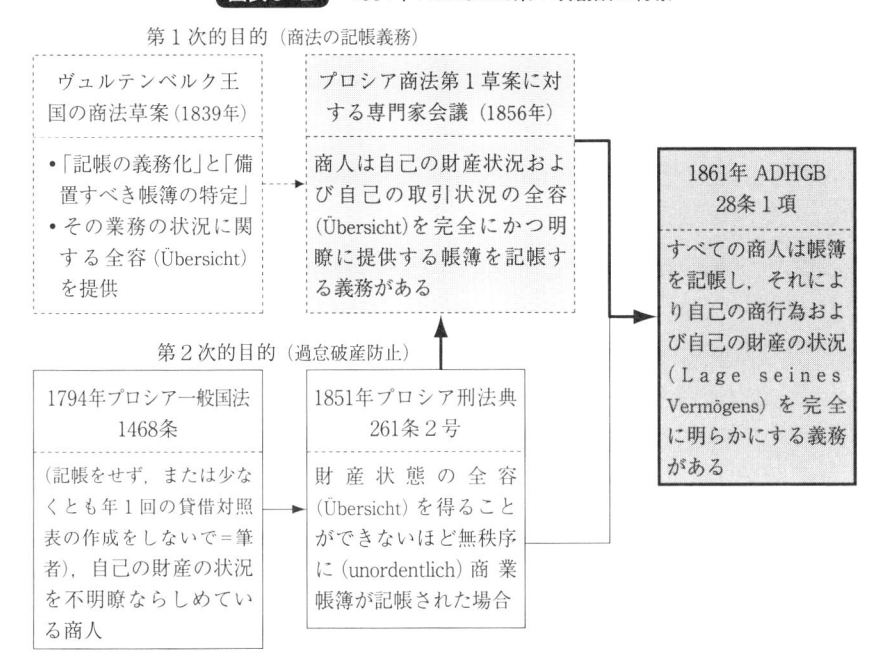

第1次的目的（商法の記帳義務）

ヴュルテンベルク王国の商法草案（1839年）
- 「記帳の義務化」と「備置すべき帳簿の特定」
- その業務の状況に関する全容（Übersicht）を提供

プロシア商法第1草案に対する専門家会議（1856年）
商人は自己の財産状況および自己の取引状況の全容（Übersicht）を完全にかつ明瞭に提供する帳簿を記帳する義務がある

1861年 ADHGB 28条1項
すべての商人は帳簿を記帳し，それにより自己の商行為および自己の財産の状況（Lage seines Vermögens）を完全に明らかにする義務がある

第2次的目的（過怠破産防止）

1794年プロシア一般国法1468条
（記帳をせず，または少なくとも年1回の貸借対照表の作成をしないで＝筆者），自己の財産の状況を不明瞭ならしめている商人

1851年プロシア刑法典261条2号
財産状態の全容（Übersicht）を得ることができないほど無秩序に（unordentlich）商業帳簿が記帳された場合

行せしめる」ことが商法商業帳簿規定の主たる目的の1つであり（ADHGB28条1項），それによって，「破産を防止し債権者を保護する」こと（1851年プロシア刑法典261条2号）はその第2次的な目的であるという私見を裏づけるものでもある。

(4) 記帳の品質レベル

1861年 ADHGB の28条1項は，商業帳簿の品質を確保するために罰則をもって臨むことはなく，罰則の担保を持たない不完全規定であった。この場合，商業帳簿の証拠力に係る「実箱である正規性」概念は，28条および32条に成文化された記帳条件で充塡されたものであり（第2章第6節3参照），他方，1851年プロシア刑法典261条2項は，過怠破産者に対して「財産状態の全容（Übersicht）を得ることができないほど無秩序（unordentlich）な記帳」を可罰の判断基準としていた。レフソンは「無秩序な（unordentlich）記帳は，確かに正規のもの（ordnungsmäßig）ではない[24]」とするが，ポイントは，「形式的に正規でない

記帳」がそのまま「財産状態の全容（Übersicht）を得ることができないほど無秩序（unordentlich）な記帳」にはならないことである。

つまり，過怠破産処罰の場面で機能する「実箱である正規性」は，無秩序でない（財産状態の全容を得ることができるレベルの）記帳で充填される概念であり，商業帳簿の証拠力の場面で機能する「実箱である正規性」に比して，相対的に緩やかな内容であったことを意味している。成文化された個々の記帳条件は，帳簿の証拠性に直接関連するものの，過怠破産罪には直接的には関連していない。これは，1839年ヴュルテンベルク王国の商法草案以後，破産規定が商法から分離されていることからも明らかであろう。

2　1871年ライヒ刑法典および1877年破産法

(1)　1871年ライヒ刑法典

1851年プロシア刑法典の破産規定は，1871年ライヒ刑法典にほとんど同様の内容で引き継がれている[25]。1871年ライヒ刑法典の規定は，以下のとおりである（一連の考察に必要な条項だけを掲載)[26]。

281条　詐欺破産罪
　債権者を害する意図をもって，支払を停止した商人は，次の場合，詐欺破産者として処罰される。
　3号　法律上，その記帳がされるべき商業帳簿の記帳を怠る場合
　4号　それらの商業帳簿を破棄し，または隠し，または財産状態の全容（Übersicht）を得ることができないほどに記帳されまたは変造した場合
283条　過怠破産
　支払を停止した商人は，次の場合，過怠破産者として2年以下の懲役に処される。
　2号　法律上，その記帳がされるべき商業帳簿の記帳を怠り，または隠し，破棄し，または財産状態の全容（Übersicht des Vermögenszustandes）を得ることができないほど無秩序に（unordentlich）記帳された場合

---

(2)　1877年破産法

1871年5月15日の刑法典では，その281条から283条で破産犯罪を規定していたが，1877年2月10日の破産法が公布されたときに，立法者は，1871年刑法典の中から犯罪の構成要素を取り出し，1871年刑法典の281条から283条は，1877

年2月10日の破産法に関する EG zur Konkursordnung（RGBl. 390）によって，1879年10月1日に効力を廃止されている[27]。1877年破産法に規定された209条・210条の「刑罰威嚇（Strafdrohungen）」は，詐欺および過怠破産に向けられている。犯罪の構成要件は，1871年刑法典の281条から283条のままであり，量刑も従来どおりである[28]。1877年破産法の規定は，以下のとおりである（一連の考察に必要な条項だけを掲載）[29]。

209条　詐欺破産者
　債権者を害する意図をもって，支払を停止し，またはその財産について破産手続が開始された債務者は，次の場合，詐欺破産者として処罰される。
3号　法律上，その記帳がされるべき商業帳簿の記帳を怠る場合
4号　それらの商業帳簿を破棄し，または隠し，または財産状態の全容（Übersicht）を得ることができないほどに記帳されまたは変造した場合
210条　過怠破産者
　支払を停止し，またはその財産について破産手続が開始された債務者は，次の場合，過怠破産者として2年以下の懲役に処される。
2号　法律上，その記帳がされるべき商業帳簿の記帳を怠り，または隠し，破棄し，または財産状態の全容（Übersicht ihres Vermögenszustandes）を得ることができないほど無秩序に（unordentlich）記帳された場合

---

(3) 1877年破産法の改正

　さらにその後，1898年5月17日に1877年破産法が改正されて発布され，民法典や1897年 HGB とともに1900年1月1日に施行されている[30]。改正前の破産法の209条と210条は，その内容はそのままに，それぞれ239条と240条に移動している。

(4) 帝国裁判所（Reichsgerechts）の諸判決

　「一目瞭然性（Übersichtlichkeit）」基準，具体的には「商人および専門的知識を有する第三者への全容提供可能性」基準が1977年国税通則法および1985年改正商法に成文化される淵源となった重要な判決は，帝国裁判所の1881年4月30日判決（4 119ff.）である。本件判決は，とりわけ刑法的なものであるが（im besonderen Maße die strafrechtliche），「被告人自身あるいは第三者，ただし被告人の幇助を受けた（unter Beihilfe des Angeklagen）第三者に限る，だけが帳

簿から財産の全容（Vermögensübersicht）を知ることができ，問題が財産状況（Vermögenslage）全体にとって重要ではない個々の記帳内容のみである場合には，内容に誤りがなければ，無秩序な…記帳の誤りも是認してよい[31]」と判示している（学説については第2章第6節2参照）。さらに，帝国裁判所の1933年12月1日判決（RStBl 1934 S. 319）は，「商人の簿記というものは，商人あるいは専門的知識を有する第三者が，財産状態の全容（Übersicht über den Vermögensstand）を，必要に応じて，いつでも把握できるような性質のものでなければならない」とし，1939年6月5日の判決（RStBl 1939 S. 1165）もこの判決を追認して，簿記の正規性は，大変な苦労をし，多大な時間をかけなければその全容（Übersicht）が把握できない場合には不十分ということになると述べている[32]。

第4節　1976年「経済犯罪防止第1法律（1WiGK.）」

1　改正の趣旨

かつて刑法典の第24節（第283条）に規定され，1877年に破産法の第3篇に盛り込まれた破産犯罪は，1976年7月29日の「経済犯罪防止第1法律（Erstes Gesetz zur Bekämpfung der Wirtschaftskriminalität, 1WiGK.）」によって，再びかつての場所である刑法典に283条から283d条として挿入されている。この改革の取締りは，1976年9月1日に施行されている[33]。かかる改正は，ドイツ法上，単に商人や企業家だけではなく一般の国民も破産状態に陥る可能性があると考えられているという事実の当然の結果であり[34]，詐欺破産の抑制の場合の犯罪政策上の必要条件を改造し，かつ，債務原則（Schuldprinzips）の必要条件をより良く適合させている[35]。この改正によって，従来，破産犯罪が規定されていた破産法の第3篇は廃止され破産法は238条で終わっている[36]。改正による変更点は，第1に，従来から採用されてきた詐欺的な破産と過怠破産との区別が放棄されていることである。その理由は，債権者を害することについての詐欺的な意図の立証がとりわけ困難であることにある。第2は，従来の詐欺的破産と過怠破産の区別に代えて，債務者ないし債務企業の経済的な危機状況下の行動と経済的な危機状況下にない場合の区別が生じることになったことであ

る[37]。第3は，1851年プロシア刑法典以来，過怠破産罪に使用され続けてきたunordentlichとの用語が用いられていないことである。なお，1WiGK. により商法商業帳簿規定も改正されている（第3章第3節3参照）。

2　刑法典283条および283b条

(1)　適用領域

刑法典283条および283b条は，その条文構成自体の特異性もあって，非常に理解しにくいものとなっている。まず，283条および283b条の適用は「行為者が支払を停止し，またはその財産につき破産手続が開始され，または，破産宣告の申立てが破産財団に属する財産が不足だとの理由で棄却された場合」（283条6項，283b条3項）に限定されることに留意が必要である。これは破産の前段階である。つまり，283b条は，その表題が「記帳義務の不履行」とされているが，283b条3項に示される条件は，可罰性の客観的条件（objektive Bedingung der Strafbarkeit）であり[38]，これを超えて283b条が適用されることはない。

(2)　283条「破産（Bankrott）」

283条は，以下の内容である（一連の考察に必要な条項だけを掲載した）。

> 1項　債務超過（Überschuldung）の場合，または差し迫った，もしくはすでに生じた支払不能（Zahlungsunfähigkeit）の場合に，次の行為をなした者は誰でも，5年以下の自由刑または罰金刑に処せられる。
> 　5号　法律上記帳義務ある商業帳簿の記帳を怠り，またはその財産状態の全容（Übersicht über seinen Vermögensstand）の把握を困難にするように記帳し，もしくは変更した者
> 　6号　商法によってその保管が義務づけられている商業帳簿またはその他の資料を，法律上定められている保存期間の経過前に除去し，隠し，損壊し，もしくは毀損し，かつこれによってその財産状態の全容（Übersicht）を困難にした者
> 　7号　商法に反して，(a)その財産状態の全容（Übersicht）の把握を困難にするように貸借対照表を作成したり，(b)規定された期間内にその貸借対照表の作成，または，財産目録の作成を怠った者
> 2項　1項に掲げた行為によって，債務超過または支払不能を生じさせた者は

> 同様に処罰される。
> 3項　その未遂も処罰される。
> 6項　行為者が支払を停止し，またはその財産につき破産手続が開始され，または，破産宣告の申立てが破産財団に属する財産が不足だとの理由で棄却された場合には，処罰される。

　立法者は，1項と2項に，2つの客観的な構成要件の形態を規定する。1項では「経済的な危機状況下にある（in der Krise）」行為者が，1項の1号から8号に規定された定型的な破産行為を行った場合に充足される。他方，2項では「経済的危機」の出現の前に1項1号から8号に規定された行為を行い，それによって経済的危機の出現を引き起こす者は処罰される[39]。「経済的な危機状況下にある（in der Krise）」とは，債務超過，差し迫ったもしくはすでに生じた支払不能をいう[40]。

(3) 283b条「記帳義務の不履行（Verlezung der Buchführungspflicht）」

283b条は，以下の内容である（一連の考察に必要な条項だけを掲載した）。

> 1項　次の行為をなした者は誰でも，2年以内の自由刑または罰金刑に処せられる。
> 　1号　法律上記帳義務ある商業帳簿の記帳を怠り，またはその財産状態の全容（Übersicht）の把握を困難にするように記帳し，もしくは変更した者
> 　2号　商法によってその保管が義務づけられている商業帳簿またはその他の資料を，法律上定められている保存期間の経過前に除去し，隠し，損壊し，もしくは毀損し，かつこれによってその財産状態の全容（Übersicht）の把握を困難にした者
> 　3号　商法に反して，(a)その財産状態の全容（Übersicht）の把握を困難にするように貸借対照表を作成したり，(b)規定された期間内にその貸借対照表の作成，または，財産目録の作成を怠った者
> 2項　1項1号または3号の事態を過失によって生ぜしめた者は，1年以下の自由刑または罰金刑に処せられる。
> 3項　283条6項は準用される。

　283b条1項には，「経済的な危機状況下にある」（つまり，283条に規定される「債務超過（Überschuldung）」の場合，または差し迫った，もしくはすでに生じた支

第9章 「正規の簿記」と「自己報告」・「破産防止」　293

図表9-3　刑法典283条・283b条の構造

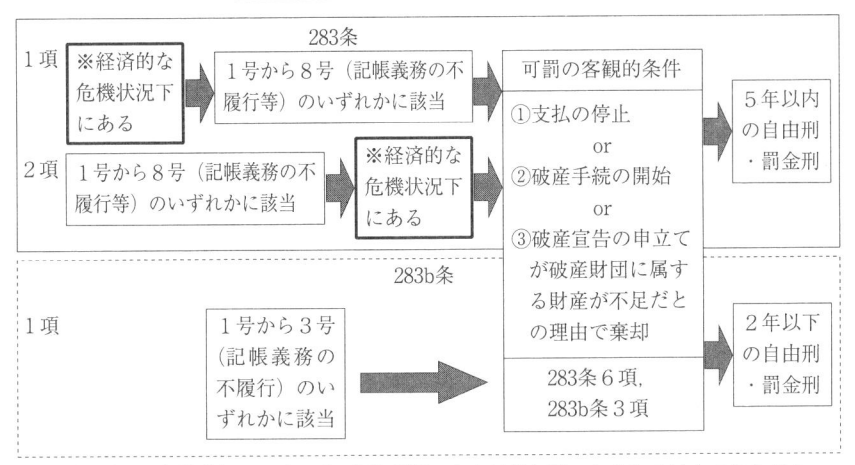

```
                                    283条
┌─────────────────────────────────────────────────────────────────────────┐
│ 1項  ※経済的な    1号から8号（記帳     可罰の客観的条件                  5年以内 │
│      危機状況下    義務の不履行等）の   ①支払の停止                       の自由刑 │
│      にある        いずれかに該当       　or                             ・罰金刑 │
│                                         ②破産手続の開始                         │
│ 2項  1号から8号    ※経済的な            　or                                    │
│      （記帳義務の  危機状況下           ③破産宣告の申立て                        │
│      不履行等）の  にある                が破産財団に属す                         │
│      いずれかに該当                      る財産が不足だと                         │
│                                          の理由で棄却                            │
└─────────────────────────────────────────────────────────────────────────┘

                                    283b条
┌─────────────────────────────────────────────────────────────────────────┐
│ 1項                1号から3号                                            2年以下 │
│                    （記帳義務の         283条6項,                        の自由刑 │
│                    不履行）のい         283b条3項                        ・罰金刑 │
│                    ずれかに該当                                                  │
└─────────────────────────────────────────────────────────────────────────┘
```

※「経済的な危機状況下にある」＝債務超過，または差し迫ったもしくはすでに生じた支払不能

払不能の場合」）との限定が設けられていない。

　法改正者は，帳簿作成犯罪と貸借対照表犯罪のみを経済上一般的に危険なものとみなし，その他のすべての破産行為に企業ないし債務者の経済的危機という要請を結びつけている[41]。立法資料によれば，「草案は，経済的な危機とのつながりがない記帳義務の違反を，意図的行為の場合にだけ処罰で威嚇する[42]」とする。刑法典のコンメンタールも「法律は283b条に無因の危害犯（abstrakts Gefährdungsdelikt）を定立している。（中略，筆者）。その構成要件は，特に経済的な危機状況下にある（in der Krise）行為を前提条件としないことによって，283条と区別される[43]」と解説している。これを図に示すと，**図表9-3**になる。

　刑法典283b条が制定された背景には，「正規の簿記（ordnungsgemäße Buchführung）」が健全な事業経営の前提条件であり，それゆえに商人に事業の全容（Übersicht）を「正規の簿記」（正規の帳簿と正規の貸借対照表）によって自己報告（Selbstinformation）せしめるとする立法者の意図があったと思われる。さらにそれは，第2次的に，破産防止によって債権者保護（Gläubigerschutz）に役立つのである。「経済犯罪防止第1法律」による刑法典の改正にあたって，同草案は283b条に関して「現代の経営において，正規の簿記には重要な実務

上の価値がある，というのは，それはすべての正規の経営管理の基本的な前提条件であるからである」としている[44]。

(4) 283b 条に関する誤解

ここで283b 条の解釈について誤解のなきよう，説明を加えておきたい。283b 条は，記帳義務侵犯を無条件で処罰する規定ではない。283b 条は，「記帳義務の侵犯」ないし「記帳義務の不履行」などの表題が付けられているが，この規定には「行為者が支払を停止し，またはその財産につき破産手続が開始され，または，破産宣告の申立てが破産財団に属する財産が不足だとの理由で棄却された場合」（3項によって準用される283条6項）という限定がある。

現在までのところ，不正な帳簿記入，不正な棚卸し，ならびに不正な貸借対照表作成を一般的な形で処罰することは行われていない。むしろ，一定の経済状況および企業形態に関する個別的な刑罰構成要件しかないのである[45]。たとえば，ドイツの権威ある解説書は，以下の解説を行っている[46]。

> 刑法典283条1項5号，2項，283b 条1項1号によって，記帳義務の違背は刑法典上の帰結がもたらされる（5年以下の自由刑）。いずれにせよ商人（会社）が，その支払を停止し，その財産につき破産手続が開始され，または，破産宣告の申立が破産財団に属する財産が不足だとの理由で却下されることを前提条件としている。

その他の多くの文献も上記と同様の解説をしており[47]，283b 条は，「行為者がその支払を停止し，または，その財産につき破産手続が開始され，または，破産宣告の申立てが破産財団に属する財産が不足だとの理由で却下された場合」との条件の下で適用される規定であるとの結論しか導き出されない。283b 条は，記帳義務の侵犯を無条件に処罰する規定ではない。それは，283b 条3項と283条6項から導き出される当然の帰結である[48]。

3　283条・283b 条と「形式的な GoB」

以下のように，283条および283b 条は，「形式的な GoB」に対する違反をその処罰の対象としている。

第9章 「正規の簿記」と「自己報告」・「破産防止」　295

① 商業帳簿の保存義務

283条1項6号，283b条1項2号は，「商業帳簿の保存義務」に対する違反を規定している。「商業帳簿の保存義務」は，「形式的かつ狭義のGoB」に属する（第5章第3節1(1)参照）。

② 「規定された期間内に」の意味

さらに，283条1項7号，283b条1項3号は，「適時の貸借対照表，財産目録の作成」に対する違反を規定する。「適時の貸借対照表作成」も「形式的なGoBi」に属する（第5章第4節2(1)②参照）。

③ 「財産状態の全容」の意味

最後に，283条1項5号および283b条1項1号における「財産状態の全容」の意味内容がどのようなものかが問われるところである。

この点について刑法学者のSamsonは，1985年会計指令法によってHGB238条1項2文が成文化される直前の文献において「法律上，どのような帳簿が記帳されなければならないかは指示されていないが，記帳される帳簿は商事法上の正規の簿記の諸原則（die handelsrechtlichen Grundsätze einer ordnungsmäßen Buchführung）を遵守しなければならない」とし，「欠陥ある簿記とは，財産状態の全容の把握を困難にすることである。それは，専門的知識を有する第三者が，帳簿から財産状態を，全体として，あるいは，ただ相当な努力と相当な時間をかけても，見て取ることができない場合をいう」としていた[49]。

さらに，刑法学者のティーデマンは，「1985年会計指令法による，商法典における商人会計の法の成文化は，『伝統的な』会計の文書化機能や立証機能に対置する『情報機能』を注目される重要な場所に移動したが，それはすでに（フランスの＝筆者）1673年商事勅令やその後の1807年商法で，貸借対照表の目的として厳密に説明されていたものである。会計指令法は，『商事法』の構成要件要素を通じて，改良された（刑法典＝筆者）283条を引き合いに出して，債権者保護の目的のための道具として，商人の自己の誤りを正す『自己報告（Selbstinformation）』を意図しているのである[50]」と解説している。

以上のことから，「財産状態の全容の把握」とは，「形式的なGoB」の領域における決定的な基準である「一目瞭然性（専門的知識を有する第三者への全容提供可能性）」（HGB238条1項2文）を意味しており（「一目瞭然性の原則」の内容は第5章第3節1(1)参照），商法典の記帳・貸借対照表作成義務と刑法典の破産

規定が「正規の簿記の諸原則（GoB）」を通じて連動していることが確認される。

現行刑法典283条および283b条に関連する「実箱であるGoB」の領域は，「法律なければ刑罰なし（nulla poena sine lege）」・「疑わしきは被告人の利益に（in dubio pro reo）」という原則に基づいて，厳格な解釈が求められ，類推解釈や拡張解釈が許されない点に留意を要する。この点について，ティーデマンも刑法典283条1項5号に関して「GoBは商慣習（Handelsbräuche）よりも，さらに，広範囲に及ぶ事実上の慣行（Übung）であり，それは，in dubio pro reoの原則が適用される限り，（刑事）裁判官が帰納的に確定しなければならない[51]」としている。

第5節　「自己報告による健全経営の遂行」に係る「実箱である GoB」

商法商業帳簿規定の目的は，「証拠力の定立」と「自己報告による健全経営の遂行」にある。そして，「自己報告による健全経営の遂行」は第1次目的として，破産防止による債権者保護は第2次目的として位置づけられる。

ところで，商業帳簿の本質的な目的の1つである「商人への自己報告による健全経営の遂行」に基づく記帳義務に違背しても，HGB上は処罰規定が存在しないため（「重要な法律効果」を生じさせないため），ドイツにおける諸文献においても，その概念に関する記述が明確に行われていない。それでは，「自己報告による健全経営遂行」に係る「実箱であるGoB」の中味，換言すれば「法の目的に応じた，法規範の組立」はどのようなものなのであろうか。

① 「財産状態の全容」の取得

まず，「財産状態の全容」を得ることができるか否か，との基準は，1794年プロシア一般国法から現行刑法典に至るまで，記帳義務違反ないし貸借対照表作成義務違反を問う重要なメルクマールとなっている（図表9－4）。それはやはり「財産状態の全容を得る」ことが健全経営の遂行を促し，結果として破産防止に役立つとの思考の存在を証明するものでもあろう[52]。

② 商人および専門的知識を有する第三者への全容提供可能性

次に，「財産状態の全容」の取得の水準が問題となるが，1985年の会計指令法によるHGB改正によってその水準が明確化されている。それが，「一目瞭

図表9-4 記帳義務違反ないし貸借対照表作成義務違反を問う重要なメルクマール

法　律	内　容
1794年プロシア一般国法	自らの財産の状況を不明瞭ならしめる記帳
1807年フランス商法	「無秩序」な記帳
1851年プロシア刑法典	財産状態の全容を得ることができないほど「無秩序」な記帳
1871年ライヒ刑法典	財産状態の全容を得ることができないほど「無秩序」な記帳
1877年破産法	財産状態の全容を得ることができないほど「無秩序」な記帳
1976年改正刑法典	財産状態の全容の把握を困難にするような記帳

然性（専門的知識を有する第三者への全容提供可能性）の原則」（HGB238条1項2文）である。

この原則は，会社法・破産法・商法・税法・刑法典・諸判決の領域において生成・発展して具体化され，成文化された，「簿記の形式的な正規性」に関する一般的で決定的な原則である（第3章第5節3参照）。商法典の記帳・貸借対照表作成義務と刑法典の破産規定が，「正規の簿記の諸原則（GoB）」を通じて連動しているのである。

ここで留意すべきことは，「一目瞭然性の原則」は，「専門的知識を有する第三者」だけではなく，歴史的には「被告人自身」・「商人」・「租税義務者」もその対象であったことである。「自己報告による健全経営の遂行」におけるSelbstinformation（自己報告，自己情報）とは，「商人」への「財産状態」の「全容提供可能性」を意味している。

しかし，今日では，Selbstinformationという観点に基づく解説は，本家本元のHGB関連の文献ではそれほど行われておらず，経営経済学の文献（たとえばヤンセンやレフソン），刑法典の文献（たとえばティーデマン）において行われている。おそらくそれは，立証および自己報告を主な目的としていたHGBの商業帳簿が，責任資本の維持の手段，会計報告義務，記帳および年度決算書の監査，公開義務，投資家等への情報提供機能も加わって多目的化しているからではないかと思われる。HGBという枠を飛び越えて考察しないと，HGBの商業帳簿規定の本質的な目的をつかむことができないのである。

なお，Selbstinformationは直訳すれば「自己情報」となるが，「自己報告」のほうがよりその本質に近いと思われるため，本研究ではあえて「自己報告」

図表9-5 「自己報告による健全経営の遂行」に係る「実箱である GoB」の領域

簿記 \ GoB	形式的な GoB		実質的な GoB	
	成文化されている	成文化されていない	成文化されている	成文化されていない
広義の簿記 — 日常の簿記（狭義の簿記）	①	②	③	④
広義の簿記 — 貸借対照表	⑤	⑥	⑦	⑧

との訳を用いる。

③ 「実箱である GoB」の領域

歴史的にみて，商業帳簿規定が自己報告機能を重視する場合は，貸借対照表による利益測定（実質的な GoBi）には関心が払われていない（第3章第2節2(1)参照)[53]。本章で明らかにしたように，「商人への自己報告による健全経営遂行」に係る「実箱である GoB」は，「形式的な GoB」の領域に関係しており，「一目瞭然性」（商人および専門的知識を有する第三者への全容提供可能性）を中核とし[54]，「商業帳簿の保存義務」と「適時の貸借対照表の作成」を充足することで足りる。そしてそれは，「記帳の諸原則」を含めた「形式的な GoB」の厳格な遵守を求める「商業帳簿の証拠力」に係る「実箱である GoB」に比して，緩やかな概念となっている。

ここで，「商人への自己報告による健全経営遂行」に係る「実箱である GoB」の適用領域を表にすれば，**図表9-5**となる。

第6節　おわりに

商法典（HGB）の商業帳簿規定が求める「正規の簿記」は，経営者への自己報告による健全経営の遂行を通じて，結果としては，過怠破産を防止し債権者の保護に役立つ。債権者保護は，商法商業帳簿規定の第1次的な目的ではない。商法商業帳簿規定の本質的な目的は，帳簿の証拠力の確立とともに，商人への自己報告を通じて健全な事業経営を遂行せしめることの2点にあり，破産防止による債権者保護は，商業帳簿規定にとって第2次的な目的である。

ドイツ商事法の簿記規定の手本となった最初の包括的な法典化は，1673年ル

イ14世商事勅令であった。その1条は商人の一般的な記帳義務を規定するが，商事勅令の解説書である『完全な商人』においてサヴァリーは，記帳義務を，債権・債務関係の立証たる帳簿の証拠能力と経営管理にかかわらしめている。

1794年プロシア一般国法の1468条が規定する「正規の帳簿（ordentliche Bücher）」概念は，過怠破産罪に係る「実箱である正規の帳簿」であり，「自己の財産の状況を不明瞭にしない」という内容で充塡される「実箱」であった。

その後，1839年のヴュルテンベルクの商法草案の編纂は，「無秩序な（帳簿の）記帳は，破産者の特徴である」という非常に簡単な論理で，債権者保護のための破産法をもって，商法の接続関係を作り出している。また，過怠破産を規定する1851年プロシア刑法典261条2号と，記帳義務を定める1861年ADHGB28条1項の文言の類似性は，「商人に正規の簿記を自己報告させることによって健全な事業経営を遂行せしめる」ことが商法商業帳簿規定の主たる目的の1つであり（ADHGB28条1項），それによって「破産を防止し債権者を保護する」こと（1851年プロシア刑法典261条2号）はその第2次的な目的であることを示している。

「財産状態の全容」を得ることができるか否か，という基準は，1794年プロシア一般国法，1851年プロシア刑法，1871年ライヒ刑法典，1877年破産法，1897年改正破産法，1976年改正刑法典において，記帳義務違反・貸借対照表作成義務違反を問う重要なメルクマールになっている。現行刑法典283b条は，「記帳義務の不履行」を規定するが，同条が制定された背景も，「正規の簿記」が健全な事業経営の前提条件であり，それゆえに，商人に事業の全容を「正規の簿記」（正規の帳簿と正規の貸借対照表）によって自己報告（Selbstinformation）せしめるとする立法者の意図があると考えられる。

ところで，商業帳簿の本質的な目的の1つである「商人への自己報告による健全経営の遂行」に基づく記帳義務に違背しても，HGB上は処罰規定が存在しないため，ドイツにおける諸文献においても，その概念に関する記述が明確に行われていない。本章における一連の考察によれば，「自己報告による健全経営遂行」に係る「実箱であるGoB」の中味は，以下のような内容である。

① 「財産状態の全容」の取得

「財産状態の全容」を得ることができるか否か，との基準は，1794年プロシア一般国法から現行刑法典に至るまで，記帳義務違反ないし貸借対照表作成義

務違反を問う重要なメルクマールとなっている。

② 商人および専門的知識を有する第三者への全容提供可能性

「財産状態の全容」の取得の水準は，1985年の会計指令法による HGB 改正によって，「一目瞭然性（専門的知識を有する第三者への全容提供可能性）」(HGB238条1項2文)であることが明らかになっている。

この原則は，会社法・破産法・商法・税法・刑法典・諸判決の領域において生成・発展して具体化され，成文化された，「簿記の形式的な正規性」に関する一般的で決定的な原則である。商法典の記帳・貸借対照表作成義務と刑法典の破産規定が「正規の簿記の諸原則（GoB）」を通じて連動しているのである。

③ 「実箱である GoB」の領域

「商人への自己報告による健全経営遂行」に係る「実箱である GoB」は，「形式的な GoB」の領域に関係しており，「一目瞭然性」（商人および専門的知識を有する第三者への全容提供可能性）を中核とし，「商業帳簿の保存義務」と「適時の貸借対照表の作成」を充足することで足りる。そして，それは，「記帳の諸原則」を含めた「形式的な GoB」の厳格な遵守を求める「商業帳簿の証拠力」に係る「実箱である GoB」に比して，緩やかな概念となっている。

なお，現行刑法典283条および283b条に関連する「実箱である GoB」は，「自己報告による健全経営遂行」に係る「実箱である GoB」とその領域は重なるが，「法律なければ刑罰なし」・「疑わしきは被告人の利益に」という原則に基づいて，厳格な解釈が求められ，類推解釈や拡張解釈が許されない点に留意を要する。

■注
1　Tiedemann (1985) ; § 283b Rdn. 1.
2　Janssen (2009) ; S. 91.
3　Leffson (1987) ; S. 55f.
4　田中耕太郎博士も，「要するに貸借對照表を定期に作成することは良心的な通常の商人が法律の命令を俟たずしても爲すべき所のものである。其れは慣行上商人の職業的任務に所屬するものと云はねばならない」，「法は貸借對照表の作成方法に關し規定を設けてはゐるものの，不作成の場合に之を強制し又之に對し制裁を加ふる手段を缺いて居り，その法規は所謂不完全法規の性質を帶びてゐる。是れ個人の企業に於ては多數の者の利害關係が輻輳することなく，貸借對照表の機能は上述の商人の企業維持の利害以外に逸脱してゐな

いからである（傍点は筆者）」（田中（1944）；118頁）とする。
5 ティーデマン＝西原／宮澤訳（1990）；53頁。Tiedemann（1985）；§283 Rdn. 32も同旨。
6 Vgl. Leffson（1987）；45。なお，1673年以後のフランスにおける会計規制は，野村（1990）の３頁以下を参照されたい。
7 邦訳は，安藤（1997）の12-13頁，岸（1988）の202-203頁を参照した。
8 岸（1988）；220頁。
9 岸（1988）；227頁。
10 岸（1988）；227頁。
11 岸（1988）；259頁。
12 岸（1988）；271頁。
13 高木（1995）；56頁。Leffson（1987）；S. 55.
14 岸（1988）；204頁参照。
15 岸（1988）；228頁。
16 安藤（1997）；22頁。
17 草案はEntwurf（Württemberg Ⅰ）を，理由書はEntwurf（Württemberg Ⅱ）を参照した。
18 Kruse（1978）；S. 201.
19 Entwurf（Reichsministerium der Justiz）；S. 45.
20 資料は，Koch（1954b）；1054ffを参照した。
21 ライヒ刑事訴訟法が，改革された刑事訴訟（das reformierte Starafverfahren）＝領土法がそれを実現したのであるが＝という共通の遺産の上に築かれているのに対して，ある法律が1871年のライヒ刑法の基礎となっている。それは1851年のプロイセン刑法にほかならない。穏健な態度，法律的明定性を注目に値するほどに貫徹していること，および，十分に洗練された技術により，普通ドイツ刑法に関する作業のためプロイセン刑法が推奨されたのである。さらにプロイセン刑法は，1870年に提案された北ドイツ同盟のための刑法を造り出し，その刑法が，南ドイツ諸邦の参加によってライヒ刑法となったのである（リューピング＝川端／曽根訳（1984）；147頁）。
22 Koch（1854b）は，プロシア刑法典の259条以下の破産規定に関して，Code de commereceの586条以下を参照させている（Koch（1854b）；S. 1054）。バルトは，1807年フランス商法のirrégulièrement（無秩序な）との用語のドイツ語訳にunordentlichとの用語を充てている（Barth（1953）；S. 272を参照されたい）。
23 Petersen/Kleinfeller（1892）；S. 593.
24 Leffson（1987）；S. 20.
25 1871年のドイツ刑法典は何ら新しい内容を含むものではなく，1870年の北ドイツ連邦の刑法典の適用範囲を，同年の11月協定により連邦に組み込まれることになった南ドイツ諸国にも広げたものにすぎなかった。もっとも，北ドイツ連邦の刑法典もこれはこれで，その淵源を遠く19世紀前半に遡る1851年のプロイセン刑法典に手を加えて作られたものであるにすぎなかった（イェシェック／ヴァイゲント＝西原監訳（1999）；68頁）。
26 資料は，Hahn；Strafgesetzbuch für das Deutsche Reich, 3 Aufl., 1877の398頁以下を参

照した。

　リューピングの「刑罰が法律上規定されているべきであるとする要請は構成要件の体系的秩序、構成要件をさらに細分化し精確に規定することを要求する」(リューピング＝川端／曽根訳(1984)；144頁)との見解に注目すべきである。なぜならば、これらは、「法律なければ刑罰なし(nulla poena sine lege)」との基本法則の徹底を意味しているが、1794年プロシア一般国法1468条の「正規の帳簿(ordentlichen Bücher)」に代わって、「無秩序な(unordentlich)記帳」という過怠破産罪の判定基準が1851年プロシア刑法典や1871年のライヒ刑法典に盛り込まれた一因にこの基本法則の存在を認めうるからである。

27　Jaeger/Lent/Weber/Klug/Jahr (1973)；S. 1139.
28　Petersen/Kleinfeller (1892)；S. 592.
29　資料は、Sarmey (1879)；S. 737ff. および Krah (1885)；S. 129ff を参照した。
30　竹野 (1923)；55頁。
31　Bühler/Scherpf (1971)；S. 63.
32　Bühler/Scherpf (1971)；S. 63.
33　Wagner (1980)；S. 253.
34　ティーデマン＝西原／宮澤訳 (1990)；53頁。
35　Beck-Texte, Strafgesetzbuch, 28 Aufl., Einführung.
36　Beck'sche, Konkursordnung, 23 Aufl., 1985, S. 2.
　Kliger は、1976年7月29日の経済犯罪防止第1法律の5条4号によって、破産法の第3編は廃止され、刑法典の283条から283条dに新しく規定された旨を記述している(Kliger (1983)；S. 305)。高木(1995)の20頁では「GoBの概念はまた、(中略、筆者)、また破産法(Konkuesordnung-KO-)の239条、240条、(中略、筆者)の各条項に適用されているものである」とするが、これは誤りである。同239条と240条はすでに1976年改正で削除された規定である。
37　ティーデマン＝西原／宮澤訳 (1990)；53-54頁。
38　Tiedemann (1985)；§283b Rdn. 2.
39　Samson (1985)；§283 Rn. 2.
40　Samson (1985)；§283 Rn. 2.
41　ティーデマン＝西原／宮澤訳 (1990)；56頁。
42　BT-Drucks. 7/3441, S. 38.
43　Samson (1985)；§283b Rn. 1. その他 Tiedemann (1985)；§283b Rdn. 1., Lackner (1977)；S. 913., Lackner (1987)；S. 1193. も同旨。
44　BT-Drucks. 7/3441；S. 38.
45　ティーデマン＝西原／宮澤訳 (1990)；215-216頁。
46　Budde/Kunz (1995)；§238 Anm. 56.
47　「商業帳簿の記帳義務ある者が、その支払を停止し、または、その財産につき破産手続が開始され、または、破産宣告の申立てが破産財団に属する財産が不足だとの理由で却下された場合には、租税上記帳義務の違背は、刑法典283条(破産)および283b条(記帳義務の違背)に導かれる」(Jung (1989)；§238 Rdn. 47)、「記帳義務者がその支払いを停止

し，あるいはその財産につき破産手続が開始され，または破産宣告の申立てが破産財団に属する財産が不足だとの理由で却下された場合には，その記帳義務者は刑法典283条（破産）および283b条（記帳義務違反）によって刑法典上処罰されうる」(Steuerberater-Handbuch (1994)；A-436)。

48 とすれば，レフソンの「支払不能（Konkurs）の場合だけは，立法者はその帳簿を秩序正しく記帳しない商人に対してサンクションを定めている。帳簿が記帳されず，それが破棄され，隠匿され，あるいは財産と負債に関する全容を与えられないように記帳され，あるいは貸借対照表が適時に作成されない場合には，刑法典283条5項・6項および283b条によって罰金刑ないし自由刑に処される（Leffson (1987)；S. 47)」とか，「事業者に関しては，一般的に，支払不能の場合（Konkursfall）において，『行為者がその支払を停止し，または，その財産につき破産手続が開始され，または，破産宣告の申立てが破産財団に属する財産が不足だとの理由で却下された場合』には，記帳と年度決算書に関して，正規性の不履行の因果関係に関係なく，刑法典283b条によって自由刑ないし罰金刑に処される（Leffson (1987)；S. 172)」とする解説は厳密さを欠いている。283b条は「支払不能」ではなく「支払を停止し，あるいはその財産につき破産手続が開始され，または，破産宣告の申立てが破産財団に属する財産が不足だとの理由で却下された場合」に可罰性あるものとされる条項なのである。

49 Samson (1985)；S. 9.
50 Tiedemann (2003)；§283 Rdn. 90.
51 Tiedemann (2003)；§283 Rdn. 111.
52 なお，法解釈に関して，「財産状態の全容を得ることができないほどに無秩序」(1877年破産法等)と「財産状態の全容の把握を困難にするような」(1976年改正刑法典)との間に基本的な差異はないと考えられる。
53 オーバーブリンクマン（F. Oberbrinkmann）は，1861年ADHGB制定から1965年株式法改正までの時代を3つの段階に整理し，その第1段階（1861年ADHGBの制定からシュマーレンバッハ学説が登場するまでの期間）に関して，「このうち前半では簿記および貸借対照表に関する規定よりも，むしろ商業帳簿の証拠力（Beweiskrsft）に関心が置かれた。また貸借対照表に関していえば，法規定およびニュルンベルク会議の議事録を基礎として，商人自身に対する自己情報任務としての財産測定が一般的であるという見解が支配的であった。『この財産測定を支持する文献では，自己情報の内部で利益測定に全く独自の意義が与えられていない』のが特徴である」(五十嵐 (2005)；4–5頁)とし，「（後半では＝筆者）そこでの共通点は純財産の測定が一義的であり，成果測定はその純財産測定の結果として派生的に生じるあくまで副次的な地位として解されている」(五十嵐 (2005)；7頁)とする。
54 松本剛教授は，「formellが意味するのは，簿記のKlarheit（明瞭性），Übersichtlichkeit（概観性）である」，「die formelle Ordnungsmäßigkeit der Buchführung (Bilanzierung)（簿記（貸借対照表）の形式的な正規［適合］性）は，簿記や貸借対照表の明瞭性ならびに一目瞭然性（概観性）に関するもの」であるとされる（松本(1990)；77頁)。このことからも，「一目瞭然性」が「形式的なGoB」に包含される原則であることが理解される。

第Ⅲ部

ドイツ：GoB概念の解明
―特に「GoBの簿記（会計）技術の組立の局面」における機能に焦点を当てて

　第Ⅲ部では,「不確定法概念」とされるドイツのGoB概念をめぐる, わが国の代表的な学説である「実務慣行白紙委任説」と, これと対極にある「三重構造説」について検討を加える。そして,「不確定法概念であるGoB」が「空箱」と「実箱」から構成され,「実箱であるGoB」が「商業帳簿（帳簿）の法の適用局面」と「簿記（会計）技術の組立の局面」という2面における, 個々の「場」において機能することを明らかにする。

　さらに, ドイツにおける「簿記（会計）技術の組立の局面」における「実箱であるGoB」の多様性を考察するとともに, IFRS（国際財務報告基準）のドイツ会計制度への受入問題を明らかにする。

　　第10章　「正規の簿記の諸原則」概念をめぐるわが国の学説
　　第11章　「正規の簿記の諸原則」概念の構図
　　第12章　国際会計基準とドイツ商法会計規定

第10章
「正規の簿記の諸原則」概念をめぐるわが国の学説

第1節 はじめに

　ドイツの学説では「正規の簿記の諸原則（GoB）」を不確定法概念（unbestimmter Rechtsbegriff）と位置づけ，その法的性質の発見に集中している[1]。ドイツの文献では，以下のように解説されている。

> 　HGB は簿記および貸借対照表作成（広義の簿記）の法（Recht der Buchführung und Bilanzierung（Buchführung i. w. S.））を完結的に成文化していない。同法典は，補完されるべき不確定法概念を用い，かつ多くの箇所で（HGB238条1項，239条4項，241条，243条1項，256条，257条3項）正規の簿記の諸原則（これ自身もまた1つの不確定法概念である）を参照させている。
> 　記帳および貸借対照表作成の法はしたがって，開かれた体系（offens System）であり，法適用者は，諸原則を援用して不確定法概念を具体化することができ（その意味で，不確定法概念の具体化は法律そのものにおいて行われていない），かつ，法を経済生活の多様性および変動に適合させることができる。
> 　　　　　　Tipke/Lang（1991）；S. 281，ティプケ＝木村・吉村・西山訳（1988）；115頁

> 　会計報告に関する HGB 上の規定が，すべての貸借対照表作成可能な模写，ないし貸借対照表作成義務者の事情を詳細に規定できないので，立法者は「年度決算書は正規の簿記の諸原則に合致しなければならない（243条1項）」という規定である，不確定法概念たる「正規の簿記の諸原則」を挿入した。それによって，年度決算書が，経済実務の新たな発展がある場合にも，正規性の法律

上の必要条件に合致できるのである。そのようにして，実務において新しい状況が出現するたびに，正規の簿記の諸原則をさらに発展せしめる。

　GoB の熟考は，簿記（238条1項）および年度決算書（243条1項および264条2項1文）の一般規範の構成要素である。GoB は，法律上の個別規定の具体化および補完に役立つべきであり，特定の状況に関して，すなわち，年度決算書の作成にあたって，適用可能な法律上の規定が存在しない場合に考慮されるべきである。
Baetge/Kirisch/Thiele（2007）；S. 106f.

　HGB 上の年度決算書は，正規の簿記の諸原則（GoB）に基づいて作成される。それは，法律の欠缺に関する法の不備の補完，ならびに，法律規定の解釈に役立つ。商業帳簿の記帳ならびに年度決算書の作成に関して一般に認められる規則は，不確定法概念である GoB の背後に隠れている。それは，たとえば，実務における新しい状況の出現や，判決で新しい見解が判示される場合に，GoB を発展せしめるという利点がある。
Pellens/Fülbier/Gassen/Sellhorn（2008）；S. 133.

　以上のように，GoB の「不確定性」は，各論者によって解説されているものの，その不確定性の理論的な整理が行き届いていないように思われる。

　中里実教授も，「正規の簿記の諸原則の法的性格の問題と，その内容を，誰が，何をもとに，どのように発見するのかという問題は相互に密接な関係があるために，それぞれの問題を明確に区分して議論することが難しい。区分の仕方も論者によりまちまちである。次に，これらの問題は，商法学者，租税法学者，および経営経済学者により，各々異なった立場から議論されており，文献も多い。さらに，これらの問題は，必然的に，法源，商慣習，条理等をめぐる法解釈上の基本的な問題と関連している。実際，正規の簿記の諸原則の法的性格および発見の方法をめぐる問題は，それ自体で一つの大部な論文のテーマとなりうるほど複雑なものである[2]」と述べられる。

　そこで，本章では前章までの一連の考察を踏まえて，GoB の法的性格の問題とその内容を，どのように決定し，具体化するのかという点について，わが国における先行研究と対比しながら，詳細な究明を試みたい[3]。具体的には，わが国の通説である，田中耕太郎博士の「実務慣行白紙委任説」と，これと対極にある飯塚毅博士の「三重構造説」に基づいて検討を行う（なお，「実務慣行白紙委任説」と「三重構造説」との用語は筆者の造語である）。そしてこれら錯綜

した見解を止揚する（アウフヘーベン）理論が「空箱」・「実箱」理論（序章第2節3参照）であると考えられるため，「空箱」・「実箱」理論を基礎として，GoB概念の体系的な整理を進めてみたい。

第2節　実務慣行白紙委任説と三重構造説

1　実務慣行白紙委任説

黒澤清博士（元企業会計審議会会長）は，「正規の簿記の諸原則は，法律上の規定としては，具体的内容をもたない白紙規定と解すべき[4]」と述べられ，「ドイツ商法38条の『正規の簿記の諸原則』を白紙規定とする解釈論は，田中耕太郎博士の『貸借対照表法の論理』に負うものである。田中博士は，正規の簿記の諸原則の名において，前法理的規範たる会計規範（貸借対照表技術）が，法の内部に帰化して，法規範に転化するという理論を立てている[5]」としている。

田中耕太郎博士は，その著書『貸借対照表法の論理』（1944年，昭和19年発刊）において，以下のように述べられている。

> 　独逸法に於いて商業帳簿の調整に関し Grundsätze ordnungmässiger Buchführung 即ち「正規の簿記の諸原則」に従う旨を規定している（独商38条独会社法129条）。ところで此の「正規の簿記の諸原則」なるものが果たして何を意味するか甚だ明瞭を欠くのであるが，要するに立法者は企業者間に於いて一般的に慣行せられている実務上の原則なるものが存在しており，法は個々の重要点に関し自ら規定を設ける場合をのぞいて単に白紙的規定を設け，細目を実務上の慣行に委任しているものと認めなければならない。この場合に於いては委任を受けた実務の内容は法的性質を有することになるのである（36頁）。
> 　斯かる立法技術は極めて適切な仕方と云わなければならない。何となれば法は假令自己の目的よりして可及的に詳細に規整を欲するにしても，其の規模其の種類よりして無限の段階および差等が存在する各個の企業に対し，一々適當なる規整を爲すことは蓋し不可能事であるからである。此の故に法は正規の會計技術を自己の中に取り入れ，細目の決定は之を慣行と企業者の個々の場合の常識的判断に一任するを一層賢明なる方策と考へたのである（37頁）。
> 　所で立法者は巨細に簿記および貸借對照表の諸原則を規定することを得ない。此の故に法は獨商三十八條の如き白紙的規定を設け，法が特別の規定を爲さざる部分に付ては商人の實務上の慣行を rechtserheblich なるものとし，其

れに規定を委任したのである。此の仕方は一方各個の具體的場合に適合する爲めに必要であると共に，他方固定的な成文法規で以て實務を拘束することに依り經營技術の進歩を害することなからしむる爲めにも必要とせられる（46頁）。

商人間の技術のみを以て足り法的規整を特に必要としないと云う思想は，總てを法的規整に俟ち技術の一定の範圍に於ける自治性を否定する思想と同様に誤っているものと云わなければならない。妥當なる立法政策は立法の目的を明瞭に意識し，此の目的より判斷して必要なる諸點を摘出して大綱的規定を設け，細目の點は彈力性ある慣行卽ち技術の發達に委ねることに存するのである（47頁）。

以上の「實務慣行白紙委任說」を簡略に示せば，以下のとおりである（**図表10-1**）。

すでに明らかにしたように，1897年商法（HGB）制定にあたって立法者がGoB概念を導入した立法趣旨は，簿記が「營業の對象物，種類および特に規

図表10-1 田中耕太郎博士の「實務慣行白紙委任說」

立法の原則的立場	・立法者は巨細に簿記および貸借對照表の諸原則を規定することを得ない（46頁） ・其の規模其の種類よりして無限の段階および差等が存在する各個の企業に對し，一々適當なる規整を爲すことは蓋し不可能事であるからである（37頁）
GoBの本質	白紙的規定である（46頁）

⇩

GoBの屬性	法は正規の會計技術を包括的に自己の中に取り入れる（37頁） 法が特別の規定を爲さざる部分に付いては商人の實務上の慣行をrechtserheblichなるものとし，其れに規定を委任（46頁） 此の場合に於いては委任を受けた實務の内容は法的性質を有することになる（36頁）
GoBの機能	各個の具體的場合に適合する（46頁）

⇩

必然的に導かれる結論	必要なる諸點を摘出して大綱的規定を設け，細目の點は彈力性ある慣行卽ち技術の發達に委ねる（47頁）

模に応じて，このような必要条件はそれぞれ相違してもよい」として，「簿記技術の組立」を「注意深い商人の実務慣習」に白紙委任したことにあり，「商業帳簿の法の適用局面」には言及していない（第3章第2節2参照）。

その意味で，「其の規模其の種類よりして無限の段階および差等が存在する各個の企業に對し，一々適當なる規整を爲すことは蓋し不可能事であるからである」，「法は会計技術を包括的に自己の中に取り入れる」（傍点は筆者）とする「実務慣行白紙委任説」は立法趣旨に合致しており，1919年RAO制定によって，帳簿の証拠力に係る「実箱であるGoB」が明確化されるまでの間に対しては，その理論の正当性があると認められる（ただし，『貸借対照表法の論理』の発刊は1944年である）。

田中耕太郎博士は，GoBを「成文化されていないもの」として捉え，「成文法を充填し，かつ補完するもの」として位置づけられているようである。

田中博士の「実務慣行白紙委任説」は通説である。それは前述の黒澤博士の見解のほか，飯塚博士がわが国の会計学者の諸文献を渉猟されたうえで明らかにされている[6]。直近の文献では，商法学の立場から江頭憲治郎教授が，以下のように述べられている[7]。

> 諸外国でも，法令には会社の会計処理に関する具体的な規定を置かず，計算関係書類は会社の財産・損益の状況の「真実かつ公正な概観」（a true and fair view）を提供すること等のみを定め（イ会三九五条一項(a)・三九六条二項(a)，ド商二三八条一項），会計処理の具体的ルールの作成は会計基準を設定する政府または民間の機関に委ねる方法は，広く採用されている（片木晴彦「会計包括規定の役割について」川又良也先生還暦記念・商法・経済法の諸問題二一頁［商事法務研究会・一九九四］）。ルールが膨大になる，改正が頻繁に必要になる等の立法技術的な要請から，そうならざるを得ないのである（弥永真生・商法計算規定と企業会計257頁［中央経済社・2000］）。

このドイツHGB238条1項に対する，「法令には会社の会計処理に関する具体的な規定を置かず」との見解は，基本的に「実務慣行白紙委任説」と軌を一にすると考えられる。

2　三重構造説

かかる通説に対して，飯塚毅博士は「正規の簿記の原則が，合規性を基本的性格とする以上は，実定規範の存在が不可欠であり，何が正規か，合規か，の認識可能性がなくてはならない[8]」として，いわゆる「三重構造説」を提示されている。「三重構造説」とは，GoB概念を以下のように捉える説である[9]。

> 1．広義の商人の行うべき簿記に関する基準の歴史的発展性のある集合概念であり，2．歴史の流れを一定時点で輪切りにしてその横断面をみれば，その都度，特定の法規範群によって，その限界が明確化されている概念であり，3．その形式的および実質的な諸要件を充足したときは，その帳簿は，税務官公署に対して証拠能力をもつと認められる機能を発揮する概念である。

私見では，「三重構造説」は，GoB概念を「実箱であるGoB」概念として理解する説であると考えられる。飯塚博士は，以下のように述べられている。

> 正規の簿記の諸原則は，ドイツ商法上の概念であり，会計学上の概念であると共に，ドイツ税法学上の概念でもあるのである。税法上の概念である点は，単にドイツ所得税法第5条，その解釈規則としての施行規則第29条の存在のみでなく，ライヒ財政裁判所（RFH）の判事であり，かつ，代表的な税法学者でもあったエンノ・ベッカーが，単独で立案したといわれるライヒ国税通則法（RAO）が1919年に法律として制定されて以来，その第208条が「正規の簿記・帳簿の証拠性」を規定し，その第162条が，正規の簿記の諸原則の内容に関する具体的条文を持ち，更に，正規の簿記の諸原則の内容に係る多数の判決が実在することは，紛れもない現実なのである[10]。

> ドイツ会計学における「正規の簿記の諸原則」の概念は国税通則法や商法のみではなく，多岐にわたる法源の中で，多角的な実定法概念として形成されている点は，顕著な特色として，留意されなければならない。それは，単一の用語としての「正規の簿記の諸原則」という概念を使用しながら，各法源が固有する特定の社会規範形成への要請を担って，実定法として登場している，という性格をもっているからである[11]。

飯塚博士は,「正規の簿記の諸原則との概念は,その概念の内包と外延とのすべてが,実定化されているものではない[12]」としているが,同時に,「記帳,決算書の準備,評価の問題等々の細部にわたって法規範が介入し,国家意思が確定していることが望ましい[13]」としておられる。「三重構造説」を示せば,**図表10-2**になる。

なお,飯塚博士は,田中博士と異なり,GoBを「成文化されたもの」を含めて定義されている。

図表10-2 飯塚毅博士の「三重構造説」

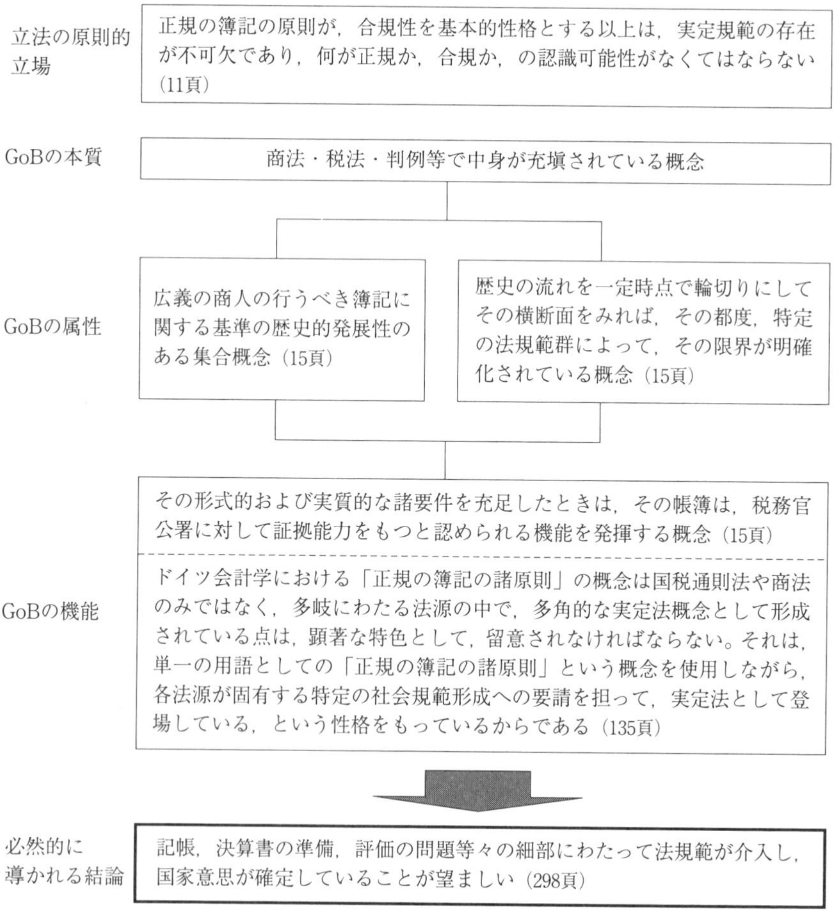

立法の原則的立場	正規の簿記の原則が,合規性を基本的性格とする以上は,実定規範の存在が不可欠であり,何が正規か,合規か,の認識可能性がなくてはならない (11頁)
GoBの本質	商法・税法・判例等で中身が充塡されている概念
GoBの属性	広義の商人の行うべき簿記に関する基準の歴史的発展性のある集合概念 (15頁) / 歴史の流れを一定時点で輪切りにしてその横断面をみれば,その都度,特定の法規範群によって,その限界が明確化されている概念 (15頁)
GoBの機能	その形式的および実質的な諸要件を充足したときは,その帳簿は,税務官公署に対して証拠能力をもつと認められる機能を発揮する概念 (15頁) ―――― ドイツ会計学における「正規の簿記の諸原則」の概念は国税通則法や商法のみではなく,多岐にわたる法源の中で,多角的な実定法概念として形成されている点は,顕著な特色として,留意されなければならない。それは,単一の用語としての「正規の簿記の諸原則」という概念を使用しながら,各法源が固有する特定の社会規範形成への要請を担って,実定法として登場している,という性格をもっているからである (135頁)
必然的に導かれる結論	記帳,決算書の準備,評価の問題等々の細部にわたって法規範が介入し,国家意思が確定していることが望ましい (298頁)

第3節 「空箱」・「実箱」理論と「相即の論理」

1 「空箱」・「実箱」理論

(1) 「空箱」と「実箱」の関係

　私見によれば，以上の「実務慣行白紙委任説」と「三重構造説」を統一的・体系的に整理可能な理論が，「空箱」・「実箱」理論であると考えられる。

　武田隆二博士は，「空箱」と「実箱」の関係を以下のように説明されている[14]。

> 　「ひと」は本来「五感」を備え，さらに「目的」を持って，社会においてなんらかの「機能」を果たしている動物であると解するとき，
> (1) いろいろな目的をもち，そのことを実現するために，様々な形で社会的機能を果たしている人間という存在と，
> (2) そのような目的や機能の有無にかかわらず実存している人間という存在とが区別されます。
> 　前者の人間は，機能を持てる存在としての「ひと」であり，後者は目的や機能を付加することによって社会に役立つことができる**空箱としての「ひと」**という存在なのです。そこには幅広い許容可能性を持ち得る透明な「**聖なる世界**」があるとでも言えるものなのでしょう。

　(2)は超歴史的・普遍的・理念的な「空箱」である「ひと」であり，(1)は現実に機能を持って存在している「実箱」である「ひと」を意味している。ここで「空箱」の中に，いきなりさまざまな内容のモノを創り出す働きをもつものを詰め込んで，空箱を「実箱」に変換することはできない。そこには何らかのルールが存在しなければならず，この両者の「媒介項」となるものを「連結帯」というならば，その連結帯として「目的」が設定されなければならない[15]。これを図にすれば以下のようになる（図表10-3）。

図表10-3 「空箱」と「実箱」の関係

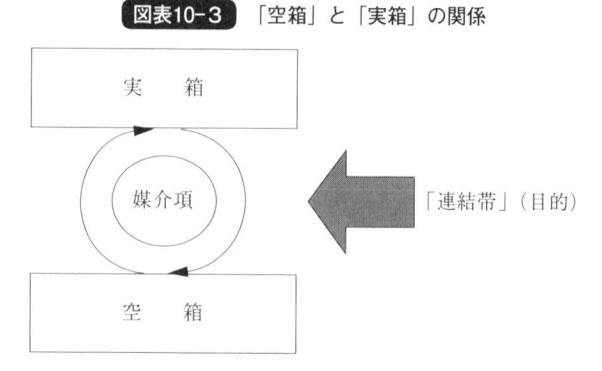

出所：武田（2006c）8頁の図1を簡略化して引用

(2) 橋渡し原理（Bridge Principle）

橋渡し原理とは，「理論によって仮定された実在とその過程が，われわれがすでによく知っている経験的な現象といかに関係するか，そしてそれゆえ，理論が説明し，予測し，あるいは過去予測するところの経験的現象といかに関係するか，ということを明らかにするもの[16]」である。

「実在と過程」の「真の世界」をなんらかの形で「観察し，測定する」ために，「実験装置」を必要とする。この「観察・測定装置」は，真の実在と過程の世界にあると推定するものを「規則」の形に組み立てているのである。したがって，「組み立てられた規則」は，「実在と過程」の世界を表現すると推定する「仮説」の集合とみてよいであろう。そのような「実験装置」を使うことで，実験結果を「現実の世界」において確かめることができるのである。「実在と過程」として存在すると考えられうる「真の世界」は，あくまでも推定された「仮説の世界」であり，カント流に表現すれば，われわれにとっては「考えられうる世界（erdenkbare Welt）」であっても，現実には「認識できない世界（unerkennbare Welt）」のものである。したがって，「橋渡し原理」のもつ役割は，いわば「見えざる世界」をあたかもそこにあるかのごとく見せる装置としての「認識の世界」へのブリッジとなるものであるといってもよいであろう[17]。これを図示すれば，以下のようになる（**図表10-4**）。

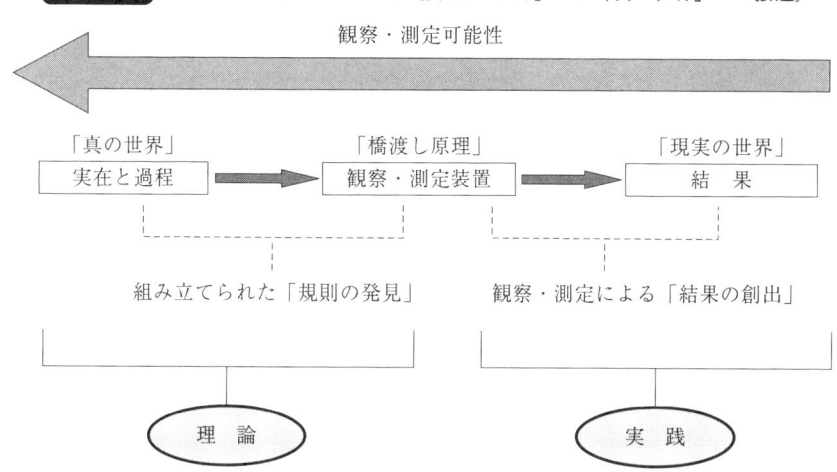

図表10-4 「橋渡し原理」の役割期待《「現実の世界」から「真の世界」への接近》

観察・測定可能性 ←

「真の世界」　実在と過程　→　「橋渡し原理」　観察・測定装置　→　「現実の世界」　結　果

組み立てられた「規則の発見」　　　観察・測定による「結果の創出」

理　論　　　　　　　　　実　践

出所：武田（2006d）6頁，図2

(3) 「橋渡し原理」と「場の条件」

「橋渡し原理」における「観察・実験装置」は，連結帯としての「目的」ないし「場の条件」と言い換えることができる。

理論構築においても，制度形成（あるいは制度改正）においても，すべて「場の条件」をしっかりと認識することが出発点となる。ここで「場の条件」とは，われわれ経済活動を営む場合，「無制限な場」において営まれるわけではない。特定の経済活動には「特定の場」が存在し，その場の条件に資格あるプレーヤー（参加者の条件）が相集い，その場においてそれぞれの参加者の「役割と役割期待の条件」に従ったルールで，自由にプレー（活動）をする[18]。ここに「場の特定」，「参加者の条件」，「役割期待」という3つの条件を予定したうえで，自由なプレーを営むというのが経済行為の基本となっている。会計行為についても同じである。1つの「実箱」をもって，ニーズの異なるものに対応ができないのは「場の条件」，つまり「場の特定」・「参加者の条件」・「役割期待」がそれぞれ異なるからであり，かつ，「場の条件」が「時代とともに変化する性質のもの」であるからである。これを図示すれば，**図表10-5**のようになる。

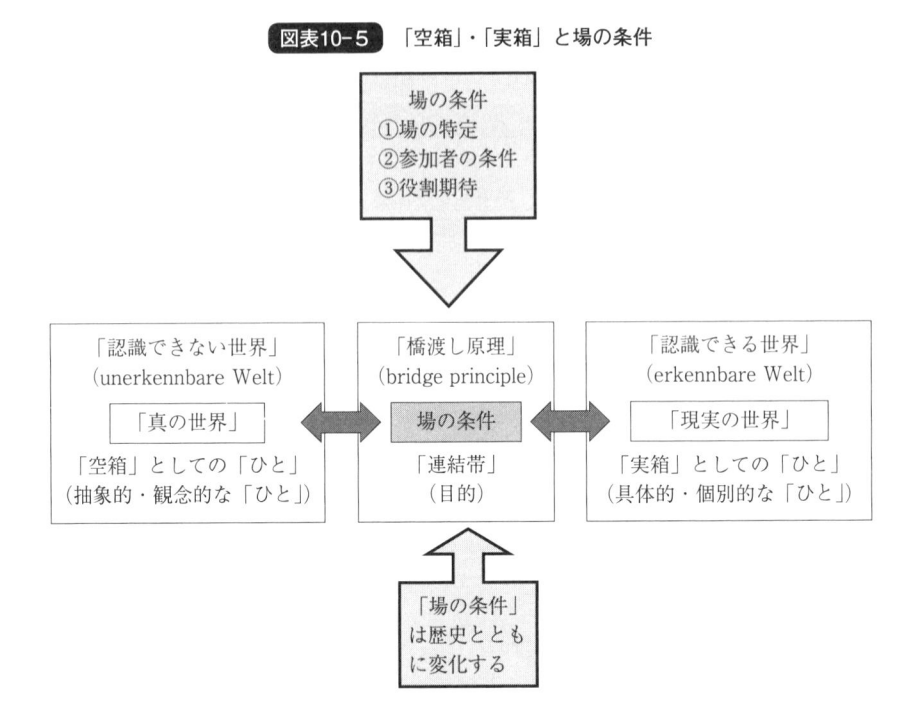

図表10-5 「空箱」・「実箱」と場の条件

場の条件
① 場の特定
② 参加者の条件
③ 役割期待

↓

| 「認識できない世界」
(unerkennbare Welt)
「真の世界」
「空箱」としての「ひと」
(抽象的・観念的な「ひと」) | ⇔ | 「橋渡し原理」
(bridge principle)
場の条件
「連結帯」
（目的） | ⇔ | 「認識できる世界」
(erkennbare Welt)
「現実の世界」
「実箱」としての「ひと」
(具体的・個別的な「ひと」) |

↑

「場の条件」は歴史とともに変化する

2　相即の論理[19]

「空箱」と「実箱」の関係は，「相即の論理」そのままである。般若心経は，「色不異空，空不異色，色即是空，空即是色」と「相即の論理」を説く。それは，「色」を滅して「空」に至るのではなく，「色そのままに空」であり，「空」と「色」はひとつであるという真理を示している。また，「場の条件」とは「縁」（物事が成立する間接的要因）と言い換えてもよい[20]。「縁」により去来して常住なるものは何一つもないということである。主体である「空」（空箱）と客体である「色」（実箱）は，「縁」（場の条件）を媒介として，それぞれが密接にかかわり合い，自在に助け合い融け合って存在している。この真理を西田幾多郎博士は，「絶対矛盾的自己同一性」と表現される[21]。

「空箱」即「実箱」であり，「空箱」の本質は「何かを生み出す」というところにある。「空箱」は真空のことではない。「空箱」は，固定的実体としての対

象は何もないことを意味している。「空箱」は，論理的には説明困難な，捉えどころのない概念である。

　この真理は，わが国の「白露のおのが姿をそのままに，紅葉に置けば紅の玉」という道歌にある「白露」を「正規の簿記の諸原則（GoB）」に置き換えてみれば理解が早い。「空箱である GoB」（「白露」）は，超歴史的・普遍的・理念的概念である。それに一定の「場の条件」（縁）を与えれば（「紅葉に置けば」），法の適用面で機能する具体的な「実箱である GoB」（「紅の玉」）に転化する。これを敷衍すれば，「空箱である GoB」（「白露」）に異なる「場の条件」（縁）を与えれば（「紅葉」以外の葉に置けば），別の「実箱である GoB」（「紅の玉」以外の存在）に転化することを意味する。しかしそれでいて GoB（「白露」）自体の本質は変わることがない（「そのまま」である）。「GoB」は融通無碍なる存在であり，「空箱である GoB」と個々の「実箱である GoB」はひとつであり，一体の存在である（空即是色＝相即の論理）。これを図示すれば**図表10-6**のようになる。

図表10-6　「空箱である GoB」と「実箱である GoB」(1)

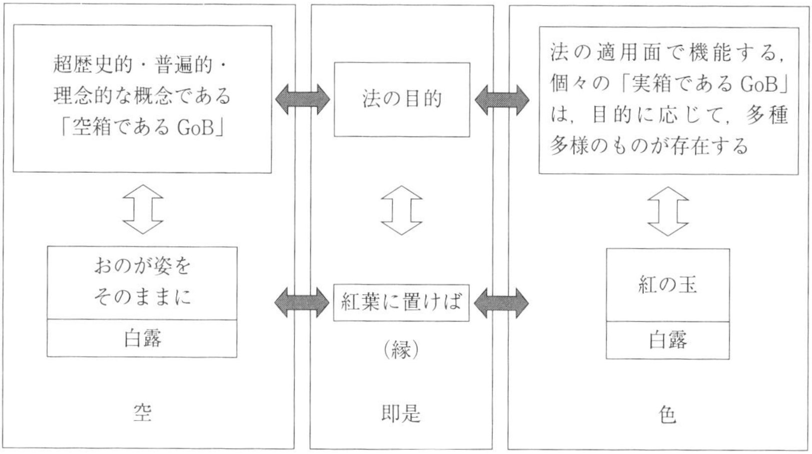

超歴史的・普遍的・理念的な概念である「空箱である GoB」	法の目的	法の適用面で機能する，個々の「実箱である GoB」は，目的に応じて，多種多様のものが存在する
おのが姿をそのままに　白露	紅葉に置けば（縁）	紅の玉　白露
空	即是	色

3　「空箱」・「実箱」理論の具体的展開

　1897年 HGB 制定からしばらくの間，GoB は，「簿記技術の組立の局面」における「企業の属性」（営業の対象物，種類および特に規模）に応じた GoB を予

定していた（第3章第2節2(1)参照）。

そして，1919年RAO制定後，RAO162条に規定された各種の条件が，租税法上の帳簿の証拠力に係る「実箱であるGoB」を構成するものと位置づけられ，その後，「商業帳簿（帳簿）の法の適用局面」に応じた「実箱であるGoB」概念が順次明確化されている。注意すべきことは，GoBの法的性質に関して，1897年HGB制定時と，1919年RAO制定後では，両者に顕著な違いがみられることである（第3章第2節3(2)参照）。

今日的な見地において「不確定法概念であるGoB」の法的性質は，以下のように説明されるべきである。すなわち，「空箱であるGoB」は，具体的な法の適用局面においては，「場の条件」（「商業帳簿（帳簿）の法の適用局面」と「簿記（会計）技術の組立の局面」）に応じて，その中身が充塡されて「実箱であるGoB」として機能する。「充塡」は，「場の特定」，「参加者の条件」，「役割期待」という3つの条件を予定したうえで，それらの実態（事実関係システム）に適合したGoBの組立（法の目的に応じた，法規範の組立）を行うことになる。これを本研究における章立てで示せば，以下のようになる。

① 「商業帳簿（帳簿）の法の適用局面」→第6章・第7章・第8章・第9章・第11章2節
② 「簿記（会計）技術の組立の局面」→第11章第2節以下・第12章

「実箱であるGoB」は，特定の「場の条件」のもとで具体化される概念であるとともに，「場の条件」に応じて多様性ある概念である。そして，「場の条件」は時代とともに変化する性質のものであるがゆえに，個々の「実箱であるGoB」も時代とともに変化する。「実箱であるGoB」は，「時代条件付概念」であるとして特徴づけることができよう。この点につきフィッシャーは，「商事法上のGoBは，諸原則に関する開かれた体系（offenes System）を意味し，時の経過に応じて変化する表象世界（Vorstellungwert）に適合することができる[22]」とする。

確かに，「簿記の正規性の基準となる一般的なGoB」は講学的にその内容を具体的に描くことができる（第5章の内容がそれに当たる）。しかし，「実箱であるGoBは1つである」とすることはできない。簿記は自己目的（Selbstzweck）のためにあるのではない（第6章第5節①および第7章第4節参照）。「実箱であるGoBは1つである」とする見解は，「実箱」（具体的な規定を納めたもの）を

もって「1つであるべきものである」という主張であって、もともと「法理」（ドイツ商法の精神）に叶うものではなく、また、「論理的にも矛盾する要請」である。なぜなら、1つの「実箱」をもって、ニーズの異なるものにすべて強要する、という意味で不適切であるからである。GoBは、「空箱」であり、かつ、同時に「実箱」である。GoBは、かかる意味において、絶対矛盾的自己同一的な存在である。

以上の関係を図に示せば、**図表10-7**のようになる。

実務慣行白紙委任説の「此の仕方は一方各個の具體的場合に適合する爲めに必要である」、三重構造説の「単一の用途としての『正規の簿記の諸原則』という概念を使用しながら、各法源が固有する特定の社会規範形成への要請を担って、実定法として登場している」とは、「場の条件」に応じて、多様な「実箱であるGoB」が存在することを予定している。それゆえに、総論として、両説は、「空箱」・「実箱」理論に合致し、「空箱」・「実箱」理論は、両説を包含

図表10-7 「空箱であるGoB」と「実箱であるGoB」(2)

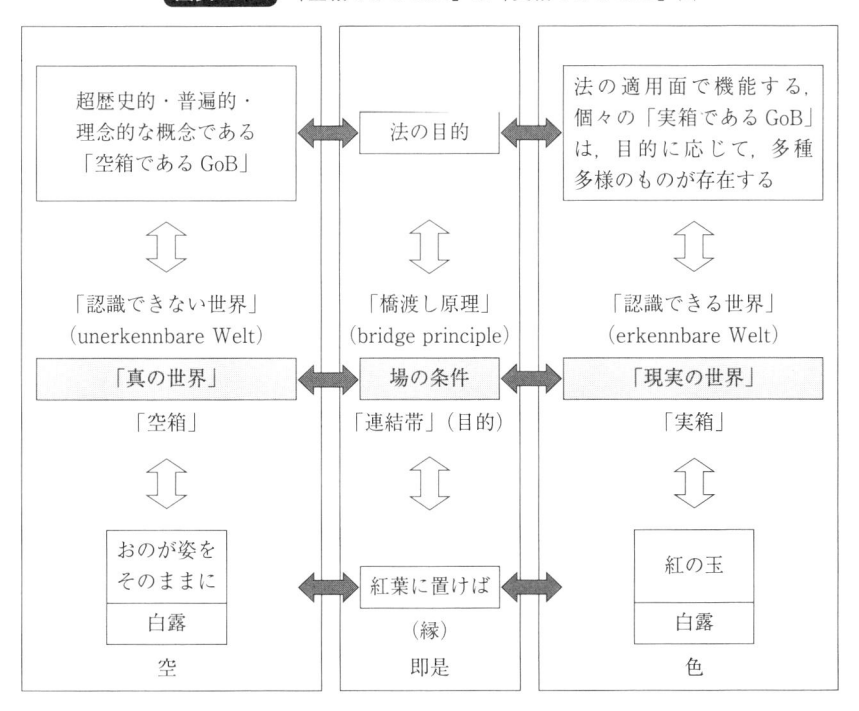

超歴史的・普遍的・理念的な概念である「空箱であるGoB」	⇔	法の目的	⇔	法の適用面で機能する、個々の「実箱であるGoB」は、目的に応じて、多種多様のものが存在する
⇕		⇕		⇕
「認識できない世界」(unerkennbare Welt)		「橋渡し原理」(bridge principle)		「認識できる世界」(erkennbare Welt)
「真の世界」	⇔	場の条件	⇔	「現実の世界」
「空箱」		「連結帯」（目的）		「実箱」
⇕		⇕		⇕
おのが姿をそのままに　白露	⇔	紅葉に置けば（縁）	⇔	紅の玉　白露
空		即是		色

している。

　しかし，簿記（会計）技術の成文化に関しては，「必要なる諸點を摘出して大綱的規定を設け，細目の點は彈力性ある慣行卽ち技術の發達に委ねる」（実務慣行白紙委任説），「記帳，決算書の準備，評価の問題等々の細部にわたって法規範が介入し，国家意思が確定していることが望ましい」（三重構造説）として，両説の結論はまったく異なっている。そこで，次の第4節では，「空箱」・「実箱」理論に基づいて，両説の整理を行ってみたい。

第4節　「実務慣行白紙委任説」と「三重構造説」の検討

1　「実務慣行白紙委任説」の検討

(1)　GoB の立法趣旨に一致

　「実務慣行白紙委任説」は，各個の具体的な場合に適合するために GoB を白紙規定と位置づけており，GoB の立法趣旨に合致する（第3章第2節2(1)参照）。しかし，「実務慣行白紙委任説」は「其の規模其の種類よりして無限の段階および差等が存在する各個の企業に對し，一々適當なる規整を爲すことは蓋不可能事である」として，「場の条件」として「簿記（会計）技術の組立の局面」だけを捉えているために，「商業帳簿の証拠力」をはじめとする「商業帳簿の法の適用局面」における「正規の簿記の諸原則」の組立を行うことができない点に課題が残る。

(2)　1919年 RAO 以後のドイツ法制と GoB

　この点について敷衍すれば，『貸借対照表法の論理』（1944年）が出版された当時，ドイツでは，①租税法上の帳簿の証拠力に係る「実箱である GoB」が具体的な条文を伴って1919年 RAO に存在しており（第3章第2節3(2)および第4章第3節1(1)参照）[23]，さらに，②1877年破産法239条と240条，特に過怠破産処罰の場面で機能する「実箱である正規の簿記」（第9章第3節2(3)参照），③ルーズリーフ式簿記に係る「実箱である GoB」も明確化されていたのであるが（第3章第3節1を参照されたい），田中博士は，このような「商業帳簿（帳簿）の法の適用局面」で機能する「実箱である GoB」を提示されていない[24]。

私見では，田中博士は，「正規の簿記の諸原則の各論的な細部にわたる実定法が実在していた」ことを確認しておられたと思われる。田中博士は『貸借対照表法の論理』の223頁において，Staub's Kommentar zum Hadelsgesetzbuch (12. und 13. Auflage, Bd. 1926)を引用しているが，このシュタウプ(Staub)の注釈書の263頁から265頁には，1897年HGB38条に関して「正規の簿記の諸原則への準拠（Nach den Grundsätzen ordnungsmäßiger Buchführung)」とする解説が存在し，その中で「しかし，それは（1919年RAO162条のこと＝筆者注）すべての正規の簿記に関する指針とみなされる（HGB43条以下参照）(Die können aber als Jingerzeige für jede ordnungsmäßiger Buchführung angesehen werden(vgl. unter §§43ff.))」との記述が存在し（同書264頁），かつ，1919年RAO162条1項から9項までの条文すべてが掲載されている。さらに，田中博士は，『貸借対照表法の論理』の61頁でハインの著書も引用されているが，ハインは，同著の148頁において，「簿記の正規性（Ordnungsmäßigkeit der Buchführung)」を解説し，HGB38条・43条およびRAO162条を掲げているのである[25]。

(3) 自己完結的利益計算の体系と「実質的なGoBi」

　田中博士は，「簿記（会計）技術の組立の局面」を前提としてその説を構築されている[26]。換言すれば，田中博士は，「企業の属性（規模・業種等）」によって，その正規の貸借対照表作成の諸原則（GoBi）および「簿記組織」のあり方が異なることを主張されているのである。

　また田中博士が，「商人間の技術のみを以て足り法的規整を特に必要としないと云う思想は，總てを法的規整に俟ち技術の一定の範囲に於ける自治性を否定する思想と同様に誤っているものと云わなければならない」とされ，「妥当なる立法政策は立法の目的を明瞭に意識し，此の目的より判断して必要なる諸點を摘出して大綱的規定を設け，細目の點は彈力性ある慣行即ち技術の發達に委ねることに存するのである」（同書47頁）とされていることに触れなければならない[27]。

　博士のこの言及は，「実質的なGoBi」の領域においては，いまだに正当な見解である。詳細に法規範化されなければならないのは，「形式的かつ狭義のGoB」，とりわけ「記帳条件」である。「成文化されたGoBi」は，あくまで「補完的・規制的利益計算」の体系であって，それ自体自己完結的利益計算の体系

ではないため,大綱的な規定の成文化に留めざるを得ないからである(第5章第4節4参照)。

2 「三重構造説」の検討

飯塚博士の「三重構造説」は,「場の条件」としては「商業帳簿(帳簿)の法の適用局面」に焦点を当てた説である。

飯塚博士の第1と第2の見解,すなわち,GoB が「広義の商人の行うべき簿記に関する基準の歴史的発展性のある集合概念」であり,「歴史の流れを一定時点で輪切りにしてその横断面をみれば,その都度,特定の法規範群によって,その限界が明確化されている概念」であるとの見解は,本研究の第3章から第5章によってその正当性が証明されたと思われる。

そして第3の「その形式的および実質的な諸要件を充足したときは,その帳簿は,税務官公署に対して証拠能力をもつと認められる機能を発揮する概念である」との見解は,「実箱である GoB」を租税法における「帳簿の証拠力」との関係で論証されたと理解されよう[28](第6章参照)。多種多様な「実箱である GoB」のうち,租税法における帳簿の証拠力に係る「実箱である GoB」は,その中身が「形式的な GoB」によって充填される概念であり,他のどのような「実箱である GoB」よりも格別に明確な概念となっている。

ドイツでは,「秩序正しく記帳された帳簿だけに証拠力がある」,「正規の簿記だけが証拠力を享受する」という命題のもとで,租税法および HGB に各種の記帳条件が長い歴史を通じて成文化され,それら成文化された記帳条件等が「実箱である GoB」を充填している。それに比して,「自己報告による健全経営の遂行」に係る「実箱である GoB」や,「破産防止による債権者保護」に係る「実箱である GoB」などは,緩やかな概念である(第9章第5節③参照)。それゆえに,通説である「実務慣行白紙委任説」との対比を鮮明にするため,飯塚博士は,租税法における帳簿の証拠力に係る「実箱である GoB」と,「形式的かつ狭義の GoB」を格別に強調する必要があったと考えられる。

飯塚博士が,「商業帳簿(帳簿)の法の適用局面」における多様な「実箱である GoB」の存在を認識されていたことは,「正規の簿記の諸原則」概念が,多岐にわたる法源の中で,多角的な実定法概念として形成されており,単一の用語としての「正規の簿記の諸原則」という概念を使用しながら,各法源が固

有する特定の社会規範形成への要請を担って，実定法として登場している，という性格をもっているからである，と言及していることからも明らかである。同時に，飯塚博士は，「会計技術の組立の局面」にも言及され，たとえば，a true and fair view に関して，「場合によっては，標準的な会計実践や諸会社法の特定要件の両者よりも高次元の判断基準なのである[29]」としている（第3章第5節1(3)参照）。

また，時系列的な流れにおける，「実務慣行白紙委任説」と「三重構造説」の位置づけを表にすれば，**図表10-8**になる。

3　両説の整理

(1) 適用領域

実務慣行白紙委任説と三重構造説は，「場の条件」に応じて，多様な「実箱である GoB」が存在することを予定しており，結論としては，「空箱」・「実箱」理論に基づく結論に合致している。

しかし，現在においても，GoB 概念に関して，「実務慣行白紙委任説」に立脚した見解が通説の位置を占めている。他方，われわれは，第1章から第5章に至る考察を通じて，ドイツにおいては数多くのGoBに関する個別原則がHGBや国税通則法（AO）に成文化されていることを確認している。これは「三重構造説」を追認するものである。われわれはどのように「実務慣行白紙委任説」と「三重構造説」を理解すべきであろうか。

結論を急げば，両説は，以下のように理解すべきであろう。

すなわち，「実質的な GoBi」の領域は「簿記（会計）技術の組立の局面」を意味し，自己完結的利益計算の体系であって，「実質的な GoBi とは何々である」という特定した内容を網羅的に成文化することは不可能な領域であり，大綱的な規定の成文化に留めざるを得ないのである（第5章第4節4参照）。それは，「其の規模其の種類よりして無限の段階および差等が存在する各個の企業に対し，一々適當なる規整を爲すことは蓋し不可能事であるからである」とする「実務慣行白紙委任説」が説くところと合致する。武田隆二博士も「具体的な会計規定をその中に（法律の中に＝筆者注）取り込み固定化することは，本来の会計の姿から見ると誤っている[30]」とされる。

これは，①2009年会計法現代化法によって，資本会社等に対する「評価規

図表10-8 GoB 概念の生成・発展

年　度	GoB 概念の生成・発展
1857年プロシア第2草案理由書	簿記の種類は本質的には商人の営業の種類と規模に結びついている
1985年ヘッセン州所得税法	減価償却の計算に関して「正規の簿記の諸原則に従い (nach den Grundsätzen ordnungsmäßiger Buchführung)」との文言が規定される
1897年 HGB38条1項	「正規の簿記の諸原則」概念の導入
1919年 RAO	租税法上の帳簿の証拠力に係る「実箱である GoB」の明確化
1920年 EStG　1925年 EStG	租税法上の所得計算に係る「実箱である GoB」の明確化
1927年ベルリン商工会議所鑑定書	ルーズリーフ式簿記の正規性の判定基準となる「実箱である GoB」の明確化
1949年～	租税優遇措置適用の判定基準である「実箱である GoB」の明確化
1965年改正 HGB　1965年改正 RAO	マイクロフィルムによる帳簿保存を許容
1967年 EStR	EDV 簿記で紙で保存する場合における，正規性の判定基準である「実箱である GoB」の明確化
1971年マイクロフィルム原則	マイクロフィルムによる書類保存の許容に係る「実箱である GoB」の明確化
1976年経済犯罪防止第1法律	刑法283・283b 条に基づく「破産犯罪」に係る「実箱である GoB」の明確化
1976年改正 HGB　1977年 AO　1978年 GoS	EDV 簿記に係る「実箱である GoB」の明確化
1985年 HGB 改正	個々の GoBi の成文化　企業の属性に応じた「実箱である GoB」の明確化
1995年 GoBS	EDV 簿記に係る「実箱である GoB」の明確化

どのように帳簿が記帳されるかは注意深い商人の慣習に従って判定されるべきである。営業の目的，種類および特に範囲に応じて，これらの必要条件はさまざまである（草案理由書）

↕ 同一趣旨

実務慣行白紙委任説（1944年）

「三重構造説」（1988年）

定」が削除されたこと（第11章第2節2(2)参照），②経済監査士協会（Institut der Wirtschaftsprüfer）の諸専門委員会による意見書や，専門学者，経済監査士等による会計規定の解釈意見・注釈（コンメンタール）等が実務における指導的役割を果たしていること，③「ドイツ会計基準委員会」が公表するドイツ会計基準が一定の条件のもとで GoB として「推定」されている（第11章第2節2(5)参照）ことからも明らかである。

他方，「形式的かつ狭義の GoB」の領域では，商業帳簿（帳簿）の証拠力などの「商業帳簿（帳簿）の法の適用局面」において，「法の目的に応じた，法規範の組立」を行うために，「形式的かつ狭義の GoB」が一般的かつ普遍的な形で成文化される必要がある（第3章第6節，第4章第5節5，第5章第3節1(3)参照）[31]。たとえば，「正規の簿記だけが証拠力を享受する」との命題が成り立つためには，「簿記の形式的なルール（特に，記帳条件）」が明確化されなければならない。これは「三重構造説」の説くところである。そしてそれは本研究における一連の考察とも一致する（たとえば，第3章第5節図表3-6および第4章第5節図表4-3参照）。

以上を総括すれば，「実務慣行白紙委任説」は，主として「簿記（会計）技術の組立の局面」における GoB（主に「実質的な GoBi」）に，「三重構造説」は，主として「商業帳簿（帳簿）の法の適用局面」（主に「形式的かつ狭義の GoB」）に焦点を当てた説であると理解される。

以上の関係を図にすれば，**図表10-9**となる。

さらに，「実務慣行白紙委任説」と「三重構造説」の適合領域を表に示せば**図表10-10**となる。

(2) 「GoB の体系」と両説の位置づけ

不確定法概念である GoB は，「場の条件」（「商業帳簿（帳簿）の法の適用局面」と「簿記（会計）技術の組立の局面」）に応じて多様な「実箱である GoB」を予定している。このような「GoB の体系」が，ドイツにおける会計制度の全容であるといってもよい。一連の考察をもとに「GoB の体系」を図にすれば**図表10-11**となる（なお，「GoB の体系」の内容の具体的な考察は第11章で行う）。

それでは，どのような理由で，「実務慣行白紙委任説」が通説の位置を占め，「三重構造説」が時として異端の説とされているのであろうか。その答えの1

図表10-9 「実務慣行白紙委任説」と「三重構造説」の適用領域の整理

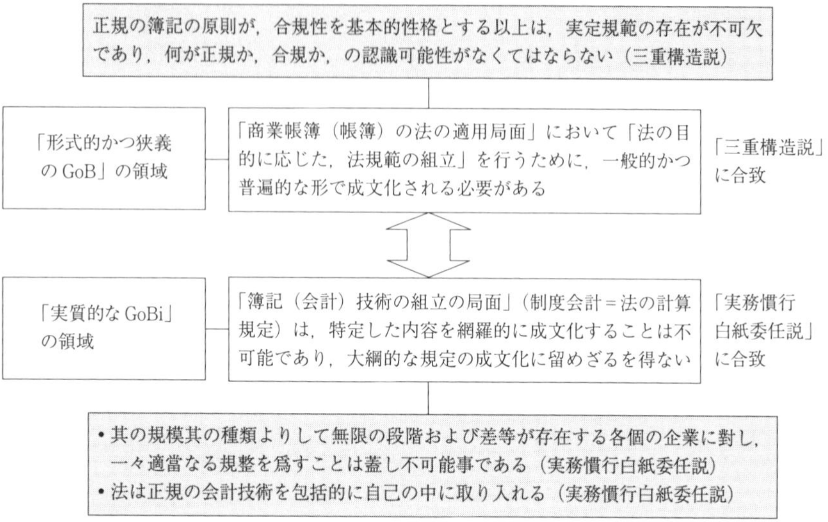

正規の簿記の原則が，合規性を基本的性格とする以上は，実定規範の存在が不可欠であり，何が正規か，合規か，の認識可能性がなくてはならない（三重構造説）

「形式的かつ狭義のGoB」の領域	「商業帳簿（帳簿）の法の適用局面」において「法の目的に応じた，法規範の組立」を行うために，一般的かつ普遍的な形で成文化される必要がある	「三重構造説」に合致
「実質的なGoBi」の領域	「簿記（会計）技術の組立の局面」（制度会計＝法の計算規定）は，特定した内容を網羅的に成文化することは不可能であり，大綱的な規定の成文化に留めざるを得ない	「実務慣行白紙委任説」に合致

- 其の規模其の種類よりして無限の段階および差等が存在する各個の企業に対し，一々適当なる規整を爲すことは蓋し不可能事である（実務慣行白紙委任説）
- 法は正規の会計技術を包括的に自己の中に取り入れる（実務慣行白紙委任説）

図表10-10 「三重構造説」と「実務慣行白紙委任説」が適合する領域

簿記＼GoB	形式的なGoB		実質的なGoB	
	成文化されている	成文化されていない	成文化されている	成文化されていない
広義の簿記／日常の簿記（狭義の簿記）	①	②	③	④
広義の簿記／貸借対照表	⑤	⑥	⑦	⑧

□ ＝「三重構造説」に適合　　■ ＝「実務慣行白紙委任説」に適合

つをシュタインバッハの見解（第5章第2節1③）にみつけることができる。

　すなわち，ドイツでは，多くの文献が「便宜的に」GoBとGoBiを同一のものとして扱い，「狭義の簿記」の領域を考慮の外に置いているにもかかわらず，わが国における多くの論者は，こうしたドイツ文献における論理の前提条件に注意を注ぐことなく，田中博士の「妥当なる立法政策は（中略，筆者注），細目の点は彈力性ある慣行即ち技術の發達に委ねる」との見解が，「実質的なGoBi」の領域のみならず「狭義のGoB」を含む「広義のGoB」の全領域にま

図表10-11 「実務慣行白紙委任説」と「三重構造説」の位置づけ

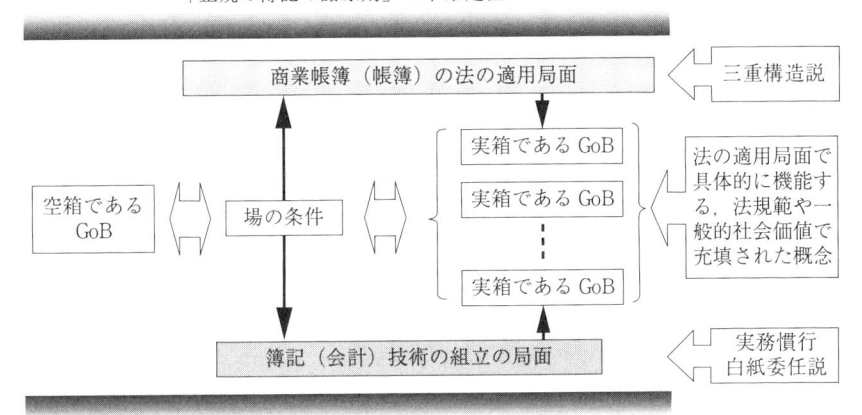

「正規の簿記の諸原則」の不確定性

```
                商業帳簿（帳簿）の法の適用局面         ⇐ 三重構造説

                        実箱である GoB
  空箱である    場の条件  実箱である GoB          法の適用局面で
  GoB                  　　　　⋮                具体的に機能す
                        実箱である GoB          る，法規範や一
                                                般的社会価値で
                                                充填された概念

                簿記（会計）技術の組立の局面      ⇐ 実務慣行
                                                  白紙委任説
```

「正規の簿記の諸原則」の不確定性

で及ぶと結論づけてしまったのである。

そして，それは同時に，わが国の GoB をめぐる論究において，「商業帳簿（帳簿）の法の適用局面」への考慮が払われなかったことも意味している。

(3) 各節の整理

本章で言及した，「実務慣行白紙委任説」，「三重構造説」，「空箱」・「実箱」理論を整理し，総括すれば，以下の**図表10-12**になる。

図表10-12 「正規の簿記の諸原則」をめぐる各説の整理

	実務慣行白紙委任説	三重構造説	「空箱」・「実箱」理論
対象とするGoB	①「成文化されていないGoB」をGoBとする ②主として「実質的なGoBi」に焦点を当てている	①「成文化されているGoB」も含めてGoBとする ②主として「形式的かつ狭義のGoB」に焦点を当てている	①「成文化されているGoB」も含めてGoBとする ②広義のGoBを対象とする
立法の原則的立場	①立法者は巨細に簿記および貸借対照表の諸原則を規定することができない ②その規模その種類によって無限の段階および差等が存在する各個の企業に対し，個別に適当な規整をなすことは不可能である ③妥当な立法政策は立法の目的を明瞭に意識し，この目的から判断して必要な諸点を摘出して大綱的規定を設け，細目の点は弾力性ある慣行すなわち技術発達に委ねることにある	①正規の簿記の原則が，合規性を基本的性格とする以上，実定規範の存在が不可欠であり，何が正規か，合規か，の認識可能性がなくてはならない ②記帳，決算書の準備，評価の問題等々の細部にわたって法規範が介入し，国家意思が確定していることが望ましい	①「商業帳簿（帳簿）の法の適用局面」において「法の目的に応じた，法規範の組立」を行うために，「形式的かつ狭義のGoB」が一般的かつ普遍的な形で成文化される必要がある ②「簿記（会計）技術の組立の局面」は「実質的なGoBi」の領域に相当し，特定した内容を網羅的に成文化することが不可能な領域である
GoBの本質と属性	①白紙的規定である ②法は正規の会計技術を包括的に自己の中に取り入れる ③固定的な成文法規で実務を拘束することによって，経営技術の進歩を害さない ④法が特別の規定をしていない部分については，商人の実務上の慣行を rechtserheblich	①HGB・税法・判例等で中身が充填されている概念である ②広義の商人の行うべき簿記に関する基準の歴史的発展性のある集合概念である ③歴史の流れを一定時点で輪切りにしてその横断面をみれば，その都度，特定の法規範群によって，その限界が明確化されている概念である	①「空箱であるGoB」と「実箱であるGoB」から構成される ②「空箱であるGoB」は超歴史的・普遍的・理念的概念である ③「空箱であるGoB」は連結帯である「場の条件」を受けて「実箱であるGoB」となる ④「場の条件」は「商業帳簿（帳簿）の法の適用局面」と「会計（簿記）技術の組立の局

第10章 「正規の簿記の諸原則」概念をめぐるわが国の学説　329

	なるものとして，それに規定を委任する ⑤この場合に於いては委任を受けた実務の内容は法的性質を有することになる	④正規の簿記の諸原則との概念は，その概念の内包と外延とのすべてが，実定化されているものではない ⑤この諸原則の，いわば有権解釈規定と申すべき法源には大雑把にいって旧 RAO の第162条，新 AO の第146条と，EStR 第29条がある	面」から構成される ⑤「実箱である GoB」にはさまざまなものがある ⑥「実箱である GoB」は「時代条件付概念」であり，歴史とともに変化する ⑦「簿記の正規性の基準となる一般的な GoB」は，個々の実箱に充塡される諸原則を網羅的に示したものである
GoB の機能	各個の具体的場合に適合する	①その形式的および実質的な諸要件を充足したときは，その帳簿は，税務官公署に対して証拠能力をもつと認められる機能を発揮する概念である ②単一用語としての「正規の簿記の諸原則」という概念を使用しながら，各法源が固有する特定の社会的規範形成への要請を担って，実定法として登場している	「空箱である GoB」は，具体的な法の適用面において，「場の条件」に応じて中身が充塡され，「実箱である GoB」として機能する

⇩

客観的な事実	立法者が GoB 概念を導入した法趣旨は，「注意深い商人の慣習」のみを指示することにあった	①1919年 RAO では，帳簿の証拠力に係る「実箱である GoB」は同162条等によって充塡されている ②それ以後の HGB 等の諸文献では GoB の中味を RAO や AO を引用して具体的に解説している	「実箱である GoB」には，「商業帳簿（帳簿）の法の適用局面」において機能するものと，「簿記（会計）技術の組立の局面」において機能するものが数多く存在する

学説の位置づけ	①「場の条件」として「簿記（会計）技術の組立の局面」を予定している ②立法趣旨に合致する ③「実質的な GoBi」に関しては正当性がある	①「場の条件」として「商業帳簿（帳簿）の法の適用局面」を予定している ②「形式的かつ狭義の GoB」に関しては正当性がある	①「場の条件」として「商業帳簿（帳簿）の法の適用局面」と「簿記（会計）技術の組立の局面」の2つを予定している ②「実務慣行白紙委任説」と「三重構造説」を，止揚（アウフヘーベン）する考え方である

4　GoB の「不確定性」の意味

本章第1節で掲げた各論者の主張からも明らかなように，GoB の「不確定性」に関する解説はさまざまであり，ドイツにおいても，GoB の「不確定性」に関する明確な定義づけが行われていないようである。

私見では，GoB の「不確定性」は，以下の3点に凝縮される。

① **「実箱である GoB」の多様性**……「場の条件」（「商業帳簿（帳簿）の法の適用局面」と「簿記（会計）技術の組立の局面」）に応じて，多種多様な「実箱である GoB」が存在するという意味での「不確定性」。

② **個々の「実箱である GoB」における不確定領域**……個々の「実箱である GoB」を組み立てる場合，成文法規で充填され得ない，残余としての領域（図表5-6の②④⑥⑧）を指して「不確定」とする意味での「不確定性」。

③ **「実箱である GoB」の時代対応性**……個々の「実箱である GoB」は時代とともに変化するという意味での「不確定性」

GoB の「不確定性」をこのように把握することによって，GoB 概念のドイツの会計制度に果たす役割の重要性が再認識される。GoB が不確定法概念であるがゆえに，個々の「場の条件」に応じた「実箱である GoB」の確定が可能なのである。

第5節　おわりに

　ドイツの学説では，「正規の簿記の諸原則（GoB）」を不確定法概念と位置づけ，その法的性質の発見に集中している。本章では，かかる GoB 概念の体系的な整理を，「空箱」・「実箱」理論に基づいて行った。

　すなわち，不確定法概念とされる GoB は，「空箱」と「実箱」から構成される。その関係は，「空箱」即「実箱」であり，「空箱」の本質は「何かを生み出す」というところにある。「空箱」は，固定的実態としての対象は何もないことを意味している。「空箱」は，論理的には説明困難な，捉えどころのない概念である。

　すなわち，「空箱である GoB」は，超歴史的・普遍的・理念的な概念である。それに一定の「場の条件」を与えれば，法の適用面で機能する具体的な「実箱である GoB」に転化する。これを敷衍すれば，「空箱である GoB」に異なる「場の条件」を与えれば，別の「実箱である GoB」に転化することを意味する。しかし，それでいて GoB 自体の本質は，変わることがない。「GoB」は，融通無碍なる存在であり，「空箱である GoB」と個々の「実箱である GoB」は，ひとつであり，一体の存在である。これが不確定法概念である GoB の法的性質である。

　「実質的な GoBi」の領域は，「簿記（会計）技術の組立の局面」を意味し，自己完結的利益計算の体系であって，「実質的な GoBi とは何々である」という特定した内容を網羅的に成文化することは不可能な領域であり，大綱的な規定の成文化に留めざるを得ない。それは，「実務慣行白紙委任説」が説くところと合致している。このことは，①2009年会計法現代化法によって，資本会社等に対する「評価規定」が削除されたこと，②経済監査士協会（Institut der Wirtschaftsprüfer）の諸専門委員会による意見書や，専門学者，経済監査士等による会計規定の解釈意見・注釈（コンメンタール）等が実務における指導的役割を果たしていること，③「ドイツ会計基準委員会」が公表するドイツ会計基準が一定の条件のもとで GoB として「推定」されていることからも明らかである。

　他方，「形式的かつ狭義の GoB」の領域では，商業帳簿（帳簿）の証拠力な

どの「商業帳簿(帳簿)の法の適用局面」において,「法の目的に応じた,法規範の組立」を行うために,「形式的かつ狭義のGoB」が一般的かつ普遍的な形で成文化される必要がある。これは,「三重構造説」の説くところである。それは,本研究における一連の考察とも一致する。

「実務慣行白紙委任説」は,主として「簿記(会計)技術の組立の局面」におけるGoB(主に「実質的なGoBi」)に,「三重構造説」は,主として「商業帳簿(帳簿)の法の適用局面」(主に「形式的かつ狭義のGoB」)に焦点を当てた説であると理解される。わが国で,「実務慣行白紙委任説」が通説の位置を占め,「三重構造説」が時として異端の説とされているのは,ドイツでは,多くの文献が「便宜的に」GoBとGoBiを同一のものとして扱い,「狭義の簿記」の領域を考慮の外に置いているにもかかわらず,わが国における多くの論者は,こうしたドイツ文献における論理の前提条件に注意を注ぐことなく,田中博士の「妥當なる立法政策は(中略,筆者注),細目の點は彈力性ある慣行即ち技術の發達に委ねる」との見解が,「実質的なGoBi」の領域のみならず,「狭義のGoB」を含む「広義のGoB」の全領域にまで及ぶと結論づけてしまったのである。そして,それはGoBをめぐる論究において,「商業帳簿(帳簿)の法の適用局面」における「実箱であるGoB」の存在への考慮が払われなかったことも意味している。

ドイツの学説においてもGoB概念の「不確定性」はさまざまに解説されているが,私見では,GoBの「不確定性」は,①「実箱であるGoB」の多様性,②個々の「実箱であるGoB」における不確定領域,③「実箱であるGoB」の時代対応性,から構成されると考える。GoBの「不確定性」をこのように把握することによって,GoB概念のドイツの会計制度に果たす役割の重要性が再認識される。

■注
1 わが国の学説でも,GoBを「不確定法概念」と位置づけることで一致している。佐藤博明(1989);1−2頁,鈴木(1994);33頁,高木(1995);6頁,佐藤誠二(1998);25,27頁を参照されたい。

そして,GoBの決定(解釈・具体化および取得)方法として,①帰納法,②演繹法(経営経済上の演繹法と商法上の演繹法),③①②を包括する見解,④法解釈学が論じられて

いる（たとえば，高木（1995）の6頁以下，佐藤誠二（1998）の34頁以下を参照されたい）。
2　中里（1983）；1・100-101頁。
3　わが国における，ドイツGoB概念に関する研究は，飯塚（1988）をはじめとして，会計学では佐藤博明（1989）・黒田（1993）・鈴木（1994）・高木（1995）・佐藤誠二（1998）・佐藤博明（1999），商法学では田中（1944），租税法学では清水（1957）・中里（1983）などが存在する。
4　黒澤（1975）；104頁。
5　黒澤（1975）；104頁。
6　飯塚（1988）；36頁以下参照。
7　江頭（2008）；567頁。
8　飯塚（1988）；11頁。
9　飯塚（1988）；15頁。
10　飯塚（1988）；23頁。
11　飯塚（1988）；135頁。
12　飯塚（1988）；143頁。
13　飯塚（1988）；298頁。
14　武田（2006c）；7頁。
15　武田（2006c）；8頁。
16　ヘンペル＝黒崎訳（1967）；119-120頁。ヘンペル＝黒崎訳（1967）は，Carl G Henpelの原著（Fundations of Philosophy Series "PHILOSOPHY OF NATURAL SCIENCE" rentice-Hall；1966）の邦訳書である。
17　武田（2006d）；6-7頁。

　　たとえば，カントは，「私たちがまさにこの同一の諸対象を諸物自体そのものとしても，たとえ認識することはできないにせよ，それでも少なくとも思考することはできるにちがいないことは，やはりそのさいつねに留保されている。なぜなら，さもなければ，現象はそこで現象する或るものなしで存在するという不合理な命題が，そこから生ずるであろうからである」（イマヌエル・カント＝原訳（1997）；57頁）という。
　　飯塚毅博士は，カントの認識論について「要約すれば，人間の外界に，どのようなものが実在しているかは，人間には分からないのだ。ただ感覚的知覚の対象を超えた物自体（Ding an sich）というものが人間の感覚を触発して，人間はその感覚のところで，外部世界を構成しているだけなのだ」（飯塚（2004）；86頁）とされる。
　　『カント事典』は，「認識（Erkenntnis）」について以下のように解説する。
　　「私は何を知ることができるか」という問いは，カントにとって哲学の根本問題の最初の関門を成していた。このために『純粋理性批判』は書かれたといってよい。そこでは理論的認識の構造と限界が見定められた。理論的認識とは，「現に存在するもの」の認識のことである。（中略，筆者）「諸現象についてのアプリオリに可能であるべきわれわれの認識様式」を，自覚的に反省して捉える，いわば理性の自己認識にほかならぬ「超越的」な「認識」を『純粋理性批判』のなかで展開したのである。（中略，筆者）。認識対象は，感

性によって「与えられ」，悟性によって「思考される」（渡邊（1997）；400-401頁）。
18　武田（2007a）；138頁。
19　この第10章第3節の「『空箱』・『実箱』理論」と「相即の論理」は，2009年6月20日に開催された臨済宗方広寺派大本山（静岡県浜松市）における研修会（講師は筆者，受講者は方向寺派の僧侶）において講師資料として使用し，その中身について確認していただいた。
20　「場の条件」は，他の見地からも説明可能である。たとえば，西田幾多郎博士は，「対立的無の場所，即ち単に映し出す鏡から，真の無の場所，即ち映し出す鏡に転ずることである。此の如き鏡は外から持ち来ったものではない，元来その底にあったのである」（西田（2005a）；97頁），「有るものは何かに於てあると云う時，同一なるものも，於てある場所がなければならぬ。同一の裏面に相違を含み，相違の裏面に同一を含むというのは此の如き場所に於てでなければならぬ。有と無とを合一して転化となる時，転化を見るもの，転化が於てある場所がなければならぬ」（西田（2005a）；101頁），「自己同一なるもの否自己自身の中に無限に矛盾的発展を含むものにすら之に於てある場所が私の所謂真の無の場所である」（西田（2005）a；101頁）とされる。
21　西田博士は，「絶対矛盾的自己同一として作られたものより作るものへという世界は，過去と未来とが相互否定的に現在に於て結合する世界であり，矛盾的自己同一的に現在が形を有ち，現在から現在へと自己自身を形成し行く世界である」（西田（2005b）；124頁），「かかる世界は多と一との絶対矛盾的自己同一として，逆に一つの世界が無数に自己自身を表現すると云うことができる。無数なる個物の相互否定的統一の世界は，逆に一つの世界が自己否定的に無数に自己自身を表現する世界でなければならない。かかる世界に於ては，ものとものは表現的に相対立する。それは過去と未来が現在に於て相互否定的に結合した世界である。現在がいつも自己の中に自己自身を超えたものを含み，超越的なるものが内在的，内在的なるものが超越的なる世界である」（西田（2005b）；125頁）とされる。
22　Ficher（2009）；S. 54.
23　飯塚（1988）；106頁以下参照。
24　飯塚博士も，「日本の商法学界を代表するほどの碩学田中耕太郎博士は，ドイツ商法第38条所定の正規の簿記の諸原則の概念探求にあたって，1919年に成立したエンノー・ベッカーの策定に係るライヒ国税通則法（Reichsabgabenordnung）の実在に気が付かず，シュマーレンバッハの動的貸借対照表論（Dynamische Bilanz）第5版，362頁の所論に迷わされ，田中博士が『貸借対照表法の論理』を出版された年より25年も前に，ドイツにあっては，すでに正規の簿記の諸原則の各論的な細目にわたる実定法が実在していたにもかかわらず，正規の簿記の諸原則について，『要するに立法者は企業者間において一般的に慣行せられている実務上の原則なるものが存在しており，法は個々の重要点に関し自ら規定を設ける場合を除いて単に白紙的規定を設け，細目を実務上の慣行に委任しているものと認めなければならない』（貸借対照表法の論理，昭和21年再版，36頁参照）と述べて，方角違いの誤解をしてしまい，この誤解が，わが国の多くの商法学者，会計学者諸公の，その後の連鎖反応を引き起こしたこと，そしてこの誤解の連鎖反応が，日本会計人界の数十年にわたる知的な重大損失，いな，会計人の損失に止まらない国家の会計制度上の重大欠陥

を結果した国民的誤解の基因をなした」(飯塚 (1988)；106頁) とされる。

そして，その原因について，往年の税法学者や商法学者が，会計思想の文化性を無視ないし軽視して，シュマーレンバッハをして憤激せしめた (飯塚 (1988)；96頁)，とされる。シュマーレンバッハは経営経済学者であり，当然のことながら，その著書において「商業帳簿（帳簿）の法の適用局面」に言及していない。Schmalenbach (1931), Schmalenbach (1953), 土岐訳 (1950) を参照されたい。

25　Hein (1928)；S. 148.
26　田中博士の『貸借対照表法の論理』(1944年) は，Bilanzrecht（貸借対照表法）との語を用いていることからも明らかなように，第1章「法と技術との関係」，第2章「貸借対照表法の一般的性格」，第3章「貸借対照表法における諸概念と諸原則」，第4章「貸借対照表目的論」，第5章「貸借対照表能力論」，第6章「資産評価論」，第7章「結論」の全7章から構成され，その考察の対象は，主として貸借対照表である。田中博士は，その章立てからも明らかなように，「簿記（会計）技術の組立の局面」から GoB を位置づけ，「商業帳簿（帳簿）の法の適用局面」における GoB の機能には言及していない。それはシュマーレンバッハの Schmalenbach (1931) および Schmalenbach (1953) も同様である。なお，シュマーレンバッハの"Dymamische Bilanz"第7版の邦訳として土岐 (1950) がある。
27　田中博士は，「法的目的に依って決定されるもの」として，「貸借対照表の項目，其の配列および評価原則」を，他方「純然たる経営技術に任せられている自治的分野」として，「詳細さの程度，簿記の形式殊に単式か複式かの点，固定資産の償却」を例示されている（田中 (1944)；35頁参照）。
28　なお，引用文にある「形式的および実質的」および「証拠能力」との用語は，それぞれ「形式的」および「証拠力」と言い換えるほうがより正確であると思われる。
29　飯塚 (1988)；231頁。
30　武田 (2008b)；37頁。
31　飯塚毅博士と中里実教授は，ともに「実質的な GoBi」を構成する個別原則も法規範化すべきであるとする立場である。

飯塚博士は，「会計というものは，各商人の恣意的事務処理によってではなく，貸借対照表の作成といい損益計算書の作成といい，それらは全て商取引計算の秩序に関係するが故に，大きくは，国民経済の健全な発展に関係するが故に記帳，決算書の準備，評価の問題等々の細部にわたって法規範が介入し，国家意思が確定していることが望ましいと信ずる」(飯塚 (1988)；298頁) とされる。

中里教授は，「正規の簿記の諸原則の内容を法律で定めなかったことに対する肯定論は一応もっともである。しかし，同時に，正規の簿記の諸原則の内容が明確に定められなかったことから多くの問題が生じていることも事実である。(中略，筆者) 例えば，一定の会計方法が正規の簿記の諸原則に適合したものであるか否かを具体的に判断する場合などに法解釈上困難な問題が生じているのである。(中略，筆者)。正規の簿記の諸原則の内容が明確に定められていないことの積極面のみを評価して，その消極面を評価しないことには問題があるものと思われる」(中里 (1983；1・97頁))，「企業会計について企業の自

主性をどこまで尊重するかは,ある程度まで各国の立法政策によるものである。日本における法制化消極論はアメリカの行き方を理想とするものと思われるが,ドイツおよびフランスの例が端的に示すように,会計方法に関する法的(ないしそれに準ずる)基準を詳細に設けたからといって必ずしも企業会計の発展が阻害されるとは限らない」(中里(1983;7・127頁)),「法制化が望ましいか否かということ自体よりも,むしろ,どの程度の法制化が望ましいかについて明らかにしていくことのほうがはるかに重要である」(中里(1983);7・129頁)とされる。

第11章
「正規の簿記の諸原則」
概念の構図

第1節　はじめに

　GoBの具体的な内容全般について体系的に分類し全般的に叙述した文献は多くはないとされる[1]。ドイツの会計制度において，GoBは多種多様な機能を果たしており，それゆえに，GoBの具体的な内容全般を体系的に分類し，叙述することは，きわめて困難なのである。

　この点に関して，筆者は，1897年商法典（HGB）に導入された「正規の簿記の諸原則（GoB）」（38条1項）の法的性質は，1861年一般ドイツ商法典（ADHGB）制定に先立つ，1857年プロシア第2草案理由書における「正規の簿記」をめぐる解説によって完成していたことを明らかにした（第2章第4節2(2)参照）。すなわち，一般に「不確定（unbestimmt）」とされるGoBは，「空箱」と「実箱」から構成されており，超歴史的・普遍的・理念的概念であるGoB概念（空箱）は，「商業帳簿（帳簿）の法の適用局面」では「法律が簿記に結びつけている重要な法律効果を斟酌」して機能し，「簿記（会計）技術の組立の局面」では「簿記の種類は本質的には商人の営業の種類と規模に結びついている」ことを前提として機能して，「実箱」であるGoBを組み立てる。そして，「商業帳簿（帳簿）の法の適用局面」と「簿記（会計）技術の組立の局面」は，「場の条件」を意味している。以上の関係を図にすれば，**図表11-1**となる。

　この場合，「実箱であるGoB」とは，たとえば，「商業帳簿（帳簿）の法の適用局面」においては，「租税法上の簿記の証拠力に係る『実箱であるGoB』はどのようなものか」ということであり，「簿記（会計）技術の組立の局面」においては，「中規模資本会社が年度決算書作成にあたって遵守すべき，『実箱で

338　第Ⅲ部　ドイツ：GoB概念の解明

図表11-1　GoBと「場の条件」

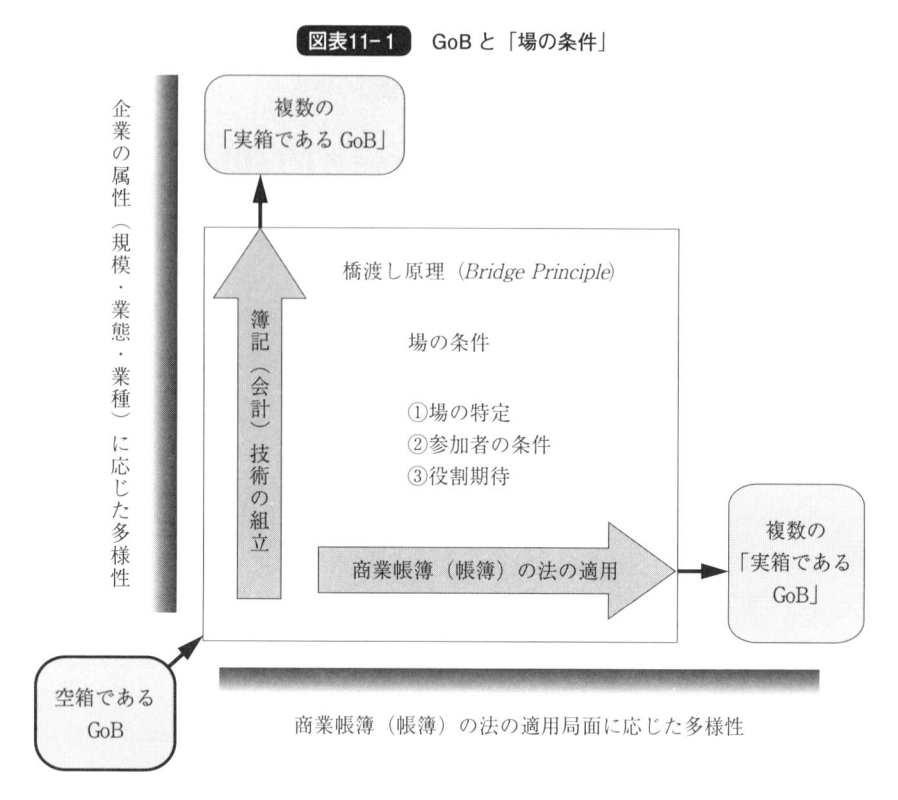

```
                複数の
               「実箱であるGoB」
                    ↑
    ┌───────────────┼──────────────────────────┐
企  │               │   橋渡し原理（Bridge Principle）│
業  │   簿          │                              │
の  │   記          │   場の条件                    │
属  │   （          │                              │
性  │   会          │   ①場の特定                   │
（  │   計          │   ②参加者の条件                │
規  │   ）          │   ③役割期待                   │
模  │   技          │                              │
・  │   術          │                              │
業  │   の          │                              │         複数の
態  │   組          │   商業帳簿（帳簿）の法の適用 ──→│    「実箱である
・  │   立          │                              │         GoB」
業  │               │                              │
種  │               │                              │
）  └───↑───────────┴──────────────────────────┘
に      │
応  空箱である
じ    GoB
た
多
様
性
                商業帳簿（帳簿）の法の適用局面に応じた多様性
```

あるGoB』とはどのようなものか」ということである。

　しかしながら，GoBをめぐるドイツの関連文献においても，GoBを「商業帳簿（帳簿）の法の適用局面」と「簿記（会計）技術の組立の局面」に区分して，体系的に解説するものはないようである。

　そこで，本章では，第10章における結論を前提にして，「商業帳簿（帳簿）の法の適用局面」と「簿記（会計）技術の組立の局面」という2つの「場の条件」において機能する「実箱であるGoB」について，多角的かつ具体的な考察を加え，「不確定法概念」とされるGoB概念の具体的な中身を体系的に解明したいと考える。

第2節 「場の条件」と「正規の簿記の諸原則」

1 「商業帳簿（帳簿）の法の適用局面」で機能する「実箱である GoB」

第6章から第9章における論究からも明らかなように，「商業帳簿（帳簿）の法の適用局面」で機能する「実箱である GoB」概念は，少なくとも，①商業帳簿の自己報告による健全経営の遂行，②商業帳簿の証拠力，③破産防止による債権者保護，④租税法上の帳簿（簿記）の証拠力，⑤ルーズリーフ式簿記，⑥マイクロフィルムによる帳簿書類保存，⑦租税優遇措置適用（1974年まで），⑧EDV 簿記，⑨租税危害等，に係るものとして機能するに至っている。そして，それぞれの「実箱である GoB」の内容は異なっている。

しかし，ドイツの GoB 概念に関するわが国の学説においては，「商業帳簿（帳簿）の法の適用局面」で機能する「実箱である GoB」という視点からの考察が体系的に行われていない。それは，かかる領域が，会計学ではなく，租税法・商法・破産法・刑法という法学にかかわっていることがその原因かもしれない。

なお，商業帳簿（帳簿）が法の適用局面で機能する場合，「成文化された GoB」である，商法典（HGB）238条以下・1977年国税通則法（AO）145条以下・所得税準則（EStR）R29などが格別に重要となる。それは，法の具体的な適用にあたって，「正規の簿記」概念を確定する必要があるからである。「商業帳簿（帳簿）の法の適用局面」で機能する「実箱である GoB」の関係を，**図表11-2**に示した。

2 「簿記（会計）技術の組立の局面」で機能する「実箱である GoB」

(1) HGB 第3編の構成

「簿記（会計）技術の組立の局面」における「実箱である GoB」は，大きく区分して2つある。それは「GoBi の領域」と，「形式的かつ狭義の GoB」における「簿記組織の領域」である。

まず，「GoBi の領域」には，HGB 上の会社区分（規模と業態）および業種に応じた「形式的な GoBi」の差違がある。そしてこれに加えて，実務上，商事

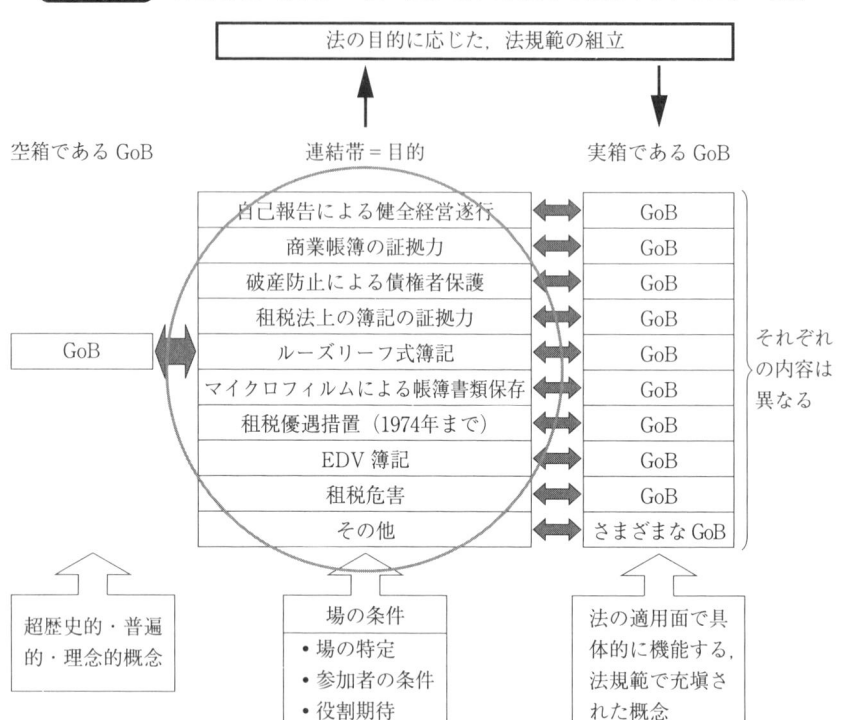

図表11-2 「商業帳簿（帳簿）の法の適用局面で機能する実箱である GoB」の関係

法の目的に応じた，法規範の組立

空箱である GoB　　　連結帯＝目的　　　実箱である GoB

自己報告による健全経営遂行	GoB
商業帳簿の証拠力	GoB
破産防止による債権者保護	GoB
租税法上の簿記の証拠力	GoB
ルーズリーフ式簿記	GoB
マイクロフィルムによる帳簿書類保存	GoB
租税優遇措置（1974年まで）	GoB
EDV 簿記	GoB
租税危害	GoB
その他	さまざまな GoB

GoB（左）／それぞれの内容は異なる（右）

- 超歴史的・普遍的・理念的概念
- 場の条件
  - 場の特定
  - 参加者の条件
  - 役割期待
- 法の適用面で具体的に機能する，法規範で充塡された概念

貸借対照表（Handelsbilanz），税務貸借対照表（Steuerbilanz），統一貸借対照表（Einheitsbilanz）という3種類の年度決算書が存在している（ただし，ドイツにおける年度決算書は，原則として，商事貸借対照表を指している）。また「簿記組織の領域」は「企業の属性」に応じた差違が存在する（簿記組織に関しては，第5章第3節1(1)参照）。

これらが「GoB の企業の属性（規模・業態・業種）に応じた多様性」である。ただし，「簿記組織の領域」は，「明瞭性の原則」・「一目瞭然性（専門的知識を有する第三者への全容提供可能性）の原則」・「再検査可能性（追跡可能性）の原則」という一般的かつ普遍的な原則でカバーされているため，不確定法概念という性質は限りなく少なくなっている（第5章第3節1(1)参照）。

かかる前提のもとで，以下，HGB における「企業の属性」に係る「実箱である GoBi」を見てみよう。

すでにわれわれは，第5章において，HGB 第3編「商業帳簿」(238条から342e 条)の第1章「すべての商人に対する規定」(238条から263条)に基づいて，「簿記の正規性の基準となる一般的な GoB」の中身を究明した。この HGB 第3編には，この第1章のほかに，第2章「資本会社（株式会社，株式合資会社お

図表11-3 HGB 第3編「商業帳簿規定」(238条から342e 条)の概要

	表題：規定の内容	条文	対象者・対象企業
第1章	すべての商人に対する規定	238条から263条	個人事業
第2章	資本会社（株式会社，株式合資会社および有限会社）ならびに一定の人的会社に対する補充規定	264条から335条	株式会社，株式合資会社，有限会社，連結企業集団，一定の人的会社
第3章	登録済協同組合に対する補充規定	336条から339条	登録済協同組合
第4章	特定の事業部類の企業に対する補充規定	340条から341p 条	信用機関，保険会社
第5章	私的会計委員会，公的審議会	342条から342a 条	
第6章	会計監査機関	342b 条から342e 条	

図表11-4 HGB 第3編の考え方―個別規定の適用範囲―

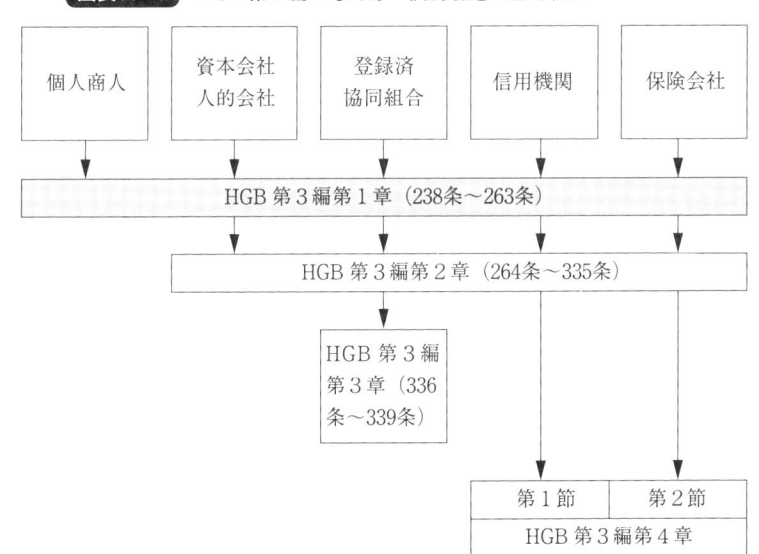

```
個人商人    資本会社    登録済      信用機関    保険会社
           人的会社    協同組合
  ↓          ↓          ↓           ↓           ↓
┌─────────────────────────────────────────────────────┐
│        HGB 第3編第1章（238条〜263条）              │
└─────────────────────────────────────────────────────┘
              ↓          ↓           ↓           ↓
      ┌─────────────────────────────────────────┐
      │   HGB 第3編第2章（264条〜335条）       │
      └─────────────────────────────────────────┘
                    ↓
            ┌──────────────────┐
            │ HGB 第3編       │
            │ 第3章（336      │
            │ 条〜339条）     │
            └──────────────────┘
                                      ┌──────┬──────┐
                                      │第1節 │第2節 │
                                      ├──────┴──────┤
                                      │ HGB 第3編第4章│
                                      └──────────────┘
```

出所：Beatge（1996）32頁の図を一部加工して引用

よび有限会社）ならびに一定の人的会社に対する補完規定」(264条から335条)・第3章「登録済協同組合に対する補完規定」(336条から339条)・第4章「特定の事業部類の企業に対する補完規定」(340条から341p条)・第5章「私的会計委員会，公的審議会」(342条から342a条)・第6章「会計監査機関」(342b条から342e条) が存在する。

「HGB 第3編の概要」および「HGB 第3編の考え方—個別規定の適用範囲」は，**図表11-3および図表11-4**を参照されたい。

(2) 「商人一般に係るGoB」と「資本会社・一定の人的会社に係るGoB」の関係

それでは具体的に「商人一般に係るGoB」と「資本会社・一定の人的会社に係るGoB」の関係を見てみよう。まず，すべての商人に対してGoBへの準拠義務があり (238条1項1文，243条)，商業帳簿規定の第3編の第1章の「すべての商人に対する規定」(238条から263条) が存在する。そのうえで，資本会社・一定の人的会社については，第2章「資本会社（株式会社，株式合資会社および有限会社）ならびに一定の人的会社に対する補完規定」(264条から335条)が適用されるという条文構成になっている。

第2章 「資本会社（株式会社，株式合資会社および有限会社）ならびに一定の人的会社に対する補完規定」(264条から335条)
 第1節 「資本会社の年度決算書と状況報告書」(264条から289条)
  第1款 「一般規定」(264条から265条)，
  第2款 「貸借対照表」(266条から274a条)
  第3款 「損益計算書」(275条から278条)
  第4款 「評価規定」(279条から283条であったが2009年 BilMoG によって条文が削除された)
  第5款 「注記・附属明細書」(284条から288条)
  第6款 「状況報告書」(289条)

このうち，「実質的なGoBi」を規定していた第4款は，「規定の例外適用，減額記入」(279条)・「価値回復命令」(280条)・「税法規定の考慮」(281条)・「経営の開業費および拡張費の減額記入」(282条)・「自己資本の計上価額」(283条)

第11章 「正規の簿記の諸原則」概念の構図　343

図表11-5　HGB 上の資本会社区分（※）

区分	貸借対照表上の総資産（ユーロ）	売上高（ユーロ）	平均従業員数
大	19,250千超	38,500千超	250名超
中	19,250千以下	38,500千以下	250名以下
小	4,840千以下	9,680千以下	50名以下

※ 3つの区分のうち，2つの基準を2期連続して満たした場合はその区分の会社とされる。

図表11-6　「商人一般に係る GoB」と「資本会社に係る GoB」の関係

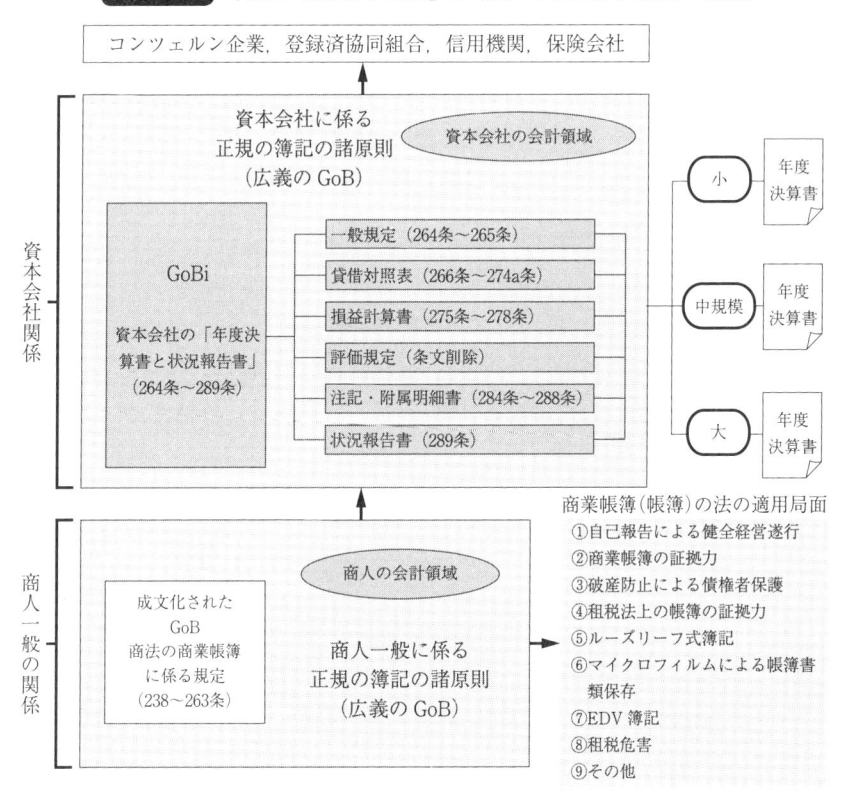

コンツェルン企業，登録済協同組合，信用機関，保険会社

資本会社関係

資本会社に係る
正規の簿記の諸原則
（広義の GoB）

資本会社の会計領域

GoBi
資本会社の「年度決算書と状況報告書」
（264条～289条）

- 一般規定（264条～265条）
- 貸借対照表（266条～274a条）
- 損益計算書（275条～278条）
- 評価規定（条文削除）
- 注記・附属明細書（284条～288条）
- 状況報告書（289条）

小　年度決算書
中規模　年度決算書
大　年度決算書

商人一般の関係

成文化された
GoB
商法の商業帳簿
に係る規定
（238～263条）

商人の会計領域

商人一般に係る
正規の簿記の諸原則
（広義の GoB）

商業帳簿(帳簿)の法の適用局面
①自己報告による健全経営遂行
②商業帳簿の証拠力
③破産防止による債権者保護
④租税法上の帳簿の証拠力
⑤ルーズリーフ式簿記
⑥マイクロフィルムによる帳簿書類保存
⑦EDV 簿記
⑧租税危害
⑨その他

から構成されていたが，2009年会計法現代化法（BilMoG）によって削除されている。それゆえに，「個人商人」と「資本会社・一定の人的会社」における「実質的な GoBi」の差違は，HGB 上は存在しないことになる。

　さらに HGB は，資本会社・一定の人的会社をその企業規模に基づいて大会社・中規模会社・小会社に3分類し（267条），それぞれ異なった形式の会計報

告を求めている。商法上の会社区分は，**図表11-5**のとおりである

以上の商法会計規定を「商人一般に係るGoB」と「資本会社に係るGoB」に関連させて図示すれば，**図表11-6**のようになる（IFRSとの関連は省略する）。

(3) コンツェルン企業（連結企業集団）と商業帳簿規定

次に，コンツェルン企業（連結企業集団）に係る「法規範の組立」を見てみよう。まず，すべての商人に対してGoBへの準拠義務がある（238条1項1文，243条）。そして，商業帳簿規定の第3編の第1章の「すべての商人に対する規定」（238条から263条）が前提となる。そのうえで，第2章の第1節「資本会社の年度決算書と状況報告書」（264条から289条）および第2節「コンツェルン年度決算書およびコンツェルン状況報告書」（290条から315a条）が適用される。

以上のHGB第3編第1章および第2章の関係を図にすれば，**図表11-7**の

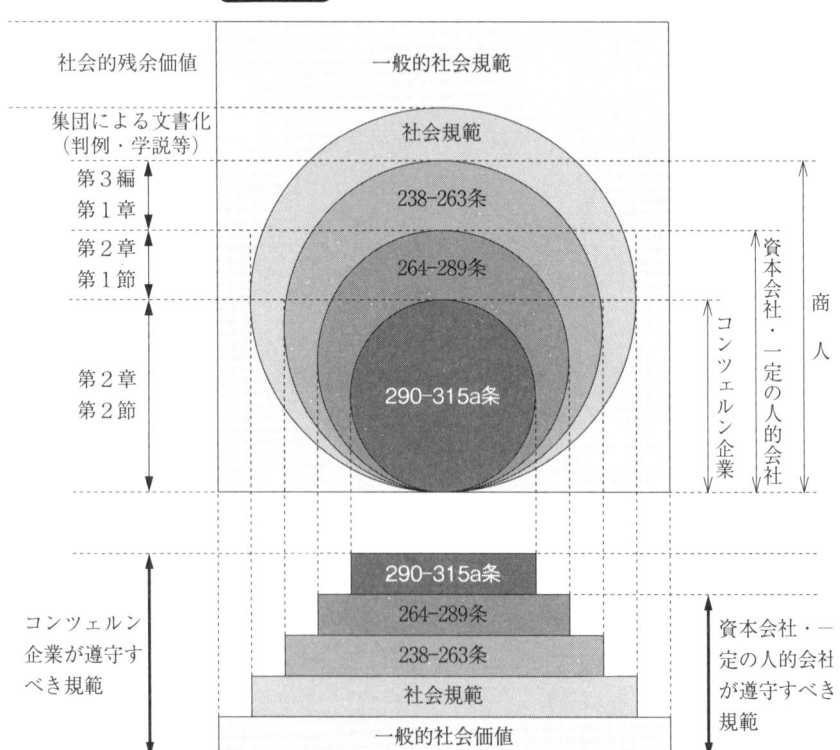

図表11-7 「企業の属性」と商業帳簿規定

階層	同心円の領域	適用範囲
	社会的残余価値	一般的社会規範
	集団による文書化（判例・学説等）	社会規範
第3編第1章	238–263条	商人
第2章第1節	264–289条	資本会社・一定の人的会社
第2章第2節	290–315a条	コンツェルン企業

（下段：ピラミッド図）
- 290–315a条：コンツェルン企業が遵守すべき規範
- 264–289条
- 238–263条：資本会社・一定の人的会社が遵守すべき規範
- 社会規範
- 一般的社会価値

ようになる。なお，Konzern は，連結企業集団を意味するが，わが国における訳語の通例に従って「コンツェルン企業」と表記する。

(4) 「企業の業態・業種」に係る「実箱である GoB」

上記までの区分は，「商法の会社区分」（主に規模）であるが，商法では，そのほかに，「業態」と「業種」による区分が存在する。それは，登録済協同組合（商法第3編第3章）・信用機関（同第3編第4章第1節）・保険会社（同第3編第4章第2節）という「業態」の区分，HGB330条「様式規定およびその他の規定に関する法規命令権限」による「業種」の区分である。

330条1項1文は，「連邦法務大臣は，業種（Geschäftszweig）が266条，275条とは異なる年度決算書もしくはコンツェルン決算書の項目分類または第1章および第2章第1および第2節の規定と異なる規則を必要とする場合には，連邦財務大臣および連邦経済大臣と合意のうえ，連邦参議院の同意を要しない法規命令によって資本会社の様式を規定しまたは年度決算書もしくはコンツェルン決算書の項目分類もしくは注記・附属明細書，コンツェルン注記・附属明細書，状況報告書もしくはコンツェルン状況報告書の内容に関する他の規定を発布する権限を有する」との内容であり，業種に応じた対応を予定している。具体的には，「信用機関および金融サービス機関の会計に関する法規命令（Verordnung über die Rechnungslegung der Kreditinstitute und Finanzdienstleistungsinstitute, RechKredV）」，「保険会社の会計に関する法規命令（Verordnung über die Rechnungslegung von Versicherungsunternehmen, RechVersV）」，「病院の会計および記帳義務に関する法規命令（Verordnung über die Rechnungs- und Buchführungspflichten von Krankenhäusern, KHBV）がある[2]。

(5) ドイツ会計基準委員会が公表する会計基準等

以上がドイツの商法会計規定の概要である。ドイツの会計基準は，このほかに，経済監査士協会（Institut der Wirtschaftsprüfer）の諸専門委員会による意見書や，専門学者，経済監査士等による会計規定の解釈意見・注釈（コンメンタール）等が多く出されており，実務における指導的役割を果たしているが，これらには法的拘束力はない[3]。

これらに加えて，連邦法務省との契約によって委任された「ドイツ会計基準

委員会（Deutsches Rechnungslegungs Standards Committee, DRSC）」が公表するドイツ会計基準（Deutschen Rechnungslegungs Standards, DRS）がある。DRSCは，1998年9月3日の連邦司法省の契約によって，HGB342条の意味における私的委員会として承認された機関であり，①コンツェルン会計に関する諸原則の適用についての適用に関する勧告（Empfehlungen）の開発，②会計規定に関する立法計画にあたっての，連邦司法省への助言，③国際的な会計基準設定委員会におけるドイツの代表，④315a条の意味における国際会計基準の翻訳に関する共同作業，を委任されている（342条1項1文）。そして，1項1文に基づいて認可された機関の，連邦法務省によって公示された勧告が遵守される限りで，コンツェルン会計はGoBを遵守していると推定される（wird vermutet）。ただし，DRSCによって公表される会計基準は，コンツェルン決算書に適用される諸原則に限られている。

　私的委員会の作成するものは勧告にすぎず，それが会計基準（DRS）として認められるためには連邦法務省による公示が必要とされるうえ，会計基準として認められた場合でも，GoBそのものとして認められるのではなく，GoBとして「推定される」にすぎない（HGB342条1項）とされる[4]（ここで「推定」とは，「法律上の推定」を意味すると考えられる。「法律上の推定」の意味内容は，第6章第3節1参照）。以上のように，ドイツでは，商法の会計規定およびGoBの体系を維持しつつ，「ドイツ会計基準委員会」による「会計基準」を受け入れる仕組みを構築している。

3　「民法典上の報告義務・顛末報告義務」と会計制度

　ここで，「民法典上の報告義務および顛末報告義務（Auskungs- und Rechenschaftspflicht）」と会計制度との関係について考察してみたい。

　1896年民法典（BGB）は，委任契約について，「受任者は，委任者に対して，必要な通知を行い，委任者の請求に基づいて，営業の状態（Stand des Geschäfts）を報告し，委任の履行後に顛末を報告する義務を負う」（666条）として，「報告義務および顛末報告義務」を規定し，さらに，259条1項が，「収入，または，支出を伴う管理について顛末を報告する義務を負う者は，権利者に対して，収入支出を整然と（geordnete）まとめた計算を報告し，かつ，証憑（Belege）を交付するのが通常である限り，証憑を提出しなければならない」

とし，260条1項が「目的を包括して引き渡し，または，包括された目的の現状について報告する義務を負う者は，権利者に対して，現状についての財産目録（Verzeichnis des Bestands）を提出しなければならない」と一般規定を定めている[5]。

これらの規定によって，完全性（Vollständigkeit）および一目瞭然性（Übersichtlichkeit）のような，形式上の必要条件だけが確定される。そこからは，たとえば，財団の財産価値評価ないし収益の費消を記載した文書形式のような，内容的な視点は導き出せない。民法典が求める基準は，成文化された「正規の簿記の諸原則（GoB）」として，理解されるべきではない[6]。

ドイツの会計制度は，「GoBの体系」であるとされる。そして，GoBは，商法上の商人だけに適用され，財団の一般的な顛末報告義務は，商人資格とは関係がない[7]。それゆえに，民法典が定める，委任契約に関する「報告義務および顛末報告義務」とドイツ会計制度には，直接的な関係がない。

しかし，商法典が定める取締役の会計顛末報告義務の根底には，委任契約に関する「民法典上の報告義務および顛末報告義務」が存在していることに留意しなければならない[8]。間接的にではあるが，ドイツ会計規定はドイツ民法典にもかかわっているのである。なお，民法典の規定が，商法商業帳簿規定および国税通則法の記帳条件に影響を与えたことについては，第3章第5節3(1)および第5章第3節1(1)を参照されたい。

第3節 「企業の属性」と「税法を考慮した年度決算書」

1　3種類の年度決算書

(1)　それぞれの定義

第2節で明らかにしたように，ドイツのHGBにおいては，企業の属性（HGB上の「企業の規模・業態・業種」）に応じた「GoBの多様性」がみられるが（ただし，それは「形式的なGoBi」の相違である），実務的には，以下のような貸借対照表作成の区分も存在している。

① **商事貸借対照表（Handelsbilanz）**
商事法に準拠して作成された貸借対照表を商事貸借対照表という。

② **税務貸借対照表（Steuerbilanz）**

租税上の諸原則に準拠して作成された貸借対照表を税務貸借対照表という。

企業に課税するための基礎となる企業の税制は，AO140条以下，所得税法（EStG）4条と5条，法人税法7条以下に定められている。税務貸借対照表は主として財務官庁に向けられたものであるが，法律それ自体は税務貸借対照表の概念を明らかにしておらず，所得税法60条2項2文だけがその概念に言及している。

③ **統一貸借対照表（Einheitsbilanz, Duale Bilanz, Dualabschluß）**

統一貸借対照表とは，商事法と租税法の目的を同時に充足する貸借対照表をいい，1つの貸借対照表で，商事法上の分配計算，租税上の利益算定，資本維持，債務超過化判定等のあらゆる目的の基礎になるものである（第12章第4節(3)参照）。統一貸借対照表に関する法律上の定義はないが，ドイツにおける大多数の中小企業では，この統一貸借対照表作成手続が，社会適用性に適うものとして広く実務に浸透している[9]。

統一貸借対照表は，貸借対照表原則と評価の範囲内で，評価の自由裁量余地の利用によって達成される。つまり，商事法上の借方計上選択権は租税法上の借方計上義務に合わせて行使され，同様に，商事法上の貸方計上選択権は租税法上の貸方計上禁止に合わせるために行使されない（基準性の原則）。

1861年ADHGBに従い帳簿を付け，貸借対照表を作成し，財産比較により利益計算をしていた商人にとっては，2種類の計算を行うことは煩雑であった。そこで，彼らの要請を受けて，議会でHGB上の利益を税務上の所得の基礎とすることが認められたのであった[10]。今日的には，「基準性の原則（Maßgeblichkeitsprinzip）」とは，商法典のGoBが税務貸借対照表の作成に関して適用されることを意味する（実質的な基準性）。これが「税務貸借対照表に対する商事貸借対照表の基準性（Maßgeblichkeit der Handelsbilanz für Steuerbilanz）」の本来的な定義であり，①と②は，所得税法5条1項による基準性の原則に適合している[11]。そして，実務において基準性の原則を体現した貸借対照表が「統一貸借対照表」である。

なお，これら①②③の貸借対照表作成に係る「実箱であるGoB」は，主に「実質的なGoBi」の領域に関連している[12]。

(2) 税務貸借対照表の意義

　従来から,「シュトイエルビランツとはなにか？（Was ist eine Steuerbilanz ?）」という本質的な問題が提起されている[13]。確かに, 税務貸借対照表の定義は, ドイツの文献においても曖昧である。その一因は理論と実務の相克にある。

　所得税法52条33項3文, 税理士法33条（§33 Steuerberatungsgesetz）および所得税施行令に「税務貸借対照表」への言及がみられる。所得税施行令は, 税務申告にあたって, 貸借対照表が租税法上の規定に合致していない評価または金額を含む場合は, 当該評価または金額は, 副計算表（補足書類ないし注釈表）によって, 租税上の規定に合致させなければならず（所得税施行令60条2項1文参照）, 租税義務者は租税上の規定に合致した貸借対照表（税務貸借対照表）を添付することもできる（同施行令60条2項2文）としている。

　税務申告書に添付する税務貸借対照表の形式については, 3つの基本形態が実務において最も一般的に認知されている。それは第1に, 本来の税務貸借対照表, 独自の税務貸借対照表, 狭義の税務貸借対照表ともよばれる税務貸借対照表である。第2は, 増減計算表（副計算表）を使用する場合で, 独自の税務貸借対照表を作成することなく, 商事貸借対照表が利益計算の出発点となる。第3は, 統一貸借対照表といわれる形式であり, 商事貸借対照表が作成される場合に, 同時にすべての範囲で税務上の規定に対応していることを前提としている[14]。厳密にいえば, 第3の税務貸借対照表は「狭義の統一貸借対照表」である。

　税務貸借対照表のこの多様化した形態が, 税務貸借対照表という用語の対象を曖昧にしていると考えられる。その結果として, 社会一般に税務貸借対照表という用語があらゆる税務貸借対照表の形態と意識的に区別されることなく, 曖昧な一般的な用語に基づいて使われている。税務貸借対照表という用語は, 法律制定者が想定する以上に広範に企業経営の多様な税務計算形態を表現する税務計算用語として使用されていると考えられる。要するに, ドイツにおける「税務貸借対照表」は多面性をもつ税務計算用語であると位置づけることができる[15]。ただし, 既述のように, 統一貸借対照表は, 1つの貸借対照表で, 商事法上の分配計算や租税上の利益算定等のあらゆる目的の基礎になるものであり, 独自の税務貸借対照表を作成することなく, 商事貸借対照表を租税上の利

図表11-8 税務貸借対照表の定義

- 広義の税務貸借対照表
  - ①本来の（狭義の）税務貸借対照表（所得税施行令60条2項2文）
  - ②（商事貸借対照表）+増減計算表（所得税施行令60条2項1文）
  - ③（狭義の）統一貸借対照表

※ ②のケースにおける「商事貸借対照表」も「統一貸借対照表」とみなされることがある

益算定の出発点とし，増減計算表を使用する場合の商事貸借対照表も，「統一貸借対照表」とみなされる場合があることに留意を要する。

ここで，税務貸借対照表の定義を図にすれば，**図表11-8**になる。

（広義の）税務貸借対照表の作成とその税法上の判断は，税理士（Steuerberater）の業務である（税理士法33条）。それゆえに，GoBが（広義の）税務貸借対照表においてどの程度堅持されているかについての判断は，税理士の主要な業務に位置づけられる（ドイツ税理士による決算書保証業務は第15章第5節参照）。

> **税理士法33条[16]　任務の内容**
> 　税理士，税務代理士および税理士法人は，委任の範囲において，依頼人に税についての助言をし，その者を代理する任務，ならびに依頼人の租税事案の処理およびその者の租税に関する義務の履行にあたりその者に援助を行うことを職務とする。租税刑事事件および租税秩序違反を理由とする過料の際の援助，ならびに，租税法に基づく記帳義務の際の援助，とりわけ税務貸借対照表の作成およびその租税法上の判断（die Aufstellung von Steuerbilanzen und steuerrechtliche Beurteilung）も，その任務とする。

(3) 「基準性の原則」と「逆基準性の原則」

所得税法5条1項1文の規定を適用して，純資産の比較によって利益を明らかにする事業者は，HGB上のGoBに基づいて，資産および負債を計上しなければならない。これが前出の「基準性の原則」である。

2009年改正までは，税法にHGBにない評価規定があり，その特別規定の適用を受ける場合には，HGB上の決算書は税法規定に従って作成されなければならなかった（2009年改正前所得税法5条1項2文）。こうした法的仕組みを「逆基準性の原則（die umgekehrten Masgeblichkeitsprinzip）」・「基準性の原則の逆

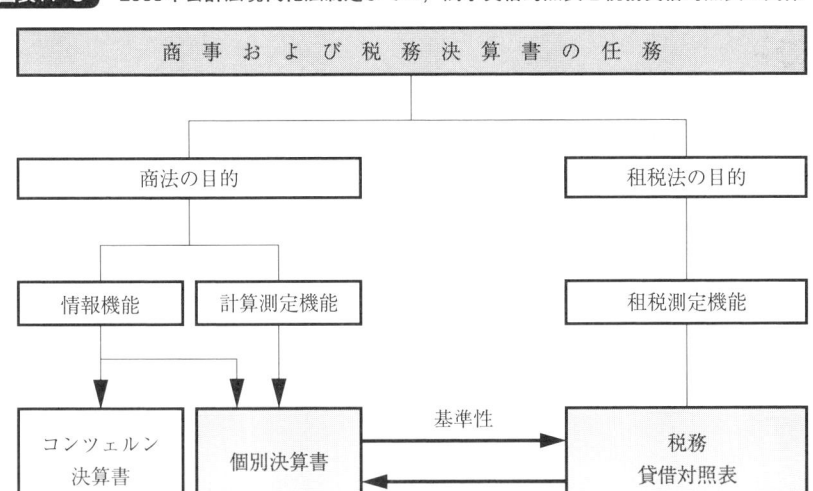

図表11-9　2009年会計法現代化法制定までの，商事貸借対照表と税務貸借対照表の関係

```
┌─────────────────────────────────────────────────┐
│         商 事 お よ び 税 務 決 算 書 の 任 務        │
└─────────────────────────────────────────────────┘
              │                        │
    ┌─────────┴─────────┐      ┌──────┴──────┐
    │    商法の目的      │      │  租税法の目的 │
    └───────────────────┘      └─────────────┘
        │           │                  │
    ┌───┴──┐  ┌────┴─────┐      ┌─────┴──────┐
    │情報機能│  │計算測定機能│      │ 租税測定機能 │
    └──────┘  └──────────┘      └────────────┘
        │           │                  │
    ┌───▼──┐  ┌────▼─────┐  基準性  ┌─────▼──────┐
    │コンツェルン│  │ 個別決算書 │ ─────→ │   税務    │
    │ 決算書  │  │          │ ←───── │ 貸借対照表  │
    └──────┘  └──────────┘  逆基準性 └────────────┘
```

出所：Bornhofen（2009）2頁

行（die Umkehrung des Maßgeblichkeitsprinzips）」という（形式的な基準性）。この優遇措置によって，商事貸借対照表が租税法規による影響を受けていた。ちなみに，2009年会計法現代化法制定までの，商事貸借対照表と税務貸借対照表の関係は，**図表11-9**のようになっていた。

(4)　3種類の貸借対照表と「企業の属性」

ところで，ドイツにおける年度決算書作成の実務はどのようになっているのかが問われるところである。2009年会計法現代化法制定以前の実務は，以下のとおりであった[17]。

① 大企業において，商事貸借対照表とは別に，正規の税務貸借対照表が所得税法5条1項によって作成されるケース
② 商事貸借対照表のみを作成し，正規の税務貸借対照表の作成を省略するケース。法人税申告書記入の際には，この商事貸借対照表を訂正する形態
③ 上記の①と②以外の場合で，広く実務で行われているケース。それは，形式上は商事貸借対照表であるが，内容は税務貸借対照表であり，統一貸借対照表と称せられている貸借対照表を作成するケース

実務面では，多くの中小会社が本来のHGB上の年度決算書の作成を放棄し，ただ単に租税法に準拠した年度決算書たる貸借対照表，すなわち統一貸借対照表といわれる貸借対照表を作成するにすぎないといわれてきた。すなわち，実務として1つの貸借対照表を作成すれば公開にも税務申告にも使用される。しかし，どちらかといえばこの貸借対照表は，税務申告義務の履行を強く意識して作成された貸借対照表である。それは，財務諸表の公開が限定されている閉鎖会社ゆえに実際上許容されるのである[18]（なお，税務貸借対照表および統一貸借対照表の具体的内容は長谷川（2009）の第1部に詳しい）。

われわれは，ドイツのこうした会計実務の現状に，「企業の属性（主に規模）」に応じた「実箱であるGoB」の多様性を認めることができる。

ところで，「統一貸借対照表」は実務にのみ存在している概念であり，法律上「統一貸借対照表」に関する定義は存在していない。このような統一貸借対照表が認められるか否かは，商事貸借対照表の作成基準から逸脱しているとしても，どの程度まで商法上のGoBが統一貸借対照表において堅持されているかによって判断される。

以上のように，ドイツの年度決算書の作成実務には，「企業の属性（規模・業態・業種）」に応じた「実箱であるGoB」の多様性が認められる。しかしながら，ドイツでは，かかる「統一貸借対照表」が，中小企業会計実務において主要な位置を占めているにもかかわらず，その「公式な位置づけ」がなされておらず，「事実上の慣行」としての位置づけにとどまっている[19]。

2　会計法現代化法と3種類の年度決算書

(1) 「逆基準性の原則」の廃止

2009年会計法現代化法によって，従来の所得税法5条1項1文と2文と，新5条1項1文とを対比すれば，以下の**図表11-10**のようになっている。

会計法現代化法による「逆基準性の原則」（改正前所得税法5条1項2文）の廃止に併せて以下の対応がとられている。ただし，「基準性の原則」（改正前所得税法5条1項1文）は堅持されるとともに，会社法における配当可能剰余金の計算や，破産法における債務超過の定義などは従来どおりHGB決算書を基準としている。

図表11-10　所得税法5条1項1文の新旧対照表

〈旧条文〉所得税法5条1項1文および2文	〈新条文〉所得税法5条1項1文
1文「事業経営者で，法律上の規定に基づいて帳簿を記帳し，かつ，定期的に決算書を作成する義務を負う者，または当該義務なしに帳簿を記帳し，かつ，定期的に決算書を作成する者の場合には，経済年度末に，事業用財産（4条1項1文）を計上しなければならない。当該財産は，商法上の正規の簿記の諸原則に従って表示しなければならない。」 2文「当該利益算定の場合における税法上の選択権は，商法上の年度貸借対照表に従って行使しなければならない。」	1文「事業経営者で，法律上の規定に基づいて帳簿を記帳し，かつ，定期的に決算書を作成する義務を負う者，または当該義務なしに帳簿を記帳し，かつ，定期的に決算書を作成する者の場合には，経済年度末に，事業用財産（4条1項1文）を計上しなければならない。当該財産は，商法上の正規の簿記の諸原則に従って表示しなければならない。但し（es sei den），税務上の選択権の行使の枠内で過去または現在において別の計上方法が選択されている場合は除く。」

出所：千葉（2010）127頁の表を参照

① 所得税法

所得税法5条1項は1文において，「但し書き（es sei den …）」として，税法上の評価規定の選択権を行使する場合等はGoBへの準拠から除かれることが明文化された。そして税法上の選択権を行使するためには，HGBとは異なる数値となる項目について，その取得日や取得原価，行使された税法上の選択権の規定等について，継続的な記録が求められることになった（所得税法5条1項2文・3文）[20]（**図表11-11を参照**）。かかる改正によって，「租税法上の経済促進の措置によるHGB上の会計の奇形化」という法的仕組みも解消されている。

② HGB

従来「逆基準性の原則」は，HGB上，247条3項や254条等の「解放条項（Öffnungsklauseln）」によって容認されていたが，これらの解放条項は撤廃されている。なお，改正前のHGB247条3項は，「所得税および収益税の目的上，許容される貸方項目の計上・表示」，同254条は「税法上の減額記入」規定であり，ともにHGBにおいて税法の評価規定を許容する条項であった。

(2) 商事貸借対照表と税務貸借対照表の乖離

以上のように，会計法現代化法に伴うHGBおよび所得税法の改正によって，

図表11-11 会計法現代化法以後の基準性と逆基準性

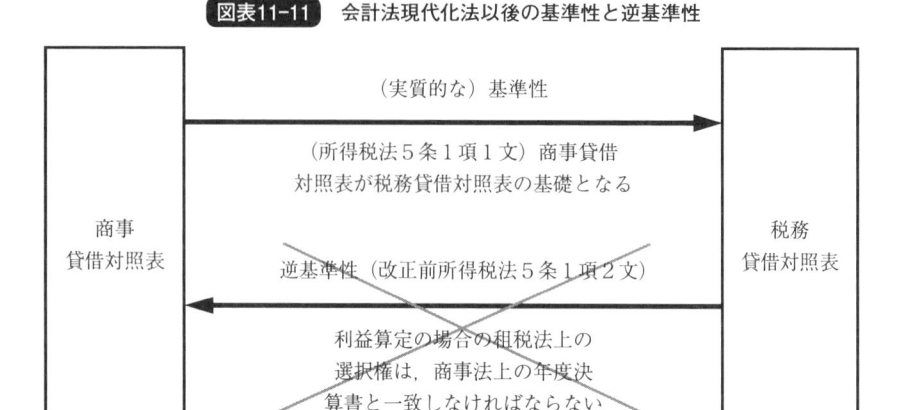

```
┌──────────┐                                        ┌──────────┐
│          │         （実質的な）基準性              │          │
│          │ ─────────────────────────────────────▶ │          │
│          │                                        │          │
│          │   （所得税法5条1項1文）商事貸借         │          │
│  商事    │    対照表が税務貸借対照表の基礎となる    │  税務    │
│ 貸借対照表│                                        │ 貸借対照表│
│          │   逆基準性（改正前所得税法5条1項2文）   │          │
│          │ ◀───────────────────────────────────── │          │
│          │   利益算定の場合の租税法上の            │          │
│          │    選択権は，商事法上の年度決           │          │
│          │    算書と一致しなければならない          │          │
└──────────┘                                        └──────────┘
          対応する商事法上の解放条項
   改正前商法247条3項, 254条, 273条, 279条2項, 280条2項及び3項, 281条
```
（※逆基準性及び解放条項の部分に×印）

出所：Ernst/Naumann（2009）396頁の図109

　商事貸借対照表と税務貸借対照表は，より引き離されることになった。従来，たとえば，貸借対照表作成にあたって，係争中の取引に基づく差し迫った損失に対する引当金が所得税法上貸方計上禁止であり，かつHGB上貸方計上義務であるというような，わずかな特殊な場合を除いて，いわゆる「統一貸借対照表」が可能となっていた。しかし，一方では「逆基準性の廃止」，他方では多くの「基準性の侵犯」の結果として，税務貸借対照表と商事貸借対照表に関して，多くの異なった規定が適用されるようになっている[21]（ここで「基準性の侵犯」とは，HGB上のGoBiを侵犯する税法の評価規定等をいう）。したがって，実務上，統一貸借対照表の作成の可能性が，より制限されるとともに，貸借対照表作成にあたって，潜在的租税がより重要性を増すことになった[22]。

　なお，租税上の選択権の行使は，今後とも，商事法上の貸借対照表から独立して可能である[23]。

　以上の，会計法現代化法制定前と制定以後の税務貸借対照表と商事貸借対照表との関係を図示すれば，**図表11-12**のとおりである。

第11章 「正規の簿記の諸原則」概念の構図　　355

図表11-12　会計法現代化法制定前と制定以後の税務貸借対照表と商事貸借対照表との関係

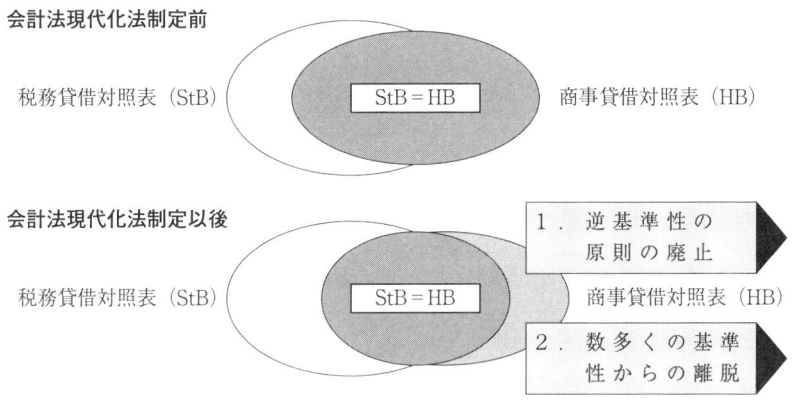

会計法現代化法制定前

税務貸借対照表（StB）　　StB＝HB　　商事貸借対照表（HB）

会計法現代化法制定以後

税務貸借対照表（StB）　　StB＝HB　　商事貸借対照表（HB）

1．逆基準性の原則の廃止

2．数多くの基準性からの離脱

注意：商事貸借対照表と税務貸借対照表に関する会計法現代化法における逆方向の規定はごくわずかな価値しかない

出所：Hahn（2009）136頁。なお，この図の「会計法現代化法制定前」では，税務貸借対照表とは別に，正規の商事貸借対照表を作成するケースが省略されている。それは，かかるケースに該当する企業が相対的に僅少であったことによると考えられる。

3　会計法現代化法制定以後の会計実務

(1)　ケンプ教授の見解

それでは，「逆基準性の廃止」および HGB の改正等を伴った2009年会計法現代化法は，ドイツ企業の会計実務，特に統一貸借対照表の作成実務にどのような影響を与えているのであろうか。

大企業の会計実務はさておき，ドイツ中小企業会計の対応の実態は，極めて実務的な領域であるため，公表された文献だけではその実態を正確に捉えることは困難である。そこでドイツの税理士の約7割が加入するダーテフ登録済協同組合の理事長ディーター・ケンプ教授（Prof. Dieter Kempf）に実務の対応に関する質問を行ったところ，詳細な回答を得ることができた[24]。その回答の全文のうち，本論題にかかわるところは，以下のとおりである。

1　逆基準性の廃止について

　会計法現代化法において「逆基準性」の廃止によって，税法の独立した選択権の行使が重要になっている。中小企業は次の2通りの対応が可能である。

[選択肢1]

　実務上，納税者は税務申告のために，商事貸借対照表とは別に，税務貸借対照表を作成することができる。

[選択肢2]

　他の方法は，財務諸表は商法用のものだけを作り，そのあと税法の規定を充足する「増減計算表」を追加するやり方である。「増減計算表」には商事貸借対照表に計上した期間損益を記載し，そこから税法上の損益を調整して課税所得を算定する。

　たとえば，商事貸借対照表に「自己創設の無形固定資産（Selbst geschaffene immaterielle Vermöensgegenstände）」を計上した場合，税法上はその処理は認められない。この場合，選択肢は2つある。

[選択肢1に従った方法]

　租税目的のために，事業者は，税法に準拠して，（商事貸借対照表とは別に＝筆者注）分離した貸借対照表を作成し，この貸借対照表において，「自己創設の無形固定資産」の原価を費用として処理しなければならない。

[選択肢2に従った方法]

　租税目的のために，事業者は商事貸借対照表を保存しなければならない。そして，税法に準拠するために，「自己創設の無形固定資産」の原価が「期間損益」から減算される「副計算表」を作成しなければならない。減算後の「損益」は税法に準拠することになる。「副計算表」は前述の「増減計算表」であり，税法だけで許容されている。

2　統一貸借対照表は今後どうなるのか

　ドイツ商法が今回現代化されたことにより，「逆基準性の原則」は廃止されたが，ドイツ商法に基づく貸借対照表は，今でも課税利益および配当（可能利益）の計算の基礎として残されている。それは一見して，これからも1種類の貸借対照表（前述した目的のすべての基礎となるいわゆる「統一貸借対照表」）を作り続けることができるように見える。しかし実際には，以下の理由により，統一貸借対照表は，これまでよりずっと理論だけの産物となってきている。

　これまで商法と税法の調和を実現してきた「基準性の原則」は，特定の局面において，ずっと以前からすでに穴だらけとなっていた。この穴を会計法現代化法がさらに拡大している。たとえば：

① 固定資産の一部として，自己創設の無形固定資産，たとえば特許権や実用新案権はドイツ商法に基づく貸借対照表では計上できるが，税法では禁止されている。
② 引当金の評価に関していえば，いま，将来費用の計上が重要な課題となってきている。そこで，このような将来の支出に備えた引当金が増えれば，少なくとも退職給付金に大きく影響することになる。このような変更が，少なくとも退職給付金に関しては，引当金の評価を増大させることになる。しかし，税法は変わらない。このような将来の支出に備えた引当金の計上は，たとえ納税者が商事貸借対照表にその満額を計上していたとしても，税法では相当額を超える金額を計上することは認められない。

そのような観点からすれば，ドイツ商法とドイツ税法の調和はもはや存在しないも同然である。ドイツの一部の中小企業は2種類の貸借対照表を作成するようになっている。そのために，われわれDATEVでは2つの貸借対照表を同時に作成できるようにプログラムを変更した。しかし現在時点では，多くの税理士がこのプログラムを利用しているわけではないが，われわれはこの利用が急速に伸びていくものと見込んでいる。

※選択肢1は，本節1(4)①の方法に，選択肢2は②の方法に該当する（筆者）。

ドイツにおける一連の会計実務に関する考察と，ケンプ教授の見解から次のことが導き出される。

① 会計法現代化法に伴うHGBの改正によって，商事貸借対照表と税務貸借対照表はより引き離されている。それゆえに，商法上の評価と税法上の評価が大きく相違するような場合には，本来の税務貸借対照表の作成が適している。しかし，かかる評価が大きく相違しない中小会社にあっては，従来どおり，すべての目的を充足する「統一貸借対照表」の作成が可能である。

② 商法上の評価と税法上の評価が大きく相違するようになった「一部の中小企業」では2種類の貸借対照表（商事貸借対照表と本来の税務貸借対照表）を作成する必要性が増している。

③ したがって，中小企業では，今後も「統一貸借対照表」の作成という実務が主流を占めながらも，「2種類の貸借対照表の作成」を選択する企業が増えていくことが予測される。

(2) 「2種類の貸借対照表作成」の意味

ここで,ケンプ教授の「ドイツの一部の中小企業は2種類の貸借対照表を作成するようになっている」との指摘に関して,誤解がなきよう,説明を加えておきたい。

かかる実務は,「基準性の原則」の崩壊を意味しておらず,「増減計算表(副計算表)の作成を省略した税務調整計算の明確化」を意味している。

これを敷衍すれば,「2種類の貸借対照表」とは,「商事貸借対照表」と,基準性の原則によって作成される財務官庁向けの(所得税施行令60条2項2文の)「税務貸借対照表」である。2種類の貸借対照表を作成することは業務上負担でありまた費用がかさむため[25],実務上は通常,「統一貸借対照表」だけを作成するが,税務調整項目が多い場合は,(所得税施行令60条2項1文の)「増減計算表」よりも,別途に(所得税施行令60条2項2文の=狭義の)税務貸借対照表を作成したほうが「調整計算」が明確化される[26]。狭義の税務貸借対照表は,貸借対照表という体裁は整えているが,その内容は「調整計算表」である。(狭義の)税務貸借対照表は,商事貸借対照表と所得税法の相違の調整という方向からの役目と,税務申告手続の簡便化という逆の方向からの役目を担っている[27]。すなわち,「2種類の貸借対照表の作成」とは,「増減計算表(副計算表)作成に代わる税務調整計算の明確化」を意味する。その変化を支えているのは,「2種類の貸借対照表の作成」に関する作業の手間と労力を軽減するITテクノロジー(たとえばダーテフが開発したシステム)の進化である。

(3) 「逆基準性の原則」廃止の真の意味

以上の考察に基づいて,「逆基準性の原則」の廃止の実務上の意味を考えてみたい[28]。

「逆基準性」という用語は,論者によって異なる意味で用いられるが[29],条文に従えば,逆基準性とは,「当該利益算定の場合における税法上の選択権は,商法上の年度貸借対照表に従って行使しなければならない」(改正前所得税法5条1項2文)ことであり,「税法にHGBにない評価規定があり,その特別規定の適用を受ける場合には,HGB上の決算書は税法規定に従って作成されなければならないこと」をいう[30]。

ここで重要なことは,会計法現代化法による「逆基準性の原則」の廃止は,

会計処理のプロセス（会計技術の組立）において、「税法規定の適用」を否定するものではないことである。会計法現代化法は、その立法の前提条件として「HGB 上の貸借対照表は、利益分配および税法上の利益算定の基礎であり続ける」ことを掲げている。「HGB 上の貸借対照表は、税法上の利益算定の基礎であり続ける」とは、「基準性の原則」の維持存続を意味し、「利益分配および税法上の利益算定の基礎であり続ける」とは、「統一貸借対照表」の維持存続を意味している。さらに、会計法現代化法成立の直前に行われた連邦法務省のプレスリリース（2009年3月26日）も、「それは（HGB 上の貸借対照表が利益分配および税法上の利益算定の基礎であり続けること＝筆者注）、とりわけ中小企業が、今後も、あらゆる目的の基礎となる、いわゆる統一貸借対照表（Einheirsbilanz）を作成することを可能にするものである[31]」としている。

会計法現代化法は、IFRS と同等性ある商法会計規定を開発する一方で、中小企業の実務に定着している統一貸借対照表を維持しようとしたのである[32]。ただし、このような「統一貸借対照表」が認められるか否かは、どの程度まで商法上の GoB が「統一貸借対照表」において堅持されているかによって判断される。

4　ドイツの会計制度と GoB の成文化のあり方

ここで、思い切って細部の点を捨象して、「簿記の範囲」、「簿記の正規性の基準となる一般的な GoB」、「正規の簿記」、「商業帳簿（帳簿）の法の適用局面」・「簿記（会計）技術の組立の局面」の相関関係の概要を示せば、**図表11-13**のようになる。

この図からも明らかなように、「商業帳簿（帳簿）の法の適用局面」における「実箱である GoB」は「形式的な GoB」と密接に関係している。それゆえに、「商業帳簿（帳簿）の法の適用局面」の領域における個々の「実箱である GoB」の中身を充塡するために、「形式的な GoB」の法規範化（明確化）が不可欠となることが理解される。

まず、「形式的な GoB」は、おおよそわが国における「簿記」に相当し、「形式（技術）と記録」の視点が重視される。この領域は、「場の条件」としては、主に「商業帳簿（帳簿）の法の適用局面」において機能し、「法の目的に応じた、法規範の組立」を行うために、一般的かつ普遍的な形で成文化される必要

図表11-13 法の目的と個々の「実箱である GoB」との関係

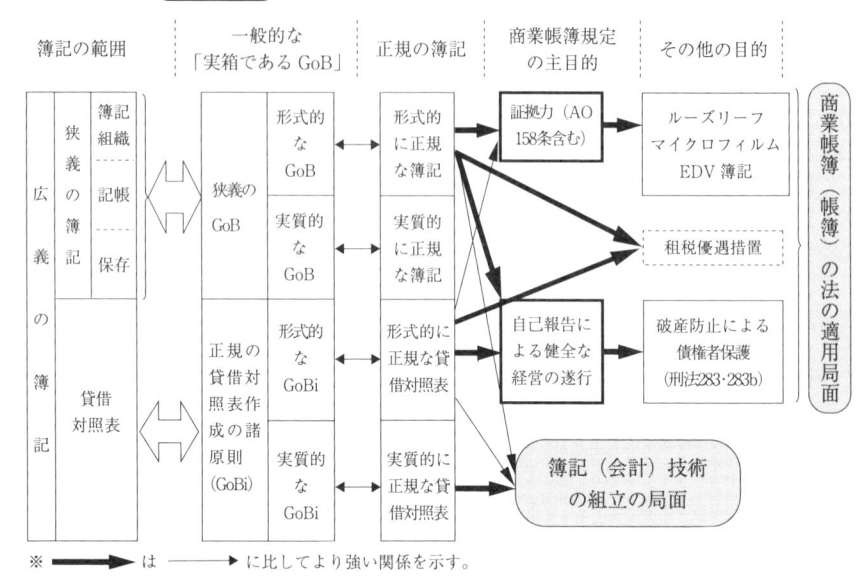

簿記の範囲	一般的な「実箱である GoB」	正規の簿記	商業帳簿規定の主目的	その他の目的	
広義の簿記	狭義の簿記	簿記組織／記帳／保存	狭義の GoB	形式的な GoB ↔ 形式的に正規な簿記	証拠力（AO 158条含む）	ルーズリーフ マイクロフィルム EDV 簿記	商業帳簿（帳簿）の法の適用局面
			実質的な GoB ↔ 実質的に正規な簿記		租税優遇措置	
	貸借対照表	正規の貸借対照表作成の諸原則（GoBi）	形式的な GoBi ↔ 形式的に正規な貸借対照表	自己報告による健全な経営の遂行	破産防止による債権者保護（刑法283・283b）	
			実質的な GoBi ↔ 実質的に正規な貸借対照表	簿記（会計）技術の組立の局面		

※ ━━▶ は ────▶ に比してより強い関係を示す。
※「正規の簿記」と租税優遇措置とのリンク体制は1975年1月1日前に終了する営業年度まで存在した。
※GoI は省略した。

がある（特に，商業帳簿（帳簿）の証拠力の定立のために「形式的かつ狭義の GoB」が成文化されるべきである）（第5章第3節1(3)参照）。この領域は主に法学が取り扱う領域である。

他方，「実質的な GoB」は，おおよそわが国における「会計」に相当し，「内容（評価）と機能」の視点が重視される。そして，「場の条件」としては，主に「企業の属性」（規模と業種等）が想定され，その「場の条件」に応じて「簿記（会計）技術の組立」が行われる。そして，中小企業の会計実務においては，一般に，統一貸借対照表が作成されている。しかし，「実質的な GoBi」の領域は自己完結的な利益計算体系であるために，特定した内容を網羅的に成文化することは不可能な領域となっている。これは2009年会計法現代化法によって資本会社に対する商法の評価規定（279条から283条）が削除されていることに符合する。

また，第10章で触れたところであるが，実務慣行白紙委任説を唱えた田中耕太郎博士も「其の規模其の種類よりして無限の段階および差等が存在する各個の企業に對し，一々適當なる規整を爲すことは蓋し不可能事であるからである

図表11-14 GoBの成文化（法規範化）のあり方

広義の GoB	わが国の会計と簿記の区分	場の条件	HGBおよび国税通則法における成文化（法規範化）のあり方	学問領域
形式的な GoB	「簿記」の領域 / 形式（技術）と記録	商業帳簿（帳簿）の法の適用局面	特に「形式的かつ狭義のGoB」の領域は，法の目的に応じた，法規範の組立を行うために，一般的かつ普遍的な形で成文化される必要があり，かつ，成文化が可能である	主に法学
実質的な GoB	「会計」の領域 / 内容（評価）と機能	簿記（会計）技術の組立の局面	特に「実質的なGoBi」の領域は，自己完結的な利益計算体系であるために，特定した内容を網羅的に成文化することは不可能である	主に経営経済学（会計学）

（傍点は筆者）」としている。これは博士が，「商業帳簿（帳簿）の法の適用局面」ではなく，「簿記（会計）技術の組立の局面」に焦点を当てて，実務慣行白紙委任説を構築していると理解することができる。この領域は，主に経営経済学（会計学）が取り扱う。

「商業帳簿（帳簿）の法の適用局面」は，主に「形式的かつ狭義のGoB」をめぐるものであり，法学が取り扱う領域である。この領域は「三重構造説」に合致する。他方，「簿記（会計）技術の組立の局面」は，主に「実質的なGoBi」をめぐるものであり，経営経済学（会計学）が取り扱う領域である。この領域は「実務慣行白紙委任説」に合致する。こうした法と会計の接点領域にドイツ会計制度が成立している。

以上の「GoBの成文化（法規範化）のあり方」を表にすれば，**図表11-14**となる。なお，「簿記」と「会計」の区分は序章第2節2(2)を，「形式的なGoB」と「実質的なGoB」の区分は第5章第2節3(2)を参照されたい。

さらに，第10章で提示した図表10-11に図表11-13を加えると，**図表11-15**になる。これが，ドイツにおける会計制度の全容であり，「GoBの体系」の全容である。

図表11-15 ドイツにおける会計制度の全容

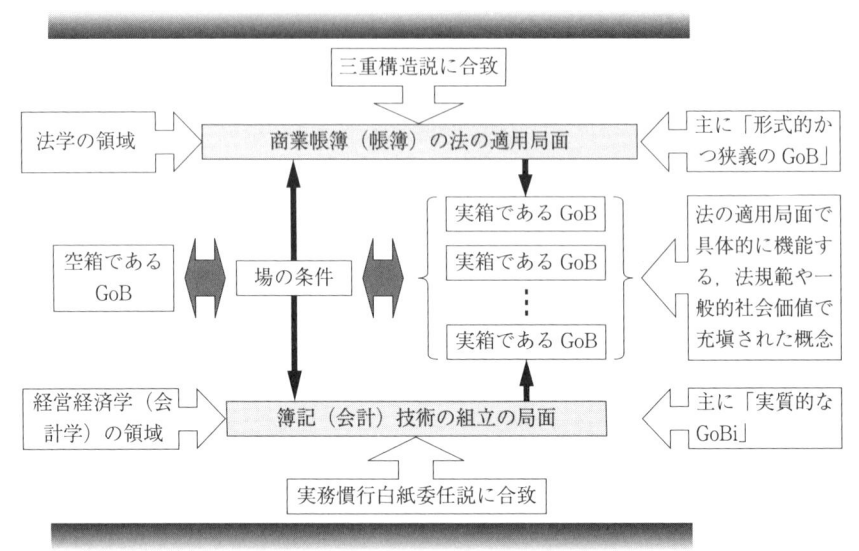

「正規の簿記の諸原則」の不確定性

- 法学の領域 → 商業帳簿（帳簿）の法の適用局面 ← 三重構造説に合致 ← 主に「形式的かつ狭義のGoB」
- 空箱であるGoB ⇔ 場の条件 ⇔ 実箱であるGoB／実箱であるGoB／…／実箱であるGoB ← 法の適用局面で具体的に機能する，法規範や一般的社会価値で充塡された概念
- 経営経済学（会計学）の領域 → 簿記（会計）技術の組立の局面 ← 実務慣行白紙委任説に合致 ← 主に「実質的なGoBi」

「正規の簿記の諸原則」の不確定性

第4節　おわりに

1　ドイツの会計制度（GoBの体系）

　GoBは，「空箱」と「実箱」から構成され，個々の「場の条件」，すなわち「場の特定」・「参加者の条件」・「役割期待」という3条件に応じて，多様な「実箱であるGoB」が存在している。「場の条件」は，理論的にはさまざまなものが考えられうるが，具体的には，「商業帳簿（帳簿）の法の適用局面」と「簿記（会計）技術の組立の局面」という2面が想定される。

　すなわち，商業帳簿（帳簿）が「法の適用局面」で機能するところの「実箱であるGoB」概念には，少なくとも，①商業帳簿の自己報告による健全経営の遂行，②商業帳簿の証拠力，③破産防止による債権者保護，④租税法上の帳簿（簿記）の証拠力，⑤ルーズリーフ式簿記，⑥マイクロフィルムによる帳簿保存，⑧租税優遇措置適用（1974年まで），⑦EDV簿記，⑧租税危害，等があ

る。そして、それぞれの「実箱である GoB」の内容は異なっている。

　他方、「簿記（会計）技術の組立の局面」に係る「実箱である GoB」は、「GoBi の領域」と「簿記組織の領域」にかかわっている。「GoBi の領域」は、商法上の区分（規模・業態・業種）による「形式的な GoBi」の差異のほかに、法律上は商事貸借対照表を基本としながらも、これに加えて、実務的には統一貸借対照表・税務貸借対照表という形態の年度決算書が存在し、特に中小企業では、商事貸借対照表と税務貸借対照表を兼用する「統一貸借対照表」が大きな位置を占めている。2009年会計法現代化法に伴う HGB および所得税法の改正によって、「逆基準性」が廃止され、かつ、商事貸借対照表と税務貸借対照表は、より引き離されているが、この改正は、統一貸借対照表の存在を否定するものではなく、会計法現代化法施行後も、多くの中小企業においては、統一貸借対照表を作成し続けることが予測される。ここにおいて、統一貸借対照表が認められるか否かは、どの程度まで商法上の GoB が統一貸借対照表において堅持されているかによって判断される。

　このように、ドイツの年度決算書の作成実務には、「場の条件」である「企業の属性（規模・業態・業種）」に応じた「実箱である GoB」の多様性が認められる。しかし、統一貸借対照表が中小企業会計実務において主要な位置を占めているにもかかわらず、統一貸借対照表の「公式な位置づけ」がなされておらず、「事実上の慣行」としての位置づけにとどまっている。

　以上のように、ドイツの会計制度（GoB の体系）は、「商業帳簿（帳簿）の法の適用局面」と「簿記（会計）技術の組立の局面」からなる「場の条件」に応じた多様な「実箱である GoB」から構成され、それらが全一体となって均衡を保っている。

2　GoB の成文化のあり方

　HGB および国税通則法（AO）における GoB の成文化（法規範化）のあり方は、以下のようになる。

　「形式的な GoB」は、おおよそ、わが国における「簿記」に相当し、「形式（技術）と記録」の視点が重視される。この領域は、「場の条件」としては、主に「商業帳簿（帳簿）の法の適用局面」において機能し、「法の目的に応じた、法規範の組立」を行うために、一般的かつ普遍的な形で成文化される必要があ

る（特に，商業帳簿（帳簿）の証拠力の定立のために「形式的かつ狭義の GoB」が成文化されるべきである）。この領域は，主に法学が取り扱う。

　他方，「実質的な GoB」は，おおよそわが国における「会計」に相当し，「内容（評価）と機能」の視点が重視される。そして，「場の条件」としては，主に「企業の属性」（規模と業種等）が想定され，その「場の条件」に応じて「簿記（会計）技術の組立」が行われる。そして，中小企業の会計実務においては，一般に，統一貸借対照表が作成されている。しかし，「実質的な GoBi」の領域は，自己完結的な利益計算体系であるために，特定した内容を網羅的に成文化することは不可能な領域となっている。この領域は，主に経営経済学（会計学）が取り扱う。

　つまり，「商業帳簿（帳簿）の法の適用局面」は，主に「形式的かつ狭義の GoB」をめぐるものであり，法学が取り扱う領域である。そして，この領域は「三重構造説」に合致する。他方，「簿記（会計）技術の組立の局面」は，主に「実質的な GoBi」をめぐるものであり，経営経済学（会計学）が取り扱う領域である。そして，この領域は，「実務慣行白紙委任説」に合致する。こうした法と会計の接点領域にドイツ会計制度が成立している。

　なお，1897年 HGB 制定当時，GoB は簿記技術（特に簿記組織）の組立を「企業の属性」（営業の対象物，事業の種類および規模）に白紙委任するという位置づけにあったが（第3章第2節2参照），その後年度決算書作成の目的が多元化するに従い（第5章第4節4参照），「企業の属性」（規模・業態・業種）に応じて「簿記（会計）技術の組立」を具体的に行う概念となっている。

補節　フランスと米国の会計制度管見

1　フランスの会計制度

　フランスでは，プラン・コンタブル・ジェネラル（Plan Comptable Général）が企業会計の実践に終始大きな影響を与えるとともに[33]，「企業の属性」（業種と規模）に応じた会計制度が成立している。野村健太郎教授は，フランスの企業会計制度について以下のように言及される[34]。

　プラン・コンタブル・ジェネラルは，会計職能が正確に遂行されるように規

則と方式を体系化したものである。そして，プラン・コンタブル・ジェネラルを広く適用せしめるための手段として「業種別プラン・コンタブル（plan comptable professionnel）」が生まれている。国家会計審議会内に設置された業種別委員会の起草する諸提案の提出および承認の手続を明らかにしている1962年4月13日デクレ第62-470号は，業種別委員会は業種ごとに企業の規模を考慮して1つまたは複数設置される（第1条）としている（傍点は筆者）。業種別プラン・コンタブルは「省令」として取り扱われ官報に公表され，義務的性質の措置と勧告的性質のそれとからなり，1962年から1979年までに85の業種コンタブルが作成されている。それに加えて，技術的情報のみを有するものとして業種別会計指針（guides comptables professionnels）を位置づける。この業種別会計指針は，各業種の企業にとっての会計機構を示しており，簡単な勘定科目表とその一般的な運用手続，および次の諸事項からなる。すなわち，①業種別，特に注意すべき会計上の問題点の記述，②具体的要請に対して会計が提供しうるサービスの説明，③勘定に関する合理的な組織，記入および利用方法の勧告，④会計・統計数値を用いて行う企業間比較の利点の例示，以上である。業種別会計指針は，業種の実態に対応する会計の発展を示し，有用な経営管理情報を提供するので，会計専門家だけでなく，企業経営者，技術幹部にとっても効果をもたらす（傍点は筆者）。

　以上のように，フランスの企業会計制度では，「業種の属性（業種と規模）」に対応した，業種別プラン・コンタブル，業種別会計指針という具体的な会計規範の設定が行われている。特に，業種別プラン・コンタブルが民間セクターではなく，パブリックセクターによって「省令」として策定されるとともに，業種別会計指針が「企業経営者」にとっての「有用な経営管理情報」として位置づけられていることが注目される。それは，フランスにおいては，「一国における付加価値」，つまりGDP（国内総生産，Gross Domestic Product）は中小企業を含めた「企業の付加価値の総額」であるとの理解が行き届いており，国民経済に関する計画の達成に資する目的をプラン・コンタブルに併せ持たせていることにある。

2　米国の会計制度

　米国における財務会計の定義は，以下のようになっている。

> **SFAC (Statements of Financial Accounting Concepts)**
> 1　Objectives of financial reporting
>   Financial reporting should provide information that is useful to present and potential investors and creditors and other users in making investment, credit, and similar decisions.

　すなわち,「財務報告の目的」として,「財務報告は,投資・信用供与および同様の決定を行う,現在のおよび潜在的な,投資家・信用供与者・その他のユーザーに対して,有用な情報を提供すべきである」としている。米国の財務会計は,かかる基礎的概念の下で策定されている。米国のGAAP（一般に認められた会計原則,generally accepted accounting principles）は,その選択の幅によって多数のGAAPがありうるが,その主な適用先は証券市場における株式公開企業であることに変わりない。米国最高裁判所も財務会計の主たる目的について同様の判断を下している（第14章補節参照）。

　米国では,わが国やドイツのような確定決算主義（基準性の原則）を採用せず,企業会計と税務会計が完全に分離されている（第14章補節参照）。米国の中小企業会計の実務では,米国証券取引委員会の規則で義務づけられたり,金融機関などから監査報告書を要求されない限り,ほとんどの中小企業はGAAP以外の基準,つまり内国歳入庁基準（税法基準）や行政庁が策定した基準,現金主義・修正現金主義で財務諸表を作成しているという現実が存在している[35]。米国では,これらの会計基準を「他の包括的会計基準（OCBOA；an Other comprehensive basis of accounting）」と総称している[36]。

　かかる実務に対応するため,米国公認会計士協会（AICPA）では,「現金主義および税法基準による財務諸表の作成・開示の方法（Preparing and reporting on Cash-and Tax-basis Financial statements)」という基準書を策定・公表している[37]。上記基準書の序文には,「現金主義または税法基準による会計処理に従って作成された財務諸表は,GAAP基準の財務諸表に代わるものとして,長年一定の役割を果たしてきた。この種の財務諸表は適正に作成される限り,以下の人々に明確な恩恵をもたらす」との説明がある。また,GAAPではなく税法基準などで財務諸表を作成している中小企業が,融資申し込みなどの理由でその財務諸表の信頼性を高めたいと希望する場合は,公認会計士は当該企業の

財務諸表を監査したうえで,特別報告書(Special reports)[38]を発行している(この場合,準拠する基準がGAAPではないため,監査報告書という名称では発行できない)。さらに,公認会計士がクライアントとの間で決算書調製業務を遂行した場合,その財務諸表が税法基準などで作成されている場合は,その会計ベースを開示しなければならず,もし開示しない場合には,公認会計士は自らのコンピレーション・レポートにおいてそのベースを開示しなければならないとされている。

わが国の場合,税法基準は悪しき慣行であり,極力排除しなければならないとする理解をもつ者もいるが,そのことは正しい立場ではない。上述のように,米国でもGAAP一基準ですべての企業を律しているわけではなく[39],OCBOAのような中小企業向けの会計基準で実務が進行している現実を率直に見極めなければならない。

なお,米国では,2009年12月に,米国公認会計士協会(AICPA),財務会計財団(FAF),州別会計委員会全米協会(NASBA)が,非上場会社の会計基準のあり方(非上場会社向けに別記の会計基準が必要か否かを含む)について,審議会(ブルーリボンパネル,Blue Ribbon Panel)を設置して検討を開始している。同審議会は,中小企業関係者,会計専門家,財務諸表利用者,大学関係者を含む18名のメンバーと関係省庁を含むオブザーバーから構成されており,5回程度の審議を経て,報告書をとりまとめることになっている。報告書は,その後,FAF評議員会に提出され,その後に公開協議がされる予定である。

■注

1　中里(1983):120頁。
2　弥永(2010):29-30頁参照。なお,ドイツにおける「会計基準の商事法における受容」は,弥永(2010)に詳しい。
3　古市(1999):145頁。
4　古市(1999):154頁。
5　各条文の邦訳は,岩藤(2000)の訳を参考にしたうえで,筆者の責任において若干の修正を行った。
6　Schneider(2002):S. 68.
7　Vgl. Budde/Kunz(1995):§243 Anm. 1ff.
8　ドイツにおける「取締役の顛末報告義務」に関する論究は,安藤(1997)の211頁以下を参照されたい。

9　長谷川（2009）；34頁。長谷川（2009）では，統一貸借対照表（単一貸借対照表）を「ただ単に税法に準拠した年度決算書たる貸借対照表」，「商事貸借対照表であり，税務貸借対照表でもある所得税法に準拠した貸借対照表」，「最初から税務上調整された貸借対照表」，「商事貸借対照表であり，また所得税法の規定を考慮した税務貸借対照表」等と表記する。

10　中田（2007）；49頁。所得税法上の営業所得を商法上の利益計算に依存させるという基準性原則は，1874年12月17日のブレーメン所得税法，および同年12月22日のザクセン所得税法において初めて採用された。その後，プロイセンでも商工業の発達がみられるようになり，営業所得の重要性が増加し，1891年の直接税（所得税，営業税，相続税）の改革を機会に，所得税法の中に基準性原則が導入された（中田（2007）；25頁）。

11　長谷川（2009）；34頁。

12　基準性の原則は，租税法上の貸借対照表作成における3つの領域に及ぶ。すなわち，貸借対照表の構成に関する一般的な形式的諸原則，貸借対照表に何を計上するか（Bilanzierung, od. Bilanzierung dem Drunde nach. 以下，単に「計上の原則」とよぶ）に関する諸原則，および，いかなる価額で計上するか（Bewertung, od. Bilanzierung der Höhe nach. 以下，単に「評価の問題」とよぶ）に関する諸原則である。これらのうち，主として議論されているのは，後二者である（中里（1983；499頁））。

13　斎藤（1977）；146頁参照。

14　長谷川（2009）；58頁。

15　長谷川（2009）；62頁。

16　邦訳は，ゲーレ＝飯塚訳（1991）および柳（2010）を参照した。

17　長谷川（2009）；34頁参照。

18　長谷川（2009）；36頁参照。

19　「租税法を考慮した商事貸借対照表」を定義しようとすれば，その外延が重なる「統一貸借対照表」と「税務貸借対照表」も正式に定義しなければならないが，ドイツではかかる試みを放棄して，実務上の運用で対応している。この点では，税法規定を考慮して中小企業会計基準を策定しようとするわが国の対応に一日の長があるように思われる（第16章第6節参照）。

20　齊藤（2009）；107頁参照。

21　Hahn（2009）；S. 136.

22　Ernst/Naumann（2009）；S. 396.

23　Ernst/Naumann（2009）；S. 396.

24　ケンプ教授からの回答は，㈱TKC（税理士・公認会計士専用の会計センター。会員数約1万人：2010年12月末現在）の飯塚真玄会長の協力を得て実現したものである。ケンプ教授からの回答は2010年1月11日と21日付で受領している。回答全文は，飯塚（2010d）を参照されたい。

25　長谷川（2009）；33頁。

26　「租税法規定によって要求される修正が多い場合には，租税目的のための特別の貸借対照表を作成してもよい」（中里（1983）；497頁）。「差異が非常に大きい場合は，前年度の税務貸借対照表を基にして，報告当該年度の商事貸借対照表を考慮しながら税務貸借対照

表を作成する」（武田／河﨑／古賀／坂本（2007d）；732頁）。

　なお，所得税施行令60条2項2文の「税務貸借対照表」の構造は，おおよそ，わが国における，①「計算書類（貸借対照表と損益計算書）」と，②法人税申告書・別表四の「加算・減算項目」（別表四の仮計まで）とそれに対応する別表五㈠を合体したものに近い。

27　長谷川（2009）；62頁。
28　ちなみに，千葉修身教授は，「形式的」基準性の廃止に伴い，商事貸借対照表での同一の貸借対照表計上を前提とせずに，税法上の優遇措置に係る税法上の選択権が行使される点は明白である。しかし，「はたして，その他の税務上の選択権もまた，いまや商事貸借対照表または商法上の正規の簿記の諸原則と無関係に行使できるかは，未だ確定的には解明されていない（傍点は筆者）」（千葉（2010）；129頁）という問題を詳細に論究されるとともに，広義説の源泉が会計法現代化法の新所得税法5条1項1文にあったことに鑑みて，「税務貸借対照表からの商事貸借対照表の分離」という財政当局の論理がすでに秘められていたことが判明するとされる（千葉（2010）参照）。
29　たとえば，逆基準性は，「税務貸借対照表が商事貸借対照表の基準になる」（長谷川（2009）；2頁）こととする見解もある。
30　逆基準性原則，基準性原則の逆転とは，「特別償却やその他の租税上の貸借対照表作成上の優遇措置は，同じ方法でそれらを商事貸借対照表でも表示している場合に限ってのみ，税務貸借対照表でも許されるというものである」（松本（1990）；44頁）。
31　Vgl. BMJ Pressemitteilung（2010）.
32　この点について，佐藤誠二教授も，「年度決算書の作成，監査，公示に関して簡便化・免責措置がある中小規模の会社は修正計算を商事貸借対照表に取り込み，税法を考慮した商事貸借対照表と税務貸借対照表の兼用の統一貸借対照表を作成し法人税申告に用いる実務が一般的に定着しており，会計法現代化法とはむしろ逆行して，現代化した会計法に対する規制軽減の観点から中小規模会社に対するこの統一貸借対照表実務を継続的に維持しようとした」（佐藤誠二（2010）；29-30頁）とする。
33　従来のプラン・コンタブル・ジェネラルは，1999年に廃止され，1999年から新プラン・コンタブル・ジェネラルが定められている。
34　野村（1990）；45-50頁参照。
35　詳細は，坂本（2000）を参照されたい。
36　武田（2003）；34頁参照。
37　同基準の内容は，AICPA（1998）を参照されたい。
38　たとえば，The vest-poket CPA（Nicky A. Dauber, Joel G. Siegel, Jae K. Shim. 2nd ed., 1997）の538頁に「税法基準による財務諸表に対する特別報告書」サンプルが掲載されている。

　これによれば，「独立監査人の報告書」という表題に続く本文で，I (We) have audited the accompanying statements of assets, liabilities, and capital-income tax basis of ABC partnership as of December 31, 19×2 and 19×1, and the related statements of revenue and expenses-income tax basis and of changes in partner's capital accounts-income tax basis for the years then ended. として，税務基準に基づいた監査であることを表明してい

る。

39 　西川教授は,「アメリカの会計制度は,会計が本来もつ利害調整機能と情報提供機能との2つの機能のうち,情報提供機能が分離されて制度化されたという面がある。そして,それは一方では,『会計的自由の確保＝公的統制反対を唱える財界と…私的統制をつよく求める会計業界との利害の共通性を基盤にした力の作用によって』形成された,公的統制を回避する手段であり,他方では,公正な証券市場を育成するというマクロ経済政策の一環であったのである。そのような歴史的認識や経済的・経営的環境への配慮を欠いた指針作りや,証券市場を前提とした米国流の会計基準を株式非公開会社にも一律に適用すべきとする考え方には問題がある」(西川 (2003);60頁)とされる。

第12章

国際会計基準と
ドイツ商法会計規定

第1節　はじめに

　近年，ドイツでは，「簿記（会計）技術の組立の局面」において，会計規定の重層化が進展している。それは，EC第4号，第7号および第8号指令の国内法化としての1985年の会計指令法によってもたらされ，さらに，会計基準の調和やIFRS（国際財務報告基準，International Financial Reporting Standards）のコンバージェンス，アドプションという国際的な潮流の中で，IFRSへの全面的なコンバージェンスではなく，IFRSと同等である商法典（Handelsgesetzbuch, HGB）の会計規定の現代化を図ったこと，IFRSをコンツェルン決算書に「限定的に」受け入れたことなどから生じている。

　ドイツとわが国の会計制度は，商法（会社法）に会計規定が設けられ，商人一般に適用される会計包括規定（ドイツにおけるGoB，わが国の「一般に公正妥当と認められる（企業）会計の慣行」）が存在しており，税法と商法会計規定がリンクしている（ドイツの「基準性の原則」，わが国の確定決算主義）などの類似性がある。それゆえに，ドイツにおける一連の法改正，商法会計規定の法的構造とIFRSとの関係は，IFRSとわが国の会計制度とのあるべき関係に大きな示唆を与えるものである。

　本章では，以上の問題意識のもとで，2009年会計法現代化法（Bilanzrechtsmodernisierungsgesetz, BilMoG）に伴う，商法会計規定の改正の内容と，商法会計規定におけるIFRSおよび「中小企業版IFRS（IFRS for Small and Mediumsized Entities）」の取扱いについて考察を行う。

第2節　IFRSへの対応

1　ドイツにおける会計基準の国際化に伴う会計法改革の概要

ドイツにおける会計基準の国際化に伴う会計法改革は，4つの局面に区分することができる。

第1局面は，ヨーロッパにおける会計報告の調和化であり，ローマ条約から始まり，EC第4号，第7号および第8号指令によって具体化され，1985年に会計指令法によってドイツHGBに転換されている（第3章第5節参照）。第2局面は，1993年から1998年の国際的進展である。それは主に会計報告の実務に関係して，HGB上の会計報告義務者は，さらに，「デュアル」ないし「パラレル」な会計報告を条件として，企業の国際的な規定に従うことができるとされた。第3局面は，1998年から2004年の規制緩和の期間を示している。資本市場志向企業は，HGB292a条に基づいて，少なくとも，コンツェルン決算書作成において，HGBないし「国際的に認められた会計基準」（IASとUS-GAAP）を自由に選択できることとされた。これら2つの局面（第2および第3局面）の期間において，ドイツのDAX企業およびM-DAX企業の多くがIFRSないしUS-GAAP（米国の一般に認められた会計原則，Generally Accepted Accounting Principles in the United States）に基づくコンツェルン決算報告に切り替えている[1]。

そして第4の局面は2005年以後2009年の会計法現代化法に至る期間である。2007年の「会計法現代化法参事官草案」は，IFRSへの全面的なコンバージェンスではなく，IFRSと同等性を有するドイツ基準（HGB）の現代化を図るという提案を示している。そして2009年会計法現代化法では，情報提供という単一目的を持つIFRSの受入れを資本市場指向企業のコンツェルン決算書に義務づけるとともに，個別決算書の「公示」に限定してIFRS選択権を認めている。以上の流れを図にすれば，**図表12-1**になる。

なお，国際会計基準のコンバージェンス等の課題は，「実質的な貸借対照表作成の諸原則（GoBi）」の領域（**図表12-2**における⑦と⑧）にかかわるものである。

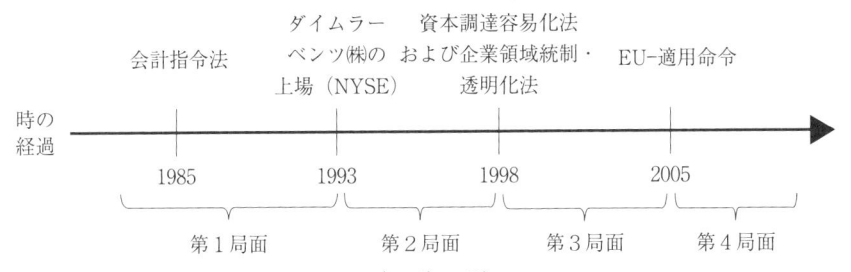

図表12-1 ドイツにおける会計報告の国際化の局面

```
                      ダイムラー      資本調達容易化法
          会計指令法   ベンツ㈱の      および企業領域統制・
                      上場（NYSE）    透明化法         EU-適用命令
時の
経過  ────┼────────────┼──────────────┼──────────────┼──────→
         1985         1993           1998           2005
       └──第1局面──┘└──第2局面──┘└──第3局面──┘└──第4局面──┘
```

出所：Pellens/Fülbier/Gassen/Sellhorn（2008）51頁

図表12-2 国際会計基準の領域

簿記 \ GoB	形式的な GoB		実質的な GoB	
	成文化されている	成文化されていない	成文化されている	成文化されていない
広義の簿記 / 日常の簿記（狭義の簿記）	①	②	③	④
広義の簿記 / 貸借対照表	⑤	⑥	⑦	⑧

2 1998年「資本調達容易化法」および2000年「資本会社指令法」

(1) 1998年「資本調達容易化法」

1998年4月に制定された「資本調達容易化法（Kapitalaufnahmeerleichterungsgesetz, KapAEG）」は，HGB292a条[2]を新設し，その内容は内外を問わず証券取引所に上場する企業（コンツェルン親会社）に対して，「国際的に認められた会計基準」（HGB292a条2項2号）に従ってコンツェルン決算書を作成し公表している場合には，ドイツ国内法に基づくコンツェルン決算書の作成を免除するものであった[3]。292a条1項で「免除された書類を公示する場合には，コンツェルン決算書およびコンツェルン状況報告書がドイツの法律によらないで作成されていることについて，明確に言及されなければならない」としている。

資本調達容易化法制定の直接の動機は，当時のダイムラー・ベンツ株式会社のニューヨーク証券取引所への上場であった。同社は，1993年10月5日の上場以来，証券取引所に毎年，フォーム20-Fによる報告書を，そして，半年ごと

に中間報告書をそれぞれ提出することを義務づけられていた。そのために特に，ドイツ連結決算書に関する US-GAAP への移行計算書の提出が必要であった[4]。同法は，内外を問わず証券取引所に上場する企業（コンツェルン親会社）に対するものであり，個別決算書については，従来の「基準性の原則」が維持されている[5]。HGB292a 条[6]は暫定措置であり，2004年までの時限立法であった。

(2) 2000年「資本会社指令法」

2000年2月の「資本会社指令法（Kapitalgesellschaften- und Co. -Richtlinie-Gesetz, KapCoRiLiG）」では，HGB292a 条の免責条項に修正が行われ，免責規定を利用できる企業の範囲が，上場会社（株式法3条2項）から「組織された有価証券の発行市場を有価証券の発行（有価証券取引法2条5項）によって利用している親企業」に拡張されている[7]。

(3) EU の IAS 適用命令

2002年7月19日の EU の IAS 適用命令は，資本市場において有価証券を発行している企業に対し，2005年以降，コンツェルン決算書に対し IFRS を適用することを義務づけているが，これ以外の非資本市場の企業のコンツェルン決算書およびすべての資本会社の個別決算書については，IFRS が選択適用とされた。加盟各国は，この限りで，IFRS の適用を国内規定するか，または企業選択権として認める可能性を有している[8]。こうした状況のもとで，ドイツの商法会計法規も IFRS への対応が喫緊の課題となっていた[9]。

3 2004年会計法改革法

2004年12月4日付の「会計法改革法（Bilanzrechtsreformgesetz, BilReG）」は，2002年の EU-IAS 適用命令を受け入れ，情報提供目的の資本市場志向企業のコンツェルン決算書の IFRS 強制適用を国内法化することに重点を置いたものであった。

まず，HGB 第3編第2章第2節「コンツェルン企業」において，「第10款 国際会計基準に基づくコンツェルン決算書」が新規に加えられ，そこに新設された HGB315a 条では，資本市場指向親会社ならびに非資本市場指向会社であ

るが規制市場において有価証券の取引認可を申請した親会社に対して、コンツェルン決算書におけるIAS/IFRSの適用を義務づけ（2002年7月19日のIAS適用命令4条およびHGB315a条2項）、また、IAS適用命令を補完して、IAS/IFRSの適用義務がないその他の非資本市場指向の親会社のコンツェルン決算書に対しても、IAS/IFRS適用の可能性（選択権）を与えた（HGB315a条3項）。

ドイツの立法者は、すべての企業に対してもIFRSの適用を許容するか、あるいは、指示するかという選択権を、公示目的に限定して個別決算書を作成することができる（325条2b項に併せて2a項参照）、という方法で加盟国選択権を行使している。しかし、公示に関して情報提供用のIFRS個別決算書を選択した企業は、それに加えて、会社法および租税法目的のHGB準拠の決算書も作成しなければならない。ドイツの立法者は、選択肢として、非資本市場指向企業にコンツェルン決算書へのIFRS適用を許容して、国内法に転換したのである[10]。

1998年「資本調達容易化法」で新設されたHGB292a条は、2004年12月4日付で削除されたが（BGBl. 65）、このHGB292a条は、実務的には普及しなかったようである。また、（名目上の）資本維持という年度決算書の目的は、IAS適用命令によってもドイツの会計法および会社法において意義を失わない。なぜならば、ドイツの立法者は、情報開示の目的だけにIFRS準拠の個別決算書が開示されるように限定し、かつ、ドイツ企業によって、分配計算と租税上の利益算定の目的のために今後もHGB準拠の個別決算書が策定されなければならないように行使するという、IFRSの個別決算書への適用に関する加盟国選択権を保持しているからである[11]。ここで、「分配計算と租税上の利益算定の目的のために今後もHGB準拠の個別決算書が策定されなければならない」とは、「基準性の原則」および「統一貸借対照表の作成実務」が維持されていることを意味している。

第3節　会計法現代化法

1　会計法現代化法成立までの経緯

(1)　経　過

商法会計法の現代化（Modernisierung des Handelsbilanzrechts）とされる「会計法現代化法（Bilanzrechtsmodernisierungsgesetz, BilMoG）」は，2009年4月3日の連邦参議院の同意を受けて成立している。同法成立に至るまでの経緯は以下のとおりであった[12]。

```
2007年11月 8 日　会計法現代化法参事官草案公表
2008年 5 月21日　会計法現代化法連邦政府草案公表
       7 月 4 日　連邦参議院における読会および態度決定
       7 月30日　連邦政府の反対陳述
       9 月25日　連邦議会における第 1 読会
      12月17日　法務委員会による公聴会
2009年 3 月26日　連邦議会における第 2，第 3 読会
       4 月 3 日　連邦参議院の同意
       5 月28日　BGBI における告知
       5 月29日　発効
```

(2)　2007年11月8日「会計法現代化法参事官草案」の公表

ドイツ連邦法務省は，2007年11月8日に「会計法現代化法参事官草案（Referentenentwurf eines Gesetz zur Modernisierung des Bilanzrechts）」を公表している。草案の「問題と目標」には，以下の言及がある[13]。

「問題と目標」
　ドイツ企業は，現代的な貸借対照表作成の基礎を必要としている。それゆえに会計法現代化法の目的は，頂点である商法会計法―HGB 上の貸借対照表は，分配計算（Ausschüttungsbemessung）および税法上の利益算定の基礎であり続けることを放棄することなく，持続的に，国際的な会計基準との関係におい

て同等であるが，コストパフォーマンスのよい，簡便な代替案である，信頼性ある商法会計法を開発することにある。それに関して，企業はさらに—可能であれば—コスト負担を軽減されるべきである。

さらに，同草案は，「解決策」について，以下のように言及している[14]。

「解決策」
　その解決策は，個人商人および人的会社について HGB 上の記帳義務および貸借対照表作成義務を包括的に規制緩和することにある。さらに，資本会社に簡便な処理および免除の利用を可能にするために，敷居の数値を引き上げることである。
　同時に，HGB 上の個別決算書およびコンツェルン決算書の情報提供機能は，HGB の会計規定の現代化という方法で強化される。会計規定は—変更命令から生じた適合の要求を考慮して—ドイツにおける中小企業によって拒絶され続けている IFRS に対する，完全に同等であるがパフォーマンスのよい，簡便な代替案を展開する。

　参事官草案は，中小企業によって拒絶された IFRS に代わる「簡便な代替案」を開発することで，従来の GoB の体系を維持するという立場に立っている。ドイツ連邦法務省は，本参事官草案において，IFRS への全面的なコンバージェンスではなく，極めて抑制した対応思考をとって，IFRS との同等性を有するドイツ基準（HGB）の現代化という提案を示しており，この対応思考をヨーロッパの代替的選択モデルと呼称している[15]。

　ドイツ連邦法務省は，参事官草案において，国際的な資本市場におけるドイツの競争力の地位の強化を国家的戦略の柱として，情報提供機能の国際基準を基本的に支持する一方で，そのことをもって，IFRS への全面的受入れ路線を資本市場指向の企業に限定したうえで，非資本市場指向企業については，IFRS の部分的受入れにとどめて，IFRS 同等性のドイツ基準（HGB）の改定を図るという路線を打ち出したのである[16]。

　また，「HGB 上の貸借対照表は分配計算および税法上の利益算定の基礎であり続ける」とは，具体的には「基準性の原則」および「統一貸借対照表の作成実務」が依然として維持・存続されることを意味している。

この参事官草案では，個別年度決算書作成にあたって，「開示目的においてのみ IFRS の適用」を許可した HGB325条２ａ項に代わって，「作成目的においても IFRS 適用の選択権」を持つことにされるとともに（HGB 改正草案264e条），325条の２ａ項と２ｂ項は廃棄されることとされた。

　草案の264e 条は，「注記・附属明細書に，第１章（すべての商人に対する規定＝筆者注）および第２章第１節（資本会社の年度決算書および状況報告書＝筆者注）の規定に従って作成された貸借対照表および損益計算書を記載しなければならない。それは，正規の簿記の諸原則に従って作成された年度決算書としてみなされ，かつ，その他の連邦法上の諸規定に則った利益分配および損失分配の基礎である」としている。つまり，「作成目的において IFRS 適用の選択権」を行使した場合，会計上の「資本維持の原則」および「基準性の原則」への手掛かりとするため，IFRS 決算書の注記・附属明細書にドイツ HGB による貸借対照表と損益計算書を記載しなければならず，したがって，配当可能限度額の基準は HGB 上の年度決算書のままとなる。

　さらに，参事官草案には，小会社に対して，状況報告書作成義務の免除，年度決算書作成および開示の期限緩和，年度決算書の様式緩和等の軽減措置が盛り込まれている。

(3) 2008年５月21日「連邦政府草案」を閣議決定

　その後，2008年５月21日に連邦内閣は，「参事官草案」を一部修正のうえで決議している。それが連邦政府草案（Gesetzentwurf der Bundesregierung）である[17]。政府草案は，2007年11月に法務省から発表された「参事官草案」に各方面からの意見が考慮され，政府が承認したものである。

　政府草案では，「問題と課題」に「従来の正規の簿記の諸原則の体系を放棄することなく」との文言が加えられた。また，2007年11月の参事官草案では，商法決算書を注記・附属明細書に掲載すれば IFRS ベースの年度決算書の作成も可能である，とされていたが，この政府草案はその「参事官草案264e 条」を含んでいない。ただし，従来どおり，資本市場指向・非資本市場指向の企業の個別決算の「公示」に関して，「HGB 上の年度決算書作成（ドイツ会計基準に基づく個別年度決算書の作成）」か「IFRS に基づく年度決算書作成」かの選択適用を認めている（325条２ａ項）。そして，「作成目的においても IFRS 適用の

第12章　国際会計基準とドイツ商法会計規定　379

図表12-3　「会計法現代化法」制定の前提と，「信頼性ある商法会計法の開発」の条件，「解決策」

「会計法現代化法」制定の前提
- 頂点である商法会計法の体系を放棄しないこと
- 従来の「正規の簿記の諸原則」（Grundsätze ordnungmäßiger Buchführung）の体系を放棄しないこと
- 信頼性ある商法会計法を開発すること

「信頼性ある商法会計法の開発」の条件
① HGB上の貸借対照表は，分配計算の基礎であり続けること
② HGB上の貸借対照表は，税法上の利益算定の基礎であり続けること
③ 自立的（持続的）であること
④ 国際的な会計基準との関係において同等であること
⑤ パフォーマンスがよいこと

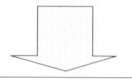

解　決　策
- 個人商人について HGB 上の記帳義務および貸借対照表作成義務の規制緩和
- 資本会社の「敷居の数値」（会社区分の限界値）の引上げ
- HGB の会計規定の現代化による情報提供機能の強化

選択権を持つ」とした「参事官草案264e条」を廃棄して，再び「開示目的においてのみ IFRS の適用」（HGB325条 2 a 項）に戻ったのである。連邦政府草案の概要を図示すれば，**図表12-3**となる。

2　2009年「会計法現代化法」の成立

(1)　内　容

政府草案は，連邦議会に付議され，2009年 3 月26日に可決後，同年 4 月 3 日に商法会計法の現代化とされる「会計法現代化法」が連邦参議院の同意を受けている[18]。IFRS同等性のドイツ基準（HGB）の改定を図ることによってIFRSを部分的受入れにとどめるというドイツの路線が，「会計法現代化法」制定によって完成したのである。ハーンは，「連邦政府の（会計法現代化法の）立法理由書によれば，企業は，IFRS に比して競争能力ある，現代的な貸借対照表作

図表12-4　会計法現代化法の目標

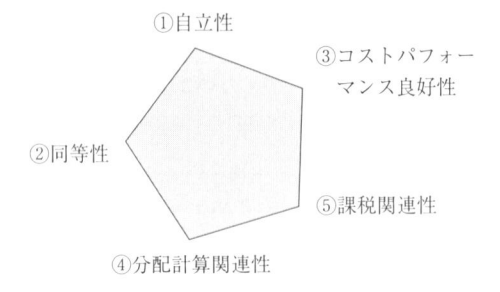

①自立性
②同等性
③コストパフォーマンス良好性
④分配計算関連性
⑤課税関連性

出所：Hahn（2009）2頁

成の根拠である，ドイツ法に従って年度決算書を作成する必要がある」とし，会計法現代化法の目標として，①自立性，②同等性，③コストパフォーマンス良好性，④分配計算関連性，⑤課税関連性を掲げ，これを「魔法の5角形（Magischen Fünfecks）」としている[19]（**図表12-4**）。

　会計法現代化法による315a条の影響は，1項における若干の文言の修正だけである[20]。すなわち，HGB315a条の2項と3項において，ドイツに関するIAS適用命令の加盟国選択権が行使されている。組織的な市場での有価証券の取引を申請した親企業も，HGB315a条2項に従って，コンツェルン決算書へのIFRSの適用が義務づけられる。さらに，その他のすべての親企業は，コンツェルン決算書へのIFRSの適用の選択権を持っている（315a条3項）[21]。325条は，4項だけが修正されているが，それは新しく挿入された264d条における「資本市場指向資本会社（Kapitalmarktorientierte Kapitalgesellschaft）」の定義に基づいている。コンツェルン決算書においては，IFRSへの自由な移行への選択権を行使しなかったすべての非資本市場指向親企業に，会計法現代化法の新規定が適用される[22]。以上の2009年「会計法現代化法」の適用領域は，**図表12-5**のとおりである。

　ここで，1998年「資本調達容易化法」から2009年「会計法現代化法」制定までの，ドイツにおけるIFRSへの対応の推移の概要を表にすれば，**図表12-6**になる。

　この図表12-6からも明らかなように，これらの条項に関しては，2009年「会計法現代化法」と2004年「会計法改革法」とは同様の内容となっており，

第12章　国際会計基準とドイツ商法会計規定　381

図表12-5　2009年「会計法現代化法」の適用領域

	個別決算書	コンツェルン決算書	
資本市場志向親企業	HGB（BilMoG）	IFRS	

		選択権	
	個別決算書	コンツェルン決算書	
非資本市場志向親企業	HGB（BilMoG）	IFRS	HGB（BilMoG）

出所：Hahn（2009）2頁

図表12-6　ドイツHGBにおけるIFRSへの対応

条項	法律法案	1998 BilAEG	2000 KapCo-RiLiG	2004 BilReG	2007（参事官草案）	2008（政府草案）	2009 BilMoG	内容
個別決算書	264e 作成	—	—	—	○	—	—	すべての資本会社の個別決算書について「作成目的」でも，国際会計基準選択権を与える（※）
	325(2a) 公示	—	—	○	—	○	○	すべての資本会社の個別決算書について，「公示」限定で，国際会計基準選択権を与える（HGB準拠の個別決算書は義務）
コンツェルン決算書	292a	○	—	—	—	—	—	上場企業のコンツェルン決算書について，「国際的に認められた会計基準」に準拠した作成を許容する
		—	○	—	—	—	—	上記を「組織された有価証券の発行市場を有価証券の発行によって利用している企業」に拡大
	315a(1)(2)	—	—	○	○	○	○	コンツェルン決算書作成義務がある，資本市場指向親企業等のコンツェルン決算書に，国際会計基準を義務づける
	315a(3)	—	—	○	○	○	○	コンツェルン決算書作成義務がある，非資本市場指向親企業のコンツェルン決算書に，国際会計基準選択権を与える

※ただし，会計上の資本維持の原則および基準性の原則への手掛かりとするため，IFRS決算書の注記・附属明細書にドイツHGBによる貸借対照表と損益計算書を記載しなければならない。

2008年5月21日の「連邦政府草案」で示された,「頂点である商法会計法の体系を放棄しないこと」,「従来の GoB の体系を放棄しないこと」という「会計法現代化法」の目標が達成されたことを意味している。

そして,「会計法現代化法」の第3の目標である,信頼性ある商法会計法を開発することに関しては,以下のようになっている。

① 個人商人について記帳義務等の規制緩和

個人商人(Einzelkaufleute)について,HGB 上の記帳義務および貸借対照表作成義務の規制緩和がなされている(241a 条の創設)。新設された241a 条1文では,2つの連続した営業年度の決算日時点で,売上高が50万ユーロ以下および年度剰余(Jahresüberschuss)が5万ユーロ以下の個人商人は,238条から241条(記帳と財産目録)の適用が免除される。さらに,242a 条4項1文では,241a 条に該当する個人商人は,242条1項から3項(年度決算書の作成義務)の適用も免除されることとされた。

この HGB の改正に連動して,国税通則法(AO)141条「一定の租税義務者の記帳義務」も改正され,営業者ならびに農林業者においては,非課税の売上を含め,売上税法4条の8号から10号による売上を除外した売上高が50万ユーロを超えるもの(同条1号),あるいは,暦年の営業利益が5万ユーロを超える者(同条4号)などに記帳および決算を義務づけることとされ,税法上の記帳決算義務においても規制が緩和されている。

② 資本会社の「敷居の数値」(会社区分の限界値)の引上げ

資本会社の「会社区分の限界値」が引き上げられ(267条の改正),総資産および売上高の金額に関する境界線が20％増加している(第11章第2節2(2)の図表11-5参照)。さらに,小会社に対して,状況報告書作成義務の免除,年度決算書作成および開示の期限緩和,年度決算書の様式緩和等の軽減措置が盛り込まれている。

③ HGB の会計規定の現代化による情報提供機能の強化

「商事法上の会計報告簡素化と,商事法上の年度決算書の情報提供水準の向上」という目的によって,所得税法の改正による「逆基準性の原則」の廃止,HGB における「解放条項」の削除,「実質的な貸借対照表継続性の原則」の強化(252条1項6号)がなされている。さらに,従来,資本会社に関して「評価規定」(HGB279条から283条)が存在していたが,これらの条項が削除されてい

る。281条の削除は，（税法の評価規定を許容する解放条項である）HGB247条3項ならびにHGB254条，273条，279条の廃止の結果である（政府草案理由書のBesonderer Teil・Nummer28参照）。

これら一連の改正は，ドイツ立法当局が，「逆基準性の原則」の廃止と，資本会社に関する評価規定の削除を，商事貸借対照表の情報提供機能強化の「シンボル」として位置づけていることの証左である。（商事貸借対照表の情報提供機能強化のための）IFRSへの接近と考えられる改正項目としては，正ののれん（HGB246条1項4文），開業費や営業経営の拡張費（269条および282条の廃止），棚卸資産の払出単価の決定方法（256条），外貨換算（256a条），自己創設の無形固定資産（248条2項）が挙げられる[23]。

「会計法現代化法」以後の年度決算書等の作成義務は，**図表12-7**のようになっている。

図表12-7 2009年「会計法現代化法」後の決算書等の作成義務

	コンツェルン決算書			個別決算書		
	親企業			企業		
	非資本市場志向		資本市場志向	非資本市場志向	資本市場志向	
	HGBとIFRSとの選択		IFRS	HGB	HGB	
	HGB297条	IAS 1	IAS 1 / IFRS 8	改正前HGB=改正HGB（BilMoG）	改正前HGB	改正HGB（BilMoG）
貸借対照表	yes	yes	yes	yes	yes	yes
損益計算書	yes	yes	yes	yes	yes	yes
キャッシュ・フロー計算書	yes	yes	yes	no	no	yes ※
自己資本一覧表	yes	yes	yes	no	no	yes ※
セグメント報告書	選択権	選択権	yes	no	no	選択権 ※
注記・附属明細書	yes	yes	yes	yes	yes	yes

※コンツェルン決算書の作成義務がない場合
出所：Hahn（2009）18頁

(2) 「記帳義務等の規制緩和」の背景

2009年4月3日成立の会計法現代化法によって,資本会社に対して,「敷居の数値の引上げ」を行い,「簡便な処理」および「免除」の利用を可能にする「規制緩和」がなされたことは,既述のとおりである。それは,2007年11月8日付の「参事官草案」における「解決策」に掲げられていたものであり,非資本市場指向企業に対して,国際会計基準の影響を受けないようにするとともに,情報提供機能が強化された商法会計規定を適用する際の「コスト負担」を「軽減」するためのものである。

そして,この規制緩和は,2007年3月8日,9日の欧州理事会における「欧州経済を発展させるためには,管理事務の負担を軽減し,EU内における負担軽減に向けての協力努力が必要である」との決定と,それに続くEC第4号指令(78/660/EEC指令)の改正を意図する欧州委員会の「小規模事業者(Micro-entities)とみなされる一定のタイプの会社の年次決算書に関する78/660/EEC指令の修正に関する,欧州議会および理事会指令に対する提案」(2009年2月26日付)とその方向性を一にするものである。

この欧州委員会の「提案[24]」は,「小規模事業者」は「地方または特定地域に限って従事しており,国境を越える取引もほとんどなく,その資産も規定内の要求を満たすほどの限りあるものである」としてその「属性」を掲げ,「より規模の大きい企業と同種の報告規則を適用されている。これらの規則は規模に即していないため,小規模事業者にとって負担となっており,不釣合いである」として報告規則の加重負担に言及している。

しかし,その解決策として,欧州委員会が「小規模事業者の記帳義務の免除」という結論を導き出していることには疑問を呈せざるを得ない。その第1は,「小規模事業者への緩和措置」は,商業帳簿(帳簿)の果たすべき本質的な機能を軽視したものといっても過言ではないことである。少なくともドイツでは,商業帳簿(帳簿)は「法の適用局面」と「簿記(会計)技術の組立の局面」に応じて多様な社会的役割を果たしている。第2は,規制緩和による記帳費用と貸借対照表作成費用の軽減額は測定可能であるが,他方,「商業帳簿(帳簿)の法の適用局面」における機能が果たす国民経済への貢献度は測定が困難であることである。

それゆえに,EUが本来採用すべき方策は,「小規模事業者への緩和措置」

ではなく，加盟国に対して，それぞれの文化と国土性に適合した「中小規模事業者」向けの「会計基準」の開発を推奨することにあったと思われる[25]。ともあれ，欧州委員会の上記の「提案」が決定されれば，ドイツにおける記帳義務および年度決算書の作成義務の免除範囲がさらに拡大される可能性があり，その動向が注目されるところである。

第4節　IFRSとドイツ会計規定

1　完全版IFRSと会計法現代化法

2009年会計法現代化法は，次の2つの本質的な目的を追求している[26]。

① **規制緩和（Deregulierung）**

中小企業は，できる限り大幅に，記帳費用と貸借対照表作成の費用の負担が軽減されなければならない。

② **国際化に対する適合**

HGBの会計法は，国際的な会計基準であるIFRS，および，特に来たるべき中小企業版IFRSと，完全に同等であるが，同時に，実務的に正当な代替策として整備されなければならない。

2009年会計法現代化法の制定によっても，ドイツの商法会計規定は，依然として伝統的な商法決算書の作成を義務づけている。このような制限を付す理由は，単一目的を持つIFRSが，GoBを核としたドイツの商法会計制度に順応し得ないからである。

GoBは，「場の条件」（「商業帳簿（帳簿）の法の適用局面」および「簿記（会計）技術の組立の局面」）に応じて，多様な機能を果たしている。これに対して，IFRSを含めた国際型会計モデルの主たる目的は，証券市場において国際的資金調達活動を行う，大規模公開会社間の「会計情報の比較可能性」の実現にある。

いずれにせよ，純粋な情報提供機能は，コンツェルン決算書だけに限定される[27]。ドイツの法律の合意に従えば，コンツェルン決算書は，情報機能「だけ」を有するにすぎず，それは，情報提供指向のIFRSに適切に調和している。とりわけ，コンツェルン決算書は支払算定機能を有していない。つまり，それ

は，株式配当額または租税上の利益算定，たとえば，貸借対照表上の資本維持もしくは債務超過判定のような，その他の法的効果に関しても，コンツェルン決算書に結びつけられていないということである。一般的に，コンツェルン決算書の全社会法上の法的地位（gesamte gesellschaftrechtliche Status）は，比較的低い。このような背景から，コンツェルン決算書へのIFRSの限定された適用は，有効な「合言葉（Lösung）」であるようにみえる。というのは，多くの法技術的な困惑が回避されうるからである[28]（なお，資本維持は，慎重性の原則から導き出される。慎重性の原則は第5章第4節3(1)③参照）。

IFRSの基準設定プロセスに対して，租税上の基準性が訴求すること（die Rückwirkungen einer steuerlichen Maßgeblichkeit）は，劇的である。それは，IFRSの解釈も含めて，広範囲にわたって財政裁判（Finanzrechtsprehung）を受け入れることである。結局，私的な立場で展開するIFRSが最終的に租税上の測定基礎を規定する場合は，EUのエンドースメカニズム（Endorsement-Mechanismus）が形式的な法律上の必要条件に違反することになる[29]。租税法は侵害規範であり，法的安定性の要請が働く。私的な委員会であるIASBによって課税所得の一部分が決定されることは，法的安定性を欠き，「課税に関する諸原則」に違背するおそれがある（第6章第3節2(2)参照）。さらに，連邦財政裁判所や財政裁判所で「IFRSにおける個々の会計技術」に関して，ドイツ租税法に対する適法性が争われる可能性も生じる。

このような，ドイツにおける議論と会計法現代化法の内容を併せ考えるとき，2009年会計法現代化法のねらいが，HGBの会計規定の現代化による情報提供機能の強化を図りつつ，単一目的を持つIFRSを，欠くべからざる多様な目的を持つ「GoBの体系」の中に，法の整合性を持たせながら，「場の条件」を考慮して限定的に導入することにあったことが理解される。

2　「中小企業版IFRS」とドイツの対応

(1)　「中小企業版IFRS」対「会計法現代化法」

以上の考察に基づいて，2009年7月9日に公表された「中小企業版IFRS（IFRS for Small and Mediumsized Entities）」へのドイツの対応を確認したい。

ドイツにおける会計基準の国際化に伴う会計法改革において，「基準性の原則」と「統一貸借対照表作成の実務」は，一貫して維持・存続されてきた

(1985年の会計指令法は第3章第5節1(1), 1998年資本調達容易化法は本章第2節2(1)参照)。

しかし，2005年以後，大規模コンツェルン親企業は，そのコンツェルン決算書を国際財務報告基準（IFRS）に準拠して作成しなければならなくなった。その時点で，「中小企業をどのように位置づければよいのか。コストが価値に見合わないのにもかかわらず，それらにも同じくIFRSを適用すべきであろうか[30]」という問題が提起されたのである[31]。

ドイツの立法者は，中小企業に利便性をもたらすために，「基準性の原則」および「統一貸借対照表の作成実務」を維持・存続させることを前提にした会計法現代化法（参事官草案，本章第3節1(2)参照）で対応している。そして，IASBも，中小企業の問題点を認識し，非資本市場指向企業の要望に沿い，かつ，中小企業の会計に関して国際的な一体化を目指す「非公開企業版IFRS（IFRS for Private Entities, IFRS for PEs）草案」を開発し，2007年2月15日に公表している（なお，「非公開企業版IFRS」は「中小企業版IFRS」と同義であるため，以下，「非公開企業版IFRS」を「中小企業版IFRS」に読み替えて表記する）。

このような経緯から，HGBと「中小企業版IFRS」とは競合関係になり，HGBが，常時一層進展する国際化を考慮して「中小企業版IFRS」に対して「空き地モデル（Auslaufmodel）」であるのか，それとも，HGBが，「中小企業版IFRS」を代替するものであるか，という問題が生じることになった[32]。ここにおいて，「空き地モデル」とは，商法商業帳簿規定に「中小企業版IFRS」をそのまま受け入れる法的仕組みを意味する。

(2) トップダウンアプローチに基づく「中小企業版IFRS」

IASBは5年間の成果として，2009年7月9日に「中小企業版IFRS」[33]を公表している。それによれば，「中小企業版IFRS」は，「中小企業のニーズと能力に合わせて作られた約230ページの独立した基準である。資産，負債，収益および費用の認識と測定に関する完全版IFRSの原則の多くを簡素化し，中小企業に関連性のない項目は省略するとともに，要求される開示の数を大幅に削減している。中小企業の報告上の負荷をさらに軽減するために，IFRSの改訂は3年に1回に限定される」としている。さらに，本発表について，Paul Pacter（IASBのSME基準ディレクター）も「中小企業版IFRSは，国内でまた

は国際的に資本を調達するためのパスポートを企業に提供することであろう」と述べており，その採用と適用企業は，各国（各地域）の判断に委ねられている。

IASBは，「中小企業版IFRS」の必要性を論じるなかで，中小企業におけるIFRS導入のベネフィットについて，次の点を挙げている[34]（下線は筆者）。

(a) 中小企業は，<u>海外の供給者</u>との長期的な業務関係の見通しを評価するために，財務諸表を利用する。

(b) ベンチャーキャピタルは，<u>国境を越えて</u>中小企業に投資している。

(c) 中小企業には，企業経営に関与しない外部の投資者が<u>海外にもいる</u>。

このように，ベネフィットを享受できるのは，主として，国際資本市場での資金調達とグローバルな事業展開を図る中小企業，およびその利害関係者である[35]。「中小企業版IFRS」の導入によってベネフィットを享受できる中小企業は限られている。このように見ると，「中小企業版IFRS」は，大多数の中小企業とは「場の条件」を異にする，ごく一部の中小企業に焦点が当てられている。さらに，「中小企業版IFRS」は，トップダウンアプローチ（Top-Down Ansatz）によって，完全版IFRSから出発して開発されており[36]，完全版IFRSの簡易版としての位置づけとなっている[37]。完全版IFRSの簡易版としての位置づけとなっているため，中小規模会社がそれを積極的に導入するニーズは乏しい。

(3) 統一貸借対照表の作成実務の維持

会計法現代化法の政府草案（2008年7月30日付）においては，「中小企業版IFRS」を含めて，国際会計基準を非資本市場指向の中小企業に適用させることへの反対意見が表明されている[38]。それによれば，IFRSへの移行によって「小規模および中規模企業にとっては，その存続が脅かされることになりかねない。こうした背景の下では，目下論議されている『中小企業版IFRS』草案（2007年2月）は，その複雑性と密な規制のゆえに適切ではなく，情報指向とはいえ，必要な範囲に限定した会計に対する小規模および中規模企業のニーズを考慮していない[39]」としている。

続いて，連邦法務省のプレスリリース（2009年3月26日）は，「会計報告義務があるドイツ企業の大多数は資本市場に要求を有していない。したがって，会

計報告義務企業のすべてに費用負担を強い,非常に複雑なIFRSを義務づけることは正当ではない。最近,IASBが公表した『中小企業版IFRS』草案も情報能力ある年度決算書の作成にとって実用的な選択肢でもない。草案は,その適用がHGB会計法と比較して一層複雑で費用負担を強いるために,ドイツの実務において厳しく批判されている。会計法現代化法は,したがって,別のアプローチを採る。HGB会計法を国際会計基準と同等であり,本質的に費用節約的で実務においてより簡単に対応しうる法施設へと改造することである。その場合,特にHGB上の貸借対照表(HGB-Bilanz)が租税上の利益算定および分配計算のための基礎であることを保持する[40]」とし,「それは,とりわけ中小企業が,今後も,あらゆる目的の基礎となる,いわゆる統一貸借対照表(Einheitsbilanz)を作成することを可能にするものである[41]」と報じている(なお,統一貸借対照表の定義には多様性が認められる。第11章第3節1および3(2)参照)。

以上のように,統一貸借対照表は,ドイツの会計制度において,あらゆる目的の基礎になっており(多目的型),特に,ドイツの中小企業会計制度において,その核となる存在である。他方,IFRSおよび中小企業版IFRSは,証券市場に対する情報提供という単一目的型であるといえる。

制度会計は,機械論的思考を基礎とし,単一性の原則のもとでの情報の多目的利用可能性を重視する。他方,情報会計は,機能論的思考を基礎とし,意思決定への役立ちを重視した利用者指向的会計である(序章第2節4参照)。

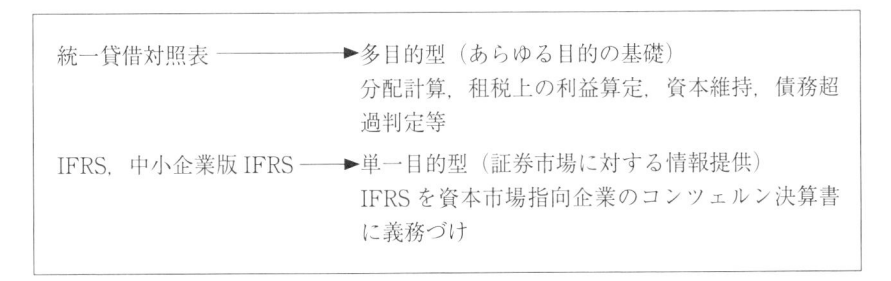

```
統一貸借対照表 ─────▶ 多目的型(あらゆる目的の基礎)
                      分配計算,租税上の利益算定,資本維持,債務超
                      過判定等
IFRS,中小企業版IFRS ─▶ 単一目的型(証券市場に対する情報提供)
                      IFRSを資本市場指向企業のコンツェルン決算書
                      に義務づけ
```

2009年11月に欧州委員会は,欧州財務報告諮問グループ(European Financial Reporting Advisory Group, EFRAG)に対して,会計指令と「中小企業版IFRS」との互換性(compatibility)の検討を要請した。そして,EFRAGは

2010年5月28日，その回答を行っている。そこで，EFRAGは，「中小企業版IFRS」はEU会計指令と互換性はない，と結論づけている[42]。

最後に，文献等では明らかにされにくい，ドイツにおける中小企業の会計実務の実態を確認しておきたい。ドイツの税理士の約7割が加盟しているダーテフ登録済協同組合の理事長であるケンプ教授は，次のように述べている。「最近になって，欧州委員会において，IFRSを中小企業にも適用することが模索されている。ドイツにおける（税理士などの）実務家の間では，2009年7月9日に公表された『中小企業版IFRS』草案について強い批判が巻き起こっている。なぜなら，それはドイツの会計規定と比較して，はるかに複雑かつコストがかかるものとなっているからである。われわれは，『中小企業版IFRS』をヨーロッパ内で広く普及させることが妥当だとは思っていない。われわれは，中小企業版IFRSを採用することによって恩恵を受ける業種や規模の企業を見つけることはできない。（傍点は筆者）[43]」

ドイツの会計制度（GoBの体系）は，「商業帳簿（帳簿）の法の適用局面」と「簿記（会計）技術の組立の局面」からなる「場の条件」に応じた多様な「実箱であるGoB」から構成され，それらが全一体となって均衡を保っている。そして，「簿記（会計）技術の組立の局面」では，実務上，多くの中小企業が商事貸借対照表と税務貸借対照表とを兼用した統一貸借対照表を作成している実態がある。会計法現代化法によって，統一貸借対照表作成の可能性が，より制約されてはいるものの（第11章第3節2および3参照），会計法現代化法は，IFRSと同等性ある商法会計規定を開発するとともに，中小企業の実務に定着している統一貸借対照表の存続を維持している。「中小企業版IFRS」がドイツの会計制度に入り込むことはなかったのである。

3 GoBの重層的関係

以上の考察を前提にして，ドイツ商法会計規定におけるGoBの重層的な関係を図にすれば，**図表12-8**のようになる。

第12章　国際会計基準とドイツ商法会計規定　391

図表12-8　商法会計規定における「GoB」の重層的関係

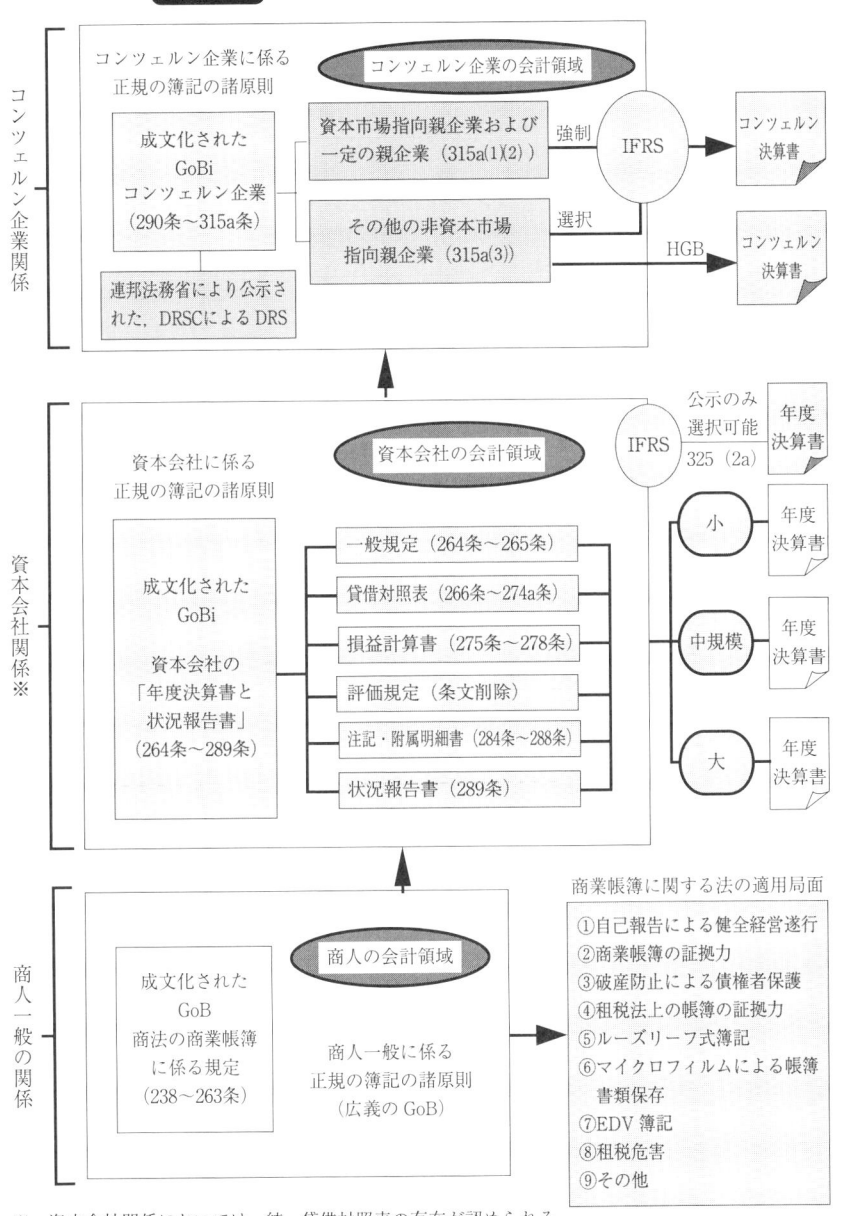

【コンツェルン企業関係】

コンツェルン企業に係る正規の簿記の諸原則

- 成文化されたGoBi
  コンツェルン企業（290条～315a条）
- 連邦法務省により公示された，DRSCによるDRS

コンツェルン企業の会計領域
- 資本市場指向親企業および一定の親企業（315a(1)(2)）　→ 強制 IFRS → コンツェルン決算書
- その他の非資本市場指向親企業（315a(3)）　→ 選択 → HGB → コンツェルン決算書

【資本会社関係※】

資本会社に係る正規の簿記の諸原則

- 成文化されたGoBi
  資本会社の「年度決算書と状況報告書」（264条～289条）

資本会社の会計領域
- 一般規定（264条～265条）
- 貸借対照表（266条～274a条）
- 損益計算書（275条～278条）
- 評価規定（条文削除）
- 注記・附属明細書（284条～288条）
- 状況報告書（289条）

IFRS 公示のみ選択可能 325（2a）→ 年度決算書

- 小 → 年度決算書
- 中規模 → 年度決算書
- 大 → 年度決算書

【商人一般の関係】

- 成文化されたGoB
  商法の商業帳簿に係る規定（238～263条）

商人の会計領域
商人一般に係る正規の簿記の諸原則（広義のGoB）

商業帳簿に関する法の適用局面
① 自己報告による健全経営遂行
② 商業帳簿の証拠力
③ 破産防止による債権者保護
④ 租税法上の帳簿の証拠力
⑤ ルーズリーフ式簿記
⑥ マイクロフィルムによる帳簿書類保存
⑦ EDV簿記
⑧ 租税危害
⑨ その他

※　資本会社関係においては，統一貸借対照表の存在が認められる。

第5節 おわりに

　「会計法現代化法」によって，HGB は，資本市場指向親会社ならびに非資本市場指向会社であるが規制市場において有価証券の取引認可を申請した親会社に対して，コンツェルン決算書における IFRS の適用を義務づけるとともに，ドイツ企業の大多数を占める非資本市場指向の企業のコンツェルン決算について，IFRS 適用の選択を認めている（315a 条）。そして，会計上の資本維持の原則および基準性の原則のために，HGB 準拠の個別決算書の作成を義務づけ，資本市場指向・非資本市場指向の企業の個別決算の「公示（開示）」に限定して，「HGB 上の年度決算書作成（ドイツ会計基準に基づく個別年度決算書の作成）」か「IFRS に基づく年度決算書作成」かの選択適用を認め（325条2 a 項），国際的な視点が重要ではない中小企業に対しては，適用除外の枠を拡大することで負担の軽減を図っている。

　会計法現代化法による，国内法への IFRS の組み込みのポイントは，①資本市場指向企業，②コンツェルン決算書，③公示である。

　このように，2009年会計法現代化法のねらいは，HGB の会計規定の現代化による情報提供機能の強化を図りつつ，「単一目的」を持つ IFRS を，欠くべからざる「多様な目的」を持つ「GoB の体系」の中に，法の整合性を持たせながら「限定的」に導入することにあったといえる。

　しかし，会計法現代化法による HGB の改正は，次の点においてなお問題を残している。それは，HGB や AO が，一定規模以下の個人商人に対する記帳義務および貸借対照表作成義務を免除したり，資本会社の「会社区分の限界値」の引き下げ等の大幅な規制緩和措置を講じていることである。一連の規制緩和は，EU 加盟国全体に課せられる予定の「小規模事業者の緩和措置」と軌を一にするものである。しかし，「小規模事業者への緩和措置」は，商業帳簿（帳簿）の果たすべき本質的な機能を軽視したものといっても過言ではない。EU が本来採用すべき方策は，「小規模事業者への緩和措置」ではなく，加盟国に対して，それぞれの文化と国土性に適合した「中小規模事業者」向けの「会計基準」の開発を推奨することにあったと考えられる。

　また，「中小企業版 IFRS」は，トップダウンアプローチによって開発され

ており,「中小企業版 IFRS」は,完全版 IFRS の簡易版としての位置づけとなっている。ドイツでは, HGB と「中小企業版 IFRS」とは競合関係になり, HGB が常時一層進展する国際化を考慮して「中小企業版 IFRS」を受け入れるか,それとも, HGB が,「中小企業版 IFRS」を代替するか, という問題が生じることになった。

ドイツの多くの中小企業では,商事貸借対照表と税務貸借対照表とを兼用する統一貸借対照表を作成している実態がある。会計法現代化法によって,統一貸借対照表作成の可能性が,より制約されてはいるものの,会計法現代化法は, IFRS と同等性ある商法会計規定を開発するとともに,中小企業の実務に定着している統一貸借対照表の存続を維持している。統一貸借対照表は,ドイツの会計制度において,分配計算および租税上の利益算定の基礎となり,資本維持,債務超過判定などのあらゆる法目的の基礎になっており(多目的型),特に,ドイツの中小企業会計制度において,その核となっている。

したがって,ドイツでは,その会計制度(GoB の体系)に「中小企業版 IFRS」を取り込まず,資本会社の「会社区分の限界値」の引き下げ等の大幅な規制緩和措置と従来の統一貸借対照表を維持存続させることによって,中小企業の会計実務に対応したのである。

■注
1 Vgl. Pellens/Fülbier/Gassen/Sellhorn (2008); S. 51f.
2 鈴木(2000);25-26頁の邦訳を参照した。
3 鈴木(2000);130頁参照。
4 中田(2006);177頁。
5 KapAEG の政府提案理由書によれば,「国際的に認められた会計原則」として IAS, US-GAAP を事実上許容はするが,ドイツの立法権限を放棄しない,放棄したわけではないところにドイツ会計固有の特徴があるとし,「慎重性原則,基準性原則による利益決定面への国際的基準の影響はない」と明記している(井戸(2001);31頁)。
6 292a 条「作成義務の免除」は,以下の規定である(鈴木(2000);25-26頁参照)。
　1項　コンツェルンの親企業である上場企業は,2項の必要条件に合致するコンツェルン決算書およびコンツェルン状況報告書を作成し,かつ,それを325条,328条によりドイツ語およびドイツマルクで公示するときは,本節の規定によるコンツェルン決算書およびコンツェルン状況報告書の作成を要さない。
　　免除された書類を公示する場合には,コンツェルン決算書およびコンツェルン状況

報告書がドイツの法律によらないで作成されていることについて，明確に言及されなければならない。

2項　コンツェルン決算書およびコンツェルン状況報告書は，以下の場合において免除効力を有する。

(1) 当該親企業およびその子企業が，295条，296条に抵触することなく，免除されるコンツェルン決算書に属しているとき
(2) コンツェルン決算書およびコンツェルン状況報告書が，
   a) 国際的に認められた会計原則に従って作成されているとき
   b) 欧州共同体指令83/349EWG および，場合によっては信用機関および保険企業に関して291条2文に掲げられた指令に合致しているとき
(3) 前号に従って作成された書類の言語能力が，本節の諸規定に従って作成されたコンツェルン決算書およびコンツェルン状況報告書の言語能力と等価であるとき
(4) 注記・附属明細書またはコンツェルン決算書に関する注記が以下の記載を含むとき
   a) 適用された会計原則の名称
   b) ドイツの法律と異なる貸借対照表方法，評価方法および連結方法の注記
(5) 免除される書類が，318条によって任命された決算監査人により監査され，かつ，その上に当該決算監査人によって免除に関する諸条件が充足されていることが証明されているとき

3項　連邦法務省は，連邦大蔵省および連邦経済省と協議のうえ，親企業のコンツェルン決算書およびコンツェルン状況報告書が，2項3号により等価であるためには，個々の点についていかなる必要条件を充足しなければならないかを，法規命令によって定めることができる。このことは，それを適用した場合に等価性が与えられている会計原則を表示する方法によっても行うことができる。

7　井戸（2001）；43頁参照。
8　木下（2007）；44頁。
9　なお，米国のFASBとIASBとの「ノーウォーク合意」（2002年9月）以後，米国もIFRSを容認する方向にあり，それ以後，FASBとIASBとの間において，概念フレームワーク見直しの検討プロジェクトが進行している。
10　Baetge/Kirsch/Thiele（2007）；S. 63.
11　Baetge/Kirsch/Thiele（2007）；S. 154.
12　Ernst/Naumann（2009）；S. 7.
13　Referententwurf（BilMoG）；S. 1.
14　Referententwurf（BilMoG）；S. 1.
15　木下（2008）；136頁。
16　木下（2008）；132頁。
17　内容は，BT-Drucks. 16/10067を参照されたい。
18　BiLMoGの内容は，BT-Drucks. 16/12407を参照されたい。
19　Hahn（2009）；S. 2.

20 2004年会計法改革法により新設された315a条「国際会計基準に準拠したコンツェルン決算書（Konzernabschluss nach internationalen Rechnungslegungsstandards）」の内容は，長谷川（2009）の67-69頁に詳しい。
21 Petersen/Zwirner（2009）；S. 569.
　これは，国際的な大会社でありながら有限会社形態を採用している非上場会社について，海外の競合会社との情報比較において不利益が生じないようにする処置である。加えてドイツでは，連結財務諸表を他の社会システムと連携させて，その数値を利用することを想定しておらず，あくまで情報として開示するものと理解されている（齋藤（2009）；103頁）。
22 Hahn（2009）；S. 2.
23 齋藤（2009）；104-105頁参照。
24 「提案」の「理由」と「改正案」の内容は，以下のとおりである。

「提案」

1） 2007年3月8日，9日のEU理事会において，欧州経済を発展させるためには，管理事務の負担を軽減し，EU内における負担軽減に向けての強い協力努力が必要であると結論づけた。
2）～4）（省略，筆者）
5） 小規模事業者は概して，地方または特定地域に限って従事しており，国境を越える取引もほとんどなく，その資産も規定内の要求を満たすほどの限りあるものである。そのうえ，小規模事業者は，最新分野の仕事を提供し，研究開発を促し，新経済活動を創造する重要な役割を担っている。
6） 小規模事業者は，しかしながら，より規模の大きい事業者と同種の報告規則を適用されている。これらの規則は規模に即していないため，小規模事業者にとって負担となっており，不釣合いである。それゆえ，たとえその会計データが統計的に利用されているとはいえ，年次決算書を作成するという義務からは免除されてしかるべきである。とはいっても，会社の業務取引とか財務状況というような最低限の記帳管理は義務づけられるべきであり，加盟国が各々義務内容を追加できるようにしておくことが望ましい。（妥協案）
7）～10）（省略，筆者）

指令78/660/EEC「改正案」の1a条1項および2項

1 a条
1　企業の業務取引および財務状況を示す記帳管理義務を維持しながらも（妥協案），企業の貸借対照表日における数値が次の3つの基準値を超過する値が2つ以下の場合には，この指令による義務を免除できるということを加盟国はここに定める。
　a）　貸借対照表の総額が50万ユーロ
　b）　純売上高が100万ユーロ
　c）　会計年度の従業員の平均数が10人
2　貸借対照表日に，第1節に決められた基準値の2つ以上を，会計年度2年続けて

> 超過している企業は，その節で認められた免除の恩恵はもはや受けられないものとする。
>
> 貸借対照表期日に，第1節に決められた基準値の2つ以上を超過している場合でも，会計年度2年続けての超過がない企業は，上記免除の恩恵を受けられるものとする。

25 2009年6月18日付の「中規模会社の一定の開示義務と連結決算書作成に関する78/660/EECおよび83/349/EEC理事会指令の修正に関する，2009年6月18日付の欧州議会および理事会の2009/49/EC指令」の前文(5)は，「・中・小・規・模・会・社・は・し・ば・し・ば・大・会・社・と・同・じ・規・則・に・準・拠・し・て・い・る・が，・中・小・規・模・会・社・の・特・別・な・会・計・の・要・求・は，・ほ・と・ん・ど・顧・み・ら・れ・て・は・い・な・い。特に，ますます増加する開示要求はこうした会社にも関係している。広範囲にわたる報告規則は財務上の負担を作り出しており，生産的な目的のために，資本の効果的使用の妨げになっている」（傍点は筆者）としている。この傍点部分は，重要な指摘であると思われるが，この問題意識に基づく解決策が，「企業の属性」に応じた会計基準の策定ではなく，「規制緩和」に向かっているところに問題がある。

26 Ernst/Naumann（2009）；S. 2.

27 Pellens/Fülbier/Gassen/Sellhorn（2008）；S. 14.

28 Pellens/Fülbier/Gassen/Sellhorn（2008）；S. 976.
未実現利益を認識する国際会計基準に基づく決算書が，分配計算や課税の算定基礎として適していないことに関しては，木下（2007）の48-49頁を参照されたい。

29 Pellens/Fülbier/Gassen/Sellhorn（2008）；S. 978. 佐藤誠二（2007）；180-181頁参照。

30 2008年10月1日の記者報告で，ブリギッテ・ツイプリース（Brigitte Zypries）連邦法務大臣は，「中小企業（Mittelstand）は我々の経済の背骨である。したがって，個人的見解では，小規模企業（Kleine Unternehmen）は不必要な条件を軽減されるべきである」と述べている（Velte（2008）；S. 1）。

31 Velte（2008）；S. 1.

32 Velte（2008）；S. 2.

33 「中小企業版IFRS」の開発については，小津（2006）・小津（2009）に詳しい。

34 河﨑（2009c）；46頁。

35 河﨑（2009c）；46頁。

36 Velte（2008）；S. 4., Janssen（2009）；S. 37.

37 中小企業版IFRS（草案）は，完全版IFRSを縮小して完成するという当初の作業原則どおり進められた（小津（2009）；76頁）。

38 稲見（2010）；83頁。

39 BT-Drucks. 16/10067；S. 33.

40 Vgl. BMJ pressemitteilung（2009）．佐藤誠二（2010）の23頁の邦訳を参照した。

41 Vgl. BMJ Pressemitteilung（2009）．

42 本田（2010）；48頁。Europian Financial Reporting Advisory Group（2010）；p. 2.

43 飯塚（2010）を参照。

第Ⅳ部
わが国の会計制度：課題と提言

　第Ⅳ部では，第Ⅲ部までの考察に基づいて，わが国の会計制度について論究する。具体的には，商法の商業帳簿規定，破産法の商業帳簿規定，青色申告制度等など租税法の帳簿規定，コンピュータ会計法，税理士制度と会計制度とのかかわりについて考察を加え，それぞれの問題点を指摘するとともに，あるべき方向性を提示する。最後に，「あるべき会計制度」を明らかにしたうえで，喫緊の課題であるわが国の中小企業会計基準のあるべき編成方法を示す。

- **第13章** 商法商業帳簿規定と会計制度
- **第14章** 会計制度の展開
- **第15章** 税理士と会計制度
- **第16章** 中小企業会計基準のあるべき編成方法

第13章
商法商業帳簿規定と会計制度

第1節　はじめに―問題提起―

　第1章から第3章では，ドイツの商法商業帳簿規定の生成の歴史を考察し，第5章では「簿記の正規性の基準となる一般的な『正規の簿記の諸原則（GoB）』」として，現行ドイツ商法典（HGB）の第3編第1章（238条から263条）に成文化された「個々のGoB」を体系化し網羅的に示した。第8章では「正規の簿記」とEDV簿記との関係を，第9章では「正規の簿記」と破産規定との関係を論じ，第10章ではGoBの法的性格を「空箱・実箱」理論によって体系的に整理した。

　このような一連の考察を通じて得た結論は，わが国の商法商業帳簿規定の立法趣旨や，あるべき方向性を考える際に，重要な視座を提供する。というのは，1890年に公布されたわが国最初の商法典である明治23年商法典の商業帳簿規定は，1861年一般ドイツ商法典（ADHGB）を考慮していたと考えられるとともに，2005（平成17）年の商法改正で採用された会計包括規定である「一般に公正妥当と認められる会計の慣行」（19条1項）概念が，ドイツの1897年商法典（HGB）38条1項に盛り込まれたGoB概念と同質の概念であるからである。

　そこで本章では，ドイツの商法商業帳簿規定の発展の歴史を踏まえつつ，明治23年商法の商業帳簿規定を立法資料等に基づいて考察するとともに，同規定と1899年施行の明治32年商法の商業帳簿規定との差異も解明する。そして，明治32年商法から現行商法に至る商業帳簿規定の変遷の過程を確認したうえで，現行の商業帳簿規定の考察を行う。

さらに，以上の考察を前提にして，わが国の「会計制度の全容」と「会計制度のあるべき姿」を提示したい。

第2節　明治23年商法とロエスレル草案

1　明治23年商法制定前史

開国を迫られた江戸幕府は，1858年，米国，英国，フランス，ドイツなどと，いわゆる不平等条約を締結した。1867年の大政奉還，1868年の王政復古を経て成立した明治政府は日本の近代化に乗り出し，とりわけ，明治政府は，西欧諸国と対等の立場に立つ独立国家となるために，不平等条約改正に努めた。不平等条約の改正のための交渉において，英米法系諸国をも含めた諸外国は，明治政府に対し，早急に西欧の原則に基づいた民法，商法および民事訴訟法を制定するよう要求した。

明治政府が民法に加え商法を起草したのは，西欧諸国がそれを要望したからであり，商人の要求によるものではなかった[1]。

ヘルマン・ロエスレル（H. Roesler）は，1878年，外務省の顧問として来日し，一顧問にとどまらず，後に内閣顧問となり伊藤博文の信任を得て，大日本帝国憲法作成や商法草案作成の中心メンバーとして活躍した。1881年，明治政府がプロシア流立憲主義に転換し（明治14年の政変），井上毅が憲法の草案を作成したが，その草案は多くロエスレルの討議，指導によるものだったとされる。彼の提出した「日本帝国憲法草案」のほとんどが受け入れられ，大日本帝国憲法となっている。

また，1881年4月，明治政府は，ロエスレルに商法起草を依頼した。当時，ドイツの法制度はフランスの法制度に基づいて近代化を終了したところであったため，わが国政府は，これを日本が追随すべき最も完璧で近代的なモデルと定めたのである[2]。ロエスレルはドイツの商法（1861年 ADHGB，破産法はフランスの法制度によっている）を基にした草案を1884年1月に完成させた（以下，同草案を「ロエスレル草案」という）。この草案を基にして1890年に成立したのが，旧商法と称される「明治23年商法」（明治23年法律32号）である。この商法は，「商ノ通則」「海商」「破産」の3部で構成されていた。これを審議した元

老院では，施行を翌年1月からと定めた。

2　明治23年商法[3]

　明治23年商法は，1891（明治24）年1月1日施行の予定であったが，商法反対運動などの影響を受けて，その施行が遅れ，1893（明治26）年3月6日法律第9号によって一部修正が加えられ，1893（明治26）年7月1日からその一部（会社，手形，破産に関する部分）が施行されている。その後，政府は法典調査会を設けて，民法，商法等の修正案の起草に当たらせたが，この修正案の成立が衆議院解散などの事情によって遅れたため，1898（明治31）年7月1日から全部が施行された。当然のこととして商業帳簿に関する31条以下41条までの11箇条の規定も施行されている[4]（その経緯は，本章第3節1で触れる）。明治23年商法の商業帳簿規定は1899（明治32）年6月16日に新商法が施行されるまでの間の約1年間確かに存在したことに留意しなければならない。やはり，わが国最初の商法は明治23年商法であるとされるべきであろう[5]。しかし，わが国の多くの商法文献では，日本商法の淵源は明治32年商法であるとされ，明治23年商法の商業帳簿規定にはほとんど焦点が当てられていない。

　注目すべきことは，この1890（明治23）年商法の商業帳簿規定には，会計包括規定および多くの重要な記帳条件が盛り込まれており，かつ，それらの多くがドイツの1897年HGBおよび1919年ライヒ国税通則法（RAO）に先駆けて規定されていたことである。ロエスレルは理想の商法商業帳簿規定を，母国ドイツに先駆けて日本において策定せしめたと考えられる[6]。

　1890（明治23）年商法の31条の規定は，以下のとおりである。

> 各商人ハ其営業部類ノ慣例ニ従ヒ完全ナル商業帳簿ヲ備フルノ責アリ殊ニ帳簿ニ日日取扱ヒタル取引，他人トノ間ニ成立シタル自己ノ権利義務，受取リ又ハ引渡シタル商品，支払ヒ又ハ受取リタル金額ヲ整齋且明瞭ニ記入シ又月月其家事費用及商業費用ノ総額ヲ記入ス。小売ノ取引ハ現金売ト掛売トヲ問ワス逐一之ヲ記入スルコトヲ要セス日日ノ売上総額ノミヲ記入ス

　明治23年商法の31条はロエスレル草案の32条をそのまま採用しているため，同条の内容を考察するにあたって，ロエスレル草案32条もあわせて考慮するこ

とが有益である。ロエスレル草案の32条は，以下のとおりである[7]。

> すべての商人は，その業務執行に関し，その事業の分類における通常の慣例に従って（in der in seinem Gewerbszweig üblichen Weise），完全に（vollständig）帳簿を記帳する義務がある。特に，取り扱っている商品，他人との間に成立した権利義務，受け取りまたは引き渡した商品，支払いまたは受け取った金額を，日々（Tag für Tag），整然かつ明瞭に（geordnet und übersichtlich）記入し，また，月々その家事費用および営業費用の総額を記入しなければならない。小売りの取引は，現金売りと掛売りとを問わず，逐一これを記入する必要はなく，日々の売上総額のみを記入する。

ロエスレルは，31条（ロエスレル草案32条）を以下のように解説している。

> 簿記（Buchführung）は慣例（üblicher Weise）に従って行わなければならない[8]。

> この点（簿記，Buchführungのこと＝筆者注）に関しては，拘束されるべきではない。というのは，それは完全に商業の発展の問題であるからであり，商人自身の事業状態の見解と利便に基づいて，最も健全かつ確実に行われるからである。どのような簿記の体系（Welches System der Buchführung）が通常のものとしてみなされなければならないかは，係争が生じたときに，商業の専門家（kaufmännische Experten）によって確定されなければならない[9]。

以上のロエスレルの解説から，31条の「其営業部類ノ慣例」という概念は，会計包括概念であったことが明らかになる。それは，「其営業部類ノ慣例」に関する，「商人自身の事業状態の見解と利便に基づいて」，「簿記は慣例に従って行わなければならない」，「この点（簿記のこと，筆者注）に関しては，拘束されるべきではない」との見解からも明らかであろう。長谷川喬控訴院評定官も「佛國其他佛國ノ法律ニ模倣シタル諸國ニ於テハ法律ヲ以テ商業帳簿ヲ定メルト雖モ本法ニ於テハ唯之ヲ一般ノ慣習ニ譲リ故ニ本條ニ於テ営業部類ノ慣例ニ従ヒトアリテ[10]」としている。そして，「其営業部類ノ慣例」というからには，事業の分類（Gewerbszweig）ごとに「会計慣行」が存在するという事実認

識が存在していたと考えられる。ただし,「簿記の体系」を「其営業部類ノ慣例」・「一般の慣習」に委任するという視点は,記帳条件の成文化を放棄したものではない。それゆえに,明治23年商法31条(ロエスレル草案32条)には,具体的な記帳条件が数多く成文化されている。

3　独仏の商業帳簿規定と明治23年商法

　次に,ロエスレル草案および明治23年商法典は,ドイツ商法典を基としているとされているが(ただし,破産法などはフランスの法制度によるとされている),商法典31条に関して,ドイツ人のロエスレルが,1861年 ADHGB の商業帳簿規定とフランス商法典の商業帳簿規定のいずれを参考にしているかである。ロエスレルは,以下のように述べる[11]。

> 　これらの規定は,主としてフランス法を手本とし,大多数の他の法典もこれに準拠している。この定則は商人の業務遂行の本質とその各商人資産の関係を言い尽くしている。それがほとんどすべての法典に採用されているという理由だけでなく,フランスの商業状況が,謹直さ,思慮深さ,堅固さによって傑出していることが実証されており,それが法典の効力に帰せられるからである。
> 　ドイツの言い回し(28条)は曖昧であり,かつその点では徹底されていない。それは商取引だけに及んでいるからである。それは商業帳簿の証拠力に特権を与えており,それはある程度正しいと認められるが,この言い回しは決して十分ではない。むしろ商業帳簿の規定は,商業登記簿や商号の規定と同様に,その国における事業経営に確実で一般的な保護を与え,資本の浪費を予防することが求められる。この点から立法に関して正規の簿記(ordentliche Buchfürung)の欠くことのできない必要条件としてその要件を特別に提示し,それによって,商人をして法の目がこの点において常時商人に向けられ,時に臨んでこの責任を問われることを知らしめることにある。

　ロエスレルの上記の見解を図示すれば,**図表13-1**のとおりである。
　ロエスレルは,主としてフランス商法典の商業帳簿規定を手本としているという。その理由は,ドイツの ADHGB28条1項の「取引」との用語が,ADHGB34条の「商品の取引に関する係争」と連動して,「商業帳簿の証拠力」を強調する「言い回し」になっているからである。ロエスレルは,商業帳簿規定の他の目的である「自己報告による健全経営の遂行」とそれによる「破産の

第13章 商法商業帳簿規定と会計制度　403

図表13-1　明治23年商法の商業帳簿規定の概要

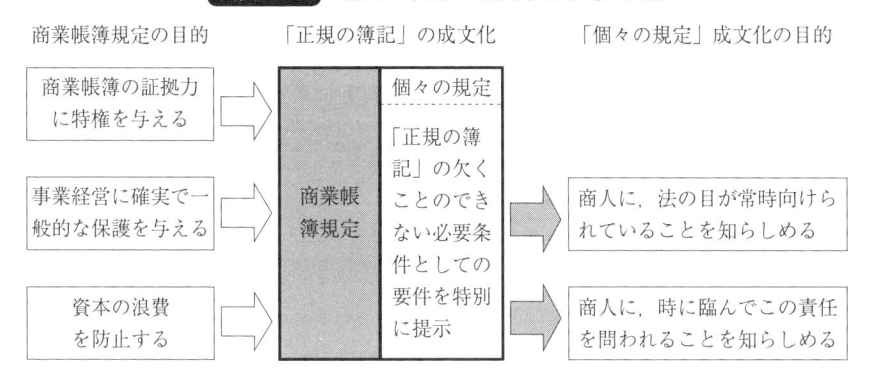

商業帳簿規定の目的	「正規の簿記」の成文化	「個々の規定」成文化の目的
商業帳簿の証拠力に特権を与える	商業帳簿規定　個々の規定　「正規の簿記」の欠くことのできない必要条件としての要件を特別に提示	商人に，法の目が常時向けられていることを知らしめる
事業経営に確実で一般的な保護を与える		
資本の浪費を防止する		商人に，時に臨んでこの責任を問われることを知らしめる

防止」に，より力点を置いたのである（類似の指摘はドイツ1897年HGBの草案においてもなされている（第3章第2節2(1)）。

しかし，1839年ヴュルテンベルク王国の商法草案から1861年ADHGBに至るまでの商業帳簿規定の立法趣旨を鑑みれば（第2章参照），ドイツの1861年ADHGBの商業帳簿規定も「商業帳簿の証拠力の定立」と「自己報告による健全経営の遂行」をその主たる目的としていること，さらに，フランスの当時の商業帳簿規定は公証手続による合式性をその特徴としていることから（第2章補節参照），ロエスレルはフランス商法と併せて，1861年ADHGBの商業帳簿規定も十分に考慮していたと思われる。それは，以下のロエスレルによる「正規の簿記（ordentliche Buchführung）」に関する解説からも明らかである[12]。

4　会計包括概念である「其営業部類ノ慣例」と「正規の簿記」

(1)　「正規の簿記（ordentliche Buchführung）」概念

ロエスレルは，31条に規定された「簿記に関する一般的な義務」を以下のように解説している[13]。

> 簿記（Buchführung）に関する一般的な義務は，今や本条項においてさらにより詳細に定められており，その結果，一般的に簿記の仕方と種類は自由に任されるけれども，ただ次の制限の下にあるということになる。
> (1) 記帳は日々なされるべきである，つまり，時系列的に，かつ，すべての記帳のたびに日付が厳密に遵守されなければならない。

(2) 記帳は整然 (geordnet)，かつ，明瞭に (übersichtlich) 行われなければならない。それは，単に時系列的にだけではなく，正規の簿記 (ordentliche Buchführung) に特に結びついており，そのように商人は理解しなければならない。記帳は，きちんとしなければならず，明瞭に，かつ，それ自体あますところなく，注意深く，かつ，不変な体系的方法で，単一かつ同一の体系に従っていなければならない。それは，欠けてはならず，線を引いて消してはならず，変更してはならず，削除されてはならない。記帳は各紙葉に間断があってはならず，かつ空行があってはならない。明瞭性は，まず第1に，確実な記入欄，つまり同類のことを同じ配置に記帳する等によってもたらされる。

　(3) 記録は一定の対象物を包含しなければならず，かつ，その限りで義務である。他方，他の対象物は記録することができるが，義務ではない。

　このロエスレルの解説は，「其営業部類ノ慣例」および「正規の簿記」概念の「一般的な」説明でもある。というのも，ロエスレルは上記3において「立法に関して正規の簿記 (ordentliche Buchfürung) の欠くことのできない必要条件としてその要件を特別に提示し」とし，さらに「簿記 (Buchführung) に関する一般的な義務は，今や本条項においてさらにより詳細に定められており」，「(記帳は) 正規の簿記 (ordentliche Buchführung) に特に結びついており」と記述しているからである。なお，上記のロエスレルの記述の(1)は「日々」の記帳，(2)は「整齋且明瞭」な記帳，(3)は「完全ナル」記帳の解説でもある。

(2) GoBと「其営業部類ノ慣例」との類似性

　すでに考察したように，「其営業部類ノ慣例」との用語は会計包括概念である。1857年プロシア第2草案理由書は，「正規の簿記 (ordnungsmäßige Buchführung)」を「簿記の性質は商人の営業の種類と規模に結びついている」と解説し，その後，1897年ドイツHGBの38条1項にGoBという会計包括規定が最初に採用されている。ロエスレル草案の脱稿は1884年であり，明治23年商法は1890年の公布である。商法における会計包括規定は，わが国のほうがドイツよりも早く起草され，その施行もわが国の方が早かったのである（1897年ドイツHGBの施行は1900年1月1日，明治23年商法の施行は1898年7月1日である）。これらの関係は，**図表13-2**を参照されたい。

　特に注目されることは，1897年ドイツ商法制定当時のGoB概念は，「注意深

図表13-2　包括規定である「其営業部類ノ慣例」の位置づけ

1857年プロシア第2草案理由書
正規の簿記（ordnungsmäßige Buchführung）＝簿記の種類は商人の営業の種類と規模に結びついている

↓

1897年ドイツ商法草案理由書
営業の対象物，種類および特に規模に応じて，このような（GoB＝注意深い商人の慣習＝どのような方法で帳簿が記帳されなければならないか）必要条件はそれぞれ相違してもよい

⇨ **正規の簿記の諸原則**（Grundsätze ordnungsmäßiger Buchführung）

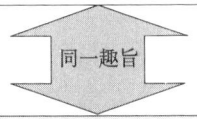

⇩ 同一趣旨

明治23年商法（1890年）
商人自身の事業状態の見解と利便に基づく
　　　　　　　　　　　　　　　（ロエスレル）
①簿記はその事業の分類における通常の慣例に従って行わなければならない，②この点（簿記のこと，筆者注）に関しては，拘束されるべきではない，③一般に簿記の仕方と種類は自由に任される
　　　　　　　　　　　　　　　（ロエスレル）

包括規定

同質性

⇨ **其営業部類ノ慣例**

い商人の実務慣習」であり，「営業の対象物，種類および特に規模に応じて，このような（GoB＝注意深い商人の実務慣習＝どのような方法で帳簿が記帳されなければならないかの）必要条件はそれぞれ相違してもよい」（括弧内は筆者）とされていたが，その位置づけが，わが国の明治23年商法の「其営業部類ノ慣例」に関する立法趣旨，つまり「正規の簿記」は「企業の属性」（その事業の分類）における「通常の慣例」に従う，という位置づけに酷似していることである。1897年ドイツHGBにおけるGoBの立法趣旨が，それ以前のわが国の1890（明治23）年商法にみられるのである。

5 31条に規定された用語の意味

31条には,「其営業部類ノ慣例」という会計包括概念を受けて,各種の条件が規定されている。以下その内容を見てみよう。

① 完全性

第1は,「完全ナル (vollständig)」との用語である。ロエスレルは,以下のように解説している[14]。

> 記帳が完全網羅的に (vollständige) されなければならないことが規定される。それは,営業に属するすべてについて,単に個別取引だけでなく,全体の取引が記帳されなくてはならないのであり,もしそうでないと目的が損なわれるのである。

ロエスレルは,vollständig を記帳の「形式的な完全性」,つまり「完全網羅的に」(詳細にかつ漏れなく) との意味で用いているが,ロエスレルの解説にもかかわらず31条に「完全ナル商業帳簿」との文言が採用された結果,31条は「商業帳簿の実質的な完全性」をも求める規定となっている。"vollständig" との用語は,1861年 ADHGB の28条でドイツ法制史上はじめて用いられており,明治23年商法32条は,ADHGB の28条を参照したことが窺える。しかし,ドイツでは,vollständig との用語は ADHGB を引き継いだ1897年ドイツ商法には盛り込まれず,1919年 RAO に至って,その162条に再び採用されている。商法上は,1976年12月14日の改正で43条2項に盛り込まれ,1985年改正で239条2項に引き継がれている。

② führen との用語

第2は,führen との用語である。ロエスレル草案では Buch zu führen とし,ADHGB では Bucher zu führen としている。これらはまさに「帳簿を記帳し」という意味であるが,明治23年商法では,「商業帳簿ヲ備フル」としている。筆者は,「記帳する」のほうが適訳であると考えるが,商業帳簿には財産目録および貸借対照表 (Inventars und Bilanz) が含まれるため (明治23年商法32条),Buch を「商業帳簿」と邦訳した結果,「記帳する」ではなく「備フル」になったと思われる。「備フル」との表現より,「記帳シ」との表現のほうが,より高

い品質の記帳を求める意味合いが徹底される。この表現は，明治32年商法の25条の「商人ハ帳簿ヲ備ヘ」との表現に引き継がれている。

③ **日々の連続した記帳・適時の記帳**

第3は，「日日（Tag für Tag）」との用語によって「時系列的な記帳」と「適時の記帳」を要求していることである。明治23年商法が「適時の記帳」を求めていたことは画期的である。前掲の32条に関するロエスレルの解説では，「記帳は日々（Tag für Tag）なされるべきである。つまり，時系列的に，かつ，すべての記帳のたびに日付が厳密に遵守されなければならない[15]」としている。また，法解釈上日々の現金記帳と現金残高の掌握義務も課されていたことも注目すべきである。当時の注釈書によれば，「現金出納帳」についての解説で，「右帳簿ハ金銭ノ出納ヲ登記スルモノニシテ毎夜精算ノ上其日ノ勘定ヲ確実ニスルヲ例トス本條ノ所謂支払ヒ又ハ受取タル金額ノ記載ニ適当スヘキモノナルヘシ[16]」としている。ドイツにおいては，「時系列的な記帳」と「適時の記帳」は，1861年 ADHGB では求められておらず，1919年の RAO162条2項の fortlaufend との用語によってはじめて規定され，日々の現金の掌握も同条7項で初めて規定されている（第4章第3節1⑵④参照）。「時系列的な記帳」と「適時の記帳」は，わが国のほうが早く規定されたのである。

④ **geordnet und übersichtlich**

第4は，「整齋且明瞭ニ（geordnet und übersichtlich）」という表現である。"geordnet" と "übersichtlich" に関して，司法省は，それぞれ「整齋」，「明瞭」と邦訳している。明治32年商法の25条・昭和13年改正商法の32条1項・昭和49年改正商法の33条1項に「整然且明瞭」と規定され続けた淵源は，ロエスレル草案32条とそれをそのまま成文化した明治23年商法にあったのである。重要な点は，2005（平成17）年改正前の商法32条に規定されていた「整然且明瞭」および現行法人税法施行規則57条の「整然と，かつ，明りょう」の淵源が，"geordnet und übersichtlich" にあるならば，「整然且明瞭」の解釈にあたり，ロエスレル自身および明治23年商法の注釈書の解説が重要な意味をもつということである。

(a) geordnet und übersichtlich の意義

既述のように，ロエスレルは，「記帳は整然（geordnet），かつ明瞭に（übersichtlich）行われなければならない。それは，単に時系列的にだけではな

く，正規の簿記（ordentliche Buchführung）に特に結びついており，そのように商人は理解しなければならない。記帳は，きちんとしなければならず，明瞭に，かつ，それ自体あますところなく，注意深く，かつ，不変な体系的方法で，単一かつ同一の体系に従っていなければならない。それは，欠けてはならず，線を引いて消してはならず，変更してはならず，削除されてはならない。記帳は各紙葉に間断があってはならず，かつ，空行があってはならない。明瞭性は，まず第1に，確実な記入欄，つまり同類のことを同じ配置に記帳する等によってもたらされる[17]」としている。ロエスレル草案は，1861年ADHGBで成文化されていた「空白なき記帳」・「不変の記帳」（32条3項）などの記帳条件をそのまま明治23年商法に導入することを避け，「整齋且明瞭に（geordnet und übersichtlich）」という用語を「正規の簿記（ordentliche Buchführung）」に関連させて，その解釈において ADHGB に規定された記帳条件を生かす道を選択したようである。

(b)　ドイツにおける geordnet との用語の採用

ドイツでは，"geordnet" との用語は，1896年民法典の259条1項に採用され，1977年国税通則法（AO）の146条の1項1文および同法に連動している1976年12月14日の改正 HGB でその43条2項に盛り込まれている。さらに，HGB43条2項は1985年の改正で239条2項にそのままの形で移行されている。商法典における "geordnet" という記帳条件の成文化は，わが国のほうが早かったのである。

(c)　ドイツにおける übersichtlich との用語の採用

他方，"übersichtlich" との用語は，1839年のヴュルテンベルク王国の商法草案の理由書で "Übersicht" という語がみられ，その後，1843年プロシア株式法，1851年プロシア刑法典261条2号，1871年ライヒ刑法典281条4号，1877年破産法210条2号に引き続き採用されている。さらに，1977年 AO145条1項1文に，その後，1985年改正 HGB の238条1項2文に "überblick" という表現で採用されている。商法典における "übersichtlich" との記帳条件の成文化は，わが国のほうが早かったのである。なお，"übersichtlich" と "überblick" は同義である（第3章第5節3⑬参照）。

ところで，übersichtlich を明治23年商法は「明瞭」と訳しているが，本研究では，übersichtlich を「一目瞭然」と，Übersicht を「一目瞭然性」ないし

「全容」と邦訳している。たとえば，現行ドイツHGB243条2項は，「年度決算書はklarかつübersichtlichでなければならない」としているが，この場合，übersichtlichを「明瞭」と邦訳すると，klarとの区別ができなくなってしまう。それゆえに，klarを「明瞭」と，übersichtlichを「一目瞭然」と邦訳するほうがより適切であると思われる。

⑤ 日々の現金収入

第5は，「小売ノ取引ハ現金売ト掛売トヲ問ワス逐一之ヲ記入スルコトヲ要セス日日ノ売上総額ノミヲ記入ス」との規定である。このような規定は，ドイツでは商法および国税通則法上は現在まで存在していないが，1987年発布の所得税準則（EStR）29節2項9文において，1966年5月12日の連邦財政裁判所の判決を根拠に「小売商人は原則として現金収入を個々に記録する必要がない」との規定が存在していた。

6 「正規の簿記」と「場の条件」

(1) 記帳条件と商業帳簿の証拠力・過怠破産罪

明治23年商法39条は，以下のような規定であった。

> 商業帳簿ノ記入ノ証拠力ハ裁判所事情ヲ斟酌シテ之ヲ判決ス然レトモ其記入ノミヲ以テ記入ノ記入者ノ利益トナル可キ十分ノ証為スコトヲ得ス但相手方ニ於テモ亦其記入ヲ援用シタルトキ又ハ相手方カ商人ニシテ自己ノ帳簿ニ於ケル反対ノ記入ヲ以テ之ニ対抗シ能ハサルトキ又ハ相手方ニ於テ其不正ナルコトヲ少シニテモ信任セシメ得サルトキハ此限ニ在ラス
> 　相手方其記入ヲ援用シタル場合ニ於テ之ト連絡セル記入アルトキモ亦同シ

31条に盛り込まれた帳簿の記帳条件は，「秩序正しく記帳された帳簿だけに証拠力がある」との歴史的な命題に従って，帳簿の証拠力のために成文化されたと考えられる。注釈書でも「空白，隔字及ヒ欄外ノ記入ナク又文字ヲ改竄スルコトナク若シ文字ヲ削除シタルトキハ欄外ノ記入ナク又文字ヲ改竄スルコトナク若シ文字ヲ削除シタルトキハ之ヲ讀得ヘキ爲メ字體ヲ存スルヲ要ス殊ニ日付ノ順序ニ至テハ必之ヲ守ラサル可ラス否サレハ少クトモ帳簿ノ信用ヲ減損シ爲メニ立証ノ利益ヲ失フニ至ルヘキナリ[18]」と解説している。この解説は，

ロエスレルによるロエスレル草案32条（明治23年商法31条）に関する解説（本節5を参照されたい）と軌を一にするものである。

したがって，商業帳簿の証拠力に係る「実箱」である「正規の簿記」ないし「其営業部類ノ慣例」概念は，31条に規定された各種の記帳条件およびそれらの解釈によって充填されるものであると理解される（**図表13-3**を参照）。

他方，第3編第9章「有罪破産」には，詐欺破産（1050条）と過怠破産（1051条）が規定されている。破産宣告を受けた者が商業帳簿を秩序なく記載し隠匿し毀滅しまたは全く記載せざるとき，または32条に規定したる義務を履行せざるときは過怠破産の刑に処される（1051条）。32条は，財産目録および貸借対照表作成義務を規定している。ロエスレル商法草案の「過怠破産（fahrlassigen

図表13-3 商業帳簿の証拠力に係る「正規の簿記」・「其営業部類ノ慣例」

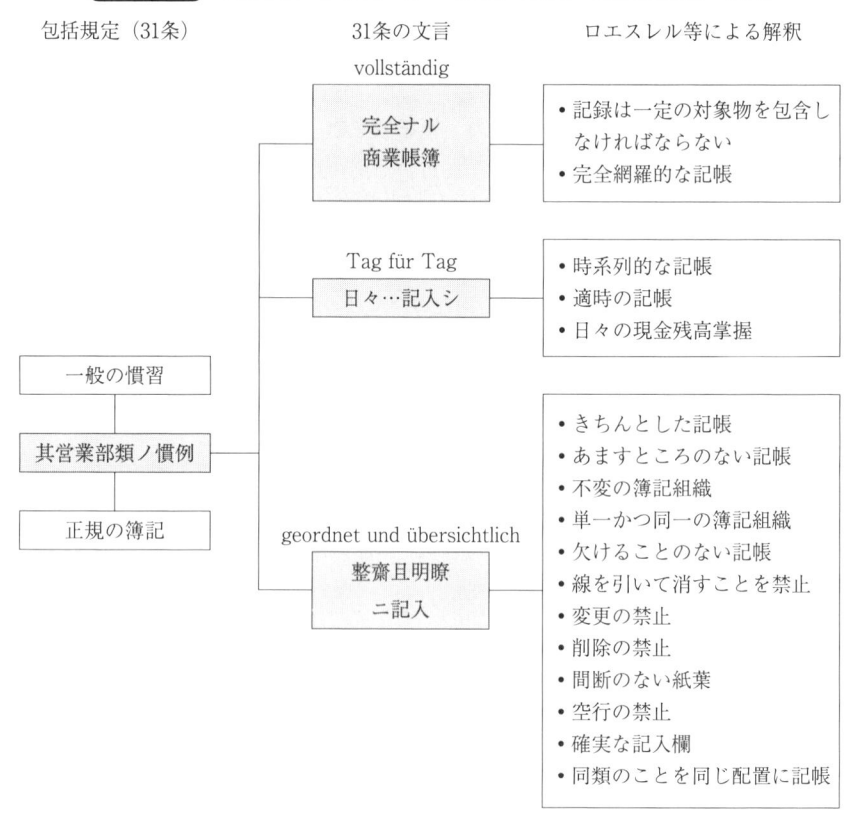

包括規定（31条）　　　　　　31条の文言　　　　　　　　ロエスレル等による解釈

vollständig
完全ナル商業帳簿
- 記録は一定の対象物を包含しなければならない
- 完全網羅的な記帳

Tag für Tag
日々…記入シ
- 時系列的な記帳
- 適時の記帳
- 日々の現金残高掌握

一般の慣習
其営業部類ノ慣例
正規の簿記

geordnet und übersichtlich
整齋且明瞭ニ記入
- きちんとした記帳
- あますところのない記帳
- 不変の簿記組織
- 単一かつ同一の簿記組織
- 欠けることのない記帳
- 線を引いて消すことを禁止
- 変更の禁止
- 削除の禁止
- 間断のない紙葉
- 空行の禁止
- 確実な記入欄
- 同類のことを同じ配置に記帳

第13章　商法商業帳簿規定と会計制度　411

図表13-4　明治23年商法の「正規の簿記」と「商業帳簿の法の適用局面」

```
    空　箱           連結帯＝目的              実　箱
                 ┌─────────────────┐  ┌─────────────┐
                 │商業帳簿の証拠力の特権│⇔│其営業部類ノ慣例│  ┐
 ┌─────┐     │                 │  ├─────────────┤  │それぞれ
 │其営業 │⇔│事業経営に一般的な保護│⇔│其営業部類ノ慣例│  ├の内容は
 │部類ノ慣例│    │                 │  ├─────────────┤  │異なる
 └─────┘     │破産防止による債権者保護│⇔│其営業部類ノ慣例│  ┘
                 └─────────────────┘  └─────────────┘
      ‖                                      ‖
 ┌─────┐                              ┌─────────┐
 │正規の簿記│                              │　正規の簿記　│
 └─────┘                              └─────────┘
```

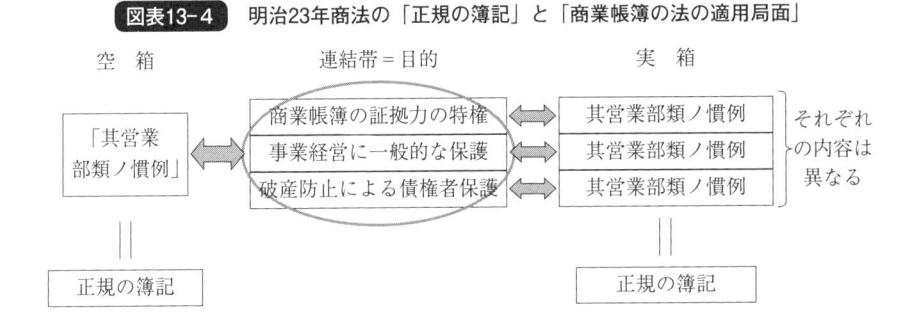

Bankerotts)」に関する1105条では,「その商業帳簿を無秩序に記帳し(seine Handelsbucher unordentlich geführt)」との表現がある[19]。過怠破産罪に関するこの条項は,フランスやドイツの破産規定同様(第9章参照),自己報告による破産防止を目的とし[20],間接的に商業帳簿の記入義務を担保する機能を果たすべく提案されたと考えられる[21]。

　以上の考察から,「其営業部類ノ慣例」ないし「正規の簿記」概念は,「商業帳簿の法の適用局面」においても機能し,実箱としての「其営業部類ノ慣例」ないし「正規の簿記」は,「商業帳簿の証拠力の特権」,「事業経営に確実で一般的な保護」,「機に臨んでこの責任を問われる」という各場面で機能する概念であったことが明らかになった(これらの関係は**図表13-4**参照)。この場合,「機に臨んでこの責任を問われる」とは,特に1050条・1051条の破産規定,すなわち,破産防止による債権者保護に関係している。

(2)　2つの「場の条件」

　明治23年商法典商業帳簿規定が意図した「其営業部類ノ慣例」概念は,「正規の簿記」に関して1857年プロシア第2草案理由書が予定していたのと同様に(第2章第4節2(2)参照),空箱である「正規の簿記」が,個々の「場の条件」(「商業帳簿の法の適用局面」と「簿記(会計)技術の組立の局面」)に応じて,多様な実箱である「正規の簿記」を構成していたことが理解される。これが,包括概念である「其営業部類ノ慣例」概念の不確定性である。以上の関係を図にすれば,**図表13-5**となる。

図表13-5 「其営業部類ノ」「慣例」と「場の条件」

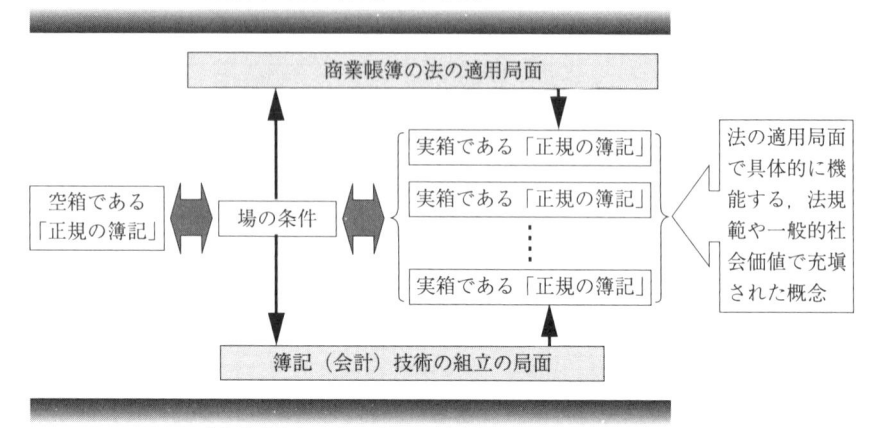

「其営業部類ノ慣例」の不確定性

```
          商業帳簿の法の適用局面
                    ↕
                ┌─ 実箱である「正規の簿記」─┐
空箱である      │  実箱である「正規の簿記」 │     法の適用局面
「正規の簿記」⇔ 場の条件 ⇔                      │ ← で具体的に機能
                │            ⋮              │     する、法規範
                │  実箱である「正規の簿記」 │     や一般的社会
                └─                        ─┘     価値で充填さ
                    ↕                             れた概念
          簿記（会計）技術の組立の局面
```

「其営業部類ノ慣例」の不確定性

第3節　明治32年商法

1　商法典論争

　明治23年商法は，翌1891（明治24）年1月1日から実施するものと定められた。しかし，それがあまりに急であるために，1890（明治23）年11月に開かれた第1帝国議会は，その実施を民法と同じ1893（明治26）年1月1日とすることを決めた。このようにして，1890（明治23）年の末には，民法・商法という二大私法典がともに1893（明治26）年から実施されることになった。この二大私法典の実施の可否をめぐって，そのときから1892（明治25）年にかけて特に激しく展開されたのが法典論争であった[22]。民法典論争は，結局，1892（明治25）年6月10日，民法商法施行延期法案が第3帝国議会で可決されたことにより延期派の勝利に終わっている[23]。

　他方，商法典論争に目を転ずれば，商法の商業帳簿規定に関しては，特に31条がわが国の実状に合わないとの批判がなされた。その批判は，記帳のために簿記学校や法律学校の卒業生を抱えなければならなくなること，また，会社にはその責任を負わせるとしても，小商人には経済的な負担が重すぎるという趣

旨であった[24]。たとえば，東京商業会議所は1892（明治25）年6月に，31条の「完全ナル商業帳簿」を「帳簿」に修正しようとする商法施行条例修正案を発表していた[25]。

2 明治32年商法における記帳規定の後退

1893年3月，梅謙次郎・岡野敬次郎・田部芳によって当時のドイツ商法（1861年ADHGB）を基本にした草案が出され，当時の首相伊藤博文を長とする法典調査会において審議され，梅謙次郎と穂積陳重・富井政章によって商法法案として纏（まと）められた。1899年3月に明治32年新商法が公布され，3ヵ月後に旧商法（破産法は旧商法をそのまま転用）に代わって施行され，旧商法は破産法を除いて，すべて廃止された。明治23年商法の31条に対応する条文は，明治32年商法の25条である。

> **明治32年商法25条** 商人ハ帳簿ヲ備ヘ之ニ日日ノ取引其他財産ニ影響ヲ及ホスヘキ一切ノ事項ヲ整然且明瞭ニ記載スルコトヲ要ス但家事費用ハ一ヶ月毎ニ其総額ヲ記載スルヲ以テ足ル小売ノ取引ハ現金売ト掛売トヲ分チ日日ノ売上総額ノミヲ記載スルコトヲ得

商法典論争の結果として，明治23年商法31条に盛り込まれていた「其営業部類ノ慣例ニ従ヒ」，「完全ナル」，「日日」との文言が明治32年商法には引き継がれておらず，「整齋且明瞭」という用語を引き継いだ「整然且明瞭」という用語に関しても，「整齋且明瞭」に関してなされた解釈が承継されていない。

① 「其営業部類ノ慣例ニ従ヒ」との文言の削除

まず，「其営業部類ノ慣例ニ従ヒ」といういわゆる包括規定が削除されている。その後，1974（昭和49）年の商法改正で「公正ナル会計慣行」という文言が成文化されるまで，商法上包括規定は存在していない。

② 「完全ナル」との文言の削除

「完全ナル商業帳簿」という文言から「完全ナル」という字句が削除され[26]，これに代わって，明治32年商法の25条には「一切ノ事項」という文言が盛り込まれている。しかしながら，「完全」という言葉の持つ重みと広がりは大きく，「完全ナル」という用語の削除は，わが国の商人の記帳に対する緊張感の低下

に大きな影響を及ぼしていると思量される。

③ 「適時の記帳」の破棄

明治32年改正商法25条の条文において，従来の「日日」から「日日ノ」という文言への修正がなされている。条文上は，「ノ」という一字の追加ではあるが，法解釈上はその差異は限りなく大きい。「日日ノ」とは，日々の適時の記帳ではなく，結果として日ごとの記帳がなされていればよい，との解釈となる。1907（明治40）年10月19日大審院判決[27]は，日記帳の証拠力を判断する過程で「商法第二十五条ハ日々ノ取引其他ノ事項ヲ整然且明瞭ニ記載シタル帳簿ヲ備フルコトヲ要ストノ趣旨ニシテ日々ノ取引其他ノ事情ヲ日々記入スルコトヲ強要シタルモノニアラス」と判示している。さらに当時の解説書も「旧商法は日々其取扱ひする取引を記入すべきことを定めたが之は無用の制限である。唯何れの日の取引なりや不明の記載の如きは整然明瞭なる記載とは謂ひ得ない[28]」としている。残念ながら明治32年商法制定を境にして，2005（平成17）年商法改正までの間，わが国の商法商業帳簿規定から「適時の記帳」が完全に排除されてしまったのである。

④ 「整然且明瞭」概念の変遷

「整齋且明瞭」との用語は，「整然且明瞭」という表現に変わっている。そして，「整然且明瞭」概念は，結果として2005（平成17）年改正前商法の33条1項に引き継がれている。明治23年商法の「整齋且明瞭」との用語と，明治32年商法25条を引き継いでいる平成17年改正前商法33条1項の「整然且明瞭」との用語の解釈は，同様であるべきであるが，実際には，その意味内容は，歴史的な承継がなされておらず，曖昧模糊なものとなってしまっている[29]。

3 問題の所在

上記のように，明治23年商法典と明治32年商法典の商業帳簿規定には，記帳の適時性をはじめとして相当の相違があるが，当時の商法修正案参考書によれば，修正理由として「本條ハ現行商法第三十一條ノ字句ヲ修正シタルモノニシテ其質ニ至リテハ殆ント異ナル所ナシ[30]」としている。黒澤清博士は，「これは（ロエスレル草案32条のこと＝筆者注）明治二十三年の原始法典にも，明治三十二年の新商法典にも，ほぼ同一の趣旨をもって承継された[31]」と，佐藤孝一博士も「実質的に重大な修正はない[32]」としている。しかし，既述のように，

図表13-6 明治23年商法と明治32年商法における商業帳簿規定の差異

年度 内容	明治23年商法（1890）		明治32年商法（1899）	
包括規定	其の営業部類の慣例	31条	削除	—
商業帳簿	完全なる商業帳簿	31条	削除	—
記帳条件	日々の記帳	31条	削除	—
	—	—	一切の事項の記帳	25条
	整斉な記帳	31条	整然な記帳	25条
	明瞭な記帳	31条	明瞭な記帳	25条

明治23年商法における立法趣旨・解釈が継承されていない

両者の間には「重大な修正があった」ことに留意しなければならない。これを表にしたものが，図表13-6である。

そして，明治32年商法制定によって，「個々の記帳条件は帳簿の証拠力を高めるために存在する」との立法趣旨は消え失せ，「整然且明瞭」という記帳条件のみが存在し，かつ，その意味内容や歴史的背景も曖昧模糊となってしまい，その後，田中耕太郎博士の実務慣行白紙委任説が学界に決定的な影響を与えたために（第10章第2節1参照），わが国の商法の商業帳簿規定に，長きにわたって，具体的な記帳条件が成文化されない事態を招くことになってしまったのである。

なお，明治32年商法の破産規定は旧商法をそのまま転用している。その後，ドイツ法を参考にした破産法（大正11年法律第71号）が1922年に公布され，翌年1923年に施行された。この立法により，商人と非商人とを分けない一般破産主義を採用し，2004年までの破産法になる。

第4節　2005（平成17）年商法改正・会社法創設

1　内　容

2005（平成17）年7月26日公布の商法改正および会社法創設によって，以下の2つの点が大きく変更されている。

① 記帳条件:「整然且明瞭」から「適時に,正確な」へ
② 会計包括規定:「公正ナル会計慣行」[33]から「一般に公正妥当と認められる会計の慣行」および「一般に公正妥当と認められる企業会計の慣行」へ

> **商法19条**
> 1項　商人の会計は,一般に公正妥当と認められる会計の慣行に従うものとする。
> 2項　商人は,その営業のために使用する財産について,法務省令に定めるところにより,適時に,正確な商業帳簿(会計帳簿及び貸借対照表をいう。以下同じ。)を作成しなければならない。
> 3項　商人は,帳簿閉鎖の時から十年間,その商業帳簿及びその営業に関する重要な資料を保存しなければならない。
> 4項　裁判所は,申立てによりまたは職権で,訴訟の当事者に対し,商業帳簿の全部又は一部の提出を求めることができる。

> **会社法431条**　株式会社の会計は,一般に公正妥当と認められる企業会計の慣行に従うものとする

> **会社法432条**　株式会社は,法務省令で定めるところにより,適時に,正確な会計帳簿を作成しなければならない。

　特に注目すべきことは,商法19条2項および会社法の432条に「適時」および「正確」という記帳の条件が盛り込まれたことである。というのは,わが国では,立法府や商法学の研究者間でも,商業帳簿規定に記帳条件を盛り込む必要性が理解されておらず,また,商法学の一般的解釈とは異なり(本章第3節2参照),法務省側は2005(平成17)年商法改正にあたって「現行33条に規定されている『整然且明瞭』という概念に,『適時性』と『正確性』は含まれている」という詭弁とも思われる見解を展開していたため,「適時」・「正確」との記帳条件を挿入せしめることには相当な困難が伴っていたからである。
　改正商法が,中小企業庁「中小企業の会計に関する研究会」報告書(2002年6月)に則って「適時」・「正確」という記帳条件を新たに設けたことは,わが

国の商法の歴史上，画期的なことであった。

2　新商業帳簿規定の解説

ドイツの商法商業帳簿規定の一連の考察から，商業帳簿規定の本質的な機能が明らかになったことを踏まえ，今後わが国の商業帳簿規定は，以下のように解説されるべきであろう。

①　商業帳簿規定の本質的な目的

そもそも，商法における商業帳簿規定の本質的目的は，「商人への自己報告による健全経営の遂行」および「証拠力の定立」という２点にある。商法が商人に商業帳簿の作成を義務づけている本質的な目的は，経営者に商業帳簿を経営判断の資料として自己報告せしめ，それによって健全で合理的な経営を遂行せしめることにある。また，商事裁判における証拠資料としては，商法上，商業帳簿には証拠能力があるが，その証拠力・証明力に関しては「法定の」特別な証拠力があるわけではなく，この点については自由心証主義の一般原則による。ただし，「正規の簿記だけが証拠力を享受する」という歴史的なテーゼの下で，商業帳簿は裁判に際して重要な証拠資料となる。したがって，商法は，訴訟上特別の提出義務を定め，裁判所は，申立てによりまたは職権で，訴訟の当事者に対し，商業帳簿の全部または一部の提出を命ずることにしている（商19条４項）。また証拠性の観点から，帳簿閉鎖の時から商業帳簿の10年間の保存を求めている（同条３項）。

②　記帳条件の法定の意味

会計帳簿は貸借対照表などの作成の基礎となる重要な商業帳簿である。会計帳簿を定義づける規定はないが，「一般に公正妥当と認められる会計の慣行」である複式簿記の帳簿組織によれば，主要簿として現金出納帳・仕訳帳・総勘定元帳などがあり，補助簿として仕入帳・売上帳・手形記入帳などがある。「適時に，正確な」会計帳簿の作成とは，これら会計帳簿が適時に，かつ，正確に行われることを求めるものである。また貸借対照表の作成も，適時に，正確にこれを行わなければならない。「適時」と「正確」という用語は，中小企業庁「中小企業の会計に関する研究会」『報告書』と同様に，ドイツHGB239条２項およびAO146条１項１文を参考にしている。

「商業帳簿の証拠力」は，「商業帳簿（会計帳簿と計算書類）の信頼性」と言

い換えることができる。ドイツ商法および租税法に関する一連の考察でも明らかなように「商業帳簿の証拠力」は，「簿記の形式的な正規性」に関係し，「簿記の形式的な正規性」は「法定された形式的な記帳条件」の充足によって達成される。したがって，記帳の正確性と適時性は，「商業帳簿（会計帳簿と計算書類）の信頼性」にとって格別に重要な要件となる。

③ 記帳の適時性

「適時に」とは，「通常の時間内に」と同義であり，記録や記帳が，遅延することなく，通常の時間内に実施されることをいう。取引の記録が遅延すればするほど，不正な経理処理が行われたり，帳簿への記載を誤る可能性も高まることから，①取引と記録，②記録と記録との時間的間隔があまり隔たらない時期（通常の時間内）に実行しなければならない。記帳の適時性の具体的な意味内容は，現金取引と信用取引を区別して判断すべきであろう。

(a) 現金取引

現金取引は，一般的に証拠となる外部資料の網羅性に欠けるため，記帳する側がその現金取引の真実性を証明する内部資料を完備する仕組みが必要となる。具体的には，毎日の営業が終了した時点で，金庫ないしレジに残っている現金残高を金種別に集計し，帳簿上の残高と照合する必要がある。照合済みの金種別現金残高表は原始記録として秩序整然と保存しなければならない。

(b) 信用取引・振替取引

信用取引や振替取引なども，「通常の時間内」に記帳されなければならない。具体的には，取引発生後翌月末以内にその残高が掌握されれば，「通常の時間内」と解釈されるであろう。ドイツでは，商法および国税通則法で規定される「記帳の適時性」に関して，信用取引は取引発生日の翌月末までに残高を確定させなければならないと解釈されている（第4章補節のドイツ所得税準則R29参照）。

④ 記帳の正確性

「正確性」とは，実質的な正確性と形式的な正確性という2つの側面を包含する。それゆえに正確な記帳とは，記帳が実質的にも形式的にも正確であることをいう。記帳は，事実を歪めることのない真実なものでなければならず（実質的な正確性＝真実性），複式簿記の原則に基づいてその計算が正確でなければならない（形式的な正確性）。形式的な正確性は，商業帳簿の証拠性に関係する。

⑤ 記帳の遡及的な追加・訂正・修正・削除処理に関する担保措置（不変の記帳の原則）

　記録に関して，「遡及的な追加・訂正・修正・削除処理」がなされるときは，(a)当初の記帳の内容，(b)当該処理の日時，および，(c)責任の所在が明らかになるよう処置しなければならない。IT時代の今日，この処置は，記帳の適時性と正確性を担保する重要な条件である。たとえ取引が適時に記帳されたとしても，後日何らかの理由で，遡って当初の記帳を「遡及的に追加・訂正・修正・削除処理」する必要が生じた場合，かかる処理が何らの痕跡を残さずに実行されれば（あるいは実行される可能性が存在すれば），記帳が適時に行われたという立証が困難となり，結果として帳簿の信憑性自体が失われる可能性がある。

⑥ **刑事訴訟法上の商業帳簿の証拠価値**

　「事実の認定は，証拠による」(317条) と定める刑事訴訟法にも，商業帳簿の証拠価値を認めた条文が存在する。飯塚毅博士は，「わが刑事訴訟法第323条は『その他の書面の証拠能力』との見出しの下に，その第１項第２号において『商業帳簿，航海日誌その他業務の通常の過程において作成された書面』は，これを刑事裁判上の証拠とすることができる旨の明文規定を有しているのである。それは，適時性のある記載の行われた商業帳簿等が，刑事裁判上の証拠価値を持ち得ることを定めたもので，明らかに，記載の適時性というものを焦点に据えた，そういう帳簿類というものの証拠価値承認の論理を認めた条文であると思われる[34]」と指摘されている。

　明治23年商法から現行商法までの記帳をめぐる商業帳簿規定の変遷を一覧にすれば，**図表13-7**になる。

　なお，「一般に公正妥当と認められる会計の慣行」(19条１項) 概念は，本章第５節で触れる。

3　記帳条件をめぐる法の展開

(1) 法解釈

　商法19条２項および会社法432条に盛り込まれた「記帳の適時性と正確性」の法解釈に関しては，それがドイツHGBおよびAOの規定から直接移植されたものであるため，武田隆二編著『新会社法と中小会社会計』(中央経済社，

図表13-7 商法における商業帳簿規定の変遷

年度＼内容	明治23年商法 (1890)		明治32年法 (1899)	昭和13年改正 (1938)	昭和49年改正 (1974)	平成17年改正 (2005)
包括規定	其の営業部類の慣習	31条	—	—	公正ナル会計慣行（32条2項）	一般に公正妥当な会計の慣行（19条）
商業帳簿	完全なる商業帳簿	31条	—	—	—	—
記帳条件	日々の記帳	31条	—	—	—	—
	一切の事項の記帳	—	25条	32条1項	—	—
	整斉な記帳	31条	整然（25条）	整然（32条1項）	整然（33条1項）	—
	明瞭な記帳	31条	25条	32条1項	33条1項	—
	適時の記帳	31条	—	—	—	19条2項
	正確な記帳	—	—	—	—	19条2項

2006年）の第7章「会計帳簿と適時性・正確性」（坂本（2006a））でしか行われていなかった。その後，相澤哲／葉玉匡美／郡谷大輔編著『新・会社法』（商事法務, 2006年）は，「716 適時（432条）とは何か」（529頁）において，上記『新会社法と中小会社会計』における解説に沿った説明を行っている。商法改正の法務省の立法担当者であった参事官らによる解説がなされたことによって，「適時の記帳」の正式な解釈が会計学と商法学ともに出揃ったことになる。ただし，わが国では記帳条件の成文化が，ドイツの商法および租税法に比していまだに遅れていることに留意しなければならない。

(2) 商法・会社法以外の帳簿規定

商法・会社法以外の業法においても，商法19条2項および会社法432条にならって，記帳条件が成文化され，それらの法人の会計帳簿の品質を法的に担保している。

たとえば，①2006（平成18）年に成立した「一般社団法人及び一般財団法人に関する法律」（法律第48号）は，その120条1項に「一般社団法人は，法務省令で定めるところにより，適時に，正確な会計帳簿を作成しなければならない」との規定を設けている。この「適時に，正確な会計帳簿を作成しなければならない」との規定は，現行法制上，②農林中央金庫法75条の2第1項，③労

働金庫法59条の2第2項，④信用金庫法55条の2第2項，⑤保険業法54条の2第1項，⑥資産の流動化に関する法律99条1項，⑦森林組合法67条の3第1項，⑧商店街新興法54条1項，⑨技術研究組合法39条1項，⑩船主相互保険組合法44条1項，⑪中小企業等協同組合法41条1項，⑫協同組合による金融事業に関する法律5条の11第1項，⑬消費生活協同組合法32条1項，⑭水産協同組合法54条の6第1項，⑮農業協同組合法50条の6第1項，⑯公認会計士法34条の15の3第1項，⑰投資信託及び投資法人に関する法律128条の2第1項に存在している[35]。

　これらは，従来の「法による会計への規制は最小限に」という姿勢とは，一線を画す立法政策であり，望ましい傾向であるといえる。かかる制度的な整備によって，会計帳簿の品質が担保され，計算書類の信頼性の確保に役立つとともに，電子帳簿に係る「実箱」である「一般に公正妥当と認められる会計の慣行」概念も，より明確化され，ネットワーク社会構築を支える制度的基盤が形成されると考えられる。

(3) 記帳条件の成文化

　「商業帳簿の法の適用局面」において，「一般に公正妥当と認められる会計の慣行」概念がその機能を発揮するために，「記帳条件の成文化」が求められる。わが国では，「法による会計への規制は最小限に」との見解が支配的であるが，ドイツの「簿記の正規性の基準となる一般的な『正規の簿記の諸原則（GoB）』」概念にみられるように，それはまったくの誤解である（第5章参照）。ドイツの現行HGBや国税通則法（AO）に数多く成文化されている記帳条件（これは「簿記の正規性の基準となる一般的なGoB」概念の一部を構成する）は，すべての簿記に共通する一般普遍的な原則であり，かかる意味での記帳条件の成文化は会計制度の発展を決して阻害することはない。

　したがって，商法19条に，「一目瞭然性（専門的知識を有する第三者への全容提供可能性）の原則」，「再検査可能性（追跡可能性）の原則」，「不変の記帳の原則」を成文化すべきである。

第5節　あるべき会計制度

1　「一般に公正妥当と認められる会計の慣行」概念

　商人一般に適用される，商法19条１項所定の「一般に公正妥当と認められる会計の慣行」概念は，ドイツ法制における「正規の簿記の諸原則」（GoB）概念と同様に，「空箱」と「実箱」から構成され，「空箱・実箱」は相即(そうそく)の関係にある。

　超歴史的・理念的・普遍的な概念である「空箱」としての「一般に公正妥当と認められる会計の慣行」概念を受けて，その適用を考える場合の「実箱」である「一般に公正妥当と認められる会計の慣行」概念は，具体的な規定を納めたものであり，「場の条件」（異なる目的）に応えるためにさまざまな幅が存在する。つまり，「空箱」としての「一般に公正妥当と認められる会計の慣行」概念は，Sollvorschrift（当為的命令規定：一般にあるべきものとする命令を指示した規定）であり，Sollvorschriftを受けて機能する「実箱」である「一般に公正妥当と認められる会計の慣行」概念は，その適用にさまざまな幅が存在するMußvorschrift（必然の命令規定）である。

　この場合「場の条件」は理論的にはさまざまなものが考えられうるが，現実には「場の条件」は，「商業帳簿（帳簿）の法の適用局面」と「会計技術の組立の局面」という２面が想定される。こうした法と会計の接点領域にわが国の会計制度が成立している（**図表13-8**参照）。

　「商業帳簿（帳簿）の法の適用局面」には，少なくとも，①商業帳簿の自己報告による健全経営の遂行，②商業帳簿の証拠力，③商業帳簿の破産防止による債権者保護，④租税法上の帳簿の証拠力，⑤商業帳簿（帳簿）の電磁的な保存，⑥青色申告制度における租税優遇措置，⑦消費税法上の帳簿記載要件等に係る「場の条件」があり，主に法学が取り扱う（**図表13-9**参照）。ドイツにおける「商業帳簿（帳簿）の法の適用局面」は，第６章から第９章においてすでに論究済みである。

　他方，「会計技術の組立の局面」は，「場の条件」である「企業の属性」（規模と業種等）に応じた「会計処理の原則・手続」（損益の認識・利益測定・資産評

第13章　商法商業帳簿規定と会計制度　423

図表13-8　「場の条件」である「商業帳簿(帳簿)の法の適用局面」・「会計技術の組立の局面」

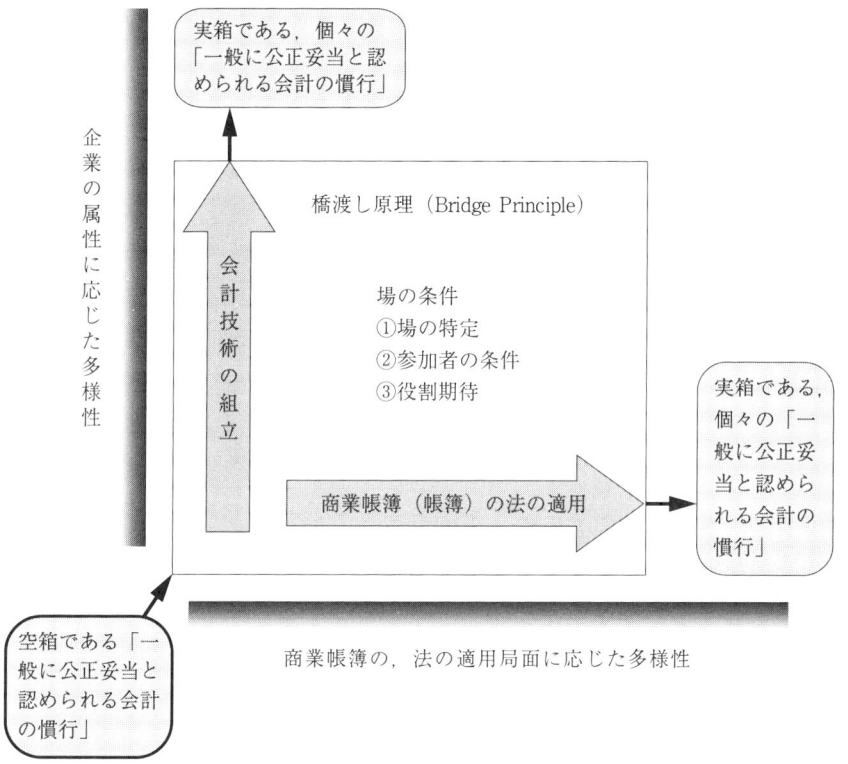

```
                    実箱である，個々の
                    「一般に公正妥当と認
                    められる会計の慣行」
                         ↑
企  ┌─────────────────────────────────┐
業  │                                    │
の  │       橋渡し原理（Bridge Principle）│
属  │ 会                                  │
性  │ 計         場の条件                 │     実箱である，
に  │ 技         ①場の特定               │     個々の「一
応  │ 術         ②参加者の条件           │     般に公正妥
じ  │ の         ③役割期待               │     当と認めら
た  │ 組                                  │     れる会計の
多  │ 立                                  │     慣行」
様  │      商業帳簿（帳簿）の法の適用 ───→
性  │                                    │
    └─────────────────────────────────┘
         ↑
    空箱である「一          商業帳簿の，法の適用局面に応じた多様性
    般に公正妥当と
    認められる会計
    の慣行」
```

価の方法等）の組立の仕方であり，主に会計学が取り扱う。

　飯塚毅博士は，ドイツの GoB について「単一の用語としての『正規の簿記の諸原則』という概念を使用しながら，各法源が固有する特定の社会規範形成への要請を担って，実定法として登場している，という性格をもっている」（第10章第4節2参照）とされ，武田隆二博士は，「会計基準を画一的に複雑化することが，あたかも会計の発展であるかのように誤解している態度を是正しなければならない[36]」（傍点は筆者）とされる。飯塚博士の見解は，主に「商業帳簿（帳簿）の法の適用局面」に[37]，武田博士の見解は，主に「会計技術の組立の局面」に焦点を当てたものであると理解される。

　以上の考察に基づいて，わが国における会計制度の全容を示せば，**図表13-10**になる。

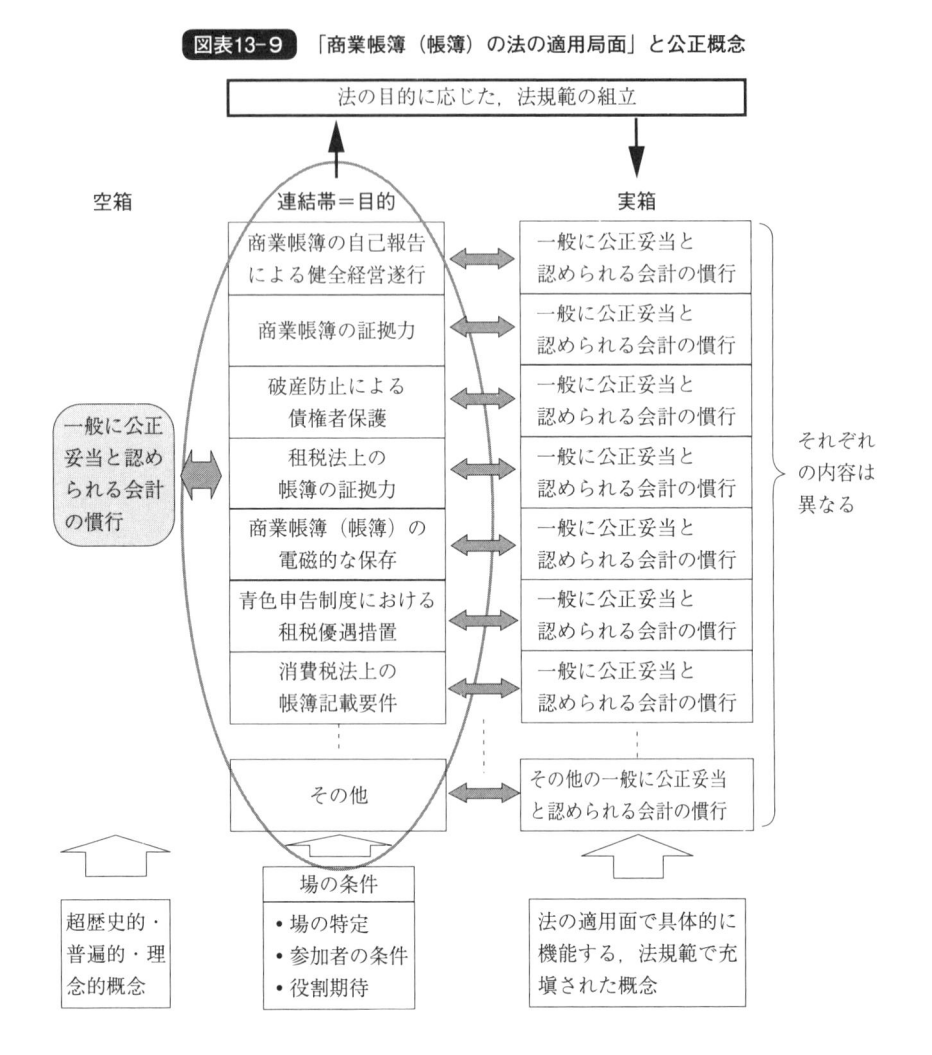

図表13-9 「商業帳簿(帳簿)の法の適用局面」と公正概念

```
                    法の目的に応じた, 法規範の組立
     空箱              連結帯＝目的              実箱

                  ┌─────────────┐      ┌─────────────┐
                  │商業帳簿の自己報告│ ⇔   │一般に公正妥当と│
                  │による健全経営遂行│      │認められる会計の慣行│
                  ├─────────────┤      ├─────────────┤
                  │商業帳簿の証拠力 │ ⇔   │一般に公正妥当と│
                  │             │      │認められる会計の慣行│
                  ├─────────────┤      ├─────────────┤
   ┌───────┐    │破産防止による  │ ⇔   │一般に公正妥当と│
   │一般に公正│    │債権者保護    │      │認められる会計の慣行│
   │妥当と認め│ ⇔  ├─────────────┤      ├─────────────┤    それぞれ
   │られる会計│    │租税法上の    │ ⇔   │一般に公正妥当と│    の内容は
   │の慣行   │    │帳簿の証拠力   │      │認められる会計の慣行│    異なる
   └───────┘    ├─────────────┤      ├─────────────┤
                  │商業帳簿(帳簿)の │ ⇔   │一般に公正妥当と│
                  │電磁的な保存   │      │認められる会計の慣行│
                  ├─────────────┤      ├─────────────┤
                  │青色申告制度における│ ⇔ │一般に公正妥当と│
                  │租税優遇措置   │      │認められる会計の慣行│
                  ├─────────────┤      ├─────────────┤
                  │消費税法上の   │ ⇔   │一般に公正妥当と│
                  │帳簿記載要件   │      │認められる会計の慣行│
                  ├─────────────┤      ├─────────────┤
                  │その他       │ ⇔   │その他の一般に公正妥当│
                  │             │      │と認められる会計の慣行│
                  └─────────────┘      └─────────────┘
                       ↑
                   ┌─────────┐
                   │場の条件  │
                   │・場の特定 │
                   │・参加者の条件│
                   │・役割期待 │
                   └─────────┘
   超歴史的・                          法の適用面で具体的に
   普遍的・                            機能する, 法規範で充
   理念的概念                           填された概念
```

2　会計制度のあり方

　各国の会計制度は，各国の会計文化（風土）に根ざしており，ローカル性（地域性）を有している。同時に，IFRSも，「国際」という新たな場における，グローバルという名の新たなローカルな会計基準（グローバル会計基準＝国際会計基準）であり，そこに参加する企業の遵守すべき基準である。一国の会計制度はこうした多様な「場の条件」に応える制度でなければならない。

図表13-10　わが国における会計制度の全容

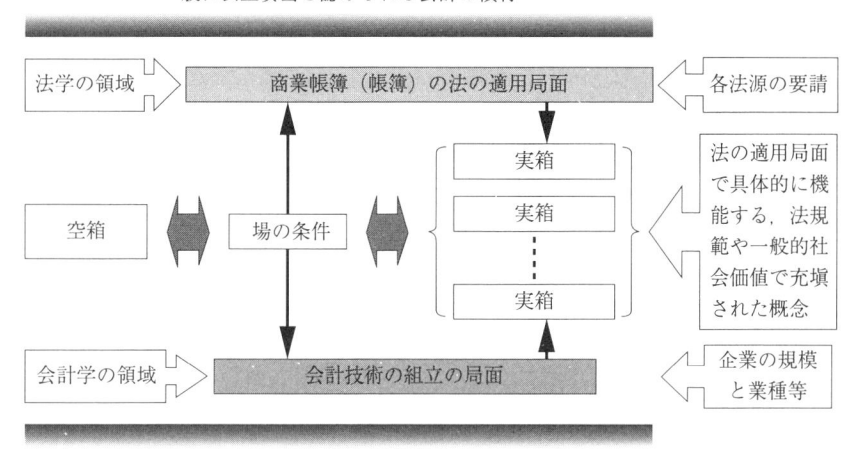

一般に公正妥当と認められる会計の慣行

```
[法学の領域] ⇒ 商業帳簿（帳簿）の法の適用局面 ⇐ [各法源の要請]
                    ↕
                                    ┌──実箱──┐
                                    │──実箱──│   [法の適用局面
[空箱]  ⇔  場の条件  ⇔              │   ⋮    │ ⇐ で具体的に機
                                    │──実箱──│   能する，法規
                                    └────────┘   範や一般的社
                                                  会価値で充填
                                                  された概念]
                    ↕
[会計学の領域] ⇒ 会計技術の組立の局面 ⇐ [企業の規模と業種等]
```

一般に公正妥当と認められる会計の慣行

　そこで，本研究における一連の考察から得た「一国における会計制度のあり方」に関する筆者の見解を示しておきたい。

　ドイツの会計制度は，「GoBの体系」といわれる。すでに筆者は，ドイツにおけるGoBの「不確定性」は，①「実箱であるGoB」の多様性，②個々の「実箱であるGoB」における不確定領域，③「実箱であるGoB」の時代対応性，から構成されることを明らかにした（第10章第4節4参照）。わが国の「一般に公正妥当と認められる会計の慣行」概念もGoBと同様の法的性質を持つ。

　それゆえに，商法商業帳簿規定を有する，わが国やドイツの会計制度（わが国では「『一般に公正妥当と認められる会計の慣行』の体系」，ドイツでは「GoBの体系」）は，以下の3点をすべて充足する必要がある。

① 「空箱」である「公正なる会計慣行」が，「商業帳簿（帳簿）の法の適用局面」と「会計技術の組立の局面」における個々の「場の条件」を受けて，多様な「実箱」である「公正なる会計慣行」（わが国では「一般に公正妥当と認められる会計の慣行」，ドイツではGoB）を形成している。

② 個々の「実箱」の内容が明確化されているとともに，時代とともにそれぞれの内容が変化している。

③ 個々の「実箱」の総体が，全一体として，均衡的な調和を保っている。

一国における「会計制度のあり方」,「中小企業会計制度のあり方」を考察する場合,このような視点に立つことがその基本となる。かかる視点に立てば,IFRS（国際財務報告基準）の受入問題も,「会計技術の組立の局面」における限定された「場の条件」の下での許容ということになり,わが国の会計制度の体系を維持したうえでの,その積極的な受入れが可能となる。

他方,米国には商法商業帳簿規定が存在しないため,GAAP（一般に認められた会計原則）は「商業帳簿（帳簿）の法の適用局面」という「場の条件」を予定していない。つまり,US-GAAPと,わが国の「一般に公正妥当と認められる会計の慣行」・ドイツのGoBは,ともに会計包括概念ではあるものの,その決定的な相違は,US-GAAPの主な適用先が株式公開会社であることと,US-GAAPが「商業帳簿（帳簿）の法の適用局面」を考慮していない点にある。

■注

1　田中（2007）；279頁。
2　田中（2007）；280頁。
3　資料は,ロエスレル草案については,Roesler（1884a）（1884b）およびロエスレル＝司法省訳（1884）を,明治23年商法条文については,旧法令集（1968）および長谷川（1880/1881）を参照した。
4　志田（1933）；46-54頁を参照。
5　佐藤孝一教授は,「商業帳簿に関する規定が,法律上における一般規定として確定されたのは,（中略,筆者）明治32年の新商法からであると,商法学者の方々でさえも説明されているのを多く見受ける。（中略,筆者），旧商法において既に商業帳簿の規定が設けられている厳然たる事実があるにもかかわらず,このような説明がなされるのは,（中略,筆者），旧商法が全面的に実施されたのが,わずか1年足らずの期間であったということに関連しているのではないかと推察する。しかしそれは決して正しいとはいえないと思う」（佐藤（1970）；17頁）とされる。
6　というのも,ロエスレル草案はわが国の当時の商業慣例を前提にして策定されたものではないからである。松尾教授は,「『商法草案』は,破産手続や商事裁判手続規定など広範なものを含み,わが国の商業慣例からすると旧慣習にはない新しいものばかりであった。このように,ロエスレル氏が,従来からの日本の商業慣習を編入しないで『商法草案』を起稿した根拠としては,『一ハ日本ノ商業及ヒ日本人民ノ商業及ヒ物産上ノ力ヲシテ世界中各普通商国ト平等ノ地位ヲ得セシメントスル』との考えを持っていたことによる」（松尾（1996）；126頁）とされる。さらに,ロエスレル草案33条の「當時相ノ相場又ハ時價ヲ附スヘシ」との規定は,1861年一般ドイツ商法典31条の「付すべき価値」について,「議論

が分かれ，度重なる各種判決が出され混乱を招いた時期が続いた。それらを顧慮し，より具体的表現を選んだものと考えられる」（松尾（1996）；127頁）とする。なお，1861年一般ドイツ商法典31条の「付すべき価値」については第2章第1節を参照されたい。

7 Roesler（1884a）；S. 9.
8 Roesler（1884a）；S. 147.
9 Roesler（1884a）；S. 148.
10 長谷川（1880/1881）；144-145頁。
11 Roesler（1884a）；S. 149.
12 安藤英義教授も，「明治23年商法はフランス法とドイツ法の折衷系といわれるが，次に掲げる商業帳簿規定に関する限りドイツ法の影響が強い」（安藤（1997）；40頁），「基本構造と共に，商業帳簿規定の個々の内容においても，普通ドイツ商法に負うところが多いことは明らかである」（同書，42頁）とされる。
13 Roesler（1884a）；S. 148.
14 Roesler（1884a）；S. 147.
15 Roesler（1884a）；S. 148.
16 Roesler（1884a）；S. 149.
17 Roesler（1884a）；S. 148.
18 長谷川（1880/1881）；148頁。
19 Roesler（1884b）；S. 57.
20 安藤英義教授も，「ここでは，既述のドイツ（1851年プロシア刑法）の場合と同様に，商業帳簿を作成しないで破産した商人が無条件で問われるのは，詐欺破産罪ではなく過怠破産罪である。第32条に定める財産目録・貸借対照表の作成を怠っただけでは必ずしも商業帳簿を作成しなかったことにはならないが，しかし上記のように第32条に違反すればそれだけでも過怠破産罪に問われる。これらのことから，商業帳簿規定の主たる目的は過怠破産防止にあり，とりわけ決算に関する規定がその目的のための中心的役割を担っていることが判る」（安藤（1997）；42頁）とされる。
21 なお，「商法ニ従ヒ破産ノ宣告ヲ受ケタル者ニ関スル件」は，明治23年10月9日に法律第101号として成立している。その内容は，「商法ニ従ヒ破産ノ宣告ヲ受ケタル者有罪破産ニ係ルトキハ左ノ区別ニ従テ処断ス」として，第1号は詐欺破産を，第2号は過怠破産を規定しており，明治24年1月1日より施行すべきこととされていた。
22 大竹／牧（1975）；304頁。
23 大竹／牧（1975）；306頁。
24 大竹／牧（1975）の306頁では，「民法典論争のなかでも商法の実施延期の問題にふれている一節がある。たとえば，前出『法典実施延期意見』のなかの『会社ノ経済ヲ攪乱ス』のなかでは，さきにあげた商法第三一条の商業帳簿について日本の実状に合わないとしてつぎのように述べている。すなわち『商業帳簿ヲ作リ之ガ記入ヲ為スニハ従来ノ小僧上リノ番頭ニテハ間ニ合ワズ，必ズ不時ニ少クトモ簿記学校ノ卒業生ヲ雇ハザルベカラズ，財産目録貸借対照表ヲ作ルニハ其上別ニ一通リ法律ニ通ジタル法学校ノ卒業生ヲ抱ヘザルベカラズ，…簿記学校ノ繁昌ト法律学校ノ隆盛ハ賀スベシト雖モ…巨万ノ資本ヲ有シ泰西ノ

商業式ニ模倣シテ発生シタル会社ノ如キモノニ在テハ此等責任ヲ負ワシムルトスルモ，…小資本ヲ有スル子商人ニ在テハ入費甚ダ為リ，…我邦ニ於テハ商業社会ノ貧乏ニシテ資本ニ乏シキガ為メ此等子商人ノ最モ多キニアラズヤ』。」としている。

大竹／牧（1975）の306-307頁によれば，「商法典論争の華やかな舞台は各地の商法会議所や東京商工会に移った。…（中略，筆者）大阪や神戸の商法会議所では断行論をとなえたけれど，東京商工会や京都・名古屋・大垣・長崎などの商法会議所はいずれも延期論を主張した。しかし，東京商工会解散のあと代わって設立された東京商業会議所は二五年六月に商法施行条例修正案を発表した。<u>その修正案では第三一条『完全ナル商業帳簿』を『帳簿』に修正しようとしたりしているが</u>，同会議所が延期の立場から修正・実施の立場へ代わったことは注目すべきことであった」という（下線は筆者）。また，第一回から第三回帝国議会の議論の中で，商業帳簿規定について，…（中略，筆者），大小すべての商人が「完全なる商業帳簿」をつけることは到底できることではないことが強調された（松尾（1996）；127頁）。

25 大竹／牧（1975）；306-307頁。
26 佐藤孝一教授は，「明治23年法における『完全ナル商業帳簿』という文言から『完全ナル』という字句をなぜ削除したのか，明治二三年当時以後の古い商法関係文献を，私自身苦心して詳しく調べてみたが，私の調査不十分のせいか，とにかく明確な説明が得られない」（佐藤（1970）；18頁）と述べられている。これについては，脚注24で引用した大竹／牧（1975）の306-307頁および松尾（1996）；127頁が参考になるであろう。
27 大審院第1民事部明治40年（オ）第353号，判例体系ID27521149。
28 大住（1925）；51頁。
29 たとえば，当時の商法の代表的な解説書は，「整然且明瞭」概念を「会計帳簿に『整然且明瞭ニ』記載すべきことは，企業会計における明瞭性の原則（計算書類規則二条参照）からして当然のことである」（鴻（2001）；251頁）と説明している。
30 「商法修正参考書附商法修正案成文」（八尾発行）；23頁。
31 黒澤（1990）；169頁。
32 佐藤（1970）；18頁。
33 改正前商法では，商法および商法施行規則が中心であるが，それらですべてを規定することが不可能であるため，その補充的役割として「公正ナル会計慣行」を斟酌することとされていた。
34 飯塚（1988）；52頁。
35 中間法人法58条の3第1項にも同様の規定が存在したが，同法は2008年12月1日付で廃止されている（法律第50号）。
36 武田（2009b）；25頁。
37 黒澤清博士は，飯塚毅著『正規の簿記の諸原則』（改訂版，1988年）所収の「推薦文」において「本書は，正規の簿記の諸原則を中心テーマとして，法理学的見地から帳簿の証拠価値の問題を徹底的に追求したきわめてユニークな文献である」（傍点は筆者）とされる。

第14章

会計制度の展開

第1節　はじめに―問題提起―

　第13章で考察したように，わが国における「あるべき会計制度」は，以下の3点をすべて充足することが前提となる。
① 　「空箱」である「一般に公正妥当と認められる会計の慣行」が，「商業帳簿（帳簿）の法の適用局面」と「会計技術の組立の局面」における個々の「場の条件」を受けて，多様な「実箱」である「一般に公正妥当と認められる会計の慣行」を形成している。
② 　個々の「実箱」の内容が明確化されているとともに，時代とともにそれぞれの内容が変化している。
③ 　個々の「実箱」の総体が，全一体として，均衡的な調和を保っている。
　「一般に公正妥当と認められる会計の慣行」が機能する「場の条件」は，ドイツにおける「正規の簿記の諸原則（GoB）」と同様に，大きく2つのジャンルがある（ドイツのGoB概念の展開は第11章参照）。その1つは，「商業帳簿（帳簿）の法の適用局面」という「場」であり，他の1つは，「会計技術の組立の局面」という「場」である。これらが一体となって会計制度を構成している。
　そこで，本章ではわが国の会計制度がどのように展開しているのかについて，「一般に公正妥当と認められる会計の慣行」概念が機能する「商業帳簿（帳簿）の法の適用局面」と「会計技術の組立の局面」における個別問題について，踏み込んだ考察を行う。

第2節　商業帳簿（帳簿）の法の適用局面

1　破産法

　1899（明治32）年商法の破産規定は，1890（明治23）年商法の破産規定をそのまま転用している（明治23年商法の破産規定の内容は第13章第2節6(1)参照）。その後，ドイツ法を参考にした破産法（大正11年法律第71号）が1922年に公布され，翌年1923年に施行された（当時のドイツ破産法は第9章第3節2(2)参照）。この立法により，商人と非商人とを分けない一般破産主義を採用し，2004年までの日本における破産法になる。この旧破産法には商業帳簿に関して以下のような規定があり，商法の商業帳簿規定を間接的に担保していた（一連の考察に必要な条項だけを掲載）。

374条　「詐欺破産罪」
　債務者破産宣告ノ前後ヲ問ハス自己若ハ他人ノ利益ヲ図リ又ハ債権者ヲ害スル目的ヲ以テ左ニ掲クル行為ヲ為シ其ノ宣告確定シタルトキハ詐欺破産ノ罪ト為シ十年以下ノ懲役ニ処ス
　3号　法律ノ規定ニ依リ作ルヘキ商業帳簿ヲ作ラス，之ニ財産ノ現況ヲ知ルニ足ルヘキ記載ヲ為サス又ハ不正ノ記載ヲ為シ又ハ之ヲ隠匿若ハ毀棄スルコト

375条　「過怠破産罪」
　債務者破産宣告ノ前後ヲ問ハス左ニ掲クル行為ヲ為シ其ノ宣告確定シタルトキハ五年以下ノ懲役又ハ三十万円以下ノ罰金ニ処ス
　4号　法律ノ規定ニ依リ作ルヘキ商業帳簿ヲ作ラス，之ニ財産ノ現況ヲ知ルニ足ルヘキ記載ヲ為サス又ハ不正ノ記載ヲ為シ又ハ之ヲ隠匿若ハ毀棄スルコト

　商法商業帳簿規定が求める「正規の簿記」は，「経営者への自己報告による健全経営の遂行」を通じて，結果として過怠破産を防止し，債権者の保護に役立つ。それを間接的に強制したのが，旧破産法375条「過怠破産罪」の規定であった。
　すなわち，旧375条が，商業帳簿の「不作成」や「不正の記載」等のほかに，

「財産の現況を知るに足るべき記載をしなかったこと」を可罰性あるものとしたことは，同規定が，ドイツの破産規定と同様に，「商業帳簿の自己報告による健全経営の遂行」と「それを通じた破産防止」を意図していたことを示している。

しかし，2004（平成16）年5月25日に成立した新破産法（法律第75号）では，「商業帳簿」との用語が完全に削除されて，商法の商業帳簿規定との法律条文上の連動性が失われている。そして「帳簿」に関して，270条に「業務及び状況に関する物件の隠滅等の罪」が規定されている。

> 　破産手続開始の前後を問わず，債権者を害する目的で，債務者の業務及び財産（相続財産の破産にあっては相続財産に属する財産，信託財産の破算にあっては信託財産に属する財産）の状況に関する帳簿，書類その他の物件を隠滅し，偽造し，又は変造した者は，債務者（相続財産の破産にあっては相続財産，信託財産の破算にあっては信託財産）について破産手続開始の決定が確定したときは，三年以下の懲役若しくは三百万円以下の罰金に処し，又はこれを併科する。第百五十五条第二項の規定により閉鎖された破産財産に関する帳簿を隠滅し，偽造し，又は変造した者も同様とする。

さらに新破産法では，「免責不許可事由」（破産法252条1項）において「業務及び財産の状況に関する帳簿，書類その他の物件を隠滅し，偽造し，又は変造したこと」とする規定がある。

ドイツでは，「債権者を害することについての詐欺的な意図の立証がとりわけ困難である」ことを理由に，1976年7月29日の刑法典の改正によって詐欺破産罪と過怠破産罪との区別はなくなっている。そして刑法典283b条は「債権者を害する意図をもって」との前提を置かずに，一定の条件の下で商法上の記帳義務・貸借対照表作成義務の不履行を罰する規定として位置づけられ，破産を防止する機能を果たしている（第9章第4節2(3)参照）。

しかし，わが国の新破産法270条は，「債権者を害する目的で」との限定が付けられて，従来の過怠破産罪をめぐる「商法商業帳簿と破産法との連動関係」が完全に消滅している。

こうした事態を招いた原因は，旧破産法375条「過怠破産罪」をめぐる研究が，商法・破産法を通じた学際的なものであり，かつ，商法商業帳簿規定の本

質に関するものであるにもかかわらず、わが国では、かかる領域の研究が長い間置き去りにされてきたことにあると思料される。商業帳簿制度に関する本質的な思考が欠如していたのである。

新破産法によって、商業帳簿規定と過怠破産とのつながりが消滅したことは、商業帳簿が持つ自己報告による健全経営遂行機能の低下を招くものであり、商業帳簿の法的な位置づけのうえで禍根を残すものである。

2　わが国の「青色申告制度」

(1)　ドイツ AO158条「簿記の証拠力」

簿記には、それ自体本来の目的がある。簿記は自己目的のためにあるのではない。そもそも、商法における商業帳簿規定の本質的目的は、「自己報告による健全経営の遂行」および「証拠力の定立」という２点にある。

グローネンボルンが「RAO208条（現行 AO158条＝筆者注）は商人の権利を意味している[1]」としているように、租税義務者にとって記帳は権利でもある。ドイツでは、AO158条（帳簿の証拠力）を租税優遇措置と位置づけておらず、「法律上の推定」として位置づけている（第６章第３節参照）。帳簿の証拠力は、「正規の簿記だけが証拠力を享受する」あるいは「帳簿の証拠力は商人の特権である」という命題に支えられたものであり、政府が付与した恩恵（優遇措置）というレベルのものではない。帳簿の証拠力は、正規に記帳された帳簿が保持する本質的機能である。

(2)　青色申告制度

わが国ではいまだに青色申告と白色申告との区分が存在している。1949（昭和24）年８月に、シャウプ博士の使節団（Shoup Mission）が、マッカーサー元帥に対して「日本の租税に関する報告書（Report on Japanese Taxation）」を提出している。これが青色申告制度創設の基礎となったシャウプ勧告である。同報告書は、①戦後まもなくの激烈なインフレが進行中であり、②国民中約1,000万人の死者が出る可能性がささやかれ、配給品だけを食べた裁判官が餓死した時代であり、③商人はインフレ利得への課税を恐れて記帳をしない[2]、という戦後の混乱期にあって、「今日、日本における記帳は慨嘆すべき状況（a deplorable state）にある[3]」との認識をその出発点としている。そして、この

悲惨なまでの記帳回避から抜け出させる「誘い水（inducement）」として，「色の違った形式の申告書（return on a different colored form）」を提出させるよう勧告している[4]。同勧告書は，明らかに，異常事態に対する弥縫策（びほうさく）たる目的と本質をもっていたのである[5]。

税務署長は青色申告の承認を受けた者について，①帳簿書類の備付，記録または保存が財務省令で定めるところによって行われていないこと［形式的な違反］，②帳簿書類に取引の全部または一部を隠ぺいしまたは仮装して記載し，その他その記載事項の全部についてその真実性を疑うに足りる相当の理由があること［実質的な違反］など，一定の事実が存在する場合には，その承認を取り消すことができるとの規定である。承認を取り消された場合には，青色申告の特典（租税優遇措置等）は取り消されるとともに，帳簿の記載内容が否定されて，推計課税が許容されることになる。

(3) 最高裁判所・昭和38年5月31日判決

わが国では，青色申告の更正制限規定（法人税法130条1項および所得税法155条1項）も，青色申告に係る租税優遇措置の1つとされている[6]。それに加えて，わが国の学説は，記帳は義務であるとの前提条件から出発しており，「正規に記帳された帳簿だけに証拠力がある」，「正規の簿記だけが証拠力を享受する」，「帳簿の証拠力は商人の特権である」との命題の存在をいまだに認知していない。しかし，わが国の青色申告制度も，ドイツのAO158条と同様に「正規の簿記だけが証拠力を享受する」という歴史を貫く命題に支えられたものである，との観点から理解しうる[7]（第6章参照）。

青色申告による帳簿の記載の証拠力について明確な判断を下した代表的な判決として昭和38年5月31日の最高裁判所判決（昭和36年(オ)第84号，同38年5月31日第二小法廷判決，破棄自判）[8]が存在する。

本判決で最高裁は，帳簿の証拠力に関して「どの程度の記載をなすべきかは処分の性質と理由附記を命じた各法律の規定の趣旨・目的に照らしてこれを決定すべきであるが，所得税法（昭和三七年法律六七号による改正前のもの，以下同じ）四五条一項の規定は，申告にかかる所得の計算が法定の帳簿組織による正当な記載に基づくものである以上，その帳簿の記載を無視して更正されることがない旨を納税者に保障したものであるから，同条二項が附記すべきものと

している理由には，特に帳簿書類の記載以上に信憑力ある資料を摘示して処分の具体的根拠を明らかにすることを必要とすると解するのが相当である」と判示している。

本件判決に関する評釈で[9]，本件判決が帳簿の証拠力にも言及している，と述べるものは皆無である。しかしわれわれは，本件判決は，最高裁が「正規に記帳された帳簿だけに証拠力がある」との歴史的なテーゼを認知したものである，と理解したい。

本件判決で判示された内容を1919年RAO208条1項1文および1977年AO158条の文言に対比して組み替えれば，「『法定の帳簿組織による正当な記載』に基づく『申告にかかる所得の計算』は，『特に帳簿書類の記載以上に信憑力ある資料を摘示して処分の具体的根拠を明らかに』しない限り，課税の基礎とされ，『その帳簿の記載を無視して更正されることがない旨を納税者に保障したもの』である」となる。そして，取引の全部または一部を隠蔽しまたは仮装して記載する等「当該帳簿書類の記載事項の全体について，その真実性を疑うに足りる不実の記載がある」場合には，青色申告の承認が取り消され，推計課税が行われるのである。

かかる法律構造は，ドイツ1919年RAO208条（AO158条）および210条（AO162条）と同様であると考えられる。ちなみにRAOでは，「162条および163条の規定に合致する帳簿および記録は，それ自体正規の記帳（ordnungsmäßiger Führung）の推定があり，事情に基づいてその実質的な真実性に異議を唱える原因がない場合には，課税の基礎とされ」（同208条），「その帳簿または記録が不完全であるかもしくは形式的または実質的に不正である場合」は推計される（同210条）とされていた（第6章参照）。

つまり，本件判決から，われわれは，わが国の青色申告制度を，ドイツRAO208条およびAO158条と同様に「正規に記帳された帳簿だけに証拠力がある」という歴史を貫くテーゼに支えられたものである，と位置づけることができるとともに，ドイツにおける法解釈と同様，青色申告に基づく帳簿の証拠力の仕組みを「法律上の推定」として位置づけることが可能なのである。

また「正規に記帳された帳簿だけに証拠力がある」との命題は，青色申告による帳簿にだけ認められるべきではない。たとえ白色申告であっても，帳簿が形式的に正規に記帳されれば，その帳簿には青色申告と同様の高い証拠力があ

る[10]。正規に記帳された帳簿の証拠力自体に青色申告と白色申告の差異はなく，白色申告者には青色申告者に認められる更正処分に関する手続上の保護がないのである。

　法人税法130条１項および所得税法155条１項を租税優遇措置として位置づける学説は，前述の諸命題の存在を失念し，かつ，比較法学的考察を怠ってきたとの批判を甘受しなければならない。

(4) 青色申告制度と「一般に公正妥当と認められる会計の慣行」

　青色申告に関する規定である，法人税法施行規則53条は「法第121条第１項（青色申告）の承認を受けている法人（括弧内省略，筆者）は，その資産，負債および資本に影響を及ぼす一切の取引につき，複式簿記の原則に従い，整然と，かつ，明りょうに記録し，その記録に基づいて決算を行なわなければならない」とし，所得税法施行規則57条は，「青色申告者は，青色申告書を提出することができる年分の不動産所得の金額，事業所得の金額および山林所得の金額が正確に計算できるように次の各号に掲げる資産，負債および資本に影響を及ぼす一切の取引（括弧内省略，筆者）を正規の簿記の原則に従い，整然と，かつ，明りょうに記録し，その記録に基づき，貸借対照表および損益計算書を作成しなければならない」と規定している。

　「複式簿記の原則」（法人税法施行規則53条）および「正規の簿記の原則」（所得税法施行規則57条）は，会計包括概念である。法人に適用される「複式簿記の原則」は商法19条１項所定の「一般に公正妥当と認められる会計の慣行」概念に包含され，個人事業者に適用される「正規の簿記の原則」は「一般に公正妥当と認められる会計の慣行」概念に相当する概念として位置づけられる。また「複式簿記の原則」（法人税法施行規則53条）および「正規の簿記の原則」（所得税法施行規則57条）を受けてその内容を具体化した「財務省令で定める」ところの「帳簿書類の備付，記録または保存」制度は，わが国の会計実務に広くかつ深く浸透し，事実上の「慣行」になっているといってよい。

(5) 記帳条件の成文化

　わが国では，簿記の歴史が浅かったせいか，その基本的なルールが社会的な不文律となるまでには浸透せず，またルールのうちの何を残し何を変えるべき

かについての検討もなされずに，無原則的に便利さの追求に走ったり，その本質が忘却されてしまっている[11]。記帳条件の成文法規化としては，租税法が商法を先導するというドイツの立法先例が存在する[12]。簿記の実質的な正規性を担保しつつ，帳簿の証拠力という記帳者の正当な権利を確立するためにも，租税法において各種の記帳条件が早急に成文化されなければならない。

この場合，法人税法には，「整然と，かつ，明りょう」（法人税法施行規則53条）という記帳条件しか成文化されていない。わが国商法に存在する「適時性」と「正確性」のほか，ドイツ商法および国税通則法に規定される「一目瞭然性（専門的知識を有する第三者への全容提供可能性）の原則」，「再検査可能性（追跡可能性）の原則」，「不変の記帳の原則」が成文化されるべきである。

(6) ドイツの制度との類似性およびわが国の「青色申告制度」のあり方

わが国と同様に，戦後のドイツにおいても，戦災からの復興およびその後の経済発展促進のために，経済政策的な見地から多くの租税優遇措置が採用され，特に1949年から1975年1月1日前に終了する営業年度までは「正規の簿記」の提示が一連の租税優遇措置要求の実質的な前提条件となっていた。

ドイツにおけるこのリンク体制は，「簿記は自己目的ではない」などの批判を受けて，1975年1月1日前に終了する営業年度で廃止されている（第7章第3節5(1)参照）。しかし，わが国では，青色申告制度が中小企業の記帳の品質向上に果たしている機能を高く評価すべきであり，青色申告と租税優遇措置とのリンク体制は維持存続すべきであると考える。ただし，この場合，納税者に「商業帳簿が果たす本質的な意義」を啓蒙し，青色申告のため「だけ」の記帳に陥らないようにする必要がある。

ところで，敗戦国であるわが国とドイツの両国の租税法が，同時期に，経済復興のために租税優遇措置を「正規の簿記」（青色申告による帳簿書類の備置・記録または保存）に結びつけるに至った背景，そして，わが国の租税法が，ドイツの1919年ライヒ国税通則法（RAO）208条に倣って「帳簿の証拠性」を認めた仕組み（青色申告の更正制限規定）を導入した経緯などは，戦後両国がめざましい経済発展を遂げたことも相俟って，格別に興味を引く論点であることも指摘しておきたい。

3 コンピュータ会計法

(1) 制定の経緯

IT 時代を迎えた現在，書面による帳簿以外に電磁的記録方式による場合のデータ保存形式も帳簿という概念に加える必要がある[13]。1998（平成10）年に成立した，いわゆるコンピュータ会計法（電子計算機を使用して作成する国税関係帳簿書類の保存方法等の特例に関する法律＝電子帳簿保存法）は，データ媒体による帳簿保存と将来の電子商取引を視野に入れて，いわゆる EDI（Electronic Data Interchange）取引などにおける取引情報に係る電磁的記録の保存義務も規定している。コンピュータ会計法は，規制緩和（経済界による，納税者の事務負担軽減を図るための「データ媒体への帳簿保存の許容」の要望）と国税の納税義務の適正な実現（飯塚毅博士の提言を受けた，TKC 全国政経研究会による，コンピュータで帳簿作成する場合における「一般的な条件整備」の要望）との接点領域で審議され，政府による高度情報通信社会構築の動きがその制定を加速させている[14]（**図表14-1**を参照）。

図表14-1 コンピュータ会計法制定をめぐる２つの流れ

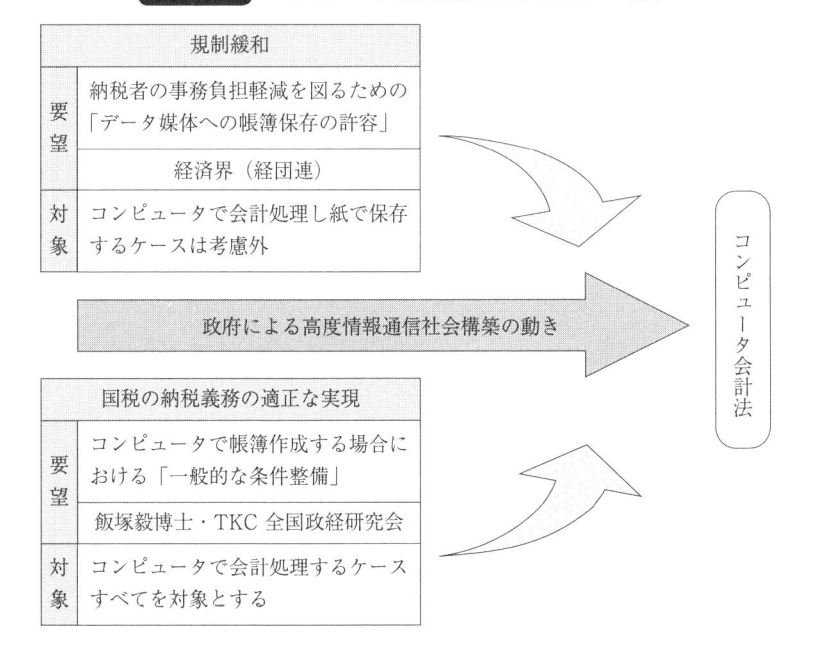

規制緩和	
要望	納税者の事務負担軽減を図るための「データ媒体への帳簿保存の許容」
	経済界（経団連）
対象	コンピュータで会計処理し紙で保存するケースは考慮外

政府による高度情報通信社会構築の動き

国税の納税義務の適正な実現	
要望	コンピュータで帳簿作成する場合における「一般的な条件整備」
	飯塚毅博士・TKC 全国政経研究会
対象	コンピュータで会計処理するケースすべてを対象とする

→ コンピュータ会計法

それは，コンピュータ会計法の「趣旨」を規定する電子帳簿保存法1条からも明らかである。

> **1条** この法律は，情報化社会に対応し，国税の納税義務の適正な履行を確保しつつ納税者等の国税関係帳簿書類の保存に係る負担を軽減する等のため，電子計算機を使用して作成する国税関係帳簿書類の保存方法等について，所得税法（昭和四十年法律第三十三号），法人税法（昭和四十年法律第三十四号）その他の国税に関する法律の特例を定めるものとする（傍点は筆者）。

データ媒体による帳簿保存の問題の本質は，商業帳簿の本質的機能である「帳簿の証拠力」にかかわっているが，わが国のその当時の商法および租税法には帳簿の記帳条件として「整然且明瞭」（2005（平成17）年改正前の商法第32条）および「整然と，かつ，明りょう」（現行法人税法施行規則53条）としか規定されていなかったために，データ媒体による帳簿保存に対する法的許容（コンピュータ会計法の制定）には多大な時間とエネルギーが必要であった。

こうした背景もあって，同法では，コンピュータで会計処理し，かつ，紙で保存するケースは適用外となってしまったのである。ただし，コンピュータ会計法の制定の過程で，わが国の帳簿規定の空白地帯であった記帳（エントリー）や処理過程（プロセス）の問題点が浮き彫りになり，結果的にそれらに関して法的な担保措置が盛り込まれたことは画期的であった。コンピュータ会計法は帳簿および書類の電子保存を可能とし，併せて電子商取引の条件整備を行っており，IT社会構築の基盤整備法として位置づけられるものである。

(2) コンピュータ会計法の位置づけと内容

コンピュータ会計法によって，国税関係帳簿書類の電磁的記録による保存制度等が創設され，関連制度の整備として，所得税法施行規則等の一部改正によって，撮影タイプのマイクロフィルムによる保存可能期間の拡充も行われている。わが国のコンピュータ会計法は，以下の点に特徴がある。

① 所轄税務署長による承認制

米国およびドイツのコンピュータ会計法規は税務署長等の承認制度を採用していないが，わが国のコンピュータ会計法では税務署長等による承認制が採用

されている。

② コンピュータ会計法で求められる記帳の諸条件

国税関係帳簿の電磁的記録による保存等においては，以下の6つの条件に従って，その帳簿に係る電磁的記録の備付けおよび保存を行わなければならないこととされている（電子規3条1項）。同法に，「記帳の訂正および削除処理の履歴の確保」，「記帳の適時性」など，従来わが国の商法や税法で明文では求められていなかった具体的な記帳条件が規定されていたことは画期的である。なお，これらの条件は極めて技術的な事項であること等を考慮して，コンピュータ会計法施行規則において定められている（承認手続等およびCOMによる保存に関する説明は省略する）。

(a) 訂正・削除の履歴の確保／追加入力の履歴の確保

訂正・削除の履歴の確保，追加入力の履歴の確保に関しては，(ア)その帳簿に係る電磁的記録の記録事項について訂正または削除を行った場合には，これらの事実および内容を確認することができること，そして，(イ)その帳簿に係る記録事項の入力をその業務の処理に係る通常の時間を経過した後に行った場合には，その事実を確認することができることを求めている。ドイツの現行HGB239条3項，AO146条4項は「不変の記帳の原則」を規定し，GoBSの添付文書第3章でも同様の要求がある。「不変の記帳の原則」はGoBの基本となる原則の1つである。

(b) 各帳簿間での記録事項の相互追跡可能性

各帳簿間での記録事項の相互追跡可能性に関しては，その帳簿に係る電磁的記録の記録事項とその帳簿に関連する他の帳簿の記録事項との間において，相互にその関連性を確認することができるようにしておくことを求めている。ドイツではHGB238条1項3文，AO145条1項2文およびGoBSの第1章の1.3にも同様の規定が存在する。

(c) 電子計算機処理システムの開発関係書類等の備付け

ドイツのEDV簿記をめぐる法的仕組みにおいても，EDV簿記の正規性の判断基準となる「実箱」は，簿記の領域を超えてデータ処理組織にまで拡大し，データ処理組織の文書化などによって充塡されている（第8章第4節3(2)参照）。処理プロセスの検証にあたって，開発関係書類等の文書化と備付けは不可欠である。

(d) 見読可能装置の備付け等

コンピュータ会計法は，その帳簿に係る電磁的記録の保存等をする場所に，その電磁的記録の電子計算機処理の用に供することができる電子計算機，プログラム，ディスプレイおよびプリンタならびにこれらの操作説明書を備付け，その電磁的記録をディスプレイの画面および書面に，「整然とした形式および明りょうな状態」で，速やかに出力することができるようにしておくことを求めている。

(e) 検索機能の確保

その帳簿に係る電磁的記録の記録事項の検索をすることができる機能を確保しておくこと。具体的には，(ア)取引年月日，勘定科目，取引金額その他のその帳簿の種類に応じた主要な記録項目を検索の条件として設定することができること。(イ)日付けまたは金額に係る記録事項については，その範囲を指定して条件を設定することができることを求めている。そして(ウ) 2つ以上の任意の記録項目を組み合わせて条件を設定することができることを求めている。これに類した規定はドイツのGoBSには存在していない。

(f) 適時の入力

「当該国税関係帳簿に係る記録事項の入力をその業務の処理に係る通常の期間を経過した後に行った場合には，その事実を確認することができること」(電子規3条1項1号ロ)という条件は，「記録は，業務の処理に係る通常の時間内に行うべきである」という原則，換言すれば「適時の記帳の原則」の存在が前提となっている。ドイツではHGB239条2項，AO146条1項が適時の記帳を求めている。

(3) わが国のコンピュータ会計法の特質

① コンピュータ会計法の位置づけ

わが国のコンピュータ会計法には従来の会計法規を乗り越えるいくつかの重要な事項が盛り込まれており，わが国の会計法規の領域において，画期的な立法として位置づけられるべきものである。というのも，上記の考察でも明らかなように，コンピュータ会計法には「遡及的な訂正・削除・追加処理に関する担保措置」（不変の記帳の原則），「取引の追跡可能性」（再検査可能性）などの条件が盛り込まれているからである。これらの条件はドイツのHGBや1977年

AOではすでに成文化されているものがほとんどであるが，従来のわが国の会計法規においては明文では要求されていなかった条件であり，このような諸条件がわが国のコンピュータ会計法に初めて盛り込まれたことは注目に値する。法解釈的には，こうした厳格な条件が要求されているコンピュータ会計法に則って国税関係書類を電磁的記録によって保存する納税者には，税法上，適正な納税意識のある健全な納税者である，という一種の正当性の推定が生じると考えられる[15]。

また，「通達行政」といわれるように，わが国の税務行政は，時として「通達」が重要な役割を果たしてきたが，わが国のコンピュータ会計法は，税法の特別法たる単独法として創設されている。米国の「歳入手続98-25」やドイツの1995年GoBSの位置づけは，わが国の通達に近いものである。わが国のコンピュータ会計法は「法律による行政の原理」に則っており，より望ましい立法措置といえる（ドイツのコンピュータ会計法規は第8章，米国のコンピュータ会計法規は第8章補節参照）。

② **商法と商業帳簿の電磁的保存**

商法では，2001（平成13）年法律第128号によって33条の2が盛り込まれ，その1項で「商人ハ会計帳簿又ハ貸借対照表ヲ電磁的記録（括弧内省略＝筆者注）ヲ以テ作ルコトヲ得」として，明文をもって商業帳簿の電磁的保存を許容するに至っている。そして2005（平成17）年改正商法の商業帳簿規定では，商業帳簿の電磁的保存を「一般に公正妥当と認められる会計の慣行」に委ね，商法施行規則4条3項で「商業帳簿は，書面又は電磁的記録をもって作成及び保存をすることができる」と，会社法では計算書類等の電磁的記録を認め（435条3項），会社計算規則4条2項で「会計帳簿は，書面又は電磁的記録をもって作成しなければならない」と定めている。

ここで電磁的記録とは，「電子的方式，磁気的方式その他人の知覚によっては認識することができない方式で作られる記録であって，電子計算機による情報処理の用に供されるものをいう」とされ（会社法26条2項），この規定を受けて，会社法施行規則では「磁気ディスクその他これに準ずる方法により一定の情報を確実に記録しておくことができる物をもって調製するファイルに情報を記録したもの」と定義されている（会社法施行規則222条1項2号）。

商法上の，商業帳簿の電磁的保存に係る「実箱」である「一般に公正妥当と

図表14-2 わが国とドイツにおけるコンピュータ会計法の適用範囲

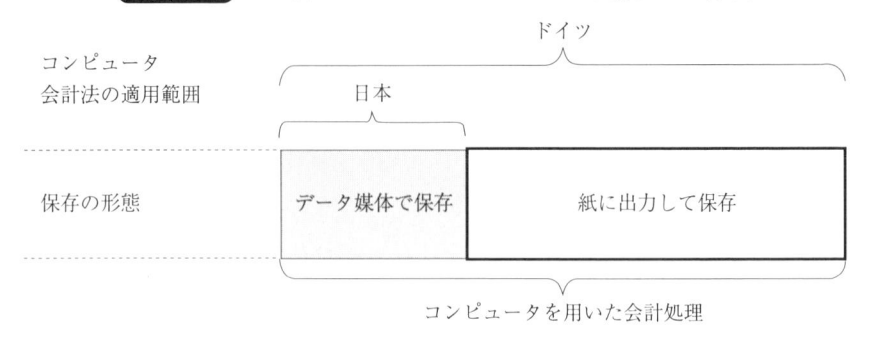

コンピュータ会計法の適用範囲		ドイツ	
		日本	
保存の形態		データ媒体で保存	紙に出力して保存
		コンピュータを用いた会計処理	

認められる会計の慣行」の中身は何かが問われるところである。ドイツの1995年GoBSは税法に法的根拠を置くものであるにもかかわらず,商法関係の注釈書においても当然のように引用されている。これと同様に,わが国の,商業帳簿の電磁的保存に係る「実箱」である「一般に公正妥当と認められる会計の慣行」には,「適時かつ正確な記帳」(商法19条2項)は当然のこと,税法の特別法であるコンピュータ会計法(電子帳簿保存法)も包含されると理解される。

③ 問題点

IT化により,記帳から財務諸表作成に要する時間が短縮され,事務作業の効率が格段に向上している。さらに,計算エラーや転記エラーが極端に少なくなり,トレーサビリティも向上している。どの企業でも間接人員の削減が進んでおり,拡大した会計対象に対して,少ないままの人員で対応ができている[16]。

しかしながら,根本的な問題は残ったままである。それは,帳簿の電子帳簿保存の場合にだけ一般に比して厳しい条件が課せられていることである(**図表14-2**参照)。

たとえば,コンピュータで会計処理したうえで紙に帳簿を出力して保存する場合にはコンピュータ会計法は適用されない。したがって,入力されたデータをいつでも自由に変更・削除・追加可能であり,かつ,それらの処理の履歴が残らない状態でも違法とはならない。これは,法制度の不整合を意味している(**図表14-3**参照)。

また,入力されたデータをいつでも変更等可能であり,かつ,その処理の履

図表14-3 わが国における「記帳条件」をめぐる法規制

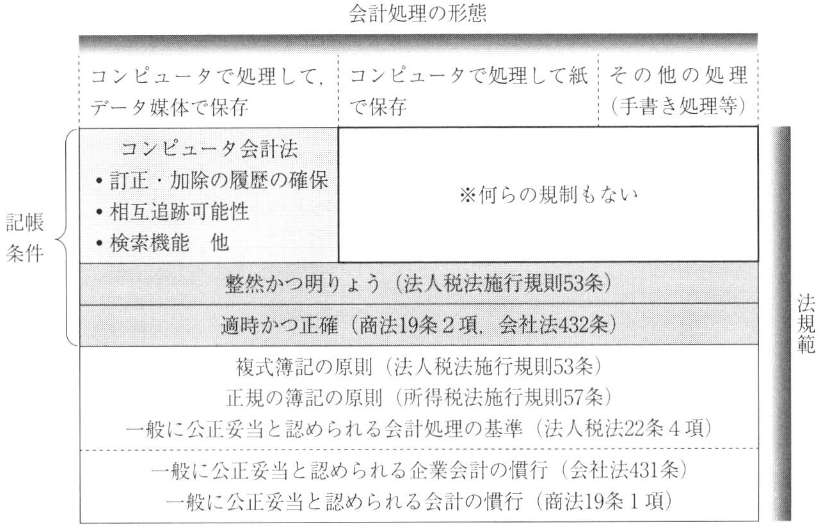

会計処理の形態

	コンピュータで処理して，データ媒体で保存	コンピュータで処理して紙で保存	その他の処理（手書き処理等）
記帳条件	コンピュータ会計法 ・訂正・加除の履歴の確保 ・相互追跡可能性 ・検索機能　他	※何らの規制もない	
	整然かつ明りょう（法人税法施行規則53条）		
	適時かつ正確（商法19条2項，会社法432条）		
	複式簿記の原則（法人税法施行規則53条） 正規の簿記の原則（所得税法施行規則57条） 一般に公正妥当と認められる会計処理の基準（法人税法22条4項）		
	一般に公正妥当と認められる企業会計の慣行（会社法431条） 一般に公正妥当と認められる会計の慣行（商法19条1項）		

（右側：法規範）

歴が残らないことは，会計の処理プロセスの正当性が客観的に立証できないことを意味している。

　こうした状態を招いた根本的な理由は，わが国の商法や税法には，ドイツの「簿記の正規性の基準となる一般的な GoB」，たとえば「一目瞭然性の原則（専門的知識を有する第三者への全容提供可能性）」・「再検査可能性の原則（取引の追跡可能性）」・「不変の記帳の原則」などが成文化されておらず，結果として「簿記の形式的な正規性」を明確に提示できないことにある。2005（平成17）年の商法改正で記帳の「適時性」と「正確性」が求められることになったが，いまだにわが国では記帳条件の成文化が遅れていることに変わりない。

4　「消費税法の帳簿記載要件」と「一般に公正妥当と認められる会計の慣行」

(1)　インボイス方式と帳簿方式

　1989（平成元）年4月から実施されたわが国の消費税法は，いわゆる前段階税額控除方式による付加価値税である。前段階税額控除方式には，「インボイス方式」と「帳簿方式」があり，EU 諸国および他の諸外国もインボイス方式を採用している。

こうした中で，わが国だけが帳簿方式を採用しており，前段階税額控除（仕入税額控除）は，原則として，事業者が，①課税仕入れの相手方の氏名・名称，②課税仕入れの年月日，③課税仕入れに係る資産または役務の内容，④課税仕入れに係る支払対価の額等を記載した帳簿，および前段階の事業者から交付される一定の請求書等を保存している場合に限り，認められる（消費税法30条7項から9項ほか）。

つまり，わが国の消費税法は，前段階の事業者から受け取るインボイスではなく，自らの帳簿に「一定の記載」をすること等を要件として税額控除を認めるという世界でも例を見ない仕組みを採用している。

かかる日本独自の仕組みを採用した理由について，「これは，『消費税』の導入に伴って事業者に余計な負担や費用をかけるのは好ましくない，という考慮によるものである[17]」とされているが，筆者は，それ以外に少なくとも2つの背景があったと考える。

第1は，わが国の個人事業者と中小企業が備え付けている「帳簿」の品質が，他の先進諸国のそれに比して相対的に高い，という社会的インフラが存在していたことである。でなければ，帳簿方式という，世界に例を見ない仕組みを，わが国の租税立法において採用することは不可能であった。かかるインフラ整備に，戦後導入された青色申告制度が果たした役割は大きい。

第2は，立法担当者が，帳簿の証拠力を認識していたと考えられることである。請求書等の保存という要件はあるものの，一定の記載要件を遵守した帳簿に，インボイスに相当する「高い証明力」を与えるという法的仕組みは，ドイツ会計制度において培われてきた「正規の簿記だけが証拠力を享受する」との命題が，わが国の消費税法に受け継がれていることを意味している。

(2) 帳簿方式と会計制度との関係

会計制度は，法律と会計の接点領域で成立する。とすれば，わが国の消費税法が採用する帳簿方式は，帳簿に一定の記載を求めており，まさに会計制度の一翼を担っていることになる。これに対して，インボイス方式は，帳簿の記載ではなく，インボイスや「請求書への税額の記載」を条件として税額控除を認めるものであり，会計制度とのかかわりは少ない。この点で，消費税法が採用する帳簿方式は，わが国の会計文化の特色の1つであるということができる。

(3) 「消費税法上の記載要件」と「一般に公正妥当と認められる会計の慣行」

1989年4月から実施されたわが国の消費税法に基づく帳簿の記載要件は，すでにわが国に定着し，「実務上の慣行」となっているといってよい。このことは，消費税法に基づく帳簿の記載要件が，すでに，「商業帳簿（帳簿）の法の適用局面」で機能する「実箱である『一般に公正妥当と認められる会計の慣行』」として確立していることを意味している。

5 「商業帳簿（帳簿）の法の適用局面」と日独会計制度

ドイツ会計制度において，「商業帳簿（帳簿）の法の適用局面」で機能するGoBの具体的内容は，第Ⅱ部（第6章から第9章）および第Ⅲ部の第10章および第11章において詳細に考察を加えた。すなわち，「商業帳簿（帳簿）の法の適用局面」で機能する「実箱であるGoB」概念は，少なくとも，①商業帳簿の自己報告による健全経営の遂行，②商業帳簿の証拠力，③破産防止による債権者保護，④租税法上の帳簿（簿記）の証拠力，⑤ルーズリーフ式簿記，⑥マイクロフィルムによる帳簿書類保存，⑦租税優遇措置適用（1974年まで），⑧EDV簿記，⑨租税危害等に係るものとして機能するに至っている。そして，それぞれの「実箱であるGoB」の内容は明確化されている。

これと，本節で考察した，わが国会計制度における「一般に公正妥当と認められる会計の慣行」概念を比較した場合，「商業帳簿（帳簿）の法の適用局面」においては，ドイツのGoB概念のほうが，より明確化され，体系化されていることが理解される。

第3節　会計技術の組立の局面

1　会計技術の組立

事業者の基本的属性（規模や業種等）によって，異なる「慣行」が形成される。企業属性が異なることによって，形成される行動様式がそれぞれ異なるがゆえに，異なる会計慣行が生まれると解される。つまり，個々の「場の条件」に従って，「一般に公正妥当と認められる会計の慣行」の「会計技術の組立」が行われる。この場合，「場の条件」は大別して，「企業の規模」と「企業の業

図表14-4 「会計技術の組立」における規範と一般的社会価値

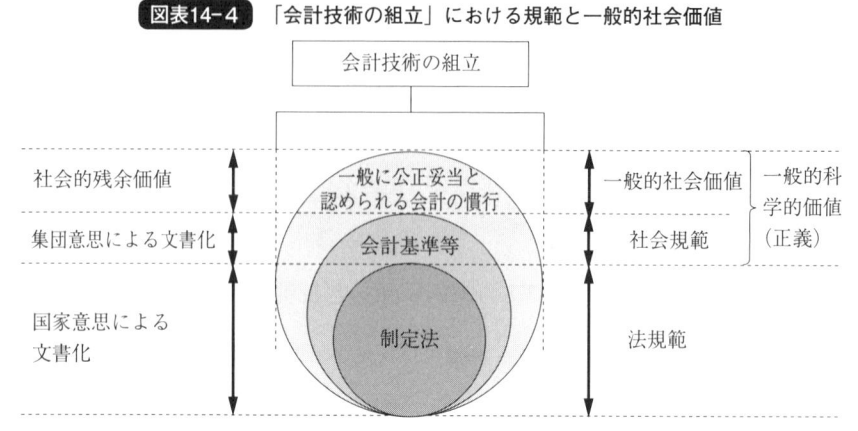

```
                    会計技術の組立

社会的残余価値      一般に公正妥当と        一般的社会価値   一般的科
                    認められる会計の慣行                      学的価値
集団意思による文書化    会計基準等           社会規範        （正義）

国家意思による
文書化                 制定法               法規範
```

出所：武田（2007b）12頁の図表を一部修正・追加して引用

種および業態」に区分される。これらの「場の条件」に応じた「一般に公正妥当と認められる会計の慣行」は，「会計処理の原則・手続」および「開示」をめぐるものであり，主に会計学が取り扱う領域である。

「会計技術の組立の局面」においては，成文法規則によってあらゆる会計行為を律することはできず，残余としての領域については「一般的科学的価値」（または「正義」）としての「一般に公正妥当と認められる（企業）会計の慣行」に基づき判断されなければならない。このような理解が承認されると，「会計技術の組立」のパラダイムは，「法規範としての成文法体系」と「社会規範としての会計基準」からなり，それによって覆いつくせない残余の領域については，価値概念に属する「一般に公正妥当と認められる会計の慣行」が基礎に置かれる[18]（**図表14-4**）。

会計の認識対象に応じた各種の「技術」（会計処理の原則・手続）は「戦術」に相当し，「会計基準」はその場に応じた「戦略」に相当する[19]。「基準」という場合，特定の「場の条件」においてそれに適した技術をいかに組み立てていくかということ（技術の組立）が，「基準設定」の基本となるものである。その意味で，会計処理の原則・手続の精緻化と基準策定の問題とは別問題である。

2　企業の規模

(1)　法律上の区分

「場の条件」の一側面である「企業の規模」は，少なくとも，個人事業者か法人か，金融商品取引法適用会社か否かの区分が存在する。この区分に従って，2005（平成17）年の商法改正および会社法の創設，そして2007（平成19）年の金融商品取引法の成立によって，国内法と国際会計基準とが法律構造的にどのような関係になっているかを整理してみたい。まず，「企業の規模」と公正概念は**図表14-5**のようになっている。

図表14-5　「企業の規模」と公正概念

規模／業種等　＼　用語	① 前綴り	② 後綴り	③ 強行性	④ 適用対象
商法（19条1項）	一般に公正妥当と認められる	会計の慣行	従うものとする	商人一般
会社法（431条）	一般に公正妥当と認められる	企業会計の慣行	従うものとする	株式会社
会社計算規則（3条）	一般に公正妥当と認められる	企業会計の基準	しん酌しなければならない	会計監査人監査の適用を受ける株式会社
	一般に公正妥当と認められる	その他の企業会計の慣行		上記以外の中小株式会社
金融商品取引法（財規1条1項）	一般に公正妥当と認められる	企業会計の基準	従うものとする	上場会社，届出会社（発行価額1億円以上の有価証券を発行した会社）等の大会社

出所：上記の表は武田（2008a）の表を引用

法人税法	一般に公正妥当と認められる	会計処理の基準	従って計算されるものとする	普通法人，公益法人等，人格のない社団等

財務諸表等の監査証明に関する内閣府令	一般に公正妥当と認められる	企業会計の基準		監査証明を受けるべき会社
		中間財務諸表等の作成基準		
		四半期財務諸表等の作成基準		

① 金融商品取引法関係

　国際会計基準が国内法に接する場面は，金融商品取引法193条であり，財務諸表の作成に関する「内閣総理大臣が一般に公正妥当であると認められるところ」という概念がフィルターになっている。つまり，国際会計基準がすべて無条件に導入されるというわけではなく，内閣総理大臣が認めるか否かという一種の「通過儀礼」を経ることになる。そして，そこで認められたものが，「一般に公正妥当であると認められる企業会計の基準」（企業会計基準）となり，それに準拠して「財務諸表等規則」という内閣府令（省令）が作られ，それと同時に，企業会計審議会が意見書を，企業会計基準委員会が企業会計基準を策定し，これらに従って「財務諸表」が作成される。かかる意味において，国際会計基準は「グローバルという名のローカルな会計基準」であるということができる。

　そして，「IFRSのみでは持続的プロダクトの視点を重視する日本企業の行動特性や文化的環境には十分には適合しない[20]」という主張は，今後のわが国の会計制度とIFRS（国際財務報告基準）との関係を検討する際に，非常に有効な示唆であると考える。

② 会社法関係

　計算書類作成の仕組みは，会計帳簿に関する規定（記帳条件等，帳簿の証拠性に関する規定）が会社法の431条から434条に，会社法の計算書類等に係る規定が435条以下で定められ，それに基づいて「会社計算規則」につながり，「計算書類」が作成される形になっている。

　そして，会社法431条の「一般に公正妥当と認められる企業会計の慣行」が金融商品取引法で定めたものをすべて受け入れるという仕組みになっている。つまり，会社法431条は「従うものとする」という文言を用いているが，これは「理念としての義務規定」であり，その中身は法務省令である会社計算規則で具体的に定まる。会社計算規則（3条）では，「一般に公正妥当と認められる企業会計の基準その他の会計慣行を斟酌しなければならない」という表現で，そのトーン（語調）を弱めている。すなわち，「斟酌しなければならない」（考えの中にとり入れて解釈しなければならない）と規定したのは，まさにその時々の経済社会環境により，金融商品取引法（旧証券取引法）上の「一般に公正妥当と認められる企業会計の基準」の改正等により，時代とともに変化する

具体的規定内容を自動的に受け入れやすい形での規定構成としていると解してよい[21]。

ここで重要なのは,「一般に公正妥当と認められる企業会計の基準その他の企業会計の慣行」(会社計算規則3条)における「その他の」という用語である。この用語の使用によって,「(会社法上の)一般に公正妥当と認められる企業会計の基準」が「一般に公正妥当と認められる企業会計の慣行」に包含されることが法文解釈上明らかになる。さらに,立法担当者は「一般に公正妥当と認められる企業会計の慣行と認められるものは株式会社の規模,業種,株主構成などによって複数同時に存在すると考えられる[22]」としている[23]。

③ 商人一般の関係

「企業会計の慣行」の底辺には,商人一般の関係としての「一般に公正妥当と認められる会計の慣行」(商法19条1項)がある。商人ではあっても,自然人たる商人と,法人たる商人とではその「属性」(基本となる特性)が異なっているため,そこに形成される「慣行」もまた異なるものがあると解される[24]。

それゆえに,商法の商業帳簿に係る規定(記帳条件等,帳簿の証拠性に関する規定)の概念を用いて,商人の慣行の中から絞り込まれた株式会社の会計と区分している。

④ 法人税法

法人税法においては,「法人」の定義について特に規定はないが,「法人税の納税義務者」として法人を内国法人と外国法人に区分し,課税上の取扱いを定めている。「内国法人」であっても「公益法人等」や「人格のない社団等」については収益事業を営む場合に,当該「収益事業から生じた所得」に限り法人税を納める義務がある。また,課税所得計算に関して,「一般に公正妥当と認められる会計処理の基準に従って」各事業年度の収益の額および費用・損失の額が計算されるべきことが,課税所得計算の総則規定の中に盛り込まれている(法人税法22条4項)。この「一般に公正妥当と認められる会計処理の基準」概念は,「一般に公正妥当と認められる企業会計の慣行」と同様に多様性ある概念である[25]。

⑤ 財務諸表等の監査証明に関する内閣府令(監査証明省令)

財務諸表等の監査証明に関する内閣府令の4条1項1号ハでは,「一般に公正妥当と認められる企業会計の基準」,同項2号ハでは「一般に公正妥当と認

められる中間財務諸表等の作成基準」，同項3号ハでは，「一般に公正妥当と認められる四半期財務諸表等の作成基準」という語が用いられている。ここで「一般に公正妥当と認められる企業会計の基準」との語は，会社計算規則3条と財務諸表等規則1条1項にもみられ，公認会計士・監査法人による監査業務との連動が図られている。

(2) 新会社法下での国内法と国際会計基準との関係

以上の理解の下で，新会社法下での国内法と国際会計基準との関係を法的に整理すれば，**図表14-6**となる。

この図表14-6の構図はドイツにおけるIFRSの限定的な受入れの法体系と酷似している（ドイツにおけるGoBの重層性とIFRSの関係は第12章第4節3参照）。

わが国では，「一般に公正妥当と認められる会計の慣行」（商法19条1項）概念のもとで，「異なる会計基準の組立」が重層的に行われる法形式が完成しており，商法・会社法の法令自体が，会計規定以外の会計原則の適用を認めている。さらに，会社計算規則は従来の評価規定を削除している（ドイツの2009年会計法現代化法でも資本会社に関する評価規定を削除している。第12章第3節2(1)③参照）。これは，たとえば，金融商品取引法上の「一般に公正妥当と認められる企業会計の基準」についていえば，時代とともに変化する具体的規定内容を自動的に受け入れやすい形でそれが規定化されたものであると解してよく，それゆえに，一定の通過儀礼を経て，IFRSを「一般に公正妥当と認められる企業会計の基準」として受け入れる法的基礎ができ上がっていると理解すべきであろう。

(3) IFRSと「上場会社の連結財務諸表」

国際会計では，情報提供機能を重視した連結財務諸表を基本財務諸表として位置づけている。

証券市場を重視し，株式・社債発行による資金調達を行い「直接金融方式」を推進している英米等アングロ・サクソン系諸国では，連結会計情報に基づく収益性判断を尊重した投資行動が展開されているから，わが国が「直接金融方式」重視に転換していかざるを得ないとすれば，企業集団について国際的に比

図表14-6　新会社法下での国内法と国際会計基準との関係

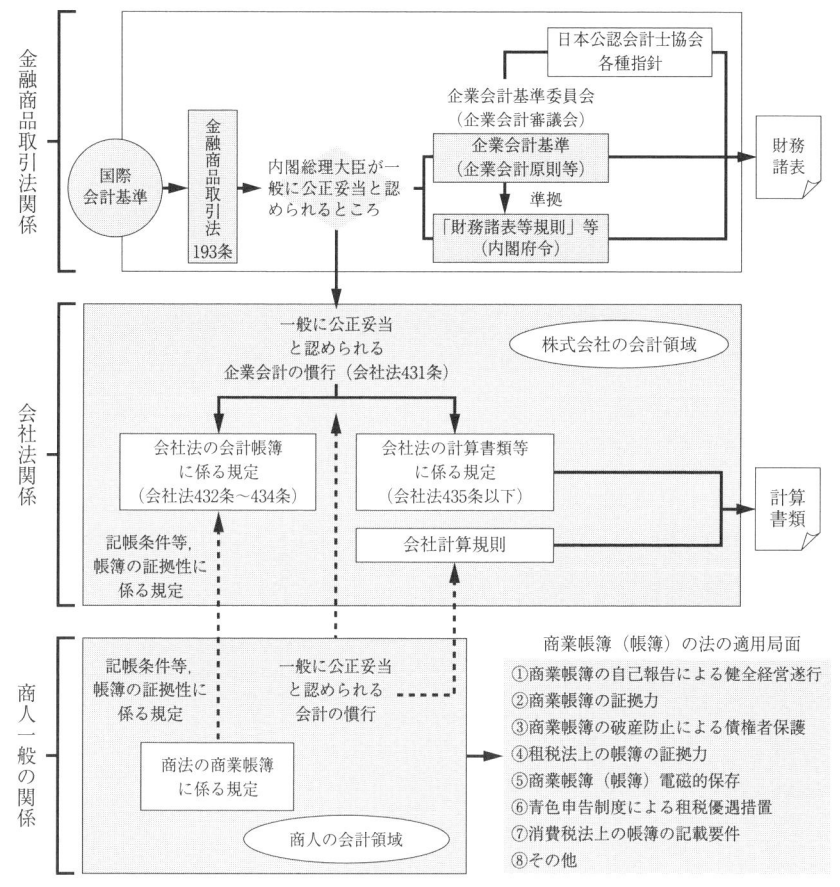

出所：武田（2008a）178頁の図2に「商業帳簿（帳簿）の法の適用局面」を追加して引用

較可能な連結情報を開示していかなければならない[26]。また，連結経営をより効果的に基礎づけていくためには，連結企業集団内の会計処理基準の統一が何より必要である。単に国内次元にとどまるものではない。メガ・コンペティションにあっては，グローバルな連結経営の発展こそ求められており，国際的な会計処理基準の一貫性確保は大きな経営命題となっている[27]。「連結優位」の視点は，会計のいろいろな分野に抜本的思考の変換を求めている[28]。

経済のグローバル化に伴い，国際場裏においてファイナンス活動を行い，あるいは，事業活動を営む企業は，「国際」という新たな「活動の場」が開けた

のであるから、グローバルな会計基準（国際会計基準）を積極的に適用する必要がある。国際という新たな場における、グローバルという名の新たなローカルな会計基準（グローバル会計基準＝国際会計基準）の創設であり、そこに参加する企業の遵守すべき基準ということになる[29]。

既述のように、わが国の会計制度は、ドイツのGoBの体系と同様に、「一般に公正妥当と認められる会計の慣行」のもとで、「商業帳簿（帳簿）の法の適用局面」および「会計技術の組立の局面」という2つの「場」において機能し、これらが一体となって会計制度を構成している。とすれば、わが国の株式公開上場会社の連結財務諸表には、情報提供志向のIFRSをいち早く選択適用せしめるとともに、各企業の個別決算書には、「商業帳簿（帳簿）の法の適用局面」における機能を維持しつつ、各企業の「属性」に応じた会計基準を適用せしめることが、わが国の会計制度のグランドデザインとなるであろう。

(4) わが国の会計包括概念と、US-GAAP・IFRS・GoBの適用予定領域
① US-GAAPとIFRSの適用予定領域

米国のGAAPは、その選択の幅によって多数のGAAPがありうるが、その主な適用先は証券市場における株式公開企業であることに変わりない（米国会計制度の二層性は第11章補節2参照）。

たとえば、「個人事業者とUS-GAAP」、「帳簿の証拠力とUS-GAAP」（第6章補節参照）、「ADPシステムとUS-GAAP」（第8章補節参照）等の組み合わせはさしたる意味をなさず、場合によっては対立の様相を呈する。これはUS-GAAPが「証券市場」という「場」を前提にし、かつ、「商業帳簿（帳簿）の法の適用局面」における機能を考慮の外に置いて、構築されていることの証左である。

EUは日本と米国の会計基準をIFRSと同等であると認めた（2008年12月12日）。EUに上場する日本企業は引き続き日本基準に準拠した財務諸表を使用することが可能となり、日本基準に対するEUの同等性評価問題は一応の決着をみたのであるが、それは、IAS/IFRS、US-GAAPが、わが国の「一般に公正妥当と認められる企業会計の基準」（企業会計基準）と同等の「場」で機能しうることを意味している。

② 「一般に公正妥当と認められる企業会計の慣行（基準）」の適用予定領域

わが国の「一般に公正妥当と認められる企業会計の慣行」（会社法431条）および「一般に公正妥当と認められる企業会計の基準」（会社計算規則3条）等の概念も，「一般に公正妥当と認められる会計の慣行」と異なり，「商業帳簿（帳簿）の法の適用局面」を予定しておらず，「会計技術の組立の局面」で機能する概念である（確かに，会社法431条から434条には，記帳条件等，帳簿の証拠性に関する規定が存在するが，それらは433条（会計帳簿の閲覧等の請求）を除き，商法19条と同様の内容である）。

③ GoBと「一般に公正妥当と認められる会計の慣行」

これに対して，ドイツのGoB（HGB238条1項）およびわが国の「一般に公正妥当と認められる会計の慣行」（商法19条1項）は，ともに多様性を特徴とする会計包括概念であり，「商業帳簿（帳簿）の法の適用局面」で機能するとともに，「会計技術の組立の局面」においても機能する概念である。GoBと「一般に公正妥当と認められる会計の慣行」の相違点は，「会計技術の組立の局面」に関して，ドイツでは，一貫してGoBとの用語でカバーしているのに対して，わが国では，「一般に公正妥当と認められる」という共通の「前綴り」のもとで，「会計の慣行」・「企業会計の慣行」・「企業会計の基準」等の表現の異なる「後綴り」を用いていることである。

以上のように，わが国の「一般に公正妥当と認められる企業会計の慣行」は，「一般に公正妥当と認められる会計の慣行」に包含され，「一般に公正妥当と認められる企業会計の基準」は，「一般に公正妥当と認められる企業会計の慣行」に包含される。したがって，厳格にいえば，「一般に公正妥当と認められる企業会計の慣行（基準）」は，GoBに相当する概念ではない（以上の関係を**図表14-7**で示した）。

さらに，わが国の会計包括概念とUS-GAAP等がその機能を発揮することが予定されている主な「場」を表にすれば，**図表14-8**となる。

用語の形式的な側面からみれば，わが国の「一般に公正妥当と認められる会計の慣行」は，米国の「一般に認められた会計原則（GAAP）」に類似している。しかし「一般に公正妥当と認められる会計の慣行」は，実質的には，ドイツの「正規の簿記の諸原則（GoB）」と同様の概念である。

図表14-7　GoBとわが国の会計包括概念との関係

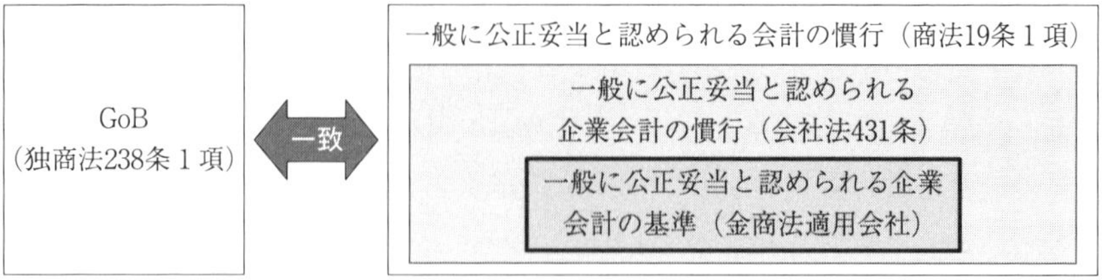

GoB（独商法238条1項） ⇔一致⇔ 一般に公正妥当と認められる会計の慣行（商法19条1項）／一般に公正妥当と認められる企業会計の慣行（会社法431条）／一般に公正妥当と認められる企業会計の基準（金商法適用会社）

※法解釈上は，（金融商品取引法上の）「一般に公正妥当と認められる企業会計の基準」は（会社法上の）「一般に公正妥当と認められる企業会計の基準」概念に包含される。

図表14-8　会計慣行・会計基準と「場の条件」

会計慣行・会計基準 \ 場の条件	商業帳簿の法の適用局面	会計技術の組立の局面：株式公開会社	その他の会社	個人商人
一般に公正妥当と認められる会計の慣行（商法19条1項）	○	○	○	○
一般に公正妥当と認められる企業会計の慣行（会社法431条）		○	○	
一般に公正妥当と認められる企業会計の基準（会社計算規則3条）		○		
US-GAAP（一般に認められた会計原則）		○		
IFRS（国際財務報告基準）		○		
ドイツ：GoB（正規の簿記の諸原則）	○	○	○	○

※各概念がその機能を発揮することが予定されている主な「場」に○印を付した。

わが国では，時として，「一般に公正妥当と認められる会計の慣行」ないし「一般に公正妥当と認められる企業会計の慣行」概念がGAAPと同質であるかのような論調がみられる。米国文化追随型の思想が，かかる誤解を生じせしめ

たのかもしれない。

3　企業の業種および業態

商人一般に適用される，商法19条1項所定の「一般に公正妥当と認められる会計の慣行」などの語は，他の法律において，以下の**図表14-9**のように用いられている。

図表14-9　「企業の業種および業態」と公正概念

業種・業態等＼用語	①前綴り	②後綴り	③強行性	④適用対象
商法（19条1項）	一般に公正妥当と認められる	会計の慣行	従うものとする	商人一般
一般社団法人及び一般財団法人に関する法律（119条，199条）	一般に公正妥当と認められる	会計の慣行	従うものとする	一般社団法人・一般財団法人
医療法（50条の2）	一般に公正妥当と認められる	会計の慣行	従うものとする	医療法人
技術研究組合法（56条）	一般に公正妥当と認められる	会計の慣行	従うものとする	技術研究組合
協同組合による金融事業に関する法律（5条の111項）	一般に公正妥当と認められる	会計の慣行	従うものとする	協同組合
金融商品取引業に関する内閣府令（182条3項）	一般に公正妥当と認められる	会計の慣行	従うものとする	金融商品取引業者（会社を除く）
商店街振興組合法（67条の3）	一般に公正妥当と認められる	会計の慣行	従うものとする	商店街振興組合
消費生活協同組合法（51条の3）	一般に公正妥当と認められる	会計の慣行	従うものとする	消費生活協同組合
信託法（13条）	一般に公正妥当と認められる	会計の慣行	従うものとする	信託業者
信用金庫法（55条の21項）	一般に公正妥当と認められる	会計の慣行	従うものとする	信用金庫

法令					適用対象
森林組合法（67条の2）	一般に公正妥当と認められる	会計の慣行	従うものとする		森林組合
水産協同組合法（54条の5）	一般に公正妥当と認められる	会計の慣行	従うものとする		水産協同組合
中小企業等協同組合法（57条の6）	一般に公正妥当と認められる	会計の慣行	従うものとする		中小企業等協同組合者
農業協同組合法（50条の5）	一般に公正妥当と認められる	会計の慣行	従うものとする		農業協同組合
農林中央金庫法（75条）	一般に公正妥当と認められる	会計の慣行	従うものとする		農林中央金庫
労働金庫法（59条の21項）	一般に公正妥当と認められる	会計の慣行	従うものとする		労働金庫
会社法（431条）	一般に公正妥当と認められる	企業会計の慣行	従うものとする		株式会社
金融商品取引事業に関する内閣府令（182条2項）	一般に公正妥当と認められる	企業会計の慣行	従うものとする		金融商品取引業者（会社に限る）
公認会計士法（34条の15の2）	一般に公正妥当と認められる	企業会計の慣行	従うものとする		監査法人
資産再評価施行規則（15条2項）	一般に公正妥当と認められる	企業会計の慣行	従うものとする		法人または個人
資産の流動化に関する法律（98条2項）	一般に公正妥当と認められる	企業会計の慣行	従うものとする		特定目的会社
投資信託及び投資法人に関する法律（128条）	一般に公正妥当と認められる	企業会計の慣行	従うものとする		投資法人
保険業法（54条）	一般に公正妥当と認められる	企業会計の慣行	従うものとする		相互保険会社
有限責任事業組合契約に関する法律（28条）	一般に公正妥当と認められる	企業会計の慣行	従うものとする		有限責任事業組合
◆一般社団法人及び一般財団法人に関する法律施行規則（21条）	一般に公正妥当と認められる	会計の基準その他の会計の慣行	しん酌しなければならない		一般社団法人・一般財団法人

第14章　会計制度の展開　457

| 弁護士法人の業務及び会計帳簿等に関する規則（2条9項） | 一般に公正妥当と認められる | 会計の基準その他の会計の慣行 | 斟酌しなければならない | 弁護士法人 |

◆を付したものは，本法で「一般に公正妥当と認められる会計の慣行」との語を用いている。

※弁護士法人のほか，税理士法人，特許業務法人，司法書士法人，社会保険労務士法人，行政書士法人，土地家屋調査士法人も，それぞれ施行規則で同様に規定されている。なお，税理士法人施行規則（22条の3第9項）だけが「斟酌」ではなく「しん酌」との語を用いている。

※社会福祉法人に関しては「一般に公正妥当と認められる会計の基準」という用語が採用されている（社会福祉法人会計基準1条，指定介護老人福祉施設等会計処理等取扱指導指針「第1総則　趣旨」，就労支援の事業の会計処理の基準「第1総則　趣旨」，授産施設会計基準「第1章　総則　1条」）。

◆技術研究組合施行規則（19条）	一般に公正妥当と認められる	企業会計の基準その他の会計の慣行	しん酌しなければならない	技術研究組合
◇公認会計士法施行規則（59条）	一般に公正妥当と認められる	企業会計の基準その他の会計の慣行	しん酌しなければならない	監査法人
◆森林組合法施行規則（19条）	一般に公正妥当と認められる	企業会計の基準その他の会計の慣行	しん酌しなければならない	森林組合
◆水産業協同組合法施行規則（103条）	一般に公正妥当と認められる	企業会計の基準その他の会計の慣行	しん酌しなければならない	水産業協同組合
◆商店街振興組合法施行規則（16条）	一般に公正妥当と認められる	企業会計の基準その他の会計の慣行	しん酌しなければならない	商店街振興組合
輸出水産業の振興に関する法律施行規則（31条）	一般に公正妥当と認められる	企業会計の基準その他の会計の慣行	しん酌しなければならない	輸出水産業者
中小団体の組織に関する法律施行規則（17条）	一般に公正妥当と認められる	企業会計の基準その他の会計の慣行	しん酌しなければならない	中小企業団体
◆中小企業等協同組合法施行規則（71条）	一般に公正妥当と認められる	企業会計の基準その他の会計の慣行	しん酌しなければならない	中小企業等協同組合

| ◆農業協同組合法施行規則（88条） | 一般に公正妥当と認められる | 企業会計の基準その他の会計の慣行 | しん酌しなければならない | 農業協同組合 |

◆を付したものは，本法（たとえば，中小企業等協同組合法）で「一般に公正妥当と認められる会計の慣行」との語を用いている。
◇を付したものは，本法で「一般に公正妥当と認められる企業会計の慣行」との語を用いている。

◇会社計算規則（3条）	一般に公正妥当と認められる	企業会計の基準	しん酌しなければならない	会計監査人監査の適用を受ける株式会社
	一般に公正妥当と認められる	その他の企業会計の慣行		上記以外の中小株式会社
特定目的会社の計算に関する規則（3条）	一般に公正妥当と認められる	企業会計の基準その他の企業会計の慣行	しん酌しなければならない	特定目的会社

◇を付したものは，本法で「一般に公正妥当と認められる企業会計の慣行」との語を用いている。

船主相互保険組合法施行規則（32条）	一般に公正妥当と認められる	会計の基準その他の企業会計の慣行	しん酌しなければならない	船主相互保険組合
私立学校施行規則（4条の4）	一般に公正妥当と認められる	学校法人会計の基準その他の学校法人会計の慣行	従って行わなければならない	私立学校
株式会社日本政策投資銀行の会計に関する省令（4条5号）	一般に公正妥当と認められる	会計の原則	従うこと	日本政策投資銀行
株式会社日本政策金融公庫の会計に関する省令（5条5号）	一般に公正妥当と認められる	会計の原則	従うこと	日本政策金融公庫

金融商品取引法（財規1条1項）	一般に公正妥当と認められる	企業会計の基準	従うものとする	上場会社，届出会社（発行価額1億円以上の有価証券を発行した会社）等の大会社
全国健康保険協会の財務及び会計に関する省令（1条1項）	一般に公正妥当と認められる	企業会計の基準	従うものとする	全国健康保険協会
地方公共団体金融機構の財務及び会計に関する省令（1条）	一般に公正妥当と認められる	企業会計の基準	従うものとする	地方公共団体金融機構
※独立行政法人	一般に公正妥当と認められる	企業会計の基準	従うものとする	独立行政法人
日本年金機構の財務及び会計に関する省令（1条）	一般に公正妥当と認められる	企業会計の基準	従うものとする	日本年金機構
放送法施行規則（7条の21項）	一般に公正妥当と認められる	企業会計の基準	従うものとする	日本放送協会

※独立行政法人にはさまざまなものがあるが，それぞれの法人に関する「財務及び会計に関する省令」等で，「一般に公正妥当と認められる企業会計の基準に従うものとする」と規定されているため，一括で表記した。

　このように，「一般に公正妥当と認められる」という前綴りを用いた「会計の慣行」／「企業会計の慣行」／「会計の基準」／「企業会計の基準」／「会計の原則」／「その他の企業会計の慣行」／「その他の会計の慣行」との用語は，商法，会社法，一般社団法人及び一般財団法人に関する法律，農林中央金庫法，信用金庫法，医療法等，数多くの法律規定に規定されるに至っている。これは，「場の条件」の一側面である業種および業態に応じて，数多くの「実箱」である「一般に公正妥当と認められる会計の慣行」（受け皿）が用意されていることを示すものである。具体的には，これらの法律規定を受けて，医療法人会計基準，公益法人会計基準，社会福祉法人会計基準，学校法人会計基

準，独立行政法人会計基準など，「企業の業種と業態」に応じたさまざまな会計基準が策定されている。

4　確定決算主義

(1)　確定決算主義への再評価

ドイツの会計制度において「基準性の原則」が重要な位置づけにあるのと同様に，わが国の会計制度において確定決算主義は重要な位置を占めている。

確定決算主義とは，商人の計算領域においては，商法（会社法）が基本法的働きを持っているという前提で，会社法上の計算書類に基づいて税法上の課税所得計算を行うとする考え方を指す。具体的に，会社法上の最高経営意思決定機関である株主総会において承認を受けた計算書類に基づき，税法の規定を適用することにより課税所得を計算するという手続的な面を表現するときには，確定決算基準という用語が用いられるのである[30]。

確定決算主義に対するわが国における評価は，かつてはいわゆるトライアングル体制に絡めて「会計制度の発展を阻害する」との論調が多かったが，最近では，以下のように世界に誇る法体系であるとする説も存在している。

税務における課税所得計算は，商人の主観性の上に立った計算書類（企業利益）について客観性を追求する計算領域であるがゆえに，企業自らが作成した主観的な計算書類を「第1次的に客観化する過程」として，「株主総会での承認」という法的手続を求めたものである（第1次客観性）。株主総会においてかかる同意があることで，会社の作成した計算書類に「合意が与えられたという意味での客観性」が付与されたことになる。かかる客観性ある計算書類をベースに，法人税法が求める特別規定（企業会計とは異なる会計処理法）に従い，その差異額を調整（申告調整）することを命ずることで，「法人税法に従う客観性」（第2次客観性）を求めた。かかる客観化過程において最も重要な役割を果たしたものが，「確定決算主義」であったと解される[31]。

特に，第2次客観化過程において重要なものが「税理士が税務の専門家という立場から自らが作成した申告書についてその正確性を裏づけるための文書としての性格を有する」税務監査（書面添付）である（税理士による第2次客観化過程の強化）。武田隆二博士は，かかる第1次・第2次客観化過程に担保されて，納税者の経済性のみならず，税の執行の簡素化と円滑化，適正な納税義務

図表14-10　確定決算主義と書面添付制度の関係

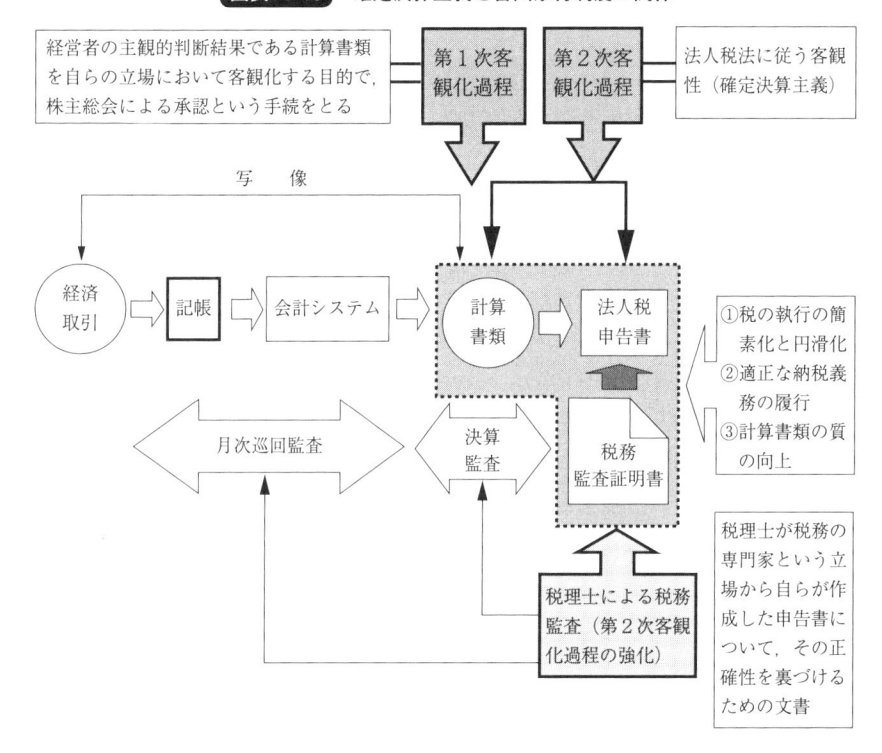

の履行，計算書類の質の向上が図られるとされる[32]。また，中小企業にとっては，できるだけコストをかけずに，正しい決算を行うことが基本であるから，確定決算主義はその点で欠くべからざる仕組みである[33]。

　確定決算主義は，第1次客観化過程および第2次客観化過程によって，税の執行の簡素化と円滑化，適正な納税義務の履行，計算書類の質の向上を図る仕組みとなっている。これらの関係を図示すれば，**図表14-10**になる。

(2) 税法をベースとした（あるいは，尊重した）計算書類の作成

　他方，わが国の中小企業の会計実務では，ドイツと同様に，税法をベースとした，あるいは，税法を尊重した計算書類が定着し，かかる計算書類作成の仕方はすでに「慣行」になっている。それは，確定決算主義（ドイツでは「基準性の原則」）により，会計と税務が結びついているからである。ここで「慣行」

とは，何らかの事例ないし事態の処理に際しての行為規範として社会に承認され，確立されたパターンを意味する。つまり，歴史的時間の中で醸成され，社会的に安定した「会計行為の規範的パターン」が慣行である[34]。そして「慣行」がベースとなって「原則」が導かれる[35]。

さらに，わが国の企業に占める中小企業の比率は圧倒的に高く，かつその企業属性もさまざまである。このような事実関係を前提にすれば，「その他の企業会計の慣行」を，大企業会計基準の簡易版である中小企業会計指針だけでカバーすることは不可能であり，その他に，「税法を尊重した（税法をベースとした）中小企業の会計慣行」の存在を認めることが必要になる。

これに加えて，中小企業の会計実務のみならず，大企業会計基準（一般に公正妥当と認められる企業会計の基準）においても「税法基準」の存在を認めることができる。証券取引法違反を問われた，いわゆる長銀事件判決[36]や日債銀事件判決[37]において，最高裁判所は，「公正ナル会計慣行」として，「税法基準」を認めている。

ただし，ここで「税法基準」とは，「税法基準という会計基準」の体系を認めるものではなく，金融機関の貸出金の評価・償却・引当をめぐる「会計技術の組立」に関して，その当時の「税法基準」の適用を認めるものである。長銀事件判決では，ある特定の会計処理方法が「唯一の公正なる会計慣行」となるためには，そのハードルが極めて高いことが示されている。

換言すれば，「一般に公正妥当と認められる企業会計の慣行」（会社法431条）の幅は相当に広いということである。

会計基準策定の基本は，会計技術（会計処理の原則・手続＝損益の認識・利益測定・資産評価の方法等）を「場の条件」（企業属性）に見合った形で「いかに組み立てるか」ということにある。それゆえに「税法をベースとした」ないし「税法を尊重した」，「中小企業の会計の慣行」とは，①「一般に公正妥当と認められる企業会計の慣行」（会社法431条）の枠内で，②会計技術の組立において，③個々の「税法規定」を優先して適用する，「会計の慣行」を意味する。ちなみにドイツにおいて，統一貸借対照表が認められるか否かは，その統一貸借対照表がどの程度まで GoB を堅持しているかによって判断される（第11章第3節1⑷参照）。

(3) 租税法における「一般に公正妥当と認められる企業会計の慣行」の尊重

近年，わが国の法人税法においては，租税収入確保の観点から，引当金の見直しなど，企業会計と税法規定の乖離が進行している。こうした立法政策は，確定決算主義の形骸化を内包している。特に中小企業にあっては，「財務会計」と「税務会計」とのギャップを埋めることが重要である。租税法の立法政策において，「一般に公正妥当と認められる企業会計の慣行」が一層尊重される必要がある。

5 「民法典上の報告義務・顛末報告義務」と会計制度

ここで，「民法典上の報告義務・顛末報告義務」と会計制度との関係を確認しておきたい。

民法645条「受任者による報告」は，「受任者は，委任者の請求があるときは，いつでも委任事務の処理の状況を報告し，委任が終了した後は，遅滞なくその経過及び結果を報告しなければならない」と定める。これは，委任契約に関して，受任者の委任者に対する報告義務および顛末報告義務を定めたものである。同条は，準委任契約における受任者（656条），業務執行組合員（671条），事務管理の管理者（701条），限定承認後の限定承認者（926条2項），放棄後の相続放棄者（940条2項），財産分離後の相続人（944条2項），遺言執行者（1012条2項）といった他人の事務を処理する者について準用されている[38]。

わが国の会計制度は，「一般に公正妥当と認められる会計の慣行」（商法19条1項）の体系であり，この観点からすれば，「民法典による報告義務・顛末報告義務」と会計制度には，直接の関係は認められない。ただし，会社法における取締役の顛末報告義務の根底には，「民法による顛末報告義務」が存在していると理解され[39]，民法典と会計制度との間接的な関係を認めることができる（ドイツにおける民法典と会計制度との関係は，第11章第2節3参照）。

他方，民法645条によって，民法上の組合，「有限責任事業組合契約に関する法律」（LLP法）に基づく有限責任事業組合，「投資事業有限責任組合契約に関する法律」（LPS法）に基づく投資事業有限責任組合，匿名組合，合名会社，合資会社の業務執行者等は，構成員に対して「構成員の求めに応じて説明を行う義務」，具体的には，報告義務および顛末報告義務を負う。この場合，「有限責任事業組合契約に関する法律」に基づく有限責任事業組合，「投資事業有限

責任組合契約に関する法律」に基づく投資事業有限責任組合,合名会社,合資会社は,会計に関する顛末報告義務に関しては,「一般に公正妥当と認められる企業会計の慣行」に従うことになり,この点に関しては,民法典と会計制度の直接的な関係を認めることができる。ちなみに,「有限責任事業組合契約に関する法律」28条は,「一般に公正妥当と認められる企業会計の慣行」に従うものとするとし,中小企業等投資事業有限責任組合会計規則は,「一般に公正妥当であると認められる会計の原則」に従うこととしている。

6 関係的・規制的・文化的制度としての制度会計

(1) 集合概念

以上のように,制度会計は「企業の会計」についてのみ成立するのではなく,個人事業者,組合,公益法人,社会福祉法人などさまざまな領域についても成り立ちうるものである。

かくて,種々の経済セクターで成立する関係的制度(私的自治の下で成立する関係)や規制的制度(私的関心を追求できる正当性の範囲を法令をもって規制す

図表14-11 関係的・規制的・文化的制度と会計制度

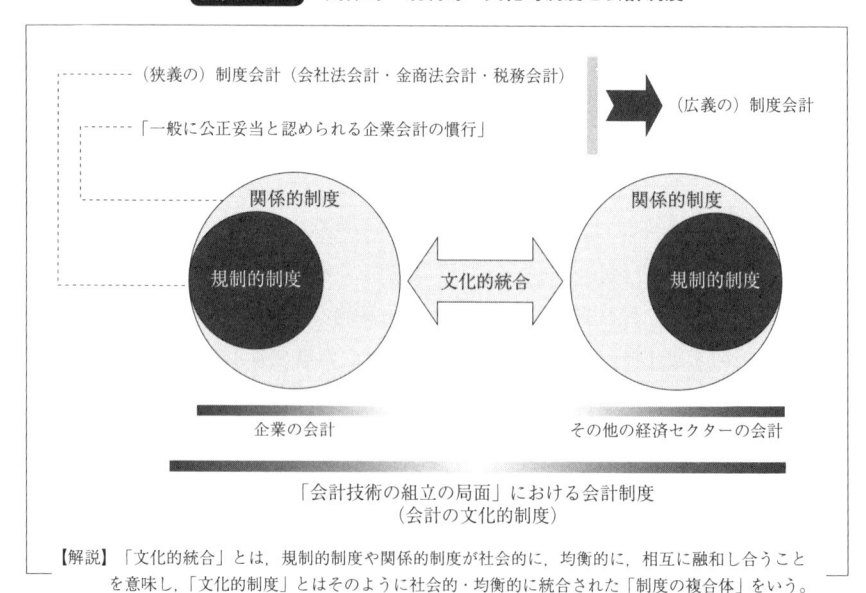

(狭義の)制度会計(会社法会計・金商法会計・税務会計)
「一般に公正妥当と認められる企業会計の慣行」
(広義の)制度会計

関係的制度 — 規制的制度 ←文化的統合→ 関係的制度 — 規制的制度

企業の会計 / その他の経済セクターの会計

「会計技術の組立の局面」における会計制度
(会計の文化的制度)

【解説】「文化的統合」とは,規制的制度や関係的制度が社会的に,均衡的に,相互に融和し合うことを意味し,「文化的制度」とはそのように社会的・均衡的に統合された「制度の複合体」をいう。

出所:武田(2008b)の図2-2を一部加工して引用

る関係）が一国の経済体制の中に均衡的に統合されているとき，「会計技術の組立の局面」において，会計の文化的制度が成立したという。したがって，会計制度とは各種の経済セクターで成立する会計制度の集合概念としての特徴を持っている[40]。以上の関係を一覧できるように示したものが，**図表14-11**である。

とりわけ重要なことは，「一般に公正妥当と認められる会計の慣行」も，ドイツのGoBと同様に，「空箱」と「実箱」から構成されることである。そして，「空箱」である「一般に公正妥当と認められる企業会計の慣行」は，「会計技術の組立の局面」では「企業の属性（規模・業態・業種）」に応じて，さまざまな「実箱」である「一般に公正妥当と認められる会計の慣行」になることである。以上の関係を図にすれば，**図表14-12**となる。

既述のように，立法担当者は「一般に公正妥当と認められる企業会計の慣行

図表14-12 会計基準の策定における「場の条件」と多様な基準の形成

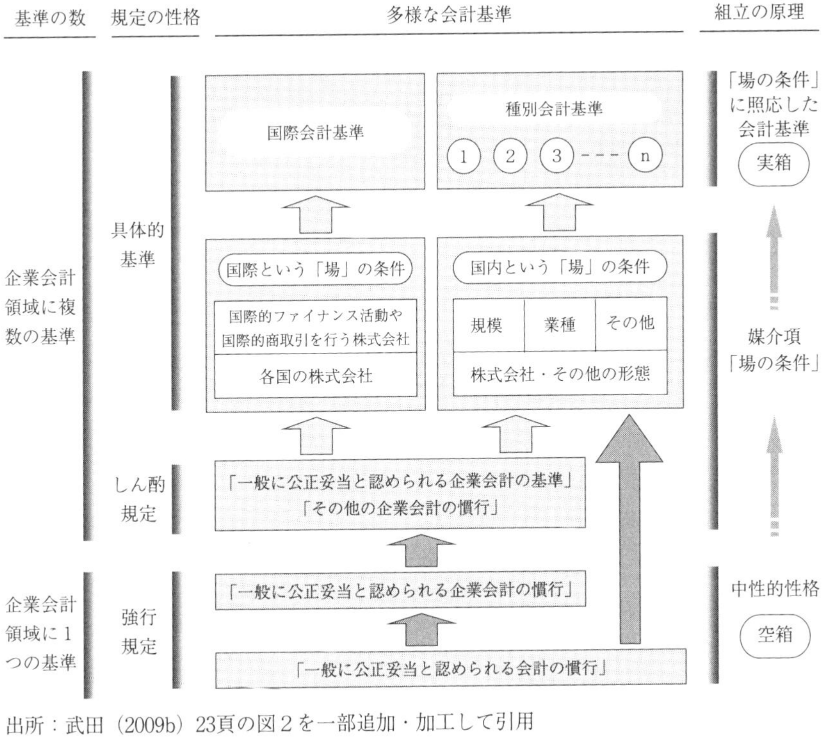

出所：武田（2009b）23頁の図2を一部追加・加工して引用

と認められるものは株式会社の規模，業種，株主構成などによって複数同時に存在すると考えられる」としている。これをより普遍的に解説すれば，「『一般に公正妥当と認められる会計の慣行』と認められるものは，企業の規模，業種，業態などの『場の条件』に応じて，複数同時に存在する」ということになる。

(2) 法律により規制を受ける企業の範囲

「企業の規模と業種等」による「一般に公正妥当と認められる会計の慣行」の区分に，法人税法を加えて，法律により規制を受ける企業の範囲に差異があることをアブストラクト的に図形化したものが，**図表14-13**である。

この図表14-13を見ると，制度会計を支えるそれぞれの法律が適用される企業の範囲に違いがあることが視覚的に理解できる。それは各法律がその適用企業に対して期待するところも異なるということでもある。さらに個別業法（たとえば，一般社団法人及び一般財団法人に関する法律等）も存在している。

図形の中の最も小さい領域を占める「上場会社等」に適用される会計基準が，「唯一の基準」として一国の会計基準を支配し，したがって，他の領域の

図表14-13　法律により規制を受ける企業の範囲についての差異

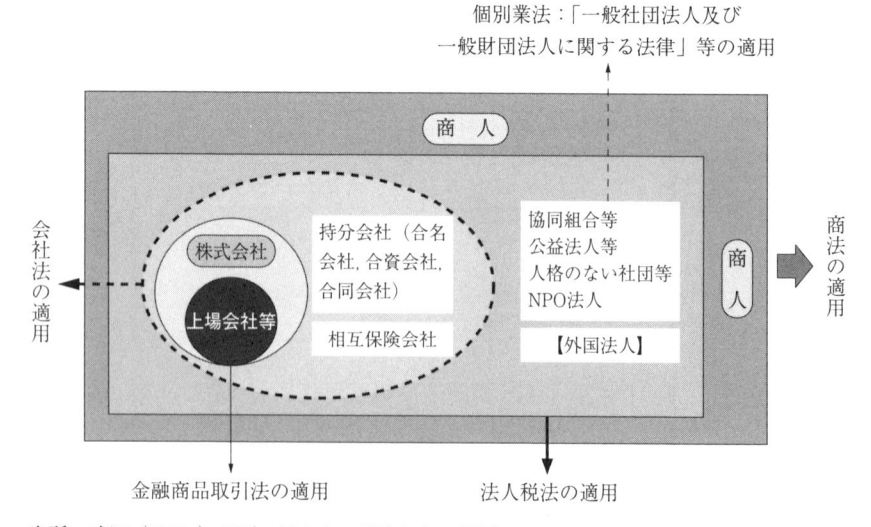

個別業法：「一般社団法人及び一般財団法人に関する法律」等の適用

商人
　会社法の適用　　　　　　　　　　　　　　　　　　　　　　　　　商法の適用
　　　株式会社
　　　　上場会社等
　　　持分会社（合名会社,合資会社,合同会社）
　　　相互保険会社
　　　協同組合等
　　　公益法人等
　　　人格のない社団等
　　　NPO法人
　　　【外国法人】
　　　商人

金融商品取引法の適用　　　　　　法人税法の適用

出所：武田（2008a）40頁の図3を一部追加して引用

会社等についてもそれが当然のごとく適用されるというものではない。まして、「国際資本市場というローカルな場で機能する国際会計基準」が国内の中小企業に適用されるべきではない。

ドイツでは、1857年プロシア第2草案理由書（第2章第4節2(2)参照）および1897年商法典の草案（第3章第2節2(1)参照）が、「正規の簿記」ないしGoB概念のもとで、「営業の種類と規模」に応じて「簿記（会計）技術の組立」が行われることを予定していた。わが国の「一般に公正妥当と認められる会計の慣行」概念も全く同様の概念である。

たとえば、IFRSが求める会計技術は、投資家への情報提供という観点からすれば、最先端の会計技術である。しかし、「技術」（会計処理の原則・手続）を組み立てることで「制度」という概念が成り立つ。「事実関係システム」が異なれば、異なる技術の組立によって、それを適切に写像するための「会計基準」が求められ、「事実」に適合する複数の会計基準の存在を認めなければならない。これが方法論として当然の帰結である[41]。

「技術」は同じであっても、その技術を組み立て、それぞれの領域の「企業の属性」（会社特性＝営利企業か公益企業か、大会社か中小会社か、あるいは、公開会社か非公開の譲渡制限会社か等）に適合した「基準」をいかに構成するかということが、基準設定論の本質をなす。「会計技術」と「会計基準」とは、同じではない[42]。

そのような理解があることによって、それぞれの領域において成立する制度会計、換言すれば、実箱である「一般に公正妥当と認められる会計の慣行」は多様性があって当然であるということになる。

また、現在、一部の種別会計基準は、その法人の規模に関係なく、1つの会計基準が策定されており、その中身も大企業向けの企業会計基準をそのまま踏襲しているものがある。今後は、種別会計基準においても、順次、事業の規模に応じた複数の会計基準が策定される必要性があると考えられる。

(3) 「会計基準は1つでなければならない」との見解の問題点

「会計基準は1つでなければならない」との見解もある。たとえば、日本公認会計士協会の「中小会社の会計のあり方に関する研究報告」（2003年）では、「適正な計算書類を作成する上で基礎となる会計基準は、会社の規模に関係な

くあくまでも1つであるべきである」とし，中小企業会計指針（2005年）も，「本指針の策定にあたっての方針」として「企業の規模に関係なく，取引の経済実態が同じなら会計処理も同じになるべきである」と言い切っている。

確かに「会計基準は1つでなければならない」との見解は，次の2つの意味で正しい。第1は，「一般に公正妥当」と想定される「会計の慣行」に関してである。この概念は，「空箱」であり，超歴史的・普遍的・理念的な概念であるため，その意味において「1つ」である。第2は，限定された特定の「場」における会計基準に関してである。たとえば，国際場裏でファイナンス活動を行い，あるいは，事業活動を営む企業に関して適用される国際会計基準は，グローバルというローカルな会計基準であり，「1つ」であるべきである。

しかし，「企業の規模に関係なく，取引の経済実態が同じなら会計処理も同じになるべきである」（中小企業会計指針）となると，これは，「実箱」である「一般に公正妥当と認められる会計の慣行」の領域全般にかかわる問題であるために，答えは変わる。本研究における一連の考察から明らかなように，「実箱」である「一般に公正妥当と認められる会計の慣行」は「場の条件」（企業の規模，業種および業態）によって複数同時に存在する。

7 「会計技術の組立の局面」と日独会計制度

すでに，第Ⅲ部の第11章および第12章で，ドイツ会計制度において，「簿記（会計）技術の組立の局面」で機能するGoBの具体的内容について考察を加えたところである。

ドイツの年度決算書の作成実務には，「場の条件」である「企業の属性（規模・業態・業種）」に応じた「実箱であるGoB」の多様性がある。そして，「GoBiの領域」は，商法上の区分（規模・業態・業種）による「形式的なGoBi」の差異のほかに，法律上は商事貸借対照表を基本としながらも，これに加えて，実務的には統一貸借対照表・税務貸借対照表という形態の年度決算書が存在し，特に中小企業では，商事貸借対照表と税務貸借対照表を兼用する「統一貸借対照表」が大きな位置を占めている。しかし，統一貸借対照表が中小企業会計実務において主要な位置を占めているにもかかわらず，統一貸借対照表の「公式な位置づけ」がなされておらず，「事実上の慣行」としての位置づけにとどまっている（第11章第2節および第3節参照）。

このようなドイツ会計制度と，本節で考察した，わが国会計制度における「一般に公正妥当と認められる会計の慣行」概念を比較した場合，「会計技術の組立の局面」においては，わが国のほうが，法制の仕組みの上では，より明確化されていることが理解される。

それは，ドイツの会計制度では，「正規の簿記の諸原則（GoB）」という単一の用語で，会計制度全般をカバーしているのに対して，わが国の法制では，「一般に公正妥当と認められる」という共通の前綴りを用いつつ，「会計の慣行」／「企業会計の慣行」／「会計の基準」／「企業会計の基準」／「会計の原則」／「その他の企業会計の慣行」／「その他の会計の慣行」という異なった後綴りを用いることによって，多様な会計基準の「受け皿」を用意していることが大きく起因していると考えられる。

補節　米国における財務会計と税務会計の分離

米国連邦法人所得税は，確定決算主義（ドイツにおける「基準性の原則」）を採用していない。その課税所得計算は，原則として，財務計算とは別個に算定され，損金経理要件もない。したがって，財務会計基準の新規設定あるいは改正に際しても，税務会計への影響を考慮する必要はない。いうなれば，財務会計と税務会計は異なる目的を持つ以上，両者は独立した計算体系によって算定されることになる[43]。

このような状況においても，1970年前後に，両者の一致を進めようという動きがあった。1970年12月2日に，財務省は「企業課税に関する大統領諮問作業委員会報告（The Report of the Presidential Task Force on Business Taxation）」を発表している[44]。報告書は，課税所得と財務会計利益との一致を勧告し，課税所得の決定を一般に認められた会計原則（GAAP）により近づけることによって，税法遵守が促進され，課税の公平性と確実性を高めることができると主張している[45]。さらに，1971年には米国公認会計士協会（AICPA）が1971年ステートメントにおいて税務会計とGAAPをできるだけ一致させることに賛成している[46]。しかし，両者を一致させようとする試みの後，財務会計と税務会計との基本的な相違からして，両者の一致は不可能であることが認識されたといわれている[47]。

続いて，財務会計と税務会計のパラレルな関係を確立したのが，Thor Power Tool Co. v. Commissioner 訴訟の最高裁判決である[48]。1979年に下された同判決には以下の言及があり，会計利益と課税所得の相違を正当化する論理的基盤を提供する役割を果たしている[49]（なお，米国のSFACにおける財務会計概念は第11章補節2，ドイツにおけるIFRSと租税法上の利益算定との関係は第12章第4節1参照）。

> 「<u>財務会計の主たる目的は，経営者，株主およびその他の正当な利害関係者に有用な情報（useful information）を提供することにある</u>。会計士の主たる責任はこれらの関係者が誤解に導かれるのを防ぐことにある。<u>所得税制の主たる目的は，それとは対照的に歳入の公平な徴収（equitable collection）である</u>。内国歳入庁の主たる責任は国庫の保護である……。この目的の相違を，それは矛盾といってもよいが，所与とすれば，税務会計と財務会計とのいかなる仮定的な釣合（presumptive equivalency）も受け入れられないものであろう。
> 　この目的の相違はさまざまな会計処理の相違に反映されている。……簡素にいえば，財務会計は見積り，蓋然性，合理的な確実性を快く受け入れる。税法は歳入を確保する使命があるので，不確実性を容赦なく攻撃することができる……[50]。」（下線は筆者）

会計利益と課税所得の乖離が拡大する傾向は，1980年代にもみられ，1986年税制改革法（Tax Reform Act of 1986）成立の要因の1つにもなった。1986年税制改革法では両者の乖離幅を縮小するとともに，最低限度の税負担を求める代替ミニマムタックス（alternative Minimun Tax）を導入することで決着が図られている[51]。代替ミニマムタックスの制定は，財務会計と税務会計との差異項目を縮小するのではなく，税制自体においてその矛盾の解決を目指したものといえよう[52]。

その後，米国では，エンロン事件を契機に，会計利益と課税所得との分離を見直すべきという意見が再び提起された。破綻したエンロンなどが多額の企業利益を計上しながら，同時に，連邦法人税をほとんど支払っていないことが明らかになったからである。

経済誌『フォーブス（Forbes）』（2002年3月号）は，「一石二鳥（Two Birds, One Stone）」との表題で，「エンロンの崩壊は今までにない新しい概念（novel idea）を提起する。それは，株式公開企業（public companies）が株主に対する

のと同じ利益を内国歳入庁に報告することである」としている[53]。同誌によれば、法学者のジョージ・イン教授（バージニア大学）は、現在のシステムが「会計利益を水増しし、かつ、課税所得（taxable earnings）を少なくする動機づけ」を企業に与えているとし、連邦議会下院民主党歳入委員会の税務顧問（当時）ジョン・バクリー氏は、「会計利益と課税所得の乖離をもっと厳しくしていたら、エンロン事件はたぶん起こらなかったであろう」と指摘している。さらに、会計学者のエドワード・メイデュー教授（ノースカロライナ大学）も、企業会計と税務会計のギャップを埋めることが透明性を高めると考えており、「その結果、利益を水増ししたり、不正な課税逃れを企む企業が少なくなるはずだ」と主張している。

　その後、エンロン事件を契機に生じた会計利益と課税所得の乖離問題は、両会計それぞれ独自の論理のもとで対応が図られている。財務会計では情報開示の論理に基づきFIN48の導入へと、一方、税務会計では課税所得の拡大あるいは捕捉能力の強化の論理に基づきSchedule M-3の導入へと、それぞれがThor Power Tool Co. v. Commissioner判決に定める目的の相違の枠組みの中で制度構築が図られたのである[54]。

　以上のように、米国では、「会計利益と課税所得のギャップを埋める」制度改革が繰り返し提起されている。しかし、エンロン事件以降の財務会計と税務会計の論理は、会計利益と課税所得の差異を解消または縮小させることに求めたのではなく、その差異の存在を自明のものとし維持することへと向けられている[55]。そして、米国において会計利益と課税所得の差異が問題となるとき、課税所得を会計利益に近づける動きはみられてもその逆の動きはほとんどみられない[56]、という特徴がある。われわれは、このような米国の「財務会計と税務会計の関係」を、①商法商業帳簿規定がなく、②確定決算主義（ドイツでは基準性の原則）を採用せず、③GAAPは、「商業帳簿（帳簿）の法の適用局面」という「場の条件」を予定しておらず、④財務会計の最大の目的を「投資家への情報提供」に置く、米国的な思考の発現として捉えるべきであろう。

　ところで、米国におけるエンロン事件をめぐる一連の議論は、主に株式公開会社の財務会計と税務会計をめぐるものである。米国の中小企業会計の実務では、通常、GAAPではなく、「他の包括的会計基準（OCBOA）」である税法基準や行政庁が策定した基準、現金主義・修正現金主義等に基づいて財務諸表を

作成しており（第11章補節2参照），中小企業の実務では「会計利益と課税所得の乖離」を回避する実務的な仕組みが定着していることに留意が必要である。

■注
1　Gronenborn (1970); S. 436.
2　飯塚 (1997); 582-583頁。
3　第4巻D 56頁。
4　第4巻D 58頁参照。
5　飯塚 (1997); 583頁。
6　たとえば，以下の文献を参照。金子 (2007); 618頁，新井 (1984); 52頁。
　　新井教授は，「この特典というのは，青色申告者は，帳簿書類を調査し，その調査により申告されている所得金額などの計算に誤りがある場合に限り，更正をされることになる，とか，特別の税額控除や所得控除，特別の準備金の設定や減価償却などをすることが認められていて，税負担が軽減される，とか，などである」（新井 (1984); 52頁）とされる。新井教授も，更正制限規定を青色申告制度に協力していることに対する恩恵として理解されているようである。
7　飯塚毅博士は，「簿記の証拠力」を規定するドイツ国税通則法（AO）158条と同様に，わが国の青色申告制度における更正処分制限規定（法人税法130条，所得税法155条）が会計帳簿の「証拠性」・「証拠能力」を意味すると主張されている（飯塚 (1988); 5-6頁）。
　　飯塚博士以外では，忠佐市博士が，「記録が事実の表現であるという経験則からは，適法に青色申告を提出している法人の事業年度においては，法人税法はその帳簿書類の記載について事実の真正の表現であるという一応の推定を予定し，その推定を覆すためには，不真正の事実の表現を指摘すべき義務を税務行政機関に課しているものと解することができる」（忠 (1981); 251頁）とされる。忠博士の見解は，ドイツの1919年 RAO208条が Prima facie Beweis（表見証明，一応の推定）として解釈されていたことに基づくものと考えられる。しかし，忠博士は，RAO162条が，少なくとも1956年以降，「法律上の推定」として位置づけられていたことまでは考慮されていないようである。
8　LEX/DB 文献番号21017720。
9　本件評釈には以下のものがある。
　　中川 (1963)，渡部 (1963a)，渡部 (1963b)，北野 (1963a)，北野 (1963b)，浦谷 (1964)，高柳 (1983)，北野 (1984)，下川 (2006)。
10　松沢教授は，「推計課税に関する税法の規定（所得税法156条，法人税法131条）は，『青色申告に係るものを除く』と規定されているが，その意味は，青色申告者には正確な所得を計算できる信憑性のある帳簿を備え付けていることから，推計が禁止されているのであると解すれば，同規定は信憑性ある帳簿が備え付けてあれば，換言すると，青色申告者のものと同程度の内容の帳簿であれば，推計を許さないとする要件を含んでいると解することもできるとおもわれる」（松沢 (1973); 7頁）とされる。ニーラントも，「形式的な必

要条件に合致した簿記は，実質的な真実性の推定という保護がある。それは，記帳の形式的規定を遵守することだけではなく，特に，任意に帳簿を記帳し年度決算書を作成することが有利であることを示している」(Nieland（1993），∬4.5 Rn. 319)とする。

11 飯塚真玄（1998）；139頁参照。
12 坂本（1995b）；19頁。
13 武田（2009d）；10頁。
14 同法制定の経緯と，飯塚毅博士の見解は，坂本（1998）を参照されたい。
15 松沢教授は，「コンピュータ会計法は，誠実な青色申告者に対してのみ適用されることになるものと解するべきである」（松沢（1998）：10頁）と指摘される。
16 岡崎（2009）；251頁参照。
17 金子（2007）；508頁。
18 武田（2007b）；11頁。
19 武田（2009b）；20頁。
20 古賀（2010）；124頁。
21 武田（2006e）；75頁。
22 郡谷／和久（2006）；6頁。
23 「一般に公正妥当と認められる企業会計の慣行」の位置づけに関して，武田博士は，以下のように解説されている。

「さすが立法担当者は，言葉だけで取り繕ったレトリックで覆われた非論理的な会計基準について，それを会社計算規則の段階に取り入れることをしなかった。賢明な措置であった。企業会計基準で抹殺しても，法律では事実関係を重視した判断基準によることとしたのである。『一国一会計基準』を唱えた基準設定論者達は，たちどころにその説の不当性から退出を迫られたのであった」（武田（2009a）；2-3頁）。

「会社法の立法の趣旨が上述のような内容を含意する以上「一国一会計基準」ということはあり得ず，企業属性（規模，業種等）に従った多数の基準がありうるということであり，国際会計基準についてのあり方も，それとのインターフェイスに位置づけられる金融商品取引法（193条）に従う株式会社に限定して適用されるものと扱うことが適切であるという結論に達する」（武田（2009b）；19頁）。

24 武田（2008a）；181頁。
25 「一般に公正妥当と認められる会計処理の基準」については，武田（2005a）；37-40頁に詳しい。
26 野村（2002a）；9頁。
27 野村（2000）；132頁。
28 野村（2002b）；25頁。
29 武田（2009b）；18頁。
30 武田（2006a）；8頁。
31 武田（2008a）；29頁。
32 武田（2006a）；8-9頁参照。
33 ドイツでは，2009年会計法現代化法（BilMoG）においても「基準性の原則」が維持さ

れている。そして「基準性の原則」については,「経済性の視点」から評価されている（第11章第3節1(1)参照）。

　なお,以上の確定決算主義の有用性に関する論究は,「中小企業の会計」に関するものである。中田信正教授は,「財務会計と税務会計を分離して,損金経理要件を解消して,全面的な申告調整方式をとることが望ましいといえよう」（中田（2009）；60頁）とされ,「中小企業については,財務諸表が税務申告目的で作成されることが多く,財務会計においては国内金融機関への融資審査等の信用目的が中心であるため,より簡易な財務会計基準が必要とされよう」（中田（2009）；61頁）と主張される。

34　武田（2008a）；182頁。
35　武田（2008a）；761頁。
36　本件判決は,「本件当時,関連ノンバンク等に対する貸付金についての資産査定に関し,従来のいわゆる税法基準の考え方による処理を排除して厳格に前記改正後の決算経理基準に従うべきことも必ずしも明確であったとはいえず,過渡的な状況にあったといえ,そのような状況のもとでは,これまで『公正ナル会計慣行』として行われていた税法基準の考え方によって関連ノンバンク等に対する貸出金についての資産査定を行うことをもって,これが資産査定通達等の示す方向性から逸脱するものであったとしても,直ちに違法であったということはできない」と判示する（最高裁判所第二小法廷平成17年(あ)第1716号,平成20年7月18日判決,LEX/DB文献番号28145370）。
37　本件判決は,「資産査定通達等によって補充される改正後の決算経理基準は,特に支援先等に対する貸出金の査定に関しては,幅のある解釈の余地があり,新たな基準として直ちに適用するには,明確性に乏しかったと認められる上,本件当時,従来の税法基準の考え方による処理を排除して厳格に前記改正後の決算経理基準に従うべきことも必ずしも明確であったといえず,過渡的な状況にあったといえ,そのような状況のもとでは,これまで『公正ナル会計慣行』として行われていた税法基準の考え方によって支援先等に対する貸出金についての資産査定を行うことも許容されるものといえる」と判示する（最高裁判所第二小法廷平成19年(あ)第818号,平成21年12月7日判決,LEX/DB文献番号25441518）。
38　岩藤（2000）；178頁。
39　わが国における「取締役の顛末報告義務」に関する論究は,安藤（1997）の229頁以下を参照されたい。
40　武田（2008b）；23-24頁参照。
41　武田（2008b）；40頁。
42　武田（2008a）；41頁。
43　中田（2009）；50-51頁。
44　Simonetti（1971a）；p.76.
45　中田（2009）；51頁およびSimonetti（1971a）；79頁参照。
46　中田（2009）；51頁およびSimonetti（1971b）；75頁参照。
47　中田（2009）；51頁。公認会計士のRabyとRichterの両氏は,Raby/Richter（1975）において,「税務会計と財務会計の基本的な相違からして,両者の一致は望ましくないという見解を示している」（中田（2009）；51-52頁）。

48 永田(2008);6頁。本件判決(Supreme Court of The United States, 439 U. S. 522, January 16, 1979, Decided, LEXSEE 439 US)は http://supreme.justia.com/us/439/522/case.html 参照。
49 永田(2008);17-18頁。
50 永田(2008);7頁および中田(2009);52頁を参照。
51 永田(2008);112頁を参照。
52 中田(2010);41頁。
53 Forbes:Vol. 169. No. 5, March4, 2002.
54 永田(2008);11頁。なお,「補足能力」とされている部分を「捕捉」と表記した。Schedule M-3制定の背景は中田(2010)の41-43に詳しい。
55 永田(2008);11頁。
56 永田(2008);2頁

第15章

税理士と会計制度

第1節　はじめに―問題提起―

　わが国には公認会計士と税理士という2つの職業会計人制度が存在している。わが国における会計にかかわるこれら2つの職業集団を規制する業法の骨格ともいうべき「2条業務」を比較するとき，まったく同じ作りになっている。そのことを示したのが，**図表15-1**である。

図表15-1　会計プロフェッションにおける「共通業務」と「基本業務」

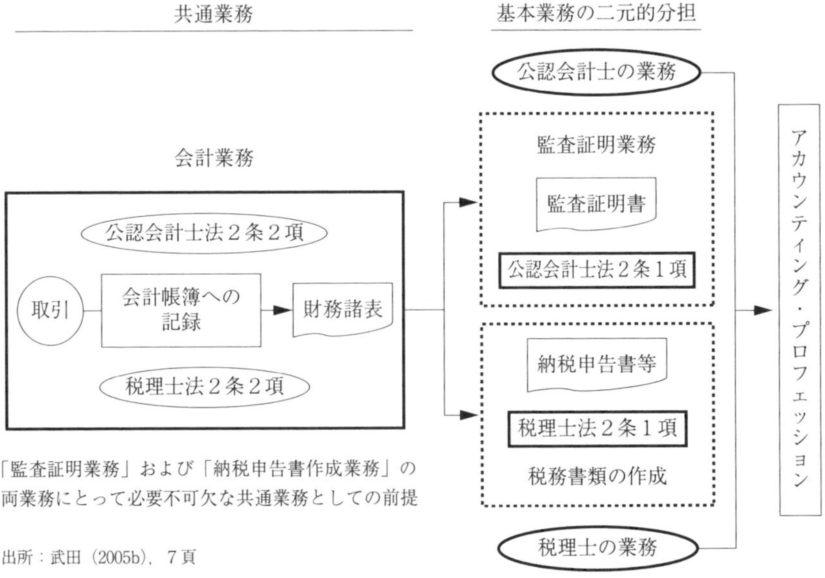

共通業務　　　　　　　　　　　　基本業務の二元的分担

公認会計士の業務

会計業務
- 公認会計士法2条2項
- 取引 → 会計帳簿への記録 → 財務諸表
- 税理士法2条2項

監査証明業務
- 監査証明書
- 公認会計士法2条1項

納税申告書等
- 税理士法2条1項
- 税務書類の作成

税理士の業務

→ アカウンティング・プロフェッション

「監査証明業務」および「納税申告書作成業務」の両業務にとって必要不可欠な共通業務としての前提

出所：武田（2005b），7頁

この図から明らかなように、わが国における2つのアカウンティング・プロフェッションの「業務の内容」をみると、両者とも「会計業務」を「共通業務」として成り立ち、一方（公認会計士）は、「監査証明業務」を基本業務とし、他方（税理士）は、「税務書類の作成業務等」を基本業務とする職業専門士であることが理解される[1]。

公認会計士は、世界各国に存在するグローバルな資格であることもあって、「会計と監査の専門家である」という認識が一般化している。他方、税理士は、日本やドイツ等一部の国にしか存在していない制度であるためか、「税務の専門家である」という一般的な認識はあるものの[2]、税理士業務に関する正確な理解が、未だ一般化していない。

わが国の会計制度は、「商業帳簿（帳簿）の法の適用局面」と「会計技術の組立の局面」という2つの局面から成り立っている。税理士は、こうした2つの領域全般にかかわる職業専門家である。

そこで、本章では、かかる問題意識のもとで、「税理士制度と会計制度とのかかわり」および「あるべき税理士像」についての考察を行う。

第2節　月次巡回監査

1　税理士法からの要請

(1)　わが国の税理士法

「租税正義（Steuergerechtigkeit）の実現[3]」の実務上の担い手である税理士は、税理士法の要請に基づいて、巡回監査を行う義務を負っている[4]。

税理士は、「公法（öffentliches Recht）」である租税法に関する唯一の国家資格である。公法は、私法に対置される概念であり、一般には、国家と国民の関係の規律および国家の規律を行う法を意味する。公法である租税法を専門的に扱うという[5]、その業務の社会公共性から、税理士法は税理士に税務業務の無償独占権を与えている[6]。「税理士の使命」を規定する税理士法1条は、以下のような規定である。

> **1条** 税理士は，税務に関する専門家として，独立した公正な立場において，申告納税制度の理念にそって，納税義務者の信頼にこたえ，租税に関する法令に規定された納税義務の適正な実現を図ることを使命とする。

 すなわち，税理士は，税務の専門家として，「独立性」と「公正性」が求められ，かつ，「納税義務の適正な実現を図る」ことを使命としている（税理士法1条）。さらに税理士は「真正の事実」に基づいて税理士業務を遂行する義務がある。それは，専門家として負うべき「相当注意義務」であるとともに（税理士法45条1項，2項），「故意に，真正の事実に反して税務代理もしくは税務書類の作成をしたとき，あるいは，不正に国税もしくは地方税の賦課もしくは徴収を免れ，または不正に国税もしくは地方税の還付を受けることにつき指示をし，相談に応じ，その他これらに類似する行為をしたとき」は（税理士法45条1項），1年以内の税理士業務の停止または税理士業務の禁止の処分を受ける可能性があるからである。その他にも，「脱税相談等の禁止（36条）」，「不正等是正助言義務（41条の3）」等の義務も課せられている（**図表15-2**参照）。
 このような税理士法上の義務を果たすとともに，税理士に求められる相当注意義務の履行を立証するために，税理士は，現場に定期的に出向いて，事実関係の確認や証憑等の資料をもとに「取引」を全部監査する必要性が生じる。机上監査や試査だけでこれらを充足することは，およそ不可能である。

(2) 米国公認会計士が行う税務業務

 米国公認会計士が税務業務を行う場合には，独立性は要求されていない。わが国には，SOX法（Sarbanes-Oxley Act）に基づく公認会計士の「独立性の強化」だけが伝わっているため，多くの人は意外に感じるであろう。
 しかし，「独立性の強化」は，監査業務を行う公認会計士に対するものである。米国公認会計士協会（AICPA）の「行動規程（Code of Professional Conduct）」によれば，会員である公認会計士が税務業務をする場合には，客観性（Objectivity）があれば足り，独立性（Independence）は要求されていない（同規程04参照）。さらに，「税務業務に関する倫理規定（Ethics Rules for Tax Practice）」によれば，会員は，申告書の作成ないし署名に際して，関与先また

図表15-2 税理士法が求める「税理士の独立性」

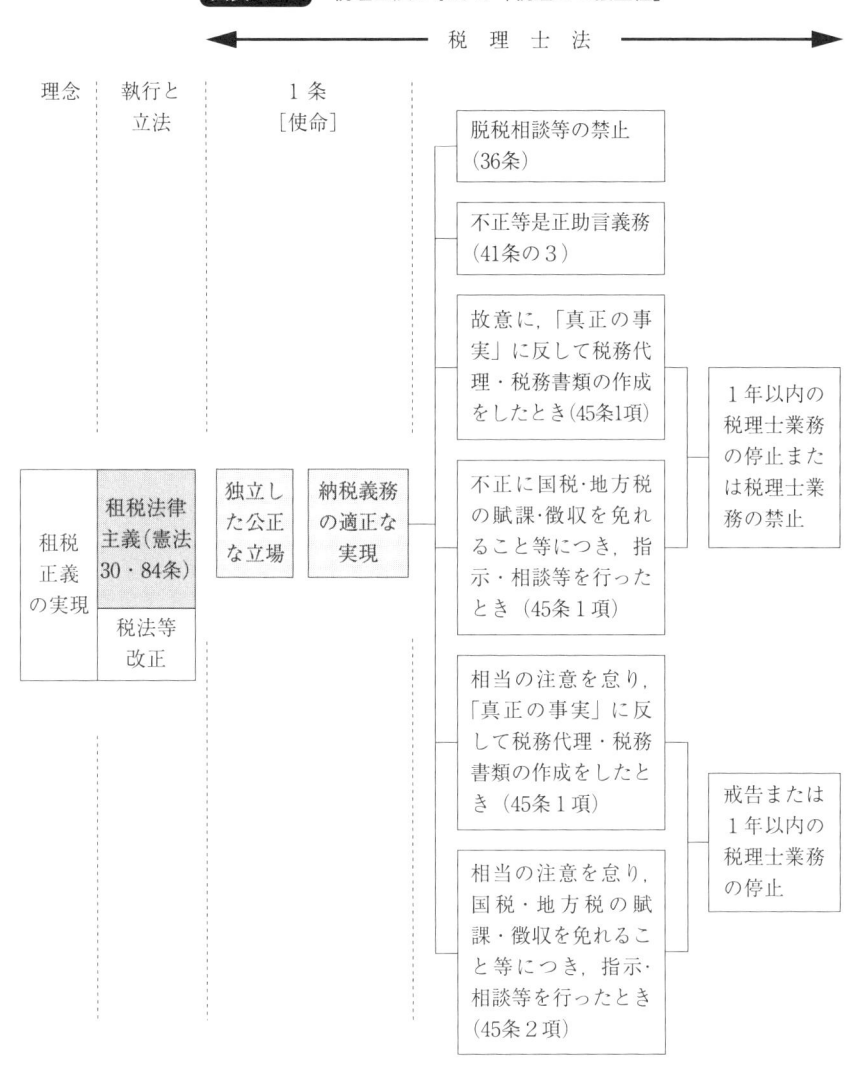

◀──────── 税 理 士 法 ────────▶

理念	執行と立法	1条[使命]			
租税正義の実現	租税法律主義(憲法30・84条)	独立した公正な立場	納税義務の適正な実現	脱税相談等の禁止(36条)	
				不正等是正助言義務(41条の3)	
				故意に,「真正の事実」に反して税務代理・税務書類の作成をしたとき(45条1項)	1年以内の税理士業務の停止または税理士業務の禁止
	税法等改正			不正に国税・地方税の賦課・徴収を免れること等につき,指示・相談等を行ったとき(45条1項)	
				相当の注意を怠り,「真正の事実」に反して税務代理・税務書類の作成をしたとき(45条1項)	戒告または1年以内の税理士業務の停止
				相当の注意を怠り,国税・地方税の賦課・徴収を免れること等につき,指示・相談等を行ったとき(45条2項)	

は第三者から提示された情報を,検証することなく,信頼してもよく,情報が不正確であることが明らかな場合等にだけ「合理的な質問(reasonable inquiries)」をすべきであるとされ[7],往査(Field Auditing)等の検証(Verification)行為は求められていない。

(3) ドイツ税理士法[8]

次に、ドイツの税理士が税務業務を行う場合のスタンスを考察してみよう。ドイツ税理士法（Steuerberatungsgesetz）57条「職業上の一般義務」の1項は、以下の内容である。

> 税理士および税務代理士は、独立性を維持し（unabhängig）、自己の責任において、誠実に（gewissenhaft）、秘密を遵守し、その職業の品位に反する広告を行うことなく、その職業を遂行しなければならない。

この57条1項によって、ドイツの税理士は、「独立性（Unabhängigkeit）」・「自己責任性（Eigenverantwortlichkeit）」・「誠実性（Gewissenhaftkeit）」の保持が義務づけられている。独立性は、「独立の業務遂行は、職業上の意思決定の自由を危うくするような拘束が存在しない場合に、はじめて可能である[9]」とされ、わが国の税理士法と同様に「精神的な独立性」が重視される。さらに、誠実性は、「誠実に職務を遂行するには、依頼を引き受けあるいは遂行するにあたって、依頼人の利益を入念に配慮するだけでなく、税法および職業法の規定を遵守することが要求される[10]」とされている。

また、ドイツ国税通則法（AO）378条の「重過失租税逋脱（Leichtfertige Steuerverkürzung）」は、税理士もこの租税秩序違反の主体となりうるが、「一般には、税理士は、そのことが契約の内容である場合はもちろん、そうでない場合にも、基礎資料等に誤りや欠落があるのではないかと疑問を持った場合には、基礎資料等を再調査する義務を負い、基礎資料等の誤りなどに税理士が気づいたに違いないという場合に、漫然と租税義務者から与えられた資料のみで申告書等を作成した場合などには、重過失ありとされることがありうると考えられている。そして、原則的には、税理士は、正しい申告書等の作成のためにあらゆる手段を用いなければ、重過失ありとされる[11]」（傍点は筆者）と解釈されている。

2　商法・租税法からの要請

(1) 商法・租税法

税理士は、商業帳簿の持つ本質的な機能を引き出すためにも、月次巡回監査

を実践しなければならない。税理士が会計専門家（税理士法2条2項）として活動する領域は，特に商法および会社法にかかわる領域である。とすれば，商法商業帳簿規定の本来的機能である，「証拠力の定立」と「自己報告による健全経営の遂行」という視座に立脚した業務遂行が望まれる。商法19条2項は「適時かつ正確な」商業帳簿の作成を求めるが，これは特に「商業帳簿の証拠力」に関係しており，「商業帳簿の証拠力」は，「商業帳簿（会計帳簿と計算書類）の信頼性」と言い換えることができる。

さらに，重要なのは，租税法における帳簿の証拠力の問題である。ドイツ租税法においては，「正規の簿記だけが証拠力を享受する」とのテーゼのもとで，帳簿の証拠力が認められている（第6章参照）。私見では，わが国の青色申告制度も，ドイツ租税法のそれと同様の位置づけにあると考えられる（第14章第2節2参照）。

以上のような，商業帳簿および租税法上の帳簿の証拠力の基となる会計帳簿（帳簿）を税理士の立場から確証するために，税理士は，月次巡回監査を実施しなければならない。

(2) 帳簿の「形式的な適正性」の強化

2005（平成17）年の商法改正により，商業帳簿規定に2つの記帳条件が定められたのは，商業帳簿の信頼性を確保するために不可欠であるからである（第13章第4節2参照）。さらに，ドイツの「正規の簿記だけが証拠力を享受する」という命題は，わが国の租税法における青色申告制度にも同様に認められる。形式的な記帳条件を充足した帳簿には，実質的な正当性の推定がある。

ここで，記帳条件として掲げられた2つの要件（適時性と正確性）を充足するための「手段」（業務）としては，税理士による「月次巡回監査」が挙げられる。続いて，最近主流となりつつある，第三者機関である専門の情報処理センターを活用する場合には，月次で検証した情報（月次決算）を，情報処理センターへ伝送し，管理される。そのような情報管理体制下において貯蔵された情報に基づいて計算書類が作成されるとなると，計算書類の信頼性の度合いは著しく向上する。これを証明するのが，情報処理センターが発行する，第三者証明たる「記帳適時性証明書」である[12]。こうすることで，記録された過去の実績データが追加・削除・訂正の処理を通じて，「改ざん」され，あるいは，

図表15-3 「月次巡回監査」と「データ処理実績証明書」の位置付け

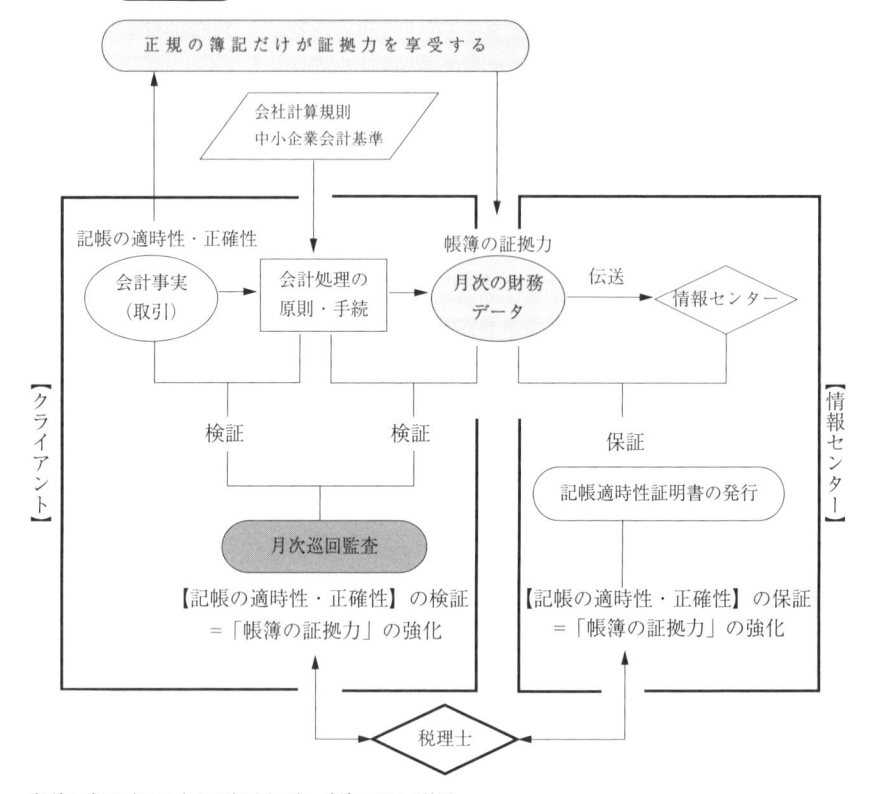

```
                    正規の簿記だけが証拠力を享受する
                              ↑
                         会社計算規則
                        中小企業会計基準
                              ↓
【ク      記帳の適時性・正確性    帳簿の証拠力                          【情
 ラ         会計事実      会計処理の    月次の財務    伝送    情報センター  報
 イ          (取引)   →   原則・手続  →   データ    ──→  ◇           セ
 ア                                                              ン
 ン              検証         検証           保証                  タ
 ト                                                              ー
                                      記帳適時性証明書の発行         】
                      月次巡回監査
 】
            【記帳の適時性・正確性】の検証      【記帳の適時性・正確性】の保証
            ＝「帳簿の証拠力」の強化            ＝「帳簿の証拠力」の強化
                              ↑
                             税理士
```

出所：武田（2006e）71頁の図2を一部加工して引用

「捏造」されたものでないことを第三者に対して立証できる[13]。したがって，かかるシステムによるとき，「情報の形式的な適正性」が強化される。これらの関係を図示すれば，**図表15-3**になる[14]。

3 「商業帳簿（帳簿）の法の適用局面」と税理士業務

以上のように，税理士による月次巡回監査は，税理士法・商法・租税法の見地から不可欠なものであるが，かかる理解のもとで，税理士はどのようなスタンスで中小企業の記帳を指導するべきかについて触れてみたい。

わが国の会計制度は，「商業帳簿（帳簿）の法の適用局面」と「会計技術の組立の局面」という2つの局面から成り立っている。税理士は，こうした2つ

の領域全般にかかわる職業専門家である。

　まず，帳簿の証拠力や記録の信頼性は，本来，帳簿の作成者によって実施されることにより，作成者の自己責任のもとにおいて「帳簿の証拠力」が固まるもので，記帳代行により他者による記帳に頼ることは「帳簿の証拠力」を弱め，したがって，「記帳の信頼性」が保持できないことになる。

　それゆえに，税理士は事業者に代わって記帳の代行をすべきではなく，事業者の帳簿の信頼性を確保するために，事業者に対して，自らの責任において記帳を行うよう動機づける必要がある。さらに，事業者が記帳している現場に月々出向いて，記帳が「整然かつ明瞭」に，「正確かつ網羅的」に，「適時」に行われていることを確認するとともに，会計事実の真実性と実在性を検証する月次巡回監査を実施する必要がある。記帳を代行することは税理士の本来的な業務ではない。税理士が記帳を請け負うことは，その企業の帳簿の証拠力を弱めるばかりか，その企業の健全な発展を阻害する行為に等しい。さらに，記帳の代行は，後述する税理士による税務監査業務や会計参与業務を遂行するうえでの阻害要因になるおそれがある。

　商業帳簿には，経営管理のための資料という本質的な目的がある。経営者が，自社の経営状況の正確な把握をし（商業帳簿の自己報告機能），キャッシュ・フロー分析[15]，経営計画の立案，さらには経営方針の決定を行うためには，信頼性ある会計帳簿と適正な決算書が不可欠である（商業帳簿の自己報告機能）。しかしながら，記帳代行に頼る中小企業者の場合，自らの責任意識が欠如し，自社の会計数値への関心が希薄である場合が多い。したがって，企業革新についての意識に乏しく，そのため，時には企業が短命で持続性がない場合がある。中小企業の力強い発展のためには，少なくとも経営者自身が月次レベルの正確な業績を把握することが不可欠である。

　中小企業の一部には，簿記・会計に関する知識の乏しさを背景に，税理士に記帳代行を全面的に依頼しているという実態がある。さらに，そうした実態に関して，当事者である中小企業の経営者や税理士も何の疑問も抱いていないという傾向も一部にみられる。しかし，こうした状態は本来あるべき姿ではなく，早急に改善されるべきであろう。税理士による記帳代行業務は，商業帳簿（帳簿）の持つ本質的な機能を弱める可能性があるからである。なお，この場合の「記帳代行」とは，「会計事象を仕訳する業務の代行」を意味する。

さらに、中小企業に多くみられる「所有者型経営」の場合において、潜在的虚偽表示リスクは、経営者に誠実性がないことに由来するものであるから、それを未然に避けるためには、経営者の倫理教育やコンプライアンス教育が必要となる。これらは、会計を超えた領域での問題であり、会計以前の問題を内包することになる[16]。

税理士は、租税実務において租税正義の実現を図る職業専門家であるとともに、商業帳簿（帳簿）の持つ本質的な機能のみならず、経営および会計に関する倫理やコンプライアンスの重要性を教え導く指導者でなければならない。

第3節　税理士法の税務監査（書面添付）制度

1　税務監査制度とは

税理士による税務監査（書面添付）制度とは、税理士法33条の2に規定する書面と35条に規定する意見聴取を総称したもので、2001（平成13）年の税理士法改正にあたって事前通知前の意見聴取が創設されたことによって、この制度がその枠組みを維持しながら存在意義を飛躍的に拡充されて、2002（平成14）年から実施されたものである。具体的には、税理士が申告書に「計算し、整理し、又は相談に応じた事項」を記載した書面の添付をした場合には、税務当局は、その税理士に、事前通知前に意見を述べる機会を与えなければならないとするものである。この意見の聴取によって申告書の内容に疑義がなくなった場合には、通常は帳簿書類の調査に至ることはない。また、税理士が添付書面に虚偽の記載をした場合には懲戒処分を受けることがある。税務監査制度は、税務の専門家としての税理士の立場を尊重して設けられたものであり、税理士の権利の1つである。

> **税理士法33条の2第1項**　税理士又は税理士法人は、国税通則法第16条第1項第1号に掲げる申告納税方式又は地方税法第1条第1項第8号若しくは第11号に掲げる申告納付若しくは申告納入の方法による租税の課税標準を記載した申告書を作成したときは、当該申告書の作成に関し、計算し、整理し、又は相談に応じた事項を財務省令で定めるところにより記載した書面を当該

申告書に添付することができる

税理士法35条1項　税務官公署の当該職員は，第33条の2第1項又は第2項に規定する書面（以下この項及び次項において「添付書面」という。）が添付されている申告書を提出した者について，当該申告書に係る租税に関しあらかじめその者に日時を通知してその帳簿書類を調査する場合において，当該租税に関し第30条の規定による書面を提出している税理士があるときは，当該通知をする前に，当該税理士に対し，当該添付書面に記載された事項に関し意見を述べる機会を与えなければならない

税理士法46条　財務大臣は，前条の規定に該当する場合を除くほか，税理士が，第33条の2第1項若しくは第2項の規定により添付する書面に虚偽の記載をしたとき，又はこの法律若しくは国税若しくは地方税に関する法令の規定に違反したときは，第44条に規定する懲戒処分をすることができる

以上の税務監査制度をめぐる法規定を図示すれば，**図表15-4**になる。

2　税務監査制度と記帳条件

(1)　税務監査制度の意義と内容

税務監査制度は，税理士が，「独立した公正な立場」（税理士法1条）で，自己の作成した申告書の作成について，どの程度までかかわったのかを明らかにする制度である。

ここで「申告書の作成に関し，計算し，整理し，又は相談に応じた事項」とは，申告書に記載された課税標準等について，たとえば，①伝票の整理，②各種帳簿の記入，整理および計算，③損益計算書および貸借対照表の計算および作成，④税務に関する調製，⑤所得金額および税額の計算，⑥これらに関する相談等のどの段階から，具体的に関与してきたかの詳細をいい，また，納税義務者が自ら作成した損益計算書および貸借対照表について，関係帳簿や関係原始記録との突合等により，これらの財務書類が正確に作成されているかどうかをチェックした場合には，何によって，どのような方法により，どの程度まで確認したのかの詳細をいう[17]。

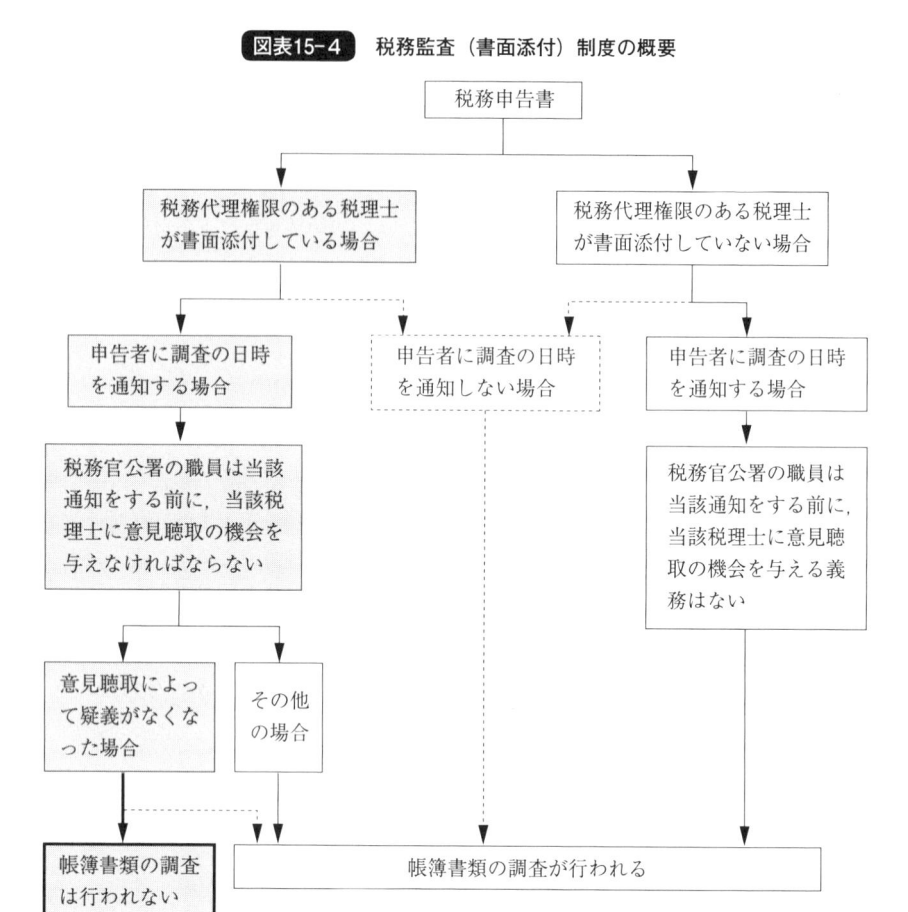

図表15-4 税務監査（書面添付）制度の概要

```
                        税務申告書
                    ┌───────┴───────┐
        税務代理権限のある税理士          税務代理権限のある税理士
        が書面添付している場合            が書面添付していない場合
        ┌───────┬───────┐                      │
   申告者に調査の日時  申告者に調査の日時    申告者に調査の日時
   を通知する場合    を通知しない場合    を通知する場合
        │                                      │
   税務官公署の職員は当該                 税務官公署の職員は
   通知をする前に，当該税                 当該通知をする前に，
   理士に意見聴取の機会を                 当該税理士に意見聴
   与えなければならない                   取の機会を与える義
                                          務はない
     ┌──┴──┐
  意見聴取によっ  その他
  て疑義がなくな  の場合
  った場合
     │
  帳簿書類の調査          帳簿書類の調査が行われる
  は行われない
```

※ 税務監査（書面添付）制度下における税理士に対する懲戒処分（46条）
　財務大臣は，税理士が，添付する書面に虚偽の記載をしたとき，または税理士法もしくは国税等の規定に違反したときは，懲戒処分（戒告，1年以内の税理士業務の停止，税理士業務の禁止）をすることができる。

そして，税理士法33条の2第1項に規定される書面は税理士法施行規則17条による9号様式を用いることとなっている。9号様式には，税理士が自ら作成した申告書に関して，計算し，整理し，または相談に応じた事項を，「1　自ら作成記入した帳簿書類に記載されている事項」・「2　提示を受けた帳簿書類（備考欄の帳簿書類を除く）に記載されている事項」・「3　計算し，整理した主な事項」・「4　相談に応じた事項」・「5　その他」を記載することになってい

図表15-5 添付書面:9号様式(法人税)の概要

1 自ら作成記入した帳簿書類に記載されている事項	
帳簿書類の名称 　作成記入の基礎となった書類等	①依頼者と税理士との委嘱関係の開示,②税理士の関与形態の開示,③税理士の責任範囲の明確化
2 提示を受けた帳簿書類(備考欄の帳簿書類を除く)に記載されている事項	
帳簿書類の名称 　備考	
3 計算し,整理した主な事項	決算調整や申告調整を行った項目だけでなく,その申告書の課税標準計算に関連して検討,確認した項目および期中における会計処理等についても必要に応じて記載する
(1) 区分,事項,備考 　(2) (1)のうち顕著な増減事項 　(3) (1)のうち会計処理方法に変更等があった事項	
4 相談に応じた事項	
事項 　相談の趣旨	
5 その他	税理士として表明すべき意見を自由に記載する

る。この9号様式の概要を示せば,**図表15-5**になる[18]。

(2) 無形財についての品質

税理士が扱う情報は,「無形財」に属する。商製品のような「有形財」であれば,見ることで,手で触れることで,使用することで,あるいは食べることで,それぞれの財貨の「品質の善し悪し」を鑑定することができる。しかし,情報という無形財は,そのような検査には適さない財貨である。このような「無形財についての品質」は,その作成プロセスを確かめ,誤りがないということを確認できる専門家の証明によって保証される。公認会計士の監査であれば,情報を作成する過程である企業の内部統制システムの信頼性をテストし,信頼性の程度に照応した一部のデータを抜き出して,それをしっかりと検証することで,監査が実施される。

税理士は,財務書類の監査権限を有しないが,税務監査制度は,税務領域に

図表15-6 記帳条件と情報の信頼性

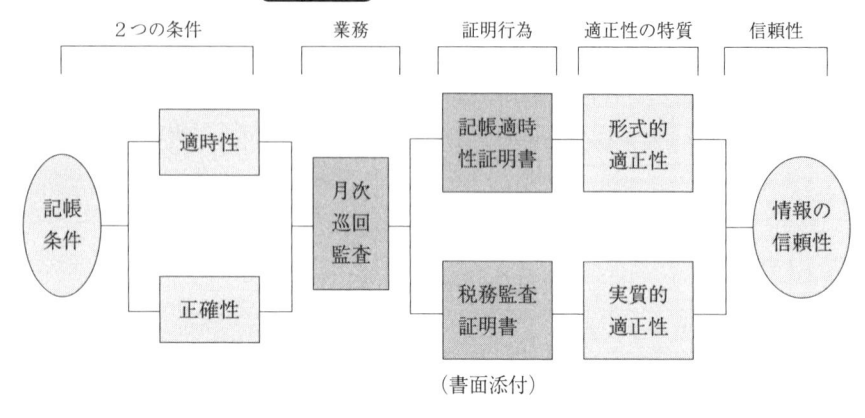

```
2つの条件        業務      証明行為   適正性の特質   信頼性

        ┌ 適時性 ┐         ┌ 記帳適時  ─ 形式的
        │        │         │ 性証明書    適正性
記帳 ───┤        ├ 月次 ───┤                          ─── 情報の
条件    │        │ 巡回    │                              信頼性
        │        │ 監査    │
        └ 正確性 ┘         └ 税務監査 ─ 実質的
                             証明書      適正性
                           （書面添付）
```

出所：武田（2006f）12頁の図3を一部加工して引用

おいて，税理士がクライアントの情報の信頼性についての一種の証明行為を制度上認められたものと理解される。「正規の簿記だけが証拠力を享受する」という命題のもとで，「帳簿の証拠力」を担保するものとして，記帳の品質（適時性と正確性）を検証する月次巡回監査が行われる。そして，月次で信頼性を確かめられた会計データが改ざんされないことを保証するために，さらにその確認された会計情報を外部の情報処理センターに伝送し，保存される。これによって，少なくとも情報が「形」として「事実を反映している」ということ，すなわち「形式的適正性」が強化されたことを意味する。

そのような基礎を背景に，税理士が自ら計算し，整理し，または相談に応じた事項を書面にして申告書に添付するのである。既述のように，税理士による書面添付業務は当該税理士に対する懲戒処分によってその実効性が担保されている。すなわち，書面添付によって，情報の「実質的適正性」を税理士の立場から証明したことになるわけで，これらが相俟って「情報の信頼性」が保証されたということになる[19]。以上の関係を図示したものが**図表15-6**である。

(3) **書面添付と税務監査**

書面添付は，税理士が税務書類を作成するにあたり，エントリー・データ，すなわち記帳の品質を含めて，外部監査人としての検証行為を実施したことを物語るものである。したがって，書面添付業務は，税理士による「税務監査」

業務といってよい。

　書面添付制度は，1956（昭和31）年の税理士法改正により創設されたものであり，日本税理士会連合会が税務計算書類の監査証明を税理士業務に加えたいとの要望をもとにできあがった制度であった。国税庁総務課税理士係長，同総務課長補佐（税理士担当），税務大学校教授等を務められた山本高志氏によれば，「税理士法の一部改正は，第24回国会会期末の昭和31年6月3日，参議院を通過，法律第160号をもって交付されました。（中略，筆者）。その第一は，税理士の計算した事項等を記録した書面の添付制度の創設です。これは税務計算書類の監査証明を税理士業務に加えてもらいたいとの，税理士会の要望が基になって取り入れられた制度で，税理士が所得税または法人税等の申告書を作成した場合に，その申告書作成に関し，計算し，整理し，または相談に応じた事項を記載した書面を添付することができるとするものでした[20]」とされている[21]。これが歴史的背景であり，書面添付制度はその当初から税務監査という思考のもとに構築された制度なのである。

　また，武田隆二博士は，「書面添付とは，税理士が作成した申告書について，①税理士がどの程度『内容に立ち入った検討』をしたのか，したがって，②税理士がどの程度の『責任をもって作成』したのか等を明らかにするために作成した書類である。それゆえ，一種の『証明行為』であるから，ある意味では『監査と同類の性格』のものであるともいえる[22]」と述べられている。

　さらに，租税法学者である松沢智教授も，「税理士が職業会計人であることに異論はない。そこに税理士法第1条の租税法に関する法律家の地位が加わると，新しく税務監査人としての性格が明確となってこよう。（中略，筆者）。租税法の規定に基づいて適法に処理され，かつ，それらは，いずれも真実であることが証明されなければならない。これを第三者の立場から，適法性・準拠性・真実性が証明されてこそ，税務監査の目的が達成されるのである。この業務が税務監査人の役割なのである。税務監査人である以上は，申告が適法性・真実性に合致していることを報告しなければならない。これが税理士法第33条の2の書面添付であり，これは，まさに税務申告書に添付された監査証明書なのである[23]」とされる。

3 自己監査と税務監査

「税理士による税務監査は自己証明である」とか,「自己監査は監査にあらず」という批判も想定されるので,ここでこうした誤解を解いておきたい。

米国公認会計士の監査業務に関するわが国の理解は,株式公開企業に対する監査業務を暗黙の前提としている。株式公開企業との間にコンピュレーション(決算書調製)契約を締結した場合には,同時に監査業務の締結ができないのは当然であるが,株式公開企業以外の会社については,たとえば,当初の契約がコンピュレーションであっても,後日,金融機関などから監査証明書の発行を求められた場合には,当初の契約を変更して監査業務契約を締結し,監査報告書を発行できる[24]。これが米国における中小企業に対する公認会計士の会計監査実務である。さらに,ドイツでは,税理士がベシャイニゲング(Bescheinigung)といわれる決算書保証業務を行っている。これは,「簿記や財産目録の正規性」の評価を通じて,結果として「年度決算書の正規性」を保証するものであるが,税理士が検査対象企業の年度決算書の調製を行っていても,職業法規の遵守の下で,関与先が作成した「帳簿」ないし「財産目録」の検査によって,証明書を発行できるとされている(本章第5節を参照されたい)。

これらの業務はともに,「自己監査は監査にあらず」という規制が厳格に適用される,グローバルな「正規の監査」制度とは一線を画した,各国独自の,国内の中小企業を対象としたローカルな保証業務である。

第4節　会計参与と税理士

1　会計参与制度導入の背景と意義

(1)　導入の背景

2005(平成17)年の会社法の創設によって,会計参与制度が設けられ,会計に関する識見を有する者として税理士が会計参与に登用された。会計参与制度は,世界に類例を見ないわが国固有の制度である。その創設の背景には,税理士がわが国のほとんどの中小企業を関与しているという状況を考慮し,公認会計士の独占業務である財務書類の監査・証明業務を侵犯することなく,中小企

業の費用負担をできるだけ抑えながら,計算書類の信頼性をより高める,という社会的要請が存在した。そして,この会計参与制度創設の参考となったものが,税理士法に規定されている税務監査(書面添付)制度であった。

会社法では,計算書類の信頼性を高める手段として,次の2つの方途が案出されている。①会計参与が,計算書類の調製・作成等の業務を,取締役・執行役と共同して行うこと(計算書類の共同作成),②会計参与は,作成した計算書類を取締役・執行役とは別に保存・開示する職務を担うこと(計算書類の別保管)である。つまり,会計参与制度においては,一方では「計算書類の共同作成」によって「虚偽表示の抑制」を実現し,他方で「計算書類の別保管」によって「計算書類の改ざんの可能性の排除」を実現するというスキームとして構築されている。この2つが相俟って計算書類の信頼性が保持されるというわけである[25]。

(2) 会計参与制度の意義

会計参与が制度化され,税理士が会計に係る専門家として法制上その位置を得たことは,大きな制度的意義をもつものである。会計参与の創設は,以下の3つの面から,制度的基盤に影響を与えている[26]。

① 「会計に関する専門職業士としての位置づけ」が明確に規定されることで,会計業務が税理士にとって本来の業務であるという制度的基盤が整備されたこと—会計業務の本来業務性[27]
② 「計算の拠り所としての中小企業会計基準」の確立ということ,すなわち,中小企業会計指針(中小企業の会計に関する指針)は,税理士が会計参与として中小会社に関与する際の会計行為の拠り所として制度的に確立されたこと—中小企業会計基準の制度的基盤の確立
③ 「帳簿に係る記帳要件の法制化」により,会計業務の基礎としての記帳要件が商法の規定として明らかな地位を獲得したこと—会計の基本的・原初的課題の明確化

2　会計参与と周辺問題

(1) 顧問税理士と会計参与

会計参与制度は,従来から当該会社に税理士業務を提供している税理士がそ

のまま同時に会計参与に就任する状態を想定している。税務に関する顧問契約は通常，委任契約であり，その契約によって会計参与の独立性が害されるわけではないので，当該会社の顧問税理士は，会社法333条3項の欠格事由に該当しない限り，顧問税理士のままで会計参与になることができる。他方，公認会計士である者が会計参与に選任されていても，その者は公認会計士法の規定により，その会社の計算書類について会計監査をすることができないので，その者が当該会社の会計監査人になることができない（会社法337条3項1号）。また，会計監査人である公認会計士を会計参与に選任した場合は，その者は会計監査人の欠格事由に該当してしまうので，その会計監査人はその資格を失う。

(2) 帳簿記載要件と会計参与業務＝「共同して作成する」という意味

会社法上の会計参与に税理士などが就任することで計算書類の精度を上げることが期待されるが，それにはまず，「記帳代行」の問題を検討しなければならない。

会計参与は，取締役（委員会設置会社では執行役）と共同して，計算書類およびその附属明細書，臨時計算書類（および連結計算書類）を作成する。ただし，「会計帳簿を共同して作成する」とは規定されていない。立法担当者によれば，計算書類等を「共同して作成する」とは，取締役・執行役と会計参与の共同の意思に基づいて計算書類を作成するということであり，両者の意見が一致しなければ，当該株式会社における計算書類を作成することができないということにある[28]。

つまり，「共同して作成する」とは，当該会社の帳簿の作成を請け負ったり，代行するという意味ではない。そもそも商法における商業帳簿の本質的な目的は，「経営者への自己報告による健全経営の遂行」と「商事裁判における証拠資料」という2点にあり，会計参与などによる記帳代行業務は，こうした商業帳簿の持つ本来的機能を弱める可能性がある。

(3) 会計参与報告と「中小企業の会計に関する指針」

中小企業会計指針は，会計参与が取締役と共同して計算書類を作成する際の拠り所となる会計処理の基準を提供するものである。したがって，会計参与が計算書類の作成にあたり，中小企業会計指針によりつつ，どのような会計方針

を採用したかを明らかにすることにより，計算書類の明瞭性を確保する必要がある。その目的で作成することが義務づけられている文書が，会計参与報告である（会社法施行規則102条）。会計参与報告では，会計方針の記載にとどまらず，会計参与が計算書類の作成に関与することにより，それを会計専門家の立場において信頼性を担保する必要から，そのかかわり合いについて必要最低限の事柄を法定している（同条）。会社法で規定している会計参与報告の内容について，具体的に会社法施行規則102条で定めている[29]。これを類型化して示せば，**図表15-7**のようになる。

この図表15-7に示された内容は，税務に関する部分を除いて，税理士による税務監査（書面添付）制度における添付書面の内容とほぼ同様である（添付書面の内容は，本章第3節2(1)の図表15-5参照）。会計参与制度が税理士による税務監査（書面添付）制度をモデルに策定されていることは，このことからも明らかであろう。また，図表15-7を会計行為との関連でスケルトンの形で描けば，**図表15-8**となる。

(4) 税務監査制度と会計参与業務

既述のように，会計参与制度は，従来から当該会社に税理士業務を提供している税理士がそのまま同時に会計参与に就任する仕組みを想定している。とすれば，当該税理士が，税理士法に規定されている税務監査（書面添付）業務と，商法上の会計参与業務を，同時に行う場合における業務の整合性が問題となる。

この点に関しては，改正商法と会社法がともに「記帳の適時性と正確性」を求めることになったことで，会計参与としてのよるべき方向が明らかにされている。つまり，①適時かつ正確な記帳を確保すること（入口段階での適正性）が会計行為の基本となり，続いて，②中小企業会計指針に準拠した会計処理が求められることになる（プロセス段階での適正性）。さらに，③会計参与による巡回監査が実施され，記帳と会計処理の適正性が検証される。このようにして，会計システムからの産出物である情報の適正性（出口段階での適正性）が保持される仕組みが構築されている。

税理士による税務監査業務は，税務の専門家の立場で「記帳の品質」を検証する業務が，他方，会計参与業務は，会計の専門家の立場で「記帳の品質」を

図表15-7　会計参与報告の内容の類型化

【記号説明】表中の数字は，会社法施行規則は条番号と号数を示す。

〔Ⅰ〕計算全般に関する協議・合意事項

① 職務に関する合意事項（102一）
  会計参与が職務を行うにつき会計参与設置会社と合意した事項のうち主なもの
⑦ 個別保証事項（102七）
  会計参与が計算書類関係書類の作成のために行った報告の徴収及び調査の結果
⑧ 協議事項（102八）
  会計参与が計算関係書類の作成に際して取締役または執行役と協議した主な事項

〔Ⅱ〕取引事実に関する資料の確認事項

④ 計算関係書類の作成に用いた資料の種類（102四）
  計算関係書類の作成に用いた資料の種類
⑤ 資料の遅滞・虚偽記載に係る事実・理由（102五）
  計算関係書類の作成に用いた資料が，次に掲げる事由に該当するときは，その旨およびその理由
  イ　当該資料が著しく遅滞して作成されたとき
  ロ　当該資料の重要な事項について虚偽の記載がされていたとき
⑥ 資料の欠落・不適切な保存のあるときは，その事実・理由（102六）
  計算関係書類の作成に必要な資料が作成されていなかったときまたは適切に保存されていなかったときは，その旨およびその理由

〔Ⅲ〕会計方針の選択・適用ならびに作成に関する確認事項

③ 選択・適用した会計方針の開示（102三）
  計算関係書類作成のために採用している会計処理の原則および手続ならびに表示方法その他計算関係書類作成のための基本となる事項であって，次に掲げる事項（重要性の乏しいものを除く。）
  イ　資産の評価基準および評価の方法
  ロ　固定資産の減価償却の方法
  ハ　引当金の計上基準
  ニ　収益および費用の計上基準
  ホ　その他計算関係書類の作成のための基本となる重要な事項
④ その他計算関係書類の作成の過程および方法

〔Ⅳ〕作成した計算関係書類に関する確認事項

② 会計参与として作成した計算関係書類（102二）
  次に掲げるもの（「計算関係書類」という。）のうち，会計参与が作成したものの種類
  イ　成立の日における貸借対照表
  ロ　各事業年度に係る計算書類およびその附属明細書
  ハ　臨時計算書類
  ニ　連結計算書類

出所：武田（2006e）78頁，表1

第15章 税理士と会計制度   495

図表15-8　「会計参与報告の記載内容」の構図

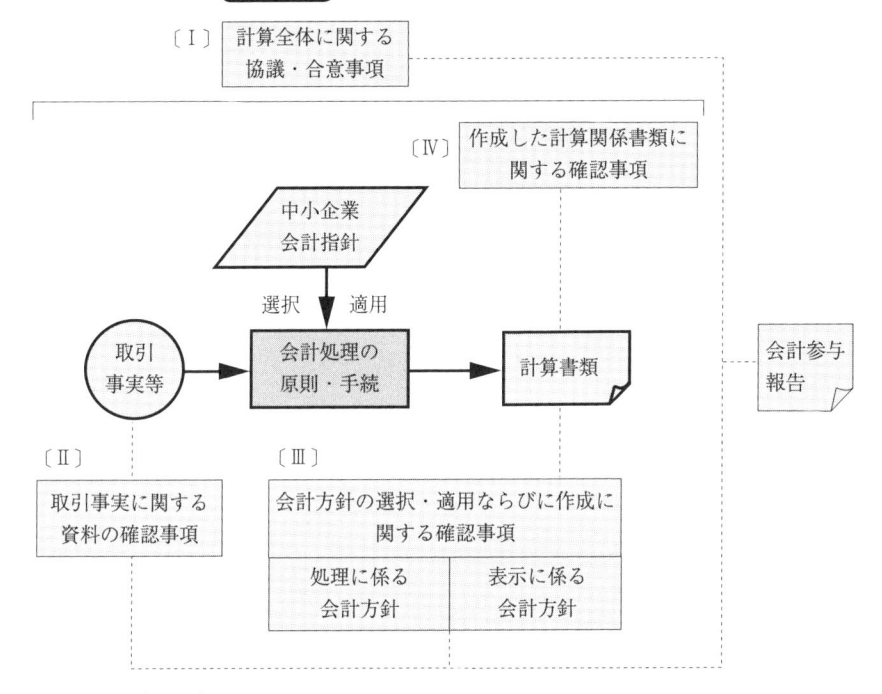

〔Ⅰ〕計算全体に関する協議・合意事項
〔Ⅱ〕取引事実に関する資料の確認事項
〔Ⅲ〕会計方針の選択・適用ならびに作成に関する確認事項
　　　　処理に係る会計方針／表示に係る会計方針
〔Ⅳ〕作成した計算関係書類に関する確認事項

中小企業会計指針 → 選択・適用 → 会計処理の原則・手続
取引事実等 → 会計処理の原則・手続 → 計算書類
→ 会計参与報告

出所：武田（2006e）79頁，図4

検証する業務が基本となる。つまり，税理士による税務監査業務と会計参与業務は，ともに「適時かつ正確な記帳」の検証行為を共通の基盤として成立する業務である。

3　税理士の独立性と会計参与

(1) 税理士の独立性

当該会社に税理士業務を提供している税理士等が，そのまま同時に当該会社の内部機関である会計参与に就任するという仕組みは，税理士法が求める「税理士の独立性」を侵害するのではないかという懸念もある。

税理士法は，その1条で「税務に関する専門家として，独立した公正な立場において」と定めている。税理士業務が社会的，公共的な性格であることに鑑み，税理士は，納税義務者の委嘱を受けてその業務を行うに際しては，納税義務者あるいは税務当局のいずれにも偏さない独立した公正な立場を堅持すべき

ことが特に要求される。さらに，税理士法には多くの義務規定がある（本章第2節1参照）。要は，これらの条件をクリアした先に税理士法が求める税理士の独立性があるということであり，税理士には格別に厳格な独立性保持が求められている。この場合，会計監査業務に就く会計人が保持すべき独立性には，精神的な独立性（実質的な独立性，Independence of Mind）と外観上の独立性（形式的な独立性，Independence in Appearance）の2種類があるが，税理士にとって外観上の独立性よりも精神的な独立性がより重要である。

(2) 会計参与の独立性

公認会計士，税理士が，株式会社またはその子会社の取締役，執行役，監査役または支配人その他の使用人である場合には，その会社の会計参与になることはできないが（会社法333条3項1号），それは会計参与が保持すべき独立性の要請によるものである。

会計参与が担う上記の職務を鑑みれば，会計参与は，形式的には当該会社の内部機関ではあるものの内部者ではなく，当該会社から実質的に独立した第三者であることが明らかになる。先に，税理士の独立性に関して，外観上の独立性よりも精神的な独立性（実質的な独立性）がより重要であるとしたが，税理士業務を提供している税理士等がそのまま同時に当該会社の内部機関である会計参与に就任するということは，ともに精神的な独立性を堅持しなければならないという意味で共通の基盤に立っているといえよう。

(3) 精神的な独立性（実質的な独立性）の具体的意義

精神的な独立性（実質的な独立性）について，飯塚毅博士は，マウツ／シャラフの見解を引用して「彼は，彼自身を委嘱した人の意思に反対しかつ否定して，その委嘱者が委嘱を解くことが分かっていても，その義務を果たさなければならない。この点の要件は，他の如何なる領域においても並ぶものがない要件である[30]」とし，「つまり，全能力をかけて関与先の安全と発展のために努力はするが，常に一歩下がってクールな眼で関与先を看ており，如何なる場合でも他人の意思に屈従せず，関与先から解約される危険があっても，会計人としての良心を貫き，断じて関与先とは癒着しない，ということでしょう」と解説する[31]。さらに，マウツ／シャラフは，ケアリー（Carey, John L.）の見解を

引用して「潜在意識下において（subconsciously）すら自己の判断をゆがめるような，一切の私利私欲（self-interest）から独立的でなければならないということである[32]」とする。

精神的な独立性は，会計人の潜在意識の領域まで立ち入ってその浄化を求める，厳格な規律である。潜在意識の浄化とは，固定観念や先入観，内心の偏向，執着から離れることを意味する。税理士業務も会計参与業務も，このような「精神的な独立性」を錬磨し，堅持することによってはじめて成立する業務である。

第5節　ドイツ税理士による決算書保証業務

1　概　要

ドイツでは，1985年の会計指令法によって商法（HGB）が改正され，一定規模以上の物的会社に外部監査が義務づけられた（316条）。しかし，HGB上義務づけられた中規模有限会社（267条2項）への外部監査が完全には機能していない（換言すれば，外部監査義務を果たしていない中規模有限会社が相当数存在している）ようである。その背景の1つに，宣誓帳簿監査士（vereidigte Buchprüfer）ないし経済監査士（Wirtschaftsprüfer）の資格を保有する税理士が，「監査行為を超えて（über die Prüfungstätigkeit），監査されるべき資本会社の帳簿の記帳または年度決算書の作成に協力した場合」（319条2項5号）には，同一企業の決算監査人になることができない，という制度的な要因があるといわれている。

なお，中規模有限会社に対する監査権を付与された決算監査人である「宣誓帳簿監査士」であるが，その名称に帳簿（Buch）という語が用いられていることが興味深い。これは，「年度決算書の監査では，簿記（Buchführung）を含めなければならない（傍点は筆者）」（317条1項1文）との規定と同様に，特に中規模有限会社にあっては，「年度決算書の信頼性」は，「帳簿」，より厳密にいえば「記帳の品質」に依存しているという歴史的事実に裏打ちされた制度設計であることを意味している。

ところで，ドイツでは，上記の商法監査とは別に，経済監査士や税理士が任

意の Prüfung（広義の監査業務であるが，商法上の監査業務との混同を避けるために，あえて「検査」と訳す）を行っており，経済監査士・税理士による決算書保証（検査）業務が実務上広く定着している。ドイツではこれをベシャイニグング（Bescheinigung）と呼称しているが，今日に至るまで，この決算書保証業務がわが国に紹介されたことはないようである[33]。そこで，わが国の会社法で規定される税理士等による会計参与制度の普及と運用，およびわが国の会計・監査制度の発展に資するため，ドイツ税理士が行うこの決算書保証業務の仕組みを検討したい。

2　決算書保証業務

(1)　ドイツ連邦税理士会連合会の書簡

　経済監査士および税理士によるベシャイニグングに関して，経済監査士には「経済監査士による年度決算書作成に関する諸原則（Grundsätze für die Erstellung von Jahresabschlüssen durch Wirtschaftsprüfer）」（HFA 4/1996）が[34]，また，税理士には「税理士による年度決算書の作成原則に関する連邦税理士会連合会の書簡（Schreiben der Bundessteuerberaterkammer zu den Grundsätzen für die Erstellung von Jahresabschlüssen durch Steuerberater)」（以下「書簡」という）が適用される。

　現行の「書簡」が制定された経緯は，以下のとおりである。すなわち，年度決算書の作成および（任意の）検査の分野における決算・検査の証明書の作成については，従来，1992年2月21日／22日付の文章における，税理士および税務代理士の決算証明書および検査証明書が適用されてきた。枠組条件の変化，特に，会計指令法，企業分野における統制と透明性に関する法律，信用制度法第18条，資本会社および他の無限責任社員からなる法人子会社の基準に関する法律などによる要求事項の引き上げに伴った会計規定の動向を受けて，ドイツ連邦税理士会連合会の従来の勧告を廃止する必要性が生じたのである。

　こうした背景の下で，連邦税理士会連合会は，年度決算書の作成および（任意の）検査の分野における決算・検査の証明書に関して，2001年10月22／23日付の総会決議に基づいて「書簡」を発表している。これは1992年2月21／22日付の「書簡」を昨今の会計規定の動向に合わせて修正したものである。2001年の「書簡」は，「A 序文」・「B 委任契約の受託と委任契約の範囲限定」・「C 委

図表15-9 「税理士による年度決算書の作成原則に関する連邦税理士会連合会の書簡」の概要

```
                              2001年10月22日／23日付連邦税理士会連合会の総会決議
内容目次
 A) 序文
 B) 委任契約の受諾と委任契約の範囲限定
   Ⅰ. 委任契約の受諾
   Ⅱ. 委任契約の範囲限定
     1. 委任契約範囲
     2. 基本事例
     3. その他の委任契約：限定的な検査を含む作成
 C) 委任契約の遂行
 D) 報告の実施
 E) 証明書
   Ⅰ. 原則
   Ⅱ. 作成報告書を作成しない場合の証明書
   Ⅲ. 作成報告書を作成する場合の証明書
     1. 検査行為を含まない年度決算書の作成
     2. 蓋然性評価を含む年度決算書の作成
     3. 包括的な検査行為を含む年度決算書の作成
   Ⅳ. その他の委任契約
     1. 限定的な検査を含む年度決算書の作成
     2. 税理士が帳簿を記帳し，税理士の協力のもとで財産目録の作成をする場合の年
        度決算書の作成
   Ⅴ. 所得税法4条3項による収入余剰計算書の作成
```

任契約の実行」・「D報告の実施」・「E証明書」から構成されている。「書簡」の概要を示せば，**図表15-9**となる。

「書簡」には，「A序文」として「税理士には，特に年度決算書を作成するという職業上の委任契約がある。さらに，税理士には，任意の決算検査（freiwillige Abschluss-prüfungen）を実施する権限が与えられている」とあり，「B委任契約の受託と委任契約の範囲限定」では，「作成と（法定のまたは任意の）監査とは互いに排除し合うという商法319条2項5号に定められた原則に留意すべきである。それに対して，税理士が証明書（Bescheinigung）を発行すれば検査行為（Prüfungshandlung）を含む作成が可能である」としている。

「書簡」では具体的に，①検査行為を含まない年度決算書の作成（Erstellung eines Jahresabschlusses ohne Prüfungshandlungen），②蓋然性評価を含む年度決

算書の作成（Erstellung eines Jahresabschlusses mit Plausibilitätsbeurteilung），③包括的な検査行為を含む年度決算書の作成（Erstellung eines Jahresabschlusses mit umfassenden Prüfungshandlungen），④その他の委任契約（限定的な検査による年度決算書の作成等）という4区分の証明書の書式案を提案している。これらの証明書は，帳簿を依頼人が作成するか，税理士が作成するかによってさらに区分されている。①は米国公認会計士が行う決算書のアシュアランス（保証）制度におけるコンピュレーション，②はレビュー，③はオーデティングに相当する。

(2) 証明書の具体的内容

「書簡」では，上記の証明書について，委任契約の範囲限定に応じて以下のような文章を提案している。なお，以下の例示は商法上の年度決算書を対象としたものである（「検査行為を含まない作成」および「その他の委任契約」の紹介は省略する）。

A. ［蓋然性評価を含む年度決算書の作成］

a. 税理士が帳簿を記帳している場合

> 前掲の年度決算書は，当職／当事務所が記帳した帳簿（Bücher），提出された資産証明書（Bestandnachweise），ならびに与えられた…（社名）の情報を基に，当職／当事務所が作成したものである。当職／当事務所は，財産目録（Inventar）の蓋然性を評価した。その際に当職／当事務所は，年度決算書の正規性（Ordnungsmäßigkeit）に反するような事実関係の確認はできていない。

b. 関与先が帳簿を記帳している場合

> 前掲の年度決算書は，当職／当事務所に提出された帳簿と資産証明書（Bücher und Bestandsnachweis），ならびに与えられた…（社名）の情報を基に，当職／当事務所が作成したものである。当職／当事務所は，簿記および財産目録（Büchfuhrung und das Inventare）の蓋然性を評価した。その際に当職／当事務所は，年度決算書の正規性に反するような事実関係の確認はできていない。

B. ［包括的な検査行為を含む年度決算書の作成］
a. 関与先が帳簿の記帳と財産目録の作成をしている場合

> 前掲の年度決算書は，…（社名）の簿記と財産目録（Büchfuhrung und des Inventars）を基に，商法および定款（Geschaftsvertrags）の規定を遵守して当職／当事務所が作成したものである。当職／当事務所は，基礎となる帳簿および財産目録（Büchfuhrung und des Inventars）の正規性を確信した。

b. 税理士が帳簿を記帳し，関与先が財産目録を作成している場合

> 前掲の年度決算書は，当職／当事務所が記帳した帳簿（Bücher）と，…（社名）の財産目録を基に，商法および定款の規定を遵守して当職／当事務所が作成したものである。当職／当事務所は，基礎となる財産目録の正規性を確信した。

3　自己監査とベシャイニグング

　経済監査士および税理士は，年度決算書の作成にあたって，自己責任を義務づけられている（経済監査士法43条1項，税理士法57条1項）。その結果，「自己監査の禁止（Selbstprüfungsverbot）」すなわち，「経済監査士ないし税理士によって作成された文書は，同一者によって監査が行われてはならない」ことになる[35]。「自己監査は監査にあらず」，「自己証明は証明にあらず」という一般原則と，ベシャイニグングとの関係はどのようになっているのであろうか。

　年度決算書は，簿記（Buchführung）と財産目録（Inventar）から形成される。しかし，ただ単に，両方の構成要素（帳簿と財産目録）だけを用いて，年度決算書を作成することは不可能である。決算書の作成にあたっては，帳簿と財産目録に基づいて，勘定を分類し，かつ，注記・附属明細書（Anhang）を作成する。それは，経済監査士ないし税理士の職業原則（Berufsgrundsätze）の遵守に基づいて行われなければならず，かつ，GoBおよび定款（Gesellschaftervertrags）を含めた関連する規範の知識とその遵守を必要とする。経済監査士は，さらにその自己責任の範囲内で，経済監査士協会の指針を遵守しなければならない。場合によっては，委託された特定の租税上の規範の遵守がありうる[36]。

図表15-10　包括的な検査行為を含む年度決算書の作成

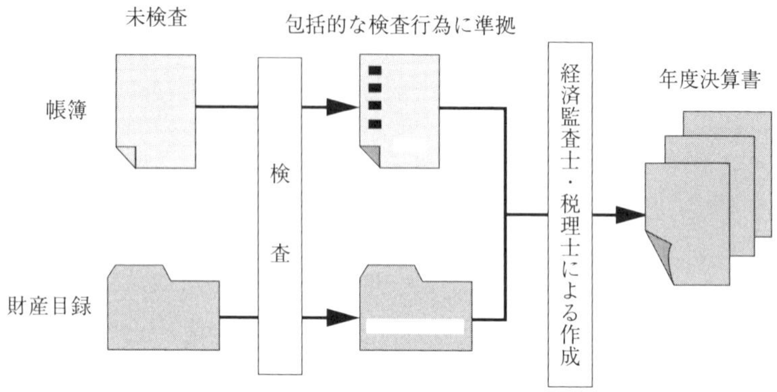

出所：Köhler（2006）1066頁の図から「事例3」を引用

　経済監査士ないし税理士に対する以上の必要条件は，決算書の正規な作成を保証している。決算書の正規性（Ordnungsmäßigkeit）に関する意見表明は，2つの構成要素—帳簿と財産目録—によって決定される[37]。一例として「包括的な検査行為を含む年度決算書の作成」の事例を図にすれば，**図表15-10**となる。

　そして，経済監査士および税理士と，帳簿・財産目録のかかわりには，以下の①と②のケースがある。

①　帳簿および財産目録に関する作成協力なしに，年度決算書が作成された場合

　関与先が，帳簿および財産目録を作成している場合，経済監査士ないし税理士は，「帳簿および財産目録」に対して，「蓋然性評価」ないし「包括的な検査行為」を行って，年度決算書を作成する。この場合，経済監査士ないし税理士は，「自己監査の禁止」を考慮して，関与先が作成した「帳簿および財産目録」の蓋然性や正規性の評価を行うことになる。それゆえに，証明書の文章は，「帳簿および財産目録」の「蓋然性」ないし「正規性」に言及したものとなっている。

②　帳簿ないし財産目録に関する作成協力に基づいて，年度決算書が作成された場合

　かかる場合には，さらに次の2つのケースがある[38]。

[ケース A]

経済監査士ないし税理士が，年度決算書を形成する２つの構成要素—帳簿と財産目録—を作成し，かつ，年度決算書の作成のために，それらを含めて使用する。

[ケース B]

経済監査士ないし税理士が，２つの構成要素のうちの１つを作成し，かつ，年度決算書の作成のために，それおよび（検査された，あるいは，未検査の）２つ目の構成要素を含めて使用する。

「ケース A」の場合，年度決算書を構成する２つの構成要素は，「自己監査の禁止」に基づいて，その正規性が監査されえない[39]。「ケース A」の場合は，「検査行為を含まない年度決算書の作成」に関する「証明書」を発行することになる。これは米国会計制度におけるコンピュレーションに相当する。

「ケース B」の場合，「自己監査の禁止」は，２つの構成要素の内の１つに適用される[40]。前述 2(2)の「証明書」(A. a と B. b) から明らかなように，「税理士が帳簿を記帳している場合」であっても，「財産目録（財産証明書）は関与先が作成する」ことが前提となっている。「包括的な検査行為を含む年度決算書の作成」の場合においても，税理士が証明するのは，「関与先が作成した財産目録の正規性」である。

ここで，「税理士が記帳している場合」であるが，ドイツ商法（HGB）239条２項および国税通則法（AO）146条１項１文は「適時の記帳」を求めており，かつ，AO146条１項２文は現金収支の日々の掌握義務を課している。それゆえに，関与先がこのような記帳および記録を行っているという前提条件に基づく，帳簿作成代行であることに留意を要する。

以上のように，ベシャイニグングは，年度決算書の作成を行う経済監査士や税理士が，その職業原則，GoB をはじめとする各種規範，特定の税法規定などの遵守を裏づけとして，「関与先が作成した帳簿および財産目録」ないし「関与先が作成した財産目録」の正規性を評価する業務である。そこでは，「自己監査の禁止」に抵触しないような配慮を払いつつ，結果として，「年度決算書の正規性」の保証を行うという制度設計となっている。

4 決算書保証（検査）業務のポイント

(1) 特徴

ドイツ税理士が行う年度決算書保証（検査）業務の重要なポイントは，以下の6つである。

① 目的は，税理士の「責任の限定」と「金融機関への提出」にあること

年度決算書の作成または検査に関する証明書には，職業従事者の活動の内容，範囲，結果を関与先（依頼人）に明示するという目的がある。このような証明書は責任を線引きするとともに，特に，根拠のない賠償請求権や刑法上の措置から職業従事者を守るものである。ただし，税理士は，作成報告書は関与先（依頼人）によって内部的な目的で使用されるだけでなく，たとえば，金融機関などにも提出されるということを自覚しておくべきである[41]。

② 税理士による，決算保証業務の基礎には，「基準性の原則」の存在があること

この点について，「書簡」の「A 序文」は以下のように解説している。

> 商法上の年度決算書を作成する義務は，HGB242条以下から生じるものである。したがって，HGB 1条および2条の意味における商人は，すべて商法上の年度決算書を作成する義務を負っている。
> 課税手続のために，商法上の年度決算書の年度余剰／年度欠損額が，所得税施行令60条の移行計算により，基準性の原則および逆基準性の原則を考慮したうえで，税法の規定に合わせて調整されるか，もしくは，租税上の計上・評価規定に基づいて独自の税務貸借対照表を作成することになる。この関連では，DWS出版社の注意書『商事貸借対照表から租税の結果へ』を参照されたい。

※所得税施行令60条は，第11章第3節1(2)参照。

これは，「基準性の原則」および所得税施行令60条に基づいて作成される，統一貸借対照表が実務上認知されていることを背景にして（第11章第3節を参照されたい），税理士による決算書保証業務が成り立っていることを示すものである。

この点が格別に重要である。ドイツの税理士が経済監査士と並んで職業会計人として認知されている背景には，「基準性の原則」によって，会計と税務がリンクし，統一貸借対照表が実務上認知されているという仕組みの存在がある

のである。

③ 税理士による決算保証業務は,「税理士の独立性」等の職業規則の遵守が前提となっていること

税理士に関しては,経済監査士協会の公式発表(IDW-Verlautbarungen)あるいは国際的な監査規範に類似した規範体系は存在していない[42]。「書簡」では,「税理士による年度決算書の作成については,独立性,誠実性,秘密保持および自己責任の原則が適用される(税理士法57条)」としている。税理士による決算保証業務は,税理士の「独立性の保持」等の職業規則の遵守を前提として成り立つ業務である(ドイツ税理士法の規定は本章第2節1(3)参照)。

④ 税理士による決算保証業務は,主に信用制度法(Kreditwesengesetz, KWG)18条「信用貸しの基礎となる事実(Kreditunterlagen)」[43]の要求に基づいていること

信用制度法は,信用機関つまり銀行業務を営む企業を対象とする法律である(いわゆる銀行法に相当する)。ドイツでは,一定の担保が提供されている場合など特定の場合を除いて,信用機関が,総額で75万ユーロを超える信用を供与すること等が許されるのは,信用機関が,年度決算書の提出によって信用被供与者に経営状況を開示させている場合に限られている(KWG18条1項)[44]。ドイツ税理士が行う決算書保証(検査)業務の法的根拠がここにある[45]。

「検査行為なし」で作成された年度決算書は,税理士が協力している場合であっても,信用制度法18条の要求事項である「経営状況の開示」を満たしていない[46]。つまり,「蓋然性評価を含む年度決算書の作成」および「包括的な検査行為を含む年度決算書の作成」だけが信用制度法18条に基づく要件に対応しており,これらの場合は,通常,金融機関がそれ以上の資料の提供を要求することはない[47]。

⑤ 決算書の作成を行っている税理士が同時に決算書の外部検査を行っていること

ベシャイニグングは,「年度決算書の信頼性」を,その基礎となった「帳簿および/ないし財産目録の正規性」と関係づけて,「第三者的に保証」する「仕組み」になっている。わが国でも日本版SOX法などによって,会計監査人の形式的な独立性が強化されているが,決算書の作成を行っている税理士が,同時に同一企業の決算書の保証(検査)業務を行う「仕組み」は,その流

れと一線を画すものである。

⑥ 税法準拠の決算書に関しても，税理士による証明書が発行されていること

「書簡」では，「これ（HGB上の年度決算書のこと＝筆者注）とは異なる，税法の規定を遵守したうえで年度決算書が作成されている場合は，その旨を証明書に記載する」としている。これは米国監査制度における特別報告書（Special reports）に相当するが，税法に準拠して作成された決算書（税務貸借対照表（Steuerbilanz））にも上記の証明書が発行できることは注目に値する（Special reportsは第11章補節2，税務貸借対照表は第11章第3節参照）。

(2) 年度決算書に関する責任

「書簡」は，年度決算書に関する責任について，「計算書作成義務の履行にあたって税理士が協力しているからといって，会計全体の完全性と真実性に対する本来の自己責任を商人が免れるわけではない。商人はHGB245条に定める年度決算書への署名によって，このような責任を明記する」とする（「年度決算書への署名」に関しては第5章第4節2(1)⑤参照）。税理士業務は，強制調査権を持たず，自由契約で成り立っている。したがって，経理の真相をどこまで見せるかは，関与先経営者の胸三寸の中に隠されているのである[48]

それゆえに，税理士は経営者から「完全性宣言書（Vollständigkeitserklärung）」を徴求する。「書簡」は，「年度決算書を作成し，それについて証明書を発行する税理士は，委託をする企業から完全性宣言書をとりつける。これは作成行為の代替にはならず，また，委任契約に応じて実施されるべき，基礎となる資料の正規性についての評価の代替にもならない」としている。

(3) 文章の変更

2001年10月22／23日付の書簡のうち，「蓋然性評価を含む年度決算書の作成」で「税理士が帳簿を記帳している場合」については，2003年11月17／18日付をもって，証明書の文章が変更されている。変更後の文章は，以下のとおりである。

［蓋然性評価を含む年度決算書の作成］で「税理士が帳簿を記帳している場合」

> 前掲の年度決算書は，当職／当事務所が記帳した帳簿（Bücher），提出された資産証明書（Bestandnachweise），ならびに与えられた…（社名）の情報を基に，商法および定款（Geschaftsvertrags）の規定を遵守して当職／当事務所が作成したものである。当職／当事務所は，当職／当事務所に提出された財産目録（Inventar）の蓋然性を評価した。その際に当職／当事務所は，その限りで，年度決算書の正規性（Ordnungsmäßigkeit）に反するような事実関係の確認はできていない。

※下線部は2001年10月22／23日付の書簡の内容から追加された箇所である。

この修正は，税理士が財産目録のどの部分を協力し，かつ，どの部分が税理士に提出されたかを，その作成領域から明らかにするためのものである。

続けて，2006年に，経済監査士会議所（WPK）および経済監査士協会（IDW）は，「税理士が帳簿を記帳している場合の，蓋然性評価を含む年度決算書の作成」に関する「文章」について，誤解を招きやすいと判断した。これを受けて，連邦税理士会連合会は，2006年12月14日の協議に基づいて，2007年1月26日に次のような文章を公表している。かかる修正・追加によって，定型文の表現は，より明確化されることになった。

［蓋然性評価を含む年度決算書の作成］で「税理士が帳簿を記帳している場合」

> 前掲の年度決算書は，当職／当事務所が記帳した帳簿，提出された財産目録の一部（Teile des Inventars），ならびに与えられた…（社名）の情報を基に，商法および定款の規定を遵守して，当職／当事務所が作成したものである。当職／当事務所は，当職／当事務所に提出された財産目録の一部，ならびに当職／当事務所に与えられた情報の蓋然性を評価した。それらの蓋然性の限度内で，当職／当事務所は，年度決算書の正規性（Ordnungsmäßigkeit）に反するような事実関係の確認はできていない。

※下線部は，2003年11月17／18日付の文章から修正・追加された箇所である。

(4) 信頼性ある年度決算書とベシャイニグング

以上がドイツ税理士による，ベシャイニグング（＝決算書保証（検査）業務）の概要である。これは，年度決算書の作成を行う税理士が，「自己監査の禁止」に抵触しないような配慮を払いつつ，その職業原則，GoB をはじめとする各種規範，特定の税法規定などの遵守を裏づけとして，「関与先が作成した帳簿および財産目録」ないし「関与先が作成した財産目録」の正規性を評価する業務である。

わが国においても，経済政策に，決算書の自己報告機能に基づく経営基盤強化策が採用されたり，各金融機関が担保や第三者保証に基づかない融資に乗り出すなど，「信頼性ある決算書」の価値が飛躍的に高まっている。会計参与制度および税務監査制度の一層の普及，さらには，税理士による新たな保証業務の制度設計に向けて，ドイツ税理士による決算書保証（検査）業務をより深く比較研究することも有益であろう。

第6節　税理士による保証業務

1　規制緩和時代における「保証業務」の位置づけ

「事前規制型の行政から事後チェック型の行政への転換」を意味する規制緩和が進んでいる。規制緩和は自由競争を市場にもたらす。すなわち，資格制度に基づく業務独占規定の緩和による市場開放と，相互参入を緩やかにして「よりよいサービス」を「より安価」に提供するための市場競争の活性化によって，国民経済全体としての効用の増大をもたらすことになる。わが国の中小企業における在来型の会計実務においては，税理士が帳簿・計算書類・税務申告書の作成の代行を行う傾向がみられたが，税理士を取り巻く，法規制緩和による競争の自由化（事実関係システム）や，パソコン・ソフトの普及による税務申告書作成業務の自由化（数関係システム）は，税理士がプロフェッショナルとして選択すべき業務領域はどのようなものか，という本質的な問題を浮き彫りにしている。これらの問題をどのように解決し，税理士制度が，真に国家や国民のためになる制度たり得るかが問われているのである。

この点に関しては，規制緩和がいかに進展しようと，自由化できない部分が

あるという発想が基本になる。それが「保証業務」である。事業活動面の自由化とデータのアウトプット段階での自由化とを橋渡しする機能，すなわち両者の照応関係を保証する業務（計算の信頼性の保証業務）こそが，21世紀における資格業務の特権として残されている領域である[49]。

結論的にいえば，少なくとも，中小企業の領域においては，簿記の「証明力」と，税理士による「保証」が相俟って，会計帳簿，計算書類，税務申告書への信頼性が高まるのである。

なお，税理士は，1997（平成9）年の地方自治法の一部改正によって，都道府県，政令指定都市等の「外部監査人」適格者とされ（地方自治法252条の28第2項），2005（平成17）年には商事基本法である会社法で，会計に関する識見を有する者とされて「会計参与」に登用され，さらに2007（平成19）年12月28日改正の政治資金規正法（法律第135号）によって「登録政治資金監査人」となることができる（政治資金規正法19条の18）とされ，税理士による保証業務の領域が拡大している。

2 「税理士が行う保証業務」の社会的認知

(1) 税理士による保証業務の領域

「税理士による保証業務」には，税務申告書と計算書類の2つの領域がある。税務申告書に関する保証業務は「税理士による税務監査（書面添付）」である。他方，計算書類に関する保証は「税理士のかかわり」の程度に応じて，計算書類に対する「保証の程度」・「計算書類の信頼性」が異なる（ただし，財務書類の監査証明業務は公認会計士の独占業務であり，税理士にはかかる権限がない）。

すなわち，税理士の計算書類へのかかわりは，図表15-11のように，②税務代理，③標準的な巡回監査報告書を用いた，月次巡回監査の実施を前提としての税務代理，④税理士による税務監査報告書（税理士法33条の2による書面）の発行，⑤会計参与就任（この場合，税務監査報告書の発行も行っていることを前提とする）という形態がある。

(2) 計算書類に対する保証の程度

「職業会計人による保証の程度」と「計算書類の信頼度」との間には相関関係がある。図表15-11における②の税理士が税務代理をする場合においては，

図表15-11 計算書類の信頼性のレベル

ケース＼税理士のかかわり	該当(○) ①	②	③	④	⑤	⑥
税理士の関与がない	○					
税理士の税務代理		○	○	○		
税理士による巡回監査［巡回監査報告書］			○	○		
税理士による税務監査（書面添付）				○		
税理士・公認会計士による会計参与報告					○	
会計監査人による監査証明						○

（保証なし／低い　←保証の程度→　高い）
（低い　←計算書類の信頼度→　高い） 

計算書類に対する保証の程度は相対的に低く，⑤の会計参与の場合には，計算書類に対する保証の程度は相対的に高くなる。なお，⑥会計監査人（公認会計士・監査法人）による会計監査が計算書類に最も高い保証を提供するが，この場合，会社法上，「会計参与」と「会計監査人」の併存が可能である。

(3) 無資格者が行う記帳代行と計算書類作成代行

ここで，「税理士が税務代理を行うだけで計算書類に一定の信頼性が付与される」ことについて，付言しておきたい。これは，税理士資格のない，いわゆる記帳代行業者が帳簿作成代行と計算書類作成代行を行っている場合に比して，税理士が税務代理をしている場合のほうが，計算書類の信頼性が高いという法的仕組みの確認でもある。

既述のように，税理士法は税理士に罰則を担保にして厳格な義務を課している（本章第2節1(1)参照）。これに加えて，納税義務の適正な実現を図るためには，商法および会社法の計算規定，「一般に公正妥当と認められる会計の慣行」（商法19条1項）・「一般に公正妥当と認められる企業会計の慣行」（会社法431

条)・「一般に公正妥当と認められる会計処理の基準」(法人税法22条4項)・「複式簿記の原則」(法人税法施行規則53条)に準拠した会計処理が求められる。かかる仕組みは，確定決算主義によって法的に担保されている。こうした構図から，「税理士が税務代理を行うことで，その基となった計算書類の適正性に一定の信頼性が付与される」という結論が導き出される。

これに比して，記帳代行業者にはかかる職業法規が適用されないため，その作成代行した会計帳簿や計算書類に「客観的な信頼性」が付与されることはない。これが「非資格者による記帳代行業務」と区別された「税理士による税務代理業務」の存在価値である。

(4) 税理士による保証業務の重要性

21世紀社会において，事業活動とデータの照応関係を保証する業務（計算の信頼性の保証業務）がますます重要性を増している。「信用の創出」と「経営の透明性」が信用を基盤として成り立つ自由主義経済社会発展の重要な要素であるからである。

武田隆二博士は，「わが国の監査法人の証券取引法監査は，米国における監査法人が行っているさまざまな業務のうちの1つだけが監査制度として定着した経緯がある。そのことが，監査にも積極的保証から消極的保証を経て，無保証の意見陳述に至るまで保証の内容がグラデーションをなして『保証の連続体』を構成しているという認識に直結しなかった。かかるさまざまな監査関連業務が『監査』という概念に含まれず，最も精度の高い財務諸表監査だけが監査であるという認識が，制度面においても，監査研究面においても浸透し，今日に至っている[50]」とされる。

米国公認会計士が，その保証レベルや利用目的に応じて複数の保証業務を展開しているように，さらに，ドイツの税理士が年度決算書の作成代行をしている場合においても決算書の保証業務を行っているように，税理士業界は「税務監査（書面添付）業務」や「会計参与業務」などの「税理士による保証業務」に積極的に取り組む必要がある。

■注

1　武田（2005b）；7頁。
2　税理士制度の詳細については，松沢（1995）を参照されたい。
3　「租税正義」は，租税法の「立法」と「適用」の両面に関係している。立法面では，課税原則として「公平原則」等があり，適用面では，「租税法律主義」等の原則がある。
4　飯塚（1985）；26-29頁を参照されたい。
5　租税法の解釈には，民商法のそれとは異なる特殊性がある。たとえばティプケ／ラングは，「課税の法律適合性（Gesetzmäßigkeit der Besteuerung）」には次の2つがあるとする（Tipke/Lang（1991）；S. 27）。

(1)　租税負担の義務づけは法律（Gesetz）に留保される。それは，ただ法律が命令をする場合，かつ，法律が命令をする限りで許される（いわゆる「法律の留保」）。租税の確定は，法律上の構成要件（Tatbestand）の充足，つまり，法律が法律効果（Rechtsfolge）として租税を構成要件に結びつけることが前提条件となる（「課税要件適合性」）。しかし，法律効果も法律に基づいて明らかにされなければならない。

(2)　法規命令（Rechtsverordnungen）や行政行為は法律を犯してはならない（いわゆる「法の優越」）。

税理士が税理士業務を遂行するにあたっては，このような租税法特有の厳格な法解釈を日常業務の中で果たしていかなければならない。ここで，改めて税法の実務を法的に整理すると，事実認定にはじまり，該当する個別税法の条文から抽出された課税要件を，事実認定により認定された要件事実に当てはめることになる。増田英敏教授は，この流れを①から⑥に至るプロセスとして示されている（増田（2008）37-38頁）。

① 課税要件事実の認定作業
② 私法上の法律構成（契約解釈）
③ 租税法の発見・選択
④ 当該租税法の課税要件規定の解釈
⑤ 適用（租税法の課税要件事実への当てはめ）
⑥ 申告・納税

①の課税要件事実の認定作業における事実認定の問題は税法独自の問題ではない。益金・損金範囲を法的に確定していくプロセスは，裁判官の法的な批判に耐えうる程度の規範性を持つ，社会通念の視点からも容認されなければならないことを命じたものであるといえよう（増田（2008）；113頁）。

6　武田博士は，弁護士や公認会計士は，その資格を保有するということだけで，税理士資格を取得できるとしている税理士法3条に対して，「要するに問題点は，弁護士は法律の専門家であっても，税法を勉強して，司法試験を受験する者は少なく，また，会計の勉強をしなくても，税理士の資格者になれるという，まさに職業に上下の差があるかの如き規定になっていることが問題である。また，公認会計士の場合は，会計に関する試験に合格しても，税理士と同格の税法科目の試験を受けずに，税理士の資格者になれるということも，職業に上下差を認めるかの如き規定といえよう」（武田（2005c）；8頁）とされ，「規制緩和のもとで，資格者と非資格者とを識別するということは，サービスの質に関わるも

のとして,『平等原則』に反するものではないが,当該職業に固有の試験を受けることなく,無条件に,資格免除の規定を存置することは,『平等原則』に反するばかりではなく,規制緩和の狙いとするよりよいサービスの提供による国民の生活の質を高めることにつながらないからである」(武田 (2005c);11頁)とされる。

7 Ethics Rules for Tax Practice (Statements on Standards for Tax Services, SSTS).
SSTS No. 3-Certain Procedural Aspects of Preparing Returns
2. In preparing or signing a return, a member may in good faith rely, without verifacation, on information furnished by the taxpayer or by third parties. However, a member should not ignore the implications of information furnished and should make reasonable inquiries if the information furnished appears to be incorrect, incomplete, or inconsistent, either on its face or on the basis of other facts known to a member. Further, a member should refer to the taxpayer's returns for one or more prior years whenever feasible.

8 ドイツ税理士法の邦訳は,ゲーレ゠飯塚訳 (1991) および柳 (2010) を参照した。以下同じ。
9 Gehre (1995);§57 Rdnr. 8.
10 Gehre (1995);§57 Rdnr. 38.
11 佐藤 (1992);123頁。
12 たとえば「記帳適時性証明書」は,㈱TKCが発行するもので,以下のことを税務官庁や金融機関等に対して証明する。
1.当企業の会計帳簿は,会社法432条に基づいて,「適時に」作成されていること。
2.TKC会計事務所は,毎月,当企業を訪問して巡回監査を実施し,月次決算を完了していること。
3.決算書は会計帳簿の勘定科目残高と完全一致しており,別途に作成したものではないこと。
4.法人税申告書は当該決算書に基づいて作成され,申告期限までに電子申告されていること。
13 武田 (2006e);70頁。
14 なお,わが国最大級の職業会計人(税理士,公認会計士)の団体であるTKC全国会では,TKC全国会会則のもとに定めた「TKC会計人の行動基準書」において,「巡回監査とは,関与先企業等を毎月および期末決算時に巡回し,会計資料ならびに会計記録の適法性,正確性および適時性を確保するため,会計事実の真実性,実在性,網羅性を確かめ,かつ指導することである」として巡回監査を定義し,会員に巡回監査の実施を求めている。
15 中小企業におけるキャッシュ・フロー計算書の重要性は,岡部 (2010) を参照されたい。
16 武田 (2005e);10頁。
17 日本税理士会連合会 (2005);146頁。
18 日本税理士界連合会;添付書面作成基準(指針)(2009年4月1日)を参照。
19 武田 (2006f);11頁。
増田英俊教授は「書面添付は申告の適正性を証明する税理士の釈明権の行使」であると

され，「①書面添付は申告の争点整理作業，②争点整理と，その申告の合理性を法的に説明する税理士の説明責任の履行，③釈明権の行使と説明責任の履行は表裏であり，書面添付には紛争予防の中核的意義がある」（増田（2010）：22頁）とされる。

20　山本（2001）；201-202頁。
21　最近の国税当局の見解として，石井／大久保（2010）も「昭和26年に税理士法が制定された後，各方面からの制度の見直しの論議が起きた際，税理士会からは『税務計算書類の監査を税理士業務に加えてもらいたい』旨の要望が行われました。（中略，筆者），税務書類の作成に，独立した公正な立場において納税義務の適正な実現を図ることを使命とする税理士が関与して，その責任を明らかにすることは，税務行政の円滑化等の効果が期待できることからそうしたかかわりの声は根強かったのです。そこで，昭和31年度の税理士法改正において，税理士の監査制度に代わるものとして，『書面添付』と称される税理士法第33条の2の第1項の規定が創設され，その後昭和55年度の改正で同条第2項が追加されました」（同書；6-7頁）とする。
22　武田（2008a）；186頁。
23　松沢（2000）；5-6頁。
24　坂本（2000）；54頁。
25　武田（2005f）；5頁。
26　武田（2005d）；5-6頁。
27　武田隆二博士は，税理士法1条の改正案を提示され（本改正案は武田（2005d）を参照されたい），「税理士法第1条において，税理士が『税務に関する専門家』としてだけでなく，『会計に関する専門家』として業法上も明確にその位置付けが与えられるべきであり，また，第1条を受けて，その第2条において，会計業務を『付随業務』としてではなく，『本来業務』として位置づける必要が生じたのである」（武田（2005g）；5頁）とされる。
28　相澤（2005）；136頁。「両者の意見が一致しなければ，当該株式会社における計算書類を作成することができない」ということは，実務的には，当該会計参与たる税理士等が会計参与の職を辞することを意味し，多くの場合，税務の顧問契約も解除に至る可能性がある。それゆえに，会計参与たる税理士等には「精神的な独立性（実質的な独立性）」がより強く求められることになる。
29　武田（2006e）；77頁。
30　Mautz/Sharaf（1961）；p. 204. このマウツ／シャラフの説明は，『CPA ハンドブック』13章のウィルコックス（E. B. Wilcox）の見解を引用している。
31　飯塚（1985）；36頁。
32　Mautz/Sharaf（1961）；p. 206，マウツ／シャラフ＝近澤（1987）；278頁。
33　ベシャイニグングとの用語は，税理士法57条3項にもみられる。同条項は，「税理士または税務代理士の職業は，特に次の事項と一致可能である」とし，その3号で「経営助言，専門的な鑑定または信託に関する業務ならびに財産一覧表および成果計算が税法上の規定を遵守している旨の証明書の発行（die Erteilung von Bescheinigungen über die Beachtung steuerrechtlicher Vorschriften in Vermögensübersichten und Erfolgsrechnungen）」と規定している。

34 Vgl. Köhler (2010) ; S. 1065.
35 Köhler (2010) ; S. 1066.
36 Köhler (2010) ; S. 1066.
37 Köhler (2010) ; S. 1066.
38 Köhler (2010) ; S. 1067.
39 Köhler (2010) ; S. 1067.
40 Köhler (2010) ; S. 1068.
41 武田／河﨑／古賀／坂本 (2007d) ; 269-270頁。なお, 武田／河﨑／古賀／坂本 (2007d) は, Bundessteuerberater-kammer (2007) の邦訳書である。
42 Köhler (2010) ; S. 1066.
43 18条は, 以下の内容である。

　信用機関 (Kreditinstitute) は, 信用被供与者によって, 経済的な関係, 特に決算書の提出により公開される場合にのみ, 総計75万ユーロまたはその機関の自己資本の100分の10を超える信用を供与することができる。設定された保証 (Sicherheiten) や連帯保証人 (Mitverpflichteten) を考慮に入れた公開の要求が明らかに根拠がない場合には, その信用機関はその時点でこれをとりやめる (absehhen) ことができる。その信用機関は現在進行中の公開であっても, 以下の場合はとりやめることができる。
1　信用貸しが, 信用被供与者自ら使用している居住用財産に係る基本抵当権によって保証されていること
2　信用貸しが, 抵当証券法16条1項および2項の意味において, 担保物件の担保価値の5分の1を超えていないこと, および
3　その者によって, 責任ある利子および負債の弁済能力に支障がない (störungsfrei) 信用被供与者であることが証明されていること
　公開は, 20条2項1号a項からc項の意味における外国の公的機関への信用貸しには, 必要ないものとする。

44 なお, 従来その限度は, 50万ユーロであったが, その後, 25万ユーロに引き下げられた。さらに, 2005年の「抵当証券法の新秩序に対する法律 (PfandBNeuOG)」によって75万ユーロに引き上げられている (Vgl. Nirk (2008) ; S. 163)。
45 「書簡」の「C 依頼契約の遂行」は, 信用制度法18条と年度決算書の関係を以下のように記述している。「信用制度法18条に定める開示義務を果たすために年度決算書を援用しようとする場合, 提出された年度決算書が法律で認められた簡便措置を採用して作成されていても, 信用制度法18条1文には原則として違反しない。ただしその場合, 金融機関は, 専門的に正しい信用度の評価に必要である限りにおいて, その種の年度決算書に追加してさらに詳しい情報および資料を取り寄せる義務を負う。中小規模の資本会社が年度決算書の作成にあたって商法上の規模依存的な簡便措置を利用する場合, この簡素化された記載は信用制度法18条1文の要求事項を満たしていないのが普通である。これは, たとえば要約された損益計算書において当てはまる。売上高の重要な記載が欠けているからである。信用制度法18条の特別な要求事項を依頼人に指摘しなければならない」。
46 武田／河﨑／古賀／坂本 (2007d) ; 270頁参照。

47　武田／河﨑／古賀／坂本（2007d）；688-689頁参照。
48　飯塚（1985）；237頁。
49　武田（2002a）；5頁参照。
50　武田（2003）；35-36頁。

第16章
中小企業会計基準の
あるべき編成方法

第1節　はじめに―問題提起―

　本章では，本研究における論究を前提にして，わが国の喫緊の課題である，中小企業会計基準のあるべき編成方法を考察する。

　わが国における会計基準の近代化の歴史は，第二次大戦後の占領下において，1949（昭和24）年，経済安定本部企業会計制度対策調査会（現：企業会計審議会）の中間報告として企業会計原則が設定されたことに始まる。他方，中小企業の簿記・会計に関する今日の問題意識は，1949（昭和24）年に経済安定本部企業会計制度対策調査会が公表した「中小企業簿記要領」，および1953（昭和28）年に中小企業庁が公表した「中小会社経営簿記要領」に，その萌芽がみられたが，根拠法が証券取引法に置かれていた企業会計原則と異なり，両要領はその法的根拠がなかったこと等もあって，わが国の中小企業における簿記・会計規範としての位置づけを獲得することはなかった。

　会計ビッグバンの煽りを受けて，わが国の中小企業の会計制度も国際的にみてグローバル化が遅れているとされ，中小企業にも新会計基準の導入が始まりつつあった2002（平成14）年3月，中小企業庁は「中小企業の会計に関する研究会」を立ち上げた。「研究会」は激しい議論の末，2002（平成14）年6月に報告書（以下，「研究会報告書」という）を公表した。「研究会報告書」は，「中小企業の属性」を考慮した，ボトムアップ型の中小企業会計基準を採用していた[1]。

　その後，中小企業庁「研究会報告書」を受けて，2002（平成14）年12月に日本税理士会連合会が「中小企業会計基準」を，2003（平成15）年6月には日本

公認会計士協会が「中小会社の会計のあり方に関する研究報告」をとりまとめている[2]。2005（平成17）年8月3日に公表された，日本税理士会連合会，日本公認会計士協会，日本商工会議所，企業会計基準委員会による「中小企業の会計に関する指針」（以下，「中小企業会計指針」という）は，平成17年の商法改正および会社法の創設を受けて，これらの3つの基準を一本化したものである。

しかしながら中小企業会計指針は，日本公認会計士協会の「中小会社の会計のあり方に関する研究報告」における「適正な計算書類を作成する上で基礎となる会計基準は，会社の規模に関係なくあくまでも1つであるべきである」とする立場と同じく，「本指針の作成にあたっての方針」として「企業の規模に関係なく，取引の経済実態が同じなら会計処理も同じになるべきである」との立場を採っている。これは，中小企業会計指針が，トップダウン型の会計基準であり，株式公開大会社用の会計基準の「簡易版」として策定されていることを示すものである[3]。

かかる状況の下で，IFRS（国際財務報告基準）のアドプションおよびIFRSとわが国の会計基準を近づけるコンバージェンスをめぐる課題が浮上してきた。この課題は非上場企業，とりわけ中小企業の会計にも大きな影響を及ぼす可能性があるため，非上場企業の適用される会計基準に関しても議論が進められ，中小企業会計指針の今後の取扱いを含めた，わが国の中小企業会計基準のあり方が重要な論点となって再浮上したのである。

そこで本章では，一国における会計制度のあるべき姿を踏まえて，中小企業会計基準のあるべき編成方法について考察を加える。

第2節　「中小企業簿記要領」と「中小会社経営簿記要領」の現代的意義

中小企業の簿記・会計に関する今日の問題意識は，1949（昭和24）年に経済安定本部企業会計制度対策調査会が公表した「中小企業簿記要領」，および1953（昭和28）年に中小企業庁が公表した「中小会社経営簿記要領」に，その萌芽がみられる[4]。これは，その当時，「場の条件（企業の属性）」に応じて会計基準が数種類ありうることが一般に認知されていたことを物語っている。

1 「中小企業簿記要領」の目的と特徴

「中小企業簿記要領」は,「法人以外の中小商工業者のよるべき簿記の一般的基準を示すものであって」,①正確なる所得を自ら計算し課税の合理化に資すること,②融資に際し事業経理の内容を明らかにすることによって中小企業金融の円滑化に資すること,③事業の財政状態および経営成績を自ら知り,経理計数を通じて事業経営の合理化を可能ならしめること,が目的とされている[5]。

「中小企業簿記要領」では,「企業会計原則」と同様に7つの一般原則が示されている。それは,第1原則「正規の簿記の原則」・第2原則「真実性の原則」・第3原則「明瞭性の原則」・第4原則「事業会計・家計区分の原則」・第5原則「継続性の原則」・第6原則「収支的評価の原則・発生原則」・第7原則「記帳の能率化・負担軽減の原則」である[6]。

特徴的なことは,「中小企業簿記要領」では,第1原則が「簿記は,事業の資産,負債および資本の増減に関するすべての取引につき,正規の簿記の原則に従って正確な会計帳簿を作成するものでなければならない」とする「正規の簿記の原則」を掲げ,「真実性の原則」が第2原則に置かれていることである。これは「簿記要領」であることによるものであり,「真実性の原則」をはじめとするその他の一般原則は,「正確な会計帳簿」を作成するための一般原則として位置づけられている[7]。「中小企業簿記要領」では,中小企業の企業属性が明確に意識されており,そのための特別な配慮(会計処理や帳簿組織の簡易化)を要請する構成となっている[8]。

他方,大会社指向の会計制度として誕生した企業会計原則は「真実性の原則」を第1原則とし,第2原則である「正規の簿記の原則」をはじめとするその他の原則を「真実性の原則」が支えるものとしている(第5章補節参照)。

この相違は,中小商工業者の計算書類の信頼性は,「簿記」の正確性,より正確にいえば,「適切な記帳に裏づけられた正確な会計帳簿」に担保されるからである。

2 「中小会社経営簿記要領」の目的と特徴

「中小会社経営簿記要領」は法人企業向けの簿記要領であり,その目的は,①経理業務の充実,②経営の改善,③合理化や資金の借入に必要な体制の整

備,④申告納税への利用にあるとされる[9]。

同要領は,中小企業の特徴として,①一般に個人的色彩が濃く,②会社の一,二の役員が事実上その会社を支配しているという傾向が強く,③会社の構成員も少ないので経理担当者も少人数に限られ,かつ,④専門的な経理知識が不足していることを掲げ,このような「中小会社の通有性を考えて」立案されたものである[10]。

そして,本要領と企業会計原則・税法とのかかわりについては,「一般に公正妥当と認められる企業会計原則に準拠し,且つ法人税法施行規則の記載要件にあてはまる複式簿記であることを特徴とする[11]」としている。それゆえに,「中小企業簿記要領」とは異なり,「正規の簿記の原則」をはじめとする「一般原則」は定めていない。

根拠法が証券取引法に置かれていた企業会計原則と異なり,両要領はその法的根拠がなかったこと等もあって,わが国の中小企業における簿記・会計規範としての位置づけを獲得することはなかった。しかし,われわれは,1953年時点で,①わが国が「企業の属性」に応じた「3層の会計基準」構築を目指していたこと,②両要領が「簿記」を重視して,『会計』ではなく『簿記』という語をその名称に用いていたこと,③「中小企業簿記要領」が「正規の簿記の原則」をその第1原則に位置づけていたこと,を重視しなければならない。これらの視座は,今日的に,中小企業の会計制度において,より重要性を増しているからである。

第3節　会計基準の基礎構造の設計

1　機械論的アプローチと機能論的アプローチ

(1)　「財務会計の概念フレームワーク」の検討

会計基準の基礎構造を形づくるものであるとして措定した場合,従来の議論を集約すると,少なくとも会計基準の基礎構造の設計にあたり,次の3つのアプローチがあった[12]。

(a)　会計行為のプロセスに重点をおいて設計する立場——プロセス重視のスタンス

(b) 最終的にアウトプットされる情報がもつ特質から会計の基本的な枠組みを取り上げる立場——エクジット重視のスタンス

(c) データのインプット段階における記録の証拠性に重点をおいて基準設定を行う行き方——エントリー重視のスタンス

ここで，エクジット重視のスタンスは「出口理論」，エントリー重視のスタンスは「入口理論」といってもよい。

わが国における「一般に公正妥当と認められる企業会計の基準」である「大企業会計基準」の特質はその「外形要件」と「内形要件」から浮き彫りになる。

① **外形要件**

大企業会計基準の「外形要件」は，企業会計基準委員会が2006年12月に公表した『財務会計の概念フレームワーク』の「討議資料」に示されている。「討議資料」によれば，「財務報告の目的」を「投資家による企業成果の予測と企業価値の評価に役立つような，企業の財務状況の開示にある」とみる。また「ディスクロージャー制度の主たる当事者」として，資金提供を行う「投資家」，資金調達を行う「経営者」，両者の間に介在して保証業務を通じて情報の信頼を高める「監査人」を掲げる（「財務報告の目的」参照）。つまり，「財務報告の目的」を充足するためのディスクロージャー制度は，与件（場の条件）として，次のことを仮定している。

(a) 「証券市場」における「資金調達」

(b) 資金調達を行う「企業」（上場企業等の大企業）

(c) 資金提供を行う「投資家」

(d) 企業と投資家の間に介在して保証業務を通じて情報の信頼を高める「監査人」

このように，大企業会計基準は，証券市場という「場」の条件に拘束された形での会計基準となっている[13]。またこの仮定が，米国における「財務報告の目的（Objectives of financial reporting）」と同様の位置づけにあることは当然のことである（第11章補節2を参照されたい）。他方，中小企業はそのほとんどが閉鎖会社であるため，「場の条件」としての証券市場は想定されておらず，金融機関からの間接金融が想定されている。さらに，資金提供を行う「投資家」は存在せず，情報に保証を与える「監査人」も制度上求められていない。

522 第Ⅳ部 わが国の会計制度：課題と提言

図表16-1 「概念フレームワーク」における方法論的アプローチの特徴

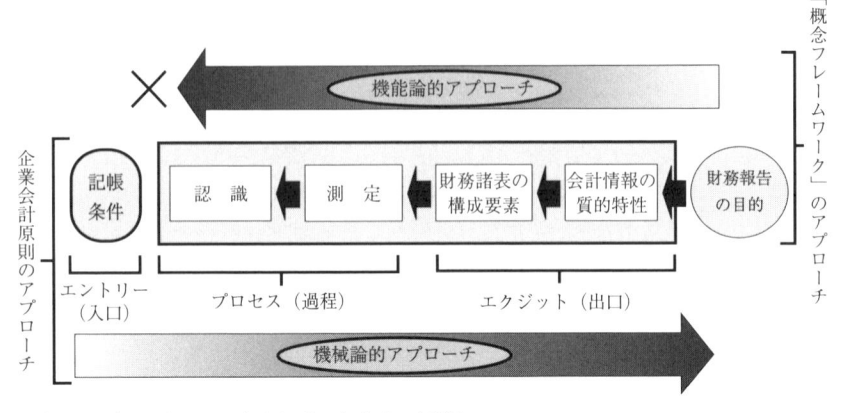

```
                        ┌─ 機能論的アプローチ ─┐
                    ×   ←─────────────────────
    企                                                                    概
    業   ┌──┐  ┌──┐ ┌──┐ ┌──────┐ ┌──────┐ ┌──┐   念
    会   │記帳│  │認識│←│測定│←│財務諸表の│←│会計情報の│  │財務報告│   フ
    計   │条件│  │  │ │  │ │構成要素 │ │質的特性 │  │の目的 │   レ
    原   └──┘  └──┘ └──┘ └──────┘ └──────┘ └──┘   ム
    則                                                                    ワ
    の    エントリー      プロセス（過程）       エクジット（出口）         ｜
    ア    （入口）                                                         ク
    プ                                                                    の
    ロ          ─────────────────────→                           ア
    ｜         └─ 機械論的アプローチ ─┘                              プ
    チ                                                                    ロ
                                                                          ｜
                                                                          チ
```

出所：武田（2008a）の156頁の図6を一部省略の上引用

② **内形要件**

内形要件は，上記の『財務会計の概念フレームワーク』の方法論的アプローチを考察することで明らかになる（**図表16-1参照**）。

すなわち，「フレームワーク」を説明する「討議資料」は，第1章「財務報告の目的」（1～6頁）→第2章「会計情報の質的特性」（7～13頁）→第3章「財務諸表の構成要素」（14～20頁）→第4章「財務諸表における認識と測定」（21～36頁）という構成になっている。これは情報の「機能」を重視した「機能論的アプローチ」（エクジットからのアプローチ）である。

③ **「会計処理の原則・手続」と「場の条件」**

2004年4月にIASBとFASBが共通概念フレームワークの構築に向けた共同プロジェクトの着手に合意して以後，順次進められているその内容に，日本として積極的に関与していくという意味で，「討議資料」は格別に重要な成果物として位置づけられるべきである。

しかし，大企業会計基準編成で採用された，情報の「機能」を重視した機能論的アプローチは，次第に技術的な内容に至ると一貫した説明が困難となる[14]。重要なことは，商法・会社法で定めた会計帳簿への「記帳条件」としての「適時かつ正確な記帳」という面にまでは説明が行き届かないことである。それに対して，「機械論的アプローチ」（エントリーからのアプローチ）では，「左」（入口）から「右」へ（すなわち，「処理」へそして「出口」へ）と進む体制

がとられている。このようなアプローチの違いが，会計基準の組立を異にすることとなり，またその目的指向の違いによって，基準の内容の精粗について違いが生じるのである[15]。必要なことは，「会計処理の原則・手続」を「場の条件」（企業属性）に見合った形で「いかに組み立てるか」ということであって，「いかに簡略化するか」ということとは別個のことなのである[16]。

会計の基礎理論構築のアプローチとしては，記帳を重視する「入口理論」は「機械論的アプローチ」であり，「情報の役割」から説明を説き起こす「出口理論」は「機能論的アプローチ」であって，両者は対局に位置づけられる[17]。

(2) 「財務会計の概念フレームワーク」と中小企業会計

以上の意味で，情報提供を重視した大企業会計基準ないしその簡易版を，商業帳簿（会計帳簿・計算書類）の多目的な利用可能性を重視する中小会社に当てはめること，換言すれば，「情報」を重視した「機能論的アプローチ」をすべての中小企業の会計に適用することは誤っていることが明らかになる（なお，機械論的アプローチおよび機能論的アプローチは序章第2節4参照）。

図表16-1で示したように，企業会計原則は「機械論的アプローチ」に，「財務会計の概念フレームワーク」は「機能論的アプローチ」に立脚している。企業会計原則はその第2原則に「正規の簿記の原則」を設け，「正確な会計帳簿」を「会計行為の形式的枠組み」として位置づけるとともに（第5章補節参照），原価主義を基本にしている。企業会計原則は今日では中小企業の会計実務にも深く浸透している。

2　トップダウンアプローチとボトムアップアプローチ

「機械論的アプローチか，機能論的アプローチか」が会計基準の基礎構造の基本であるが，それと同時に，中小企業会計基準の編成方法には，トップダウンアプローチ（Top-Down Approach）とボトムアップアプローチ（Bottom-Up Approach）がある[18]。トップダウンアプローチは，「Big GAAP」から出発し，その簡素化によって中小企業会計基準を形成するアプローチであり，ボトムアップアプローチは，中小企業の属性を検討することから出発し，中小企業に固有の会計基準を生成するアプローチである。英国のFRSSE（Financial Reporting Standards for Smaller Entities）[19]，中小企業版IFRS（IFRS for Small

図表16-2 中小企業会計基準の編成方法

アプローチ／視点	トップダウンアプローチ (Top-Down Approach)	ボトムアップアプローチ (Bottom-Up Approach)
①意義	「Big GAAP」から出発し、その簡素化によって中小企業会計基準を形成するアプローチ	中小企業の属性を検討することから出発し、中小企業に固有の会計基準を生成するアプローチ
②方法	「Big GAAP」から中小企業に「適切な」基準を選別する方式	中小企業の「適切な」基準を生成する方式
③重点	「Big GAAP」との「一貫性」を重視	「企業属性」を重視
④例外処理	中小企業に固有な会計処理（例えば、簡便な会計処理）を例外とみる	大企業に固有な会計処理（例えば、連結会計や退職給付会計）を例外とみる
⑤具体例	英国FRSSE、中小企業版IFRS「中小企業会計指針」の立場	中小企業庁研究会「報告書」の立場

出所：日本会計研究学会第57回関西部会特別セッションにおける河﨑照行『中小企業の会計問題—「中小企業会計指針」の意義と課題—』の発表資料を一部追加して引用

and Mediumsized Entities）、そしてわが国の「中小企業会計指針」は、トップダウンアプローチを、中小企業庁「中小企業の会計に関する研究会」報告書は、ボトムアップアプローチを採用している（**図表16-2**参照）[20]。

中小企業会計基準の編成方法に関して、トップダウンアプローチは、「情報」を重視した「機能論的アプローチ」に、ボトムアップアプローチは「中小企業の属性」を重視した「機械論的アプローチ」に対応する[21]。

多くの論者は「どちらのアプローチを採用したとしても、中小企業会計基準の具体的な内容にはさほどの差異は生じない」として、アプローチ論を軽視しがちである。しかし、アプローチの方法を間違えれば、「基準の内容」に、少ないとはいえ決定的な差異を生じさせ（「微差大差」）、中小企業の属性を踏まえた有用な中小企業会計基準となりえない。

3 その他の視点

(1) ドイツ型と米国型

「会計基準の基礎構造」について改めて確認してみよう。会計の構図は，『入口』（エントリー）→『操作過程』（プロセス）→『出口』（エクジット）として描くことができる。会計基準を設定する場合，これまで「プロセス重視の会計基準」と「エクジット重視の会計基準」という2つのアプローチがあった。たとえば，わが国の企業会計原則は「入口」と「プロセス」をカバーしているが，どちらかといえば「プロセス重視の会計基準」であり，米国財務会計基準委員会（FASB）の財務会計概念ステートメント第2号およびわが国の『財務会計の概念フレームワーク』は，「エクジット重視の会計基準」である。さらにわが国の金融商品取引法は，計算の「プロセス段階」（会計基準）とその「エクジット段階」（ディスクロージャー）とに重点を置いた体系である[22]。

誤解を恐れずあえてこれを特徴づければ，ドイツでは記帳を含めた「簿記の正規性の基準となる一般的な GoB」（「インプット」と「プロセス」の領域）を法規範化することによって帳簿や決算書の信頼性を高める仕組みになっている（第5章参照）。他方，米国では「内部統制機構」・「エクジット重視の会計基準」と「公認会計士による保証業務」で財務諸表（エクジット）の信頼性を高める仕組みになっている。ドイツは入口（エントリー）規制型，米国は出口（アウトプット）規制型といってもよいであろう（**図表16-3**）。

また，ドイツの「正規の簿記の諸原則（Grundsätze ordnungsmäßiger Buchführung）」は，狭い意味では「日常の簿記（記帳等）」を意味する「簿記（Buchführung）」という語を，他方，米国の「一般に認められた会計原則（generally accepted accounting principles）」は「説明する」という言葉が語源である「会計（accounting）」という語を用いている。かかる観点からも，入口（エントリー）規制型と出口（アウトプット）規制型という特徴づけが可能であると思われる（なお，わが国の「簿記」と「会計」の定義は序章第2節2(2)参照）。

したがって，わが国の中小企業会計基準策定にあたっては，記帳を重視するとともに（入口規制型＝ドイツ型），職業会計人が計算書類の適正性を保証する仕組み（出口規制型＝米国型）をとり入れるという発想が格別に重要となる。そのいずれかを欠けば，信頼性ある中小企業会計制度にはなりえないのである。

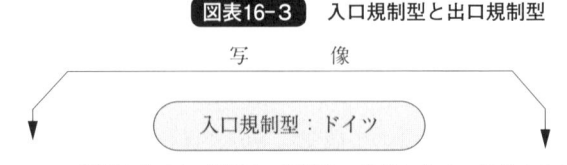

図表16-3　入口規制型と出口規制型

写像

入口規制型：ドイツ

記帳を含めた「簿記の正規性の基準となる一般的なGoB」の法規範化

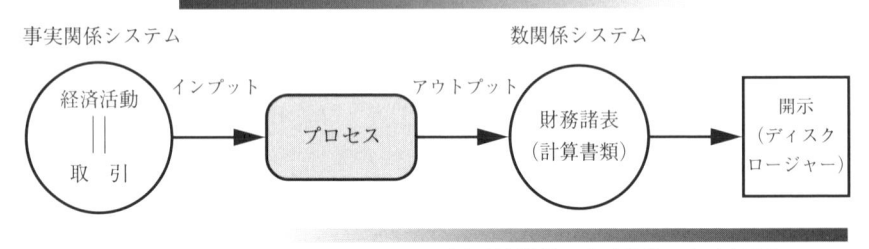

事実関係システム　　　　　　　　　　　数関係システム

経済活動 ＝ 取引 →インプット→ プロセス →アウトプット→ 財務諸表（計算書類）→ 開示（ディスクロージャー）

内部統制機構・会計基準・会計士監査

出口規制型：米国

(2) 米国会計学会の反省

米国会計学会において，米国の会計研究には重大な欠陥があるという反省が表明されている。

それは米国会計学会（AAA）の2006年ワシントン大会における「全体集会」で行われている[23]。まず，ホップウッド教授（オックスフォード大学）は，会計研究には，「会計自体だけではなく，会計のもたらした諸結果の研究，および広い制度的環境下での会計の機能様式（modes of functioning）の研究」と「会計自体と会計の内部的論理（internal logics）の研究」という2つのタイプがあるとする[24]。そして，前者（実証研究）が会計研究の主流になっていることに対して，「会計研究が会計それ自体から離れて，資本市場と関係者の行動研究に集中してしまった」と指摘する[25]。

フェリンガム教授（オハイオ州立大学）は，会計学の信用を回復する方策の第1として，ルカ・パチオリが記述し「五百年以上も続いてきたエレガンスなシステム」である「複式簿記の再評価」を提案している[26]（1494年のルカ・パチオリのSummaについては第1章第2節2参照）。

さらに，デムスキー教授（フロリダ大学）は，「概念フレームワーク」が「修復不能なほど傷ついている」と指摘したうえで，基本的なエラー検出コードで

ある「複式簿記」を欠き,「歴史意識と基礎原理」・「会計構造（accounting structure）」の研究が消えていることを指摘している[27]（「会計構造」は，本節1(1)の「会計基準の基礎構造」に相当する）。

以上のように，米国会計学会において，会計研究に関し，①「資本市場と関係者の行動研究」に過度に集中する機能論的アプローチ（機能主義, Functionalism）に警鐘を鳴らし，②複式簿記を再評価すべきとし，③「歴史意識と基礎原理」・「会計構造」に関する研究の必要性が強調されている。これらの視点は，わが国の会計制度のあり方，特に中小企業会計基準の策定の方向性に大きな示唆を与えるものである。

第4節　「中小企業の会計に関する研究会」報告書

1　審議の内容

以上の大会社の『財務会計の概念フレームワーク』に対応する，中小企業の「財務会計の概念フレームワーク」の内容は，2002年「中小企業の会計に関する研究会」の報告書において明らかにされている。

会計ビッグバンの煽りを受けて，わが国の中小企業の会計制度も国際的にみてグローバル化が遅れているとされ，中小企業においても新会計基準の導入が始まりつつあった2002（平成14）年3月，中小企業庁は会計学・商法学・税法学の有力な研究者，日本税理士会連合会，日本公認会計士協会，日本商工会議所，金融機関などの有識者を委員とする「中小企業の会計に関する研究会」を立ち上げた（筆者も専門委員として参加）。

この研究会における議論の中心は，中小企業における会計基準の加重負担がささやかれる中で，①株式公開会社等に適用される会計基準とは一線を画した中小企業向けの会計基準を設定すべきか否か，もし基準が設定される場合，②税法および確定決算主義をどのように位置づけるか，③記帳に関する基準を盛り込むか否か，④会計の目的に経営者への自己報告を盛り込むか否か，ということであった。

しかし同研究会では，多くの委員が会計のグローバル化の中で，中小企業向けの会計基準を別途設定することに極めて冷ややかであり，ある会計学者が

「会計は会計で，これに何種類かの会計というのはあり得ないのだということを最初に確認しておきたいと思います」（第1回会議録）。「会計基準は一つでありまして，ダブル・スタンダードの2つ目の基準をつくろうというようなことは考えられないし，考えるべきじゃないと思います」（第2回会議録）と主張された。また具体的な記帳の条件を報告書に盛り込むことについても「一応ここで議論すべきことは，記帳はある程度できていることを前提に，記帳の会計処理についてどういう方法がいいのかということを議論すべきであって，記帳が不十分なものまでここでフォローして議論すると，ちょっと収拾が付かないように思います」（第5回会議録）として，あるべき記帳条件の設定は意味がなく，会計処理（測定・評価）に関する議論に集中すべきであるという意味の主張をされた委員もいた。そして「商法上の記帳をきちんとさせるのはどうしたらいいか。これはもちろんきちんとすることが経営に役立ちますよ，というのは，そういうことぐらいしか商法上はインセンティブにはならない」（第5回会議録）との意見もあった。

　これが当時の中小企業会計に対する会計学・商法学・税法学の一般的な見解であったのである。

2　報告書の内容

　こうした状況の下で，中小企業庁「中小企業の会計に関する研究会」は，激しい議論の末[28]，2002（平成14）年6月に報告書を公表した。

　まず「研究会報告書」は，中小企業会計基準策定の前提として「判断の枠組み」を以下のように示している。これは，中小企業の『財務会計の概念フレームワーク』，換言すれば，「場の条件」といえるものであり，大会社の『財務会計の概念フレームワーク』に匹敵するものである。

（判断の枠組み）
　中小企業の会計を考えるに当たっては，商法の目的や趣旨の下，以下の判断枠組みを基本とするものとする。
(1)　計算書類の利用者，特に債権者，取引先にとって有用な情報を表すこと。
(2)　経営者にとって理解しやすいものであるとともに，それに基づいて作成される計算書類が自社の経営状況の把握に役立つこと。
(3)　対象となる会社の加重負担にならないこと（現実に実行可能であること）。

(4) 現行の実務に配慮したものであること。
(5) 会計処理の方法について，会社の環境や業態に応じた，選択の幅を有するものであること。
　　簡便な方法で代替可能な場合，その選択が認められること。

① ボトムアップ型の中小企業会計基準

この「枠組み設定」は，「研究会報告書」が，中小企業の「属性」を考慮したボトムアップ型の中小企業会計基準であることを示すものである。これを図に示せば，**図表16-4**になる。

なお，図表16-4で示した「中小企業の企業属性」は，⑤を除き，1953年に中小企業庁が公表した「中小会社経営簿記要領」が示した「中小会社の特徴」とほぼ同様となっている（本章第2節2参照）。

② 商業帳簿の自己報告機能

また，「研究会報告書」が「判断の枠組み」で示した「(2)経営者にとって理解しやすいものであるとともに，それに基づいて作成される計算書類が自社の経営状況の把握に役立つこと」は，まさに商業帳簿の「自己報告性」に言及したものである。この点について「研究会報告書」は「考え方」において，以下のように解説している。

【考え方】
　(2)は，会計の利用者としての経営者からの視点である。従来は，計算書類の作成は全面的に外部専門家に任せているという経営者もみられたが，近年，金融情勢・経営環境が一層厳しくなる中で，計数分析による自社の経営状況の把握や，計算書類の裏付けのある事業計画の作成が，経営を進める上できわめて重要になってきている。
　このため，会計のあり方についても，大多数の経営者が理解できるものであり，その結果作成される計算書類が自社の経営状況の把握に役立つものであることが必要である。

③ エントリー重視の会計基準

さらに，「研究会報告書」は，中小企業の属性を考慮し，「記帳」に重点を置いて基準設定を行う「エントリー重視の会計基準」の立場を採用している。

図表16-4 「中小企業の企業属性」と「判断の枠組み」

中小企業の企業属性	判断の枠組み
①所有者管理の会社（所有者＝経営者） →虚偽表示リスクの可能性	◇「Ⅲ記帳」（記帳の基本的考え方） 　会計帳簿の信頼性の確保のため，信頼ある記帳が重要である。 　記帳は，整然かつ明瞭に，正確かつ網羅的に行わなければならない。 　また，記帳は，適時に行わなければならない。
②「内部統制機構」の未整備 →統制リスクの可能性	
③経営者・従業員の限られた会計知識 →会計に対する低い理解度	(2) 経営者にとって理解しやすいものであるとともに，それに基づいて作成される計算書類が自社の経営状況の把握に役立つこと【理解可能性と経営合理化への役立ち】 (4) 現行の実務に配慮したものであること【実務への配慮】
④会計知識を有する従業員を雇用できないし，その必要性もないとする経営者意識 →経済コスト負担の限界	(3) 対象となる会社の加重負担にならないこと（現実に実行可能であること）【実行可能性】
⑤業種・業態・規模等の多様性 →多様な事業内容・事業形態	(5) 会計処理の方法について，会社の環境や業態に応じた，選択の幅を有するものであること。簡便な方法で代替可能な場合，その選択が認められていること【適用の弾力性】
⑥株式公開を目指さない，株式譲渡制限のある閉鎖会社→限定されたステークホルダー	(1) 計算書類の利用者，特に債権者，取引先にとって有用な情報を表すこと【限定されたディスクロージャー】

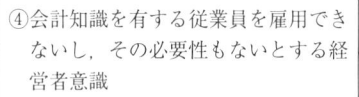

（誘導）

出所：河﨑（2006a）37頁

「研究会報告書」では「Ⅲ記帳」という表題のもとで次のような考え方を示している。

> （記帳の基本的考え方）
> 　会計帳簿の信頼性の確保のために，信頼性ある記帳が重要である。
> 　記帳は，整然かつ明瞭に，正確かつ網羅的に行わなければならない。
> 　また，記帳は，適時に行わなければならない。

これまでの会計基準は,「プロセス」と「エクジット」での議論が主体的であって,わが国をはじめ諸外国の会計基準で,『記帳』(エントリー)を重視した会計基準を問題としたものは存在していなかったのである[29]。「研究会報告書」は世界で初めての「エントリー重視型の会計基準」であった。ドイツ商業帳簿規定の一連の考察からも明らかなように,ドイツでは各種の記帳条件が商法商業帳簿規定に成文化されている。企業の経済活動(事実関係システム)は,処理プロセス(会計システム)を介して,財務諸表(計算書類)(数関係システム)へ写像されるが,アウトプットされる情報の信頼性(証拠性)は,エントリー・データの信頼性に依存しているからである。

「研究会報告書」が求めた「整然かつ明瞭に,正確かつ網羅的に」とは,ドイツの現行商法(HGB)239条2項および1977年国税通則法(AO)146条1項1文と同様の記帳条件であり,記帳条件に関してドイツ法制を参考にしたと認められる[30]。

たとえば,研究会報告書では,記帳を「適時に行わなければならない」ことに関して,以下のように解説している。

> 記録すべき事実が発生した後,速やかに記帳することを定めたものである。記録が遅延すればするほど,記載を誤る可能性が高まることから,日常の取引を適時に記帳するべき旨を規定している。

ドイツHGB239条2項は第3章第5節2を,AO145条1項は第4章第5節2を,さらにこれらの条項が規定する記帳条件の具体的解釈は第5章第3節1(1)を参照されたい。

3 特筆すべき点

「研究会報告書」の特徴は,少なくとも5つある。

第1は,「会計処理の方法について,会社の環境や業態に応じた,選択の幅を有するものであること」として[31],「中小企業の属性(場の条件)」を考慮した[32]ボトムアップ型の中小企業会計基準を,世界で初めて採用していることである。

第2は,商業帳簿の本質的な目的の1つである「自己報告による健全経営の

遂行」という視点をとり入れていることである。

第3は，わが国の公式な見解としては初めて「会計帳簿の信頼性の確保のために，信頼性ある記帳が重要である」とし，記帳を格別に重視していることである。「研究会報告書」は出口（公認会計士による保証業務）重視の米国会計制度と一線を画し，世界で初めて記帳（エントリー）を重視した会計基準を創設したのである[33]。

第4は，上記3点から明らかなように，「記帳」・「経営管理」など，簿記（複式簿記）を重視していることである。

第5は，確定決算主義を堅持していることである。

第5節　「中小企業の会計に関する指針」の検討

1　ドイツ GoB 概念の多様性

一連の考察を通じて，中小企業会計基準の編成方法の考察にあたっては，「トップダウンアプローチか，ボトムアップアプローチか」，「機械論的アプローチか，機能論的アプローチか」という視点が格別に重要であることが明らかになったが，この議論に関する答えが，すでにドイツの商法商業帳簿規定の生成過程に存在している。

本研究ですでに明らかにしたように，1857年プロシア第2草案理由書は，「正規の簿記」について「簿記の種類は商人の営業の種類と規模に結びついている[34]」としていた（第2章第4節2(2)参照）。さらに，1897年商法の草案理由書も「正規の簿記の諸原則」との包括規定に関し，「注意深い商人の実務慣習」を引き合いに出して「どのような方法で帳簿が記帳されなければならないかは（中略，筆者），営業の対象物，種類および特に規模に応じて，このような必要条件はそれぞれ相違してもよい」としていた[35]（第3章第2節2(1)参照）。

そして，GoB の今日的意義は，以下のようになっている。すなわち，超歴史的・普遍的・理念的概念である GoB 概念（空箱）は，「商業帳簿（帳簿）の法の適用局面」では「法律が記帳に結びつけている重要な法律効果を斟酌」して機能し，「簿記（会計）技術の組立の局面」では「簿記の種類は本質的には商人の営業の種類と規模に結びついている」ことを前提として機能し，「実箱」

であるGoBを組み立てる。これは,「場の条件」に応じた多様なGoBの存在を認める会計制度であり,「ボトムアップアプローチ」および「機械論的アプローチ」に立脚した会計制度である。

また,ドイツ租税法にも「簿記は自己目的(Selbstzweck)ではない」と言及する判例・学説が数多くみられる。たとえば,ヘンラインは租税優遇措置に関して「BFH(連邦財政裁判所)は簿記に対する要求を過大視することはないと何度も表明している。簿記は自己目的のためにあるのではない。簿記も,やはり経済的に行うべきであろう。簿記の構成に関する要求は,事業の種類や規模によって決まる[36]」と述べている。

2　中小企業会計指針の基本的スタンス

中小企業会計指針は,「企業の規模に関係なく,取引の経済実態が同じなら会計処理も同じになるべきである」(換言すれば,企業の規模に関係なく会計基準は1つであるべきである)というトップダウンアプローチを採用している。このような中小企業会計指針を中小企業のすべてに適用せしめることは,法解釈上も,会計制度構築論的にも,誤っていることは明白である(**図表16-5**および**図表16-6**参照)。

武田隆二博士は,中小企業会計指針は「技術の組立」の設計に対する配慮がなされなかったとされ,「『対象が同じならば,同じ技術が用いられ』,単に『コスト・ベネフィット』の観点から手続の簡略化を行えばよいという考え方であるため,結果的に中小会社に適合する会計基準として組み立てられていないのである。この欠陥の基本には,米国文化追随型の思想が根強く存在しており,いわば旧態文化論の域を脱しきれなかったことにあるといえる。文化論の基本に立ち返って,再検討する必要がある[37]」とされる。

江頭憲治郎教授も「将来の上場等を目指し,今から中小指針に対応していく会社は,もちろんその方向で進むべきだし,他方,中小指針を採用している会社と規模的には変わらないが,それほど会計にコストをかけられないという会社は,税務会計等の基準から抽出される新基準で対応していくということでもよい[38]」とされる。

会計基準策定の基本は,会計技術を「場の条件」(企業属性)に見合った形で「いかに組み立てるか」ということにある[39]。中小企業会計基準の策定にあ

534　第Ⅳ部　わが国の会計制度：課題と提言

図表16-5　「中小企業の会計に関する指針」の矛盾

1857年プロシア第2草案理由書		会計包括規定
正規の簿記（ordnungsmäßiger Buchführung）＝簿記の種類は商人の営業の種類と規模と結びついている		

↓

1897年ドイツ商法草案理由書
営業の対象物，種類および特に規模に応じて，このような（帳簿作成の）必要条件はそれぞれ相違してよい（括弧内は筆者加筆）

→

正規の簿記の諸原則（Grundsätze ordnungsmäßiger Buchführung）1897年HGB38条1項

中小企業庁「中小企業の会計に関する研究会」報告書（2002年）
会計処理の方法について，会社の環境や業態に応じた，選択の幅を有するものであること

⇕ 同質性

⇕ 不一致

中小企業の会計に関する指針（2005年8月）「本指針の作成に当たっての方針」企業の規模に関係なく，取引の経済実態が同じなら会計処理も同じになるべきである

⇔ 矛盾

「一般に公正妥当と認められる会計の慣行」（商19条1項）（2005年7月）一般に公正妥当と認められる企業会計の慣行（会431条）（2005年7月）

↑

日本公認会計士協会「中小会社の会計のあり方に関する研究報告」（2003年）
会計基準は「会社の規模に関係なくあくまでも1つであるべきである」

立法者の立場（立法趣旨）
一般に公正妥当と認められる企業会計の慣行と認められるものは・株・式・会・社・の・規・模，業種，・株・主・構・成などによっ・て・複・数・同・時・に・存・在・する（郡谷／和久（2006）；6頁）（傍点は筆者）

たっては，中小企業の基本的な属性を十分に考慮して，その会計技術の組立を行わなければならない。

　視点を変えれば，わが国には「中小企業版IFRS」が想定する企業群に対しては，すでにトップダウンアプローチに基づく「中小企業会計指針」が存在していることになる。したがって，わが国にあっては「中小企業会計指針」の維持発展を図りつつ，それによってカバーできない圧倒的多数の中小企業向けに，わが国の国土性・風土に適合し，かつ「中小企業の属性」を尊重した，ボ

第16章　中小企業会計基準のあるべき編成方法　535

図表16-6　「中小企業の会計に関する指針」の矛盾２

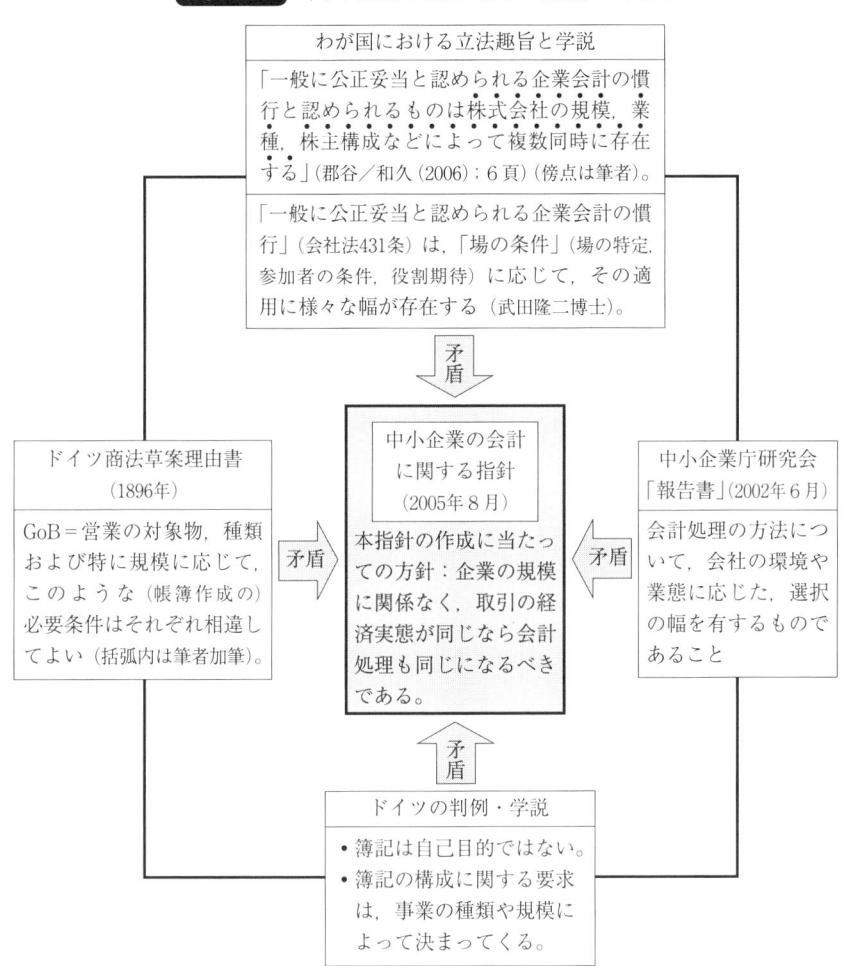

```
┌─────────────────────────────────────┐
│     わが国における立法趣旨と学説              │
│ 「一般に公正妥当と認められる企業会計の慣        │
│ 行と認められるものは株式会社の規模，業        │
│ 種，株主構成などによって複数同時に存在        │
│ する」(郡谷／和久(2006)；6頁)(傍点は筆者)。     │
│                                     │
│ 「一般に公正妥当と認められる企業会計の慣        │
│ 行」(会社法431条)は，「場の条件」(場の特定，     │
│ 参加者の条件，役割期待)に応じて，その適        │
│ 用に様々な幅が存在する(武田隆二博士)。        │
└─────────────────────────────────────┘
                    ↓矛盾
┌──────────────┐  ┌──────────────┐  ┌──────────────┐
│ ドイツ商法草案理由書 │  │ 中小企業の会計    │  │ 中小企業庁研究会   │
│   (1896年)      │  │ に関する指針      │  │「報告書」(2002年6月)│
│ GoB＝営業の対象物，│  │ (2005年8月)     │  │ 会計処理の方法につ  │
│ 種類および特に規模 │→矛盾│ 本指針の作成に当たっ│矛盾←│ いて，会社の環境や  │
│ に応じて，このよう │  │ ての方針：企業の規模│  │ 業態に応じた，選択  │
│ な(帳簿作成の)必要 │  │ に関係なく，取引の経│  │ の幅を有するもので  │
│ 条件はそれぞれ相違 │  │ 済実態が同じなら会計│  │ あること          │
│ してよい(括弧内は │  │ 処理も同じになるべき│  │                  │
│ 筆者加筆)。      │  │ である。         │  │                  │
└──────────────┘  └──────────────┘  └──────────────┘
                    ↑矛盾
┌─────────────────────────────────────┐
│           ドイツの判例・学説                 │
│ ・簿記は自己目的ではない。                    │
│ ・簿記の構成に関する要求は，事業の種類や規模    │
│   によって決まってくる。                     │
└─────────────────────────────────────┘
```

トムアップアプローチ型の中小企業会計基準を別途策定すべきである（なお，ドイツにおける「中小企業版IFRS」の受入問題に関しては，第12章第４節２参照）。

第6節　あるべき中小企業会計基準

1　基準策定の枠組み（フレームワーク）

(1)　各　論

あるべき中小企業会計基準は，ボトムアップアプローチと機械論的アプローチにより策定すべきであるが，このようなアプローチを採用することによって，基準策定の枠組み（フレームワーク）は以下のようになる。

① 「一般に公正妥当と認められた企業会計の慣行」への準拠

法治国家である限り，中小企業会計基準は「一般に公正妥当と認められた企業会計の慣行」（会社法431条）の枠内で策定されなければならない。「慣行」とは，何らかの事例ないし事態の処理に際しての行為規範として社会に承認され，確立されたパターンを意味する。ここにおいて，ある「会計処理の方法」が「唯一の公正なる会計慣行」となるためには，そのハードルが極めて高く設定されることは，すでに言及したとおりである（第14章第3節4(2)参照）。大企業会計基準をスタートとするトップダウンアプローチでは，中小企業の「会計の慣行」・「会計実務」を軽視し，「一般に公正妥当と認められた企業会計の慣行」（会社法431条）に違背する会計基準が作成されるおそれがある。

② 企業会計原則の尊重

企業会計原則は「機械論的アプローチ」に立脚し（本章第3節1(2)の図表16-1参照），その第2原則に「正規の簿記の原則」を設け，「正確な会計帳簿」を「会計行為の形式的枠組み」として位置づけるとともに（第5章補節参照），取得原価主義を基本にしている。企業会計原則は，今日では中小企業の会計実務に深く浸透している。それゆえに，中小企業会計基準の策定にあたっては，企業会計原則がその基本に位置づけられるべきである。

③ 簿記と記帳条件の尊重

たとえば，基準に「記帳条件」を盛り込むか否かに関して，トップダウンアプローチでは，大規模上場公開会社から出発し，記帳がしっかりと行われていることを前提とするために，省略（ないし考慮外）となる。他方，ボトムアップアプローチでは，中小企業の属性（①所有者管理の会社（所有者＝経営者），②

図表16-7 「記帳条件」に関するアプローチの違い

アプローチ \ 項目	記帳条件	
	内　容	基本的立場
トップダウンアプローチ (Top-Down Approach) 中小企業会計指針	省略	考慮外
ボトムアップアプローチ (Bottom-Up Approach) 中小企業庁『研究会報告書』	「記帳は，整然かつ明瞭に，正確かつ網羅的に行わなければならない。また，記帳は，適時に行わなければならない」	「会計帳簿の信頼性の確保のため，信頼ある記帳が重要である」

内部統制機構の未整備，③経営者・従業員の限られた会計知識）を前提とするために，簿記[40]を重視して「明確な記帳条件」を基準に盛り込むことが不可欠となる（図表16-7参照）。

中小企業会計指針では，「記帳」に関する部分がすべて削除されている。中小企業会計指針では，「研究会報告書」が求めた「適時・正確な記帳」ではなく，「経営管理」のための「会計情報」の「適時・正確な提供」に変質させてしまった[41]。もとより商法商業帳簿規定の本質的な目的は「証拠力の定立」と「自己報告による健全経営の遂行」にある。「記帳条件の明確化」は，「正規の簿記だけが証拠力を享受する」という命題の下で，会計帳簿や計算書類の証拠力（信頼性）に直結しており，あるべき中小企業会計基準策定の重要な視点であるにもかかわらず，この点に関する当事者の本質的な認識が欠落していたのである。

④　「自己報告による健全経営の遂行」の尊重

「研究会報告書」では，「経営者にとって理解しやすいものであるとともに，それに基づいて作成される計算書類が自社の経営状況の把握に役立つこと」としていた。中小企業会計指針でも，「中小企業においては，経営者自らが企業の経営実態を正確に把握し，適切な経営管理に資することの意義も，会計情報に期待される役割として大きいと考えられる」として，商業帳簿の本質的な機能の1つである「自己報告による健全経営の遂行」機能が謳われているが，大規模上場公開会社を前提とするトップダウンアプローチでは，外部の利害関係者（投資家等）への財務諸表の情報提供機能に重点が置かれるため，経営者へ

の「自己報告による健全経営の遂行」機能は付随的な位置に置かれる。

⑤ 確定決算主義と税法の尊重

わが国の会計制度では，確定決算主義が採用され，社会一般に定着している（「確定決算主義」は，第14章第3節4参照）。具体的には，わが国の中小企業の会計実務では，確定決算主義を受けて，ドイツと同様に，税法を基軸とした，あるいは，税法を尊重した計算書類作成の仕方が定着している。このような計算書類作成の仕方はすでに「慣行」になっており，わが国の会計文化そのものであるといってよい。それゆえに，ボトムアップアプローチでは，会計プロセスにおいて重要な機能を果たしている確定決算主義を重視して[42]，「税法を尊重する」ことが基本となる。

「中小企業会計指針」も，個々の会計技術において例外的に税法規定を許容している項目がある。しかし，同指針は「法人税法で定める処理を会計処理として適用できる場合」として，次の2点を挙げている。

(a) 会計基準がなく，かつ，「法人税法で定める処理によった結果が，経済実質をおおむね適正に表している」と認められるとき

(b) 「会計基準は存在する」ものの，「法人税法で定める処理によった場合と重要な差異がない」と見込まれるとき

したがって，法人税法で定める会計処理を採用するか否かの判断は，当該会計事実に関して，(ア)大企業会計基準が存在するか否かの確認，(イ)もし基準が存在するならば，その基準に準拠した場合の処理，(ウ)その結果と法人税法によった処理がもたらす差異の把握，(エ)差異に関する重要性の判断，を中小企業に強いることになる。換言すれば，大企業会計基準による処理を具体的に想定しなければ，指針に準拠した判断ができないことを意味する。

また，「中小企業会計指針」が大企業会計基準の簡易型として位置づけられているため，今後も「中小企業会計指針」と税法規定との乖離が進むことが予測される。かかる乖離の進展は，確定決算主義の形骸化，わが国の会計文化の崩壊を意味している。

⑥ 「商業帳簿（帳簿）の法の適用局面」への関心配置

ドイツのGoBの体系が「商業帳簿（帳簿）の法の適用局面」と「簿記（会計）技術の組立の局面」から構成されているように（第10章および第11章参照），わが国の「一般に公正妥当と認められる会計の慣行」概念も「商業帳簿（帳簿）

の法の適用局面」と「会計技術の組立の局面」から構成されている。それゆえに，中小企業会計基準の策定にあたって，「場の条件」である「商業帳簿（帳簿）の法の適用局面」への関心配置も不可欠となる。

しかしながら，中小企業会計基準の策定にあたって，かかる視点からのアプローチは現在まで一顧だにされてこなかった。商業帳簿の「証拠力」・「自己報告による健全経営の遂行」・「破産防止による債権者保護」，「電磁的な帳簿保存」，「租税法上の帳簿の証拠力」・「青色申告における租税優遇措置」などの「商業帳簿（帳簿）の法の適用局面」の領域は，主に法学が対象とする領域であるため，このような「商業帳簿（帳簿）の法の適用局面」に対する考慮が払われなかったのである。

ドイツのGoBは，「商業帳簿（帳簿）の法の適用局面」においては「形式的なGoB」（特に，一般的かつ普遍的な「形式的かつ狭義のGoB」）の明確化（法規範化）を不可欠とする。これと同様に，「一般に公正妥当と認められる会計の慣行」が「商業帳簿（帳簿）の法の適用局面」における機能を果たすためには，「簿記」を重視して（第11章第3節4参照），中小企業会計基準に一般かつ普遍的な簿記の要件（特に「一般的かつ普遍的な記帳条件」）を明確化することが不可欠となる。

それゆえに，中小企業会計基準は，「中小企業簿記会計基準」などの名称を用いて，「簿記」を重視することを鮮明に打ち出す必要がある。

⑦ **国際会計基準の影響の遮断**

トップダウンアプローチでは，大企業会計基準の影響を直接的に受けることになる。それは，中小企業会計指針が企業会計基準改正の影響を受けて毎年改正され続けていることからも明らかである[43]。それゆえに，大企業会計基準がIFRSに接近するにつれて，中小企業会計指針もIFRSに近づく可能性がある。他方，ボトムアップアプローチでは，国際会計基準の影響を直接に受けることはない。ただし，ボトムアップアプローチは，国際型会計モデルを一律に否定するものではなく，「場の条件」である「判断の枠組み」と照らし合わせて，国際型会計モデルにおける個々の会計技術ごとに，その採否を判断するというスタンスとなる。

⑧ **個別の項目**

個別の会計処理（会計技術の組立）においても，以下のような判断となる[44]。

(a) 棚卸資産

中小企業会計指針では，棚卸資産について，期末の時価が簿価より下落し，かつ，金額的な重要性がある場合には，時価をもって評価額としなければならないとしている。かかる処理は，中小企業にとって，期末に必ず時価評価をしなければならず，かつ，金額的な重要性を判定しなければならないという，二重の負担が生じており，税法基準に基づいた見直しが必要である。

(b) 有価証券

有価証券については，その区分が，中小企業会計指針と法人税法とで異なっている。中小企業会計指針に準拠して，決算時点において，売買目的ではないその他有価証券の時価評価を行って未実現の損益を計上することは，その企業の本来の経営成績が把握されにくくなるおそれがある。有価証券の評価も税法基準によるべきである。

(c) 減損会計

中小企業会計指針では，固定資産に関して減損会計を適用している。減損会計はその考え方の中に従来の伝統的会計では用いられてこなかった手法が，主役となって登場したものである。それは，減損会計の考え方の骨格ともなっている「使用価値」あるいは「将来キャッシュ・フローの現在価値」などという概念が，重要な役割を果たすことになっているからである。中小会社にとっては，その会計処理能力において，主観的・将来指向的な技法はなじまない。現行会計慣行での期末時における「評価替え」（評価減）の処理で十分であろう[45]。

(d) 税効果会計

「税効果会計」に関しては，現行の中小企業会計指針では原則適用に，「研究会報告書」では原則不適用になっている。これは，トップダウンアプローチとボトムアップアプローチの視点の違いから生じた差である。税効果会計は原則不適用とすべきである。

税効果会計は，証券市場において出会うであろう多数のステークホルダー（利害関係者）に対する情報提供手段として開発された手法であるが，中小企業の場合，報告会計での利害関係者は金融機関と取引先程度であり，課税所得計算に至っては，利害関係者は「国」（税務署）ただ1人である。そのような属性（特性）を持つ中小企業にとっては，その期に支払った税金の一部をあたか

も企業内に担保力ある資産があるように，繰延税金資産として貸借対照表に計上しても，何らの情報価値を持たないからである[46]。

(2) 基準設定主体

会計基準の設定については公部門（public secter）が主導していく場合（フランスやわが国の場合）と，私部門（private secter）が主導していく場合（多くのアングロ・サクソン系諸国の場合）とがあり，両者の相互補完関係がどのようであるかを追求することは極めて重要である[47]。

世界的な潮流として，会計基準の設定母体はパブリック・セクターからプライベート・セクターに移行している。しかし，国内の中小企業向けの会計基準はこの限りではない。それは，「中小企業版IFRS」の採用と適用企業が各国（各地域）の判断に委ねられていること，そして，ドイツでは，「簿記の正規性の基準となる一般的なGoB」が商法商業帳簿規定に規定され（第5章を参照されたい），フランスでは，業種別プラン・コンタブルが省令で定められていること（第11章補節1参照）からも明らかである。

会計基準が「一般に公正妥当と認められるもの」となるためには，「相当に権威ある集団」による決議によって作成される文書が実務のうえで必要となる。これは特定集団を構成する成員（パートナー）がかかわり合う制度における内部での規範を構成するものであるから関係的制度とよばれる[48]。わが国では，すでに1953（昭和28）年に中小企業庁が法人企業向けの「中小会社経営簿記要領」を公表し，2002（平成14）年には「中小企業の会計に関する研究会」を主催して「中小企業簿記会計基準」ともいうべき「研究会報告書」を作成公表している。それは中小企業庁が「簿記・会計」を中小企業政策の主要施策として位置づけたことにほかならない。

「ミニマムレベルの会計基準」としての「中小企業簿記会計基準（仮称）」は，中小企業基本法の対象企業を「主なる成員」とし，経済産業省・中小企業庁のもとで組織される「中小企業の会計に関する研究会」が「相当に権威ある集団」に位置づけられるべきである。そして国の中小企業にかかわる各種政策実施の「前提条件」の1つに「中小企業簿記会計基準（仮称）の実践」を位置づければ，「中小企業簿記会計基準（仮称）」が急速にわが国の中小企業に浸透していくであろう。

(3) 中小企業簿記会計基準（仮称）と税務監査（書面添付）制度とのリンク

新しく策定される中小企業会計基準が，確定決算主義を基本とし，税法を尊重するものであるとすれば，企業利益と課税所得との差異はそれほど存在しないことになる。とすれば，税理士による税務監査（書面添付）によって，「計算書類が適正である」との「事実上の推定」が働くと考えられる（税理士法の税務監査（書面添付）制度は，第15章第3節参照）。中小企業の計算書類の信頼性を高めるため，中小企業簿記会計基準（仮称）と税務監査（書面添付）制度とを一体のものとして，その普及を図るべきである。

(4) 「税法の尊重」の意義

ここで，前述の「税法の尊重」について，誤解なきよう，説明を加えておきたい。

わが国における確定決算主義をめぐる論議は，特に，その副産物である「逆基準性」が批判的に取り扱われることが多い。「逆基準性」は時として「租税法上の規定による会計の奇形化」をもたらすからである。

わが国では，「逆基準性」という用語が，論者によって異なる意味で用いられることがあり，この混乱が「逆基準性」をめぐる論議を複雑化せしめている。私見によれば，「逆基準性」とは，「税法に商法・会社法会計規定にない会計処理規定があり，その規定の適用を受ける場合には，商法・会社法上の決算書は税法規定に従って作成されなければならないこと」をいう（ドイツの逆基準性は，第11章第3節1(3)参照）。

厳密にいえば，「逆基準性の排除」と，「税法の尊重」は，相矛盾するものではなく，両立しうるものである。すなわち，ドイツの統一貸借対照表の作成実務のように，「税法の尊重」とは，①確定決算主義という法的仕組みの下で，②個々の会計技術の組立において，③「一般に公正妥当と認められる企業会計の慣行」（会社法431条）が許容する範囲内で，④「税法規定」を優先適用することである。そして，それは同時に，「税法規定」のうち，「一般に公正妥当と認められる企業会計の慣行」に違背するもの（逆基準性＝たとえば，「租税特別措置法に基づく特別償却の損金計上」等）は忌避されることを意味している。

(5) 勘定プラン（プラン・コンタブル）の導入

　中小企業会計基準をより有用たらしめるために，勘定プラン（プラン・コンタブル）を導入すべきである。プラン・コンタブル（英語圏のアカウンティング・プラン，ドイツ語圏のコンテン・プラン）は，フランス以外でも今日多くの国で構想・実施されてきている（ドイツにおけるコンテン・プラン，コンテンラーメンの概要は第5章第3節1(1)参照）。

　勘定は，会計を成立させる基礎的な構成要素であり，「器」としての性格を持っている。したがって，それぞれのミクロの経済主体だけでなく，マクロの組織体に対しても体系的一貫性を持った組織として勘定体系を樹立する必要がある。会計は「勘定の科学」ともいわれ，一定秩序のもとでの勘定のクラス分け，コード化などを重視していく必要がある。経済活動が高度複雑化の傾向を強めれば強めるほど整備された勘定体系の樹立が必要とされるのである。それによって，企業内，企業間，異なった組織間などにおいて，内部分析，比較分析，統合分析が可能になっていく[49]。

　たとえば，2003（平成15）年11月に中小企業政策審議会・企業制度部会が『中小企業会計の質の向上に向けた具体的取り組みに関する報告書』の中で「中小企業が成長を遂げていくにあたっては，経営者が自らの経営実態をしっかりとしたデータに基づき分析・把握し，発展に向けた経営戦略を構築していくことが不可欠である。そのための基礎となるのが会計データであり，中小企業の会計の質の向上は，何よりも中小企業経営者自身の経営判断にとって極めて重要である」としているが，その際の「会計データ」の有用性は，会計データの質と同業他社などとの比較分析等によってもたらされる。中小企業会計基準を策定するにあたって，勘定プラン（プラン・コンタブル）を設定する重要性はここにある。なお，勘定プラン（プラン・コンタブル）を設定する場合，実務に広く定着している法人税法の青色申告に基づく科目表示との調整も不可欠となる。

(6) 2002年の中小企業庁「中小企業の会計に関する研究会」報告書の尊重

　ここで重要なことは，あるべき方向性に立脚した中小企業会計基準が，すでに策定されていることである。それが，2002（平成14）年に公表された，中小企業庁「中小企業の会計に関する研究会」の報告書である。このことは，前掲

図表16-4と後掲図表16-8の類似性からも明らかである。したがって，新たな基準の策定にあたっては，2002年の中小企業庁「中小企業の会計に関する研究会」の報告書をその議論の出発点に位置づけるべきである。

2　中小企業向けの2つの会計基準

(1)　中小企業会計指針と中小企業簿記会計基準

　一国における会計文化の成熟度は，会計基準に関しては，「企業の属性」に応じて多様な「会計の慣行」（会計基準）が存在し，かつ，それらが全一体となって均衡がとれている状態をいう。

　「其の規模其の種類よりして無限の段階および差等が存在する各個の企業に對し，一々適當なる規整を爲すことは蓋し不可能事である」と田中耕太郎博士が指摘されるように（第10章第2節1参照），会計制度における「会計技術の組立の局面」には多様性があり，「一般に公正妥当と認められる企業会計の慣行」（会社法431条）には相当の幅が認められる。

　会計文化が成熟しているわが国において，トップダウンアプローチに基づいて作成された中小企業会計指針だけで，すべての中小企業に対応することは，「中小企業の多様な属性」への配慮を欠いた会計制度であることを意味する。

　株式公開を目指すベンチャー企業・国際資本市場での資金調達とグローバルな事業展開を図る中小企業などには中小企業会計指針を，その他の中小企業には簿記と税法を尊重した「中小企業簿記会計基準」（仮称）を，それぞれ用意して，中小企業の多様性に対応することが肝要であろう。

　なお，簿記と税法を尊重した「中小企業簿記会計基準（仮称）」は，「中小企業会計指針」とともに，「一般に公正妥当と認められる企業会計の慣行」（会社法431条）に包含され，会計参与の拠り所となる会計処理の基準の地位を獲得する。それは「中小企業簿記会計基準（仮称）」の設定が会計参与制度の普及に役立つことを意味している。

　また，計算書類の信頼性を高めるためには，①計算書類が「どのような会計基準に準拠して作成されたか」を注記等で明示するとともに，②会計専門家が「計算書類の信頼性を保証する仕組み」を確立すべきである。計算書類の信頼性確保に関しては，「会計基準の策定」の問題に焦点が当たりがちであるが，それは問題解決の一側面にすぎない。真の問題は「会計基準」に準拠した計算

書類が作成されるか否かにある。「会計基準の策定」と,「会計基準に準拠した計算書類の作成の実践」とは,まったく別の問題であることに留意すべきである。

そのためには,「ミニマムレベルの会計基準」としての「中小企業簿記会計基準（仮称）」では「税務監査（書面添付）」または（および）「会計参与」,それ以外の株式公開を目指すベンチャー企業・国際資本市場での資金調達とグローバルな事業展開を図る中堅大企業向けの「中小企業会計指針」では「会計参与」,大企業向けの企業会計基準では「公認会計士監査」,というように,わが国の企業全体に対して,会計専門家（公認会計士,税理士）が「計算書類の信頼性を保証する仕組み」を確立するとともに[50],これをベースとして,「中小企業簿記会計基準（仮称）」から,上場会社向けの企業会計基準に至るグラデーションモデルを構築すべきである[51]。そして,「中小企業簿記会計基準（仮称）」に準拠して計算書類を作成している中小企業が,より高い計算書類の信用度を得ようとする場合には,順次,中小企業会計指針に移行するという発想を採ることが望まれる。

3 その後の動向

(1) 研究会と懇談会の設置

経済のグローバル化が進展する中,国際的な財務諸表の比較可能性の向上や資金調達のため,世界各国の会計基準が国際財務報告基準（以下,IFRS）への収斂（コンバージェンス）または,IFRSを適用（アドプション）している。わが国においても,会計基準の国際化をめぐり,活発な議論が行われている。

こうしたなかで,2010年2月,中小企業庁「中小企業の会計に関する研究会」（座長：江頭憲治郎（早稲田大学大学院教授,元東京大学大学院教授）（以下,（第2次）研究会という）が設置された（筆者も委員として参加した）[52]。（第2次）研究会において予定された検討項目は,①中小企業における会計の実態と会計基準の国際化,②会社法会計,金融商品取引法会計,税務会計との関係,③国内外の会計制度の動向について,④中小企業の実態に即した会計のあり方,⑤その他,である。

また,2010年3月,「非上場会社の会計基準に関する懇談会」（座長,安藤英義専修大学教授,企業会計審議会会長,「中小企業の会計に関する指針」作成検討委

員会委員長）（以下，「懇談会」という）が設置された。懇談会では，日本の会計基準の国際化を進めるにあたって，非上場会社への影響を回避または最小限にとどめる必要があるなどの意見を踏まえ，非上場会社に適用される会計基準のあり方について幅広く検討することを予定していた[53]。

(2) 懇談会「報告書」の内容

懇談会は，2010年8月30日付で報告書を公表している。懇談会の報告書は，平行して開催されていた中小企業庁の（第2次）研究会における審議の動向を反映したものとなっている。その要点を抜粋すれば，以下のとおりである（報告書18頁）。

(A) 「会社法上の大会社以外の会社」について一定の区分を設け，その区分に該当するものについては，中小企業会計指針とは別に新たな会計指針を作成することとする。

- 「一定の区分」の区分方法については，会社の属性（同族会社，法定監査対象外の会社，会計参与の設置を当面予定していない会社，資金調達の種類，財務諸表の開示先等。将来上場を目指す企業は対象外とする。），会社の行っている取引の内容の複雑性（外貨建の取引，デリバティブ等），会社規模（売上高，総資産，資本金，従業員数等）という複数の意見が出されており，具体的には，報告書公表後，新たな会計指針を作成する際に，関係者にて検討することとする。
- 一定の区分に該当する会社群に適用する会計指針は，以下の内容とする。
  中小企業の実態に即し，中小企業の経営者に容易に理解されるものとする。
  国際基準の影響を受けないものとする。
- 法人税法に従った処理に配慮するとともに，会社法第431条に定める一般に公正妥当と認められる企業会計の慣行に該当するよう留意する。
- 新たに設ける会計指針の作成主体は，中小企業庁の研究会の動向も踏まえて，今回の報告書公表後，関係者にて検討する。

(B) 現在の中小企業会計指針の見直しに関する対応は，以下の内容とする。

- 平易な表現に改める等，企業経営者等にとっても利用しやすいものとする。
- 会計参与が拠るべきものとして一定の水準を引き続き確保するものとする。

> ・会社法上の大会社以外の会社すべてを新たに設ける会計指針と現在の中小指針でカバーするために，現在の中小指針を適用する会社群については，新たに設ける会計指針の適用される範囲と整合性のとれるものとする。

　(A)における，「一定の区分」は，「会社の属性」を考慮しており，わが国の「一般に公正妥当と認められる企業会計の慣行」(第14章参照)およびドイツ商法における GoB の法的性質(第11章第2節以下)と合致している。また，「一般に公正妥当と認められる企業会計の慣行」が許容する範囲内で法人税法に従った処理を許容しており，本研究で導き出した結論と軌を一にするものである。

(3)　研究会「中間報告書」の内容

　(第2次)研究会は，2010(平成22)年9月30日に中間報告書を公開している。

　報告書では，「中小企業は，多種多様な業種・業態の事業活動を行っており，その規模や経済取引等の実態は個々の企業で異なり，大企業と比べて生産性，収益性等のばらつきが大きいなど，総じて，大企業とは異なる属性を有している」(5頁)として，「中小企業の属性」を指摘し，「中小企業の属性」として，資金調達，利害関係者，会計処理の方法，経理体制を掲げ，それぞれについて解説を加えている。

　そして，新たに中小企業会計基準を策定するにあたっての「基本方針」を以下のように掲げている(35頁)。

> ①　中小企業が会計実務の中で慣習として行っている会計処理(法人税法・企業会計原則に基づくものを含む。)のうち，会社法の「一般に公正妥当と認められる企業会計の慣行」と言えるものを整理する。
> ②　企業の実態に応じた会計処理を選択できる幅のあるもの(企業会計基準や中小企業会計指針の適用も当然に認められるもの)とする
> ③　中小企業の経営者が理解できるよう，できる限り専門用語や難解な書きぶりを避け，簡素かつ平易でわかりやすく書かれたものとする
> ④　記帳についても，重要な構成要素として取り入れたものとする

また，中間報告書は，「基本的な考え方」として，以下のように言及している（23頁）。

① 経営者が理解でき，自社の経営状況を適切に把握できる「経営に役立つ会計」
② 金融機関や取引先等の信用を獲得するために必要かつ十分な情報を提供する，「利害関係者と繋がる会計」
③ 実務における会計慣行を最大限考慮し，税務との親和性を保つことができる「実務に配慮した会計」
④ 中小企業に過重な負担を課さない，中小企業の身の丈に合った，「実行可能な会計」

本研究との関連でいえば，①は商業帳簿の「自己報告による健全経営の遂行」に[54]，③は「税法の尊重」に該当する。さらに，「基本方針」および「基本的な考え方」に基づいて，中間報告書には，各所に重要な指摘がある。これらの指摘を整理すれば，以下のようになる（付番は筆者）。

(a) 記帳の重要性
　特に，中小企業については，内部統制や外部監査が制度上義務付けられていないことを鑑みれば，自らの経営の確実性を示していく上で，適時に，整然かつ明瞭に，正確かつ網羅的に，信頼性ある記帳を行い，会計帳簿の信頼性を確保することが重要である（31頁）。
(b) 確定決算主義の維持
　中小企業の会計処理と法人税法で定める会計処理との親和性が保たれ，引き続き，確定決算主義が維持されるよう，双方の制度について検討が行われることが重要である（30頁）。
(c) 国際会計基準の影響の遮断又は回避
　国境を越えて投資を行う投資家に対する比較可能性の高い会計情報の提供を主な目的として，その導入に多大な事務コストを要するとされるIFRSやIFRSへのコンバージェンスが進んでいる会計基準を中小企業に適用させることの意義は乏しく，現実的とはいえない（29頁）。
(d) 分配可能額の差異
　異なる会計処理の方法が，「一般に公正妥当と認められる企業会計の慣行」に該当し，会社法上適法なものである限り，分配可能額の差異は，会社法上問題とはならないと考えられる（32頁）。

(a)は,「正規の簿記だけが証拠力を享受する」との命題に基づくものであり,(b)および(c)は,わが国の会計制度の根幹であり,かつ,わが国の会計文化である確定決算主義を維持存続せしめるものである。(d)は,「一般に公正妥当と認められる企業会計の慣行」概念が一定の幅をもつものであることを指摘している。

新たに策定される中小企業会計基準の設定主体については,「可能な限り広く関係者の合意が得られるものとすることが望ましいと考えられることを考慮し,中小企業関係者等が中心となって取りまとめ,その過程で,関係省庁(中小企業庁等)が事務局となって議論の調整役を担うこととすべきである」(38頁)としており,会計基準が実質的に「権威ある支持」が得られる仕組みになっている。

以上の,中間報告書における「中小企業の実態,中小企業の会計を取り巻く枠組み」,「基本方針」,「具体的な条件」を整理して,図示すれば,**図表16-8**になる。なお,「中小企業の実態,中小企業の会計を取り巻く枠組み」は,対象とする中小企業の「場の条件」を意味している。

(4) あるべき中小企業会計基準の具体的な方向性

(第2次)研究会「中間報告書」および懇談会の「報告書」は,ともに,幅広い中小企業の属性を考慮して,現行の中小企業会計指針とは別に,新たな中小企業用の会計基準を設けるという方向性を示している[55]。

このような方向性と,(第2次)研究会「中間報告書」で示された内容は,本研究によって明らかにした,「あるべき会計制度」および「中小企業のあるべき会計制度」に合致するものであり,正しい方向性を示している。ここで改めて一国における「あるべき会計制度」を確認すれば,それは以下の3点をすべて充足することが基本となる。

① 「空箱」である「一般に公正妥当と認められる会計の慣行」が,「商業帳簿(帳簿)の法の適用局面」と「会計技術の組立の局面」における個々の「場の条件」を受けて,多様な「実箱」である「一般に公正妥当と認められる会計の慣行」を形成している。

② 個々の「実箱」の内容が明確化されているとともに,時代とともにそれぞれの内容が変化している。

図表16-8 「中小企業の属性」と「判断の枠組み」

中小企業の実態 中小企業の会計を取り巻く枠組み	「基本方針」(35頁)
①業種・業態・規模等の多様性（5頁） →多様な事業内容・事業形態	① 中小企業が会計実務の中で慣習として行っている会計処理（法人税法・企業会計原則に基づくものを含む。）のうち、会社法の「一般に公正妥当と認められる企業会計の慣行」といえるものを整理する。 【中小企業の会計慣行の重視】
②資金調達（6頁） →資本市場で資金調達を行うことは殆どない →金融機関からの借入が中心	
③利害関係者（6頁） →同族会社がほとんど →株式には譲渡制限が付されている →利害関係者の範囲は限られている →限定的な開示先（金融機関等）	② 企業の実態に応じた会計処理を選択できる幅のあるもの（企業会計基準や中小企業会計指針の適用も当然に認められるもの）とする。 【実態に応じた幅のある会計基準】
④会計処理の方法（6-7頁） →商慣行や会計実務の歴史的経緯を基礎とすることが多い（取得原価主義） →確定決算主義に基づく税務申告が計算書類作成の目的の大きな割合を占める →法人税法で定める処理を意識した会計処理が行われている	③ 中小企業の経営者が理解できるよう、できる限り専門用語や難解な書きぶりを避け、簡潔かつ平易でわかりやすく書かれたものとする。 【経営者が理解可能な簡潔かつ平易な文書化】
⑤経理体制（7頁） →経理担当者の数が少ない →経営者や従業員の会計に関する知識が不十分	④ 記帳についても、重要な構成要素として取り入れたものとする。 【記帳の重視】

（誘導）

具体的な条件
・経営に役立つ会計（23頁） ・限定された利害関係者と繋がる会計（23頁） ・実務に配慮した会計（23頁） ・実行可能な会計（23頁） ・国際会計基準の影響の遮断または回避（29-30頁） ・税務との親和性（30頁） ・確定決算主義の維持（30頁） ・記帳の適時性・整然明瞭性・正確性・網羅性による会計帳簿の信頼性（31頁）

③ 個々の「実箱」の総体が，全一体として，均衡的な調和を保っている。

かかる見解は，ドイツの会計制度（GoB の体系）においても同様である（他方，US-GAAP は，「商業帳簿（帳簿）の法の適用局面」および中小企業の「会計技術の組立の局面」を想定していない）。特に，各国において大多数を占める中小企業を対象とする「中小企業会計制度」では，その国の国土性や会計文化を踏まえた「制度」を構築することが必要である。

本研究から明らかなように，日独両国の中小企業会計制度を比較すれば，「会計技術の組立の局面」においては，わが国の「『一般に公正妥当と認められる（企業）会計の慣行』の体系」のほうが，「商業帳簿（帳簿）の法の適用局面」においては，ドイツの「GoB の体系」のほうが，より明確化されている。日独両国は，自国の会計制度のさらなる発展・充実を図るため，相互の会計制度をさらに一層学び合うべきであろう。

また，制度会計は，機械論的思考を基礎とし，単一性の原則のもとでの情報の多目的利用可能性を重視する。他方，情報会計は，機能論的思考を基礎とし，意思決定への役立ちを重視した利用者指向的会計である（序章第2節4参照）。一国の会計制度にあって，中小企業会計基準は，制度会計の中核に位置し，投資家指向の会計基準とは一線を画すべきものである。

ドイツでは，会計基準の国際化に関して，2009年会計法現代化法によって対応し，「GoB の体系」のもとで，基準性の原則を維持するとともに，中小企業に関しては，実務に定着している統一貸借対照表を維持することを前提にして国内法を整備している（第12章第4節2参照）。そして，わが国においても，「一般に公正妥当と認められる（企業）会計の慣行」の体系のもとで，確定決算主義を維持するとともに，従来から存在する中小企業会計指針のほかに，中小企業の大多数をカバーする，ボトムアップアプローチによる，新たな中小企業会計基準を策定することで対応することになった。

今後，わが国では，新たな中小企業会計基準が策定されることになる。その基準が，一国における「あるべき会計制度」および「あるべき中小企業の会計制度」に立脚したものであるか否かが問われるところである。

■注
1 2002年の商法改正に伴う衆議院および参議院の付帯決議において，中小企業に対して過重な負担を課すことのないよう必要な措置をとることが要請されている。
2 このように，日本税理士会連合会は「中小企業会計基準」とし，日本公認会計士協会は「報告書」としている点で，両団体の基本的スタンスは異なっている（宮口／杉田（2003）；6-7頁，柳澤（2003）；33-35頁）。
3 この件につき，西川登教授は，「①会計士協会報告は，何千・何万人もの株主を有する上場大企業と同族経営の中小企業とでは，規模の違いが質の違いにもなっている事実を全く無視している，②売上高が数百億ないし数兆円もある上場大企業と，数千万円の売上高の中小会社とを，『同じレベル』で比較することが，どれだけ現実的な問題となるのか疑問である，③シングルスタンダード論に立つならば，国際的大企業の財務諸表情報が，米国基準，国際会計基準や各国会計基準でそれぞれ異なる数値となることの方が，余程問題であろうし，日本基準と米国基準・国際会計基準との会計情報開示の密度に，上述の点も含めて，大きな差があることを海外から批判されている事態をどのように考えているのだろうか。世界市場という共通の土壌で競争している大会社にこそ，世界的に統合された会計基準が用いられるべきということになろう」（西川（2005）；56-57頁），とされる。
4 河﨑（2008）；22頁。河﨑教授は，「中小企業簿記要領」について，「そこで取り上げられていた中小企業に対する中小企業の企業属性に即した簿記の必要性の論議は，今日の『中小企業の会計』をめぐる問題意識や議論と本質的に異なることはない」（河﨑（2009a）；10頁）とされる。
5 経済安定本部企業会計制度対策調査会（1949）；1頁。
6 「中小企業簿記要領」における各原則の名称は，河﨑（2009a）の8頁に従った。
7 河﨑（2009a）；9頁。
8 河﨑（2009a）；9頁。
9 藤巻（1953）；1頁。なお「中小会社経営簿記要領」原文は，藤巻（1953）を参照した。
10 藤巻（1953）；1頁。
11 藤巻（1953）；1頁。
12 武田（2008a）；145頁。わが国の企業会計原則や米会計学会の『基礎的会計理論』（ASOBAT）では，プロセスに重点を置いた基準設定が行われている（武田（2002b）；6頁）。なお，「財務会計の概念フレームワーク」は，武田（2008a）の144-160頁に詳しい。
13 武田（2006e）；239-240頁。
14 「機能主義」は，社会が複雑化した様相を示した時期において，社会学においてもタルコット・パーソンズを頂点とした社会学理論として一世を風靡したものの，技術的に精緻な理論構成ができないことから，次第にその勢力が衰えていった。会計学においても他領域の方法論の趨勢を見極めたうえで，新しい思想体系のものに再出発する必要がある（武田（2009b）；21頁）。
15 武田（2006e）；241頁参照。
16 武田（2006e）；246頁参照。この件につき，武田隆二博士は，「会計事象を解明するための『技術』は同じようなものであっても，それをどのように組み立てるのかということが

重要な考え方である。(中略,筆者)。また,大型トラックのディーゼルエンジンを比例的に小さくすれば,乗用車向けのエンジンになるかというとそうではない。構造上の組立の思考が異なるのである。『洋服』という概念は1つであっても,大人の洋服と子どもの洋服とでは,組立方法が異なるのであって,はさみやミシンや縫い糸は同じであっても,それらを省略したり,小さくしたからといって,子ども達にとってお似合いの洋服にはならないというのと同じである」(武田 (2006e);246-247頁)とされる。

17 武田 (2008b);110頁参照。
18 ASB (2001);pars. 6.3-6.7,河﨑 (2003);33頁。
19 英国では,1997年11月に会計基準委員会 (ASB) から「小規模事業体に対する財務報告基準 (Financial Reporting Standard for Smaller Entities)」(FRSSE または frissy と略称) が公表されている。なお,「中小企業会計基準の国際的動向」については,河﨑 (2006b) を参照されたい。
20 「中小企業会計指針」が中小企業版 IFRS と同様に,トップダウンアプローチに立脚していることは,同指針が「中小企業に限らず企業の提供する会計情報には,本来投資家の意思決定を支援する役割や,利害関係者の利害調整に資する役割を果たすことが期待されている。投資家と直接的な取引が少ない中小企業でも,資金調達先の多様化や取引先の拡大等に伴って,これらの役割が会計情報に求められることに変わりはない。その場合には,取引の経済実態が同じなら会計処理も同じになるよう,企業の規模に関係なく会計基準が適用されるべきである。本指針は,基本的に,このような考え方に基づいている」としていることからも明らかである。
21 「シングルスタンダードとダブル(ないしマルチ)スタンダード論」
　既述のように,中小企業会計基準の編成方法に関して,「シングルスタンダードか,ダブル(ないしマルチ)スタンダードか」という議論もある。これは一見すると「トップダウンアプローチか,ボトムアップアプローチか」という思考と同じように思われるが,2つの間には根本的な相違が存在する。すなわち,「シングルスタンダードか,ダブルスタンダードか」は,「ある基礎原理」に基づいて導き出された「結果」であって,中小企業会計基準の編成方法に関する「基礎原理」の相違ではない。
　他方,「トップダウンアプローチか,ボトムアップアプローチか」という議論は,中小企業会計基準の編成方法に関する「基礎原理」の相違である。トップダウンアプローチによる編成の場合には,必然的にシングルスタンダードという結果になるが,他方,ボトムアップアプローチによる編成の場合には,必ずしもダブルスタンダードになるとは限らず,結果として,シングル,マルチになる可能性もある。
22 武田 (2008b);20頁。
23 その内容の詳細は,田中 (2010) を参照されたい。
24 Hopwood (2007) の1367-1368頁および田中 (2010) の4頁を参照。
25 Hopwood (2007) の1368頁および田中 (2010) の4頁を参照。
26 Fellingham (2007) の161頁および田中 (2010) の8頁を参照。
27 田中章義教授は,「アメリカ会計学会の反省と教訓」と題する論文において,ジョエル・デムスキー教授が述べた,会計学の「危機的現状を示す十大指標」(Demski (2007);pp.

154-155) を紹介している (田中 (2010)；10-11頁)。それらのうち, 筆者の言及に関連する4点を引用すれば以下のとおりである (以下, 傍点は筆者)。
　一　〔概念フレームワークの問題〕「概念フレームワークが, われわれの教育, 研究 (価値関連性をみよ), 会計規制の主要な指針となっている。だがそれは修復不能なほどに傷ついている。目的適合性と信頼性 (あるいは目的適合性と忠実な表示) の質的要素は, 経済実態に適合しない。」
　二　〔近代情報科学がカリキュラムにない〕インターネット・セキュリティプロトコールのような精巧な制御理論がない。複式簿記は基本的なエラー検出コードなのにである。」
　六　〔歴史的意識と基礎原理の消滅〕「歴史と基礎原理が, 講義・教科書・会計学雑誌からほとんど消えてしまった。財産測定の歴史的発展や基礎原理よりも, 今日的職業文化と今日的諸規則が重視されている。これらはわれわれの研究がもつ深刻な問題である。」
　九　〔会計や会計構造は消え, 確率や確率構造が代わった〕「研究活動から会計それ自体が消えてしまった。会計構造には確率構造や確率変数がとって代わっている。会計測定基準の選択には無関心である。」〔後略〕
28　会議の内容は, 平井 (2006) を参照されたい。
29　坂本 (2006b)；40-41頁。また, 同研究会における筆者の報告内容は, 田邊 (2003) の198-200頁を参照されたい。
30　かかる見解およびドイツ法制における記帳条件については, 次の文献を参照されたい。坂本 (2006)；45-48頁。飯塚 (1988)；107-151頁。
31　わが国において, 会計基準が久しく国際会計基準に同調できなかった理由は, 「技術」(会計処理の原則・手続) と「基準」(目的に応じて組み立てられた「技術」の体系) とを混同していた点にかかっている。(中略, 筆者)。会計の認識対象に応じた「技術」(会計処理の原則・手続) は「戦術」に相当し, 「会計基準」はその場に応じた「戦略」に相当する。企業会計基準で定める各種の「技術」は会計手法としては, 最も進んだ技術であり, 同一の対象に対して適用される会計基準としては, これ以上のものを現状では望むべくもないところであろう。「基準」という場合, そのような技術を指すのではなく, 特定の「場の条件」においてそれに適した技術をいかに組み立てていくかということ (技術の組立) が, 「基準設定」の基本となるものである。その意味で, 会計処理の原則・手続の精緻化と基準策定の問題とは, 別問題である (武田 (2009b)；20頁)。
32　「場の条件」とは, 「一つの科学領域に幾つかの『価値観』(理論) が同時に成立することは可能である。それは理論の演ずる『場』が異なり, その場に参加するプレーヤが異なり, さらにその場において『機能する情報』が異なれば, 当然にそれぞれ『異なる理論』ないし『異なる価値観』が成立するといえる」(武田 (2007b)；12頁) との考え方である。
33　この点を敷衍すれば, アングロ・サクソン法系とフランコ・ジャーマン法系における会計制度の決定的な違いは, 商業帳簿ないし会計帳簿に証拠力を付与するか否か, という発想の差異にある。商業帳簿規定の本質的な目的はまず第1に商業帳簿の証拠力の定立にあるが, 英国同様に米国にも商法典がなく, それゆえに商業帳簿規定が存在していない。さ

らに米国の租税法においても会計帳簿に証拠力を認めていない（飯塚（1988）：7-8頁参照）。アングロ・サクソン法系では商業帳簿ないし会計帳簿に証拠力を付与するという発想がないのである。

34　Entwurf（Preussischen Staaten Ⅱ）：S. 20.
35　Entwurf（HGB）：S. 45.
36　Heinlein（1972）：S. 325.
37　武田（2006b）：9頁。
38　江頭（2011）：5頁。
39　中小企業庁の「研究会」（2002年）において中小企業会計基準設定を唱えられ，終始その議論をリードされた武田隆二博士は，中小企業の会計問題について，研究面，実務面，さらに制度面において，従来から関心が集まらなかったのは，第二次世界大戦後の会計制度の成立に深くかかわっていて，一連の制度創設は大会社指向・証券市場指向の会計制度化であったと指摘されたうえで，「会計制度は1つであるべきで，ダブルスタンダードはいけないという議論がみられるが，かかる議論の根源は戦後における会計制度の生い立ちに関連した会計研究の狭隘（きょうあい）さに求められるのである」，「中小会社の場合においても，大会社と異なる会社属性があることに基づき，その属性に適合した基準を作り，中小会社の育成と健全化に資することが，当面のわが国会計制度の喫緊の課題であることを理解しなければならない」（武田（2003）：36頁）とされる。
40　論点は異なるが，安藤教授は，「最近の国際会計基準（IFRS／国際財務報告基準）に代表される財務報告の趨勢は，市場の原理でしか説明がつかない。IFRSは，資本市場における投資意思決定に役立つ財務情報の提供を旨として，将来予測を含んだ公正価値ないし時価ベースに走る傾向がある。これは，必要があって取引および原価ベースでやってきた簿記からすれば，簿記離れに他ならない。『資本』に代えて『純資産』や『持分』とするのも，同様に簿記離れである。こうなると，企業は自身のために簿記会計を行う一方で，市場に対しては（簿記から独立した）財務会計を行うことになろうか。されば，せめて簿記に対するIFRSの影響は，今のうちに遮断するに限るということになろう」（安藤（2010b）：13頁）とされる。
41　中小企業会計指針では，「本指針の作成にあたっての方針」・「要点」で「会計情報に期待される役割として経営情報に資する意義も大きいことから，会計情報を適時・正確に作成することが重要である」としている。
42　「確定決算主義の効果として，例えば，課税当局にとって，課税所得が不当に減少する事態を防ぐことができ，中小企業にとって，作成する計算書類が1つで済むことが挙げられる」（第5回「中小企業の会計に関する研究会（中小企業庁）資料：論点整理（案）」，（2010年6月17日）。
43　その後，「中小企業会計指針」は，会社法関係省令の公布や新しい企業会計基準等の公表に対応するような形で「改正」され，純資産の部の表示，株主資本等変動計算書，注記表，組織再編，金融商品，繰延資産，リース取引等に関する指針を改定・新設してきている。省令等の設定や改正に伴って指針を改定することは，「中小企業会計指針」の性格・目的からして，当然のことといえよう。しかし，企業会計基準等の新たな導入や修正に呼

応した「改正」は,「中小企業会計指針」が,「改正」のたびにシングル・スタンダード論の立場を強化していることを意味しているといえるであろう（西川／平野（2008）；5頁）。

44 リース取引に関しても「あるべき会計処理」に差違が生じる。この点については，坂本（2006c）を参照されたい。

45 武田（2006f）；243頁。

46 武田（2006e）；243-244頁。

47 野村（2008）；5頁。

48 武田（2008b）；42頁。

49 野村（2005）；プロローグ2頁。

50 この提言は，河﨑照行教授の「IFRS導入に対する三層モデルの提言」（河﨑（2009b）の1頁を参考にした。

51 ちなみに，英国でも次のような3層モデルが検討されている（河﨑（2009c）；46頁）。ただし英国ではわが国の確定決算主義のような仕組みがないため，FRSSEは税法を考慮していない。

   (a) 上場企業，社会的説明責任を有する企業（およびその子会社）には，「完全版IFRS」を適用
   (b) 社会的説明責任を有さない大規模企業および中規模企業には，「中小企業版IFRS」を適用
   (c) 小規模企業には，「FRSSE」（小規模企業向け財務報告基準）を適用

   なお，安藤英義教授は「任意の制度である会計参与設置会社か否かは，会社区分の基準には不適である」，「論点である中小会社の区分について，会社法サイドに着地点を求めるのが筋であろう。英独仏では，会社法または商法で，会社の大中小区分を定めている」（安藤（2010a）；3頁）とされる。しかし，中小企業の属性は多種多様であり，一定の数値基準で割り切れるものではない。それゆえに，会社法上，無理矢理に大中小に区分することは，実態に合わないと考えられる。

52 （第2次）研究会は，「上場企業においては連結財務諸表にIFRSを適用し，国際比較可能な情報開示を行う必要性は認められる一方で，非上場企業，特にその大半を占める中小企業においては，情報開示先が取引先，金融機関，税務署など限定的であり，更に，経理担当者の会計基準に対する知識や人員体制が必ずしも十分でないという実態がある。また，現在の『中小企業会計指針』は，そのユーザーサイドを中心として，高度，複雑で中小企業の商慣行の実態に必ずしも沿わない部分もあるとの指摘もあり，その検証を行うとともに，中小企業にとって，金融機関等の債権者が納得でき，税務とも親和性の高い，より使いやすい会計のあり方を検討するべきとの意見もある」という状況の中で，会計の国際化の流れや中小企業の会計の現状を踏まえた今後の中小企業の会計のあり方について検討を進めるために設置されたものである。

53 同懇談会は，2010年1月22日付でIFRS対応会議より，国際財務報告基準（IFRS）とのコンバージェンスに向けた作業等を通じて日本基準の国際化が進展する状況を踏まえ，非上場会社の会計基準のあり方について検討するため，関係者が一堂に会した懇談会を早急に設置すべきとの提言が示されたことを受けたものである。共同事務局は，「中小企業の

会計に関する指針」作成検討委員会のメンバーを中心とした，日本商工会議所，日本税理士会連合会，日本公認会計士協会，日本経済団体連合会，企業会計基準委員会で構成されている。

54　この考え方は，「会計で会社を強くする」ことを意味している。「会計で会社を強くする」という発想とその具体策は，坂本（2008b）を参照されたい。

55　懇談会報告書および（第2次）研究会報告書の位置づけは飯塚（2010b）を参照されたい。なお，（第2次）研究会および懇談会において，「会計基準は1つであるべきである」とする立場から，「わが国の中小企業は，現行の中小企業会計指針ですべてカバーできる」，「中小企業会計指針は，中小企業に相当程度浸透している」，それゆえに，「新たな中小企業会計基準策定の必要性はない」という有力な意見が複数の団体から表明されたことを付言しておく（両報告書の議事録を参照されたい）。

終章
本研究のまとめと課題

第1節　本研究の3つの視点

　本研究は，ドイツの会計制度を歴史的かつ学際的に解明し，それを踏まえてわが国のあるべき会計制度を考察したものである。

　わが国の経済社会において，会計制度が重要な位置を占めていることは，論を待たない。そして，「会計制度」という言葉も日常的に使われている。しかし，少なくともわが国では，会計制度の全容を体系的に解明し，その内容を具体的に提示するという試みが，従来からほとんど行われておらず，会計に関する論究は，主に株式公開大企業向けの会計基準にその焦点が当てられてきた。

　私見では，会計制度を研究のテーマとする場合，少なくとも次の3つの視点を包含しなければならない。

　その第1は，会計制度は，法律と会計の接点領域で成立するため，その論究にあたっては，法学と会計学という2つの領域からの論究が必要になることである。法学の立場だけ，あるいは会計学の立場だけでは，会計制度の全容とその具体的な内容を提示することができない。

　第2は，会計制度の考察にあたっては，「商業帳簿（帳簿）の法の適用局面」における機能に関する考察が不可欠であることである。「商業帳簿（帳簿）の法の適用局面」の領域には，たとえば「商業帳簿の証拠力」・「租税法上の帳簿の証拠力」・「電磁的に保存された帳簿書類の適法性」等の論題があり，主に法学が取り扱う領域である。

　第3は，会計制度の考察にあたっては，すべての事業体をその対象とすべきことである。事業体には，企業の規模の観点から，個人事業者から，株式公開

大会社，そして，近年では，世界の資本市場から資金を調達する株式公開会社まで，幅広い企業群が存在する。さらに，事業体には，さまざまな業種・業態がある。会計制度は，これら企業の属性（規模，業種および業態）のすべてをカバーしなければならない。

本書では，上記の3点を念頭に置いて，「会計制度の全容を体系的に解明し，その内容を具体的に提示する」ことに努めた。このようなアプローチは，わが国においてはじめてであると考えられる。

第2節　本研究の貢献

本研究における一連の論究の中で，もっとも重要な筆者の発見は，以下のことである。

ドイツの会計制度は，「不確定法概念であるGoBの体系」である。今日的に，この多様性（不確定性）がドイツ会計制度において格別に重要な機能を果たしている。筆者は，GoBの「不確定性」を，①「実箱であるGoB」の多様性，②個々の「実箱であるGoB」における不確定領域，③「実箱であるGoB」の時代対応性，の3つに区分し，かかる区分によって，GoB概念のドイツの会計制度に果たす役割の重要性を指摘した。ここにおいて，特に重要なものは，①の不確定性である。それは，超歴史的・普遍的・理念的概念である「空箱であるGoB」が「商業帳簿（帳簿）の法の適用局面」と「会計技術の組立の局面」に応じて，多種多様な「実箱であるGoB」を形成することをいう。

また，「会計制度」概念に，「商業帳簿（帳簿）の法の適用局面」におけるGoBの「不確定性」を包含せしめたことも従来の学説にない知見である。

そして，わが国の「一般に公正妥当と認められた会計の慣行」概念がGoBと同様の概念であるため，わが国における「あるべき会計制度」は，①「空箱」である「一般に公正妥当と認められる会計の慣行」が，「商業帳簿（帳簿）の法の適用局面」と「会計技術の組立の局面」における個々の「場の条件」を受けて，多様な「実箱」である「一般に公正妥当と認められる会計の慣行」を形成している，②個々の「実箱」の内容が明確化されているとともに，時代とともにそれぞれの内容が変化している，③個々の「実箱」の総体が，全一体として，均衡的な調和を保っている，という3点を充足する必要があることを指

摘した。

　したがって，現行の商法商業帳簿規定や租税法の帳簿書類規定等の改正，中小企業会計基準や種々の会計基準の策定や改訂，さらに，国際会計基準への対応にあたっては，上記3点に照らし合わせた判断が必要となるのである。

第3節　今後の課題

　会計制度論の考察の対象は，商法・会社法，金融商品取引法，租税法，会計学，簿記学，租税法，行政法，証拠法，訴訟法，刑法，破産法，民法，経営学，コンピュータ関連法規，個別業法における会計基準，職業法規等に関連している。換言すれば，個々の「実箱であるGoB」・個々の「実箱である『一般に公正妥当と認められる会計の慣行』」は，このような学際的な領域において生成されている。本研究のささやかな成果が契機となって，本格的な「会計制度論」が確立されることを期待したい。

　筆者は，会計制度の全容を体系的に解明し，その内容を具体的に提示する，という研究テーマの必要性から，不遜であることは承知のうえで，ドイツおよびわが国の学際的な領域に踏み込んで，「個々の実箱」の具体的な内容を明らかにすることに努めた。しかし，筆者は，各専門領域にわたる専門家ではないため，「個々の実箱」の網羅性が欠けていたり，「個々の実箱」の内容に，思いもよらぬ誤りや誤解があるかもしれない。

　もとより，「個々の実箱」の内容を深掘りし，明確化することができるのは，各領域の研究者の方々である。筆者は，会計制度に関する各領域の研究成果を真摯に学ばせていただき，日独両国における「個々の実箱」の内容の解明に継続して取り組んでいく所存である。

　また，現在わが国の会計制度は，経済のグローバル化に伴うIFRS（国際財務報告基準）のアドプションおよびコンバージェンスへの対応，中小企業会計指針とは別の新たな中小企業会計基準の策定，企業利益と課税所得の乖離の拡大などの課題に直面している。これらへの対応は，一国の会計制度はいかにあるべきか，という本質的な視点から対応すべき問題である。今後とも，あるべき会計制度の究明，そしてそれに基づく個別課題への提言が必要とされると思われる。

最後に，今後とも，このような視点に立った研究を継続して行っていくという，筆者の決意を記して，締めくくりとしたい。

引用文献

◆欧文

Adler/Düring/Schmalz (1968) *Rechnungslegung und Prüfung der Aktiengesellschaft*, Bd. 1, 4 Aufl..

AICPA (1998) *Preparing and reporting on Cash-and Tax-basis Financial statements*, New York.

Anschütz, Ang. /Volderndorff, Jrhr. von (1868) *Kommentar zum Allgemeinen Deutschen Handelsgesetzbuch*, Bd. 1, Erlangen.

AO-Handbuch (1979) Deutschen wissenschahtlichen Steuerinstituts der Steuerbarater und Steuerbevollmächtigten e. V ; *AO-Handbuch des steuerlichen Verwaltungs-und Verfahrensrechts*.

AO-Handbuch (1995) Deutschen wissenschahtlichen Steuerinstituts der Steuerbarater und Steuerbevollmächtigten e. V ; *AO-Handbuch des steuerlichen Verwaltungs-und Verfahrensrechts*.

AO-Handbuch (1996) Deutschen wissenschahtlichen Steuerinstituts der Steuerbarater und Steuerbevollmächtigten e. V ; *AO-Handbuch des steuerlichen Verwaltungs-und Verfahrensrechts*.

Apitz, Wilfreid (1985) Schätzungen im Rahmen einer Außenprüfung, *DStR* Heft 10.

Aprath, Werner (1950) Grundsätzliches zum Gewinnbegriff in Betriebswirtschaftlehre und Steuerrecht, *StbJb*.

ASB (2001) A Discussion Paper, Review of the Financial Reporting Standard for Smaller Entities (FRSSE), *Accounting Standards Board*, February 2001.

Baetge, Jörg (1992) *Bilanzen*, 2 Aufl., Düsseldorf.

Baetge, Jörg (1993) Grundsätze ordnungsmäßiger Buchführung und Bilanzierung, in：*Handwörterbuch des Rechnungswesens*, 3 Aufl.

Baetge, Jörg (1996) *Bilanzen*, 4 Aufl., Düsseldorf.

Baetge, Jörg/Krisch, Hans-Jürgen/Thiele, Stefan (2007) *Bilanzen*, 9 Aufl., Düsseldorf.

Barth, Kuno (1953) *Die Entwicklung des deutschen Bilanzrecht*, Bd. Ⅰ, Stuttgart. (邦訳：バルト＝松尾／百瀬訳 (1985))

Barth, Kono (1955) *Die Entwicklung des deutschen Bilanzrecht*, Bd. Ⅱ, Stuttgart.

Baumbach/Duden/Hopt (1989) *Handelsgesetzbuch*, 28 Aufl.

Baumbach/Duden/Hopt (1995) *Handelsgesetzbuch*, 29 Aufl.

Baum, Michael (1996) in : Koch, Karl (Hrsg.) *Abgabenordnung*, 5 Aufl.

Baums, T. (1982) *Entwurf eines allgemeinen Handelsgesetzbuches für Deutschlamd (1948/1949)*, Heiderberg.

Becker, Enno (1930) *Die Reichsabgabenordnung*, 7 Aufl., Berlin.

Becker, Enno/Reiwald, Alfred/Koch, Karl (1965) *Reichsabgabenordnung mit Nebengesetzen Kommentar*, Bd. 2.

Biener, Herbert (1977) Die Neufassung handelsrechtlichen Buchführungvorschriften, *DB*.

Bierle, Klaus (1981) Grundsätze ordnungsmäßiger Buchführung, in : *Handwörterbuch der Steuerrechts*.

BMJ Pressemitteilung (2009) Bundesministerium der Justiz, Pressermitteilungen, Neuers Bilanzrecht : Milliardenentlastung für den deutschen Mittelstand beschlossen, 26. Märt 2009.

Bornhaupt, Kurt Joachim von (1987) in : Peter, Karl/Bornhaupt, Joachim von/Körner, Wernmer, *Ordnungsmäßigkeit der Buchführung nach dem Bilanzrichtlinien-Gesetz Buchführung und Aufzeichnungen nach Handels-und Steuerrecht*, 8 Aufl.

Bornhofen, Manfred/Bornhofen, Martin C. (2009) *Buchführung 2 DATEV-Kontenrahmen 2008*, 20 Aufl.

BR-Drucks. 726/75 Abgabenordnung *(AO 1977) vom 28. 11. 1975*.

Brönner, Herbert (1952) *Die Bilanz nach Handels-und Sterrecht*.

BT-Drucks. VI 1882 *Entwurf einer Abgabenordnung (AO 1974) vom 19. 3. 1971*.

BT-Drucks. 7/79 *Entwurf einer Abgabenordnung (AO 1974) vom 25. 1. 1973*.

BT-Drucks. 7/261 *Entwurf eines Einführungsgesetzes zur Abgabenordnung (EGAO 1974) vom 26. 2. 1973*.

BT-Drucks. 7/3441 *Entwurf eines Ersten Gesetzes zur Bekämpfung der Wirtschaftskriminalität (1. WiKG) vom 1. 4. 1975*.

BT-Drucks. 7/4292 *zu dem von den Fraktionen der SPD, FDP eingebrachten Entwurf einer Abgabenordnung-Drucksache 7/79-vom 7. 11. 1975*.

BT-Drucks. 10/317 *Gesetzenentwurf der Bundesregierung, Entwurf eines Gesetzes zur Durchführung der Vierten Richtlinie des Rates der Europäischen Gemeinschaften zur Koordinierung des Gesellschaftsrechts (Bilanzrichtlinie-Gesetz) mit Begründung vom 26. 8. 1983*.

BT-Drucks. 10/4268 *Beschlußempfelung und Bericht des Rechtsausschusses (6. Ausschuß) zu dem von der Bundesregierung eingebrachten Entwurf eines Gesetzes zur Durchführung der Viierten Richtlinie des Rates der Europäischen Gemeinschaften* zur Koordinierung des Gesellschaftsrechts (Bilanzrichtlinie-Gesetz) -Drucksache 10/317-Entwurf eines Gesetzes zur Durchführung der Siebenten und Achten Richtlinie des Rates der Europäischen Gemeinschaften zur Koordinierung des Gesellschaftsrechts-Drucksache 10/3440-, mit Begründung vom 18. 11. 1985.

BT-Drucks. 16/10067 Entwurf eines Gesetzs zur Modernisierung des Bilanzrechts (Bilanzrechtsmodernisierungsgesetz-BilMoG) vom 30. 7. 2008.

BT-Drucks-16/12407 Entwurf eines Gesetzs zur Modernisierung des Bilanzrechts (Bilanzrechtsmodernisierungsgesetz-BilMoG) vom 24. 3. 2009.

Bubenzer, Fritz (1954) Ordnungsmäßiger Buchführung, StbJb, 1954/55.

Budde, Wolfgang Dieter/Kunz, Karlheinz (1995) in：Beck'scher Bilanz-Kommentar Handels-und Steuerrecht-§§238 bis 339 HGB-, Der Jahresabschluß nach Handels-und Steuerrecht Das Dritte, 3 Aufl., München.

Budde, Wolfgang Dieter/Raff, Igno (1995) in：Beck'scher Bilanz-Kommentar Handels-und Steuerrecht-§§238 bis 339 HGB-, Der Jahresabschluß nach Handels-und Steuerrecht Das Dritte, 3 Aufl., München.

Bühler, Ottmar (1956) Einkommensteuer Körperschaftsteuer und die Gewinnbeistimmungen der Gewerbesteuer.

Bühler, Ottmar/Scherpf, Peter (1971) Bilanz und Steuer, 7 Aufl., München.

Bundessteuerberaterkammer (Hrsg.)(1990) Checklisten zur Verfahrensprüfung der Ordnungsmäßigkeit von EDV-Buchführung, Bonn.

Bundessteuerberaterkammer (2007) Qualitätssicherung und Qualitätsmanagement in der Steuerberatung, Bundessteuerberaterkammer KdöR/Deutscher Steuerbaraterverband e.V. /DATEV eG.（邦訳：武田／河﨑／古賀／坂本（2007d））

Cosack, K. (1910) Handelsrecht, 7 Aufl., Stattgart.

Demski, Joel S., (2007) Is accounting an Academic Discipline?, Accounting Horizons, Vol.21 No.2 June, 2007.

Ellerich, Marian (1990) in：Küting, Karlheinz/Webwer, Claus-Peter (Hersg.), Handbuch der Rechnungslegung Kommentar zur Bilanzierung und Prüfung.

Entwurf (HGB) Entwurf eines Handelsgesetzbuchs, 1896.

Entwurf (Preussischen Staaten) Entwurf eines Handelsgesetzbuchs für Preussischen Staaten, 1856.（これは，Schubert（1986）所収のものである。）

Entwurf (Preussischen Staaten Ⅰ) Entwurf eines Handelsgesetzbuchs für die Preussischen Staaten Nebst Motiven Ⅰ Entwurf.

Entwurf (Preussischen Staaten Ⅱ) Entwurf eines Handelsgesetzbuchs für die

Preussischen Staaten Nebst Motiven II *Motive*, 1857.

Entwurf（Reichsministerium der Justiz）*Entwurf eines allgemeinen Handelsgesetzbuches für Deutschland*, 1849.

Entwurf（Württemberg Ⅰ）*Entwurf eines Handelsgesetzbuches für das Königreich Württemberg mit Motiven（1839/40）* Ⅰ. *Teil：Entwurf*, 1839.

Entwurf（Württemberg Ⅱ）*Entwurf eines Handelsgesetzbuches für das Königreich Württemberg mit Motiven（1839/40）* Ⅱ. *Theil：Motive*, 1839.

Ernst, Christoph/Naumann, Klaus-Peter（2009）*Das neue Bilanzrecht Materialien und Anwendungshilfen zum BilMoG*, Düsseldorf.

Europian Financial Reporting Advisory Group（2010）Advice on Compatibility of the IFRS for SMEs and the EU Accounting Directives.

Fellingham, John C.（2007）Is accounting an Academic Discipline?, *Accounting Horizons*, Vol.21 No.2 June, 2007.

Ficher, Bettina（2009）*Auswirkungen eines eigenständigen steuerlichen Gewinnermittlungsrechts*.

Friesecke, Kuno（1957）Die Voraussetzungen und Grenzen der steuerlichen Schätzung；*StuW*.

Gärber, Fritz（1977）*Finanzgerichtsordnung*, München.

Gehre, Horst（1995）*Steuerberatungsgesetz mit Durchführungsordnungen*, 3 Aufl., München, 1995.（第1版の邦訳としてゲーレ＝飯塚毅訳（1991）がある。）

Gnam, Arnulf（1953）Steuervergünstigungen und Ordnungsmäßigkeit der Buchführung, *WPg*.

Godin, Freiher von/Wilhelmi, Hans（1971）*Aktiengesetzs vom 6. September 1965, Kommentar*, 4 Aufl., Bd. 1.

Gräber, Friz（1977）*Finanzgerichtsordnung*, München.

Graf v. Westphalen, Friedrich（1989）Einsatz von optischen Speicherplatten in der Buchführung, *DB*.

Gronenborn, Jakob（1956）Die Verwerfung der Buchführung und Bilanz auf der Grundlage des gegenwärtigen Bilanz-steuerrechts, *StbJb*, 1956/1957.

Gronenborn, Jakob（1970）Keine Ordnungsmäßigkeit der Buchführung bei verspäteter Bilanzaufstellung? *StbJb*, 1970/1971.

Großfeld, Bernhard（1978）*Bilanzrecht*.

Hahn, Friedrich von（1863）*Kommentar zum Allgemeinen Deutschen Handelsgesetzbuch*, Bd. 1.

Hahn, Friedrich von(1871)*Kommentar zum Allgemeinen Deutschen Handelsgesetzbuch*, Bd. 1, 2 Aufl.

Hahn, Friedrich von(1877)*Kommentar zum Allgemeinen Deutschen Handelsgesetzbuch*, Bd. 1, 3 Aufl.

Hahn, Klaus(2009)*BilMoG Kompakt*.

Hampel/Berkendorff(1995)Hampel, Hans/Benkendorff, Peter, Abgabenordnung Ein Grundriß, 3 Aufl. Hartmann, Alfred/Böttcher, Conrad/Grass, Adolf(1955/1974)*Grokommentar zur Einkommensteuer*, Stuttgart-Wiesbaden, 1955/1974.

Hartung, Hanns(1956)Anregungen auf steuerprozeßrechtlichen Gebiete, insbesondere Stellungsnahme zu den herrschenden Theorien über die Beweislast und das Ermessen im steuerprozeß, *StuW*.

Hartung, Hanns(1959)Die Beweislast im Steuerverfahren, *NJW*.

Hartz(1956)Zur Entwicklung des Bilanzsteuerrechts in der Rechtsprechung des BFH, *DB*., Beil. 17.

Hass, Robert(1949)*Recht und Rechnungswesen*.

Hattenhauer/Bernert(1970)*Allgemeines Landrecht für die Preussichen Statten von 1974*, Berlin.

Hein, Johannes(1928)*Die Zusammenhänge zwischen Steuer und Handelsrecht*, Berlin Leipzig.

Heinlein, Alfons(1972)*Steuerliche Gewinnermittlung*.

Heinlein, Alfons(1978)*Angemessenheit im Steuerrecht*.

Heise, Georg Arnord(1858)*Heise's Handelsrecht*, Frankfurt.

Hensel, Albert(1927)*Steuerrecht*, 2 Aufl., Berlin, 1927.（邦訳：杉村（1931））

Hensel, Albert(1933)*Steuerrecht*, 3 Aufl., Berlin.

Hermann, Carl/Heuer, Gerhard(1950/1971)*Kommentar zur Eimkommensteuer und Körperschaftsteuer*, 14 Aufl., 1950/1971.

Heuer(1951)Steuerlichchterrungen und Ordnungsmäßigkeit der Bucgführung, *WPg*.

Hopwood, Anthony G.(2007)Whither Accounting Research?, *Accounting Review*, Vol.82 No.5 August, 2007.

Hüffer, Uwe(1988)in：Canaris, Claus-Wilhelm/Schilling, Worfgang/Ulmer, Peter(Hrsg.)； *HGB Staub Großkoßmmentar*, 4 Aufl., 11 Lieferung, ∬ 238-245 und ∬ 257-263.

Hüffer, Uwe(2002)in： *Handelsgesetzbuch Großkommemtar Begründet von Hermann Staub*, 4 Aufl., Bd. 3, Berlin/New York, 2002.

Isambert(1829)*Recueil gènèral des anciennes lois francaises depuis lan 420 à l'an* révolution de 1798, Tome X I X , Janvier 1672-Mai 1686, Paris.

Jaeger, Ernst/Lent, Frriedrich/Weber, Friedrich/Klung, Ulrich/Jahr, Günther (1973) Konkursordnung mit Einführungsgesetzen, 2 Bd. 2. Halbband, 8 Aufl., Berlin/New York.

Janssen, Jan (2009) Rechnungslegung im Mittelstand, Wiesbaden.

Jung, Willi (1989) in : Emmerich, Vorker/Honsell, Thomas/Otto, Harro/Hermann Harald/ Horn, Norbert/Niehus, Rudolf J. /Sonnenschein, Jürgen ; Heymann Handelsgesetzbuch (ohne Seerecht) Kommentar, Bd. 3, Berlin/New York.

Kargl, Herbert (1992) EDV und Buchhaltung, in Chrnielwicz, Klaus/Schweitzer, Marcell (Hrsg.), Handwrterbuch des Rechnungswesens, 3 Aufl., Stuttgart.

Kempf, Dieter/Sebiger, Heinz (1991) Kempf, Dieter (Referent) /Sebiger, Heinz (Sitzungsleiter) ; Die EDV-gestützte Buchführung und Prüfung, Steuerberater-Kongress-Report.

Klein, Guido (1989) Die Auswirkungen der unterschiedlichen Beweislast im Steuerrecht und im Strafrecht, Köln.

Klein, Franz/Orlopp, Gerd (1991) AO Abgabenordnung, 2 Aufl., München.

Kliger, Joachim (1983) Konkursordnung, 14 Aufl., München.

Klügmann, Karl (1907) Die Beweiskraft der Handelsbucher, ihre Geschichte und jetzige Bedeutung.

Koch, C. F. (1854a) Allgemeines Landrecht für die Preußischen Staaten, 2 Theil Bd. 1.

Koch, C. F. (1854b) Allgemeines Landrecht für die Preußischen Staaten, 2 Theil Bd. 2.

Koch, C. F. (1863) Allgemeines Landrecht für die Preußischen Staaten, Bd. 3(2).

Köhler, Annette G. (2006) Aussagen über die Ordnungsmäßigkeit von Jahresabschlüssen in Bescheinigugnen, DB Heft 20.

Körner, Werner (1987) in : Peter, Karl/Bornhaupt, Joachim von/Körner, Wernmer (1987); Ordnungsmäßigkeit der Buchführung nach dem Bilanzrichtlinien-Gesetz Buchführung und Aufzeichnungen nach Handels-und Steuerrecht, 8 Aufl..

Kötter, Friedrich (1978) Sreuerlich Betriebsprüfung.

Kötter, Friedrich/Hirt, Ernst/Röttinger, Hans (1979) ABC des Biulanzsteuerrechts, 3 Aufl.

Krah, C. (1885) Konkurs-Bermalter nach der deutschen Reichs-Konkurs-Ordnung, 4 Aufl., Berlin Leipzig.

Kruse, Heinrich Wilhelm (1969) Steuerrecht, 2Aufl.

Kruse, Heinrich Wilhelm (1973) Steuerrecht, 3Aufl.

Kruse, Heinrich Wilhelm (1978) Grundsätze ordnungsmäßiger Buchführung Rechtsnatur

und Bestimmung, 3 Aufl.
Kühn, Rolf（1950）Reichsabgabenordnung, 2 Aufl., Frankfurt/Main.
Kühn, Rolf（1956）Reichsabgabenordnung, 4 Aufl., Stuttgart.
Kühn, Rolf（1968）Reichsabgabenordnung, 5 Aufl., Stuttgart.
Kühn/Kutter/Hofmann（1974）Abgabenordnung Finanzgerichtsordnung, 11 Aufl., Stuttgart.
Kußmaul, Heinz（1990）in：Küting, Karlheinz/Webwer, Claus-Peter（Hrsg.）, Handbuch der rechnungslegung kommentar zur Bilanzierung und Prüfung.
Lackner, Karl（1977）Strafgesetzbuch mit Erläuterungen, 11 Aufl., München.
Lackner, Karl（1987）Strafgesetzbuch mit Erläuterungen, 17 Aufl., München.
Lang, Joachim（1986）in：Leffson, Ulrich/Rückle, Dieter/Großfeld, Berhard（Hrsg.）, Handwörterbuch unbestimmter Rechtsbegriffe im Bilanzrecht des HGB.
Lange, Reinhard/Rengier, Christian（2009）Die Verlagerung der elektronischen Buchführung in das Ausland-zur Auslegung vom § 146 Abs. 2a und 2b AO, DB, Heft 24.
Leffson, Ulrich（1987）Grundsätze ordnungsmäßiger Buchführung, 7 Aufl.
Leipold, Dieter（1966）Beweislastregeln und gesetzlich Vermutungen insbesondelre bei Verweisungen zwischenen verschiedenen Rechtsgebieten.
Leyerer, Brüm（1922）Historische Entwicklung der Buchführung seit der ersten Kenntnis bis zum ⅩⅤⅡ Jahrhundert, Zfhf., 1922, S. 141.
List, Heinrich（1995）in：Hübsthmann/Hepp/Spitaler, Abgabenordnung Finanzgerichtsordnung Kommentar, 10 Aufl.
Littmann, Eberhard（1978）in：Littmann, Eberhard/Grube, Georg；Das Einkommensteuerrecht, 12 Aufl., Bd. 1.
Löschke, Norbert/Sikorski, Ralf（1990）Buchführung und Bilanzierung.
Maas（1978）Klein, Franz/Flockermann, Pauf G. /Kühr, Christian（Hrsg.）；Einkommensteuergesetz Kommentar.
Makower, H.（1890）Das Allgemeine Deutsche Handelsgesetzbuch mit Kommentar herausgegeben, Berlin.
Mauve, Hans（1969）Anpassung der Grundsätze ordnungsmäßiger Buchführung an die Gegebenheiten der elektronischen Datenverarbeitung, BB.
Mauz, R. K. /Sharaf, Hussein A.（1962）The Philosophy of Auditing, American Accounting Association.（邦訳：マウツ／シャラフ＝近澤訳（1987））
Mitteis, Heinrich/Lieberich, Heinz（1985）Deutsche Rechtsgeschichte, 17 Aufl. München.
Morck, Winfried（1996）in：Koller, Ingo/Roth, Wurf-Henning/Morck, Winfried；

Handelsgesetzbuch, München, 1996. *BB*, 1984, S. 1928.

Mösbauer, Heinz (1996) in：Koch, Karl (Hrsg.) *Abgabenordnung*, 5 Aufl.

Mösbauer, Heinz (1999) Die Anforderungen an die Beschaffenheit einer steuerlichen Buchfhrung nach § 145 Abs. 1AO, *DB*.

Müller, Erhard (1956) Können Grundsätze ordnungsmäßiger Buchführung und Bilanzierung durch Verwaltungsmaßnahmen oder durch die Rechtsrechnung entwickelt oder beeinflußt werden? *StbJb* 1956/1957.

Müller, Richard (1977) *Buchführung und EDV*.

Nieland, Hubert (1993) in：Littmann, Eberhard/Bitz, Horst/Hellwig, Peter, *Das Einkommen-steuerrecht*, 15. Aufl., Stuttgart.

Nirk, Rudorf (2008) *Das Kreditwesengesetz*, 13 Aufl., Frankfurt am Main.

Pellens, Bernhard/Fülbier, Rolf Uwe/Gassen, Joachim/Sellhorn, Thorsten (2008) *Internationale Rechnungslegung*, 7 Aufl., Stuttgart.

Penndorf, Balduin (1913) *Geschichte der Buchhaltung in Deutschland*, Frankfurt. a. M., (Nachdruck 1966).

Penndorf, Balduin (1933) *Pacioli Luka, Abhandlung ber die Buchhaltung 1494*, Stuttgart.

Petersen, Julius/Kleinfeller, Georg (1892) *Konkursordnung für das Deutsche Reich*, 3 Aufl.

Petersen, Karl/Zwirner, Christian (2009) Petersen, Karl/zwirner, Christian (Hrsg.), *Bilanzrechtsmodernisierungsgesetz BilMoG*, München.

Protokoll (Nürnberger Kommission) *Protokolle der Commission zur Berathung eines allgemeinen Deutschen Handelsgesetz-Buches*, 1957.（これは Schubert（1984）所収のものである。）

Protokoll (Preussischen Staaten) *Protokolle über die Berathunggen mit kaufmännischen Sachverstandigen und praktischen Juristen, betreffend den Entwurf eines Handelsgesetzbuchs für Preussischen Staaten*.（これは，Schubert（1986）所収のものである。）

Raby, Willian L./Richter, Robert F. (1975) Conformity of Tax and Financial Accounting, *Journal of accountancy*, March, 1975.

Radbruch, Gustav (1958) *Einführung in die Rechtswissenschaft*, 9 Aufl., 1958.（邦訳：ラートブルフ＝碧海純一訳（1964））

Rauschning, Heinz (1929) *Untersuchungen zur beweislehle im Steuerverfahren*, Hamburg.

Referententwurf (BilMoG) Referententwurf eines Gesetzes zur Modernisierung des Bilanzrechts (Bilanzrechtsmodernisierungsgesetz-BilMoG), 2007.

Reinisch, Günter (1963) Beweislast und Vermutung in Steuerrecht, *BB*.

Ritter, Carl（1910）*Handelsgesetzbuch mit Ausschluß des Seerechts*, Berlin.

Roesler, Hermann（1884a）（1884b）*Entwurf eines Handels-Gesetzbuchs für Japan mit Commentar*.（邦訳：ロエスレル＝司法省訳（1884））

Roret, J. -P. ／Tenrè, L.（1833）*Les Huit Codes*, Paris.

Rosenberg, Leo（1923）*Die Beweislast auf Grundlage des Bürgerlichen Gesetzbuchs und der Zivilprozessordnung*, 2 Aufl., Berlin.

Rosenberg, Leo（1965）*Die Beweislast auf Grundlage des Bürgerlichen Gesetzbuchs und der Zivilprozessordnung*, 5 Aufl., Berlin, 1965.（邦訳：ローゼンベルク＝倉田卓次訳（1987））

Samson, Erich（1985）in：Rudolphi, Hans-Joachim／Horn, Eckhard／Samson, Erich, *Systematischer Kommentar zum Strafgesetzbuch*, Bd. 2, Besonderer Reil（ff 80-358）.

Sarmey von（1879）*Konkurs-Ordnung für das Deutsche Reich von 10. Jebruar 1877*, Berlin.

Sauer, Otto M.（1988）*Steuerliche Außenprüfung*.

Schick, Walter（1987）Steuerverfahrensrehtliche Aspekte der Bilanz, *BB* Hefts 3.

Schlegelberger（1973）Geßler, Ernst／Hefermehl, Wofgang／Hilderandt, Worgang／Schröder, Georg；*Schlegelberger Handelsgesetzbuch Kommentar*, Bd. 1, 5 Aufl..

Schmalenbach, Eugen（1931）*Dynamische Bilanz*, 5 Aufl..

Schmalenbach, Eugen（1953）*Dynamische Bilanz*, 11 Aufl.（第7版の邦訳書：土岐政蔵訳『動的貸借対照表論』森山書店，1950年）

Schmidt, Ludwig（1990）in：Schmidt, Ludwig（Hrsg.）, *Einkommensteuergesetz*, 9 Aufl., München.

Schneider, Annette（2002）*Unternehmensstiftungen- Formen, Rechnungslegung, steuerliche Gestaltungsmöglichkeiten*.

Schubert, Werner（1984）*Protokolle der Commission zur Berathung eines allgemeinen Deutschen Handelsgesetz-Buches*, Frankfurt／Main.

Schubert, Werner（1986）Schubert, Werner（Hrsg.）, *Entwurf eines Handelsgesetzbuchs für die Preußischen Staaten und Protokolle über die Berathungen mit kaufmännischen Sachverständigen und praktischen Juristen（1856）*.

Schuppenhauer, Rainer（1984）*Grundsätze für eine ordnungsmäßige Datenverarbeitung*, 2 Aufl.

Sikorski, Ralf（1994）*Buchführung*, 3 Aufl.

Simonetti, Gilbert（1971a）Nixon Task Force Report On Business Tax Policy, *Journal of accountancy*, January 1971.

Simonetti, Gilbert (1971b) Conformity of Tax and Financial Accounting, *Journal of accountancy*, December, 1971.

Staub, Hermann (1900) *Kommentar zum Handelsgesetzbuch*, 6 und 7 Aufl., Berlin.

Staub, Hermann (1921) *Staub's Kommentar zum Handelsgesetzbuch*, 11 Aufl., Berlin Leipzig.

Staub, Hermann (1926) *Staub's Kommentar zum Allgemeinen Deutschen Handelsgesetzbuch*, Bd. 1, 12 und 13 Aufl., Berlin/Leipzig.

Steinbach, Adalbert (1973) *Die Rechnungslegungvorschriften des Aktiengesetzes 1965 Aus der Perspektive eines neuen Systems der "Grundsätze ordnungsmäßiger Bilanzierung" (GoB)*.

Steuerberater-Handbuch (1994) Deutschen wissenschahtlichen Steuerinstituts der Steuerbarater und Steuerbevollmchtigten e. V ; *Beck'sches Steuerberater-Handbuch*.

Thoma (1968) Zur Vereinfachung der steuerrechtlichen Bestimmumgen, *StbJb*., 1968/69.

Tiedemann, Klaus (1985) *Konkurs-Strafrecht*.

Tiedemann, Klaus (2003) in : *Strafgesetzbuch Leipziger Kommentar Grokommentar*, 11 Aufl., Bd. 7, Berlin.

Tilch, Horst (1992) in : Tilch, Horst (Hrsg.) *Deutsches Rechts-Lexikon*, 2 Aufl., München.

Tipke, Klaus (1974) *Steuerrecht Ein systematischer Grundriß*, 2 Aufl..

Tipke, Klaus (1985) *Steuerrecht Ein systematischer Grundriß*, 10 Aufl.

Tipke, K. /Kruse, H. W. (1965/1991) *Abgabenordnung Finanzgerichtsordnung Kommentar zur AO 1977 und FGO (ohne Steuer-strafrecht)*, 14 Aufl., Köln, 1965/1991.

Tipke, K. /Lang, J. (1991) *Steuerrecht Ein systematischer Grundriss*, 13 Aufl.

Trumpler, Hans (1937) *Die Bilanz der Aktiengesellschaft*.

Trumpler, Hans (1950) *Die Bilanz der Aktiengesellschaft*.

Trumpler, Hans (1953) *Die Bilanz der Aktiengesellschaft*.

Trzakalik, Christoph (1995) in : Hübsthmann/Hepp/Spitaler, *Abgabenordnung Finanzgerichtsordnung Kommentar*, 10 Aufl.

Vangerow, Friedrich (1955) Erläuterungen zur Rechtsprechung, *StuW*.

Vehn, A. ter (1929) Die Entwicklung der Bilanzauffassungen bis zum ADHGB, *Zeitschrift für Betriebswirtschaft*, 6. Jg.

Velte, Patrick (2008) Betreuer (Velte, Patrick), Vorteihaftigkeit des BilMoG-Reg-E und der IFRS for SME für nicht kapitalmarktorietierte Unternehmen, Department Wirtschaftswissenschaften der Universität Hanburg Institut für Wirtschaftsprüfung und Steuerwessen Lehrstuhl. Prof. Dr. C. -Chr. Freidank, 25.11.

Wagner, Herbert（1980）*Konkursrecht*, Stuttgart/Wiesbaden.

Wallis, Hugo von（1995）in Hübsthmann/Hepp/Spitaler, *Abgabenordnung Finanzgerichtsordnung Kommentar*, 10 Aufl..

Walter, Gerhard（1979）*Freie Beweiswurdigung*（J. C. B. Mohr）.

Weber-Grellet, Heinrich（1981）In dubio quo? Zur Beweislast im Steuerrecht, *StuW*.

Westerhoff, Willherm（1959）*Unklare Rechtsgestaltungen in ihrer Bedeutung für das Steuerrecht*, Düsseldorf.

Wiedmann, Harald（1990）in：Rowedder/Fuhrmann/Rittner/Koppensteiner/Wiedmann/Rasner/Zimmermann；*Gesetz betreffend die Gesellschaften mit beschränkter Haftung（GmbHG）*, 2 Aufl.

Wiedmann, Harald（2008）in：Ebenroth/Boujong/Joost/Strohn；*Handelsgesetzbuch*, Bd. 1, München.

Wöhe, Günter（1973）*Bilanzierung und Bilanzpolitik*, 3 Aufl.

Wöhe, Günter/Kußmaul, Heinz（1991）*Grundzüge der Buchführung und Bilanztechnich*.

Wörner, Georg（1978）*Bilanzierung im Handels-und Steuerrecht*.

Ziemer, Herbert/Bilkholz, Hans（1970）*Finanzgerichtsordnung*, 2 Aufl., München.

Ziemer, Herbert/Bilkholz, Hans/Ernst, Günter/Seeger, Siegbert（1978）*Finanzgerichtsordnung mit ergänzenden Vorschriften*, München.

Zwank, Herbert（1981）Die Grundsätze ordnungsmäßiger Speicherbuchführung（GoS）, *DStZ*.

Zwank, Herbert（1986）in：Koch, Karl（Hrsg.）*Abgabenordnung*, 3 Aufl.

◆和文

相澤哲編著（2005）『一問一答　新・会社法』商事法務

青山善充（1995）『民事訴訟法講義　第3版』中野貞一郎／松浦馨／鈴木正裕編, 有斐閣

新井隆一（1984）『負担の公平記帳の負担』成文堂

安藤英義（1986）『商法会計制度論　第3版』国元書房

安藤英義（1997）『新版商法会計制度論』白桃書房

安藤英義（2010a）「中小企業の会計ルールをめぐる新しい動き」『産業経理』第70巻第1号

安藤英義（2010b）「簿記の財務会計化と『資本』衰退への危惧」『會計』第177巻第6号

飯塚毅（1979）「正規の簿記・帳簿の証拠性」『會計』第116巻第1号

飯塚毅（1985）『逆運に遡る』TKC出版部

飯塚毅（1988）『正規の簿記の諸原則　改訂版』森山書店

飯塚毅（1989）『一職業会計人の悩み　第2版』TKC広報部

飯塚毅（1997）『巡回監査　改訂新版』TKC全国会中央研修所編，第一法規出版
飯塚毅（2006）『自己探求　第2版』，TKC出版
飯塚真玄（1998）「税法に準拠したコンピュータ会計システムの設計」松沢智編著『コンピュータ会計法概論』中央経済社
飯塚真玄（2010a）「『DATEV社からの回答書』に学ぶ—ドイツではIFRSに対応して商法が改正されたが，確定決算主義（『基準性の原則』）は残された—」『TKC』2月特別号
飯塚真玄（2010b）「かくして確定決算主義は堅持された」『TKC』12月特別号
イェシェック／ヴァイゲント＝西原春男監訳（1999）『ドイツ刑法総論　第5版』成文堂
五十嵐邦正（2005）『会計理論と商法・倒産法』森山書店
石井肇／大久保昇一（2010）『実務家のための書面添付制度活用のポイント』大蔵財務協会
泉谷勝美（1997）『スンマへの径』森山書店
井戸一元（2001）「ドイツの財務報告」『紀要（豊橋創造大学）』第5号
稲見亨（2010）「EU・ドイツにおける国際的会計基準適用の新たな論点—議会レベルの対応に焦点を当てて—」『會計』第178巻第3号
イマヌエル・カント＝原佑訳（2005）『純粋理性批判　上』平凡社
岩藤美智子（2000）「ドイツ法における報告義務と顛末報告義務(1)—他人の事務を処理する者の事後的情報提供義務の手がかりを求めて—」『彦根論叢』第327号
上田理恵子（1996）「1895年オーストリア民事訴訟法成立の背景：自由主義的訴訟法典編纂の試みと挫折」『一橋研究』第21巻第3号
浦谷清（1964）「所得税青色申告書についてなされた更正処分並びに審査決定の附記理由が不備であるとされた事例」『民商法雑誌』第50巻第1号
江頭憲治郎（2008）『株式会社法　第2版』有斐閣
江頭憲治郎（2011）「中小企業の実態をみれば新たな会計ルールの作成も必要」『税理』第54巻第1号
遠藤一久（1981）「『正規の簿記の諸原則』の史的展開」『會計』第116巻第1号
大住達雄（1925）『商業帳簿の法律問題』大阪巖松堂
大竹秀男／牧秀正（1975）大竹秀男／牧秀正編『日本法制史』青林書院
鴻常夫（2001）『商法総則　全訂第4版補正版』弘文堂
岡崎一浩（2009）「IT化と会計情報—企業の持続可能性の観点—」野村健太郎／山本勝／石井直宏編『環境激変と経営・会計・情報』税務経理協会
小津稚加子（2006）「新興経済圏の会計基準設計とIASB討議資料の基本論点」『経済学研究』第73巻第2・3合併号
小津稚加子（2009）「SME版IFRSの発展過程—公開草案（ED）構造化はどのようになされたか」『経済学研究』第75巻第5・6合併号

岡部勝成（2010）『キャッシュ・フロー会計情報と企業価値評価―九州地区の中小企業をめぐる実証分析―』税務経理協会

片岡泰彦（1988）『イタリア簿記史論』森山書店

金子宏（2007）『租税法　第12版』弘文堂

河﨑照行（2001）『情報会計システム論』中央経済社

河﨑照行（2003）「英国会社法の改革と中小会社会計基準（FRSSE）のゆくえ」『税経通信』第58巻第15号

河﨑照行（2006a）「わが国の中小会社会計基準の特徴」武田隆二編著『中小会社の会計指針』中央経済社

河﨑照行（2006b）「中小会社会計指針の国際的動向」武田隆二編著『中小会社の会計指針』中央経済社

河﨑照行（2008）「中小企業における簿記の意義と役割」統一論題「複式簿記の機能と本質―業種，規模のちがいから多角的に考える―」『日本簿記学会第24回全国大会報告要旨集』

河﨑照行（2009a）「中小企業における簿記の意義と役割」『會計』第176巻第3号

河﨑照行（2009b）「IFRS導入に対する三層モデルの提言」『TKC』第441号，2009年10月

河﨑照行（2009c）「IFRSと中小企業の会計―IASBの『中小企業版IFRSをめぐって』―」『税経通信』第64巻第14号

岸悦三（1988）『会計生成史』同文舘出版

岸悦三（1990）『会計前史』同文舘出版

北野弘久（1963a）「青色申告者に対する更正の理由附記をめぐる問題」『税法学』第151号

北野弘久（1963b）「青色申告に対する更正の通知書に附記すべき理由の書き方についての最高裁の見解」『時の法令』第470号

北野弘久（1984）「更正処分とその附記理由」『税理』第27巻第5号

木下勝一（1981）「ドイツ税務会計論―初期ドイツ税務会計の論理(1)―」『新潟大学経済論集』第32号（1981-Ⅱ）

木下勝一（2007）「ドイツの会計制度改革とIAS／IFRSの導入」佐藤誠二編著『EU・ドイツの会計制度改革』森山書店

木下勝一（2008）「ドイツ連邦法務省の商法会計法現代化の意義―参事官草案にみるヨーロッパの代替的選択モデル―」『會計』第174巻第1号

木村弘之亮（1987）『租税証拠法の研究』成文堂

旧法令集（1968）我妻栄編集代表，有斐閣

黒沢清（1975）『新企業会計原則訳解』中央経済社

黒沢清（1990）『日本会計制度発達史』財経詳報社

黒田全紀編著（1993）『ドイツ財務会計の論点』同文舘出版

経済安定本部企業会計制度対策調査会（1949）『中小企業簿記要領』
ゲーレ＝飯塚毅訳（1991）『ドイツ税理士法解説』第一法規
郡谷大輔／和久友子編著（2006）『会社法の計算詳解』中央経済社
古賀智敏（2010）「IFRS時代の最適開示制度のあり方」『会計・監査ジャーナル』第22巻第10号
小林秀之（1989）『証拠法』弘文堂
斎藤明（1977）『シュトイエルビランツの研究―税務財務諸表の創造性原理―』税務経理協会
齋藤真哉（2009）「ドイツにおける会計と税務の関係へのIFRSの影響―貸借対照表法現代化法（BilMoG）の検討―」『産業経理』第69巻第2号
坂本孝司（1995a）「帳簿の記入及び証拠力についての歴史的・比較法学的考察（その1）」『TKC税研時報』第10巻第2号
坂本孝司（1995b）「帳簿の記入及び証拠力についての歴史的・比較法学的考察（その2）」『TKC税研時報』第10巻第3号
坂本孝司（1995c）「ドイツにおける『正規の簿記の諸原則』と『記帳の証拠力』について」本郷法政紀要第4号，東京大学大学院法学政治学研究科
坂本孝司（1996）「コンピュータ簿記と正規の簿記の諸原則―ドイツ及びアメリカにおけるコンピュータ簿記関連法規について―」『TKC税研時報』第11巻第1号
坂本孝司／高田順三（1997）「ドイツとアメリカの最新コンピュータ会計法規」『TKC』TKC全国会，1997年3月号別冊
坂本孝司（1998）「わが国におけるコンピュータ会計法規制定までの沿革」松沢智編著『コンピュータ会計法』中央経済社
坂本孝司（2000）「企業規模別会計基準適用の実態」『米国会計人業界視察レポート』TKC全国会
坂本孝司（2003）「適切な記帳を促す具体的方法」武田隆二編著『中小会社の会計』中央経済社
坂本孝司（2004）「正しい記帳・真正な決算書と企業再生支援」『TKC』第375号（2004年4月号）
坂本孝司（2006a）「会計帳簿の適時性・正確性」武田隆二編著『新会社法と中小会社会計』中央経済社
坂本孝司（2006b）「会社法で定める記帳要件と中小会社会計指針」武田隆二編著『中小会社の会計指針』中央経済社
坂本孝司（2006c）「わが国における会計制度のあり方と会計実務」『リース研究』第2号
坂本孝司（2008a）「商業帳簿規定の研究(1)―1861年一般ドイツ商法典及びその成立までの各

種草案―」『経営情報科学』第4巻第1号

坂本孝司（2008b）『会計で会社を強くする』TKC出版

坂本孝司（2009a）「中小企業の簿記実務―会計帳簿の位置づけとその実務における重要性―」『日本簿記学会年報』日本簿記学会

坂本孝司（2009b）「商業帳簿規定の研究(2)―1861年一般ドイツ商法典及びその成立までの各種草案―」『経営情報科学』第5巻第1号

坂本孝司（2010a）「ドイツにおける帳簿書類規定―中世都市法から1794プロシア一般国法まで―」『産業経理』第70巻第1号

坂本孝司（2010b）「電子帳簿と正規の簿記」研究代表者河﨑照行『サイバースペース社会と財務会計・税務会計のパラダイム・モデルに関する総合研究』平成19～21年度科学研究費補助金（基盤研究B）研究報告書

坂本孝司（2010c）「わが国の帳簿書類制度に関する考察」『経営情報科学』第5巻第2号

坂本孝司（2010d）「ドイツにおける税務法令の会計規定に対する影響」『国際会計研究学会年報』国際会計研究学会

坂本孝司（2010e）「ドイツ税理士による決算書保証業務に関する考察―東アジア地域における中小企業の会計・監査制度発展のために―」『第6回　日中韓経営管理学術大会　資料』

佐藤孝一（1970）「商法『商業帳簿』規定の進化と画期的改正」『企業会計』第22巻第12号

佐藤誠二（1998）『ドイツ会計規準の探求』森山書店

佐藤誠二編著（2007）『EU・ドイツの会計制度改革』森山書店

佐藤誠二（2010）「IFRSへの対応と非対応の会計法改革」『會計』第178巻第3号

佐藤博明（1989）『ドイツ会計制度』森山書店

佐藤博明（1999）『ドイツ会計の新展開』森山書店

佐藤英明（1992）『脱税と制裁』弘文堂

志田鉀太郎（1933）『日本商法典の編纂と其改正』明治大学出版局

下川環（2006）「理由の提示(1)」『行政判例百選Ⅰ　第5版』

清永敬次（1957）「ドイツ租税法における正規の簿記の諸原則」『法學論叢』第63巻第6号

鈴木義男（1994）『現代ドイツ会計学』森山書店

鈴木義男（2000）『ドイツ会計制度改革論』森山書店

高木靖史（1995）『ドイツ会計基準論』中央経済社

高田敏／初宿正典（1994）『ドイツ憲法集』講義案シリーズ17，信山社

高柳信一（1983）「青色申告に対する更正の理由附記」『租税判例百選　第2版』

武田隆二（1970）『所得会計の理論―税務会計の基礎理論―』同文舘出版

武田隆二（1971）『情報会計論』中央経済社

武田隆二（1981）『最新財務諸表論 増補版』中央経済社

武田隆二（1998）『簿記Ⅰ』税務経理協会
武田隆二（2002a）「新世紀における会計問題と将来展望」『TKC』第355号（2002年8月号）
武田隆二（2002b）「小会社会計基準と職業会計人への期待」『TKC』第357号（2002年10月号）
武田隆二編著（2003）『中小会社の会計』中央経済社
武田隆二（2005a）『平成17年版　法人税法精説』森山書店
武田隆二（2005b）「問題提起税理士法の改正を望む―税理士法三条一項および第二条二項について―」『TKC』第386号（2005年3月号）
武田隆二（2005c）「税理士の『あした』のために」『TKC』第387号（2005年4月号）
武田隆二（2005d）「会計参与の制度化に伴う会計インフラストラクチャー―会計参与の役割期待（その1）」『TKC』第389号（2005年6月号）
武田隆二（2005e）「会計参与制度と『虚偽表示抑止効果』への期待―会計参与の役割期待（その3）」『TKC』第391号（2005年8月号）
武田隆二（2005f）「『計算書類の信頼性』の担保と新書面添付制度―会計参与の役割期待（その4）」『TKC』第393号（2005年10月号）
武田隆二（2005g）「会計参与問題の総括・展望―会計参与の役割期待（その6）」『TKC』第395号（2005年12月号）
武田隆二（2006a）「米国型モデルという名の国際モデル―会計文化論の在り方（その2）―」『TKC』第397号（2006年2月号）
武田隆二（2006b）「日本文化の特性とグローバル化―会計文化論の在り方（その4）」『TKC』第399号（2006年4月号）
武田隆二（2006c）「『空』なる世界を訪ねて―『般若心経』と会計（その1）」『TKC』第400号（2006年5月号）
武田隆二（2006d）「理論構成における『橋渡し原理』の役割―『般若心経』と会計（その5）」『TKC』第405号（2006年10月号）
武田隆二編著（2006e）『中小会社の会計指針』中央経済社
武田隆二（2006f）「緊急提言　電子申告の実践目標達成に向けて」『TKC』第407号（2006年12月号）
武田隆二（2007a）「制度形成における『場の条件』と『分配規定』―新会社法と会計のあり方（その三・完）―」『會計』第171巻第3号
武田隆二（2007b）「パラダイムと理論構築」『TKC』第410号（2007年3月号）
武田隆二（2007c）「正規の簿記の原則（ドイツ）」『会計学辞典　第6版』神戸大学会計学研究室編，同文舘出版
武田隆二／河﨑照行／古賀智敏／坂本孝司（2007d）『税理士業務における品質保証と品質

管理』ドイツ連邦税理士会／ドイツ税理士連盟／DATEV協同組合，㈱TKC

武田隆二（2008a）『最新財務諸表論　第11版』中央経済社

武田隆二（2008b）『会計学一般教程　第7版』中央経済社

武田隆二（2009a）「会計文化の尊重と会計学のあり方」『税経通信』第64巻第1号

武田隆二（2009b）「企業会計基準の改訂への提言」『税経通信』第64巻第1号

武田隆二（2009c）『簿記Ⅰ　第5版』税務経理協会

武田隆二（2009d）『簿記Ⅱ　第5版』税務経理協会

竹野竹三郎（1923）『破産法原論　上巻』巌松堂書店

田中章義（2010）「アメリカ会計学会の反省と教訓―実証会計学をめぐる問題―」『會計』第178巻第1号

田中嘉寿子（2007）「明治初期（1868―1912）における商法起草過程を例とした自立的法整備について」『慶應法学』第8号

田中耕太郎（1944）『貸借対照表法の論理』有斐閣

田邊敏憲（2003）『大逆転！日本金融』中央公論社

千葉修身（2010）「ドイツ連邦財務省『基準性』通達の含意」『會計』第178巻第2号

忠佐一（1981）『租税法要綱　第10版』森山書店

ティーデマン＝西原春男／宮澤浩一監訳（1990）『ドイツおよびECにおける経済犯罪と経済刑法』成文堂

ティプケ＝木村弘之亮，吉村典久，西山由美訳（1988）『所得税・法人税・消費税』木鐸社

土岐政蔵訳（1950）『動的貸借対照表論』森山書店

中川一郎（1963）「付記すべき更正理由ならびに審査決定理由の程度」『シュトイエル』第16号

中川一郎（1971a）「1969年の西ドイツ租税基本法草案(1) Entwurf einer Abgabenordnung ― EAO 1969―」『税法学』第241号

中川一郎（1971b）「1969年の西ドイツ租税基本法草案(7) Entwurf einer Abgabenordnung ― EAO 1969―」『税法学』第249号

中川一郎（1972）「1969年の西ドイツ租税基本法草案(8) Entwurf einer Abgabenordnung ― EAO 1969―」『税法学』第253号

中川一郎編（1979）『77年AO法令集』日本税法学会運営委員会

中川一郎（1984）『税法における信義誠実の原則―RFH・BFHの判例発達史―』税法研究所

中里実（1983）「企業課税における課税所得算定の法的構造（一）～（五完）」『法学協会雑誌』第100巻第1号（1983年1月），第3号（1983年3月），第5号（1983年5月），第7号（1983年7月），第9号（1983年9月）

中田清（2006）「ドイツにおける基準性原則の展開—1990年代後半の基準原則違反を中心として—」『修道商学』第47巻第1号
中田清（2007）「1891年プロイセン所得税法と基準性原則」『修道商学』第48巻第1号
中田信正（2009）「グローバル化と財務会計・税務会計の課題」野村健太郎／山本勝／石井直宏編『環境激変と経営・会計・情報』税務経理協会
中田信正（2010）「会計基準の国際化と税務会計」『税務会計研究』第21号
永田守男（2008）『会計利益と課税所得』森山書店
西川登（2003）「非公開中小企業のための会計基準のあり方—中小企業庁・日税連・会計士協会の考え方の比較検討—」『商経論叢』第39巻第2号
西川登（2005）「『中小企業の会計』の統合化と会計基準の権威」『商経論叢』第40巻第4号
西川登／平野光利（2008）「『中小企業の会計に関する指針』の意義と課題」『商経論叢』第43巻第3・4合併号
西田幾多郎（2005a）「場所」『西田幾多郎　永遠に読み返される哲学』河出書房新社
西田幾多郎（2005b）「絶対矛盾的自己同一性」『西田幾多郎　永遠に読み返される哲学』河出書房新社
日本税理士会連合会（2005）『税理士法逐条解説　5訂版』日本税理士会連合会
野村健太郎（1990）『フランス企業会計』中央経済社
野村健太郎（2000）『連結経営の衝撃』中央経済社
野村健太郎（2002a）『連結経営と構造改革』税務経理協会
野村健太郎（2002b）『株主重視と会計』野村健太郎先生還暦記念論文集編集委員会，税務経理協会
野村健太郎編著（2005）『プラン・コンタブルの国際比較—勘定体系から考える会計の国際的統一問題』中央経済社
野村健太郎（2008）『現代財務会計　四訂新版』税務経理協会
長谷川一弘（2009）『ドイツ税務貸借対照表論』森山書店
長谷川喬（1980/1981）『商法正義第壱巻』新法註釋會
波多野弘（1971a）「西ドイツにおける推計課税(1)」『税法学』第249号
波多野弘（1971b）「西ドイツにおける推計課税（2・完）」『税法学』第250号
バルト＝松尾憲橘／百瀬房徳訳（1985）『貸借対照表の論理』森山書店
土方久（2008）『複式簿記会計の歴史と論理』森山書店
平井裕秀（2006）「中小企業の会計に関する指針公表の経緯と推進計画」武田隆二編著『中小会社の会計指針』中央経済社
藤田広美（2007）『講義　民事訴訟』東京大学出版会
藤巻治吉（1953）『中小会社経営簿記要領』税務経理協会

藤原弘道（1983）『講座民事訴訟⑤証拠』新堂幸司編集代表，弘文堂
古市峰子（1999）「会計基準設定プロセスの国際的調和に向けたドイツの対応―プライベート・セクターによる会計基準設定と立法・行政権との関係を中心に―」『金融研究』日本銀行金融研究所，第18巻第5号
ヘンペル＝黒崎宏訳（1967）『自然科学の哲学』培風館
本田耕一（1975）『パチョリ簿記論』現代書館
本田良巳（2010）「EUの会計戦略」『各国の中小企業版IFRSの導入実態と課題』国際会計研究学会「研究グループ報告」
マウツ／シャラフ＝近澤弘治監訳（1987）『マウツ＆シャラフ　監査理論の構造』関西監査研究会訳，中央経済社
増田英敏（2008）『リーガルマインド租税法』成文堂
増田英敏（2010）「書面添付の紛争予防税法上の意義」TKCタックスフォーラム2010パネルディスカッション資料
松尾俊彦（1996）「明治期における商法会計制度」『社会情報研究』第2巻
松沢智（1973）「実額課税ができる場合になされた推計課税の当否」『税務事例』第5巻第8号
松沢智（1995）『税理士の職務と責任　第3版』中央経済社
松沢智編著（1998）『コンピュータ会計法概論』中央経済社
松沢智（2000）「現代税法学研究　税理士法第一条の現代的意義―21世紀の新しい税理士像建設に向けての問題点の解明―」『TKC』第324号（2000年1月号）
松本剛（1990）『ドイツ商法会計辞典』森山書店
三ケ月章（1993）『民事訴訟法　第3版』弘文堂
ミッタイス・リーベリッヒ＝世良晃志郎訳（1991）『ドイツ法制史概説　改訂版』創文社
宮上一男編（1978）『シュマーレンバッハ研究』世界書院
宮上一男／W. フレーリックス監修（1992）『現代ドイツ商法典』森山書店
宮口定雄・杉田宗久編（2003）『中小会社の会計基準と税務』清文社
百瀬房徳（1998）『貸借対照表法の生成史』森山書店
森美智代（2005）「ドイツのコンテンラーメン」野村健太郎編著『プラン・コンタブルの国際比較』中央経済社
弥永真生（2010）「会計基準の商事法における受容―ドイツ―」科学研究費補助金基盤研究(B)，www.sakura.cc.tsukuba.ac.jp/~kigyoho/Germany.pdf
柳裕治訳（2010）『ドイツ税理士法―第8次改正報告書―』㈶日本税務研究センター
柳澤義一（2003）『新しい中小企業の会計実務早わかり―日本公認会計士協会，中小企業庁の研究報告解説』税務研究会出版局。

山本高志（2001）『税理士の歩いてきた道・進む道』財団法人大蔵財務協会

ラートブルフ＝碧海純一訳（1964）『法学入門　改訂版』東京大学出版会

リューピンク＝川端宏／曽根威彦訳（1984）『ドイツ刑法史綱要』成文堂

ロエスレル＝司法省訳（1884）『ロエスレル氏寄稿商法草案』

ローゼンベルク＝倉田卓次訳（1987）『ローゼンベルク立証責任論　全訂版』判例タイムス社

渡邊二郎（1997）「認識」『カント事典』弘文社

渡部吉隆（1963a）「所得税申告書についてなされた更正処分並びに審査決定の附記理由が不備であるとされた事例」『法曹時報』第15巻第7号

渡部吉隆（1963b）「青色申告の更正処分・審査決定に附記すべき理由記載の程度」『法律のひろば』第16巻第8号

◆条文集・辞典他

Allgemeines Landrecht für die Preußischen Staaten von 1994, 1970.

Beck'sche, Konkursordnung, 23 Aufl., 1985.

Beck'sche, Reichsabgabenordnung Vom 13. Dezenber 1919, München, 1921.

Beck-Texte, Strafgesetzbuch, 28 Aufl..

Entwurf einer Civilprozeß = Ordnung.

Handwörterbuch der Betriebswirtschaft, 1974.

Handwörterbuch der Betriebswirtschaft, 5 Aufl., 1993.

Handwörterbuch des Rechnungswesens, 3 Aufl., 1993.

Handwörterbuch des Steuerrechts, 2 Aufl., 1981.

Konkurs-Ordnung vom 8. Mai 1855, Berlin, 1855.

Reichsabgabenordnung, 3 Aufl., Regenburg, 1949.

Report on Japanese Taxation by Shoup Mission.（シャウプ使節団　日本税制報告書）

Strafgesetzbuch für das Deutsche Reich, 3 Aufl., Berlin, 1877.

Wirtschaftsprüfer Handbuch 1985/86, 9 Aufl., Bd. 1.

商法修正参考書　附商法修正案成文・八尾発行

索　引

英数

1520年フライブルク都市法典……………18
1564年ニュルンベルク改革都市法典………20
1603年ハンブルク都市法典………………20
1673年フランス・ルイ14世商事勅令…67, 279
1794年プロシア一般国法……………16, 281
1807年フランス商法典………………40, 68
1828年イスラエル人の法律関係に関する
　法律…………………………………………38
1839年ヴュルテンベルク王国の商法典草
　案…………………………………………35, 282
1847年ユダヤ人の資産に関する法律………53
1849年帝国法務省草案……………………46, 284
1851年プロシア刑法典…………………51, 284
1856年プロシア商法典第1草案……………46
1857年プロシア商法典第2草案……………49
1861年一般ドイツ商法典（ADHGB）
　……………………………………… 9, 34, 60
1871年ライヒ刑法典………………………… 288
1877年ドイツ民事訴訟法……………………63
1877年破産法………………………………… 288
1896年民法典…………………………………77
1897年商法典（HGB）………………… 34, 78
1919年 RAO ……………………………… 120
1919年ライヒ国税通則法……………………… 9
1950年所得税準則45節………………… 234
1967年所得税準則（EStR）29節6項
　………………………………………… 127, 255
1969年 AO 草案 ……………………… 127
1974年 AO 草案 ……………………… 130
1976年経済犯罪防止第1法律………90, 290
1977年 AO ……………………………… 137
1977年 AO 草案 ……………………… 133
1978年 GoS……………………………… 258
1985年 GoBS …………………………… 261
1985年会計指令法……………………………96
1993年所得税準則29節…………………… 261

1995年 GoBS …………………………… 258
1998年「資本調達容易化法」…………… 373
2000年「資本会社指令法」……………… 374
2004年会計法改革法……………………… 374
2007年会計法現代化法参事官草案……… 376
2008年連邦政府草案……………………… 378
2009年会計法現代化法…………………… 379
2009年度年次租税法……………………… 140
2010年中小企業の会計に関する研究会… 545
2010年非上場会社の会計基準に関する
　懇談会…………………………………… 545
3層の会計基準…………………………… 520
a true and fair view……………………………97
ADP システム ……………………………… 274
EC 第4号，第7号および第8号指令
　……………………………………96, 182, 371
EDV 簿記 ……………………… 90, 127, 140
EDV 簿記による正規の処理プロセスの
　ためのチェックリスト ……………… 263
EDV 簿記の監査可能性 ………………… 266
EDV 簿記の許容 ………………………… 136
EDV 簿記の正規性 ……………………… 263
FRSSE …………………………………… 523
GAAP（一般に認められた会計原則）… 366
GoBS ……………………………… 256, 441
GoB の重層的な関係 …………………… 390
GoB の成文化（法規範化）のあり方 … 361
GoB の体系
　… 9, 159, 325, 361, 377, 386, 390, 425
GoB の不確定性 ………………… 307, 330
GoS ………………………………………… 256
IAS 適用命令 …………………………… 375
IFRS ……………………… 10, 35, 98, 372, 385, 452
IFRS への接近 ………………… 182, 383
Mußvorschrift …… 10, 81, 120, 172, 181, 422
OCBOA …………………………………… 366
Sollvorschrift………10, 120, 172, 181, 422
US-GAAP ………………………………… 372

索引

あ

アーカイビング ……………………… 140
青色申告制度 ……………………… 229, 432, 444
青色申告と租税優遇措置とのリンク体制
　　……………………………………… 436
青色申告の更正制限規定 …………… 433
アカウンティング・プロフェッション … 477
アシュアランス ……………………… 500
新しい秘術 …………………………… 246
アドプション ………………………… 371
アングロ・サクソン系諸国 ………… 450
アングロ・サクソン法系 …………… 10, 16

い

一目瞭然性（専門的知識を有する第三者
　への全容提供可能性）……… 241, 265, 295
一目瞭然性の原則
　　……………… 100, 106, 166, 235, 249, 297
一国におけるあるべき会計制度 ……… 549
一定の職業に関する記帳規定および記録
　作成規定 …………………………… 137
一般的科学的価値 …………………… 446
一般的かつ普遍的な形式的かつ狭義の
　GoB ………………………………… 165
一般的かつ普遍的な帳簿形式，記帳条件
　　……………………………………… 106
一般的社会価値 ……………………… 164, 210
一般的な貸借対照表作成の諸原則 …… 163
一般に公正妥当であると認められる企業
　会計の基準（企業会計基準）……… 448
一般に公正妥当と認められた企業会計の
　慣行への準拠 ……………………… 536
一般に公正妥当と認められる会計処理の
　基準 ………………………………… 449
一般に公正妥当と認められる会計の慣行
　　……………………………… 422, 445, 449
「一般に公正妥当と認められる会計の
　慣行」の体系 ……………………… 9, 425
一般に公正妥当と認められる企業会計の
　慣行 ………………………………… 9, 448
一般に公正妥当と認められるという前綴

り ……………………………………… 459
入口規制型 …………………………… 525
入口理論 ……………………………… 521
インボイス方式 ……………………… 443

う

疑わしきは被告人の利益に ………… 296

え

営業年度の期間 ……………………… 179
エグジット重視の会計基準 ………… 525
エントリー重視型の会計基準 ……… 531

お

オーデティング ……………………… 500
オリジナル文書 ……………………… 270

か

会計技術 ……………………………… 462, 467
会計基準の基礎構造の設計 ………… 520
会計行為の規範的パターン ………… 462
会計参与 ……………………………… 509
会計参与制度 ………………………… 490
会計参与の独立性 …………………… 492
会計帳簿 ……………………… 2, 168, 417
会計帳簿の品質 ……………………… 1, 6
会計帳簿の領域を含む会計制度 …… 2
会計の文化的制度 …………………… 465
会計ビッグバン ……………………… 527
会計利益と課税所得 ………………… 470
会社法431条 ………………………… 448
蓋然性の証明 ………………………… 206
蓋然性評価を含む年度決算書の作成 … 499
外部委託簿記 ………………………… 259
外部監査人 …………………………… 509
解放条項 ……………………………… 353
可及的蓋然性 ………………………… 214
確実性を境に接する蓋然性 ………… 208
確定決算主義 ……… 229, 460, 532, 538, 549
各頁への付番 ………………………… 37
数関係システム ……………………… 531
課税基礎の推計 ……………………… 138, 212

索　引　585

課税正義の原則 207
課税要件法定主義 207
課税要件明確主義 207
過怠破産 279, 281, 284, 410
過怠破産罪 409, 430
価値明確化 181
空箱・実箱理論 9, 313
慣行 445, 461
監査証明業務 477
監査報告書 490
勘定真実性の原則 145, 175
完全性宣言書 506
完全ナル商業帳簿 406, 413
完全版 IFRS 387
完全網羅的な記帳 19
完全網羅的な記帳の原則 171

き

記憶装置型簿記 95
機械論（Mechanism）的思考 11
機械論的アプローチ 11, 523
期間区分 182
企業会計原則 188, 523
企業会計原則の尊重 536
企業の属性（営業の対象物，種類および特に規模） 317
企業の属性（規模・業態・業種） 340, 465
基準性の原則 229, 348, 350, 352
基準性の侵犯 354
基準設定主体 541
基準日原則 182
記帳義務等の規制緩和 384
記帳義務の侵犯 294
記帳義務の不履行 291, 292, 294
記帳代行 483, 492
記帳適時性証明書 481
記帳の諸原則と簿記の保証 171
記帳の正確性 25, 418
記帳の遡及的追加・修正・削除防止 99
記帳の訂正および削除処理の履歴の確保 439
記帳の適時性 418, 439

記帳の品質 285, 488, 493, 497
記帳は，破産者の特徴である 283
機能論（Functionalism）的思考 11
機能論的アプローチ 11, 523
基本簿 168
客観的立証責任 207
逆基準性 358, 542
逆基準性の原則 350, 353
逆基準性の原則の廃止 355, 358, 383
逆行的監査 166, 267
狭義の GoB 120, 159
業種別プラン・コンタブル 365
行政の法律適合性の原則 207
協力義務 211, 222
金融商品取引法193条 448

く

空白なき記帳 37, 408
グローバルという名の新たなローカルな会計基準 424, 452

け

経験則である推定 206
経済監査士 497
経済監査士による年度決算書作成に関する諸原則 498
経済のグローバル化 451
形式的かつ狭義の GoB 202, 209, 254, 256, 325
形式的かつ狭義の GoB の成文化現象 176
形式的適正性 488
形式的な GoB 123, 137, 159, 163, 209, 244, 359
形式的な GoBi 209, 244, 339
形式的な完全網羅性と正確性 117
形式的な基準性 351
形式的に正規性を備えた帳簿 210
刑事訴訟法上の商業帳簿の証拠価値 419
計上の諸原則 163
継続企業の原則 182
決算書保証業務 498
月次巡回監査 481

権威ある支持……………………… 164, 210
現金主義および税法基準による財務諸表
　の作成・開示の方法……………… 366
検査行為を含まない年度決算書の作成 … 499
原則主義……………………………… 98
限定的現金取引計算に基づく推計……… 214

こ

広義のEDV簿記 …………………… 258
広義のGoB ………………………… 161
公証制度……………………………… 25
公証手続……………………………… 69
公正性……………………………… 478
公正ナル会計慣行…………………… 413
合法性の原則………………………… 207
国際会計基準………………………… 450
国際会計基準の影響の遮断…………… 539
個別評価…………………………… 180
コンツェルン企業（連結企業集団）…… 344
コンツェルン状況報告書……………… 344
コンツェルン年度決算書……………… 344
コンテンラーメン…………………… 169
コンバージェンス…………………… 371
コンピュータ会計法………………… 437
コンピュータ処理におけるGoBとその
　監査1 /1987 ……………………… 263
コンピュレーション………………… 500

さ

再計算に基づく推計………………… 214
債権債務帳…………………………… 17
再検査可能性（追跡可能性）の原則
　………………………… 106, 166, 235, 267
再検査可能性の原則………………… 249
財産一覧表…………………………… 27
財産状態の全容……………………… 295
細則主義……………………………… 98
歳入手続64-12 ……………………… 274
歳入手続86-19 ……………………… 274
歳入手続98-25 ………………… 274, 441
財務会計の概念フレームワーク……… 520
債務関係説…………………………… 200

財務官庁の基準率に従う推計………… 214
詐欺破産………………… 72, 281, 284, 410
詐欺破産罪…………………… 72, 430
三重構造説…………… 307, 311, 322, 361

し

時系列的な記帳……………… 37, 122, 407
自己完結的利益計算の体系………… 323
自己監査…………………………… 490
自己監査の禁止……………………… 501
自己証明…………………………… 490
自己責任性………………………… 480
自己報告………………………… 278, 297
自己報告による健全経営の遂行
　………… 26, 35, 40, 111, 417, 431, 531, 537
自己目的…………………………… 245
資産負債アプローチ………………… 35
事実関係システム……………… 467, 531
事実上の慣行……………… 164, 296, 352
事実上の推定……………… 84, 202, 206
事実的な諸関係に合致する写像……… 97
システムの技術的構造……………… 263
実現主義の原則……………………… 181
実質的かつ狭義のGoB …………… 177
実質的適正性……………………… 488
実質的なGoB ………… 123, 159, 163, 360
実質的なGoBi …………………… 323, 342
実質的な基準性…………………… 348
実務慣行白紙委任説…… 81, 307, 320, 360, 415
資本市場指向親会社………………… 374
資本市場指向資本会社……………… 380
市民法と租税法との連動関係…… 138, 145
シャウプ勧告……………………… 432
社会規範としての会計基準………… 446
社外のEDV簿記 …………………… 260
重過失租税逋脱……………………… 480
自由心証主義………………… 8, 24, 56, 78
取得原価原則……………………… 182
主要簿……………………………… 168
巡回監査…………………………… 477
商慣習……………………………… 164
小規模事業者への緩和措置………… 384

索引　587

上級財政裁判所 ………………………… 232
商業帳簿の外観上の形式に関する規定 …… 94
証拠価値説 ……………………………… 201
証拠なくして記帳なし ……………… 124, 175
証拠力の定立 …………… 35, 41, 111, 417
商事貸借対照表 ………………………… 347
商人の方式 …………………………… 24, 27
消費税法上の記載要件 ………………… 445
証憑 …………………………………… 58, 89
証憑原則 ………………………………… 175
証憑への付番 …………………………… 124
商法19条1項 ………………………… 449
情報会計 …………………………… 11, 389
商法商業帳簿と破産法との連動関係 …… 431
証明責任転換説 ………………………… 201
職業会計人による保証の程度 ………… 509
所得税施行令60条 …………………… 504
所得税施行令60条2項1文 ………… 349
所得税施行令60条2項2文 ………… 349
所得税準則 R29 …………………… 148, 161
所得税法52条33項3文 …………… 349
所得税法5条1項 …………………… 353
所得税法5条1項1文 ……………… 350
書面添付制度 …………………………… 489
仕訳帳 …………………………………… 2
侵害規範 ………………………………… 207
進行的監査 ………………………… 166, 267
真実かつ公正な描写 ………………… 97, 98
真正の事実 ……………………………… 478
慎重性の原則 …………………………… 181
信用機関および金融サービス機関の会計
　に関する法規命令 …………………… 345
信用制度法18条 ……………………… 505

　　　　　　　す

すべての取引の記帳 ……………………… 37

　　　　　　　せ

正確な会計帳簿 ………………………… 5
正確な記帳の原則 ……………………… 171
正規性と合法性 ………………………… 164
正規に記帳された商業帳簿 ………… 40, 50
正規に記帳された帳簿だけに証拠力が
　ある ……… 16, 40, 54, 84, 117, 119, 199, 223
正規の監査制度 ………………………… 490
正規の記帳 ……………………… 40, 43, 85, 120
正規の現金記帳 ………………………… 124
正規の現金記帳の原則 ………… 133, 134, 172
正規の財産目録作成の諸原則 ………… 162
正規の貸借対照表作成の諸原則 ……… 177
正規の帳簿 …………… 23, 26, 28, 43, 82, 281
正規のデータ処理の諸原則 …………… 260
正規の簿記
　……… 50, 61, 64, 165, 234, 293, 403, 404, 411
正規の簿記概念 …………………… 50, 81, 84
正規の簿記だけが証拠力を享受する
　……… 106, 139, 223, 417, 432, 444, 488, 549
「正規の簿記」と租税優遇措置とのリンク
　体制 ………………………… 151, 228, 246
正規の簿記の原則 ……… 5, 188, 435, 519, 523
整合性ある3層構造 …………………… 256
整齋且明瞭 ………………………… 404, 414
政治資金規正法 ………………………… 509
誠実性 …………………………………… 480
精神的な独立性 ………………………… 480
精神的な独立性（実質的な独立性） …… 496
整然且明瞭 ………………………… 407, 414, 416, 438
整然と，かつ，明りょう …… 407, 436, 438
整然とした記帳の原則 ………………… 174
制度 ……………………………………… 1, 467
制度会計 ………………… 5, 11, 389, 464, 466
成文化された GoB ……………………… 339
成文化されていない GoB ……………… 132
成文化されていない形式的かつ狭義の
　GoB …………………………………… 176
成文化されていない形式的な GoBi …… 179
成文化されていない実質的な GoBi …… 183
成文化されている形式的かつ狭義の
　GoB …………………………………… 165
成文化されている形式的な GoBi ……… 178
成文化されている実質的な GoBi ……… 180
税法基準 …………………………… 367, 462
税法と他の法律との連動関係 ………… 124
税法の尊重 ………………………… 538, 542

税務監査……………………………… 460
税務監査制度………………………… 484, 487
税務監査人…………………………… 489
税務計算書類の監査証明…………… 489
税務書類の作成業務………………… 477
税務貸借対照表……………………… 348, 350
税務貸借対照表に対する商事貸借対照表
　基準性の原則………………………83
税務貸借対照表に対する商事貸借対照表
　の基準性…………………………… 348
税理士による年度決算書の作成原則に
　関する連邦税理士会連合会の書簡…… 498
税理士による保証業務……………… 509
税理士の使命………………………… 477
税理士の独立性……………………… 495
税理士法1条………………………… 477
税理士法33条………………………… 349
税理士法33条の2第1項…………… 484
税理士法35条1項…………………… 485
税理士法46条………………………… 485
絶対矛盾的自己同一性……………… 316
全現金取引計算に基づく推計……… 214
宣誓帳簿監査士……………………… 497
専門的知識を有する第三者
　…………………… 103, 130, 166, 266
専門的知識を有する第三者への全容提供
　可能性………………………96, 128, 134

そ

総額主義……………………………… 179
増減計算表…………………………… 349
相即の論理…………………………… 316
装丁された帳簿………………………25, 140
相当注意義務………………………… 478
遡及的な追加・訂正・修正・削除記帳……44
租税危害…………………… 120, 138, 145
租税正義……………………………… 477
租税法以外の記帳義務および記録作成
　義務………………………………… 138
租税優遇措置………………………… 228
其営業部類ノ慣例…………………… 401, 404
ソフトウェア………………………… 271

尊敬すべき商人の慣習………………20

た

ダーテフ登録済協同組合…………… 170, 263
大企業会計基準……………………… 521
貸借対照表作成技術………………… 163
貸借対照表同一性・貸借対照表継続性の
　原則………………………………… 180
貸借対照表犯罪……………………… 293
他の包括的会計基準（OCBOA）… 366, 471
多目的型……………………………… 389
多様な会計基準の受け皿…………… 469
単一目的型…………………………… 389
単式簿記………………………………35

ち

秩序正しい記帳………………………21
秩序正しく記帳された帳簿だけに証拠力
　がある………………………………24
秩序正しさ……………………20, 22, 28
地方自治法の一部改正……………… 509
注意深い商人の慣習………………… 20, 80
注記・附属明細書…………………… 183
中小会社経営簿記要領……………… 519
中小企業会計指針（中小企業の会計に関
　する指針）……………… 491, 524, 533
中小企業会計制度…………………… 158, 551
中小企業の会計に関する研究会…… 527
中小企業の会計に関する研究会報告書
　……………………………………… 524, 543
中小企業の属性……………………… 531
中小企業版 GoB……………………… 158
中小企業版 IFRS…………… 386, 523, 534
中小企業簿記会計基準（仮称）…… 544
中小企業簿記要領…………………… 519
帳簿…………………………………… 210
帳簿形式や記帳条件の緩和…………64
帳簿作成犯罪………………………… 293
帳簿の種類…………………………… 168
帳簿の証拠力………………………… 483, 488
帳簿の証拠力は商人の特権である…… 432
帳簿方式……………………………… 443

索　引　589

て

定型的事象経過……………………………… 201
適時の記帳………………………37, 53, 55, 122, 407
適時の記帳の原則………………………… 132, 171
適時の貸借対照表作成…………………………… 178
出口規制型…………………………………… 525
出口理論……………………………………… 521
デジタル式の証拠書類に関するデータ
　アクセスおよび監査可能性の諸原則…… 268
電子帳簿保存法………………………………… 437
電子的データ処理簿記………………………… 254
伝統的なEDV簿記 ……………………… 255, 259

と

ドイツ会計基準………………………………… 346
ドイツ会計基準委員会………………………… 345
ドイツ語，ユーロによる年度決算書の
　作成…………………………………………… 178
ドイツ税理士法57条1項………………………… 480
統一貸借対照表………………………………… 348
登録政治資金監査人…………………………… 509
独立した公正な立場…………………………… 485
独立性……………………………………… 478, 480
トップダウンアプローチ…………………… 388, 523
トライアングル体制…………………………… 460
取引の追跡可能性………………………96, 128, 134
トレガー・レポート…………………………… 245

な

内部統制機構…………………………………… 5

に

日常語の文字……………………………… 58, 62
日常の用語………………………………… 46, 53

ね

年度決算書への署名…………………………… 179

は

破産法………………………………………… 430
破産防止による債権者保護…………………… 285

ひ

橋渡し原理……………………………………… 314
場の条件………………………………315, 422, 528
パブリック・セクター………………………… 541
反証…………………………………………… 207
反証可能な法律上の推定……… 120, 202, 204

ひ

被告人の幇助を受けた第三者………………… 289
非資本市場指向会社…………………………… 374
備置すべき帳簿……………………………… 27, 38
日付順の記帳………………………………… 122
病院の会計および記帳義務に関する法規
　命令…………………………………………… 345
評価規則……………………………………… 163
表見証明……………………………… 105, 199, 201
表示形式の継続性……………………………… 178

ふ

不確定法概念…………………………………… 306
不確定法概念たる正規の簿記の諸原則
　(GoB) の原型………………………………… 50
不均等原則……………………………………… 182
副計算表……………………………………… 349
複式簿記………………………………………… 21, 35
複式簿記の原則………………………………… 435
不変の記帳……………………………… 19, 37, 408
不変の記帳の原則……………22, 25, 54, 71, 95, 129
　　　　　　　　132, 135, 136, 145, 174, 268
プライベート・セクター……………………… 541
プラン・コンタブル・ジェネラル…………… 364
フランコ・ジャーマン法系……………………… 7, 16
プロシア上級行政裁判所判決……………… 116
プロセス重視の会計基準……………………… 525
文書化………………………………………… 267

へ

米国会計学会…………………………………… 526
米国公認会計士………………………………… 478
米国公認会計士協会（AICPA）の行動
　規程…………………………………………… 478
米国財務会計基準委員会（FASB）……… 525
米国の租税法における証明責任……………… 222

ベシャイニグング……………………… 490, 498

ほ

包括的な検査行為を含む年度決算書の
　作成…………………………………… 500
法規範としての成文法体系……………… 446
法人税法22条4項………………………… 449
法定証拠主義……………………………… 23, 56
法定証拠主義から自由心証主義への転換… 45
法典化されたGoB ……………………… 160
法典化されていないGoB ……………… 160
法の計算規定……………………………… 5
方法の継続性……………………………… 181
法律上の事実推定………………………… 206
法律上の推定………………… 202, 212, 432
法律なければ刑罰なし…………………… 296
法律による行政の原理…………………… 441
補完的・規制的利益計算の体系………… 321
簿記技術…………………………………… 163
簿記技術の組立…………………………… 48, 81
簿記技術の組立における簿記…………… 163
簿記システム……………………………… 168
簿記組織…………………………………… 167
簿記手続…………………………………… 169
簿記と会計………………………………… 6
簿記と記帳条件の尊重…………………… 536
簿記の一目瞭然性………………………… 62, 240
簿記の形式………………………………… 169
簿記の形式的な正規性…………………… 106
簿記の構成に関する要求………………… 248
簿記の正規性………………………… 165, 239
簿記の正規性と推計の限界線…………… 213
簿記の正規性の基準となる一般的な
　GoB ………………… 157, 161, 261, 262
簿記の非自己目的性……………………… 222
保険会社の会計に関する法規命令……… 345
補助簿……………………………………… 168
保存義務…………………………………… 175
ボトムアップアプローチ…………… 523, 551
本証………………………………………… 207

ま

マイクロフィルム………………………… 90
マイクロフィルム諸原則…………… 89, 125

み

見読可能化………………………………… 265
ミニマムレベルの会計基準……………… 545
民法典上の報告義務および顛末報告義務
　…………………………………… 346, 463
民法典論争………………………………… 412

む

無因の危害犯……………………………… 293
無秩序な記帳……………………………… 287
無秩序な記帳は破産者の特徴である … 35, 283

め

明治23年商法……………………………… 9, 400
明治32年商法……………………………… 413
明瞭性の原則……………………………… 166
明瞭性の原則および一目瞭然性の原則 … 178

も

文字の限定………………………………… 19

よ

用語に関する原則………………………… 174

り

離脱規定…………………………………… 97
利用者指向的会計………………………… 11

る

ルーズリーフ式簿記……………………… 87
ルーズリーフ式簿記の正規性の判定の
　ための諸原則……………………………87
ルカ・パチオリ…………………………… 21

れ

レビュー…………………………………… 500
連結財務諸表……………………………… 450

連邦財政裁判所……………………………… 235

ろ

ロエスレル草案……………………………… 399

〈著者紹介〉

坂本　孝司（さかもと　たかし）

愛知工業大学経営学部・大学院教授
税理士・米国公認会計士　博士（経営情報科学）愛知工業大学
　1956年　静岡県浜松市生まれ
　1978年　神戸大学経営学部卒業
　1998年　東京大学大学院法学政治学研究科博士課程満期退学
　2011年　愛知工業大学大学院経営情報科学研究科博士後期課程修了，博士（愛知工業大学）
　　中小企業庁「中小企業の会計に関する研究会」（2002年）専門委員，経済産業省「中小企業政策審議会」臨時委員，経済産業省「財務管理サービス人材育成システム開発事業」委員，信州大学法科大学院非常勤講師，中小企業庁「中小企業の会計に関する研究会」委員（2010年）等を歴任。現在，静岡理工科大学大学院客員教授，TKC全国会副会長，TKC全国政経研究会副会長を務める。

［主な著書・論文］

『コンピュータ会計法概論』共著，中央経済社，1998年
『中小会社の会計』共著，中央経済社，2003年
『新会社法と中小会社会計』共著，中央経済社，2006年
『中小会社の会計指針』共著，中央経済社，2006年
『税理士業務における品質保証と品質管理』共訳，TKC，2007年
『ドイツにおける中小企業金融と税理士の役割』中央経済社，2012年
『詳解　中小会社の会計要領』共著，中央経済社，2012年
「租税法における記帳規定と簿記の証拠力―ドイツ1919年ライヒ国税通則法及び1977年国税通則法を中心として―」TKC税研情報第7巻第5号・6号，1998年（第8回㈶租税資料館賞受賞）
＊本書『会計制度の解明』は，2011年度日本会計研究学会　太田・黒澤賞受賞

会計制度の解明――ドイツとの比較による日本のグランドデザイン

2011年3月30日　第1版第1刷発行
2013年9月20日　第1版第24刷発行

　　　　　　　　　　　　　　　著　者　坂　本　孝　司
　　　　　　　　　　　　　　　発行者　山　本　憲　央
　　　　　　　　　　　　　　　発行所　㈱中央経済社
　　　　　　　　　〒101-0051　東京都千代田区神田神保町1-31-2
　　　　　　　　　　　　電　話　03（3293）3371（編集部）
　　　　　　　　　　　　　　　　03（3293）3381（営業部）
　　　　　　　　　　　　　　　http://www.chuokeizai.co.jp/
　　　　　　　　　　　　　　　振替口座　00100-8-8432
©2011　　　　　　　　　　　　　印刷／文唱堂印刷㈱
Printed in Japan　　　　　　　　製本／誠　製　本㈱

　　※頁の「欠落」や「順序違い」などがありましたらお取り替えいたしますので小社
　　　営業部までご送付ください。（送料小社負担）
　　　　　　　　　　ISBN978-4-502-43470-9　C3034

JCOPY〈出版者著作権管理機構委託出版物〉本書を無断で複写複製（コピー）することは，著作権法上の例外を除き，禁じられています。本書をコピーされる場合は事前に出版者著作権管理機構（JCOPY）の許諾をうけてください。
　　JCOPY〈http://www.jcopy.or.jp　eメール：info@jcopy.or.jp　電話：03-3513-6969〉

■おすすめします■

企業の経理・財務担当者，職業会計人の必備書

企業会計小六法

中央経済社編

　新設・改廃を繰返す会計基準を理解し，会計処理・開示の作業を行わなければならない経理・財務担当者の方々のために，実務重視の方針で会計基準等を収録した実践法規集。

　本書は，3編構成で，第Ⅰ編は各会計基準等が尊重すべき包括的規準を，本書の中核である第Ⅱ編には，実務的に理解しやすいと思われる順序およびカテゴリで会計基準等を配列。第Ⅲ編では，関連する重要法令及び各団体の公表する財務諸表等のひな型等を収録。実務本位で編集した，業務遂行に欠かせない1冊。

《主要内容》

Ⅰ　包括的規準編＝概念フレームワーク／企業会計原則・同注解／連続意見書／原価計算基準

Ⅱ　企業会計諸基準編＝〔貸借対照表関係〕棚卸資産会計基準／金融商品会計基準／減損会計基準／リース取引会計基準／資産除去債務会計基準／退職給付会計基準／純資産の部会計基準〔損益計算書関係〕工事契約会計基準／税効果会計基準／包括利益会計基準〔キャッシュ・フロー計算書関係〕〔株主資本等変動計算書関係〕〔過年度遡及関係〕〔組織再編関係〕企業結合会計基準／事業分離等会計基準〔連結財務諸表関係〕連結会計基準／持分法会計基準〔四半期財務諸表等関係〕〔ディスクロージャー関係〕セグメント会計基準／関連当事者会計基準　他

Ⅲ　法令・ひな型編＝金商法・同施行令／開示府令／財規・連結財規・四半期財規・四半期連結財規／会社法・同施行令・同施行規則・会社計算規則・電子公告規則／経団連ひな型／監査報告書の文例　他

■中央経済社■